SECRECY AND CONCEALMENT

STUDIES

IN THE HISTORY OF RELIGIONS

(*NUMEN* BOOK SERIES)

EDITED BY

H.G. KIPPENBERG · E.T. LAWSON

VOLUME LXV

TUTA SUB AEGIDE PALLAS · 1683 ·

SECRECY AND CONCEALMENT

STUDIES IN THE HISTORY OF MEDITERRANEAN AND NEAR EASTERN RELIGIONS

EDITED BY

HANS G. KIPPENBERG

AND

GUY G. STROUMSA

E.J. BRILL
LEIDEN · NEW YORK · KÖLN
1995

The paper in this book meets the guidelines for permanence and durability of the Committee on Production Guidelines for Book Longevity of the Council on Library Resources.

Library of Congress Cataloging-in-Publication Data

Secrecy and concealment : studies in the history of Mediterranean and Near Eastern religions / edited by Hans G. Kippenberg and Guy G. Stroumsa.
p. cm. — (Studies in the history of religions, ISSN 0169-8834 ; v. 65)
English and German.
Proceedings of a meeting held June 1-4, 1993, at the Werner Reimers-Stiftung, Bad Homburg, Germany.
Includes bibliographical references and index.
ISBN 9004102353 (cloth : alk. paper)
1. Secrecy—Religious aspects—Congresses. 2. Mediterranean Region—Religion—Congresses. 3. Middle East—Religion—Congresses. I. Kippenberg, Hans G. (Hans Gerhard) II. Stroumsa, Guy A. G. III. Series: Studies in the history of religions ; 65.
BL687.S43 1995
291.1—dc20 95-2085
CIP

Die Deutsche Bibliothek – CIP-Einheitsaufnahme

Secrecy and concealment : studies in the history of Mediterranean and Near Eastern religions / ed. by Hans G. Kippenberg and Guy G. Stroumsa. – Leiden ; New York ; Köln : Brill, 1995
(Studies in the history of religions ; Vol. 65)
ISBN 90-04-10235-3
NE: Kippenberg, Hans G. [Hrsg.]; GT

ISSN 0169-8834
ISBN 90 04 10235 3

PRINTED IN THE NETHERLANDS

CONTENTS

Vorwort ix
Hans G. Kippenberg and Guy G. Stroumsa, Introduction: Secrecy and its Benefits xiii

THE TRIADIC STRUCTURE OF SECRECY

Birgitta Nedelmann, Geheimhaltung, Verheimlichung, Geheimnis—einige soziologische Vorüberlegungen 1

SECRECY AND CONCEALMENT IN ANCIENT POLYTHEISMS

Burkhard Gladigow, Struktur der Öffentlichkeit und Bekenntnis in polytheistischen Religionen 17
Jan Assmann, Unio liturgica. Die kultische Einstimmung in götterweltlichen Lobpreis als Grundmotiv "esoterischer" Überlieferung im alten Ägypten 37
Jan N. Bremmer, Religious Secrets and Secrecy in Classical Greece 61
Walter Burkert, Der geheime Reiz des Verborgenen: Antike Mysterienkulte 79
Luther H. Martin, Secrecy in Hellenistic Religious Communities 101
Renate Schlesier, Maskierte Texte. Religiöse Anspielung und Verheimlichung in der Griechischen Tragödie 123
Robert Lamberton, The ἀπόρρητος θεωρία and the Roles of Secrecy in the History of Platonism 139
Hans Dieter Betz, Secrecy in the Greek Magical Papyri 153
Karl Hoheisel, Schauspielerei und Heuchelei in antiken Beurteilungen 177
Hubert Cancik, *Occulte adhuc colunt.* Repression und Metamorphose der römischen Religion in der Spätantike 191

Secrecy and Concealment in Near Eastern Monotheisms

Hans G. Kippenberg, Erstrebenswertes Prestige oder falscher Schein? Das öffentliche Ansehen des Gerechten in jüdisch-frühchristlichen Auseinandersetzungen 203
Gerd Theißen, Die pragmatische Bedeutung der Geheimnismotive im Markusevangelium. Ein wissensoziologischer Versuch 225
Dieter Georgi, Das Problem des Martyriums bei Basilides: Vermeiden oder Verbergen? 247
Kurt Rudolph, Geheimnis und Geheimhaltung in der antiken Gnosis und im Manichäismus 265
Guy G. Stroumsa, From Esotericism to Mysticism in Early Christianity 289
Moshe Idel, Secrecy, Binah and Derishah 311
Etan Kohlberg, Taqiyya in Shīʿī Theology and Religion 345
Moshe Barasch, How the Hidden Becomes Visible 381
Index: Selected Index of Names (Guy G. Stroumsa) 403

VORWORT

von Hans G. Kippenberg

Vom 1.–4. Juni 1993 fand in der Werner Reimers-Stiftung (Bad Homburg) eine Tagung statt. Ihr Thema war: "Verheimlichung in der antiken und islamischen Religionsgeschichte". Wenn heute der Tagungsband samt einer Einleitung von G.G. Stroumsa und mir erscheint, darf in ihm der Bericht über die Vorgeschichte nicht fehlen, den Hubert Cancik bei der Eröffnung der Tagung mündlich erstattet und danach niedergeschrieben hat. Aus diesem Bericht möchte ich einige Ausführungen zitieren.

"Die Tagung über Formen und Zwecke der Verheimlichung, die im Sommer 1993 in der Werner Reimers-Stiftung (Bad Homburg) stattfand, hat eine Vorgeschichte. Ich möchte sie kurz berichten. Mein Bericht ist eine Erinnerung an Jacob Taubes (1923–1987). Taubes gründete zu Beginn der achtziger Jahre—in Anlehnung an die Arbeitsgruppe "Poetik und Hermeneutik" (M. Kriele, O. Marquard, W. Pannenberg)—den Arbeitskreis "Religionstheorie und politische Theologie". Der traditionsreiche Begriff *theologia civilis*, von der antiken Religionswissenschaft bei der Dreiteilung der Religion neben die der Philosophen ("natürliche Theologie") und der Künstler ("mythische Theologie") gesetzt, bewährte sich als Stimulans und Regulativ; obgleich belastet und ein wenig abgegriffen schon, bewahrte er vor Beliebigkeit und Selbstbefriedigung mit schönen Texten. Der Leviathan, Thomas Hobbes, Carl Schmitt waren deshalb, Anfang 1980, folgerichtig und notgedrungen die Fixpunkte der ersten Tagung des Arbeitskreises: "Fürst dieser Welt". Die Reimers-Stiftung gab "materielle und moralische Unterstützung" (Taubes). Dank der Arbeit von Norbert Bolz war der Tagungsband 1983 publiziert. Taubes schrieb das programmatische Vorwort:

> Dreihundert Jahre nach Hobbes liegt die Last seiner Frage, wie wir mit dem 'Fürsten dieser Welt' zurechtkommen, schwer auf uns. Was Hobbes anvisierte, ist im 20. Jahrhundert durch Carl Schmitt, der in diesem Jahr seinen 95. Geburtstag feiert, erläutert worden. Größe und Elend dieser Frage sind durch diese Markierungen bestimmt. Wir wollen die Abgründe, die sich hier öffnen, nicht verbergen. Aus diesen Abgründen kroch 'das große Tier', von dem Platon und die Offenbarung

> Johannis schon sprechen und das vor einem halben Jahrhundert Gestalt gewonnen hat. Auch Wissende waren nicht gefeit gegen die Versuchung. Das soll uns, die Spätgeborenen, milder stimmen, die wir nicht in Versuchung kamen. Wer sich ohne Schuld weiß, der werfe den ersten Stein. Wir aber wollen 'verstehen' lernen. Es könnte in Zeiten der Entscheidung von Nutzen sein, die Folgen zu bedenken, die die Frage nach dem 'Leviathan' mit sich bringt. Auch die katastrophalen Folgen.

"Gnosis und Politik" und "Theokratie" sind die Themen der beiden folgenden Tagungen; die Ergebnisse sind 1984 und 1987 veröffentlicht worden. Im Sommer 1984, wenn ich es recht erinnere, bemühten wir uns, den Bann der Dreizahl zu brechen. Taubes schlug als Thema der vierten Tagung "Chiliasmus" vor, also abendländische Eschatologie. Es verdichteten sich aber schließlich mancherlei Vorarbeiten und Erfahrungen zu dem Thema Nikodemismus, Occultismus im Wortsinne, Taqiyya—"Verheimlichung". Der Scherztitel lautete: "Heimliche Flammen". Taubes wiederum, man muß es sagen, interessierte dieses Thema zunächst nicht besonders; aber er lieferte Stichworte: Partisan—damit konnte die Verbindung zur "Politischen Theologie" sehr hübsch gewahrt werden—Spion, Renegat, Doppelleben. Gemeinsames Ziel wurde schließlich: die Bedingungen der Entstehung neuzeitlicher Intelligenz. Gewiß sollte der hermeneutische Aspekt gebührend bedacht werden: "Mehrdeutigkeit, Schreiben unter Zensur, Allegorie, doppelte Wahrheit". Eine religionswissenschaftliche Typologie war geplant, die mit Überlagerung durch Eroberung (Iran) oder durch eine neue Religion (Christentum in der Antike) ebenso rechnete wie mit Geheimbünden, Geheimwissen und Herrschaft. Schnittstellen der Religionsgeschichte sollten erinnert werden: antike Mysterien, die Repression der Dionysos-Kulte durch die Römer, Qumran, Marranen, Sabbatianer, Frankisten, Pomponius Laetus und Gemistos Plethon. Im Jahre 1988 sollten die "heimlichen Flammen" auflodern. Der Tod von Jacob Taubes am 27. März 1987 machte alle Planungen zunichte. Es war, soweit ich weiß, auch das Ende des Arbeitskreises "Religionstheorie und politische Theologie".

Soweit Worte von Hubert Cancik bei der Eröffnung der Tagung.

Zusätzlich zu den Impulsen, die letztlich noch von Jacob Taubes kamen, wurde die Tagung von Aktivitäten von Jan und Aleida Assmann befruchtet. Sie haben zum Thema Geheimnis mehrere Mal Wissenschaftler verschiedener Disziplinen zusammengebracht. In Absprachen mit ihnen blieb die Zuspitzung auf die antike mediterrane

Religionsgeschichte und auf die soziale Handlungslogik unserer Tagung vorbehalten.

Im Namen aller Teilnehmer möchte ich der Werner Reimers-Stiftung für ihre Gastfreundschaft danken. In dem Augenblick, in dem ich dies tue, ist ihre Existenz bedroht. Ihr Ende würde die Wissenschaft in Deutschland intellektuell ärmer werden lassen und schwer treffen. Kaum eine andere Institution hat Vergleichbares dafür geleistet, die internationale Wissenschaft nach Deutschland zu holen und deutsche Wissenschaftler mit Kollegen aus Europa, den USA und Israel zusammenzubringen. Sie hat sich gegen die mächtigen nationalen Tendenzen in der Wissenschaft vom Menschen gestemmt und diese Zielstellung mit der großzügigen Unterstützung solcher wissenschaftlichen Vorhaben verbunden, die vernachlässigte Dimensionen menschlicher Kultur erhellen wollten.

Frühjahr 1995 H.K.

INTRODUCTION: SECRECY AND ITS BENEFITS

H.G. Kippenberg and G.G. Stroumsa

Das Geheimnis ist eine der grössten
Errungenschaften der Menschheit.
Georg Simmel

Secrecy has never seemed a pointless concept to those reflecting upon and conceptualizing the gods. Obviously the knowledge of the gods which makes it possible to deal with them cannot be allowed to become an indiscriminate privilege granted to all and sundry. Hence religious secrecy.

This secrecy is itself defined and delimited by time and place. During the Enlightenment, for instance, secret societies played a significant political role in Europe, which had a religious consequence. Their necessary secrecy fostered an esoteric conception of transcendental truth which was incorporated in the bourgeois conception of religion. (Luther Martin will show the importance of these groups for the history of religion in an appendix to his essay.)

The Triadic Structure of Secrecy

Secrecy is far from being the same as concealment. While the gods are discriminating in the matter of imparting their gifts and wisdom, a like discretion on the part of men is often viewed as morally reprehensible. The general tendency to confuse sensible secrecy with malicious concealment has often been exploited by religious communities eager to discredit their heretics. Perhaps the problematic valuation that secrecy has thus acquired would go some way towards explaining why secrecy has never been a topic of research for students of religion, while the opposite is true of divine mysteries, with their implied if difficult accessibility.

While sociologists and anthropologists have usually avoided this topic, the German sociologist George Simmel (1858–1918, a contemporary of Max Weber) presents a notable exception. Brigitte Nedelman's contribution systematises and develops his thought.

An adherent of *Lebensphilosophie*, Simmel stressed that religion arises from human life and should not be viewed as "culture" but as "religiosity" (*Religiosität*), i.e., the spiritual stance of the individual leading his life.[1] This viewpoint permitted Simmel to avoid implicit value judgements.

Particularly useful is his treatment of "Secrecy and the secret society" (1908), from which we borrowed the epigraph.[2] *Total* secrecy, while traditionally viewed as a venerable attribute of divine knowledge, has no particular value in the world of social relations. Simmel tried to see a productive catalyst of relationships in the more moderate secrecy which is an ordinary feature of social life. Simmel highlighted the singularity of the private individual and his extraordinary ability to reveal or hide his inner life—no other subject in nature has or uses such options. By a subtle interplay of revelation and concealment the private individual can travel rapidly from social distance to proximity, a mobility which is vital for the maintenance (and distinction) of such relationships as familiarity, friendship or enmity.

From Simmel's point of view, concealment is triadic: there are always (at least) two who share a secret, which they keep from a third (another person, society, etc.). In this adoption of a stance characterised by sharing or withholding of secrets, Simmel sees a precondition of the individuation process and the individual's ability to find order within the various and sometimes conflicting social circles he participates in. What he withholds, his secrets, are his touchstone for distinguishing his separate and transcendental self from his public and social roles.

Secrecy and Concealment in Ancient Polytheisms

Historically, the process of individuation in complex societies has been furthered by the choice of religious loyalties. The possibility of choice here is not unique to modern culture (as claimed by Peter Berger), but is already instanced in antiquity (as shown by Burkhard Gladigow in his contribution).

---

[1] For a selection of the relevant texts together with an introduction see H.J. Helle (Hg.), G. Simmel, *Gesammelte Schriften zur Religionssoziologie* (Berlin, 1989); on Simmel as *Lebensphilosoph*, see F. Fellmann, *Lebensphilosophie: Elemente einer Theorie der Selbsterfahrung* (Reinbek, 1993), 124–141.

[2] "Das Geheimnis und die geheime Gesellschaft", in G. Simmel, *Soziologie. Untersuchungen über die Formen der Vergesellschaftung* (1908) (Frankfurt, 1992), 383–455.

Religious tradition was transmitted and modified by various institutions in antiquity: religious associations, drama and philosophy explicated and interpreted the traditions they adopted. Interpretations were multiplied not only by these institutions, which operated within the *polis*, but also by the mere fact of travel and the accounts given by visitors. Thus it was that entirely different foundation myths could be told of the same temple, as in Lucian's *De Dea Syria* (2nd century C.E.).

Burkhard Gladigow asks what sure mooring the ethical norms of religion could have found in this welter of intellectual interpretations. His answer draws inspiration from Niklas Luhmann's theory of the "differentiation of religion".[3] Already in antiquity the practice of religion had achieved a certain autonomy and was no longer essential as a support for other social structures. This separate status made it possible for religion to become the object of interpretations and evaluations, which in turn shaped the understanding of believers and were integrated into the religious world view. The relationships between religious systems and societies, the mutual feedback, in turn limits the scope of interpretation.

The mystery cults present something of an exception. There, as in Platonic philosophy, a transcendent interpretation of the divine world entailed an unwillingness to entertain merely intellectual interpretations.

While the Near East is the source and origin of mystery cults, Jan Assmann shows that those rooted in Egyptian tradition possess a unique character. This arises from the special, magical value attributed to written language and its use in liturgy. Priests and kings, being initiated in reciting the sacred texts, *became* members of the divine court and performed or caused the cosmic dramas of the sun's rising and setting. The powerful hymns which effected these actions were carefully protected, and were engraved not in the temple but in inaccessible places such as the king's tomb.

A distinction between written and oral, which led to the sacro-theatrical recitation of the written, also led to a deep concern with concealment of the texts. This aesthetic of concealment was, as Hans Dieter Betz has shown, carried further by the magical papyri of the Hellenistic period. There, letters and hieroglyphs are used in symbolic

[3] See his *Gesellschaftsstruktur und Semantik: Studien zur Wissenssoziologie der modernen Gesellschaft*, vol. 3 (Frankfurt, 1993), 259–357 ("die Ausdifferenzierung der Religion").

senses decipherable only by the initiate, the magician, and which he may use only to influence cosmic processes.

In classical Greece, as Jan N. Bremmer shows, we encounter similar phenomena. The site of heroes' tombs was the privileged knowledge of only certain office holders of the *polis*. The Pythagoreans, by ancient testimony, also saw the value of secrecy, in regard to some of their teachings; though we have no clear explanation of their behaviour on record, it may stem from the same motivations that Robert Lamberton shows to have been operative vis-à-vis the secrecy of the philosophic schools.

Paralleling the Pythagorean secrecy is the famous taciturnity of the Eleusinian mysteries. Though the secrecy may originally have been merely a standard initiatory feature, it came to possess an independent and absolute value, to the point of becoming the essence of Eleusis, independent of its initiatory rites. When secrecy was betrayed, the Athenians reacted with rage, but most interestingly, not so much at the revelation of secret *knowledge* as the *breaking of the command of silence*. This command may have had a theological basis; he who kept silence imitated the divine nature, while he who revealed the words and acts of the mystery cults violated the divine order. One may discern here an original motivation for concealment, unknown in the ancient Near East. It is not so much the content of the knowledge as the kind of relationship with it which determined the question of loyalty or betrayal. Concealment was the exterior, practical side of membership in an exclusive association, and confirmed its closed nature.

Walter Burkert's analysis of the Greek mystery cults asserts paradoxically that the secret cultic practices and sayings of these cults seemed to have been known to all; that it was rather an "open secret", like sexuality. Burkert's main example, the Eleusian mysteries, were commonly known, though anyone who spoke openly about them would be severely punished. Unlike the cult of the sun in Egypt, Eleusis administered no powerful knowledge; what was performed in the mysteries was banal, and came to be highly esteemed only because it was the object of discretion.

Hence Burkert draws a new meaning of secrecy from the historical context of Greek and Hellenistic mystery associations: high prestige. Comparing Burkert's and Assmann's analyses we may perhaps express the difference in the two logics of secrecy, Greek and Egyptian, in the following way: in Greece, secrecy could and should grant prestige, while in Egypt, it protected powerful sacred knowledge.

Associations were a characteristic feature of Hellenistic society from Alexander to Augustine. Since religion ordinarily played a role in structuring social relations, it is impossible to distinguish clearly between religious and secular associations. Luther Martin provides a sociological analysis of the secrecy imposed on members of many of these groups. Secrecy was encouraged with regard to rites even when there was little to be hidden; the motivation was not so much protection from outsiders as social closure, group solidarity. Even when there were no secrets in need of protection, the rhetoric of secrecy survived as a "culture of silence", which declared that truth could not be made explicit, and only silence fitted it.

Not only religious associations, but also the theatre had a role in interpreting myths. Renate Schlesier shows how the tragedies alluded to the cultic experience of the mysteries. Unlike the philosophers, the tragedians did not reject myths in principle, but saw them as a means to describe human destiny. When the public listened to dramatic texts, the actors produced a *new reality*, sustained by the audience's previous religious experience. Thus, perfomance of the tragedies competed with the closed events of the cultic associations and, at the opposite extreme, the myth criticism of the philosophers.

While concealment played a significant role in the history of Platonic philosophy, it must not (as Robert Lamberton argues,) be understood as being one of its doctrines. While in Egypt, concealment arose from a special reverence for the written word, exactly the opposite was true in Greece, where oral teaching was viewed as fundamentally superior to a written fixation of the truth. Speech was perceived as lively and animate, while written text was only a dead shadow (Plato, *Phaidros* 276a). Thus, it was the view of the Greek philosophers that writing could not transmit the truth adequately—that could only be achieved by oral interpretation.

In this context, when philosophical teachings were viewed as secret, the ambivalence towards fixating truth definitively and in writing became outright refusal, and oral interpretation not merely a preferred, but the sole means of attaining the truth. Robert Lamberton's essay sheds new light on the value and place of concealment in the Hellenic culture's search for philosophic truth.

Hans Dieter Betz's study of ancient magical papyri discusses the Hellenistic continuation of Egyptian theological tradition. In these texts, the cosmic power of the gods is expressed in their names and their unintelligible (to mere mortals) language. The initiate who recites these names and sounds, which are scrupulously concealed from the uninitiate, accesses the power of the gods. Thus far, the findings parallel those of Jan Assmann, but a paradoxical new dimension is added when we consider that these ancient papyri were written in Greek, the most commonly known and therefore least discreet language of the age. Evidently, a simultaneous appeal is made to the prestige of the written word and the glamour of secret knowledge—hence the contradictory notion of the "secret book". The following analyses of secrecy in Hellenistic culture concentrate on its high valuation and how this shaped the perception of truth and sustained social stucture.

The premium placed on secrecy could also have the effect of devaluing anything visible to the level of "mere appearance". The effect of this nullification of the apparent could be to join members of different cultures in a commitment to one esoteric truth that transcended their respective religious idioms, but also, in a less positive way, could make public speech and action seem false, unworthy, mere play-acting.

It is along these lines that Karl Hoheisel analyses the concept of *hypokrinomai,* the theatrical acting behind the actor's mask. He finds a similar concept at the root of the Latin *persona* (character, personality), a term which in legal, moral and philosophical discourse, came to be used for the rational and intelligent individual in his various social and legal roles. But at the same time, the terminology of play-acting began to be used in a pejorative way by philosophers to describe the merely exterior dimension of human knowledge and activity, to unmask an assumption of roles as a delusion in contrast to real life. This assessment was accepted by Jewish and early Christian theologians who condemned *hypokrisis* as atheism.

Victorious Christianity did not grant the pagan religions even a limited existence. Hubert Cancik presents sources for the repression of Hellenistic and Roman religion by the established Christian Church, which used the whole mechanism of the Roman state to enforce and make exclusive its privileges. An exceptional resistance was that of the Emperor Julian, who from his youth had secretly worshipped the old gods. So unsuccessful was Julian's attempt to revive paganism that his biographer, Ammianus Marcellinus, had to hide his report under the dress of mythological erudition. As late as the fifth century, Augustine could report that the pagans worshipped their gods openly as well as in secret, though this was a punishable offence. Given the enduring appeal of paganism for many, the violent pressure exercised by the Church left man one option beyond martyrdom or conversion: concealment, which was a route taken though the Christian verdict of *hypokrisis* was radical.

This hidden paganism led to a situation in which partly the old gods and their cults were officially demonised, in part absorbed and "concealed" by Christianity. The conglomerate character of late antique and early medieval Catholicism is due to this double process.

Secrecy and Concealment in Near Eastern Monotheisms

In the polytheistic world of the Hellenistic age the "triadic" structure of secrecy (joining at least two persons sharing a secret to the exclusion of a third) continued to play a role in integrating the different segments of society. While the general Hellenistic sense of the Divine as ineffable was central to the toleration of different cults and interpretations, we should also note that religious secrecy played a part, as a practical tactic in avoiding comparisons and competitions between theologies, and so preventing debates and even wars of religion.

In Near Eastern monotheisms secrecy has a very different role and content, of which the book of Daniel presents an outstanding example: King Nebuchadnezzar had asked the wise men of Babylon to reveal to him the secret meaning of his dream (Dan 2:12). The Jewish seer and prophet Daniel, who had discovered this meaning in a nocturnal vision (Dan 2:19), told the king: "Neither wise men, nor diviners, nor truth-sayers, nor haruspices can reveal to the king the secret (*raza'*) about which he asks. But there is a God in heaven who reveals secrets and who lets the king know what will happen at the end of days . . . This secret [meaning of the king's dream] has been revealed to me, not thanks to a wisdom that I would have above all living creatures, but in order that the meaning would be told to the king and that you may know the thoughts of your heart" (Dan 2:47).

The secret referred to here is nothing ineffable; it is a knowledge needed by men for a proper life: knowledge of the course of history. The experience of suffering and injustice leads to the existential inference that the significance of human existence lies beyond what can be understood. God knows the true meaning, which remains hidden for the average man. The prophet alone—e.g. Daniel—can know and transmit this meaning. The secrecy of God's dealings, the experience of absurdity and the act of prophecy are linked together in a logical series.

Prophecy touches on two points already raised. Either the spoken word was valued more highly than the written word, as in Greece, or conversely the written word than the spoken word, as in Egypt. In Judaism, Islam and Christianity, prophecy was written down and transmitted in the form of canonical Scripture. There are exceptions: in gnosticism and in the Shi'a, prophecy retained affinities with oral discourse.

Hans G. Kippenberg's contribution shows that a public declaration of faith, which was among the basic demands of Jewish life, an expression of zeal for the written *laws of the fathers*, came to be not only a means of reinforcing respect for God, but also of asserting the common identity of the Jews. In the context of the struggle of the Jews for an autonomous life within the Greco-Roman cities of the diaspora, in the face of pagan anti-Judaism, the declaration of faith became a mystico-political act. Jewish writings of the period, claimed to be rediscovered revelations of ancient Hebrew sages and prophets, predicted that the present tribulations would soon end, and cited public displays of loyalty to the *laws of the fathers* as the historical standard antecedent to divine help and intervention. These late, apocalyptic writings justified the public and political activities of the Jews. The Christians, distancing themselves from Jews, openly questioned these displays of zeal for the *laws of the fathers*—and in so doing touched a raw nerve of the Jewish body politic. The Christians, with their *new* focus on the religious life of the *individual*, abandoned respect for the *laws of the fathers*. For them, salvation could only come through *confidence* in God's hidden activities within history—righteousness therefore could not depend on observable actions but only on the hidden, interior life of the self. The diverging appreciations of political life catalysed the separation of the two communities, and left the Christians open to Jewish disapprobation and Roman suspicion.

The earliest gospel, Mark, was written in this context, and in it Gerd Theißen finds a motive for the theme of secrecy so central to the book. To him Mark offers a unifying background for topics as different as the order to keep silent about the identity of Jesus, the disciples' misunderstanding of Jesus' true mission, the secret doctrine revealed by Jesus only to his disciples, and the order not to divulge healing of miracles. In Theißen's opinion, the need for secrecy in the early Christian communities, which were exposed to dangers and social sanctions, can be traced back to the time of Jesus: revealing the secret of Jesus' identity would endanger his life; the disciples' difficulty in understanding Jesus is a subterfuge enabling them to distance themselves from him in case of trouble with outsiders; one should not give unqualified approbation to Jesus' life by speaking of his miracles without mentioning his sufferings. Thus, the secrecy theme in Mark teaches the early Christian reader caution in revealing his Christianity; a qualified secrecy would at once avoid persecution and enable spreading the Gospel.

Dieter Georgi's contribution deals with the same need for discretion in the Christian community of the early second century, when the important theologian Basilides is reported to have urged Christians to deny their faith in times of persecution. This account must be viewed with suspicion since other sources state that Basilides taught readiness for martyrdom as the mark of a perfect Christian; also, the charge of teaching faith-denial in the face of persecution was used by Church Fathers as a "spice" in their polemics, especially in this period, when Orthodox Christians were eager to show a questionable morality in their Gnostic fellows.

The truth seems to lie somewhere in the middle—Basilides asked his followers to keep silent before the civil authorities, and to refuse cooperation with them. This attitude was a middle ground between the "Orthodox" Christians who valued public confession of the faith and martyrdom, which later in certain cases they actively sought,[4] and the Gnostics who, no less persecuted than other Christians of this period, preferred both in theory and practice to protect their persons and community by concealing their beliefs.

The particularly rich sources on secrecy in ancient Gnosis and Manichaeism, beginning with the Nag Hammadi texts, are analysed by Kurt Rudolph. Although the Gnostics insisted on the inexpressibility of truth, they nonetheless recorded their doctrines in the literary genre of "revelations". This category comprised accounts of what the Gnostic Jesus revealed to his disciples between his resurrection and ascension—far more than is recorded in the canonical Gospels.

What constituted the authority of such texts for the Gnostic communities remains a subject of controversy. Circumstantial evidence

---

[4] See A.J. Droge and J.D. Tabor, *A Noble Death: Suicide and Martyrdom among Christians and Jews in Antiquity* (San Francisco, 1992).

suggests that these documents were not viewed as canonical—the Gnostics apparently preferred an oral transmission of their tenets. Their communities were built on loyalty to living prophets and ascetics, and accepted as canonical only the direct writings of particularly prominent prophets, such as Jesus, Valentinus or Mani. Disciples' accounts of Jesus' post-resurrection teaching would not enjoy the same first hand status.

Apart from a view of history, the soteriological knowledge imparted by the Gnostic saviour included theological, cosmological and anthropological teachings just as in esoteric Jewish tradition. In this respect the Gnostic doctrine of the fall has a particular relevance for the study of secrecy. It taught that a part of Light, the divine substance, had mysteriously suffered contamination with the material world and human bodies, and now awaited its liberation. The Gnostic knew that his Self traced its origin to the transcendent Light, an aspect of which this world of darkness was ignorant. His true identity had to be kept secret from this inimical environment, if only to escape persecution. Thus, the Gnostics had no compunction about claiming to be orthodox members of Jewish, Christian, and later Muslim communities, protecting thus by secrecy the existence of the saved in this tenebrous realm.

Also in early Christianity, we find esoteric doctrines, as Guy G. Stroumsa shows. Such doctrines did not only relate to ritual knowledge but also to the world, man and salvation. Despite clear allusions in the sources, the existence of a Christian esotericism is still being ignored, due to a prejudice stemming from theological attitudes, and it has only rarely become the theme of scholarly discussion.

Traditional scholarship of early Christianity assumes that the parting of the ways between Judaism and Christianity had already happened in the first century. Thus, the results of recent scholarship on late antique Jewish esotericism are not usually taken into consideration by students of early Christianity. However, ancient Christianity retained various links with Judaism much longer than the traditional Christian perspective would lead us to believe. Similarly, Gnosticism, as an allegedly non-Christian movement, was rejected from the picture of ancient Christianity, although it was one of the several competing trends in Christianity until the fourth century. When the sources are studied from the perspective of esoteric traditions, a different picture emerges. Early Christianity, too, knew the existence of esoteric traditions. Only after the victorious Church succeeded in repressing Gnosticism and in completely separating Christianity from Judaism were these esoteric teachings finally marginalized, and eventually eliminated. At the same time a Christian mystical teaching emerged, which discussed the ineffable as personal experience, thus contributing to the construction of the Christian concept of the person.

The process of selecting and canonising particular writings in Judaism of the 2nd century C.E. was linked to a rejection of free, living prophecy. In a sense the canonical writings absorbed prophecy[5]—based on the conception that the Torah contained secret information, a theory investigated by Moshe Idel. *Binah* was the key to understanding scripture and discovering the Bible's secrets—it was an inspiration that, together with knowledge of esoteric traditions, permitted the exegete an insight infinitely superior to that of the simple reader.

Islam offers a variation of this Near Eastern pattern. Despite the great importance with which Islam invests public and political action, the intepretation of a few Qur'an verses permitted the believer threatened by persecution to deny his faith in order to save his life. The party of Ali and of his descendents, the Shi'a, which was repeatedly persecuted, made frequent use of this possibility and urged its believers to exercise the greatest caution (*taqiyya*). Etan Kohlberg documents this case in great detail. He observes that this caution may be exercised not only toward strangers, but also toward the members of the community. Such an attitude stems from a spiritual conception of truth. The knowledge which belonged to the members of Ali's family could not be written down, but had to be reserved to the person of the Imam. In an extension of this idea, concealment in the Shi'a became a comprehensive relationship to the world. To the Imams was attributed the saying: "He who has no *taqiyya* has no faith." There is a direct relationship between this attitude and the conception of the hidden *Mahdi*, the saviour guided by God who must remain hidden from his enemies. As long as the Imam is hidden, *taqiyya* reflects the praxis of the believers. Vice versa, with the return (*rağ'a*) of the Imam Mahdi, the age of concealment will end.

[5] See for instance J. Blenkinsopp, *Prophecy and Canon: A Contribution to the Study of Jewish Origins* (Notre Dame, Ind., 1977).

Conclusion

Secrecy has done remarkable service as a building block in the history of religions. The various ways in which religions have defined and made use of secrets reveal the practical options offered by the various religions to their believers, and the attitudes expected from them.

Secrecy, which frequently is both a need and a fact, has permitted and aided the transformation of certain drawbacks in Man's social condition into positive and enduring conceptions and behaviours. In their insistence on the secret nature of absolute truths, religions reflect the uncertainty and mystery of human existence—a notion which not even a resolute unbeliever can evade.

In their existential understanding of secrecy, religions enhance the meaning of interior, individual experience. Further, the acceptance of concealment as a form of piety can protect the individual from outside threats, as well as facilitate the coexistence of rival interpretations in cults and religions. On the other hand, the history of religions has shown that secrecy's effect is not limited to being beneficial. While it strengthens individualism, it may also legitimise hypocrisy and acquiescence in, or the implementation of, authoritarian rule. Thus, the assertion that the truth is secret encourages both tolerant pluralism in public discourse on religion and violent claims to power.

GEHEIMHALTUNG, VERHEIMLICHUNG, GEHEIMNIS— EINIGE SOZIOLOGISCHE VORÜBERLEGUNGEN

Birgitta Nedelmann

Universität Mainz

Zusammenfassung

Ausgehend von Georg Simmels Soziologie des Geheimnisses werden diesem Text zwei Beiträge entnommen: Erstens die Rekonstruktion von Geheimnis als Interaktionstriade, zweitens die Diskussion der These von der soziologischen Positivität des Geheimnisses.

1. Versteht man Geheimnis als **Interaktionstriade**, so lassen sich drei Typen von Handlungen voneinander unterscheiden: Geheimhaltung, Verbergen und Enthüllen, die durch zwei Typen von Akteuren getragen werden, den Geheimnisträgern und dem vom Geheimnis ausgeschlossenen Dritten. Die interne Spannung dieser triadischen Beziehung ist Grundlage für die prinzipielle Labilität von auf Geheimnis gegründeten sozialen Beziehungen.

2. Die von Simmel behauptete **soziologische Positivität** des Geheimnisses besteht erstens in seiner sozialen Produktivität und zweitens in seiner Förderung der Individualisierung.

1. *Einleitung*

Georg Simmel hat in dem fünften Kapitel seiner Soziologie ("Das Geheimnis und die geheime Gesellschaft") das Geheimnis als "eine der größten Errungenschaften der Menschheit" bezeichnet (Simmel 1992, 406). Diese positive Einschätzung mag heute überraschen, da Geheimhaltung überwiegend unter ethisch-normativen Gesichtspunkten gesehen und moralisch verpönt wird. In Orientierung an demokratische Normen und Ideale wird Geheimhaltung schnell in den Bereich abweichenden, wenn nicht sogar kriminellen Verhaltens gerückt und als Geheimniskrämerei verurteilt. Gleichzeitig verrät gerade der starke moralische Druck, der in Demokratien auf Öffentlichkeit und Veröffentlichung gelegt wird, daß diese ohne Geheimhaltung und Geheimnis gar nicht auskommen. Die Frage nach der positiven Bedeutung des Geheimnisses für die Demokratie und für das soziale Zusammenleben im allgemeinen wird unter dem Eindruck seiner überwiegenden moralischen Abwertung gar nicht mehr gestellt. Was Simmel für die Lüge sagt, gilt ebenso für das Geheimnis: "Man muß sich hüten, durch den in ethischer Hinsicht negativen Wert der Lüge über die soziologisch durchaus positive Bedeutung getäuscht zu werden, die sie in der Gestaltung gewisser konkreter Verhältnisse ausübt" (Simmel 1992, 392). Wenn hier also mit Simmel die Frage nach der positiven Bedeutung des Geheimnisses aufgeworfen wird, so ist zunächst nach den Gründen zu fragen, die Simmel zu dieser Einschätzung bewogen haben.

Simmel macht es seinen Lesern schon deshalb nicht leicht, seine Einschätzung des Geheimnisses als einer der größten Errungenschaften der Menschheit nachzuvollziehen, weil er deren berechtigte Erwartung enttäuscht, seinem fünften Kapitel eine genaue Definition des Geheimnisses voranzustellen. Er beläßt es dabei, es als "das durch negative oder positive Mittel getragene Verbergen von Wirklichkeiten" zu bezeichnen (ibid.).[1] Diese spärliche Klärung entspricht der bewußten Weigerung Simmels, konventionellen wissenschaftlichen Erwartungen zu entsprechen und seine Ausführungen mit einer eindeutigen Begriffsbestimmung oder Systematisierung einzuleiten. So erklärt er etwa an anderer Stelle, bevor er mit seiner Erörterung über die Beziehung zwischen innerer Gruppenstruktur und Geheimhaltung beginnt: "Ich schicke dieser Erörterung nicht erst eine systematische Einteilung der geheimen Gesellschaften voraus, die nur ein äußerlich historisches Interesse hätte; ihre wesentlichen Kategorien werden sich auch ohne dies ergeben" (Simmel 1992, 422). Simmel überläßt es somit seinen Interpreten, die wesentlichen Kategorien, die zur begrifflichen Bestimmung von Geheimnis gehören, nachträglich aus seinem Text zu rekonstruieren und sie zu einer Definition zusammenzusetzen.

Die erste Aufgabe, die in diesem Beitrag verfolgt wird, besteht eben in einem derartigen Versuch der begrifflichen Rekonstruktion der Grundelemente des Geheimnisses. Im Zuge dieses Rekonstruktionsversuchs wird gleichzeitig die zweite Aufgabe in Angriff genommen werden können, die darin besteht, die Gründe dafür zu ermitteln, die Simmel dazu bewogen haben, das Geheimnis für eine der größten Errungenschaften der Menschheit zu erachten. Den ersten Grund könnte man, in Ergänzung der Simmelschen Terminologie, die "so-

[1] Der Vorwurf der unzureichenden Definition des Begriffs Geheimnis ist Simmel mehrfach gemacht worden, so etwa von Burkhard Sievers 1974, 11–12; siehe auch Westerbarkey 1991.

ziale Produktivität" des Geheimnisses bezeichnen. Der zweite Grund, den Simmel entgegen aller damals wie heute dominierenden gesellschaftlichen Wertungen dazu veranlaßt hat, Geheimnis als Errungenschaft anzusehen, besteht in seinem Beitrag zur Förderung der Individualisierung. Diesem Zusammenhang zwischen Geheimnis und Individualisierung sei im zweiten Teil dieses Beitrages nachgegangen; zunächst sei die These von der "sozialen Produktivität" des Geheimnisses vorgestellt, um dann die zentralen Begriffe "Geheimhaltung", "Verheimlichung" und "Enthüllen" einzuführen.

I. *Die soziale Produktivität des Geheimnisses*

Auch wenn bei Simmel der Ausdruck der "sozialen Produktivität" nicht fällt, so läßt er sich sehr wohl auf den von ihm auch in anderen Zusammenhängen gemeinten Sachverhalt anwenden. Unter soziologischen Gesichtspunkten ist bereits die Tatsache der Verursachung von Wechselwirkungen ein Grund für die positive Bewertung eines sozialen Phänomens als "sozial produktiv", denn es setzt Prozesse der "Vergesellschaftung" in Gang. Insofern hat nach Simmel das Geheimnis mit dem sozialen Phänomen des Streits gemeinsam, daß sie Wechselwirkungen zwischen Individuen stiften und zur Vergesellschaftung beitragen.

Nun mag die These von der sozialen Produktivität gerade angesichts solcher Phänomene wie der Streit und das Geheimnis unmittelbar Einwände hervorrufen. Die Bedenken, die Simmel seinem vierten Kapitel "Der Streit" voranstellt, ließen sich ebenso seinem fünften Kapitel über das Geheimnis voranstellen: "... der gewöhnlichen Anschauung (muß) die Frage paradox vorkommen, ob nicht der Kampf selbst schon, ohne Rücksicht auf seine Folge- oder Begleiterscheinungen, eine Vergesellschaftsform ist" (Simmel 1992, 284). Kommt es nicht ebenso paradox vor, das Geheimnis als eine Vergesellschaftungsform zu betrachten, besteht es doch darin, anderen Wissen vorzuenthalten und insofern gerade sozial unproduktiv zu sein?

1. *Die soziale Unproduktivität des absoluten Geheimnisses*[2]

Es drängen sich unmittelbar Beispiele auf, die gegen die These von der sozialen Produktivität des Geheimnisses sprechen. Es sind dies

[2] Simmel selbst verwendet den Ausdruck des aboluten Geheimnisses nicht, aber es scheint mir nach seinen Ausführungen berechtigt, im folgenden zwischen dem absoluten und relativen Geheimnis zu unterscheiden.

Fälle, in denen ein Individuum der alleinige Träger eines Geheimnisses in Form exklusiven Wissens ist und andere erst gar nicht von der Existenz eines Geheimnisses und eines Geheimnisträgers wissen. Dieser Umstand ist etwa dann gegeben, wenn eine Mutter das Geheimnis des wahren Vaters vor ihrem Kind hütet; wenn der Arzt dem Patienten die Nachricht vorenthält, seine Krankheit sei unheilbar; oder wenn der Ehemann seine Frau im Auftrag eines Geheimdienstes jahrelang bespitzelt. In diesen und ähnlichen Fällen ist die Wirkung des Geheimnisses nicht die Stiftung von Wechselwirkung, sondern im Gegenteil in Simmels Worten "Isolierung, Gegensatz, egoistische Individualisierung" (Simmel 1992, 422). Soll ein Wissensmonopol aufrechterhalten und seine Existenz vor anderen verborgen werden, so müssen vorhandene soziale Beziehungen unterbunden und neue, sich bietende Beziehungen gemieden werden.

Allein diese Tatsache würde dazu berechtigen, von der sozialen Unproduktivität monopolistischer oder absoluter Geheimhaltung zu sprechen. Ein zweiter Aspekt unterstreicht diesen Charakter noch. Im allgemeinen gilt, daß der exklusive Besitz von Gütern, seien diese materieller oder immaterieller Art, zur sozialen Hochschätzung seines Besitzers führt. In den erwähnten Fällen des exklusiven Besitzes eines Geheimnisses (oder des absoluten Geheimnisses) bleibt die soziale Wert- oder überhaupt Einschätzung des Wissensmonopolisten jedoch aus. Bleibt vor den anderen verborgen, daß ein Geheimnis besteht, so kann weder das geheimgehaltene Wissen bewertet, noch sein Besitzer sozial gewürdigt oder verdammt werden. Da das absolute Geheimnis erst gar nicht als "schmückender Besitz und Wert der Persönlichkeit wirken" kann (Simmel 1992, 413), können ihre Träger gar nicht den mit Monopolbesitz typischerweise verbundenen Vorteil, nämlich Macht, erzielen und ausnutzen. Nicht selten wird daher in den erwähnten Fällen der freiwilligen oder auferzwungenen absoluten Geheimhaltung der Vorteils-Verlust anderweitig zu kompensieren versucht, sei es durch moralische Selbstaufwertung (wie dies etwa im Fall der Mutter denkbar ist), durch Anerkennung von seiten der Professionskollegen (wie dies typischerweise bei dem verschwiegenen Arzt durch seine Kollegen zu geschehen pflegt) oder sei es bloß durch Vermeiden eigener Nachteile (wie im Fall des spionierenden Ehemanns, der Schlimmeres für sich und seine Familie verhüten will und sich dem Geheimdienst gefügig macht).

2. *Relative Geheimhaltung*

Nach dieser Vorüberlegung läßt sich festhalten, daß die Simmelsche These von der sozialen Produktivität des Geheimnisses nicht auf Fälle des absoluten Geheimnisses anzuwenden ist. Sie gilt vielmehr erst unter zwei minimalen Bedingungen, nämlich erstens dann, wenn ein oder mehrere andere Akteure zumindest wissen, daß ein Geheimnis besteht und wer der Geheimnisträger ist. Erst unter diesen minimalen Voraussetzungen, unter denen das absolute Geheimnis bereits einschränkt und zum "relativen Geheimnis" geworden ist,[3] kann die soziale Beziehung der **Geheim-Haltung** gestiftet werden. Die mit ihr typischerweise verbundenen Widersprüche und Spannungen können sich nun voll entfalten. Es ist diese interne Komplexität und Spannung der Geheimhaltung, die die Ursache ihrer sozialen Produktivität ist:

Zunächst stiftet das geteilte und vor anderen verborgene Wissen ein starkes Band zwischen den Mitwissenden, denn es verleiht ihnen eine "Ausnahmestellung". Das Geheimnis "wirkt als ein rein sozial bestimmter Reiz, prinzipiell unabhängig von dem Inhalt, den es hütet, aber natürlich in dem Maße steigend, in dem das ausschließlich besessene Geheimnis bedeutsam und umfassend ist" (Simmel 1992, 408). Jede Geheimhaltung macht die Entfaltung einer Binnenkommunikation notwendig, in die nur die Mitwisser eingeweiht sind. Es werden Techniken der Geheimhaltung erfunden, womöglich auch eine Geheimsprache, geheime Gesten und Codes. Diese Entwicklung eines "kulturellen Überbaus" über das eigentliche Geheimnis ist ein deutlicher Beleg für die Simmelsche These der sozialen Produktivität von Geheimhaltung. Je stärker diese Kultur der Geheimhaltung ausgeprägt ist, desto größer wird die Attraktivität des Geheimnisses für die Geheimnisträger sein. Sie sind nicht nur durch das Geheimnis selbst miteinander verbunden, sondern auch durch die geheime Binnenkultur ihrer sozialen Beziehung. In vielen modernen geheimen Organisationen ist das Geheimnis selbst längst entfallen und die Mitglieder werden allein durch die geheime Binnenkultur integriert.[4]

---

[3] Simmel wendet selbst ein, man könne mit Recht sagen, "ein Geheimnis, um das Zwei wissen, sei keines mehr" (Simmel 1992, 423).

[4] Die modernen Freimaurer-Logen hüten schon längst kein Berufsgeheimnis mehr, sondern ihre geheimen Aktivitäten beziehen sich fast ausschließlich auf die Rituale. So erklärt etwa der Schwedische Freimaurer-Orden in seiner Informationsbroschüre: "Der Schwedische Freimaurer-Orden ist nicht geheim. Der Orden teilt u.a. mit, daß und wo es ihn gibt und wer Mitglied in ihm ist. Der Orden legt seine Ideologie

Mit steigender Attraktivität des Geheimnisses als einer sozialen Beziehung steigt jedoch gleichzeitig die Gefahr, daß es durch seinen "logischen Gegensatz" zerstört wird, nämlich dadurch, es zu verraten bzw. "verraten zu **können**, und damit die Macht zu Schicksalswendungen und Überraschungen, zu Freuden und Zerstörungen, wenn auch vielleicht nur zur Selbstzerstörung, in der Hand zu haben" (Simmel 1992, 409). Die soziale Beziehung zwischen Geheimnisträgern ist durch eben diese Spannung gekennzeichnet, daß jeder weiß, daß ihm selbst und dem anderen stets zwei widersprüchliche Handlungsalternativen offen stehen: Bewahren des Geheimnisses und Pflege der gemeinsamen Binnenkultur einerseits oder Verrat des Geheimnisses und Zerstörung der gesamten Beziehung andererseits. Insofern verbindet jede Geheimhaltung zwar die Mitwissenden miteinander, aber sie trennt sie gleichzeitig voneinander, denn beide Mitwissenden müssen stets die Möglichkeit des Verrates durch sie selbst oder den anderen in ihre Handlungskalküle einschließen. Die Interessenlage von Geheimnisträgern ist somit außerordentlich prekär und widersprüchlich: Nur durch Bewahren und Hüten ihres Geheimnisses können sie die Exklusivität ihrer Beziehung steigern und festigen; aber mit der Steigerung der Exklusivität des Geheimnisses steigt auch gleichzeitig die Versuchung, das Geheimnis durch Verrat zu zerstören. Geheimhaltung beruht somit auf dem Paradox von Attraktivität durch Exklusivität und hierdurch hervorgerufene Attraktivität durch Verrat. Auf diese Weise erfährt die soziale Beziehung der Geheimhaltung jene für sie typische Mischung von Attraktivität und Instabilität.[5] Sie ist ständig nicht nur von außen, sondern auch (und vielleicht vor allem) von innen bedroht.

3. *Verheimlichung*

Jede Geheimhaltung tendiert dazu, sich von einer Zweier- in eine Dreierbeziehung zu verwandeln. Die Aktivität der **Verheimlichung**

---

offen dar und gibt eine regelmäßig erscheinende Zeitschrift "Der Freimaurer" heraus, die für alle zugänglich ist. Aber es gibt eine gewisse Abgeschlossenheit gegenüber der Außenwelt, die ihre natürliche Erklärung hat. Die Mitglieder unterliegen nämlich einem Entwicklungsprozeß, in dem Rituale, Zeremonien und Symbole schrittweise den Horizont in Richtung auf eine reichere Ideen- und Gedankenwelt erweitern . . . deshalb werden die Rituale geheim gehalten." Der Schwedische Freimaurer-Orden. Informationsdirektorium, Stockholm 1991.

[5] Simmel vergleicht die Attraktivität des Verrats mit der Attraktivität, die der Besitzer von Geld bei der Verschwendung seiner Mittel empfindet. ". . . das mit dem Geldbesitz gegebene Machtgefühl konzentriert sich für die Seele des Verschwen-

setzt dann ein, wenn Geheimnisträger in Orientierung an Dritte handeln und sie bewußt von der Teilhabe des Geheimnisses ausschließen. Zu den Binnenaktivitäten der Geheimhaltung treten nun die Außenaktivitäten des Verbergens gegenüber dem oder den Dritten. Nach Simmel ensteht dann "jenes tendenziöse Verstecken und Maskieren, jene sozusagen **aggressive Defensive** gegen den Dritten, die man erst eigentlich als Geheimnis bezeichnet" (Simmel 1992, 405). Diese aggressive Defensive gegenüber dem ausgeschlossenen Dritten zielt darauf ab, zwischen eingeweihten Geheimnisträgern und uneingeweihten Dritten sozial zu differenzieren und eine "Schranke" (Simmel 1992, 409) zwischen diesen zu legen. Man könnte insofern einwenden, hierin liege ein Grund, der Verheimlichung die Qualität des sozial Produktiven abzusprechen. Zur Errichtung sozialer Schranken bedarf es jedoch der Entfaltung vielfältiger neuer Aktivitäten und eben hierin liegt die Ursache für die soziale Produktivität von Geheimnissen, die vor Dritten verborgen werden. Sie betrifft zunächst die bekannten Techniken der Verheimlichung: das Verschweigen und die Verschwiegenheit,[6] das Unterlassen und Vermeiden, aber auch die Lüge, das Fälschen, Unterschlagen, Vernichten von Akten usw. Diese Techniken der Verheimlichung können auch die Personen der Geheimnisträger selbst erfassen, indem sie sich maskieren, tarnen, vermummen,[7] entstellen oder gar verstümmeln, um unerkannt zu bleiben. Sozial produktiv kann Verheimlichung schließlich auch dann sein, wenn dem Dritten gegenüber Aktivitäten entfaltet werden, in deren Genuß er nicht gekommen wäre, falls vollkommene Öffentlichkeit bestanden hätte. Hierzu kommt es etwa dann, wenn der Geheimnisträger von Schuldgefühlen gegenüber dem vom Geheimnis ausgeschlossenen Dritten geplagt wird und er hierdurch diesem gegenüber "zu Rücksicht, Zartheiten, geheimem Wieder-gutmachenwollen . . ., zu Nachgiebigkeiten und Selbstlosigkeiten" bewegt wird, "die ihm bei völlig gutem Gewissen ganz fernlägen" (Simmel 1992, 406, FN 1). Die soziale Produktivität von Verheimlichung entspringt in diesem Fall gerade der Tatsache, daß sie ethisch verpönt ist und

---

ders am vollständigsten und lustvollsten in dem Augenblick, wo er diese Macht aus den Händen gibt" (Simmel 1992, 409).

[6] Im Fall des Bankgeheimnisses wird der Bank "Verschwiegenheit über alle kundenbezogenen Tatsachen und Wertungen" auferlegt.

[7] Die Phantasie, die von Teilnehmern an öffentlichen Demonstrationen an den Tag gelegt wird, um das Vermummungsverbot zu umgehen, ist eine naheliegende Illustration für die soziale Produktivität, wenn nicht sogar Kreativität von Verheimlichung.

sich Geheimnisträger dem ausgeschlossenen Dritten gegenüber zu sozialen Kompensationen aufgefordert fühlen, in deren Genuß sie im Falle ihrer Eingeweihtheit nie gekommen wären.

4. *Enthüllen*

Die für Geheimnisse typische triadische Interaktionskonstellation ist erst dann vollständig, wenn der von ihr ausgeschlossene Dritte in Orientierung an die Geheimnisträger handelt und versucht, ihr Geheimnis zu **enthüllen**. Die Entfaltung derartiger Enthüllungsaktivitäten ist an mindestens drei Vorbedingungen geknüpft, die das Bestehen eines Geheimnisses bereits einschränken und auf das Vorliegen eines relativen Geheimnisses hinweisen: Der Dritte muß über ein Minimum an Wissen verfügen. Er muß nämlich erstens wissen, daß überhaupt ein Geheimnis besteht, zweitens, wer die Träger dieses Geheimnisses sind und drittens, daß er selbst nicht irgend jemand, sondern eben ein von diesem Geheimnis ausgeschlossener Dritter ist. Der Dritte wird versuchen, die Barriere, die die Geheimhalter zwischen sich und dem Dritten durch "aggressive Defensive" aufgebaut haben, durch "aggressive Offensive" zu durchbrechen.

Eine besonders eindringliche Schilderung einer derartigen "aggressiven Offensive" hat Stefan Zweig in seiner Erzählung "Brennendes Geheimnis" gegeben. Das Kind, das im Mittelpunkt seiner Erzählung steht, schöpft im Laufe der Handlung den Verdacht, seine Mutter lasse sich auf ein Abenteuer mit einem Fremden ein. "Irgendein Geheimnis ist zwischen ihnen, das sie mir nicht verraten wollen. Ein Geheimnis, das ich ergründen muß um jeden Preis" (Zweig 1993, 55). Dieses Enthüllenwollen "um jeden Preis" charakterisiert die Radikalität, mit der typischerweise ausgeschlossene Dritte ihre "aggressive Offensive" gestalten. "'Oh, es zu wissen, endlich zu wissen, dieses Geheimnis, ihn zu fassen, diesen Schlüssel, der alle Türen aufschließt, nicht länger mehr Kind sein, vor dem man alles versteckt und verhehlt, sich nicht mehr hinhalten lassen und betrügen. Jetzt oder nie! Ich will es ihnen entreißen, dieses furchtbare Geheimnis'" (ibid.), so stellt Stefan Zweig den Entschluß des Kindes dar, hinter die Geheimnisse der Mutter kommen zu wollen. Seine durch den Verdacht geweckten Enthüllungsenergien verhelfen ihm zum Wechsel in die Welt der Erwachsenen, denn: "Nichts schärft Intelligenz mehr als ein leidenschaftlicher Verdacht, nichts entfaltet mehr alle Möglichkeiten eines unreifen Intellekts, als eine Fährte, die ins Dunkle läuft" (Zweig 1993, 56).

Enthüllungsversuche können mehr oder minder systematisch betrieben und auf einer Skala von laienhafter unsystematischer Enthüllungsaktivität bis zur Enthüllung als Profession angeordnet werden: Vom "Horchen an verschlossenen Türen und das Hineinschielen auf fremde Briefe", über das "gierige, spionierende Auffangen jedes unbedachten Wortes, die bohrende Reflexion, was dieser Tonfall wohl zu bedeuten habe, wozu jene Äußerungen sich kombinieren ließen, was das Erröten bei der Nennung eines bestimmten Namens wohl verrate . . ." (Simmel 1992, 399), bis zur systematischen und geschulten Enthüllung als Beruf, etwa durch den Journalisten, Detektiv, Spion, Fahndungsbeamten oder Geheimdienstler. Je größer die Professionalität der Enthüller, desto größer die Anreize, Geheimhaltung zu professionalisieren—und umgekehrt. Techniken der Geheimhaltung und der Enthüllung tendieren dazu, sich nach dem Modell der Dynamik von Rüstungsspiralen gegenseitig aufzuschaukeln. Eben diese Eskalation von "aggressiver Offensive" und "aggressiver Defensive" begünstigt die Entstehung einer Kultur von Verheimlichung und Enthüllung, die mit fortschreitender gesellschaftlicher Entwicklung zunehmend technologisiert, industrialisiert und rationalisiert worden ist. Die ganze Spannung dieses Machtkampfes zwischen Geheimnisträgern und Enthüllern beruht auf der stets drohenden Gefahr, daß Geheimnisträger durch Verrat oder Reue ins gegnerische Lager der Enthüller überwechseln können. Die Chancen des Verrats können dann gesteigert werden, wenn der Wechsel vom Lager der Geheimnisträger in dasjenige der Enthüller durch Anreize wie Straferlaß oder -minderung prämiert wird. So beruht etwa die Schlüsselrolle, die die "pentiti" im Dreiecksdrama zwischen organisierter Kriminalität, Politik und Justiz in Italien innehaben, darauf, daß sie durch tropfenweises Dosieren ihrer Enthüllungen Macht sowohl gegenüber den ehrenwerten Männern der traditionellen Mafia, wie auch gegenüber Justiz und Politik ausüben können. Ihre Macht steigt in dem Maße, in dem keine der beiden Seiten (also weder die Mafia, noch die Justiz) mit Sicherheit weiß, welcher Seite sich der reuige "pentito" definitiv zugeordnet hat. Gelingt es Personen, einen derartigen Schwebezustand zwischen Geheimnisträgern und Enthüllern einzunehmen, also eine neue dritte Position zwischen diesen zu beziehen, so können sie ihre Machtposition zumindest temporär maximieren.[8]

---

[8] Hiervon berichtet eindrucksvoll der reuige (un-)ehrenwerte Mann Antonino

Die vom Simmelschen Text rekonstruierten Hauptbestandteile des Geheimnisses lassen sich wie folgt zusammenfassen:

Das Geheimnis läßt sich als eine triadische soziale Beziehung verstehen, die durch mindestens zwei Geheimnisträger einerseits und durch vom Geheimnis ausgeschlossene Dritte andererseits gebildet wird. Die für Geheimnisse typische Interaktionsdynamik beruht auf der internen Spannung zwischen diesen drei Akteuren.[9] Die Geheimnisträger sind untereinander durch die widersprüchlichen Interessen von **Geheimhaltung** und potentiellem **Verrat** verbunden. Die Beziehung zwischen Geheimnisträgern und ausgeschlossenen Dritten wiederum wird durch "aggressive Offensive" bzw. "aggressive Defensive" hergestellt, also durch das Interesse der Geheimnisträger, ihr Wissen gegenüber Dritten zu **verheimlichen**, einerseits und durch das Interesse des Dritten, dieses vor ihnen verborgene Wissen zu **enthüllen**, andererseits. Dabei handeln beide Seiten stets in der Antizipation der Möglichkeit, daß sie ins gegnerische Lager überwechseln könnten, daß Geheimnisträger zu Verrätern und ausgeschlossene Dritte zu Eingeweihten werden können. Der Bestand der Triade ist durch diese Interessenwidersprüche prinzipiell schwer berechenbar und das Geheimnis daher eine grundsätzlich labile Interaktionsform.

Eben in diesen Merkmalen des Geheimnisses, in seiner Unberechenbarkeit und Labilität, liegt der soziologische Grund dafür, daß es der Stütze durch Organisierung oder Professionalisierung bedarf, um längerfristig bestehen zu können. Diese Notwendigkeit zur Professionalisierung und Organisierung ist schließlich ein weiterer Hinweis darauf, weshalb es berechtigt ist, Geheimnis als sozial produktiv zu bezeichnen. Es schafft etwa die Notwendigkeit zur Institutionalisierung von Geheimhaltung als Dienstvorschrift (etwa beim Bankangestellten); es schafft die Notwendigkeit zur Schulung von Aktivitäten der Entschlüsselung von Geheimnissen durch Professionalisierung von Enthüllungsaktivitäten (etwa beim Steuerfahndungsbeamten); und es schafft schließlich die Notwendigkeit, die stets lauernde "Lust zum Verrat" unter Kontrolle zu bekommen und Geheimhaltung zu organisieren, etwa in geheimen Logen, Vereinen oder Parteien, oder

---

Calderone. Vgl. Pino Arlacchi: Gli uomini del disonore. La mafia siciliana nella vita del grande pentito Antonino Calderone. Milano: Arnaldo Mondadori Editore 1992.

[9] Ich habe an anderer Stelle den dynamischen Aspekt dieser Interaktionstriade stärker entwickelt, als ich es hier tun konnte. Vgl. Nedelmann, Birgitta: Geheimnis—ein interaktionistisches Paradigma. In: Vorgänge, Heft 6, November 1985, 38–48; und in: Maihofer, Werner (ed.): Noi si mura. Florence: EUI, 1986, 118–130.

rechtlich zu regeln (wie in dem Banken auferlegten Bankgeheimnis oder Berufsgeheimnis). Erst eine Analyse dieser geheimen Organisationen und Institutionen im Zusammenhang mit dem Öffentlichkeitsgebot würde erlauben, Aussagen darüber zu machen, ob die Labilität des Geheimnisses als Interaktionsform durch Organisierung und Institutionalisierung überwunden werden kann.[10]

II. *Geheimnis und Individualisierung*

Simmels Einschätzung des Geheimnisses als eines der "größten Errungenschaften der Menschheit" bezieht sich nicht nur auf seine soziale Produktivität, die bisher erläutert worden ist, sondern auch auf einen zweiten von ihm erzeugten Effekt, der dem ersten zu widersprechen scheint, nämlich dem der Individualisierung. Das Geheimnis ist nach Simmel ein "Individualisierungsmoment ersten Ranges" (Simmel 1992, 410). Was versteht er darunter?

Simmel spricht von der "Doppelrolle", die das Geheimnis für den Prozeß der Individualisierung spielt: "soziale Verhältnisse von starker personaler Differenziertheit (gestatten und fordern) dasselbe in hohem Maße (. . .), und . . . umgekehrt (trägt und steigert) das Geheimnis solche Differenziertheit" (Simmel 1992, 410). Diese These von der wechselseitigen Abhängigkeit zwischen Geheimnis und Individualisierung macht Simmel durch eine grobe Gegenüberstellung von "kleinen" bzw. "großen" sozialen Kreisen plausibel. In Gesellschaftstypen, in denen kleine Kreise oder Gruppen dominieren, wird Geheimhaltung dadurch erschwert, daß die Individuen hier typischerweise direkt, spontan und unregelmäßig miteinander interagieren. Unter diesen Bedingungen, die man auch mit dem Begriff der mechanischen Solidarität von Emile Durkheim belegen könnte, "wird die Ausbildung und Bewahrung von Geheimnissen schon technisch erschwert sein, weil ein jeder den Verhältnissen eines jeden zu nahe steht und weil die Häufigkeit und Intimität der Berührungen zu viel Verführungen zur Enthüllung mit sich bringen", argumentiert Simmel (1992, 410). Auch bedürfe es unter diesen strukturellen Bedingungen "des Geheimnisses nicht in erheblichem Maße, weil diese soziale

[10] Dieser makrosoziologische Aspekt des Geheimnisses liegt meiner Arbeit zugrunde: Nedelmann, Birgitta: Secrecy as a Macrosociological Phenomenon—a Neglected Aspect of Simmel's Analysis of Secrecy. In: Frisby, David (ed.): Georg Simmel. Critical Assessments. Vol. III. London and New York: Routledge 1994, 202–221.

Bildung ihre Elemente zu nivellieren pflegt und jene Besonderheiten des Seins, Tuns und Habens ihr widerstreben, deren Konservierung die Form des Geheimnisses verlangt" (ibid.). Mit Erweiterung des sozialen Kreises "(geht) alles dies in sein Gegenteil über(. . .)" (Simmel 1992, 411). Mit zunehmender arbeitsteiliger Differenzierung und mit zunehmender Verbreitung der Geldwirtschaft werden die strukturellen Bedingungen dafür geschaffen, das Bedürfnis nach Geheimhaltung und Verheimlichung zu steigern. Dominiert der Interaktionstypus indirekter, regelmäßiger und zielgerichteter Kontakte bzw. die "organische Solidarität", dann steigen die strukturellen Chancen zur Geheimhaltung von Wissen und das individuelle Bedürfnis nach Geheimhaltung wird dadurch angeregt.

Dieser von Simmel behauptete Zusammenhang läßt sich am Beispiel der Regulierung der Arbeitszeit veranschaulichen. Je mehr der Alltags- und Arbeitsrhythmus berechenbar wird, desto größer und vielfältiger werden rein zeitlich die Möglichkeiten, Aktivitäten zu verheimlichen. So sind etwa geheime Liebschaften zwar keine Erfindung der modernen Zeiteinteilung, aber sie sind durch diese gefördert und erleichtert worden. Dies trifft ebenso für geheime religiöse und politische Organisationen zu, deren Entstehung durch die Berechenbarkeit der Lebensvollzüge in modernen Gesellschaften gefördert und rationalisiert worden sind. Erst die Moderne schafft somit jene Bedingungen, die eine volle Durchrationalisierung, Institutionalisierung und Professionalisierung des Geheimnisses gestatten. Je günstiger nun die strukturellen Möglichkeiten zur Geheimhaltung, desto stärker werden Individuen dazu angeregt, sich durch Verbergen von Wissen von anderen zu differenzieren und als unverwechselbare Persönlichkeiten voneinander abzuheben. Mit der Rationalisierung von Geheimnis als Institution und Organisation geht die Raffinierung von Techniken der Geheimhaltung zur Steigerung der Individualität einher.

Bevor auf zwei derartige Techniken eingegangen wird, ist es notwendig zu erläutern, was Simmel eigentlich genauer unter dem Begriff der Individualisierung versteht und welche Funktion das Geheimnis hierbei im einzelnen übernehmen kann. Im folgenden seien zwei Begriffe der Individualisierung voneinander unterschieden, der quantitative und der qualitative Individualitätsbegriff, die damit zusammenhängenden spezifischen Probleme erläutert und dann diskutiert, durch welche Techniken oder Strategien der Geheimhaltung diese Probleme gelöst werden können.

1. *Quantitative Individualisierung und die Technik der Segmentierung*

Der quantitative Begriff der Individualisierung bezieht sich auf den Prozeß zunehmender arbeitsteiliger Differenzierung, durch den Individuen veranlaßt werden, an immer mehr unterschiedlichen sozialen Gruppen teilzunehmen. Je größer ihre Partizipation an heterogenen sozialen Gruppen, desto größer die Differenzierung der Rollenstruktur des Individuums in zahlreiche, voneinander getrennte Segmente. Metaphorisch gesprochen bedeutet dieser Individualisierungsprozeß, daß der das Individuum umgebende soziale Kreis gleichsam wie eine Torte in immer kleinere Stücke zerlegt wird. Nach diesem Verständnis bedeutet der Prozeß der Individualisierung die quantitative Zunahme der Rollenausstattung eines Individuums und damit die Zunahme von Handlungsalternativen in unterschiedlichen sozialen Kontexten. Diese quantitative Differenzierung der Rollenausstattung bringt jedoch ein spezifisches Problem mit sich. Ein Individualitätsgewinn, d.h. mehr Freiheit durch zunehmende Handlungsalternativen, kann nur dann erzielt werden, wenn es gelingt, die einzelnen Rollensegmente voneinander abzuschotten. Der moderne Mensch kann die Handlungsfreiheit, das eine Mal guter Familienvater, das andere Mal leidenschaftlicher Liebhaber, tagsüber angepaßter Berufsmensch und abends zechender Bierkumpel zu sein, nur dann realisieren, wenn er seine Rollensegmente wasserdicht voneinander abtrennen kann. Hierzu bedarf es der Beherrschung von **Techniken der Segmentierung oder Abschottung**, deren Einsatz sicherstellen, daß sich die differenzierten Kreise, in denen er sich bewegt, nicht überschneiden. Erst durch Trennung der Teilnehmer der einzelnen Kreise kann er die mit seiner Rollendifferenzierung einhergehenden Freiheitschancen umsetzen und seinen individuellen Handlungsspielraum erweitern. Die Verwirklung des Handlungsideals, das "Dr. Jekyll-und-Mister-Hyde" verkörpert, ist an die Bedingung geknüpft, daß sich der moderne Mensch als Gesamtperson einer übergeordneten Kontrollinstanz entziehen und sich buchstäblich die Freiheit nehmen kann, inkonsistent und doppelgesichtig zu handeln. Gelingt es ihm zu Lebzeiten, seine sozialen Kreise voneinander zu trennen, so bleibt ihm die Peinlichkeit erspart, die typischerweise die Kreuzung seiner sozialen Kreise mit sich bringen würde. Es gibt eine soziale Gelegenheit, bei der die Kreuzung der sozialen Kreise normativ vorgeschrieben ist, nämlich die Beerdigung. Bezeichnenderweise hat ein professionelles Interesse an der Beerdigung, vom Priester einmal abgesehen, nur noch der Detektiv, denn sie gibt ihm die einzigartige Chance, sich einen Gesamteindruck von seinem Klienten zu verschaffen.

2. *Der qualitative Individualitätsbegriff und die Technik der Grenzziehung*

Der qualitative Begriff der Individualisierung bezieht sich auf das die Moderne charakterisierende Ideal vom modernen Individuum als einer unverwechselbaren, einzigartigen Persönlichkeit. In Orientierung an dieses Ideal streben Individuen danach, sich nicht nur quantitativ durch Rollendifferenzierung voneinander zu unterscheiden, sondern auch danach, sich qualitativ von anderen abzuheben und ein Bewußtsein ihrer Einzigartigkeit und Unverwechselbarkeit zu entwikkeln. Die metaphorische Vorstellung, die diesem qualitativen Individualitätssbegriff zugrundeliegt, läßt sich durch das Bild verdeutlichen, das Individuum sei von verschiedenen konzentrischen Kreisen oder Sphären umgeben, in deren Mittelpunkt das Ich, die unverwechselbare, aber stets verletzbare Persönlichkeit steht. Zu ihrem Schutze bedarf es der Entwicklung einer Sphäre, in die einzudringen, anderen Personen nicht gestattet ist, eben der Intimsphäre. Simmels Beobachtungen zufolge nimmt mit zunehmender Modernisierung der Gesellschaft einerseits der Druck zur Behauptung dieser Intimsphäre gegenüber äußeren Einflüssen zu, andererseits wird es zunehmend schwerer, das innere Ich als ein unverwechselbares und besonderes Ich positiv zu gestalten. Die Lösung dieser Probleme der Individualitätssuche und -verteidigung kann dem modernen Menschen nicht individuell überlassen bleiben, sondern muß über standardisierte Techniken sozial reguliert werden. Simmels Terminologie ergänzend könnte man die soziale Technik, die zur Lösung des qualitativen Individualitätsproblems führt, die Technik der **Grenzziehung** bzw. Diskretion nennen (vgl. Simmel 1992, 396–400). Die Beherrschung dieser Technik leitet Individuen dazu an, zu wissen, wo die Grenze zwischen ihrem eigenen Ich und anderen Personen verläuft. Das Gefühl der Diskretion erlaubt es Individuen, so viel Wissen von sich in die Interaktion einzugeben, daß einerseits Kommunikation mit dem anderen hergestellt ist, andererseits aber die Intimsphäre der eigenen Individualität unversehrt bleibt. Grenzziehungstechniken statten das Individuum mit dem Wissen darüber aus, wann, in welchen Situationen, welchen Personen gegenüber und wo die Grenze zu ziehen ist, aber auch, wann, in welchen Situationen und wem gegenüber diese Grenze aufgehoben werden kann. Die Frage, wo diese Grenze liegt, ist Simmels Aussagen zufolge, nicht prinzipiell zu beantworten, sondern sie bedarf flexibler Antworten je nach Situation und Interaktionspartner (Simmel 1992, 397). Die Definition der Privatsphäre als einem fixen undurchdringlichen geheimen Bereich, in den es keinem anderen und unter keinen Umständen gestattet ist, einzudringen, würde Interaktions- und damit Individualisierungschancen blockieren. Während es sich empfehlen mag, in der einen Situation und einer bestimmten Person gegenüber Wissen geheim zu halten, kann es in einer anderen Situation und einer anderen Person gegenüber geradezu geboten sein, eben dieses Wissen zum Gegenstand der Interaktion zu erheben. Paradoxerweise ist gerade die flexible Definition dieser Grenzziehung die Voraussetzung dafür, daß sich die Individualität entwickeln kann.

III. *Schlußbemerkung*

Es scheint insbesondere dann wichtig, an die soziologische Positivität des Geheimnisses zu erinnern, wenn Geheimhaltung aus ethisch-normativen Gründen verpönt wird und der gesellschaftliche Druck zur Öffentlichkeit und Veröffentlichung stark ist. Daher dürfte die Erinnerung daran, wie Simmel seine positive Einschätzung vor rund hundert Jahren begründet hat, gerade heute angebracht sein. Zum Schluß sei jedoch ein mögliches Mißverständnis ausgeräumt: Trotz seiner Würdigung der positiven Effekte des Geheimnisses für die Prozesse der Vergesellschaftung und Individualisierung ist Simmel keineswegs als Apologet von Geheimhaltung schlechthin zu verstehen. Er vertritt vielmehr den allgemeinen Standpunkt der Dualistisk des menschlichen Zusammenlebens: Dieses werde erst dann von **sozialem Leben** erfüllt, wenn es von gegensätzlichen Kräften getragen werde. Hierfür führt Simmel eine Reihe von Beispielen auf: "Die Eintracht, Harmonie, Zusammenwirksamkeit, die schlechthin als sozialisierende Kräfte gelten, müssen von Distanz, Konkurrenz, Repulsion durchbrochen werden, um die wirkliche Konfiguration der Gesellschaft zu ergeben"; oder: "Die Verhältnisse intimen Charakters, deren formaler Träger die körperlich-seelische Nähe ist, verlieren den Reiz, ja, den Inhalt ihrer Intimiät, sobald das Nahverhältnis nicht, gleichzeitig und alternierend, auch Distanz und Pausen einschließt; endlich, worauf es hier ankommt: das Wissen umeinander, das die Beziehung positiv bedingt, tut dies doch nicht schon für sich allein—sondern, wie sie nun einmal sind, setzen sie ebenso ein gewisses Nichtwissen, ein, freilich unermeßlich wechselndes Maß gegenseitiger Verborgenheit voraus" (Simmel 1992, 391). Wissen und Nichtwissen, Öffentlichkeit und Geheimnis setzen sich gegenseitig voraus und ergänzen einander. Erst durch ihre Koexistenz tragen sie zur Vitalität kleiner und großer sozialer Gebilde bei. Vielleicht trägt dieser abschließende Hinweis Simmels dazu bei, das soziale Phänomen des Geheimnisses wenn nicht moralisch, so doch soziologisch aufzuwerten.

Literatur

Pino Arlacchi (1992): Gli uomini del disonore. La mafia siciliana nella vita del grande pentito Antonino Calderone. Milano: Arnaldo Mondadori Editore 1992.
Nedelmann, Birgitta (1985): Geheimnis—ein interaktionistisches Paradigma. In: Vorgänge, Heft 6, November 1985, 38–48; und in: Maihofer, Werner (ed.): Noi si mura. Florence: EUI, 1986, 118–130.
Nedelmann, Birgitta (1994): Secrecy as a macrosociological phenomenon—a neglected aspect of Simmel's analysis of secrecy. In: Frisby, David (ed.): Georg Simmel. Critical Assessments. Vol. III. London/New York: Routledge 1994, 202–221.
Simmel, Georg (1992): Das Geheimnis und die geheime Gesellschaft. In: Ders.: Soziologie. Untersuchungen über die Formen der Vergesellschaftung. Kap. V. Georg Simmel Gesamtausgabe. Frankfurt a.M.: Suhrkamp Verlag 1992, 383–455.
Sievers, Burkhard (1974): Geheimnis und Geheimhaltung in sozialen Systemen. Opladen: Westdeutscher Verlag 1974.
Westerbarkey, Joachim (1991): Das Geheimnis. Zur funktionalen Ambivalenz von Kommunikationsstrukturen. Opladen: Westdeutscher Verlag 1991.
Zweig, Stefan (1988): Brennendes Geheimnis. Frankfurt a.M.: Fischer Taschenbuch 1988.

STRUKTUR DER ÖFFENTLICHKEIT UND BEKENNTNIS IN POLYTHEISTISCHEN RELIGIONEN

Burkhard Gladigow

Universität Tübingen

Im folgenden soll versucht werden, die spezifizische Fragestellung dieses Symposions vor den Hintergrund jener langlaufenden Diskussion zu stellen, die kulturelle Ausdifferenzierungsprozesse unter der Perspektive von Kommunikationsraum, Wissensverteilung und Kommunikationsmedium gesehen hat. Die von Max Weber ausgelöste Diskussion verlegt freilich die Dynamik des Zivilisationsprozesses und eine irreversible Differenzierung der Teilbereiche von Kultur vorwiegend in die beginnende Moderne. Diese Ausrichtung, der auch Habermas und Luhmann folgen, übersieht, daß *experimenta medietatis* lange vor der Renaissance anzusiedeln sind, und daß 'Selbstdisziplinierungsprozesse' von außen nach innen bereits in der Antike abgelaufen sind,—ebenso wie ihr Konterpart, in einer Systematisierung der Lebensführung 'von innen nach außen'. Das Herstellen unterschiedlicher Öffentlichkeiten scheint ein Charakteristikum komplexer Gesellschaften zu sein, und die Transfermechanismen, die zwischen den Bereichen vermitteln (Luhman spricht hier von Übergangs-Semantiken), sind die eigentlichen Indikatoren des kulturellen Wandels. Eine *Ungleichverteilung von Wissen*, die der Ungleichverteilung und Verknappung von Waren folgen kann, ist auch Folge (oder Epiphänomen) unterschiedlicher Öffentlichkeiten.

1. *Gesellschaftliche Differenzierung und Religion*

Die Differenzierungsbedingungen, die die langfristigen kulturellen Wandlungsprozesse begleitet haben, sind von den Theoretikern des sozialen Wandels in Blick auf folgende Trends gleichlautend beschrieben worden[1]: Einfache Gesellschaften sind durch das Lokalitätsprinzip und eine Kommunikation nach dem Vorbild der face-to-face-Kommunikation strukturiert. 'Hochkulturen' sind demgegenüber durch

[1] So etwa T. Parsons, Structure and Process in Modern Societies, 1960; ders.,

'Überschichtung' und Hierarchie der Schichten untereinander charakterisiert[2], mit der Folge, daß die Oberschicht den 'Kommunikationsraum' gesamtgesellschaftlicher Zusammenhänge abgibt. Stratifikation ist also das Differenzierungsprinzip der vormodernen 'Hochkulturen', eine Evolution von Ideen vollzieht sich—zum ersten Male—in einer relativen Unabhängigkeit vom konkreten Handeln[3], bzw. der direkten Interaktion. Ideenevolution im stratifizierten, abgeschlossenen Raum von Oberschichten bedeutet potentiell zugleich 'Alternativenspielraum,'[4] stellt die Möglichkeiten für Wettbewerb, 'Markt' von Ideen, her, die sich nicht notwendig nur an Praktikabilität und Effizienz messen lassen müssen.

Mit dem Aufkommen der komplexen Gesellschaften gewinnt die funktionale Differenzierung gegenüber der stratifikatorischen in einem solchen Maße die Oberhand, daß sich auch der gesamte 'semantische Apparat' (N. Luhmann[5]) der Kulturen verändert. Die kulturellen Subsysteme (Wirtschaft, Recht, Kunst und Religion) entwickeln unter diesen Bedingungen je eigene Deutungs- und Sinn-Systeme, die nicht mehr notwendig miteinander verrechenbar sind. Dieser Situation entspricht, daß mit der weitgehenden Etablierung moderner Gesellschaften Personen nicht mehr durch die Zugehörigkeit zu einer Schicht oder einem Stand definiert werden, sondern als 'Individuum', als 'Person', die zwischen den funktionalen Bereichen zirkulieren kann, ohne dafür ein einheitliches Kommunikationsmedium benutzen zu

---

Religion in a Modern Pluralistic Society, in: The Review of Religious Research 7, 1966, 125–146; N. Luhmann, Funktion der Religion, Frankfurt 1977; K.-W. Dahm, V. Hörner, Religiöse Sinndeutung und gesellschaftliche Komplexität. Religionssoziologische Betrachtungen zur evolutionären Differenzierung der Religionen, in: R. Volp (Hg), Chancen der Religion, Gütersloh 1978, 76–89.

[2] Dazu die Beiträge in: K. Eder (Hg), Die Entstehung von Klassengesellschaften, Frankfurt 1973.

[3] Dies die zentrale Perspektive bei N. Luhmann, Gesellschaftsstruktur und Semantik. Studien zur Wissenssoziologie der modernen Gesellschaft, Bd.1, Frankfurt 1980, 72 ff.

[4] Leitende Vorstellung bei R. Döbert, Systemtheorie und die Entwicklung religiöser Deutungssysteme, Frankfurt 1973; weiter ausgeführt ders., Zur Logik des Übergangs von archaischen zu hochkulturellen Religionssystemen, in: K. Eder (Hg), Seminar: Die Entstehung von Klassengesellschaften, Frankfurt 1973, 330–363; in Anwendung auf eine Funktion von Gottesvorstellungen bei B. Gladigow, Der Sinn der Götter, in: P. Eicher (Hg), Gottesvorstellung und Gesellschaftsentwicklung, München 1979, 41–62.

[5] N. Luhmann, Gesellschaftsstruktur und Semantik Bd.1, S. 19 eine Definition von semantischem Apparat als "Vorrat an bereitgehaltenen Verarbeitungsregeln"; S. 83 eine Bestimmung von 'Übergangssemantik': "Sie sucht und ermöglicht Traditionsanschlüsse, die eine Weile vorhalten, sich dann aber als entbehrlich erweisen."

müssen. Die Differenzen 'subsystemspezifischer Strukturen'[6] werden also von Personen überbrückt, nicht aber primär durch ein Kommunikationsmedium oder gar durch ein übergreifendes 'System'.

In dem Prozeß der Ausdifferenzierung der Teilbereiche, Subsysteme, 'Lebenssphären', spielt nun dem Anschein nach das Teilsystem 'Religion' eine besondere Rolle. Schon Max Weber hatte betont, daß eine "die Rationalisierung und bewußte Sublimierung der Beziehungen des Menschen zu den verschiedenen Sphären" [7] zunächst die Differenzen zu anderen Teilbereichen erhöht, und dann—in einer Reaktion auf die Differenz—die Rationalisierung der jeweils anderen Bereiche erzwingt. "Damit wird erklärbar, daß Ausdifferenzierungsprozessen Phasen der Intensitätssteigerung des religiösen Bereichs vorausgehen, die zunächst mit dem Versuch gekoppelt sind, die Gesamtgesellschaft nach den Vorstellungen der zu ihrer eigenen rationalen Form gelangten Virtuosenreligion zu modeln."[8]

Das ist der Punkt, an dem in einer neuen Weise 'Religion' und Gesamtgesellschaft gegeneinander ausdifferenziert werden: Radikalisierungen werden zunächst in Teilbereichen erprobt und realisiert, wie etwa religiösen Sondergemeinschaften;[9] solange eine Delegation von Restriktionen, etwa an Asketen und Virtuosen, subsystem-intern und extern akzeptiert und arbeitsteilig und durch die Transfermöglichkeiten von Heilsgütern begründet wird, bleiben die Differenzen der Teilbereiche erhalten,[10]—erhöhen in mancher Hinsicht sogar die Systemstabilität. Erst wenn jene "Radikalisierung der intrareligiösen Rationalität" eine Ausweitung auf die Gesamtgesellschaft notwendig macht und durch die Person von Stiftern, Propheten, Wanderpredigern, Reformatoren, auch wirklich fordert, kommt es mit der notorischen Unmöglichkeit der konsequenten Umsetzung religionsinterner Radikalisierungen auf Gesellschaft zu einem Bruch, einem tiefgreifenden Auseinanderfallen von 'Welt' und 'Religion'. Diese Bruchstelle, diese Annonce eines gescheiterten Transfers zwischen religiösem

---

[6] N. Luhmann a.a.O. S. 45,

[7] M. Weber, Gesammelte Aufsätze zu Religionssoziologie 1 (1920), Tübingen 1988, 541.

[8] A. Hahn, Differenzierung, Zivilisationsprozeß, Religion. Aspekte einer Theorie der Moderne, in: F. Neidhardt alii (Hgg), Kultur und Gesellschaft. R. König zum 80.Geb., Opladen 1986, S. 221.

[9] G. Kehrer, Organisierte Religion, Stuttgart 1982, 22 ff.

[10] Die Beiträge von Religionen zur konkreten Differenzierung unterschiedlicher Gesellschaften analysiert D.E. Smith, Religion and Political Development, Boston 1970.

Teil-System und Gesellschaft, markiert einen Konfliktbereich, der auf unterschiedliche Weise überbrückt werden kann[11].

2. *Monotheismus, Polytheismus, Pluralismus*

An dieser Stelle der systematischen Überlegungen ist es notwendig, den religionshistorischen Bezugsrahmen über das Paradigma des christlichen Monotheismus und seinen Religionsbegriff[12] hinaus zu erweitern, ein Paradigma, am dem sich die religionssoziologische Theoriebildung wie selbstverständlich orientiert hat. Aus der Sicht der Religionsgeschichte ist ein Monotheismus gegenüber den polytheistischen Systemen der Sonderfall, sowohl historisch wie statistisch. Wenn man nun die anfangs diskutierte Fragestellung nach dem Verhältnis von gesellschaftlicher Komplexität und Religion im Blick auf polytheistische Religionen wiederholt, zeigt sich sehr schnell, daß sich in der *Mehrzahl* von Göttern gesteigerte Komplexität unmittelbar abbilden kann. Die Arbeitsteiligkeit auch der Götter und ihre Hierarchisierung in einem Pantheon begleiten gut erkennbar die Etablierung komplexer Gesellschaften (Staaten, Stadtstaaten)[13]: Herrschaft, Gerechtigkeit, Fruchtbarkeit, wirtschaftlicher Erfolg, Kriegserfolg, Heilung usw. können von unterschiedlichen Göttern hergestellt oder garantiert werden. Eine konsequente Ausdifferenzierung gerade der 'großen' Götter erfolgt jedoch üblicherweise nicht, und so gibt es in den altmediterranen Panthea nicht nur grundsätzliche Antagonismen von Göttern, sondern auch partikuläre *Konkurrenzen*. Für die grundsätzliche Offenheit eines Polytheismus, wie etwa des griechischen, ist es bezeichnend, daß Menschen für die Gesamtheit ihrer Lebensbezüge in der Regel nicht von einem einzigen Gott—und diesem allein—abhängig sind[14]. Ein Gott kann an einem bestimmten Punkte seine Dienste versagen, oder gar feindlich sein; damit ist der Mensch aber noch nicht rettungslos verloren. Ein anderer Gott kann ihm immer

---

[11] Das Problem von Orientierungskonflikten ist mit einem breiten Spektrum an Gegenständen in der Festschrift C. Colpe behandelt Chr.Elsas, H.G. Kippenberg (Hgg), Loyalitätskonflikte in der Religionsgeschichte, Würzburg 1990.

[12] D. Sabbatucci hat verschiedentlich die These vertreten, daß der landläufige europäische Religionsbegriff ein christliches Konstrukt aus einer bestimmten Interessenlage heraus ist; D. Sabbatucci, Kultur und Religion, in: Handbuch religionswissenschaftlicher Grundbegriffe (HrwG) 1, Stuttgart 1988, 43–58.

[13] B. Gladigow, Strukturprobleme polytheistischer Religionen, Saeculum 34, 1983, 292–304.

[14] B. Gladigow, ΧΡΗΣΘΑΙ ΘΕΟΙΣ. Orientierungs- und Loyalitätskonflikte in der griechischen Religion, in: Chr.Elsas, H.G. Kippenberg (wie Anm. 11) 237–251.

noch zu Hilfe eilen, das Unheil von ihm wenden, so wie Athena Poseidons Vorsatz, Odysseus zu vernichten, entgegentritt und ihn schließlich 'rettet'.

Arbeitsteiligkeit der Götter und ihre tendenzielle Regionalisierung fangen zunehmende kulturelle Komplexität zunächst in einem 'Markt' an Leistungs- und Sinnangeboten[15] auf. Eine Wahl zwischen Göttern ist dann an konkreten Bedürfnissen orientiert, oder auch 'nur' durch den Kultkalender vorgegeben: Der Gedanke der Konversion (und Konfession) ist den polytheistischen Religionen grundsätzlich fremd—ein Bedarf dafür fehlt weitgehend—, 'henotheistische' Zuwendungen an Götter mit monotheistischen Prädikationen sind dagegen häufig (—und dürfen nicht in einen latenten Monotheismus uminterpretiert werden). Wenn in der Antike mit der 'Wahl' *eines* Gottes *eine* 'Lebensform' verknüpft und gegen andere Götter und ihre Ansprüche vertreten wird[16], wird dies in den literarischen Verarbeitungen als höchst konfliktträchtig, systemstörend dargestellt: Hippolytos, der sich für Artemis und gegen Aphrodite entschieden hat, und Orpheus, Apollon-Helios gegen Dionysos wählend, kommen jämmerlich ums Leben. Auch das epische Vorbild, Paris auf dem Ida, und die späte und schnell allegorisch interpretierte Figur des Herakles am Scheidewege[17] gehen letztlich an ihrer über Göttinnen vermittelten Lebenswahl zugrunde. Die frühen Beispiele und ihre literarischen Diskussionen versuchen zu zeigen, daß rigoristische Positionen in einem polytheistischen System zum Scheitern verurteilt sind. Erst das Exemplum des Herakles prämiert die Entscheidung für 'Leistung/Bewährung' (ἀρετή) und gegen 'Glück' (εὐδαιμονία),[18] freilich erst im Durchgang durch den Tod,—zudem bereits in einem pythagoreischen Kontext.

Mit dem Fehlen rigoristischer Komponenten in der griechischen Religion—ich habe eben die Ausnahmen aufgezählt—korrespondiert, daß es in der klassischen Antike keine allgemeine religiöse Unterweisung, keinen 'Religionsunterricht' gibt; ein 'Kontrollinteresse' dieser

---

[15] Das 'Marktmodell' ist zunächst von P.L. Berger für einen engeren Rahmen vorgeschlagen worden, dann aber von der Wissenssoziologie zunehmend erweitert worden; P.L. Berger, Ein Marktmodell zur Analyse ökumenischer Prozesse, Internationales Jahrbuch für Religionssoziologie 1, 1965.

[16] Dazu grundsätzlich B. Gladigow, ΧΡΗΣΘΑΙ ΘΕΟΙΣ (wie Anm. 14).

[17] Vgl. K. Reinhardt, Das Parisurteil, in: ders., Tradition und Geist, München 1960, 16–36, sowie B. Gladigow, ΧΡΗΣΘΑΙ ΘΕΟΙΣ (wie Anm. 14) 243 ff.

[18] Zur Motivgeschichte B. Snell, Die Entdeckung des Geistes, Hamburg 1955, 329 ff.

Art fehlt. Religionen dieses Typs werden 'gelernt', nicht aber von Spezialisten gelehrt;—'Lehre' ist in einem polytheistischen Kontext ausschließlich Rekrutierungsmodus von Priestern; hier haben dann auch exklusive Traditionen[19] ihren Ort.

Die an theologischen Fragestellungen orientierte Religionsphänomenologie hatte sich relativ schnell mit der Festellung begnügt, daß eine *confessio* oder *professio fidei* in Volksreligionen nicht vorkomme[20], während sie in Universalreligionen gewissermaßen notwendig erscheine. Als Universalreligionen in diesem Sinne—prophetische Universalreligionen[21]—werden dann Mazdaismus, Israelitische Religion, Christentum und Islam aufgeführt; sie alle besäßen qua Univeralreligionen confessorische Formeln, die den 'Wesenskern' der Religion zusammenfaßten.

Ich übergehe die Problematik der hier verwendeten Religionstypologie, ihre historische Kontextlosigkeit, und wende mich zunächst einmal funktionalen und formalen Fragen des zur Diskussion stehenden Instituts zu.

3. *'Wahlmöglichkeiten' und gesellschaftliche Komplexität*

Dogmen, Symbola (Glaubensbekenntnisse), *fundamentals* sind als kulturspezifische Reaktionen auf kompulsive Komplexitätssteigerungen kultureller Systeme[22] zu beschreiben. Wenn man die Differenzierungssteigerungen einfacher, komplexer und moderner Gesellschaften durch Segmentierung bei einfachen Gesellschaften (unter Beibehaltung des Lokalitätsprinzips), durch (Über-) Schichtung bei komplexen Kulturen (unter Beibehaltung von Lokalkulturen) und durch funktionale Differenzierung in modernen Gesellschaften beschreibt[23], setzt ein Bedarf an Dogmatisierung dann ein, wenn *gleichzeitig* ein gesamtgesellschaftliches Kommunikationsmedium verloren geht *und* die Notwendigkeit oder das Interesse bestehen bleibt, kollektive Verbindlichkeiten

---

19 S. dazu die Beiträge in: W. Kerber (Hg), Die Wahrheit der Religionen, München 1994.

20 G. Mensching, RGG 1(1957) Sp. 988 s.v. Bekenntnis.

21 F. Heiler, Erscheinungsformen und Wesen der Religion, Stuttgart 1961, 325 f.

22 Einen Überblick über die interpretatorischen Zugänge zum Phänomen Fundamentalismus gibt M. Riesebrodt, Fundamentalismus als patriarchalische Protestbewegung, Tübingen 1990, 1–39.

23 Diese Einteilung folgt im wesentlichen (F. Tenbruck und) Alois Hahn, Differenzierung, Zivilisationsprozeß, Religion (wie Anm. 8) 214–231 und ist mit N. Luhmann, Gesellschaftstruktur und Semantik (wie Anm. 3) kompatibel.

aufrechtzuerhalten. Das aber scheint zunächst ein strukturelles Problem monotheistischer Religionen zu sein: Kollektive Verbindlichkeiten können bei neuen Anforderungen nicht mehr durch bloße 'Ausweitung' des religiösen Systems, etwa die Aufnahme neuer Götter[24], aufrechterhalten werden, sondern müssen auf einer 'Metaebene'[25] bedient werden. Die 'Pflege' dieser Metaebene gerät üblicherweise exklusiv in die Hände von Spezialisten, die ihrerseits Anwendungsregeln und Anspruchsbereiche[26] für die Postulate der Metaebene vorgeben. Latente rigoristische Tendenzen bekommen auf diese Weise einen expliziten theoretischen Apparat, der nun ausformuliert, daß 'Frömmigkeit' sich nicht in der Erfüllung möglichst vieler religiöser Normen erfüllt, sondern in ihrer Intensivierung; schon Theophrast hatte versucht[27], den Begriff von Deisidaimonia über eine (sinnlose) Extensivierung von Normerfüllungen zu bestimmen.

Bloße rituelle Konformität kann solange mit den *traditionellen* Mitteln der sozialen Kontrolle gesichert und tradiert werden, wie sie situations- und kontextgebunden praktiziert wird. Das kann auch für kulturelle Phasen einer fortschreitenden sozialen und funktionalen Differenzierung gelten, solange die Anlässe für den Einsatz von Ritualen konstant bleiben, wie beispielsweise im Falle von Geburt, Bestattung, Statusänderung—oder Wechsel der Jahreszeiten. Prozesse der *Generalisierung* setzen dann ein, wenn "die Evolution der Ideen . . . als eigenständige, d.h. vom unmittelbaren Handeln gelöste vor(kommt), wo sie in der Oberschichtenkommunikation eine gewisse Unabhängigkeit von den direkten Interaktionen erhält."[28]

Vor dem Hintergrund von traditionellen Mustern ließen sich dann auch rigoristische Optionen als 'Binnenkonversionen'[29] beschreiben, bei denen eine neue 'Innengrenze' der 'eigenen' Religion erzeugt wird. Das Innen-Außenschema wird dabei so rigide angewandt, daß die 'permissiven' Mitglieder der eigenen Religion als Unreine, Apostaten,

---

[24] Dazu plakativ N. Luhman, Funktion der Religion 126 ff. mit Betonung des 'Generalisierungszwangs' in der israelitischen und christlichen Entwicklung.

[25] Die veränderten Kontrollmedien sind, bei gleichem analytischen Rahmen, kurz analysiert bei B. Gladigow, Rigoristische Haltungen und kulturelle Rahmenbedingungen, in: G. Klosinski (Hg), Religion als Chance oder Risiko, Bern 1994, 62 ff.

[26] N. Luhmann, Funktion der Religion 89 ff. und 106 faßt diesen Vorgang unter dem Begriff der Respezifikation und sieht ihn komplementär zur Dogmenbildung.

[27] Vgl. H. Bolkestein, Theophrastos' Charakter der Deisidaimonia, Religionsgeschichtliche Versuche und Vorarbeiten 21, 1929.

[28] A. Hahn (wie Anm. 8) 217; vgl auch Luhmann, Funktion der Religion 85.

[29] Zu diesem Begriff H. Mohr, HrwG 3, 1993, 436–445 s.v. Konversion/Apostasie.

Häretiker, Kollaborateure mit gefährlichen Mächten und Ausgeschlossene dargestellt werden können. Die Zurückweisung 'der Anderen', die aus der eigenen Tradition kommen[30], hat konkrete Rückwirkungen bis in die Lebenswelten hinein.

Ein Blick auf die frühe Geschichte des Christentums läßt, wenn ich recht sehe, ein vergleichbares Schema erkennen. Religionsintern werden die 'geringen Differenzen' über das Medium eines philosophischen Diskurses nach griechischem Vorbild akzentuiert und dramatisiert, d.h. die Trennschärfe zwischen internen Alternativen wird über die Wahrheitsfrage, im Schema der Dualisierung wahr/falsch, erhöht und zu einer Frage von Heil und Unheil, von Leben und Tod. Die Differenzen sind von Spezialisten erzeugt, sind das Ergebnis einer neuen und weitergehenden 'Professionalisierung von Religion', nicht unmittelbare Folge einer allgemeinen religiösen Entwicklung.

4. *Die eingeschränkte Wahl und der 'Zwang zur Häresie'*

Merkwürdigerweise besteht unter den Religionssoziologen so etwas wie ein Konsens, in den vormodernen Gesellschaften gebe es "als gemeinsames Strukturmerkmal eine Tendenz zu einer alle Lebenszüge umfassenden Sinntotalität."[31] Noch etwas plakativer formuliert P.L. Berger den gleichen Gedanken: "Der prämoderne Mensch war an seine Götter in der gleichen unerbittlichen Schicksalsbestimmung gebunden, die auch den größten Teil seines übrigen Daseins beherrschte. Der moderne Mensch steht vor der Notwendigkeit, zwischen Göttern zu wählen, von denen ihm eine Vielzahl sozial zuhanden ist."[32] Es kann kaum übersehen werden, daß das ein Irrtum ist, der die Komplexität vormoderner, insbesondere antiker Gesellschaften[33]

---

[30] G.W. Hartz, H.C. Everett, Fundamentalist Religion and its Effect on Mental Health, Journal of Religion and Health 28, 1989.

[31] K.-W. Dahm, V. Hörner, Religiöse Sinndeutung und gesellschaftliche Komplexität, in: R. Volp (Hg), Chancen der Religion, Gütersloh 1978, 81. Vgl. auch a.a.O. 84: "In vorneuzeitlichen Gesellschaften konnte schon auf Grund eines verhältnismäßig niedrigen Differenzierungsgrades und eines nur langsamen Differenzierungsprozesses dieser Sinn des Ganzen relativ klar umrissen und für fast jedes Gesellschaftsmitglied verständlich formuliert werden. Als ein solches ausformuliertes Sinnsystem, können für unseren Kulturbereich die christlichen Katechismen angesehen werden . . ."

[32] P.L. Berger, Der Zwang zur Häresie. Religion in der pluralistischen Gesellschaft, Frankfurt 1980, 40.

[33] Vgl. dazu die Beiträge bei H.G. Kippenberg (Hg), Die Entstehung der antiken Klassengesellschaft, Frankfurt 1977.

erheblich unterschätzt und das Modell eines "christlichen Monismus"[34] vorschnell auf die These einer "Sinntotalität" überträgt. Solange nicht eine Elite die Alternativen und Wahlmöglichkeiten zwischen Sinnsystemen mit der Wahrheitsfrage[35] oder Heilsgewißheiten abzugleichen sucht, ist mit einer konkurrierenden Vielzahl von Sinnangeboten zu rechnen, einem 'Markt'.

Die These, erst die moderne Welt habe den Menschen vor eine Wahlmöglichkeit hinsichtlich seiner weltanschaulichen Alternativen gestellt, habe gar erstmals eine 'Zwang zur Häresie' (P.L. Berger) erzeugt, ist in dieser Einseitigkeit, religionshistorisch bewertet (—und nicht theologisch), also sicher falsch. Schleiermachers These, es gebe grundsätzlich soviel Religionen, wie menschliche Erfahrungen[36], gilt wohl auch noch, wenn man seinen Erfahrungsbegriff nicht übernimmt. Sie gilt insbesondere, wenn man die Zugangsmöglichkeiten zu einem polytheistischen Pantheon genauer analysiert: Hier gehört eine Wahl zwischen den Göttern zur Kompetenz, mit der Religion umgehen zu können. "Modernität schafft eine neue Situation, in der Aussuchen und Auswählen zum Imperativ wird,"[37] von Berger für die (christliche) Gegenwart behauptet, klammert also den 'Normalfall' eines polytheistischen Systems aus und konstruiert monistische Entwürfe als verbindliche Form.

5. *Die 'Identität' einer polytheistischen Religion und der 'Bedarf' an ausformulierten Verbindlichkeiten*

Zwei Fragen sollen im folgenden im Vordergrund stehen: Unter welchen Bedingungen ist es für eine polytheistische Religion notwendig, kollektive Verbindlichkeiten explizit zu formulieren, und: auf welchem Wege, über welche Medien geschieht dies? Ich fasse also die *Herstellung* kollektiver Verbindlichkeiten als reflektierten Eingriff in eine—zu recht oder unrecht—erwartete Veränderung von Tradition[38].

---

[34] G. Lenski, Religious Pluralism in Theoretical Perspective, Internationales Jahrbuch für Religionssoziologie 1, 1965, 25–42. S. 37.

[35] Zur Funktion der Eliten in diesem Kontext G. Lenski, Religious Pluralism 37 ff.; zur 'Pluralität und Analogie der Wahrheitswelten' engagiert P. Veyne, Glaubten die Griechen an ihre Mythen? Frankfurt 1987, 28 ff.

[36] F. Schleiermacher, Über die Religion (1799), hg.v.R. Otto, Göttingen 1991, (235 ff.) 161 ff.

[37] P.L. Berger (wie Anm. 35) 41.

[38] S. dazu die Beiträge in: A. und J. Assmann, Kanon und Zensur. Archäologie der literarischen Kommunikation II, München 1987.

Um die (vermeintlich) prekäre Situation eines "mobilisierten und radikalisierten Traditionalismus" (M. Riesebrodt[39]) genauer bestimmen zu können, ist es für jeden Einzelfall notwendig, die Alternativen angeben zu können, die die Tradenten als möglich und möglichst auszuschließen angesehen haben. Zugleich bedarf es einer Bestimmung des Woraufhin des Auswahl- oder Ausschlußverfahrens. "Reflexion fordert, daß die Selektionen des Systems an der Identität des Systems orientiert werden; sie erfordert in diesem Sinne eine Reduktion des Systems auf ein Prinzip oder auf etwas, was als Prinzipersatz fungieren kann," notiert Luhmann in einem vergleichbaren Zusammenhang[40] und stellt dann fest, daß "um Reflexionsleistungen in Gang bringen zu können, . . . die Identität des Systems problematisiert werden muß, also negierbar erscheinen können."

Damit wird für den Religionshistoriker die anfangs angesprochene Frage, wann und unter welchen Bedingungen die Identität einer polytheistischen Religion problematisch werden könnte, erneut aktuell. Die Identität jedes der Elemente einer polytheistischen Religion scheint, regional betrachtet, unproblematisch zu sein: Kultort, Kultbild und die dazugehörenden Rituale sichern die Identität eines Kultes in einer Weise, die vordergründig jede Frage in dieser Richtung überflüssig macht. Die Etablierung des 'großen', ortsfesten Kultbildes stellt—im Unterschied zur mobilen und variablen Statuette—einen der folgenreichsten Kanonisierungsprozesse der Religionsgeschichte[41] dar. Präsenz und materielle—damit auch ikonographische—Konstanz des großen Kultbildes 'sichern' die entsprechende Gottesvorstellung gegen Veränderungen und binden das Bild der Gottheit über die dazugehörende Territorialherrschaft an Herrschaft und Herrschaftsinteressen. 'Versorgung' des Gottes, Privilegierung durch den Gott und die Kontrolle des Zuganges zum Gott bilden in dieser Konstellation ein wichtiges Element von Herrschaft in den frühen Staatenbildungen. Kultübertragungen sind in diesem Rahmen die einzigen Gegebenheiten, bei denen Identität problematisch werden könnte; Rituale der Übertragung[42] sichern in solchen Fällen Identität und demonstrieren lokale Kohärenz.

[39] Zum Begriff des radikalen Traditionalismus M. Riesebrodt (wie Anm. 22) 19 ff., 28 ff.

[40] N. Luhmann, Funktion der Religion 59.

[41] Dazu grundsätzlich B. Gladigow, Ephiphanie, Statuette, Kultbild. Griechische Gottesvorstellungen im Wechsel von Kontext und Medium, in: Visible Religion VII, 1990, 98–121.

[42] Vgl. E. Schmidt, Kultübertragungen, in: Religionsgeschichtliche Versuche und Vorarbeiten 8, 1909.

Ebenso eindeutig, wie ein konkreter, antiker Kult zu bestimmen ist, so problematisch ist es, die Identität einer Konstellation von Kulten, also einer polytheistischen Religion, zu bestimmen. Pantheonbildungen und Göttergruppierungen liefern hier nur Ordnungen von Teilbereichen, nicht aber 'das gemeinsame System', das die Identität dieser Religion[43] konstituieren könnte. Wenn ich recht sehe, sind die Identitäten, nach denen wir suchen, nicht so sehr durch eine Kohärenz oder Komplementaritität von Kulten konstituiert worden, als vielmehr durch die sozialen und politischen Einheiten, die Träger der Kulte waren. "Die Götter der Stadt" (οἱ τῆς πόλεως θεοί) schreiben für den griechischen Bereich die Art und Weise, in der vor allen anderen die Identität einer polytheistischen Religion angegeben wird. Der Festkalender der Stadt ist dann der konkret greifbare Modus der Kanonisierung des jeweiligen Religionssystems: Es ist festgelegt, wer wann wen verehrt. Da es praktisch ebensoviele Kalendersysteme in Griechenland gibt wie Städte, konstituiert jede Stadt über den Kalender 'ihre' Religion,[44] kanonisiert ein 'Minimalprogramm' kollektiver kultischer Verbindlichkeiten. Demgegenüber ist der individuelle Zugang zu den Göttern, wenn gewünscht, so variabel wie es die Kombinationsmöglichkeiten eines Pantheons[45] oder aber die persönliche Mobilität des Kultteilnehmers erlaubten.

Eine Identität 'der' griechischen Religion in einem hier angesprochenen Sinne ist, kurz gesagt, nicht festzustellen; insoweit kann sie also auch nicht problematisch werden, eine Kanonisierung ihrer 'essentials' wird schon von daher nicht notwendig. Umgekehrt ist die Identität einer Polisreligion durchaus angebbar, doch wird ihre Identität über die Polis gewonnen und stabilisiert, nicht über 'Religion'. Sie könnte nur prekär werden, wenn die Polis selber ihre Struktur ändert, beispielsweise erobert oder zerstört wird, oder im Falle von Koloniegründungen. Neuaufnahmen von Kulten, sofern sie im Konsens geschehen, sind offensichtlich unproblematisch; der Polytheismus der griechischen Städte—und der römischen Republik—ist ein "offenes System", dessen Systemqualitäten durch neue Elemente nicht—oder nicht notwendig—verändert werden. Das Verbot Athens,

---

[43] Einen anderen Ansatz stellt H. Seiwert, What Constitues the Identity of a Religion? in: V. Hayes (Hg), Identity Issues and World Religions. Selected Proceedings of the XVth Congress of the IAHR, Bedford Park 1986, 1–7, vor.

[44] Dazu auch W. Burkert, Die antike Stadt als Festgemeinschaft, in: P. Hugger (Hg), Stadt und Fest, Stuttgart 1987, 25–44.

[45] Dazu kurz B. Gladigow, Strukturprobleme polytheistischer Religionen, in: Saeculum 34 (1983) 292–304.

neue Götter einzuführen[46], eine Ausnahme in dieser Hinsicht, fällt in eine Zeit schwerster politischer Krisen. Rom hat 'neue Götter' gerade in Zeiten schwerster Krisen, von Epidemien bis hin zu militärischen Niederlagen, eingeführt.

Ein nicht systematisch aufgearbeitetes Problem des griechischen wie römischen Polytheismus liegt im Spannungsfeld von Regionalisierung und überregionaler Verbreitung von Kulten. Die Frage nach der Zugänglichkeit der Kulte verwandelt sich unter dieser Fragestellung zunächst zu der nach ihrer topographischen Erreichbarkeit. Der Bedarf an Kultinstitutionen und seine Befriedigung werden langfristig auch hier über das Medium der Finanzierung gesteuert, und zwar in einer doppelt strukturierenden Weise: In dünnbesiedelten Gebieten dürften die Abstände der Tempel zueinander zunehmen, und damit—bei gleichbleibenden individuellem Bedarf—die Sogwirkung überregionaler Zentren steigen. Um die Großstädte der Antike herum kann man wahrscheinlichen 'Thünensche Ringe' zeichnen, die kultischen Bedarf und Distanz gegen Zentralisierung aufrechnen. Vor allem für Latium ließe sich das zeigen, wohl auch für Attika.

Die Kompetenz, eine polytheistische Religion zu benutzen[47], wird den jeweiligen Kultteilnehmern im allgemeinen von den modernen Interpreten einfach unterstellt, ihre spezifischen Leistungen bleiben so unter Sammelbegriffen wie 'Frömmigkeit' oder 'rituelle Konformität' verborgen. Dabei ist es durchaus nicht klar, wie etwa ein Grieche außerhalb kollektiver kultischer Verpflichtungen 'seine' Religion praktizierte, an welchen Mustern, Strukturen, Kategorien er sich letztlich orientierte. Griechische Religion aber wird nicht 'gelehrt', sondern in familiären, regionalen, politischen Kontexten, im Rahmen von Familien, Phratrien, Phylen,[48] schließlich der Polis insgesamt, 'gelernt'. Für die Verpflichtungen der Polis gegenüber sind die Kategorien und Instanzen einer Orientierung erkennbar: Kalender, sachkundige Priester und—in Sonderfällen—Anweisungen von Orakeln geben den

[46] O. Reverdin, La religion de la cité Platonicienne, Paris 1945, 228 ff.

[47] In einem etwas umfassenderen Rahmen behandelt bei B. Gladigow, ΧΡΗΣΘΑΙ ΘΕΟΙΣ. Orientierungs- und Loyalitätskonflikte in der griechischen Religion, in: Chr.Elsas, H.G. Kippenberg (Hgg), Loyalitätskonflikte in der Religionsgeschichte, Würzburg 1990, 237–251.

[48] Zu den organisatorischen Bezugsgrößen H.J. Rose, The Religion of a Greek Household, Euphrosyne 1, 1957, 95–116; M.P. Nilsson, Cults, Myths, Oracles, and Politics in Ancient Greece, Acta Inst. Atheniensis Sueciae, 1 8, 1951; M. Guarducci, L'istituzione della fratria nella Grecia antica e nelle colonie d'Italia, Mem.Accad. dei Lincei, Ser. VI , 6 und 8, 19337/8; M.P. Nilsson, Geschichte der griechischen Religion 1, München 1955[2], 708 ff.

Rahmen der regulären kultischen Praxis vor.

Wie aber sieht es unterhalb der Ebene der kollektiven Verbindlichkeiten aus: Besteht auch hier die Verpflichtung 'alle Götter'[49] zu verehren, alle Götter der Stadt,—oder des griechischen Pantheons? Welche Wahlmöglichkeiten standen einem Griechen etwa funktional oder regional offen, in welchem Umfang gab es konkurrierende 'Leistungsangebote', welche positiven oder negativen Konsequenzen hatten bestimmte Optionen für die Benutzbarkeit des 'Gesamtsystems'?

Wenn man ein Pantheon als 'organisiertes System'[50] auffaßt, als eine Art 'Sprache', die man erlernen kann: Wie lernt man sie und wie äußert sich dann diese 'Sprach-Kompetenz'? Zu den Grundbedürfnissen einer solchen Orientierung 'in' einem polytheistischen System gehört es, daß man den 'Zeichenvorrat' kennt[51] und die Regeln der Anwendung oder Verknüpfung. Die Götter zu kennen, ihre differierenden und konkurrierenden Funktionen, ist notwendige Voraussetzung, sie 'einsetzen' zu können. Die Entscheidung, sich in einer bestimmten Situation an einen bestimmten Gott zu wenden, setzt Wahlmöglichkeiten und Selektionen voraus und hat offensichtlich Konsequenzen für die Benutzbarkeit des gesamten Systems. Eine solche 'henotheistische Option' ist von einem polytheistischen System grundsätzlich zugelassen, wird aber gegebenenfalls an *den* Punkten prekär, an denen sich die grundsätzliche 'Arbeitsteiligkeit' auch der Götter[52] zu einem *Konkurrenzverhältnis* verdichtet hat. Systematisch gesehen stehen den Wahlmöglichkeiten des Einzelnen die möglichen Restriktionen der Kultorganisationen oder ihrer Träger gegenüber:

---

[49] Zu der komplettierenden Dedikations- und Gebetsformel πρὸς τοὺς θεοὺς ἄλλους παντας και πασας H.S. Versnel, Religious Mentality in Ancient Prayer, in: ders., Faith, Hope and Worship, Leiden 1981, 12 ff.

[50] W. Burkert, Griechische Religion der archaischen und klassischen Epoche, Stuttgart 1977, 333, im Anschluß an J.-P. Vernant, Mythe et Societé en Grèce ancienne, Paris 1974, 106.

[51] Eine Religionssemiotik, die eine differenzierte Analyse einer polytheistischen Religion erlauben würde, ist erst im Entstehen. Versuche, auch für den religiösen Bereich den Anschluß an die aktuelle Diskussion in der Semiotik herzustellen, finden sich bei K. Oehler (Hg), Zeichen und Realität. Akten des 3. semiotischen Kolloquiums der Deutschen Gesellschaft für Semiotik; vgl. ferner O. Davidsen, Der Status der Religionssemiotik als autonomer Wissenschaft, Linguistica Biblica 49, 1981, 71–84 und, mit einem Appell an 'die Religionen', sich multimedial anzulegen, G. Schiwy, Zeichen und Bedeutung. Die Chance der Religionen in semiotischer Hinsicht, in: R. Volp (Hg), Chancen der Religion, Gütersloh 1978, 244–253.

[52] Zu den Differenzierungsbedingungen von Gottesvorstellungen B. Gladigow, Der Sinn der Götter, in: P. Eicher (Hg), Gottesvorstellung und Gesellschaftsentwicklung, München 1979, 41–62.

6. *Zugänglichkeit, Öffnung, Öffentlichkeit*

Ich beginne auf der konkretesten Ebene: Die Zugänglichkeit eines normalen griechischen (oder römischen) Tempels ist im Regelfall dreistufig geregelt: über den Zugang zum τέμενος, in das Tempelinnere, und direkt zum Kultbild[53]. Mit dem Durchschreiten des Eingangs zum τέμενος, vorbei an den Perirrhanteria, konstituiert sich bereits eine strukturierte, über Reinheitsvorschriften qualifizierte Öffentlichkeit. Unter städtischen Verhältnissen ist dieser Vorraum räumlich—nicht sakralrechtlich—reduziert; Straßen, Plätze und Agora treten im weiteren Sinne an seine Stelle. Der Zugang zum Tempel selbst ist durch Tempeltür (und Vorhang dahinter) definiert: Im Regelfall waren die griechischen (und wohl auch römischen Tempel) tagsüber offen; die Anwesenheit eines *aedituus* vorausgesetzt, was außerhalb der Städte[54] schon einmal zu Problemen führen konnte. Das Schließen aller Tempel am Choentage (mit Ausnahme des Limnaion) durch Seile[55] erhält seine rituelle Bedeutung erst vor dem Hintergrund ihrer grundsätzlichen Zugänglichkeit. Alle Tempel zu öffnen, befiehlt der Prätor in Rom bei bestimmten Gelegenheiten, etwa zur *pompa Circensis*.

Das Kultbild selbst konnte durch Seile und Abschrankungen dem unmittelbaren Zugriff, um ihm Gaben in die Hand zu geben, oder Bitten auf die Schenkel zu schreiben (*genua incerare*), entzogen sein. Der *aedituus* mußte dann gewogen sein, oder gewogen gemacht werden. Vor allem die Ansammlung von Reichtum in ναός oder *cella*, sofern ἄδυτον oder Opisthodom nicht als regelrechte abgeschlossene Schatzkammmern vorgesehen waren, verlangten natürlich eine ständige Beaufsichtigung. Die römischen Tempel etwa waren nachts geschlossen und wurden von Wachhunden geschützt. Von Scipio Africanus wird berichtet[56], daß er sich häufig die *cella* des Juppitertempels auf dem Kapitol aufschließen ließ, um sich nachts mit Juppiter zu beraten.

Am Ende der Antike wird die Differenz zwischen Zugänglichkeit und Öffentlichkeit der Tempel ökonomisch geregelt: Schon der Ein-

---

[53] Dazu jetzt B. Gladigow, Zur Ikonographie und Pragmatik römischer Kultbilder, in: H. Keller, N. Staubach (Hgg), Iconologia sacra. Mythos, Bildkunst und Dichtung in der Religions- und Sozialgeschichte Alteuropas, Berlin 1994, 9–24.

[54] Vgl. etwa Cato, De re rustica 1.2,1–2.

[55] Dazu Chr.Auffarth, Der drohende Untergang S. 230.

[56] Gellius 6,1,6: ferner Livius 26,19,5. Die Wachunde haben Scipio, offensichtlich weil er so häufig kam, nicht mehr verbellt.

tritt in einen Tempel kann (praktisch) gebührenpflichtig werden; mit der Folge, daß die Tempel wie andere *vectigalia*, Zoll- und Straßenrechte, verpachtet werden können. *Non licet deos gratis nosse* spottet Tertullian über diese Praxis der antiken Kulte, man habe die Götter käuflich gemacht. Damit ist in Tat eine neue Situation entstanden; die Differenz zwischen den allgemein üblichen Opfertarifen und einer Eintrittsgebühr verändert die Struktur von 'Öffentlichkeit' erheblich. Es geht nun nicht mehr um die Beteiligung von Gottheit und Tempel über eine Gabe, die dem Grundsatz nach *extra commercium* stand, sondern um einen Kommerzialisierung der Verhältnisses von Öffentlichkeit und Tempel.

7. *Die 'Heilsthematik' und die 'vielen' Götter*

Es wurde bereits darauf hingewiesen[57], daß es für die grundsätzliche Offenheit des griechischen Polytheismus bezeichnend ist, daß Menschen für die Gesamtheit ihrer Lebensbezüge in der Regel nicht von einem bestimmten Gott abhängig sind. Zum 'offenen System' des Polytheismus gehört auch eine gewisse 'Subsidiarität' der Götter. Diese Subsidiarität läßt sich am konkretesten über das 'Subsystem' der Epitheta abgreifen. Die bis in die Hunderte gehenden Kult-Beinamen der einzelnen Götter können—wohl besonders bei prekärer regionaler Situation—die meisten Funktionen anderer Götter (mit-) abdecken.

Ein Moment der Exklusivität, der programmatischen 'Verknappung der Güter', kommt erst durch die Mysterienkulte[58] in die griechische Religionsgeschichte. Hier haben wir tendenziell eine Bindung bestimmter 'Heils'zusagen an bestimmte Kulte und Götter,—und die Absage an die Menschen, die daran nicht teilhaben[59]. In der Antithese "Wer aber nicht" konstitutiert sich der Makarismos des Mysten als exklusive Heilszusage: "Selig, wer das von den Menschen auf der

---

[57] Oben S. 20 f.

[58] Dazu W. Burkert, Ancient Mystery Cults, Cambridge Mass. 1987, der S. 12 ff. in der relativ exklusiven Zuwendung des Mysten eine gewisse Ähnlichkeit mit den ex-voto-Verhältnissen sieht.

[59] Eine Ausgestaltung des Schicksals der Nicht-Eingeweihten führt über die Beschreibung ihres unreinen Zustandes (ἐν βορβόρῳ κεῖσθαι) zur regelrechten Vergeltungs- und Strafphantasien ('Höllenstrafen'). "Leider bleibt es dabei, daß die Hölle eine griechische Erfindung ist", faßt M.P. Nilsson, Geschichte der griechischen Religion 2,558 Bedeutung und Konsequenzen dieser Entwicklung für die hellenistische und christliche Religionsgeschichte zusammen.

Erde gesehen hat; wer aber an den Kultakten nicht teilhat, . . . wird nicht das gleiche Schicksal haben . . ."[60] Hier ist das Modell der 'Gnadenanstalt' präformiert: ". . . für sie allein [*sc. die Mysten*] gibt es dort Leben; für die anderen hat der Hades alles Unheil"[61]—ein solches '*extra Eleusinem nulla salus*' ist die Kehrseite des Makarismos des eleusinischen Mysten. Es ließe sich behaupten, daß über die Mysterien ein Element 'inhaltlicher Intoleranz'[62] in die griechische Religion eingedrungen sei, bei gleichzeitiger Wahrung der 'formalen Toleranz.'[63] 'Inhaltliche Intoleranz' im vollen Wortsinn der Unterscheidungen Menschings ist üblicherweise mit einem Wahrheitsanspruch verbunden und ist damit zugleich eine Bezugs-Ebene für Konversionen.

Der Gedanke der Konversion—ich hatte es schon oben angedeutet—ist der klassischen griechischen Religion grundsätzlich fremd[64], ein kasuistischer, 'henotheistischer' Wechsel des Kultus und der emotionalen Zuwendung zwischen den Göttern ist gewissermaßen der Regelfall. Rigoristische Tendenzen sind freilich nicht grundsätzlich ausgeschlossen; aber auch dann bleiben die jeweils 'anderen' Götter und die Verpflichtungen ihnen gegenüber bestehen. Die emotionale Intensität, mit der man sich aktiv einem Gott zuwandte, scheint im Regelfall durchaus ihre Grenzen gehabt zu haben; übertrieben frommes und skrupulöses Verhalten werden eher kritisiert[65]. Aristoteles und seine Schüler bezweifeln mit Nachdruck, daß man sagen könne, jemand würde Zeus lieben[66]. "Von allen möchte der Gott die gemeinsame Verehrung", läßt Eurides den Teiresias über Dionysos sagen[67], "niemand soll sich dem entziehen." Selbst in diesem—für

[60] Hymn. Dem. 480 f.; zu Formengut und Ausgestaltung G.L. Dirichlet, De veterum macarismis, 1914 und B. Gladigow, Der Makarismos des Weisen, Hermes 95, 1967, 404–433.

[61] Sophokles fr. 837 P. (Triptolemos).

[62] Dies ein Begriff, bzw. mit 'formaler Toleranz' ein Begriffspaar, das G. Mensching, Toleranz und Wahrheit in der Religion, München 1966, in die Analyse eingeführt hat.

[63] Zu den organisatorischen Bedingungen der 'formalen Toleranz' zuletzt W. Burkert, Ancient Mystery Cults 30 ff.

[64] Vgl. A.D. Nock, Conversion (1933), Oxford 1965.

[65] Theophrast, Charakteres 16; noch später hält Plutarch, De superstitione die δεισιδαιμονία für verwerflicher als selbst die ἀσέβεια. Zu den Bewertungsschemata beider Autoren P.A. Meijer, Philosophers, Intellectuals and Religion in Hellas 259 ff.

[66] Aristoteles, Nikomachische Ethik 1159 a 4, Magna Moralia 1208 b 30; wozu E.R. Dodds, Der Fortschrittsgedanke 168 f. und F. Dirlmeier, Aristoteles Magna Moralia, Akademie-Verlag Berlin 1958 zur Stelle.

[67] Euripides, Bacchae 208 f.

griechische Verhältnisse exponierten 'Gebot' fordert Dionysos zwar allgemeine Verehrung, nicht aber die Verehrung als einziger Gott. Wenn dem Apostel Paulus im Theater von Ephesos ein 'Sprechchor' entgegentritt "Groß ist die Diana der Ephesier", ist dies zugleich Bekenntnis und 'verweigerte Konversion'.

Dies ist der Ort, an dem Superlative und Vollkommenheitspostulate ihre religiöse Öffentlichkeit finden—der philosophische Diskurs, der mit ähnlichen Postulaten operiert, stellt in diesem Sinne gerade keine Öffentlichkeit her. Im Schnittpunkt des Problems von situationsgebundener Prädikation und kontextfreier Doxologie steht eine Einbeziehung oder der Auschluß einer Öffentlichkeit. Damit kann ein Wechsel von Adressat und Funktion verbunden sein, etwa die unmittelbare Prädikation in Paradosis und Didaskalia übergehen. Dieser Übergang von Lobpreis zur Lehre läßt sich schon bei einigen der Homerischen Hymnen (genauer:Prooimia) verfolgen, das Phänomen ist also nicht an einen monotheistischen Rahmen gebunden. Ein konsequente Verlagerung des Schwerpunktes von Religionen "aus rituellen Praxen in übergreifende Glaubensfragen, die dogmatisiert, interpretiert und exegetisch respezifiziert werden müssen,"[68] der Weg von der Orthopraxie zur Orthodoxie, gehört zu noch genauer zu bestimmen Prozessen gesellschaftlicher Ausdifferenzierung. Auch in polytheistischen Religionen läßt sich in Einzelfällen—wie ich zu zeigen versuchte—der Weg von einer reflektierten 'Wahl' eines Gottes zu einem in eine Aretalogie hinein verdichteten 'Bekenntnis'zu ihm verfolgen.

7. *Rigorismus und Öffentlichkeit*

Rigoristische Haltungen, das Abheben auf "ein Prinzip oder Prinzipersatz" und die (versuchte) Reduktion angewachsener Komplexität scheinen mir nicht primär dadurch charakterisiert zu sein, daß etwa Restriktionen nur verschärft oder kumuliert werden, sondern vor allem dadurch, daß Lebensbereiche (wieder) in den Geltungsbereich religiöser Normierungen einbezogen werden, die im Rahmen kultureller Differenzierungsprozesse bereits 'ausgegliedcrt' worden waren. Erst dieser Transferprozeß—oder der Widerstand gegen die je ablaufende Ausdifferenzierung—erzeugt die Trennschärfe und den Anachronismus rigoristischer Haltungen. Rigoristische Haltungen in modernen

---

[68] N. Luhmann, Funktion der Religion (wie Anm. 1) 108.

Gesellschaften—oder Gesellschaften auf der Grenze zu Modernisierungsprozessen—sind insoweit wohl immer auch Reaktionen auf Säkularisierungsprozesse in der unmittelbaren Umwelt. Säkularisierung ist dabei nicht als ein gesamtgesellschaftliches Phänomen der Neuzeit verstanden, sondern ein partielles Ergebnis von Differenzierungsvorgängen.

Das ist der Punkt, an dem die verschiedenen theoretischen Ansätze im Blick auf Komplexitätsnegationen konvergieren könnten: Gegen die Etablierung gesellschaftlicher Teilbereiche mit ihrer je eigenen Rationalität—Folge unterschiedlicher Differenzierungsprozesse—wird versucht, die internen Ansprüche des Sub-Systems Religion auch für die anderen Teilbereiche für verbindlich zu erklären,—oder zumindest so zu agieren, als ob dies möglich wäre. Dieses Reaktionsschema ist sowohl aus rezenten Protestbewegungen wie aus der Reformation bekannt. Die Differenzen, die dieser Anspruch auf religiöse Systematisierung zwischen den stark ausdifferenzierten kulturellen Teilbereichen erzeugt, diese Differenzen scheinen mir kulturelle Rahmenbedingungen für Komplexitätsnegationen und ihre Handlungsfolgen vorzugeben—und weit über 'die Moderne' zurückzureichen.

8. *Zusammenfassung*

Meine These ist nun, daß ähnliche Prozesse auch im Rahmnen polytheistischer Religionen abgelaufen sind, konkret, daß etwa die Mysterien-Religionen nicht nur die Arbeitsteiligkeit des Polytheismus *unterlaufen*, sondern zugleich übergreifende Deutungssysteme ('Religionen' im Unterschied zu Kulten) entworfen haben. Diese Konstellation ist freilich nicht allein an 'Mysterienreligionen' gebunden—Aischylos' Zeus-Religion mit ihren rigoristischen Aretalogien wäre ein weiteres Beispiel—hat aber dort ihre am weitesten reichenden Konsequenzen gezeigt.

In derartigen kulturellen Situationen stehen die 'Kulte' vor der Notwendigkeit, 'Übergangs-Semantiken' zu entwerfen, die sie als 'Religionen' qualifizieren. Auf diesem Wege entwickeln sie zunächst 'latente Parallel-Deutungen der Wirklichkeit', die später—bei entsprechender Resonanz—in auf Anhänger, Mitglieder, Gläubige beschränkte Heilszusagen umformuliert werden. Mit dem Konzept 'latente Paralleldeutungen der Wirklichkeit' greife ich eine Bemerkung Simmels auf und wende sie auf die hier skizzierte Involution der polytheistischen Struktur an: Simmel hatte in Verbindung mit seiner hohen Wertung des Verbergens und absichtlichen Zurückhaltens daraufhingewiesen, daß "das Geheimnis sozusagen die Möglichkeit einer zweiten Welt neben der offenbaren" biete und "diese werde von jener auf das stärkste beeinflußt."[69]

In der Paralleldeutung der Wirklichkeit (der "zweiten Welt" bei Simmel). die latent und fundamentalistisch ist, wird der Konsens des antiken Polytheismus in einer doppelten Weise aufgekündigt: *Arbeitsteiligkeit* und *Regionalisierung* als strukturgebende Elemente werden aufgegeben (oder umdefiniert). Die entscheidenden beiden Konsequenzen (nicht Inhalte) dieses Strukturwandels sind: Das 'Heilsgut' wird, erstens, 'verknappt,'[70] dafür steht es aber, zweitens, den Interessierten (unter bestimmten Bedingungen) *überregional* zur Verfügung. *Verknappung* und *Ent-Regionalisierung* gehören auf diese Weise zusammen und unterwerfen die religiösen Angebote den Bedingungen eines überregionalen Marktes. Das hat auch Konsequenzen für die Finanzierung—die nicht mehr allein aus 'der Region' kommen kann—, aber auch für die Kultpropaganda, die nun spezifische Leistungen herausstellen muß. Diese Konkurrenzsituation stellt nicht nur eine neue Öffentlichkeit her, sondern gibt auch—über das 'Heilsgut'—ihre Struktur vor.

---

[69] G. Simmel, Soziologie. Untersuchungen über die Formen der Vergesellschaftung, Frankfurt 1992, 406.

[70] Zur 'Theorie der knappen Güter' G.M. Foster, Peasant Society and the Image of Limited Good, American Anthropologist 67, 1965, 293–315.

UNIO LITURGICA. DIE KULTISCHE EINSTIMMUNG IN GÖTTERWELTLICHEN LOBPREIS ALS GRUNDMOTIV "ESOTERISCHER" ÜBERLIEFERUNG IM ALTEN ÄGYPTEN.

Jan Assmann
Universität Heidelberg

Für Peter Schäfer

1. *Die Theorie der heiligen Sprache als Göttersprache nach Iamblich und den graeco-ägyptischen Zauberpapyri*

Dem Neuplatoniker Jamblichos verdanken wir eine Darstellung der "ägyptischen Mysterien" und darin auch eine Erläuterung der theurgischen Kraft des Gebets.[1] In diesem Zusammenhang begründet er den Vorrang der alten Sprachen wie Babylonisch und Ägyptisch. Es sind heilige Sprachen: "Weil nämlich die Götter die gesamten Sprachen der heiligen Völker wie der Ägypter und Assyrer für heilig erklärt haben, sind wir der Ansicht, daß unser mündlicher Verkehr mit den Göttern sich in jener Ausdrucksweise abwickeln müsse, die den Göttern verwandt ist. Auch ist die Form der Aussprache mit den Göttern derart die ursprünglichste und älteste . . . Deshalb also halten wir an dem Gesetze ihrer Überlieferung unerschütterlich fest, da diese Form den Göttern eignet und ihnen angepaßt ist." (VII.4) "Man muß also die altehrwürdigen Gebetsformeln wie heilige Asyle behüten, immer als die gleichen und in gleicher Weise, während man weder irgendetwas von ihnen wegnimmt, noch ihnen irgendetwas von anderswo zusetzt." (VII.5). Die Griechen, so fährt er fort, sind neuerungssüchtig, "haben nichts Festes in sich und bewahren nichts so, wie sie es von irgendwem erhalten haben . . . Die Barbaren dagegen bleiben stets standhaft bei denselben Formeln, da sie von konservativem Charakter sind; eben deshalb abcr sind sie sowohl den Göttern lieb als auch bringen sie den Göttern Formeln dar, die ihnen angenehm

[1] Iamblichus, *De mysteriis Aegyptiorum*, VII ed. E. des Places, Collection Budé, [2]1989, 188–195; Übers. Th. Hopfner, Jamblichus, *Ueber die Geheimlehren. Die Mysterien der Aegypter, Chaldäer und Assyrer*, Schwarzenburg 1978, 162–168.

sind. Diese Formeln aber zu verändern, ist keinem Menschen unter gar keinen Umständen erlaubt."

Der heilige Text ist wortlautgebunden, unübersetzbar und unveränderbar. Er "bezeichnet" nicht das Heilige mit Hilfe "konventioneller" Zeichen, sondern ist selbst heilig, d.h. dem Heiligen wesensverwandt. Er vermag es daher zu vergegenwärtigen, zu "präsentifizieren".[2] Das ist der Sinn des theurgischen Gebets. Es kommt nicht darauf an, diesen Text zu verstehen. Nicht das Herz, der mitvollziehende Intellekt und das vom Heiligen ergriffene Gemüt werden hier gefordert, sondern allein die präzise Aussprache, die in allen Einzelheiten korrekte Aus- und Aufführung der Vorschrift.[3]

Die gleiche Anschauung über den mystischen Charakter der Heiligen Sprache[4] vertritt auch das Corpus Hermeticum. Im Eingang zu Traktat XVI geht es um das Problem der Übersetzbarkeit heiliger Texte aus dem Ägyptischen ins Griechische. Die heiligen Texte sind nicht übersetzbar, weil sie ihre theurgische "Energie" nur in der Ursprache entfalten können. Diese Unübersetzbarkeit ist ein konstituierendes Element jener Geheimheit und Esoterik, mit der esoterische Traditionen umgeben sind.

> Er sagte, daß die Leser meiner Bücher (Hermes Trismegistos spricht) glauben werden, daß sie klar und schlicht geschrieben seien, während sie doch ganz im Gegenteil unklar sind und die Bedeutung der Worte verhüllen und vollkommen dunkel sein werden, wenn eines Tages die Griechen sie aus unserer Sprache in die ihre übersetzen wollen, was zur vollständigen Verzerrung und Verdunkelung des Textes führen wird.

---

[2] J.P. Vernant, "De la presentification de l'invisible a l'imitation de l'apparence", in: *Image et Signification, Rencontres de l'Ecole du Louvre* (1983) 25 ff., 293 ff.

[3] Zur Vorstellung von der theurgischen Kraft der *barbarikà onómata* vgl. Cumont, *Rel. Or.*[4], 87, 240 n. 72; 295 n. 90; *Eg.d.astrol.*, 125; Bidez-Cumont, *Les mages hellénisés*, II, 69 n. 14; Th. Hopfner, *Griechisch-ägyptischer Offenbarungszauber*, [2]1974–1990, Bd. I, §§ 718–21, 724–25; *Orac. Chald.*, p. 58 Kroll; Psellos, *Expos. Orac. Chald.* 1132 C Migne; Clemens Alexandrinus, *Strom.* I 21, 146; Origenes, c. Celsum I, 24–25, 28; V 45; Euseb., *pr. evang.* IV, 1,11. Vgl. auch M.P. Nilsson, *Geschichte der griechischen Religion*, 2.Bd., München [4]1988, 448–454.

[4] Interessanterweise verbindet sich diese "mystische" Vorstellung einer heiligen Sprache in der späteren Überlieferung nicht mit der Sprache, sondern mit der Schrift der Ägypter, vgl. z.B. Giordano Bruno, De magia (Op. lat. III, 411–12, nach Fr. Yates, *Giordano Bruno and the Hermetic Tradition*, 263) "... the sacred letters used among the Egyptians were called hieroglyphs ... which were images ... taken from the things of nature, or their parts. By using such writings and voices (*voces*), the Egyptians used to capture with marvellous skill the language of the gods. Afterwards when letters of the kind which we use now with another kind of industry were invented by Theuth or some other, this brought about a great rift both in memory and in the divine and magical sciences."

> In der Originalsprache bringt der Text seine Bedeutung klar zum Ausdruck, denn die reine Lautqualität und die Intonation der ägyptischen Worte enthalten die Kraft der gemeinten Sache.
>
> Laß diesen Text daher unübersetzt, damit diese Geheimnisse den Griechen entzogen bleiben und damit ihre freche, kraftlose und schwülstige Redeweise die Würde und Kraft unserer Sprache und die Energie der Namen nicht zum Verschwinden bringt. Denn die Griechen haben nur leere Reden, gut zum Imponieren, und ihre Philosophie ist bloß geschwätziger Lärm. Wir dagegen, wir gebrauchen nicht Wörter, sondern Laute voller Energie (φωναῖς μεσταῖς τῶν ἔργων).[5]

Die energetische Theorie der Sprache ist magisch. Die magische Kraft der Zaubersprüche liegt in ihrer Lautgestalt. Der Laut, die sinnliche Klangqualität der Sprache ist es, die die Macht hat, die göttliche Sphäre zu erreichen. Diese energetische Dimension der Sprache ist unübersetzbar. Man muß sie in der Originalgestalt reproduzieren.

Ein Blick in die zeitgenössische graeco-ägyptische Zauberliteratur lehrt, wovon Jamblichus spricht. In der "Leidener Weltschöpfung"[6] (um nur ein Beispiel unter zahllosen anderen zu nennen) ruft der Offiziant den Allgott (τὸν τὰ πάντα περιέχοντα) "in jeder Stimme und in jeder Sprache" an, womit aber nicht Menschen—, sondern Göttersprache gemeint ist: zuerst mit den Worten des Sonnengottes: AX EBY ΚΡΩΜ, sodann mit den Worten der "ersterschienenen Boten": ΑΡΑΘ Αδωναιε ΒΑΞΕΜΜ Ιαω

> Der erste Bote ruft in der Vogelsprache: ΑΡΑΙ, das heißt "Wehe meinem Feind"...
> aber Helios besingt dich in der Hieroglyphensprache: ΛΑΙΛΑΜ
> und hebräisch mit demselben Namen. Dann spricht er
> ΑΝΟΚ ΒΙΑΘΙ ΑΡΒΑΡ ΞΧΙΛΑ ΤΟΥΡΒΟΥ ΦΡΟΥΜΤΡΩΜ" womit er meint "Ich gehe dir voran,
> Herr, ich der N.N., der deinetwegen auf der Barke aufgeht" usw. usw.

Hier wird nicht nur Ägyptisch und Assyrisch gesprochen. Vogelgestaltige Götter sprechen die Vogelsprache ("orneoglyphisch": ὀρνεογλυφιστί), falkengestaltige die Falkensprache (ἱερακιστί), der Pavian seine "Sondersprache" (ἰδίᾳ διαλέκτῳ).[7] Reinhold Merkelbach und Maria

[5] Corpus Hermeticum XVI ed. A.J. Festugière, A.D. Nock II, 230; G. Fowden, *The Egyptian Hermes. An Historical Approach to the Late Pagan Mind*, Cambridge 1986, 37.

[6] R. Merkelbach, M. Totti, *Abrasax. Ausgewählte Papyri religiösen und magischen Inhalts*, Bd. 3: Zwei griechisch-ägyptische Weihezeremonien (Die Leidener Weltschöpfung. Die Pschai-Aion-Liturgie), Abh. der rhein.-westfäl. Ak.d. Wiss., Sonderreihe Papyrologica Coloniensia XVII.3, Opladen 1992.

[7] Vgl. den Beitrag von H.D. Betz ("baboonic") mit Hinweis auf Hopfner, *Offenbarungszauber* 1, § 780 und W. Speyer, "Die Nachahmung von Tierstimmen durch

Totti haben in ihrem Kommentar mit großem Scharfsinn diese Zauberworte entschlüsselt und—in dem meisten Fällen sehr überzeugend—als Transkriptionen aus dem Ägyptischen rekonstruiert.[8]

2. *Heilige Texte, Götterrede und göttliche Verfasserschaft in der altägyptischen Überlieferung*

Die Wortlautgebundenheit der heiligen Texte ist ein Grundprinzip der ägyptischen Kultur. Die schriftliche Überlieferung dieser Texte erscheint unter den allerfrühesten Bereichen, in denen sich die Ägypter die Möglichkeiten schriftlicher Aufzeichnung zunutze gemacht haben. Schon in den bildlichen Darstellungen des Rituals aus dem Alten Reich treffen wir auf den Mann mit der Papyrusrolle, den Vorlesepriester, der dann in den griechischen Texten als "Hierogrammateus" bezeichnet wird. Sie tragen auch den Titel "Chef", äg. *ḥrj-tp*, wovon hebräisches *ḥarṭummim* kommt.[9] Schrift und schriftliche Überlieferung bilden das Grundgerüst des ägyptischen Kults. Heilige Texte werden schriftlich überliefert, um sie gegen Veränderung zu schützen. Sie fungieren als Partituren, die im Kult zur Aufführung gebracht werden.[10]

Die Texte, die man diese Vorlesepriester auf den Darstellungen rezitieren sieht, werden "Verklärungen" genannt, ägyptisch *s3ḫw*, die Kausativ-Form des Stammes *3ḫ*, der "leuchten" und davon abgeleitet "Geist sein" heißt.[11] Allein schon die Kausativbildung dieser Gattungsbezeichnung zeigt, daß wir es hier mit wirkungsvollen Texten zu tun haben, deren Rezitation eine Transformation—nämlich in den Zu-

---

Besessene (Zu Platon, resp. 3, 396b)", in Ders., *Frühes Christentum im antiken Strahlungsfeld* (WUNT 50, Tübingen 1989), 193–198. Zur Sprache der Paviane vgl. besonders H. te Velde, "Some Remarks on the Mysterious Language of the Baboons", in: J.H. Kamstra (Hrsg.), *Funerary Symbols and Religion. Essays dedicated to Prof. Heerma van Voss*, Kampen 1988, 129–136, der allerdings auf die magischen Papyri nicht eingeht.

[8] Vgl. auch H.J. Thissen, "Ägyptologische Beiträge zu den griechischen magischen Papyri", in: U. Verhoeven, E. Graefe (Hrsg.), *Religion und Philosophie im Alten Ägypten*, Louvain 1991, 293–302.

[9] J. Quaegebeur, "On the Egyptian Equivalent of Biblical Hartummim", in: *Pharaonic Egypt, the Bible and Christianity*, Jerusalem 1985, 162–172; ders., "La designation (*P3*)*ḥry-tp*: PHRITOB", in: Osing, J., Dreyer, G. (Hgg.), *Form und Maß, Fs Fecht*, Wiesbaden 1987, 368–394.

[10] Vgl. Manfred Weber, *Beiträge zur Kenntnis des Schrift- und Buchwesens der alten Ägypter*, Diss. Köln 1969; ders., "Lebenshaus", in: *LÄ* III, 1979, 954 ff. Allg. zur ägyptischen Schriftkultur: A. Schlott, *Schrift und Schreiber im Alten Ägypten*, München 1989 (in dem hier interessierenden Punkt leider unergiebig).

[11] Vgl. hierzu Verf., *Ägypten—Theologie und Frömmigkeit einer frühen Hochkultur*, Stuttgart 1984, 4.Kapitel; ders., Art. "Verklärung", in: *LÄ* VI, 998–1006.

stand *ʾḫ*—bewirkt. Diese Texte, die uns in großer Zahl erhalten sind, enthalten zwar keine Zaubernamen. Sie sind auch in völlig normalem Ägyptisch abgefaßt. Aber die Schriftlichkeit ihrer Überlieferung und Aufführung verweist auf den Sonderstatus ihrer Sprachgestalt. Sie ist sakrosankt, und die Schrift dient als Mittel ihrer Bewahrung. Der Priester mit der Schriftrolle garantiert die Genauigkeit der Aufführung, genau wie im modernen Musikleben der Dirigent mit der Partitur. Dabei bedarf es keiner weiteren Erläuterung, daß die Schrift im Funktionszusammenhang der "Rezitationsliteratur" nur als ein Hilfsmittel fungiert, als ein Zwischenspeicher. Der eigentliche Kommunikationsakt ist die mündliche Aufführung. Die Schrift wird nicht "gelesen". Auch darin entspricht diese Art der rituellen Schriftlichkeit vollkommen der musikalischen Partitur. Auch diese will ja nicht gelesen, sondern aufgeführt werden. Selbstverständlich kann der Text anstatt schriftlich aufgezeichnet auch auswendig gelernt werden. Theoretisch macht das gar keinen Unterschied. Das menschliche Gedächtnis fungiert hier als Zwischenspeicher und "Notationssystem". Die indischen Brahmanen mißtrauen bekanntlich der Schriftlichkeit und ziehen das Gedächtnis als Zwischenspeicher vor. Die Ägypter haben von Anfang an umgekehrt optiert. Sie mißtrauten dem Gedächtnis und haben sich die Schrift für die Speicherung kultischer Texte zunutze gemacht.

Im Medium dieser geheiligten und heiligenden Schriftlichkeit entsteht aber keine "Heilige Schrift."[12] Dazu haben es die Ägypter nie gebracht. Das von Jamblich zitierte Verbot der Veränderung, Hinzufügung oder Weglassung bezieht sich nicht auf das Insgesamt, den "Kanon" der Überlieferung, sondern auf die *einzelne* Formel bzw. die sakrosankte Sprachgestalt des *einzelnen* Spruchs, dessen theurgische oder "präsentifikatorische" Kraft auf eben dieser Sprachgestalt beruht. Geheiligt ist der Text, nicht der Textkanon.[13] Dessen Grenzen verlieren sich vielmehr im Unabsehbaren. So schreibt Jamblich etwa, daß Seleukos von 20 000, Manetho aber von 36 525 Büchern des Hermes Trismegistos berichtet.[14] Der Gesamtbestand an heiligem Schrifttum ist uferlos und die Vorstellung eines Kanons ist dieser

[12] Vgl. C. Colpe, "Heilige Schriften", in: *Reallexikon für Antike und Christentum*, Lieferung 106, 1987, 184–223.

[13] Zur Kanonformel vgl. Verf., *Das kulturelle Gedächtnis. Schrift, Erinnerung und politische Identität in frühen Hochkulturen*, München 1992, 103–106, 236 f.

[14] De Myst. VIII.1.

Schriftkultur fremd.[15] Worauf es vielmehr ankommt, ist der einzelne Text. Innerhalb dieses Stroms oder Ozeans heiliger Texte gibt es viele Gattungen und die Beschwörungsgebete, Verklärungen, Eulogien, Hymnen, Weihezeremonien und sonstigen Rezitationen von theurgischer, präsentifikatorischer Kraft bilden nur eine Untergruppe.

Von außen gesehen verlagert und erweitert sich dieser Strom ständig, und es kann überhaupt keine Rede davon sein, daß die "Barbaren" im Unterschied zu den Griechen keine Neuerungen zuließen und strikt am geheiligten Bestand uralter Texte festhielten. Natürlich kommen ständig neue Texte dazu, und insbesondere die graecoaegyptischen Zaubertexte tragen das unverkennbare Gepräge ihrer Zeit und reichern einen Grundbestand spätägyptischer Theologie mit allen möglichen jüdischen, iranischen, babylonischen und griechischen Versatzstücken an. Eine durchaus "moderne" Literatur entsteht hier. Von innen gesehen, d.h. im Selbstverständnis dieser Texte, wird hier aber eine uralte Überlieferung weitergegeben, und je moderner der Spruch, desto älter, heiliger, göttlicher, "authentischer" ist sein angeblicher Ursprung.

Im Berliner Museum gibt es einen Papyrus aus frühptolemäischer Zeit mit einer Sammlung von "Verklärungen", die sich in einem einleitenden Vermerk als Abschrift einer Handschrift aus der Zeit Amenophis' III. (ca. 1400–1360) ausgibt.[16] Man würde das natürlich für den üblichen frommen Betrug halten. Ein Blick auf diese Texte lehrt jedoch, daß diese Sammlung noch wesentlich älter als die angegebene Vorlage ist und die einzelnen hier zusammengestellten Texte noch einmal sehr viel weiter zurückgehen. Dieselbe Textzusammenstellung findet sich bereits auf Särgen des frühen 2.Jahrtausends, und die einzelnen Texte stehen bereits in den Pyramiden der 6. Dynastie (24.Jh.v.Chr.). Die Textüberlieferung ist verblüffend gut. Hier ist also in der Tat eine Verklärungs- Liturgie im Rahmen der rituellen Schriftlichkeit über 2000 Jahre und mehr hinweg getreulich gespeichert und im Kult immer wieder wortlautgetreu zur Aufführung gebracht worden. Was um 2300 v.Chr. einmal "normales" Ägyptisch war, ist freilich um 300 v.Chr. längst eine Fremdsprache geworden, an der man

[15] Vgl. jedoch die "42 hochverbindlichen (*pány anankaîai*: = "Kanonischen"?) Büchern des Hermes", die nach Clemens Alexandrinus, Stromat. VI.4.35–7 von den ägyptischen Priestern in Prozession getragen wurden.

[16] G. Möller, *Über die in einem späthieratischen Papyrus des Berliner Museums enthaltenen Pyramidentexte.* Berlin 1900.

im Kult festhielt aus Gründen, die Jamblich gewiß sehr treffend mit seinem den "Barbaren" zugeschriebenen Konservatismus diagnostiziert: die Götter lieben keine Neuerungen. Dieser Bruch zwischen normalem gesprochenen und geschriebenen Ägyptisch und dem in den Schriftrollen der Vorlesepriester bewahrten Sprachstadium läßt sich schwer datieren. Es handelt sich dabei zweifellos um einen kontinuierlichen Prozeß der Auseinanderentwicklung. Lange Zeit hat man den Unterschied zwischen Kultsprache und Alltagssprache gewiß nur als dialektale Variante empfunden. Spätestens nach der Amarnazeit wird den Ägyptern klar, daß sie es mit zwei verschiedenen Sprachen zu tun haben. Nun wird die alte Schriftsprache eigens in der Schule erlernt.[17] In der Spätzeit ist die Kenntnis dieser Sprache zum Exklusivbesitz der Priester, und diese Sprache selbst zur exklusiven Kultsprache geworden, ebenso wie die Hieroglyphenschrift und deren Buchkursive, das Hieratische, in der sie geschrieben wird. In dieser Zeit dürfte sich die alte Bezeichnung für die Hieroglyphen, "Göttersprache" (*mdt nṯr*) auch auf das darin aufgezeichnete, zur Fremdsprache gewordene Alt- und Mittelägyptisch ausgedehnt haben: Kultsprache ist Göttersprache.[18]

Die wirklich alte Liturgie des Pap. Berlin 3057 hat es nun offenbar nicht nötig, sich durch phantastische Fundlegenden oder gar göttliche Verfasserschaft zu legitimieren. Anders steht es mit der modernen Rezitationsliteratur der Spätzeit. An erster Stelle sind hier die verschiedenen "Briefe vom Atmen" (*šꜥt n snsn*) zu nennen, die in der Ptolemäerzeit neben dem althergebrachten Totenbuch entstehen.[19] Sie werden der Göttin Isis als Verfasserin zugeschrieben.. Andere Bücher soll Thoth geschrieben haben.[20]

Die Fiktion göttlicher Verfasserschaft antwortet auf das Problem, die rapiden und grundlegenden Wandlungen religiöser Erkenntnis, Erfahrung und Sensibilität und das daraus erwachsende Bedürfnis nach religiösem Sinn in Einklang zu bringen mit der Überzeugung, daß nur das im Medium der rituellen Schriftlichkeit seit Urzeiten Gespeicherte einen Anspruch auf Wahrheit erheben darf. Wahrheit

---

[17] Vgl. F. Junge, "Sprachstufen und Sprachgeschichte", in: *Zeitschr.d.dt. Morgenländischen Ges., Suppl. VI, XXII. Deutscher Orientalistentag* Stuttgart 1985, 17–34.

[18] Vgl. hierzu auch die treffenden Bemerkungen von H. te Velde, a.a.O., 134 f.

[19] J.C. Goyon, *Rituels funéraires de l'ancienne Égypte*, Paris 1972, 189ff.; ders., "La littérature funéraire tardive", in: *Textes et langages de l'Égypte pharaonique III.* Kairo 1974, 73–81.

[20] Schott, *ZÄS* 99, 1972, 20–25. Boylan, *Thoth, the Hermes of Egypt* 1922; spez. zu Thoth als Verfasser der Tempelbücher: S. 88–91.

heißt natürlich in diesem Fall kultische, sakramentale Wirksamkeit, "verklärende", zu-einem-Lichtgeist-machende, erleuchtende Kraft. Das Sinnbedürfnis verlangt den modernen Text. Das alte Totenbuch genügt nicht mehr. Das Wahrheits- oder Wirksamkeitsbedürfnis verlangt den heiligen Text, bei dem es nicht auf menschliches Verstehen, sondern göttliches Angesprochenwerden ankommt. Göttliche Verfasserschaft ist die Lösung dieses Problems. Die Dokumente vom Atmen hat Isis selbst geschrieben, als es um die Wiederbelebung ihres Gatten Osiris ging.

Alle Handlungen, die im Kult vollzogen werden—das ist der Grundgedanke dieser Idee einer götterweltlichen Angemessenheit bzw. "Kompatibilität" und sakramentalen Wirksamkeit liturgischer Rezitationen—werden auch in der Götterwelt vollzogen. Wie im Himmel, so auf Erden, lautet das Prinzip.[21] Hätte Isis nicht ihren Gatten Osiris mit ihren Klagen erweckt und mit ihren Verklärungen zu einem machtvollen unsterblichen Geistwesen gemacht, dann wären auch alle irdisch-kultischen Handlungen und Rezitationen in dieser Hinsicht zwecklos. Würde der Sonnengott nicht Tag für Tag den Chaosdrachen Apopis besiegen, der ihn mit Finsternis und Stillstand bedroht, dann hätten auch die Schutzriten, die täglich in den Tempeln zur Abwehr der inneren und äußeren Feinde Pharaos und zur Erhaltung der Ordnung und Wohlfahrt des Staates durchgeführt wurden keine Wirkung. Daher faßt man diese Texte auch unter einem sehr bezeichnenden Gattungsnamen zusammen: sie heißen *bꜣw Rꜥw*, "die Machterweise des Re", weil man annimmt, daß sich in ihrer Rezitation die Macht des Sonnengottes selbst ereignet, mit der er in seinem täglichen Umlauf um die Erde die kosmischen Widerstände überwindet.[22]

Man denkt sich den Kosmos und die ihn verkörpernde Götterwelt als ein Drama und versteht die kultischen Handlungen als Abbildungen götterweltlicher Interaktion. Der Kult wird also nicht im Sinne einer Kommunikation zwischen Mensch und Gott vollzogen, sondern als die Inszenierung eines inner-götterweltlichen Dramas zwi-

---

[21] Zu "descensio" und "translatio" als den Grundprinzipien des ägyptischen Kults im Sinne einer irdischen Abbildung himmlischer Vorgänge vgl. *Corpus Hermeticum*, Asclepius 23ff. und dazu Verf., *Ägypten*, 50–67.

[22] Zu den *bꜣw-Rꜥw* vgl. Gardiner, *JEA* 24, 166, 168; Blackman, *JEA* 29, 22 Anm. 7; E.A.E. Reymond, *CdE* 47 (1972), 124; Verf., *Liturgische Lieder an den Sonnengott*, Berlin 1969, 222 Anm. 171; Stricker, Brief van Aristeas, 52–53; Schott, HdO I2, Literatur, 221 f.; D.B. Redford, *Pharaonic King Lists, Annals and Day-Books. A Contribution to the Study of the Egyptian Sense of History*, Mississauga 1986, 92, 215 f. Anm. 52

schen Gott und Göttern. Dieses Prinzip war übrigens auch Jamblich noch vollkommen bewußt und er wird nicht müde, es in immer neuen Formulierungen zu beleuchten, um den Vorwurf zu entkräften, der Theurg wolle den Göttern drohen, sie zwingen oder sonstwie nach seinem Willen beeinflussen. Seine Argumentation beruht auf dem Gedanken, daß er ja nicht als Mensch den Göttern gegenübertritt, sondern von einer ekstatischen Position aus spricht, die am Göttlichen Anteil hat. Er zieht die Götter nicht zu sich herab, sondern vielmehr sich zu den Göttern empor "denn eine solche Anrufung zieht ja keineswegs die Unbeeinflußbaren und Reinen in die Sphäre der Affekte und Unreinheit hinab, sondern macht vielmehr im Gegenteil uns Menschen, die wir durch die Geburt den Affekten unterworfen wurden, rein und über den Affekt erhaben" (I 12).[23] Daher besteht er darauf, "daß das Wirken der Götter nicht gewirkt wird, während zwei einander gegenüberstehende und von einander verschiedene Parteien einander gegenüberstehen (Mensch und Gott), sondern daß vielmehr diese Art göttlichen Wirkens in Übereinstimmung, Einheit und Einverständnis vollbracht wird" (IV 3).[24] "Der Theurg gibt den kosmischen Mächten infolge der Kraft der geheimen Symbole seine Befehle nicht mehr als Mensch und auch nicht mehr als über eine nur menschliche Seele verfügend, sondern erteilt, als gehöre er jetzt zur Rangklasse der Götter, Befehle, die kräftiger sind als seine ihm tatsächlich zustehende Wesenheit" (VI 6).[25] Deutlicher kann man den Grundgedanken auch der altägyptischen Ritualistik nicht umschreiben. Dieses "theurgische" Prinzip gilt für die Handlung und es gilt insbesondere für die von diesem Handeln nicht zu trennende Sprache. In den die Handlungen begleitenden Rezitationen liegt die verwandelnde, verklärende Kraft der Begehung. Deshalb ist stets der Priester mit der Schriftrolle dabei. Er verwaltet die sprachliche Seite der Begehung, die Rezitation, die im Mund des Priesters und im Augenblick der kultischen Handlung zur Götterrede wird. Wenn der Priester spricht, spricht ein Gott zum Gott und die Worte entfalten ihre verwandelnde, performative und präsentifikatorische Kraft. Das ist die Aufführung. Was der Vorlesepriester in der Hand hält, ist die Partitur.

Die heilige Rezitation ist also ihrem Sinn und ihrem Wesen nach

---

[23] Nach Hopfner, 26.
[24] Hopfner, 121 f.
[25] Hopfner, 159 f.

Götterrede, gespeichert im Medium der Schrift und realisiert im Kontext des kultischen Rollenspiels. Der Priester äußert sie nicht in eigener Sache, er tritt damit nicht als Mensch vor ein Götterbild. Er schlüpft vielmehr in eine Rolle im Zusammenhang einer götterweltlichen "Konstellation". Der Kosmos, die Wirklichkeit ist aus solchen "Konstellationen" aufgebaut. Es sind die Strukturelemente, aus denen sich das Ganze der sich unablässig ereignenden "Welt" zusammensetzt. Die Sprache vermag sie zu beschreiben und narrativ zu verknüpfen: so entstehen die Mythen. Sie vermag aber auch gewissermaßen intra-konstellativ die bei diesem Zusammenwirken gesprochenen Worte zu artikulieren und dramatisch zu gestalten: so entstehen die Kultrezitationen.

Die Schrift dient dem Zweck, den heiligen Text vor Veränderung zu schützen und ihn, von Rezitation zu Rezitation, in seinem Wortlaut zu bewahren. Damit ist aber der Schutzbedürftigkeit des Heiligen Textes noch keineswegs Genüge getan. Zur Schrift tritt als zweite Schutzmaßnahme die Geheimhaltung hinzu. Das Geheimnis gehört in Ägypten zum Begriff des Heiligen. Das Heilige ist für den Ägypter eo ipso geheim. Wenn die Schutzzonen um das Heilige niedergerissen werden, fällt der Himmel auf die Erde herunter, wandelt sich Meer- in Süßwasser und wird alsobald ausgetrunken, steigen Flammen aus dem Ozean auf und verzehren das Feuer, trocknen die Flüsse und Seen aus.[26]

3. *Unio liturgica*

Als Handelnder schaltet sich der Offiziant ein in das götterweltliche Handlungsgefüge, das den Kosmos zusammen- und in Gang hält. Als Sprechender stimmt er ein in den götterweltlichen Diskurs. Dieses Prinzip möchte ich mit einem Begriff, den ich dankbar dem Judaisten Peter Schäfer entlehne, "unio liturgica" nennen.[27] Im kultischen Sprechen tritt der Redende ein in eine götterweltliche Kon-

[26] Vgl. hierzu Porphyrius in Jamblichs Wiedergabe, *De mysteriis* VI.5: "Denn der Rezitierende droht, das Firmament zu zerschmettern, die Geheimnisse der Isis offenbar zu machen, das im Abgrunde (der Welttiefe) Verborgene aufzuzeigen, die Barke zum Stehen zu bringen, die Glieder des Osiris dem Typhon hinzustreuen oder überhaupt etwas dieser Art zu tun" (nach Hopfner, 159).

[27] P. Schäfer, *Der verborgene und der offenbare Gott*, Tübingen 1991, 160 ff. Auch in der frühjüdischen *merkaba*-Mystik geht es darum, in die himmlische Liturgie einzustimmen. Das wird hier aber nicht mehr kollektiv-kultisch erreicht, durch den genauen Vollzug des Tempelrituals, sondern individuell-mystisch, durch die Himmelsreise des

stellation und spielt die Rolle göttlicher Aktanten. Er identifiziert sich mit ihnen oder, wie es ägyptisch heißt, "vereint sich mit ihnen":

> Ich habe der Sonne Hymnen gesungen,
> ich habe mich mit den Sonnenaffen vereint,
> ich bin einer von ihnen.
> Ich machte mich zum Genossen der Isis und stärkte ihre Zauberkraft[28]

Wer als Priester einen Sonnenhymnus spricht, im Rahmen der vorgeschriebenen kultischen Begehungen, der vereint sich mit den götterweltlichen Adoranten des Gottes und wird für die Dauer der Begehung "einer von ihnen".[29] Der Hohenpriester Nebwennenef sagt:

> Ich befriedige ihn (den Sonnengott) Tag für Tag,
> ich singe Loblieder wie die Sonnenaffen,
> ich verehre ihn wie die "Seelen" von Buto und Hierakonpolis"[30]

Alle kultischen Zeremonien sind von diesem identifikatorischen Typus. Es geschehen da wahrhaftig große Dinge. Im Kontext der oben zitierten Verse des 100. Totenbuchkapitels ist auch von anderen Ritualen die Rede:

> Ich habe den Phönix zum Osten übergefahren
> und Osiris nach Busiris.
> Ich habe die Grüfte des Hapi geöffnet
> und den Weg der Sonne freigehalten.
> Ich habe den Sokar auf seinem Schlitten gezogen

Adepten (*jored merkaba*). "Ziel der Himmelsreise ist weniger die Schau Gottes auf seinem Thron als vielmehr die Teilhabe am kosmischen Lobpreis ... Seine Himmelsreise dient dem Zweck, die irdische Gemeinde in die himmlische Liturgie einzubeziehen, diese zu einem wahrhaft kosmischen, Himmel und Erde, Engel und Menschen umfassenden Ereignis werden zu lassen" (S. 160). Präziser könnte man auch die Aufgabe des altägyptischen Sonnenpriesters nicht beschreiben. Auch sein Lobpreis stimmt in die himmlische Liturgie ein, und auch hier liegt der Sinn solchen Einstimmens darin, Himmel und Erde zueinander in Beziehung zu setzen und eine kosmische Harmonie herzustellen. Mystik und Magie erweisen sich hier wie in der Religion der Papyri Graecae Magicae als gewissermaßen "privatisierte" Nachfolgeinstitutionen des ägyptischen Tempelkults.

[28] Totenbuch, Kapitel 100. Hornung, *Das Totenbuch der Ägypter*, Zürich 1979, 198 f. H. te Velde, "Some Remarks", 129.

[29] Vgl. Totenbuch 81B (Hornung, 168):
Ich kenne den Spruch derer, die mit diesen Göttern, den Herren des Totenreichs, sind.
Ich bin einer von euch.
Laßt mich doch die Götter schauen, welche die Unterwelt leiten,
gebt mir einen Platz im Totenreich!

[30] Grab Theben 157, Wörterbuch Zettel <1112>; J. Zandee, JEOL 18, 1964, 253.

und die Große im rechten Augenblick gestärkt. . . .
Ich habe das Seil festgebunden,
ich wehrte den Apopis ab und zwang ihn zum Rückzug.
Re hat mir seine Arme entgegengestreckt
und seine Mannschaft wird mich nicht zurückweisen.[31]

Hier spricht jemand, der an verschiedenen Festen, Riten und Prozessionen teilgenommen hat. Er darf sich dadurch als ein Mitglied götterweltlicher Konstellationen ausgeben. Das ist der Sinn der ägyptischen "Mysterien". Es handelt sich dabei nicht um Geheimgesellschaften, um Gemeinschaften, zu deren Glauben man sich bekennen und in die man sich einweihen lassen kann. Es handelt sich ganz einfach um den normalen, offiziellen ägyptischen Kult. Er beruht auf dem Prinzip der götterweltlichen Identifikation, der "unio liturgica". Aus diesem Prinzip folgen mit einer gewissen logischen Konsequenz zwei Motive, die diesen Kult mit dem antiken Mysterienwesen verbinden: Geheimhaltung und Einweihung.

Re hat ihn (den Sprecher) eingeführt in seine Barke:
er hat die Heiligkeit Dessen in seiner Umringlerschlange gesehen.
Er hat Re betrachtet, nämlich die drei Gestalten, die er annimmt in der Ausdehnung des Lichtglanzes.
Er hat ihn angebetet bei seiner Geburt am Morgen
in jenem seinem Namen "Chepre",
er hat ihn gepriesen am Mittag
in jenem seinem Namen "Re",
er hat ihn besänftigt am Abend
in jenem seinem Namen "Atum".[32]

Wie schön ist es, zu schauen mit den Augen,
wie schön ist es, die Wahrheit zu hören mit den Ohren!
. . . Osiris NN hat nicht weitergesagt, was er gesehen hat,
Osiris NN hat nicht berichtet, was er gehört hat im Haus der Mysterien:
den Jubel für Re
und den Gottesleib des Re beim Queren des Nun
unter denen, die den Gottes-Ka befriedigen mit dem, was er liebt.[33]

Ein unlängst publizierter kleiner Sonnenhymnus auf einem Sarg der Spätzeit in Cambridge gibt sich als Rede des "Kollegium im Urwasser", worunter wohl die acht Urgötter zu verstehen sind, auf deren Anbetung des Sonnengottes wir in anderem Zusammenhang noch zurückkommen werden:

---

[31] Hornung, Totenbuch, 198 f.
[32] Totenpapyrus Louvre 3292, ed. Nagel, *BIFAO* 29, 47.
[33] TB 133, 14–15 (Nu).

Re anbeten bei seinem Aufgang im östlichen Lichtland
seitens des Großen Kollegiums im Urwasser.
Zu sprechen: Sei gegrüßt, Re, Tag für Tag,
Chepre, der von selbst entstand,
mit vielen Namen und vielen Gesichtern,
der zu Schiff fährt ohne zu ermüden.
Komm doch, Re, in Frieden!
Richte dich auf: dein Feind ist gefallen.[34]

Die Reden der Götter, also z.B. die Hymnen, die das "Große Kollegium" oder die "Sonnenaffen" an den Sonnengott richten, sind "geheime" Worte. Sie kennt nur der Eingeweihte. Diese Einweihung kennzeichnet nach ägyptischer Vorstellung die Rolle des Königs. Natürlich waren es in der geschichtlichen Wirklichkeit nicht die Könige, sondern die Priester, die als Träger, Verwalter, Überlieferer und Anwender dieses Wissens fungierten. Der Begriff "König" bezeichnet eine Institution, eine sakrale Funktion, die vom Priester und nicht vom wirklichen König wahrgenommen wird. Der Priester spielt den König, um im Rahmen des kultischen Dramas den Gott spielen zu können. Von diesem theoretischen "König" heißt es nun in einem für diese Konzeption kultischen Wissens und Sprechens zentral wichtigen Text:

Der König kennt
diese geheime Rede, die die 'östlichen Seelen' sprechen,
wenn sie Jubelmusik machen für den Sonnengott
bei seinem Aufgang, seinem Erscheinen im Horizont
und wenn sie ihm die Türflügel öffnen
an den Toren des östlichen Horizonts,
damit er zu Schiff dahinfahren kann auf den Wegen des Himmels.

Er kennt ihr Aussehen und ihre Verkörperungen,
ihre Wohnsitze im Gottesland.
Er kennt ihre Standorte
wenn der Sonnengott den Weganfang beschreitet.
Er kennt jene Rede, die die Schiffsmannschaften sprechen,
wenn sie die Barke des Horizontischen ziehen.
Er kennt das Geborenwerden des Re
und seine Verwandlung in der Flut.
Er kennt jenes geheime Tor, durch das der Große Gott herauskommt,
er kennt den, der in der Morgenbarke ist,
und das große Bild in der Nachtbarke.

---

[34] M. el Alfi, "A Sun Hymn in the Fitzwilliam Museum", in: *Varia Aegyptiaca* 8.1, 1992, 3–5.

Er kennt seine Landeplätze am Horizont
und deine Umläufe in der Himmelsgöttin.[35]

Dieser Text zählt auf, was der König alles wissen muß für eine einzige, wenn auch entscheidende Handlung: die Anbetung des Sonnengottes am Morgen. Er kennt die Natur des kosmischen Vorgangs, seine Phasengliederung, seine szenisch-konstellative Ausgestaltung und seine Heilsbedeutung als Wiedergeburt, er kennt die beteiligten Wesen, ihre Handlungen, ihre Reden, ihre Lebensumstände, und er kennt den räumlichen Rahmen des Geschehens, Himmelstore, Barken, Landeplätze, Steuergeräte. Er muß das alles genau kennen, um sich mit seiner anbetenden Rede wirkungsvoll in den kosmischen Prozeß einschalten zu können.

Einen entsprechenden Text gibt es auch für die Anbetung des Sonnengottes am Abend.[36] In diesem Text spielt die Kenntnis der götterweltlichen Liturgie eine ganz besonders prominente Rolle:

Veranlaßt wird, daß die Götter zur Ruhe gehen in der Erde
durch die geheime Rede in seinem (des "Königs") Munde.

"O Heiliger in der Nachtbarke,
Herr des Lebens im Westland!"
Heiligkeit und Göttlichkeit werden gegeben
dem Großen Ba (durch) die Gottesworte.
Der erscheint mit seinem Einauge,
der Herrin an der Spitze der beiden Barken,
entsprechend den Lobgesängen, die ihm die Westlichen des Himmels
singen in ihren Erscheinungsformen:

"Der ausgestattet ist mit seinen Formen, der Jahrmillionen verbringt,
Re möge ruhen, möge ruhen im Innern der Erde", so singen sie für dich,
"Der ausgestattet ist mit seinem Göttlichen Auge,
das Falkenbild in der Nachtbarke,
der Herr der Heiligkeit im westlichen Lichtland!"
Die Menschen leben auf, wenn sie ihn sehen,
die Götter jubeln, wenn sie seine Schönheit erblicken.

Oh juble, Re, über die Preisungen des Königs,
wenn er Re verehrt mit Hymnen.

---

[35] Aus einem Kulttheologischen Traktat über den "König als Sonnenpriester", ed. J. Assmann, *Der König als Sonnenpriester*, Glückstadt 1970; Maria Carmela Betrò, *I Testi solari del Portale di Pascerientaisu (BN2)* (Università degli Studi di Pisa, Missioni Archeologiche in Egitto, Saqqara III) (Pisa 1990).

[36] Die Wiedergewinnung dieses Textes ist das besondere Verdienst von M.C. Betrò, s. die vorhergehende Anmerkung.

Wie am Morgen mit "pavianischen" Lobpreisungen, so begrüßt der Sonnenpriester am Abend den Sonnengott mit "schakalischen" Hymnen. Natürlich gebraucht er dabei keine Tier- oder sonstige Fremd-Sprache, sondern das zur Kult- und Göttersprache gewordene klassische Ägyptisch. Die pavian- und schakalsgestaltigen "Seelen" des Ostens und Westens sind keine Tiere, sondern eine Art Engel. Sie gehören zur Götter-, nicht zur Tierwelt.[37] In ihre Lobpreisungen stimmt der irdische Sonnenpriester mit seinen Sonnenhymnen ein.

Hier gilt es nun eine wichtige Unterscheidung zu berücksichtigen. Diese Vorstellung einer geheimen Preisung in Göttersprache scheint keineswegs für die gesamte ägyptische Sonnenhymnik zu gelten. Vielmehr hat man hier offenbar eine esoterische und eine exoterische Tradition zu unterscheiden. Aus dem alten Ägypten sind uns Hunderte von Sonnenhymnen erhalten. Sie stehen zumeist auf den Wandungen der Grabeingänge und zeichnen die Worte auf, mit denen der Grabherr morgens und abends, aus seinem Grabe aus- und eintretend, die Sonne anbeten wollte. Andere Hymnen stehen auf Stelen, die im, über oder auch vor dem Grab aufgestellt waren. Alle diese Texte waren zugänglich angebracht und bilden die exoterische Form der ägyptischen Sonnenhymnik. Sie geben sich *nicht* als Aufzeichnung geheimen Wissens.

Es gibt aber eine Überlieferungsform, die man ganz eindeutig als exklusiv und esoterisch einzustufen hat. Das sind die Bilder und Texte, mit denen die Königsgräber im Neuen Reich ausgeschmückt waren. Denn diese Gräber waren nicht zugänglich, sondern im Gegenteil hermetisch versiegelt und strengstens bewacht. In ihnen fand kein Kult statt, im Unterschied zu den Privatgräbern. Der Kult hatte seinen Ort in den Totentempeln, die räumlich weit von den Gräbern getrennt errichtet wurden. In den Königsgräbern finden wir nun eine Literatur, die genau jenes Wissen kodifiziert, das in den oben zitierten Traktaten dem "König" als Priester des Sonnengottes zugeschrieben wird.[38] Hier stehen die Hymnen, die die Jenseitigen an den Sonnengott richten, hier sind alle Handlungen, alle dramatis personae

[37] Dieser Unterschied wird von H. te Velde in seinem wichtigen Aufsatz über die "mysterious language" der Sonnenaffen nicht ausreichend berücksichtigt.

[38] E. Hornung, *Ägyptische Unterweltsbücher*, Zürich und München ²1984, vgl. Hornung, "Auf den Spuren der Sonne. Gang durch ein ägyptisches Königsgrab", in: *Eranos Jahrbuch* 1981, 431–475 und H. Brunner, "Die Unterweltsbücher in den ägyptischen Königsgräbern", in: G. Stephenson (Hg.), *Leben und Tod in den Religionen. Symbol und Wirklichkeit*, Darmstadt 1980, 215–228. Allgemein zu den Königsgräbern s. E. Hornung, *Tal der Könige. Die Ruhestätte der Pharaonen*. Zürich 1982.

und alle Lokalitäten genau beschrieben, in deren Rahmen sich das götterweltliche Drama abspielt. Der wichtigste, älteste und gewissermaßen klassische Text dieser Gattung, das "Amduat"[39] hat folgenden Titel:

> Zu kennen die Wesen der Unterwelt,
> zu kennen die geheimen Wesen,
> zu kennen die Tore und die Wege, auf denen der Große Gott (der Sonengott) wandelt,
> zu kennen, was getan wird,
> zu kennen, was in den Stunden ist und ihre Götter,
> zu kennen den Lauf der Stunden und ihre Götter,
> zu kennen ihre Verklärungssprüche für Re,
> zu kennen, was er ihnen zuruft,
> zu kennen die Gedeihenden und die Vernichteten.[40]

Es handelt sich hier also um ein Buch, das in erster Linie Wissen kodifizieren, systematisieren und vermitteln will. Das Wort Wissen oder Kennen wird im Titel neunmal wiederholt. In diesen Büchern haben wir die Kodifikationen des magischen Wissens vor uns, das nach Ansicht der Ägypter zur In-Gang-Haltung des (nächtlichen) Sonnenlaufs notwendig ist. Als Grabdekoration dienen sie dem König dazu, sein mitwirkendes Teilnehmen und seine Teilhabe am Gelingen des Sonnenlaufs im Jenseits fortzusetzen. Aus der Art dieser Wiederverwendung, der wir die Kenntnis dieser Literatur verdanken, können wir schließen, daß es sich dabei um einen äußerst exklusiven, streng gehüteten Wissensvorrat gehandelt haben muß. Denn im Neuen Reich (16.–12.Jh.) kommen die Kosmographien so gut wie ausschließlich in Königsgräbern vor. Der Charakter eines hermetischen Geheimwissens wird in ihnen selbst auch immer wieder betont. "Die geheimnisvolle Schrift der Unterwelt" nennt sich das Amduat, "die nicht gekannt wird von irgendwelchen Menschen außer vom Erlesenen".[41]

Letztlich geht es bei diesem Wissen um Teilnahme und Teilhabe. Magie und Mystik hängen ganz eng zusammen.[42] "Wer das weiß, ist

---

[39] Ed. E. Hornung, *Das Amduat. Die Schrift des Verborgenen Raumes*, 3 Bde, Wiesbaden, 1963–67; Übers. Hornung, *Unterweltsbücher*, 57–194.

[40] Hornung, *Unterweltsbücher*, 59.

[41] Hornung, a.a.O., 193.

[42] Auf den Zusammenhang von Magie und Mystik haben wohl am nachdrücklichsten Gershom Scholems Interpretationen der kabbalistischen Traditionen aufmerksam gemacht. Auch bei den ägyptischen Unterweltsbüchern handelt es sich um eine Art Kabbalah, aber sozusagen eine "Staats-Kabbalah", der zur vollen Entfal-

ein Ebenbild des Großen Gottes" heißt es ausdrücklich im Amduat.[43] Die Teilhabe am Wesen der Gottheit wird aber nicht durch Versenkung und Meditation des Individuums erreicht, sondern durch die rituelle Inszenierung dieses Wissens in der sozialen Rolle eines bevollmächtigten Priesters. Der Priester handelt und spricht, wie schon gesagt, nicht in eigener Sache sondern in gesellschaftlichem Auftrag. Um diesen Auftrag wahrzunehmen, identifiziert er sich mit einer götterweltlichen Rolle. Nur als Mitglied der Götterwelt kann er fördernd in das götterweltliche Drama eingreifen.

Den wichtigsten Wissensgegenstand, den diese Geheimliteratur kodifiziert, bildet die Liturgie der jenseitigen Wesen, die Worte, die sie an den Sonnengott richten. Diese Liturgie der Unterweltlichen durch Textbeispiele zu illustrieren, würde hier zu weit zu führen. Ich verweise auf Hornungs handliche Textzusammenstellung der "Ägyptischen Unterweltsbücher,"[44] die schon beim flüchtigen Durchfliegen eine Fülle eindrucksvoller Beispiele liefert. Diese Texte bestehen zum Großteil aus direkter Rede, und ein großer Teil dieser Reden wiederum besteht in Preisungen, die von den Unterweltlichen an den Sonnengott gerichtet werden.

Im Umkreis dieser Literatur, die man in einem gewissen Sinne, der nach allem Gesagten hoffentlich hinreichend klar geworden ist, als magisch, mystisch und esoterisch einstufen kann, stößt man auch auf eine Reihe von Sonnenhymnen, die in den oben genannten Gräberhymnen nicht vorkommen und die sich als götterweltliche Anbetungen verstehen. Wer sie kennt und rezitiert, der stimmt in diese jenseitige Anbetung ein und vereint sich im Sinne der unio liturgica mit den götterweltlichen Adoranten. Der oben zitierte Traktat über den König als eingeweihten Priester des Sonnengottes gehört zu

tung ihrer mystischen Komponenten die Individualität des Subjekts fehlt. Wer hier zum "Ebenbild des Großen Gottes" wird ist der König und in seiner Stellvertretung der Sonnenpriester, immer als bevollmächtigter Repräsentant der Menschheit insgesamt, die es in solcher *assimilatio dei* mit den kosmogonischen Kräften in Einklang zu bringen gilt. Allerdings tritt auch in der frühjüdischen Mystik der Adept (*jored merkavah*) als Repräsentant der Gemeinde auf, vgl. P. Schäfer, *Der verborgene und offenbare Gott*, Tübingen 1991, 45–48.

[43] Diese Aussagen hat E.F. Wente, "Mysticism in Ancient Egypt?", in: *Journal of Near Eastern Studies* 41, 1982, 161–179, analysiert und dabei die gottgleichmachende Heilseffizienz des in diesen Büchern vermittelten magischen Kosmos-Wissens gebührend hervorgehoben. Gegen seine einseitige Interpretation dieser Aussagen als "mysticism" sind die in der vorhergehenden Anmerkung dargelegten Einschränkungen geltend zu machen.

[44] E. Hornung, *Unterweltsbücher*.

einem Zyklus von Texten, die das Dekorationsprogramm der Sonnenheiligtümer des Neuen Reichs bilden.[45] Zu diesem Zyklus gehört auch der folgende Hymnus, der das Prinzip der *unio liturgica*, der Einstimmung des kultischen Lobpreises in den Lobpreis der götterweltlich-jenseitigen Anbeter des Sonnengottes, explizit zum Ausdruck bringen:[46]

> Sei gegrüßt mit dem, was dir dein Auge sagt,
> das dir den Weg der Ewigkeit bahnt.
> Sei gegrüßt mit dem, was dir deine Sonnenscheibe sagt,
> wenn sie zu dir aufsteigen läßt die, die in Schrecken vor dir sind.
> Sei gegrüßt mit dem, was die Mesektet-Barke zu dir sagt,
> wenn sie dahinfährt [in günstigem Segelwind]—
> Sei gegrüßt mit dem, was ihre Gefährtin, die Me'andjet-Barke zu dir sagt,
> wenn ihre Schwester anhält.
> Sei gegrüßt mit dem, was dein Stab zu dir sagt,
> wenn er sich ganz deiner Faust gesellt hat.
> Sei gegrüßt mit dem, was deine Mannschaft zu dir sagt,
> wenn der Falke ihre Bilder hervorgebracht hat.
> Sei gegrüßt mit dem, was die Lichtland-Bewohner zu dir sagen,
> die Wächter am Ufer des Himmels!
> Sei gegrüßt mit dem Spruch der Treidler,
> die das Ende des Zugseils ergreifen.
> Sei gegrüßt mit dem, was die Unterweltsbewohner zu dir sagen,
> wenn sie deine beiden Barken auf ihren vier Wegen begleiten.

So wendet sich auch eine Anrufung im gräco-ägyptischen Leidener Zauberpapyrus an den Sonnengott:

> Tritt ein, erscheine mir, Herr,
> daß ich dich anrufe, wie dich die drei Hundskopfaffen anrufen,
> welche in symbolischer Gestalt deinen heiligen Namen nennen![47]

Der Text der Königin Nedjemet zählt die Mitglieder der nächtlichen Konstellationen auf, in denen der Sonnengott die Fahrt durch die Unterwelt vollzieht: das "Auge" (die Stirnschlange des Gottes, das Abzeichen seiner Herrschaft), seine Sonnenscheibe, die mit ihrem Licht zugleich auch den "Schrecken", die Ehrfurcht vor dem Gott, verbreitet, seine beiden Barken, sein Stab, den er in der Hand

[45] S. dazu Verf., "Das Dekorationsprogramm der königlichen Sonnenheiligtümer des Neuen Reichs nach einer Fassung der Spätzeit", in: *ZÄS 110*, 1983, 91–98.

[46] Verf., *Re und Amun. Die Krise des polytheistischen Weltbilds im Ägypten der 18.–20. Dynastie*, OBO 51, Fribourg 1983, 27–29. Medinet Habu VI, 422A, 36 ff.; J.C. Goyon, in: R.A. Parker et al., *The Edifice of Taharqa bei the Sacred Lake of Karnak*, Providence 1979, 44 f., Tf. 35–37; Totenbuch der Königin Nedjemet, pBM 10541. Alle drei Varr. sind bei Goyon im Hieroglyphentext zusammengestellt.

[47] PGM IV 999–1005; Reitzenstein, *Poimandres*, 27; Verf., *Liturgische Lieder*, 345.

hält, seine Mannschaft, die ihn in der Nachtbarke durch die Unterwelt begleitet, die Bewohner des "Lichtlands", der Grenzregion zwischen Diesseits und Jenseits, die schakalsgestaltigen "Seelen des Westens", die die Sonnenbarke durch die Unterwelt treideln und die Bewohner der Unterwelt. Alle diese Mitwirkenden in dem nächtlichen Drama reden den Gott an, der das Zentrum ihrer Konstellationen bildet, und artikulieren im Medium der Sprache ihre Rolle im kosmischen Geschehen. Der irdische Sonnen-Priester kennt diese Reden und vermag mit seiner eigenen Rede in sie einzustimmen und auf diese Weise ebenfalls zum Mitglied der nächtlichen Konstellationen zu werden. Die Königin Nedjemet, die diesen Hymnus zusammen mit anderen Texten gleicher Herkunft in ihr Totenbuch aufnehmen konnte, weil sie als Königin und Gemahlin des in der Zeit des Gottesstaats als König amtierenden Hohepriesters Zugang zu esoterischem Schriftgut hatte, stellt diese Kenntnis der jenseitigen Liturgie und ihre dadurch ermöglichte Mitgliedschaft in der jenseitigen Gemeinde, also das Prinzip der unio liturgica, noch einmal eigens heraus:

> Osiris Nedjemet, gerechtfertigt, kennt
> jene Worte, die die östlichen Seelen sprechen;
> Osiris Nedjemet ist inmitten deines Kollegiums,
> Osiris, und tritt ein in die Mannschaft des Re, Tag für Tag.[48]

Das Prinzip der unio liturgica, wie es sich nach den angeführten Texten im ägyptischen Sonnenkult darstellt, läßt sich auf folgende drei Punkte bringen:

Eingeweihtsein:—ich kenne die Worte, mit denen die Jenseitigen dich preisen (Wissen)

Priesterlicher Kultvollzug:—ich preise dich mit diesen Worten (Handeln)

Götterrolle—ich gehöre zu der jenseitigen "Gemeinde" (Identität).

Im Kult ermöglicht dieses Prinzip die Kommunikation mit der Götterwelt, die Einbindung der kultischen Vollzüge in das kosmische Geschehen. Im Totenglauben aber ermöglicht es den Eintritt des Verstorbenen in die Götterwelt und die Verwandlung in eine götterweltliche, unsterbliche Identität in den Konstellationen des Sonnenlaufs. Im Kult geht es um ein Ritual zur Inganghaltung der Welt, im Totenglauben aber geht es um den individuellen Menschen, seine

[48] *Re und Amun*, 52.

Gottesnähe und Unsterblichkeit. Der ägyptische Totenglauben transformiert die kultisch-magischen Prinzipien kosmischer Ein- und Mitwirkung in das gewissermaßen "mystische" Prinzip der individuellen Einswerdung mit dem Göttlichen, der unio liturgica. In diesem Rahmen vermittelt die Kenntnis der esoterischen Kulttexte Göttlichkeit (Zugehörigkeit zur Götterwelt) und Unsterblichkeit. Es handelt sich aber dabei um einen sekundären Rahmen. Der eigentliche "Sitz im Leben" des Gedankens der unio liturgica ist kultisch und hat mit individueller Mystik nichts zu tun.

Ein noch viel entscheidenderer Schritt in Richtung einer individuellen Gottesnähe wird vollzogen, wenn das Prinzip der unio liturgica, die Einweihung und Einstimmung in den Lobpreis der Himmlischen, nicht erst im Totenkult, sondern schon bei der Einweihung der Lebenden Anwendung findet. "Wenn die verklärte Königin", so kommentieren R. Merkelbach und M. Totti die oben zitierten Sätze aus dem Totenbuch der Königin Nedjemet, "die Rede der Götter kennt, dann ist sie schon zu Lebzeiten eingeweiht worden, nicht anders als der Initiand unseres griechischen Textes".[49] Genau dies ist die Frage. Den Text der Königin Nedjemet zitieren R. Merkelbach und M. Totti, um den ägyptischen Traditionshintergrund der Leidener "Kosmopoiie" herauszuarbeiten. Dort geht es um die Anrufung des Urgottes und Weltschöpfers "in allen Stimmen und Sprachen", worunter, genau wie in den altägyptischen Texten, die Worte gemeint sind, mit denen die Mitglieder der göttlichen "Sphäre des Seinigen" ihren Gott preisen. Genau wie der "König als Sonnenpriester" kennt "auch der Initiand unseres Textes (der Leidener Weltschöpfung) jene heiligen Worte, mit denen die Götter auf der Sonnenbarke den aufgehenden Sonnengott begrüßt haben" (S. 51) und: "ein Anbeter des Sonnengottes auf Erden stimmt in den Lobgesang ein, der dem Gott im Himmel entgegengebracht wird, und legitimiert sich, indem er die Rede der Götter wiederholt" (S. 52). Klarer läßt sich das Prinzip der unio liturgica in seinem altägyptischen Verständnis nicht umschreiben. Der einzige Unterschied zum griechischen Text liegt darin, daß der ägyptische Priester sich nicht legitimieren muß. Seine Legitimität liegt in seinem Amt, in der Institution des Kultes. Er spricht nicht als N.N. Anders steht es natürlich, wenn solche Texte in die "Totenliteratur" übernommen und einem Toten in den Mund

[49] *Abrasax* 3, 1992, 52.

gelegt werden, der sie nicht in Ausübung eines priesterlichen Amtes, sondern als der verstorbene N.N. im Bedürfnis nach persönlicher Gottesnähe an den Gott richtet. Hier wird schon innerhalb der ägyptischen Tradition eine erste individualisierende Umdeutung der kultischen Rede unternommen. Einen weiteren Schritt solcher individualisierender Umfunktionierung bedeutet dann die Anwendung auf den lebenden N.N., der schon zu Lebzeiten in den Genuß persönlicher Gottesnähe kommen will. Diesen Schritt vollziehen die graecoaegyptischen Gebete und Weihezeremonien.

R. Merkelbach und M. Totti geht es um den allgemeinen ägyptischen Hintergrund. Der Gedanke der unio liturgica kennzeichnet aber eine spezifische Tradition. Er bildet nicht einfach das Grundprinzip der ägyptischen Hymnik, sondern findet sich vorzugsweise dort, wo es um exklusive Texte geht, Texte, die allem Anschein nach nur dem Eingeweihten zugänglich waren, "die nicht gekannt werden von irgendwelchen Menschen außer vom Erlesenen", wie es im Amduat heißt. Es handelt sich geradezu um das Leitmotiv einer kultischen Tradition, die ich aufgrund ihrer offenkundigen Exklusivität die "Mysterien" des Sonnenkultes genannt habe.[50] Zwischen dem Anspruch eines Textes, die "geheime Rede" der götterweltlichen Adoranten wiederzugeben, und seiner eigenen Geheimheit besteht ein offenkundiger Zusammenhang.

Dieser Anspruch und diese Geheimheit sind keineswegs typisch für die ägyptische Hymnik im Allgemeinen. Diese ist im Gegenteil viel eher gekennzeichnet durch ein geradezu propagandistisches Pathos der Verkündigung, geboren aus dem Wunsch, werbend für den Gott einzutreten: "*Ich will die Liebe zu dir verbreiten durch die Länder,*"[51] "*ich will die Götter hören lassen und die Menschen wissen lassen von deiner Schönheit.*"[52] Das Grundmotiv der ägyptischen Hymnik ist eher exoterisch. Der Gedanke der "Einstimmung in den himmlischen Lobgesang", wie ihn R. Merkelbach und M. Totti unter Berufung auf das 1. Kapitel von *Re und Amun* und die dort zusammengetragenen Stellen herausstellen, kennzeichnet vielmehr eine klar abgrenzbare, besondere Tradition: die liturgische Preisung des Sonnengottes in den Sonnenheiligtümern. Mit diesem, und nur diesem Zweig der ägyptischen Sonnenhymnik verbindet sich eine ausgeprägt magische, theurgische

[50] *Re und Amun,* Kap. 1.
[51] *Re und Amun,* 184 m.Anm. 133.
[52] a.a.O., mit Anm. 134.

Intention: die Vorstellung, mit der Rezitation zur Inganghaltung der Welt und zum Gelingen des kosmischen Dramas beizutragen.

4. *Der Lobpreis der acht Urgötter*

Das Prinzip der unio liturgica, der Übereinstimmung kultischen und götterweltlichen Lobpreises, findet sich jedoch auch außerhalb der Sonnenliturgie im engeren Sinne: in der kultischen Preisung des verborgenen Allgotts der "Thebanischen Theologie".[53] Auch dort ist es mit Motiven und Überlieferungsformen verbunden, die in den Bereich des Geheimnisses und des Esoterischen weisen. Ich denke hier besonders an die beiden "Urgötterlieder" im Tempel von Hibis. Diesen Tempel ließ der Perserkönig Darius I. in der Oase el-Khargeh für Amun errichten und in einer für die damalige Zeit ungewöhnlichen, schon auf die griechisch-römische Tempeldekoration vorausweisenden Fülle beschriften. Unter den vielen Texten befindet sich auch eine Gruppe theologisch höchst anspruchsvoller Hymnen auf Amun-Re als Schöpfer- und Weltgott. Zwei dieser Hymnen sind schon 700 Jahre früher in Auszügen in einem magischen Papyrus bezeugt, gehen also auf das Neue Reich, vermutlich das 13.Jh.v.Chr. zurück. Diese beiden Hymnen geben sich als Loblieder, mit denen die acht Urgötter den Ur-, Schöpfer- und Weltgott Amun bei seinem ersten Erscheinen in ihrer Mitte gepriesen haben. Der eine trägt den Titel "Der große geheime Hymnus auf Amun-Re, den die Acht Urgötter gesprochen haben" und beginnt:

> Sei gegrüßt, du Einer, der sich zu Millionen machte,
> der sich in Raum und Zeit ausdehnt ohne Grenzen,
> gerüstete Macht, die von selbst entstand,
> Uräusschlange mit gewaltiger Flamme,
> der Zauberreiche mit geheimer Gestalt,
> der geheime Ba dem Ehrfurcht erwiesen wird![54]

Der andere hat eine wesentlich längere Überschrift:

> "Was die großen Acht der ersten Urzeit sprachen,
> als sie den Gott in ihrer Mitte verehrten,
> der zu Re geworden war,
> [der Gott], der durch sich selbst entstand
> —seine Knochen waren aus Silber,

[53] Zu diesem Gott und seiner Theologie vgl. *Re und Amun*, Kap. 5.
[54] Papyrus Mag. Harris IV,1–2 = Hibis 32,1, ÄHG Nr. 129, 1–6.

seine Haut aus Gold,
seine Haare aus echtem Lapislazuli,
seine Zähne aus Türkis— ......
indem sie ihn priesen bis zur Höhe des Himmels,
ihn anbeteten, der seine Kinder gebar,
die er heraufgeführt hatte aus dem Verborgenen,
indem sie für ihn musizierten auf ihren Harfen,
ihm Lobgesänge anstimmten für seinen Ka:
"Laßt uns ihm Hymnen singen als unserem Herrn!"....
Sie erkannten Seine Majestät als ihren Herrn,
so wie er sich in allen diesen Werken ausgezeichnet hatte. Sein Name war, von den Bergen bis zum Meer:
Amun, der bleibt in allen Dingen",
dieser erlauchte Gott, der die Erde erschuf nach seinem Plan, Tatenen,
der vor den Göttern ausgezeichnete,
der Greis der sich verjüngt und die Zeit durchläuft,
mit verborgenen Gesichtern, scharfen Augen und ausgedehnter Gestalt:
sein Leib ist der Wind,
der Himmel ruht auf seinem Haupt,
das Urwasser trägt sein Geheimnis ..."[55]

Dieser Hymnus weist nicht nur zurück ins 13.Jh., wo er als Zaubertext Verwendung fand, sondern auch voraus auf den Weltgott, den All-Einen "Peri-echon" der griechisch-ägyptischen Zauberpapyri, in denen sich fast identische Prädikationen finden, und auf das Corpus Hermeticum, in dem es ebenfalls ein Urgötterlied, einen Hymnus der ersten Achtheit gibt.[56] Das Prinzip der unio liturgica ist hier anders zu deuten. Hier geht es nicht um kultische Mitwirkung im Drama der kosmischen Weltinganghaltung. Es geht nicht darum, mit dem Hymnus in eine der Konstellationen einzutreten, die an diesem Drama beteiligt sind. Man wird nicht zu einem der acht Urgötter, wenn man diesen Hymnus kennt und singt. Hier soll vielmehr der Text selbst als ein besonders authentischer Hymnus ausgezeichnet werden. Ein Hymnus, den die acht Urgötter, die Verkörperungen der Präexistenz angestimmt haben, gehört selbst der Präexistenz an. Hier stoßen wir auf das Prinzip der göttlichen Verfasserschaft, der den Hymnus als wahren, echten, wohlgefälligen und wirkungsvollen Text ausweist, wie es zum theurgischen Gebet gehört. Jetzt ist es nicht die Rede der jenseitigen Wesen, der götterweltlichen Konstellations-Mitglieder, die "geheim" genannt wird, sondern der Hymnus selbst ist

[55] Papyrus Mag. Harris IV, 8–VI.4 = Hibis 33, ÄHG Nr. 130.
[56] Der Hymnus der Acht (Ογδοασ): CH XIII, 17–20 cf. XIII.3 und I.26; N.H.C. VI, 6.58–22–60,1; C.H.XIII, 21.

geheim, die kultische Liturgie. Damit sind wir schon bei den graeco-aegyptischen Zauberpapyri und bei theurgischen Gebet des Jamblich, mit dem einen Unterschied, daß diese "großen, geheimen Hymnen" noch zum offiziellen Kult der ägyptischen Staatsreligion gehören, während sie im spätantiken Ägypten das Schrifttum von Glaubensgemeinschaften im Rahmen eines religiösen Pluralismus bilden.

Ich komme zum Schluß und fasse zusammen. Das Motiv der unio liturgica findet sich in Ägypten im Kontext einer Überlieferung, die man im folgenden Sinne als "esoterisch" bezeichnen kann: sie ist geheim, d.h. strengen Zugänglichkeitsbeschränkungen unterworfen, und sie ist Gegenstand einer Einweihung. Der Sitz im Leben dieser Überlieferung ist der Sonnenkult, der als eine magische Veranstaltung zum Zwecke der Inganghaltung der Welt gedeutet werden muß. Im Dienste dieser kultischen Aufgabe übernimmt der Priester Götterrollen und rezitiert Götterrede. Dazu befähigt ihn seine Kenntnis der Schriften, in die er als Priester eingeweiht wird.[57] Der Sammelname dieser Schriften ist *bꜣw Rꜥw* "die Machterweise des Re".

Die Götterrede der heiligen Texte gehört zu den Kultgeheimnissen, die nicht enthüllt werden dürfen, wenn anders die Welt nicht in ihrem Fortbestand gefährdet und dem Chaos Tür und Tor geöffnet werden soll. Insofern ist sie geheim und ist der Sonnenkult ein Mysterium. Solange es sich hier jedoch um den offiziellen ägyptischen Kult handelt, dürfen wir weder von Esoterik noch gar von Mystik sprechen. Mit Esoterik haben wir es erst zu tun, wenn diese Texte aus ihrem kultischen Rahmen herausgelöst werden und zur "Literatur" einer Gruppe von Eingeweihten werden, die nicht mehr als bevollmächtigte Priester im Auftrag der Gesellschaft, sondern als Individuen in eigener Sache nach Gottesnähe streben. Die Esoterik der Texte korrespondiert dann der Abgrenzung der Gruppe aus dem Ganzen der Gesellschaft. Dieser Schritt wird im Rahmen der altägyptischen Religion vermutlich noch nicht vollzogen, sondern kennzeichnet erst die graeco-ägyptische Phase. Erst jetzt bilden sich Gruppen, die das heilig-magische Wissen nicht im Auftrag der Gesellschaft, sondern in Abgrenzung von ihr, u.U. geradezu gegen sie, verwalten. Damit gewinnt Geheimhaltung einen ganz anderen Sinn.

---

[57] Man muß hier zwei Dinge unterscheiden: 1. den Akt der Priesterweihe als Initiation ins Priesteramt, und 2. die Kenntnis der heiligen Überlieferungen, die als Eingeweihtsein in streng gehütete Geheimnis dargestellt wird. Ich spreche hier nur von dem zweiten Komplex.

RELIGIOUS SECRETS AND SECRECY IN CLASSICAL GREECE

Jan N. Bremmer
University of Groningen (Netherlands)

It is of course trivial to stress that by their nature secret acts in antiquity are often difficult to discover, let alone study. There are few records of interrogation left and few documents allow a more extended analysis. And the further we go back into Greco-Roman antiquity, the harder it becomes even to discover what was secret at all. Yet there are a few data which enable us to see at least some of the problems involved in studying religious secrets and secrecy in antiquity, even though it seems impossible to study these phenomena in Greek day-to-day life as modern anthropologists are able to do, sometimes with surprising success.[1] In my contribution I will look at the secrets or secrecy of an individual, a group, and a society as a whole. I concentrate on a particular period, viz. the end of the sixth century to the end of the fifth century B.C.

1. *The secret of an individual: the Theban hipparch*

We start by looking at an official secret. Plutarch mentions that the grave of the Theban heroine Dirce is 'unknown to any Theban who has not served as hipparch. For the retiring hipparch takes his successor on his own and shows him the grave at night; and after performing there certain sacrifices in which no fire is used, they cover up and obliterate all trace of them and return their separate ways in the dark' (*Gen. Socr.* 578b). It has been suggested that the hipparchs tore an animal to pieces and buried it at the spot.[2] It is true that in Greek myth Dirce plays a maenadic role and was torn to pieces herself,[3] but it seems somewhat improbable that the hipparchs would

---

[1] See, for example, C.D. Piot, 'Secrecy, Ambiguity, and the Everyday in Kabre culture', *American Anthropologist* 95 (1993) 353–70.

[2] Thus W. Burkert, *Homo necans* (Berkeley, Los Angeles, London, 1983) 188.

[3] For a full discussion see *Lexicon Iconographicum Mythologiae Classicae* (*LIMC*) III.1 (1986) s.v. Dirke (F. Heger).

have killed a living animal with all the problems that carrying along the animal and tearing it to pieces unnoticed imply, the more so because it is unlikely that the grave of Dirce should be located outside the city: polis talismans seem to have been located on strategically or symbolically important spots, such as the Acropolis in Athens or the threshold of the gate of Illyrian Hylle.[4]

Considering the important military position of the hipparch in Thebes, who probably was the hipparch of the Boiotian confederacy as well,[5] it seems clear that the secrecy surrounding the grave was intended to guard a polis talisman which somehow guaranteed the safety of the city. In antiquity, generals themselves fought actively on the battlefield. Therefore, the chances were considerable that a hipparch would end his life in action and thus be unable to transmit his secret. These circumstances make us wonder whether the grave existed at all, and whether this tradition does not rest on make-believe. On the other hand, it can not be totally excluded either that the grave really existed and that the rumour was spread that only the hipparch possessed the vital knowledge, although several people knew about it. Unfortunately, it proves impossible to lift the veil of secrecy in this particular case.

We find a comparable tradition in Sophocles' *Oedipus in Colonus*, where Oedipus instructs Theseus: 'but keep [the knowledge of my grave] always yourself, and when you reach the end of your life, tell only him you have chosen; let each man hand it on to his successor' (1530–2). The secrecy surrounding Oedipus' grave was very strict indeed, because not even his daughters were to know his grave. It is rather curious that in the play Oedipus is a Theban exile and the scarcity of other traditions about this secret grave makes one wonder whether Sophocles has not modelled this passage on the Theban tradition precisely in a period in which Athens did fight Thebes. He may well have tried to reassure the Athenians with a talisman at that moment in time when the fall of their city must have becoming more and more imminent.[6]

---

[4] See J.G. Frazer on Pausanias 8.47.5.

[5] Cf. Herodotus 9.69, Thucydides 4.72.4; Polybius 20.5.8.

[6] Athens vs Thebes: G. Bugh, *The Horsemen of Athens* (Princeton, 1988) 84f. Oedipus' grave has been much discussed: see most recently K. Dowden, *Death and the Maiden* (London, 1989) 139; E. Kearns, *The Heroes of Attica* (London, 1989) 50–2; R. Wallace, *The Areopagus Council, to 307 B.C.* (Baltimore and London, 1989) 109; A. Lardinois, 'Greek Myth for Athenian Rituals: Religion and Politics in Aeschylus' *Eumenides* and Sophocles' *Oedipus Coloneus*', *GRBS* 33 (1992) 313–27.

Similar polis talismans were not unusual in Greece. We find an interesting analogue in Corinth, where the Isthmus contained the secret graves of the first Corinthian king, Sisyphus, and of Neleus, whose grave was not even shown to his son Nestor by Sisyphus, as the early epic poet Eumelos narrated (Pausanias 2.2.2 = F 6 Davies = FGrH 451 F4). Eumelos was a member of the Corinthian royal family, the Bacchiads, and his poem is the oldest witness to such traditions in Greece. Does this mean that these secret graves once were part of the royal succession? In any case, a close connection of a secret talisman with royalty is also suggested by the early myths which relate the fatal theft of a golden hair of the king by his daughter, such as was told by Aeschylus of king Nisus of Megara who lost his life though the treachery of his daughter Scylla (*Choephoroi* 613–22).[7]

Later times must have made the keeping secret of these graves unnecessary, as the example of Aegina seems to illustrate. In the most conspicuous spot of the city there was a square enclosure walled with white stone: the sanctuary of Aegina's most important hero Aeacus, which contained a low altar. In the second century A.D., the time of the traveller Pausanias, the sanctuary had evidently long been neglected because age-old olive trees had grown inside it. Pausanias relates that according to a legend handed on in secret the altar was the tomb of Aeacus (2.29.6). Since the traveller usually scrupulously preserves the secrets told to him, the one-time secret probably no longer was kept.[8]

2. *The secret of a group: the Pythagoreans*

Relatively early sources ascribe certain secrets to Pythagoras and his school.[9] However, the lack of virtually any certain data about

[7] For these talismans, see C.A. Lobeck, *Aglaophamus* I (Königsberg, 1829) 278–82; J.G. Frazer on Pausanias 8.47.5; C.A. Faraone, *Talismans & Trojan Horses. Guardian Statues in Ancient Greek Myth and Ritual* (New York, 1992) 115–7, who rightly stresses the connection with the aristocracy.

[8] So Kearns, *Heroes of Attica*, 47.

[9] Cf. A.S. Pease on Cicero, *Nat. D.* 1.74 (a very full collection of passages); W. Burkert, *Lore and Science in Ancient Pythagoreanism* (Cambridge Mass., 1972) 178 f, 219 f; L. Brisson, 'Usages et fonctions du secret dans le Pythagorisme ancien', in Ph. Dujardin (ed.), *Le secret* (Lyon, 1987) 88–101. Note that G.E.R. Lloyd, *Methods and Problems in Greek Science* (Cambridge, 1991) 132 seems to have become more sceptical regarding the existence of these secrets than in his *Magic, Reason and Experience* (Cambridge, 1979) 228n5.

Pythagoras himself and his influence during his life-time make any attempt at reaching satisfactory conclusions a precarious undertaking.[10] Still, for what it is worth, we will try to make some suggestions regarding the nature of Pythagorean secrecy by locating it in its particular social and political milieu.

Around 530 B.C., during the rule of the tyrant Polycrates, Pythagoras, son of Mnesarchos, left Samos and settled in South-Italian Croton. The sixth-century aristocratic Samians were materially very well off, as the picture by the Samian poet Asius shows:

> And they, too, when they had combed their flowing locks, used to go to Hera's precinct, all bound in fine robes. Their snow-white tunics used to reach to the floor of the broad earth, with golden brooches shaped like grasshoppers on them. Their tresses waved in the wind in golden bands, and cunningly worked bracelets were about their arms.[11]

It seems likely that Pythagoras belonged to this class, as he himself is also called 'the long-haired Samian', even though a confusion with the homonymous boxer who won in the Olympian Games of 588 B.C. cannot be excluded.[12] He will, then, have felt at home with the well-to-do Crotoniates with whom he courted influence after his arrival in Croton. As the Crotoniates had suffered a devastating defeat against Locri at the Sagras River *c.* 530 B.C., his message of ascetic rules probably found a willing ear in that particular period. Although Croton never reached the state of luxury that made the Sybarites proverbial, they also seem to have been very affluent. There is a tradition preserved that due to Pythagoras the Crotoniate women no longer dared to wear expensive clothes but dedicated them in the temple of Hera (Iamblichus, *Vita Pythagorae* 56). We probably should not underestimate these women's wealth, since Phylarchus, if perhaps exaggerating, relates that the Sybarites had proclaimed a law that invitations to sacrifices should be issued one year in advance so that the women would have the time to prepare their dresses and other adornments (FGrH 81 F44).

---

[10] For an exhaustive discussion of all testimonia see Burkert, *Lore and Science.* No new evidence has turned up since the appearance of this brilliant study, except for Pythagoras' portrait: R. Smith, 'A new portrait of Pythagoras', in R. Smith and K. Erim (eds.), *Aphrodisias Papers* = *J. of Roman Archaeology*, Suppl. 2 (Ann Arbor, 1991) 159–67; V.M. Strocka, 'Orpheus und Pythagoras', and B. Freyer-Schauenburg, 'Pythagoras und die Musen?', in H. Froning *et al.* (eds), *Kotinos. Festschrift für Erika Simon* (Mainz, 1992) 276–83 and 323–29, respectively.

[11] Asius F 13 Davies, cf. C.M. Bowra, *On Greek Margins* (Oxford, 1970) 122–33.

[12] Long hair of P. the philosopher: Iamblichus, *VP* 11; Philostratus *VAp.* 1.32.

In his ascetic prescriptions Pythagoras made much use of traditional material, but his rules were also to a certain extent a reflection of the widespread criticism of the public show of aristocratic wealth which had gradually become more pronounced in the later archaic period. In reaction to this critique aristocrats started to formulate new criteria for their superiority by stressing qualities like *sophia, sophrosyne, aidos*, and *dikaiosyne*, as especially the *Theognidea* show. The Pythagorean rules can hardly be separated from this development.[13]

What was the social structure of Croton in Pythagoras' time? The sage is reported to have made separate speeches to the men, women, and youths of Croton, which strongly suggests that Crotonian social life was very much organised along gender lines and in age-classes like in Sparta and Crete. Such a social organisation points to a conservative, aristocratic society and the impression is confirmed by Croton's political structure.[14] The Crotoniates were dominated by a body called the Thousand. Similar Thousands constituted the exclusive citizenry in many places, especially in colonies such as Cyme, Colophon, Acragas, Rhegion and Italian Lokroi. Apparently, the Thousand constituted the offspring of the original body of colonists,[15] and will have functioned as a kind of oligarchy: it is unlikely that Croton's wealth did not attract new immigrants, since the city never employed slaves to perform menial duties. The Thousand was presided over by a council, the *gerousia*, which in turn was chaired by the *prytanis*, the highest magistrate, who went round in a purple robe, crowned with a golden crown, and shod with white boots.[16]

Such must have been the social and political culture in which Pythagoras first operated, since the sources agree in consistently locating his political activities in Croton not in Metapontum. He was

P. the boxer: Eratosthenes FGrH 241 F11; Diogenes Laertius 8.48 (= *Anthologia Palatina* 3.35 by Theaetetus).

[13] Pythagorean rules: Burkert, *Lore and Science*, 166–92. *Selbstdarstellung* of the aristocrats and the growing critique on their life of luxury: E. Stein-Hölkeskamp, *Adelskultur und Polisgesellschaft* (Stuttgart, 1989) 104–38.

[14] Burkert, *Lore and Science*, 115 (speeches); H.W. Pleket, 'Pythagoras en de politiek', *Hermeneus* 53 (1981) 95–103 (conservative).

[15] Cf. V. Ehrenberg, 'Myrioi', *RE* 16 (1933) 1097–1103; H. Singor, *Oorsprong en betekenis van de hoplietenfalanx in het archaische Griekenland* (Diss. Leiden 1988) 277.

[16] Crotoniate Thousand: M. Giangiulio, *Ricerche su Crotone arcaica* (Pisa, 1989) 3–50. Slaves: Athenaeus 12.518d. *Gerousia*: Giangiulio, 23–5. *Prytanis*: Timaeus FGrH 566 F44. Does this explain why Empedocles went round with 'a purple robe and over it a golden girdle . . . and again slippers of bronze and a Delphic laurel-wreath' (Diogenes Laertius 8.73)?

probably very succesful in gaining influence, not least through the following of a group of 300 noble youths who were closely tied to him by an oath;[17] Empedocles seems to have had a similar following of boys and may well have imitated Pythagoras (Diogenes Laertius 8.73). Similar groups of 300, so-called *logades*, were a frequently occurring phenomenon in archaic Greece, often constituting the cavalry or an elite unit.[18] We find them mentioned for Athens (Herodotus 9.21.3), Elis (Thucydides 2.25.3), Thebes (Herodotus 9.67) and Sparta (Herodotus 8.124.3). The Spartan parallel is especially instructive, because here as well we find a group of 300 youths, *hebontes* (Xenophon, *Lak. Pol.* 4.1–3). They were probably the 20–29 age-class, who functioned as the royal body-guard (Thucydides 5.72.3). It would certainly fit with Pythagoras' personality to model himself on this Spartan example: he also spoke from behind a curtain to his pupils, just as the Persian king dined behind a curtain.[19] The Crotoniates will have hardly missed the parallel, since they must have heard about Persia through their famous citizen Democedes, once the personal physician of Darius (Herodotus 3.129–37). With the help of this following Pythagoras must have been a powerful presence in Crotoniate politics, as is also illustrated by the persistent traditions about his 'tyranny'.[20] The royal pretentions strongly suggest that Pythagoras had a high opinion of himself.[21] Both the close tie with Demeter (below) and the connections with Apollo point in the same direction: Pythagoras apparently liked to present himself as having more than human status.[22]

Now it seems less plausible to ascribe the secret character of (some of) Pythagoras' doctrines to the period of his life in which he was politically influential. Admittedly, Diogenes Laertius has written that 'down to the time of Philolaos it was not possible to acquire knowledge of any Pythagorean doctrine' (8.15), but the critique of Xenophanes (fr. 7 West) and Heraclitus (fr.40 DK = 16 Marcovich, 129

[17] Iustinus 20.4.14; Iamblichus, *VP.* 254.

[18] See the excellent discussion by Singor, *Oorsprong en betekenis*, 270–88; P. Vidal-Naquet, 'Retour au chasseur noir', in M.-M. Mactoux and E. Geny (eds.), *Mélanges Pierre Lévêque* II (Paris, 1989) 387–411, esp. 397 f.

[19] Timaeus FGrH 56 F13, cf. Athenaeus 4.145bc (Persian king).

[20] Cf. Burkert, *Lore and Science*, 118 f.

[21] The connection between royalty and philosophy is not as strange as it may appear at first sight. Empedocles rejected (Xanthos FGrH 765 F33) and Heraclitus (A1 DK) renounced the royal title.

[22] For Pythagoras and Apollo see Burkert, *Lore and Science*, 91, 114, 141, 143, 178.

DK = 17 Marcovich) presupposes the public character of important parts of his teaching. If, then, Pythagoras' teaching was public at one time, when and why did this change?

Before we try to answer these questions, we will first inquire into the nature of these secrets. Very late sources, such as Proclus (*in Tim.* 92c, *prim. Euclid. Lib.*, prol.1, p. 22 Friedlein), apparently thought of certain stories about the gods (through analogy with Orphism?), but nothing in our tradition points to Pythagoras' interest in mythology: his is a decidedly 'atheistic' philosophy and, considering the close connection between Pythagoreanism and Orphism, this is a rather striking difference between the two 'sects'. On the other hand, according to our oldest reliable source, Aristotle, 'the following division was preserved by these men (Pythagoreans) in their very *secret* doctrines: that of rational, living beings one kind is divine, another human, and another such as Pythagoras' (fr. 192 Rose = Iamblichus, *VP* 31). The existence of these doctrines is confirmed by his pupil Aristoxenus, according to whom 'not all of his doctrines were for all men to hear' (fr. 43 Wehrli = Diogenes Laertius 8.15). Equally early is Neanthes' (*c.* 300 B.C.) elevating martyr story about Myllias and Timycha. The latter, when asked to tell why their companions refused to tread on beans, cut off her tongue and spat it at the tyrant Dionysius rather than reveal 'something of the things kept secret' (Neanthes FGrH 84 F 31 = Iamblichus, *VP* 194).[23]

These reports are hardly unanimous. Whilst Aristoxenus is uninformative about the contents of the secrets, Aristotle mentions a specific kind of developed teaching. On the other hand, Neanthes' story points to a rationalisation of a more primitive taboo. Now Burkert, to whose classic study of Pythagoras I am highly indebted, has persuasively pointed out that down to Aristotle there is a negative consensus in our sources in the matter of Pythagoras the philosopher and scientist.[24] This consensus leads us to conclude that Aristotle's report does not rest on sources more or less contemporaneous with Pythagoras himself but clearly reflects later, more enlightened, Pythagorean views. It looks like a 'modernisation' of the 'more primitive' secret such as mentioned in Neanthes' story, which was probably original to Pythagoras, since his abhorrence of beans is well attested.[25] Neanthes' story

---

[23] The anecdote is also recorded by Pseudo-Nonnos on Gregory of Nazianze's *Or.* IV.18, where she is called Theano, the name of Pythagoras' wife, daughter or pupil.

[24] Burkert, *Lore and Science*, 215–7.

[25] Burkert, *Lore and Science*, 107, 183–5.

also shows that we should hardly expect to find real nuggets of sophisticated insight behind Pythagoras' secrets. As could be expected after Burkert's investigation, the nature of the Pythagorean secrets does not seem to have risen beyond the level of rather 'primitive' wisdom.

Having tried to establish the nature of the original Pythagorean secrets we can now ask for its origin and function. The question of 'when' is perhaps the easiest to answer. After Croton's defeat of Sybaris *c.* 510 B.C. the Crotoniate upper-class lapsed into luxury,[26] thus distancing itself from Pythagoras. Moreover, trouble broke out in Croton over the land conquered in the war against Sybaris (Iamblichus, *VP* 255). As a result of these developments Pythagoras moved to Metapontum, where he reportedly died five years later.[27] It is therefore attractive to look to his stay in Metapontum as the moment that he started to withhold some of his views from public ears.

The question of 'why' is a much harder nut to crack. Pythagoras naturally drew the attention of the German sociologist Georg Simmel in his classic study of secrecy. He explained the distinction between the 'esoteric' and 'exoteric' Pythagoreans as a kind of buffer between the *profani* and the fully initiated. He also attractively connected the obligation of Pythagorean novices to remain silent for a long period of time with their later obligation of keeping Pythagoras' teachings secret: *Verschweigen* presupposes the ability of *Schweigen*.[28] However, Simmel did not enter into a discussion of the nature of the Pythagorean secrets or the reason for the secrecy. Yet at least three solutions to these problems seem possible.[29]

---

[26] Dicaearchus fr. 33 Wehrli; Timaeus FGrH 566 F44; Iustinus 20.4.1ff; Burkert, *Lore and Science*, 115. Defeating Sybaris: P. Ellinger, 'Guerre et sacrifice dans le mysticisme grec: Orphisme et Pythagorisme', *Mélanges Pierre Lévêque* VI (1992, 73–87) 78–87.

[27] We owe this detail, which seems to have been overlooked by Burkert (*Lore and Science*, 117), to the eleventh-century Arab historian Mubashshir, who draws chiefly on Porphyrius but does have additional details, cf. F. Rosenthal, *Greek Philosophy in the Arab World* (London, 1990) Ch. I. p. 53 (= *Orientalia* 6, 1937, 53). Syriac and Arabic tradition may still supply us with details about Pythagoras which have been lost otherwise, cf. H. Daiber, *Der Islam* 65 (1988) 134–7 and 'Doxographie und Geschichtsschreibung über griechische Philosophen in islamischen Zeit', *Medioevo* 16 (1990) 1–21, esp. 11–3.

[28] Pythagorean silence: Isocrates, *Busiris* 29; Alexis fr. 201 Kassel-Austin; Dicaearchus apud Porphyrius, *VP* 19; O. Casel, *De philosophorum graecorum silentio mystico* (Giessen 1919). For the *Nachleben* of the Pythagorean silence in early modern Europe see Peter Burke's fascinating 'Notes for a social history of silence' in his *The Art of Conversation* (Cambridge, 1993) 123–41, esp. 133.

[29] Cf. G. Simmel, *Soziologie.* Untersuchungen über die Formen der Vergesellschaftung (1908). Frankfurt 1992, 383–455, esp. 426f (silence), 445 ('esoteric/

First, Burkert suggests a connection with the mysteries. This is indeed a possibility: Pythagoras claimed to have a special tie with Demeter, and after his death his Metapontine house was turned into a shrine of the goddess.[30] Curiously, we can say little about the exact moment mysteries started to appear in Greece, but during the rule of the Pisistratids the telesterion of Eleusis was enlarged,[31] and Heraclitus thought it necessary to attack the 'unholy performance' of the mysteries (fr. 14 DK = 87 Marcovich).[32] These indications point to a growing popularity of mysteries in the lifetime of Pythagoras, who may well have thought it wise to adapt his organisation somewhat to that of mysteries. On the other hand, there is a consistent connection of Demeter with political power in the Greek world, witness her veneration by political confederations and ruling families.[33] Given Pythagoras' pretensions (above), an explanation in this direction can hardly be excluded.

Second, a cause may have been the intense competition in the Archaic Age. Hesiod already mentions the strife of potter against potter, beggar against beggar, and singer against singer (*Op.* 21–6); poetic contests are indeed well attested, as are those between mythical seers.[34] We find the same animosity between early 'intellectuals': Solon criticised his fellow poet Mimnernus (fr. 20 West); Heraclitus strongly criticised Homer, Hesiod, Archilochus, Pythagoras, Xenophanes and Hecataeus (fr. 40, 42, 129 DK = 16, 30, 17 Marcovich);[35]

---

exoteric'). For English versions of this study see G. Simmel, 'The Sociology of Secrecy and of Secret Societies', *American Journal of Sociology* 11 (1905–6) 441–98, repr. in K.H. Wolff (ed), *The Sociology of Georg Simmel* (New York, 1950) 330–76.

30 Timaeus FGrH 566 F131 (shrine), cf. Burkert, *Lore and Science*, 155, 159, 178 f. (mysteries).

31 J.S. Boersma, *Athenian Building Policy from 561/0 to 405/4 B.C.* (Groningen 1970) 24 f.

32 These mysteries are hardly those of Artemis, which are attested only late, cf. G.H.R. Horsley, 'The Mysteries of Artemis Ephesia in Pisidia: A New Inscribed Relief', *Anatolian Studies* 42 (1992) 119–50, *contra* M.L. Silvestre, 'L'Initiation comme pratique politique dans les anciennes sociétés grecques selon les philosophes: Héraclite et les mystères d'Éphèse', in A. Moreau (ed.), *L'Initiation* I (Montpellier, 1992) 237–50.

33 Cf. L. Farnell, *Cults of the Greek State* III (Oxford, 1907) 68–75; add Herodotus 7.153 (Deinomenids); Strabo 14.1.3 (royal family of Ephesus); her epithet Patroie in Thasos (*Supplementum Epigraphicum Graecum* 29.766).

34 Poets: *Iliad* II.594–600; *Homeric Hymn to Apollo* 146–50, *Homeric Hymn to Aphrodite* VI 19–20; Theognis 995; A. Ford, *Homer. The Poetry of the Past* (Ithaca and London, 1992) 90–101. Seers: Hesiod, fr. 278–9; T. Scheer, *Mythische Vorväter. Zur Bedeutung griechischer Heroenmythen im Selbstverständnis kleinasiatischer Städte* (Munich, 1993) 162–73.

35 Cf. most recently J. Portulas, 'Heráclito y los *maîtres à penser* de su tiempo', *Emerita* 61 (1993) 159–76.

Xenophanes attacked Homer and Hesiod, Pythagoras, and Simonides (fr. 11 DK; fr. 7a West; fr. 21 DK), and Simonides censured the sage Pittacus (fr. 542.11–6 Page).[36] Pythagoras may have felt dismayed by the critique of his fellow 'intellectuals' and come to the conclusion that the meaning of his views would evaporate when removed from their specific context and exposed to general discussion. An interesting parallel would be Menander Rhetor (*c.* 300 A.D.), who enjoined upon his readers to carefully preserve and not to publish to the 'multitude or the people' scientific hymns (such as those by Parmenides, Empedocles and Plato, but also enigmatic hymns ascribed to the Pythagoraeans) 'because they look too unconvincing and ridiculous to the masses' (336–7 Russell and Wilson).

Third, we could look at the function of secrecy. An obvious thought would be to suppose that Pythagoras had introduced secrecy to strengthen the ties between his followers, especially after he had to leave Croton for Metapontum. Admittedly, his pupils would recognise each other quickly by their eccentric customs, but the master may have thought it wise to promote unity among his followers in more than one way. Unfortunately, none of these answers is demonstrably right and the problem still awaits its final solution.

Finally, one can only wonder what the connection is between the obscure language Pythagoras employed and the reports about the Pythagorean secrets. Admittedly, it is usually Heraclitus who is quoted as *obscurus*, but Pythagoras also had a reputation in this respect. From the first century B.C. we repeatedly hear about the *obscuritas Pythagorae* (Cicero, *Rep.*1.16). Was this once again an attempt to 'modernise' the traditions about Pythagorean secrets because no 'real' secrets had survived the end of ancient Pythagoreanism?[37]

3. *The secret of a society: Athens and the Eleusinian mysteries*

Surely, the most famous Greek religious secret was that of the Eleusinian Mysteries, of which we hear first in the *Homeric Hymn to Demeter*,

---

[36] The theme of competetiveness has been discussed more than once by G.E.R. Lloyd, cf. his *Magic, Reason and Experience*, 45 and index s.v. competitiveness, and *Methods and Problems*, 134.

[37] Heraclitus: A.S. Pease on Cicero, *Div.* 2.133 and *Nat.Deo.* 1.74. Pythagoras: J. Mansfeld, *Heresiography in Context. Hippolytus'* Elenchos *as a Source for Greek Philosophy* (Leiden, 1992) 193; add Pease on Cicero, *Nat. D.* 1.74; Brisson, 'Usages et fonctions', 94 f.; Pseudo-Nonnos on Gregory of Nazianze's *Or.* IV.17.

in the later Archaic Age.[38] Here Demeter is said to have revealed the 'awesome rites, which it is not possible to transgress or to learn about or to proclaim' (478f). Diodorus Siculus mentions that similar rites were performed on Samothrace by the Orphics, and in Cnossos where 'what others transmit under the seal of secrecy is hidden there from none who wants to learn' (5.77.3). The mysteries of Eleusis and Samothrace indeed show various similarities,[39] but the Orphic ritual(s) are still very much a subject of work in progress due to the constant stream of new discoveries in the last decades. In any case, the Orphic poem discussed in the Derveni Papyrus probably started with a line enjoining secrecy (col. III.8) and, if we may compare the end of the so-called Jewish-Hellenistic Testament of Orpheus, closed with a call for secrecy. That seems to be all that can currently be said about Orphic secrecy.[40]

In the prehistory of the Mysteries, the secret may have had something to do with initiation, since the Eleusinian ritual probably derived from rites of initiation: Demeter Eleusinia supervised initiations of girls, whereas a comparison of the name of the Eumolpids (the Eleusinian priests) with that of the Molpoi of Miletus and the initiation of the 'boy of the hearth' in Eleusis strongly suggests a one-time boys' initiation.[41] In the historical period, though, it is hard to say what exactly was kept secret from the non-initiated because we still do not know in detail what went on in Eleusis. In fact, classical literature is very sparing with information about the ritual of the Mysteries, although art was less reticent in this respect: Athenian vases display many of its details.[42] In classical times, the secrecy seems especially to have concerned the gifts of Demeter, since Isocrates (*Panegyr.* 28) speaks of the goddess as being well disposed to the people of Attica 'because of benefits of which only the initiated may hear', an allusion perhaps to the showing of the ear at the climax of the ritual. We cannot be sure, though, that the same things were secret

[38] The best collection of passages is O. Perler, 'Arkandisziplin', *Reall. Ant. Christ.* I (1950) 667–71.

[39] F. Graf, *Eleusis und die orphische Dichtung Athens* (Berlin and New York, 1974) 27 f.

[40] Cf. C. Riedweg, *Jüdisch-hellenistische Imitation eines orphischen Hieros Logos* (Munich, 1993) 47f (beginning, with many parallels), 52 (end). In general: see, most recently, Bremmer, *Greek Religion* (Oxford, 1994) Ch. 7.2.

[41] Bremmer, *Greek Religion*, Chapter 7.1. Eumolpids/Molpoi: F. Graf, *Museum Helveticum* 36 (1979) 7–9.

[42] K. Clinton, *Myth and Cult: The Iconography of the Eleusinian Mysteries* (Stockholm, 1992) 90 f.

during the entire history of the Mysteries—more than one millennium. The less so, since we can observe a growing stress on secrecy in the imperial period, when Pausanias refrained from even describing the Eleusinion in Athens and the sanctuary of Eleusis, and the name of the hierophant became more and more the subject of secrecy.[43]

Why, then, were the mysteries secret in historical times? The *Homeric Hymn to Demeter* simply explains the secrecy from the fact that the rites, like the deities to whom they belong, are 'awesome', *semna*, and 'a great reverence of the gods restrains utterance' (478–9).[44] In Augustan times Strabo gave the following explanation: 'the secrecy with which the sacred rites are concealed induces reverence for the divine, since it imitates the nature of the divine, which is to avoid being perceived by our human senses' (10.3.9, tr. H.L. Jones, Loeb). These 'emic', or insider, explanations are fully satisfactory: it is the very holiness of the rites which forbids them to be performed or related outside their proper ritual context. It is also important to note that these 'emic' explanations do not suggest a valuable propositional element in the Mysteries. Unlike many gullible moderns seem to think, there was no esoteric wisdom to be found in the ancient Mysteries.

If, then, the search for a 'real' secret is unpromising, we can still observe how the Athenians reacted to those whom they thought to have 'told' or 'shown' the Mysteries.[45] For the early classical period we have the most intriguing report about Aeschylus that he had divulged details about the Mysteries without knowing he was doing so. Various reports embellish the whole event by picturing dramatically how Aeschylus took refuge at the altar of Dionysos and was only acquitted when his brother showed the loss of his hands at the battle of Salamis.[46] This may or may not be true, but it is hard to see how the report could have been deduced from Aeschylus' dra-

---

[43] Paus. 1.14.3, 1.38.7; Burkert, *Homo Necans*, 252 f.; D. Foccardi, 'Religious Silence and Reticence in Pausanias', in M.G. Ciani, *The Regions of Silence. Studies on the Difficulty of Communicating* (Amsterdam, 1987) 67–113.

[44] For parallels of the connection between 'awesomeness' and the prohibition on pronouncing certain names, see A. Henrichs, 'Namenlosigkeit und Euphemismus: Zur Ambivalenz der chthonischen Mächte im attischen Drama', in H. Hofmann and A. Harder (eds.), *Fragmenta Dramatica* (Göttingen, 1991) 161–201, esp. 169–79.

[45] For the language used see N.J. Richardson, *The Homeric Hymn to Demeter* (Oxford, 1974) 305.

[46] For all testimonies see S. Radt, *Tragicorum Graecorum Fragmenta* III (Göttingen, 1985) 63 f.; cf. Burkert, *Homo Necans*, 252; for possible echoes of the Eleusinian Mysteries in Aeschylus' *Oresteia* see A.M. Bowie, *Class. Quart.* 43 (1993) 24–6.

mas, as is the case with so many personal details about ancient poets. There seems no reason to doubt the basic trustworthiness of the event because 'narrative involving famous men was a staple element of conversation' in the fifth century.[47]

Even though we cannot date the report, which is regrettably obscure about what Aeschylus exactly did, it contains various interesting features. First, we may note that Aeschylus himself was an Eleusinian but apparently succesfully claimed not to have been initiated himself. This must mean that in the first half of the fifth century the Eleusinian Mysteries had not yet reached their later popularity. It would fit in with this lack of renown that the Spartan Demaratus evidently was ill-informed about the Mysteries at the time of the Persian invasion (Herodotus 8.65). We may contrast the situation in Roman times, when the philospher Demonax struck people as disagreeable because he exempted himself from initiation.[48] Second, it fits in with the relative lack of renown that the Mysteries were still not divulged by conversation and in art to any great extent. Otherwise, everybody would have been informed about its content and, consequently, playwrights would have avoided being implicated in possible trouble. Finally, the Mysteries must have been sufficiently popular at the time to have aroused people against Aeschylus. In this case the indignation still seems to have been purely religious in nature but that would soon change.

After the Persian wars the Mysteries strongly gained in popularity, and a *lex sacra* about the Mysteries of ca. 460 allows us to compute that ca. 3000 people had been initiated (*IG* I^3 6);[49] it must have helped that now all Greeks could freely participate, whereas originally—we do not know until which time—a prospective foreign initiate had to be adopted by an Athenian citizen.[50] Among his many building projects Pericles, Athen's leading statesman of that time, also included the renovation of the Telesterion, which had been destroyed by the Persians; he also referred to the Eleusinian Eumolpids for the

---

[47] K.J. Dover, *Aristophanes: Frogs* (Oxford, 1993) 36; on the other hand, M. Lefkowitz, *The Lives of the Greek Poets* (Baltimore, 1981) 68, 172 f. is rather sceptical regarding the authenticity of the event.

[48] Lucian *Demonax* 11, cf. Burkert, *Homo necans*, 254.

[49] Cf. B. Smarczyk, *Untersuchungen zur Religionspolitik und politischen Propaganda Athens im Delisch-Attischen Seebund* (Munich, 1990) 255; add that also Herodotus 8.65 implies a considerable number of mystae.

[50] Cf. the mythological traditions about Heracles: Plutarch, *Alc.* 33; Apollodorus 2.5.12; J. Boardman, *LIMC* IV.1 (1988) 805–8.

interpretation of religious laws ([Lysias] 6.10). Yet even towards the end of the century there must have been a number of Athenians who did not bother to become initiated: when the profaners of the Mysteries (below) were denounced before the prytaneion, the non-initiated had to leave the meeting to prevent them from hearing anything they were not allowed to hear (Andocides 1.12).

During the 'rule' of Pericles the Athenians also started to use the Eleusinian Mysteries for political aims by stressing their civilising function. Both the Mysteries and the introduction of cereal culture were now promoted as gifts by Demeter to Athens. The climax of this propaganda was the so-called 'First Fruits decree' (*IG* I^3 78), which obliged not only the Athenian demes but also the Athenian allies to offer their first-fruits to the Eleusinian goddess during the Great Mysteries in the month Boedromion (approximately September). Unfortunately, we cannot be certain about the exact time of this decree but the most recent, very detailed discussion persuasively suggests 416/5 as the most likely date.[51] It is against this date that two violations of the secrecy of the Mysteries gain a new relief.

In 415, shortly after the publication of the First Fruits decree, the Athenians undertook a major expedition to Sicily to conquer Syracuse. Our sources still enable us to observe the nervous mood of the Athenian population who must have realised the adventurous character of the expedition.[52] It was at this precarious moment that the secrecy of the Eleusinian Mysteries twice came under attack. In 415/4 Diagoras, a citizen of the island Melos, mocked the Mysteries and actively made counter-propaganda. Consequently, as the eleventh-century Arab Mubashshir, whose account—directly or indirectly—seems to derive from Apollodorus, notes: 'When he [viz. Dhiyaghuras *al-mariq*, or "Diagoras the heretic, or apostate"] persisted in his hypocrisy [or "dissimulation"], his unbelief and his atheism, the ruler, the wise men [or philosophers, *hukama*] and leaders of Attica sought to kill him. The ruler Charias the Archon [Khariyus al-Arkun (415–4)] set a price on his head [literally: "spent money", *badhal*] and commanded that it should be proclaimed among the people: "He who apprehends Diagoras from Melos [*Maylun*] and kills him will be rewarded with a large sum [*badra*, traditionally a leather bag containing 1000 or 10,000

[51] Cf. Smarczyk, *Religionspolitik*, 167–298 with an extensive discussion of all aspects of the decree.

[52] For this nervous mood see also my observations in 'Prophets, Seers, and Politics in Greece, Israel, and Early Modern Europe', *Numen* 40 (1993) 150–83, esp. 170.

dirhams]'.[53] It is true that the detail of the Mysteries has disappeared, but otherwise this is a pretty exact report of the events, since the Athenians promised one talent of silver to anyone who killed Diagoras, and two to anyone who caught him alive.[54]

Now Diagoras is already mocked in Hermippus' comedy *Moirai* (fr. 43 Kassel-Austin), which was written before 430, and in Aristophanes' *Clouds* (830), which also in its revised version probably appeared some years before 415, Socrates is called the 'Melian' for espousing 'atheistic' views. This must mean that Diagoras had already been living safely in Athens for many years despite his irreligious views—a fact which also shines through in the Arab report. It seems that only after the First Fruit decree and the capture of his home island Melos by the Athenians Diagoras decided to hurt the Athenians where it hurt most: in the heart of their politico-religious propaganda. The First Fruits decree had made the Mysteries into the symbol of Athenian power *par excellence*. The revelation of its contents was a political act, if there ever was one, by a citizen of one of the former Athenian allies.[55] In the nervous mood of the time this was more than the Athenians could bear and this must explain their overreaction. In this case we can see how the religious meaning of the secrecy of the Mysteries has gradually shifted to a more political significance. In the time of Diagoras all Athenian citizens must have known the content of the Mysteries, and it is hard to think that a more self-confident Athens had reacted in this ruthless way.

If we can still explain Diagoras as an aberrant case, this is much more difficult with the scandal that shook Athenian society at its

---

[53] Mubashshir *apud* Rosenthal (n. 27), p. 33. I am most grateful to my colleague Gert Jan van Gelder for his comments on and fresh translation of this passage. For the date see also A. Raubitschek, *The School of Hellas*, ed. D. Obbink and P.A. Vander Waerdt (New York, 1991) 33 f.; J. Henderson, 'Problems in Greek Literary History: The Case of Aristophanes' *Clouds*', in R.M. Rosen and J. Farrell (eds), *Nomodeiktes. Greek Studies in Honor of Martin Ostwald* (Ann Arbor, 1994) 591–601.

[54] Melanthius FGrH 326 F3; Craterus FGrH 342 F16. For the date see Diod. Sic. 13.6,7 and, independently, Mubashshir (n. 53) = Diagoras T 10 Winiarczyk. It is supported, against F. Jacoby, *Diagoras ho atheos* (Berlin, 1959), by F. Wehrli, *Gnomon* 33 (1961) 123f; M. Winiarczyk, *Eos* 77 (1979) 192 213; L. Woodbury, *Collected Writings* (Atlanta, 1991) 118–50 (= *Phoenix* 19, 1965, 178–211), who is to be read with the criticism of W.K.C. Guthrie, *A History of Greek Philosophy* III (Cambridge, 1969) 237.

[55] As is persuasively argued by C. Auffarth, 'Aufnahme und Zurückweisung "Neuer Götter" im spätklassischen Athen: Religion gegen die Krise, Religion in der Krise?', in W. Eder (ed.), *Die athenische Demokratie im vierten Jahrhundert: Krise oder Höhepunkt?* (Stuttgart, 1995).

foundation. One morning, shortly before the Athenian fleet was due to sail to Sicily, it was discovered that nearly all the images of the god Hermes in public places had been mutilated. This affair, as happens more often in times of great social and political upheaval,[56] raised suspicions about a conspiracy against the Athenian democracy, and so a number of accusations were directed against Alcibiades and other aristocrats that they had profaned the Mysteries more than once 'in private houses' (Thucydides 6.28.1), in evidently sympotic situations. As it was put less than two decades afterwards by one of the profaners: 'this man put on a robe, imitating the holy rites, he revealed to the uninitiated and spoke with his voice the forbidden words' ([Lys].6.51). Those denounced realised the seriousness of their situation and nearly all fled the city; in the end, very few were executed but their possessions were confiscated and auctioned.

The private performance of the Mysteries must mean that the 'conspirators' had gathered in the most distinctive room in the Greek house, the so-called *andron,* the one room in the house to which male non-family members had access. But Greek houses were relatively small, and the numbers of guests present at these performances will always have been fairly limited;[57] it fits in with this limited size that the numbers in the five groups denounced seem to have been pretty small. Rather strikingly, one of the informers was a woman, Agariste, certainly a member of the leading Alcmeonid family: surely 'one of the most sensational events in an uncommonly sensational year'. The question has of course been raised how Agariste could have known about these profanations. She may have heard it through her former husband Damon who was also implicated in the affair,[58] but we must not forget that the compact size of the Greek houses and their closeness made gossip and spying on neighbours inevitable;[59] we should

---

[56] Cf. D. Groh, *Anthropologische Dimensionen der Geschichte* (Frankfurt/M, 1992) 267–304 ('Die verschwörungstheoretische Versuchung oder: Why do bad things happen to good people').

[57] Cf. M. Jameson, 'Private Space and the Greek City', in O. Murray and S. Price (eds), *The Greek City from Homer to Alexander'* (Oxford, 1990) 170–95; idem, 'Domestic Space in the Greek city-state', in S. Kent (ed.), *Domestic Architecture and the Use of Space* (Cambridge, 1990) 92–113. The small size of the Greek houses is insufficiently taken into account in modern discussions of the massacre of the Pythagoreans which took place 'in the house of Milo' *ca.* 450 B.C.

[58] R.W. Wallace, 'Charmides, Agariste and Damon: Andokides 16', *Class. Quart.* 42 (1992) 328–35.

[59] Cf. D. Cohen, *Law, Sexuality and Society. The Enforcement of Morals in Classical Athens* (Cambridge, 1991) 70–97.

also remember that the anonymity of the big town is a fairly recent phenomenon.[60] The fact that even a noble woman—would the Athenian assembly have believed a woman of the lower classes?—was acquainted with the profanation may well imply that the sacrilege was widely known and widely practised.

Now Oswyn Murray has recently argued that these groups *performed* the Mysteries correctly, if privately, but did not *parody* them.[61] Admittedly, our sources are very uninformative about this point, but one can hardly adduce as an argument, as Murray does, that one of the profaners, Andocides, describes their own activity as 'performing the Mysteries' (And. 1.11); it was not at all in his interest to picture himself as having parodied or satirised the Mysteries at the very moment that he himself was accused of having committed impiety in 415. Moreover, Murray does admit other cases of sacrilege but overlooks the fact that among those denounced were three comic dramatists;[62] these will hardly have been pious performers! In fact, Thucydides writes that the profanations were 'out of *hybris*' (6.28). Surely, this must mean that the profaners intended 'to have fun' but not an innocent kind of fun. The profaners probably wanted to show their contempt for the religious side of the Mysteries because we know of other contemporaneous groups of mockers of traditional piety, such as the *Kakodaimonistai*.[63] Finally, it is clear from the lists of persons implicated in the affairs of the Herms and the Mysteries that they derived from the same section of society and probably overlapped in various cases.[64] Considering the date of the First Fruit decree, though, they perhaps most of all wanted to show their contempt for the political pretentions of Athens' democrats.

What, then, can we say about the secrecy of the Mysteries in fifth-century Athens? The secrecy probably did not exceed its primarily religious function at the beginning of the fifth century, but the

[60] Cf. H. Roodenburg, 'Naar een etnografie van de vroegmoderne stad: de 'gebuyrten' in Leiden en Den Haag', in P. te Boekhorst *et al.* (eds.), *Cultuur en maatschappij in Nederland 1500–1850* (Meppel, Amsterdam and Heerlen, 1992) 219–44, esp. 219–21.

[61] O. Murray, 'The Affair of the Mysteries: Democracy and the Drinking Group', in Murray (ed), *Sympotica* (Oxford, 1990) 149–61.

[62] D. Macdowell, *Andokides, On the Mysteries* (Oxford, 1962) 211; Archippus T 5 Kassel-Austin.

[63] Cf. N.R.E. Fisher, *Hybris. A study in the values of honour and shame in Ancient Greece* (Warminster, 1992) 145 f.

[64] Cf. A.W. Gomme et al, *A Historical Commentary on Thucydides* IV (Oxford, 1970) 284 (K.J. Dover).

Mysteries gradually started to serve as an important means of self-identification for the Athenian citizens. This expansion of its function made the Mysteries vulnerable to attacks from the enemies of Athens. Regarding the private performance of its *aporrheta*, we may perhaps speculate that it served to give the performers a special 'kick'. By privately breaching the most important public secret they put themselves beyond the norms and values of the average Athenian, and they may have even bragged about their bravado. Their attacks on the Mysteries, though, were not supported by the Athenian population and it would be half a millennium before radical ideological opponents emerged to whom the Mysteries would eventually give away their secrets—even if only partially.

4. *Epilogue*

Having looked at the three different secrets we will conclude with a short observation. It is clear that regarding content and function these secrets are all different. If in the case of the Theban grave we may admit that there was something worthwhile to hide, at least on the symbolic level, the other two secrets are clearly of a different nature. The Pythagoreans really had nothing substantial to hide whose proclamation or detection would have endangered their sect. It is perfectly possible that the only function of their secret was the same as that of children who think up secrets in order to exclude other children from their company or feel themselves above their peers. Yet it is equally understandable that in the case of Timycha the tyrant Dionysius wanted to know what the secret was. We, too, cannot tolerate a secret because we do not want to feel excluded: to keep things secret is to have a certain amount of power, however childish the secret may be. Finally, in the case of the Eleusinian Mysteries we find a typically Greek aspect of secrecy. Certain things can be too holy to be brought out into the open and therefore have to be shielded from the non-initiated. It is clear that a future phenomenology of secrets and secrecy will have to be sensitive to the varied nature of religious secrets and secrecy.[65]

---

[65] I am most grateful to André Lardinois and Dirk Obbink for their detailed discussions of an earlier version and Ken Dowden for his helpful correction of my English.

DER GEHEIME REIZ DES VERBORGENEN: ANTIKE MYSTERIENKULTE

Walter Burkert

Allgemeines

Verheimlichung und Geheimhaltung ist eine Frucht der Intelligenz. Um von einem vormenschlichen Modell auszugehen: Längst hat man an Schimpansen beobachtet, wie einer, der weiß, wo eine Banane versteckt ist, scheinbar uninteressiert mit ausgesprochenem 'poker-face' abwartet—nicht ohne verstohlene Blicke dann und wann auf die entscheidende Stelle zu werfen—, bis die anderen weg sind und ungestörter Genuß möglich wird; freilich gibt es dann auch bereits den noch schlaueren, der, selbst versteckt, den anderen beobachtet, um ihm im entscheidenden Augenblick dann doch die Banane abzunehmen.[1] Wenn man verallgemeinern darf: Es geht bei Geheimhaltung vordringlich um die ausschließliche Nutzung von Ressourcen, sie erlaubt insbesondere dem klugen Unterlegenen, sich gegenüber Stärkeren und/oder Ranghöheren Vorteile zu sichern. Im Hintergrund stehen noch viel ältere Erfindungen der Evolution, die den Chancen der Wahrnehmung immer wieder die Täuschung gegenüberstellt: Der Schwächere muß sich verstecken, muß sich durch Mimikry der Umgebung anpassen, um zu überleben; aber auch der Räuber, der Angreifer tut gut daran, sich zu verstecken, anzuschleichen, zu lauern. Die Wirklichkeit des Lebens ist nicht einschichtig, platt und offenbar.

Beim Menschen ist die Sprache dazugekommen, dazu eine fortgeschrittene Fähigkeit zur Einfühlung, zum Sich-Versetzen in eine andere Person. Zudem gehen Intelligenz und Neugier sowieso zusammen. Damit wird erst recht das Verstecken, Suchen und Finden zu einem Lieblingsspiel der intelligenten Wesen. Vieles wurde vermutlich seit der Frühzeit besonders in der Praxis der Jagd eingeübt,[2] das Sich-

[1] Vgl. V. Sommer, Lob der Lüge. Täuschung und Selbstbetrug bei Tier und Mensch, München 1992. Vgl. allgemein S. Bok, Secrets. On the Ethics of Concealment and Revelation, Oxford 1984.

Verbergen, Lauern und Irreführen; von der Jagd ist entsprechendes längst in den Krieg übergegangen, bis zu den Partisanen- und Terroristenkriegen der Gegenwart. Aber auch im Zivilleben ist Verstecken und Irreführen den Mitmenschen gegenüber eine 'fine art' der Raffinierten, ein hochentwickelter Agon.

Eben darum geht von jedem Geheimnis der unwiderstehliche Drang aus, 'dahinterzukommen'. Es besteht der universelle Verdacht: Wenn einer etwas versteckt, dann muß er etwas zu verstecken haben. Cherchez la banane. Nicht weniger allgegenwärtig ist die Angst, daß, wer sich versteckt, ein potentieller Angreifer ist; nur wer selbst 'dahinter kommt', hat die Lage im Griff. Zudem wird Ausgeschlossensein allgemein als schwer erträglich empfunden, rührt Urängste auf. So sind denn die Geheimnisträger umgeben von einem Fluidum aus Achtung, Neid und Verdacht, und sie empfinden selbst im stillen durchaus die Macht, die ihnen aus der Geheimhaltung zuwächst. Angeblich gibt es freilich auch die fürsorgliche Verheimlichung, von der Abschirmung der Kinder gegenüber der Sexualität bis zur Verheimlichung der Krebsdiagnose. Inwieweit es das Glück des Nicht-Wissens, die lebensnotwendige Illusion gibt oder auch hier raffinierte Machtspiele im Gange sind, sei hier nicht erörtert.[3]

Mit der Sprache ist jedenfalls Wissen gesetzt als potentiell Mitteilbares, gemeinsam Verfügbares, die Chance einer gemeinsamen, sprachlich gestalteten geistigen Welt. Und doch ist die Kommunikation nie total: Wissen bleibt individuell gespeichert und ist von außen nicht unmittelbar zugänglich; von vornherein trägt jede Person ihr individuelles Wissen den anderen gegenüber als Verborgenes; totale Preisgabe ist nicht möglich und allermeistens auch nicht wünschenswert. Indem die sprachlich-geistigen Welten von Individuen sich immer nur partiell überlagern, wachsen allerseits 'Geheimnisse' heran, um die zu ringen ist: Der eine hält zurück, was er sagen könnte, der andere vermutet umso mehr, dass 'mehr dahinter' sei. Es entstehen, im Wissen und mehr noch in der Vermutung, jene Geheimkammern, die die wahren Schätze bergen. Es bleibt möglich, darüber zu kommunizieren, doch ist die Kommunikation begrenzt und künstlich begrenzbar. So bilden sich Gruppen, die eben durch das 'Wissen' um ihr 'Geheimnis' verbunden sind. Die Rolle von 'geheimen Gesell-

---

[2] Vgl. C.J. Classen, Untersuchungen zu Platons Jagdbildern, Berlin 1960.

[3] Ein akkadischer Text spricht davon, daß es verboten sei, Sklaven lesen zu lehren, P.A. Beaulieu, Zeitschrift für Assyriologie 82 (1992) 98–111.

schaften' in verschiedensten Kulturen ist viel besprochen worden.[4] Offenbar handelt es sich um anthropologische Universalia, die aus der real bestehenden Intelligenz und Sprachfähigkeit des Menschen unmittelbar erwachsen.

Scheinbar selbständig, aber genetisch fixiert und damit erst recht anthropologisch universell existiert eine besondere Form der Geheimhaltung, die die intimste Form der Kommunikation betrifft: Die Verheimlichung der Sexualität, biologisch fundiert in der Unsichtbarkeit der weiblichen Empfängnisbereitschaft. Hier ist der Kontrast zu den so nah verwandten Schimpansen besonders auffällig. Die biologische Funktion, die hinter der genetischen Fixierung steht, läßt sich kaum anders als 'exklusive Paarbindung durch Geheimnis' umschreiben. Davon ausgehend haben verschiedene Kulturen verschiedene Grade und Formen der sexuellen Tabuisierung entwickelt. Regeln zur Geheimhaltung eines durch Scham geschützten Intimbereichs bestehen in praktisch allen menschlichen Gesellschaften.[5] Dem Geheimnis entspricht der Reiz der Neugier, der Tabubruch bleibt möglich, er wird in der Phantasie vielleicht sogar ersehnt, aber er findet überwältigende gesellschaftliche Opposition. Dies ist der exemplarische Fall eines 'Geheimnisses', über das im Grunde jeder Bescheid weiß; umso rigoroser wird es aufrecht erhalten. Dabei strukturiert sich die Geheimhaltung in zwei Dimensionen: Es gibt das Geheimnis des sexuell verbundenen Paares, und es gibt das gemeinsame Geheimnis der Frauen, das insbesondere in der Menstruation und in der Geburt sein Zentrum hat. Antwort auf das Geheimnis der Frauen sind offenbar nicht selten die Geheimbünde der Männer.

Mysterien: Initiation—Geheimnis und Öffentlichkeit

Religiöse Veranstaltungen haben sich wohl seit je gern mit dem Schleier des Geheimnisses geschmückt. Seit der frühen Bronzezeit gibt es auf Cypern, dann auch auf Kreta Tonmodelle von Heiligtümern, die im geschlossenen Raum Menschen bei zeremoniellen Verrichtungen darstellen—und immer wieder ist außerhalb, am eigens

---

[4] Wegweisend war seinerzeit H. Webster, Primitive Secret Societies, New York 1908, 1932^2.—Im klassischen Griechenland gibt es jene 'Hetärien' und 'Verschwörungen', als deren Ziel Platon 'sich verbergen' nennt (Resp. 365d).

[5] Hierzu H.P. Duerr, der Mythos vom Zivilisationsprozeß I: Nacktheit und Scham, Frankfurt 1988^2; II: Intimität, Frankfurt 1990.

angebrachten Fenster, die Figur eines Spähers angebracht, der, indem er draußen bleibt, einen Blick ins Innere zu tun versucht: Die Figur des neugierigen Ausgeschlossenen zeigt die 'Esoterik' des Religiösen an.[6]

Auch in der griechischen Religion gibt es Geheimes in vielerlei Gestalten: Den unbetretbaren Ort (*abaton*), den unbetretbaren Raum (*adyton*), das unsichtbare Götterbild, die verdeckte Opferstätte bzw. das unmarkierte Grab, und die geheime Zeremonie.[7] Ausgezeichnet durch Geheimhaltung sind aber jene Kulte, die *Mysteria* heissen. Bei ihnen tritt die Geheimhaltung so sehr in den Vordergrund, daß das Wort *mysterion* in seiner weiteren Entwicklung in alle abendländischen Kulturen hinein eben dieses Merkmal entwickelt und festgehalten hat: Mysterium, mystère, mystery heißt schlechtweg 'Geheimnis', besonders insofern es fasziniert und nach Auflösung verlangt;[8] selbst englische Kriminalromane sind darum *mysteries.* In der Grundbedeutung des Wortstammes war dies nicht vorgegeben; wir haben keine befriedigende Etymologie des Wortes[9], doch deutlich ist, daß *Mysteria* zunächst die Bezeichnung eines Festes ist, im Typ einer bereits bronzezeitlich bezeugten Wortbildung; dazu gehört das Wort *mystes*, der 'Myste', das auch sehr alt sein kann. Wie die lateinische Uebersetzung *initia* andeutet, geht es bei solchen Festen um 'Initiationen', um persönliche, nach bestimmten Vorbereitungen in besonderer Weise durchgeführte Zeremonien, die einen neuen Status im religiösen Bereich begründen, eben den des *Mysten.* Geheimhaltung ist mit der Initiation nun allerdings in der Weise verbunden, daß eines das andere bedingt: Es wird verhüllt, damit man enthüllen kann; das strenge Verbot sichert die Einzigartigkeit des Zugangs.

Mit dem Fest *Mysteria* sind wir, zumindest was die historische Epoche betrifft, in Athen, bei jenem Herbstfest der 'zwei Göttinnen', das in Eleusis stattfindet. Das Heiligtum ist archäologisch wohl erforscht,

---

[6] R. Hägg—N. Marinatos, The Giamalaki Model from Archanes, in D. Musti etc., ed., La Transizione dal Miceneo all'Alto Arcaismo. Dal palazzo alla città, Roma 1991,301–308, hier 307.—Sumerisch-akkadische magische Rituale sprechen vom 'Geheimnis' (niṣirtu), das nur der Wissende dem Wissenden zeigen wird. Bei Aegyptern gilt: "Spells are made worthless through being repeated by people", M. Lichtheim, Ancient Egyptian Literature I, Berkeley 1973, 155.

[7] Vgl. Bremmer in diesem Band.

[8] Wichtig war dabei der Gebrauch im NT, insbesondere bei der Auflösung des Gleichnisses Marc. 4,11; Mt. 13,11; Luc. 8,10. Vgl. Stroumsa in diesem Band.

[9] Die beliebte Ableitung von *muein* 'die Augen schliessen'—die das -*s*- des Stammes unerklärt läßt—hat nur den Wert einer Volksetymologie. Vgl. W. Burkert, Antike Mysterien, München 1990, 15 f. (im folgenden: Burkert 1990).

die epigraphischen, ikonographischen und literarischen Zeugnisse insgesamt machen die *Mysteria* über gut 1000 Jahr hin zum bestbezeugten griechischen Kult überhaupt.[10] Seit dem 6./5.Jh.v.Chr. ist aber auch in anderen Kulten von *mystai* und *mysteria* die Rede; zu nennen sind vor allem die 'Bakchischen' Weihen, die 'Mysterien' des Dionysos einerseits, das Heiligtum der 'Großen Götter' von Samothrake andererseits; auch sie sind in etwa über die gleichen Zeiträume hin zu verfolgen.[11]

Die Initiation führt zu einem privilegierten 'Wissen' (*eidenai*), einem 'wahren' und 'genauen' Wissen, wie behauptet wird;[12] streng geregelt ist demnach, was man jeweils 'sehen und hören' kann, 'sagen' oder eben nicht sagen darf. 'Ein Ochse steht auf der Zunge', mit diesem drastischen, vielleicht rituellen Bild wird die Schweigepflicht in Eleusis bezeichnet.[13] Zwei ähnliche Wörter treten dabei immer wieder auf, um das Mysteriengeheimnis zu kennzeichnen, *arrheton* 'unsagbar' und *aporrheton* 'versagt, verboten'. So sehr es reizt, den Unterschied auszuloten, in den klassischen Zeugnissen zu Eleusis zumindest werden beide Wörter praktisch als beliebig austauschbar verwendet.[14]

Das 'Geheimnis' hat vielerlei Aspekte. 'Unsagbar/verboten' ist die Feier als ganzes; aber auch die Gottheit, um die es geht, kann 'unsagbar' heißen, so gut man sonst den Namen kennt und nennt. Schließlich hat man in Eleusis selbst den Namen des Hierophanten tabuisiert: Er war *hieronymos*, durfte nicht mit Namen genannt werden—ein öffentlicheres Geheimnis ist kaum vorstellbar. In Samothrake bleiben die Namen der 'Großen Götter' geheim; man stritt darüber, ob es 'die Kabiren' seien.[15] Dort und anderwärts gibt es einen *hieros*

[10] Verwiesen sei auf L. Deubner, Attische Feste, Berlin 1932, 69–92; G.E. Mylonas, Eleusis and the Eleusinian Mysteries, Princeton 1961; W. Burkert, Homo Necans, Berlin 1972, 274–327 (im folgenden: Burkert 1972); K. Clinton, The Sacred Officials of the Eleusinian Mysteries, Philadelphia 1974; ders., Myth and Cult. The Iconography of the Eleusinian Mysteries, Stockholm 1992.

[11] Burkert 1990, 12 f. Unsere Kenntnis der bakchischen Mysterien ist in den letzten 20 Jahren durch Neufunde entscheidend erweitert worden; vgl. unten Anm. 35; 63.

[12] Dion or. 36,33.

[13] Soph. OK 1052. Der Text eines Eides, mit dem der Myste (der Isis?) zum Schweigen verpflichtet wird, ist aus Aegypten erhalten, Burkert 1990, 52. Vgl. Firm. math.7,1,1 Orpheus . . . nihil aliud ab his quos initiabat in primo vestibulo nisi iurisiurandi necessitatem cum terribili auctoritate religionis exegit, ne profanis auribus inventae ac conpositae religiones proderentur.

[14] Burkert 1990, 16.

[15] Vgl. W. Burkert, Griechische Religion der archaischen und klassischen Epoche, Stuttgart 1977 (im folgenden: Burkert 1977) 422–426; ders., Concordia Discors:

logos, einen 'Bericht' (*logos*), den man, als 'heilig', nicht weitersagen kann; dies scheint vorzugsweise auf bestimmte Mythen oder gewisse Details mythischer Erzählung zu zielen.[16] Als *hieros logos* geben sich Gedichte des Orpheus; der Anfangsvers war: 'Singen werde ich für die, die es verstehen; macht die Türen von aussen zu, ihr Ungeweihten'.[17] Der äußere Apparat der 'Esoterik' und die geistige Auszeichnung des 'Verstehenden' treffen sich.

Geheim aber sind auch Zeremonien und Gerätschaften. Ikonographisches Emblem der Mysterien, eleusinisch und bakchisch, seit dem 5.Jh. nachweisbar, ist der geschlossene Deckelkorb, die *cista mystica*; man kann sie öffnen, etwas herausnehmen, zurücklegen; verbergen, zeigen, wieder verbergen. Spätere hellenistische Ikonographie läßt eine Schlange, das Schrecktier, unter dem angehobenen Deckel sich herausrecken. Es gibt Wohltaten der Demeter für Eleusis, die 'nur Eingeweihte hören dürfen',[18] sie kann ein Glück schenken, 'das Ihr Ungeweihten nie erfahren werdet'.[19] So bleibt gerade der 'Nutzen' der Weihen geheim, auch bei Dionysos.[20] Nur die Geweihten eben sind 'die Wissenden'.[21]

Eine sehr besondere Art des geheimen Wissens erscheint in Samothrake: Der Priester fragt den Initianden, 'was das ärgste Verbrechen sei, das er in seinem Leben begangen habe.' Dies ist nicht, wie man meinte, eine frühe Form des 'Sündenbekenntnisses',[22] sondern die Herstellung einer Komplizenschaft durch gemeinsames, doch auf jeden Fall geheim zu haltendes Wissen. Dies bleibt vereinzelt; davon berichtet wird nur, weil ein Spartaner das 'Bekenntnis' verweigerte.[23]

Die Esoterik aller Mysterien akzentuiert sich in Raum und Zeit: die Riten finden im nächtlichen Dunkel statt,[24] in sorgfältig abgeschlos-

---

The literary and the archaeological evidence on the sanctuary of Samothrace, in N. Marinatos, R. Hägg, ed., Greek Sanctuaries, London 1993, 178–191; S.G. Cole, Theoi Megaloi: The Cult of the Great Gods at Samothrace, Leiden 1984.

[16] Die maßgebenden Belege stammen zunächst von Herodot, Burkert 1990,59 m.Anm. 14.—Im Gilgamesh-Epos wird die Sintflutgeschichte als 'Geheimnis' (niṣirtu) eingeführt.

[17] Orphicorum Fragmenta 334, für die altorphische Theogonie bezeugt im Derveni-Papyrus, Kol.7 (früher 3), vgl. M. West, The Orphic Poems, Oxford 1983, 82–84.

[18] Isokr. Paneg. 28.

[19] Theokr. 3,51, über Demeter und Iasion.

[20] Eur. Bacch. 473–475; vgl. Lampon über Mysterien der Soteira bei Arist. rhet.1419a4.

[21] Eur. Rhes. 973, Andoc. 1,30.

[22] Vgl. Burkert 1993 (o.Anm. 15) 184 f.

[23] Plut. Lac.apophth. 217cd; 229d; 236 d.

[24] Beim so verdächtigen 'nächtlichen Dunkel' setzt besonders die Kritik der Ju-

senen Räumen. Für bakchische Mysterien errichtet man wenigstens ad hoc 'Buden' oder 'Zelte', *skenai.*[25] Das eleusinische Heiligtum hat im Zentrum eine große geschlossene Halle, die im Innern ein kleines Gebäude enthält, das nur der Hierophant betritt; das ganze Heiligtum seinerseits ist von einer Mauer mit einem einzigen Eingang umgeben. Pausanias weigerte sich mit Berufung auf einen Traum, das Innere des Heiligtums zu beschreiben.[26] Auch im Heiligtum von Samothrake ist der Zugang erschwert und kontrolliert.

Dabei erscheint gerade die eleusinische Geheimhaltung in mehrfacher Weise äußerst paradox: Es läßt sich kein doktrinaler Inhalt des 'Geheimnisses' angeben oder auch nur vermuten, es läßt sich keine Gruppe definieren, die durch die Geheimhaltung konstituiert ist und von ihr profitiert, und doch wird die Geheimhaltung staatlich überwacht, ja bis zur Todesstrafe durchgesetzt, während zugleich der Zugang zum 'Geheimnis' aufs äußerste ausgeweitet ist. Die eleusinischen Mysterien sind öffentlich in einer Art, die gerade die üblichen Schranken der Gesellschaft negiert: Zugelassen sind Männer und Frauen, Freie und Sklaven, Athener und Ausländer, sofern sie griechisch sprechen; geweiht werden grundsätzlich Erwachsene, bei jedem Fest aber zusätzlich mindestens ein ausgewählter 'Knabe'. Ausgeschlossen sind diejenigen, die 'unreine Hände haben und eine unverständliche Sprache sprechen'.[27] Ausdrücklich reflektiert hat man über die Zulassung der Nicht-Athener, man hat sie im Mythos verankert: Herakles der Thebaner, oder die Dioskuren aus Sparta, oder eben sie alle seien schon in der Urzeit eleusinische Mysten geworden. Auch die Mysterien von Samothrake stehen allen offen; bakchische Mysterien breiten sich durch wandernde Priester über die ganze griechische und bis in die etruskisch-römische Welt aus.

In historischer Zeit war das Eleusinische Fest ein Massenereignis. Die Aufsicht hat einer der athenischen Archonten, der 'König', der also auf jeden Fall geweiht sein mußte; bei Gerichtsverhandlungen, die die Mysterien betrafen, hatten die Nicht-Geweihten den Saal zu verlassen—es blieben offenbar immer genügend Männer übrig, das Verfahren durchzuführen. Auffiel, wer sich nicht weihen ließ.[28] Das

---

den und Christen an, Philon spec. 1,319 ff., Clem. Protr. 22,6 f. u.a.m.

25 Mysterienraum für Ida-Mysterien: Eur. Fr. 472.

26 Paus. 1,38,7.

27 'Prorrhesis' des Hierophanten, Isokrates 4,157; Burkert 1977, 428.

28 Luk. Demon. 11 über den Philosophen Demonax.

sogenannte Telesterion, der Bau der klassischen Zeit in Eleusis, dessen in den Fels gehauene Stufen wohl erhalten sind, faßte etwa 3000 Menschen. Sie versammeln sich am vorbestimmten Tag in aller Oeffentlichkeit in Athen, ziehen gemeinsam zum Meer, dann im großen Zug nach Eleusis zum 'geheimen' nächtlichen Fest. Auch die in bakchische Mysterien Eingeweihten zeigen sich im öffentlichen Umzug durch die Stadt. Die Mysten von Samothrake halten Kontakt an ihrem Heimatort und errichten gemeinsame Monumente. Wenn das Geheimnis, um attraktiv zu bleiben, des Hinweises bedarf, so wird dieses Bedürfnis durch die Mysterienpropaganda mehr als befriedigt. Athen fordert in den sogenannten *Aparche*-Dekreten die ganze Welt auf, Dankesgaben nach Eleusis zu spenden.[29]

Hand in Hand damit geht die angestrengte Geheimhaltung, die in Athen wiederholt die Gerichte beschäftigt hat:[30] Der Dichter Aischylos war betroffen, der Atheist Diagoras von Melos, der Stratege Alkibiades; in diesem Fall kam es zu vielen Todesurteilen, und nicht wenige Männer aus den ersten Familien wurden tatsächlich hingerichtet.[31] Am ärgsten war, was sich erst um 200 v.Chr. ereignete:[32] "Zwei junge Akarnanen betraten an den Tagen der Mysterien, ohne eingeweiht zu sein, den Tempel der Demeter, unvorsichtig in Bezug auf das religiöse Tabu, zusammen mit der übrigen Menge. Leicht verriet sie ihr Reden, als sie einige absurde Fragen stellten; sie wurden abgeführt zu den Priestern des Tempels; obgleich es klar und offen war, daß sie irrtümlich das Heiligtum betreten hatten, wurden sie, als ob es sich um einen unsäglichen Frevel handle, hingerichtet. Diese schändliche und feindselige Handlung brachte den Stamm der Akarnanen

---

[29] IG I[3] 78, II/III[2] 140, Isokr. 4,31, Aristeid. or. 1,37 etc.; Graf a.O. 159. Die großen Getreidespeicher, die in Eleusis noch nachweisbar sind, zeigen, daß zumindest im Einflußbereich von Athen der Aufruf Wirkungen zeitigte.

[30] Vgl. Bremmer in diesem Band; unten bei Anm. 59/60.

[31] Hauptquelle ist, neben Thukydides, Andokides' Rede 'Ueber die Mysterien', eine bestens informierte, aber gewiß nicht objektive Darstellung, war doch Andokides einer der Hauptbelastungszeugen im Prozeß gewesen. Alkibiades wurde von den Eleusinischen Priesterinnen in feierlichster Form verflucht, was jedoch, nach Aenderung der politisch-militärischen Lage, zurückgenommen werden konnte, und 408 hat Alkibiades in aller Form die Mysterienfeier angeführt, Plut. Alk. 33/34.—Rätselhaft ist die Aussage des Andokides, der Eleusinische Daduchos—der zweithöchste Priester des Heiligtums—Kallias behaupte, er, Andokides, habe einen 'Flehzweig' auf einem Altar in Eleusis niedergelegt, und darum müsse er nach altem Brauche sterben—ein unverständliches Tabu mit einer noch erstaunlicheren Sanktion. In Jerusalem ist der Zugang zum inneren Heiligtum bei Todesstrafe verboten, OGI 598.

[32] Liv. 31,14,6, nach Polybios; J. Briscoe, A Commentary on Livy, Books XXXI–XXXIII, Oxford 1973, 95 f.

auf die Seite des Königs Philipp ...", und indem gegen den Makedonen dann Attalos von Pergamon den Athenern zur Seite trat, war man mitten im großen Krieg, den schließlich die Römer entschieden. Zu konstatieren ist eine wahrhaft verheerende Anwendung von sakralem Recht wider alle dipomatische Vernunft; außerhalb Athens war man nicht—nicht mehr?—bereit, derartiges akzeptieren, man sprach von einem 'schändlichen' Akt (*foedum* Liv.). Er hat sich offenbar nicht wiederholt. Der Gnostiker, den Hippolytos zitiert, gibt m.E. durchaus Geheimnisse von Eleusis und Samothrake preis;[33] von einer Reaktion der Heiligtümer ist nichts bekannt. Samothrake freilich konnte nie eine Athen vergleichbare Macht entfalten, und erst recht blieben die bakchischen Mysterien ohne den Schutz einer Polis; ihr Geheimnis war nicht mit Gewalt zu schützen.

Trotzdem pflegten auch die privaten bakchischen Mysterien ihre Geheimnisse offenbar nicht ohne Erfolg. Die eindrucksvollen Jenseitstexte auf Goldblättchen, die immer zahlreicher durch Neufunde aus Gräbern bekannt werden, waren uns von der normalen griechischen Literatur her fast zur Gänze unbekannt; ganz wenige Anspielungen sind zu finden.[34] Die Texte enthalten freilich auch Rätselworte, die zu entschlüsseln bislang nicht gelungen ist: 'Böckchen fiel ich in die Milch', 'Stier sprang ich in die Milch'.[35] Wie 'vorsichtig' man von staatlicher Seite mit Privatreligion verfahren konnte, zeigt von der anderen Seite der Erlaß des Königs Ptolemaios IV Philopator von Aegypten: Er verlangt, daß die Mysterienpriester des Dionysos sich in Alexandrien registrieren lassen und ein Exemplar ihres Hieros Logos deponieren, 'in einem versiegelten Exemplar'.[36] Der König respektiert das Geheimnis, freilich nur in vorläufiger Form, so daß der Zugriff jederzeit offen bleibt, falls sich Verdachtsmomente ergeben. Die ärgste Eskalation eines solchen Verdachts zeigt sich wenig später im Vorgehen des römischen Senats gegen die Bacchanalia im Jahre 186

---

[33] Vgl. Burkert 1972, 277 f.

[34] 'mystischer Weg zu Rhadamanthys' bei Poseidippos, Supplementum Hellenisticum 705,22, in Uebereinstimmung mit dem Text von Hipponion.

[35] Die erstgenannte Formel ist seit langem bekannt, vgl. G. Zuntz, Persephone, Oxford 1971, 323–327; die zweite wurde erst 1987 bekannt, K. Tsantsanoglou, G.M. Parassoglou, Two gold Lamellae from Thessaly, Hellenika 38, 3–17; F. Graf, Textes orphiques et rituel bacchique. A propos des lamelles de Pélinna, in Ph. Borgeaud, ed., Orphisme et Orphée, Genf 1991, 87–102.

[36] G. Zuntz, Once more the so-called 'Edict of Philopator' on the Dionysiac Mysteries, Hermes 91, 1963, 228–239 = Opucscula Selecta, Manchester 1972, 88–101; Burkert 1990, 37.

v.Chr.: Man unterstellt dem Geheimnis ebenso unsittlichste Sexualpraktiken wie eine 'Verschwörung' gegen den Bestand des römischen Staats und schreitet zur Massenexekution.[37]

Mysterienphilosophie

In mehrfacher Weise hat antike Philosophie seit Platon das Mysteriengeheimnis als paradigmatisch genommen, um über notwendigerweise Geheimes und aus höchstem Zweck gerechtfertigte Geheimhaltung nachzudenken. Auf die tatsächlich praktizierten Mysterien läßt sich dies jedoch nicht zurückprojizieren.[38]

Wenn das Geheime 'unsagbar' heißt, *arrheton*, so bietet sich dieser Begriff an, die Grenzen des Denkens zum Göttlichen hin zu kennzeichnen. Für Platon ist das höchste Prinzip, die Idee des Guten 'jenseits des Seins' und damit auch des Erkennens; so ist denn, nach einem vielzitierten Satz des 'Timaios', der "Schöpfer und Vater des Alls zu finden schwierig, ihn allen mitzuteilen unmöglich".[39] Im Siebten platonischen Brief steht, die höchste Einsicht der Philosophie sei "keineswegs sagbar so wie andere Lerngegenstände" (341c). Hier also wird nicht künstlich verhüllt oder zurückgehalten, sondern auf ein Etwas verwiesen, das notwendigerweise und seinem Wesen nach nicht enthüllbar, nicht mit Worten ausdrückbar ist. Das Unsagbare läßt sich nur andeuten als das individuelle Erlebnis einer Erleuchtung, wenn der Funke vom einen auf den anderen überspringt (344b). Weiter geht der—sicher unechte—zweite platonische Brief: "Im Garten, unter den Lorbeerbüschen, da sagtest Du, Du habest es erfaßt" (313a)—ein Erlebnis gleichgestimmter Seelen, worüber man nur in Rätseln kommunizieren kann und darf: "Lies diesen Brief viele Male, und verbrenne ihn" (314c). Im späteren Platonismus war dieser Text ein vielbeachteter Kronzeuge für Geheimphilosophie. Allgemein erwies sich das Sprechen über Göttliches als das 'unsagbare' Geheimnis als außerordentlich wirksam, auch rhetorisch wirksam, weit über den

---

[37] Burkert 1990, 38 m.Anm. 11; J.M. Pailler, Bacchanalia. La répression de 186 av. J.C. à Rome et en Italie, Paris 1988.

[38] Vgl. Chr. Riedweg, Mysterienterminologie bei Platon, Philon und Klemens von Alexandrien, Berlin 1987.

[39] Plat. Resp. 509b; Tim. 28c; mit *aporrheton* spielt Platon auch Leg. 968e. Verwiesen sei auf P. Friedländer, Platon I, Berlin 1964^3, Kapitel III: Arrheton, 63–89; R. Ferber, Die Unwissenheit des Philosophen oder Warum hat Platon die "ungeschriebene Lehre" nicht geschrieben, Sankt Augustin 1991.

eigentlichen Platonismus, über Plotin und Proklos hinaus. Die Ueberschreitung der Grenze in erlebnishafter Erleuchtung kann dann immer als Mysterienschau beschrieben werden.[40] Daß gelegentlich nur ein Schritt ist von der unauslotbaren Tiefe zur Hochstapelei, läßt sich anmerken.

Wirklichkeitsnäher findet hellenistische Philosophie das als notwendig gesetzte Geheimnis in den 'Mysterien der Natur' gegeben.[41] Angespielt wird in diesem Zusammenhang immer auf den Satz des Heraklit, dass 'die Natur es liebt, sich zu verbergen'.[42] Diese 'Mysterien' lassen sich für ausgezeichnete Denker teilweise enthüllen, erheischen aber auf jeden Fall Ehrfurcht. So rühmt Seneca die Philosophie, die "die Kenntnis von der Natur des Alls und von der eigenen Natur vermittelt": sie zeigt, was Götter sind, was die Seele: "Dies sind ihre Mysterienweihen, durch die nicht ein Stadt-Heiligtum, sondern der gewaltige Tempel aller Götter, der Kosmos selbst, erschlossen wird".[43] Eröffnet also wird, was von Natur verborgen ist, wie auch die eleusinische Weihehalle eben dazu da ist, daß das Geheime zur rechten Zeit nach rechter Vorbereitung 'gezeigt' wird. In seinen *Quaestiones naturales*, in denen es ums Detail geht, zeigt sich Seneca freilich weniger optimistisch. Zwar bemerkt er mit Freude, daß er den 'Geheimnissen der Natur' näher kommt: "Dann danke ich der Natur, wenn ich sie nicht von der Seite aus sehe, die öffentlich ist, sondern wenn ich in ihre geheimeren Bereiche eingetreten bin". Doch im einzelnen treten dann so viele Probleme auf, daß an Stelle des Stolzes des Adepten vielmehr Demut am Platze ist. Wir sollten die Augen niederschlagen und uns neigen, wie wenn wir einen Tempel betreten. "Es gibt gewisse Weihen, die nicht auf einmal übergeben werden. Eleusis bewahrt sich etwas auf, das es denen zeigt, die wiederkommen. Die Natur erteilt ihre Weihen nicht auf einmal. Wir glauben, eingeweiht zu sein—wir stecken noch in ihrem Vorhof. Jene Geheimnisse stehen nicht unterschiedslos und nicht für alle offen. Sie sind zurückgezogen und im Inneren des Heiligtums eingeschlossen; eines davon

---

[40] Grundtext dafür ist Plat. Phdr. 250 bc. Vgl. A.J. Festugière, La révélation d' Hermès Trismégiste III: Le dieu inconnu et la gnose, Paris 1954; Lamberton in diesem Band.

[41] Der Ausdruck auch bei Galen, De usu partium III 576 Kuehn.

[42] Heraklit B 123 = Fr. 8 Marcovich. Das primäre Verständnis des Satzes ergibt sich m.E., wenn man *physis* konkret als 'Wuchs' der Pflanze nimmt: Das Wachsen der Pflanzen liebt es, verborgen zu werden, wer neugierig nachgräbt, zerstört den Keimling.

[43] ep. 90,28 = Poseidonios Fr. 448 Theiler.

wird diese Generation, anderes eine spätere, die nach uns kommt, zu Gesicht bekommen."[44]

Parallel zur inhaltlichen Bestimmung philosophischer 'Mysterien' um Gott und Natur gibt es den Entwurf philosophischer Esoterik als Hierarchie des gestuften, durch Geheimhaltung geschützten Wissens. Man schreibt dies den Pythagoreeren zu, auch den ägyptischen Priestern; der Weg der Initiation, der fortschreitenden Weihen wird wiederum mit Mysterienmetaphern bezeichnet.[45] Es gibt Ansätze schon im frühen Platonismus, Wucherungen aller Art im anfänglichen, gnostischen Christentum,[46] prinzipielle Verfestigung im Neuplatonismus. Reflektiert wird auch über die Möglichkeiten der Rätselsprache, eines höheren und niederen Sinns sprachlicher Mitteilung, sodaß die Ungeweihten hören, ohne zu verstehen.[47] In diesem Sinn werden dann auch die alten Mythen gerechtfertigt. Die wahre Einsicht ist einer Elite vorbehalten; dies ist legitim, ja 'natürlich', da doch eben 'die Natur sich zu verbergen liebt'. So Macrobius nach Porphyrios:[48] "Nicht vergeblich und nicht um zu gefallen wenden sich die Philosophen dem Mythischen zu, sondern weil sie wissen, daß der Natur die offene, nackte Darstellung ihrer selbst zuwider ist: wie diese den gewöhnlichen Sinnen der Menschen ihre Erkenntnis durch mannigfache Bedeckung und Verhüllung mit materiellen Gegenständen entzogen hat, so wollte sie auch, daß ihre Geheimnisse von klugen Menschen durch Mythisches behandelt werden: So werden die Mysterien selbst in Schächten von Figuren verdeckt, damit nicht einmal denen, die darin fortgeschritten sind, die Natur dieser Dinge sich nackt darbietet, sondern, während nur die höchstrangigen Männer dank der Deutung durch die Weisheit des wahren Geheimnisses sich bewußt sind, die übrigen mit der Verehrung sich begnügen, indem bildhafte Figuren das Geheimnis vor dem Gemein-Werden schützen."

---

[44] Sen. quaest. nat. prol. 3 cf. 7; 7,30,1.

[45] Schon der 7. platonische Brief spricht davon, daß das höchste Wissen für die 'vielen' nicht 'gut' sei, 341e.

[46] Vgl. O. Perler RAC I (1950) 667–676 s.v. Arkandisziplin; Stroumsa in diesem Band.

[47] Dies auch die Funktion der 'Gleichnisse' im NT, Mt. 13,13; "euch ist gegeben das Mysterion zu erkennen" 13,11. Vgl. Ioh. Chrysostomos Hom. in Cor. 7, PG 61, 56b; Stroumsa in diesem Band.

[48] Macr. Comm. in S.Sc. 1,2,17 f. vgl. Iulian or. 7,11,216 c; Proklos In Remp. II 106,13—107,14. Aeltere Materialsammlung: O. Casel, De philosophorum Graecorum silentio mystico, Gießen 1919.

Das unauffindbare Geheimnis

Den real existierenden Mysterienkulten gegenüber läßt uns all dies einigermaßen ratlos, oder vielmehr: Die metaphorischen Weiterungen philosophischer Spekulation zeigen, was 'Mysterien' sein könnten, was die faßbaren klassischen Kulte aber gerade nicht sind: Kein Herrschaftswissen einer Elite, keine Naturphilosophie, keine allegorisch verrätselte Theologie.

Für den Realisten mag dies als das eigentliche Paradoxon erscheinen: Wer eigentlich profitiert von Eleusis? Es ist gar nicht zu sehen, wo die Banane steckt. Diese Mysterien begründen keine geheime Gesellschaft, keine Gemeinschaft, die auf Grund ihres gemeinsamen Geheimnisses besondere Beziehungen pflegt. Wir erfahren nichts darüber, wie die 'Wissenden' miteinander kommunizieren oder gemeinsame Aktivitäten pflegen. Verantwortlich ist nicht eine Mystengemeinde, sondern die Polis Athen. Gewiß profitieren die beiden Familien, die traditionellerweise das Heiligtum unter sich haben, die Eumolpiden und Keryken—aber entsprechende 'Nutzung' von Heiligtümern gibt es in vielerlei Kulten auch ohne Mysteriencharakter; Athen insgesamt profitiert vom Ruhm des Heiligtums, im Interesse der Fremdenindustrie sozusagen, und daß Kaiser sich weihen ließen, gab zusätzlichen Auftrieb. Aber dies war doch eher ein erfreulicher Sekundäreffekt.

Anders scheint es mit den Mithrasmysterien zu stehen, die man mit Freimaurerlogen vergleichen kann, anders auch schon mit Samothrake, wo sich fern der Insel 'gottesfürchtige Mysten' zusammenfinden und Stiftungsurkunden, mit ausführlichen Namenlisten, publizieren. Es gibt auch sonst Vereine aller Art, mit und ohne 'Mysterien', doch kaum eigentliche Gemeinde- oder Sektenbildungen. Die Städte und Staaten waren freilich auch geneigt, die potentielle Macht geheimer 'Verschwörungen' aufs brutalste zu unterdrücken, wie der Mysterienprozeß um Alkibiades zeigt und erst recht der Bacchanalia-Skandal.[49] Bezeichnend übrigens, daß das erfolgreichste Schlagwort vom Machtwissen als Mysterium in lateinischer Sprache geprägt wurde, wenn auch in deutlicher Anlehnung an griechische Mysterienmetaphorik: *evulgato imperii arcano*, so Tacitus über die Usurpationen des Vierkaiserjahres—das System bricht zusammen, wenn das von der Elite gehütete Geheimnis verloren geht.[50]

---

[49] Burkert 1990, 35–55. Vgl. auch Martin in diesem Band.

[50] Tac. Hist. 1,4,1.—In Rom gab es die 'geheime Schutzgottheit', deren Name

Wenn im Gegensatz dazu die Mysterien kein Machtwissen hüten, was ist dann die Funktion des 'Geheimnisses'? Alle Versuche, dieses inhaltlich zu fassen, laufen ins Leere. Um prinzipiell 'Unsagbares' geht es in der Sicht der 'Wissenden' keineswegs, zu deutlich ist das 'Reden' verboten und eben damit als durchaus möglich vorausgesetzt. Auch ein *hieros logos* ist qua *logos* sagbar. Es gibt Hinweise auf geheimgehaltene Mythen oder geheime Details der bekannten Mythen. So ist zwar der eleusinische Mythos vom Raub des 'Mädchens', Kore/Persephone, durch den Gott der Unterwelt, von Zorn und Versöhnung ihrer Mutter, der Getreidegöttin Demeter, einer der geläufigsten griechischen Mythen; daß Demeter in Eleusis eingekehrt sei, ihre Tochter wiederfand, das Getreide stiftete, gehört zur öffentlichen Propaganda. Das emphatische 'Geheimnis' kann den Verdacht auf Sexuelles lenken, Entblößung, Oral-Genitales. Der Christ Clemens möchte die Mysterien 'entblößen' und in ihrer 'Nacktheit' zeigen,[51] er zitiert orphische Verse über Baubo, die vor der Göttin ihr Genital entblößt und manipuliert—was Gelächter hervorruft—. Ein zu den Mysterien von Lerna gehöriger Mythos macht Dionysos zum passiven Homosexuellen.[52] In Samothrake gab es ithyphallische Figuren und einen Mythos von der sexuellen Erregung derer, die 'Persephone gesehen' haben.[53] Herodot deutet an, die phallischen Hermen seien letztlich aus diesem *Hieros Logos* herzuleiten: Welch merkwürdige Verkehrung, das ganz Oeffentliche aus dem 'Unsagbaren' zu erklären! Ueberhaupt ist schwer sich etwas auszumalen, was nicht in anderen Mythen und auch in Bildern der griechischen Kultur durchaus öffentlich zu belegen ist.[54] Das tiefere Skandalon für griechische *Theologia* war der Tod des Gottes; Persephones Raub durch den Gott der Unterwelt ist ein Sterben, mythologisch unterfangen und eben damit aussagbar; Herodot kennt offensichtlich den Mythos von der Zerreißung des Dionysos und nennt ihn ausdrücklich nicht—was

---

und Geschlecht nicht genannt werden durfte, vgl. A. Brelich, Die geheime Schutzgottheit von Rom, Zürich 1949.

[51] Protr. 21 = Orphicorum Fragmenta 52. F. Graf, Eleusis und die orphische Dichtung Athens in vorhellenistischer Zeit, Berlin 1974, 194–199; in manchem anregend, doch unsorgfältig gearbeitet ist G. Devereux, Baubo. Die mythische Vulva, Frankfurt 1981.

[52] Bezeichnenderweise durch Clemens bezeugt, Protr. 34, doch nicht durch ihn allein, Burkert 1972, 83.

[53] Cic.n.d. 3,56; angedeutet Hdt.2,51 f., Kallim. Fr. 199 Pfeiffer.

[54] Ein Bild im Heiligtum von Samos zeigte eine Fellatio des Zeus durch Hera, worüber sich Chrysippos verbreitete, Stoicorum Veterum Fragmenta II nr. 1071; 1073/4.

spätere Quellen doch unbedenklich tun. Daß der Mithras-Mythos verloren ging, mag Zufall sein.

Die Auffassung von der Natur als Mysterium hat ihr Gegenstück in der These, daß die bestehenden Mysterienkulte es mit 'Natur' zu tun haben; dies sei ihr Geheimnis—und es führt erst recht ins Banale: In Eleusis gehe es ums Getreide, bei Dionysos um den Wein, bei Isis um das Wasser des Nils—als ob das alles wäre. Rätselrede wird dabei gleichgesetzt mit dem in der Rhetorik entwickelten Begriff der Allegorie als einer 'mysterienhaften' Figur. So schreibt Demetrios *De interpretatione* (110)—der Autor ist nicht sicher datiert : "Alles, was aus Andeutungen erraten werden muß, ist umso erschreckender; was klar und offen ist, wird üblicherweise verachtet, wie nackte Menschen. Deswegen werden auch die Mysterien in Form von Allegorien erzählt, um Entsetzen und Schauder zu erregen, wie sie auch im Dunkel und in der Nacht stattfinden. Es gleicht aber auch die Allegorie dem Dunkel und der Nacht". Mit anderen Worten: Wer Effekte erzielen will, bediene sich des Dunklen; so einfach ist das.

Statt auf mythische Aussagen zielen Vermutungen um das Mysteriengeheimnis seit langem auf das Ritual, auf Einzelheiten der Zeremonien, die 'unsagbar' blieben. Man konnte, mit einem kaiserzeitlich belegten Terminus, die Mysterien 'austanzen'.[55] Nichtsdestoweniger läßt sich auch hierüber reden: Zu den absurden Aufsatzthemen der kaiserzeitlichen Rhetorik gehört auch dieses, jemand träumt die ganze Weihe von Eleusis und fragt einen Mysten, ob es dies sei—eine Frage, die ja wohl eine ausführliche Erzählung des Geschauten impliziert—; wenn dieser mit dem Kopfe nickt—hat er damit die Mysterien verraten?[56] In der ausgeführten Rede des Rhetors freilich besteht die Kunst wiederum darin, am Rande des 'Unsagbaren' zu balancieren. Versucht der Wissenschaftler den Traum zu träumen, gerät abermals in erster Linie Sexuelles in Verdacht. Den römischen Bacchanalia wird eine homosexuelle 'Initiation' zugeschrieben. Bilder von späteren Dionysosmysterien zeigen die Enthüllung eines übergroßen Phallos in der Getreideschwinge[57]—was also nicht so ganz geheim war. Eleusis, heißt es, zeichne sich durch 'Reinheit' aus. Uebrigens finde das, was dort vor sich gehe, in Kreta in aller Oeffentlichkeit statt.[58] Wozu dann die Verheimlichung?

---

[55] Epiktet 3,21,13; Luk. Salt. 15 u.a.m., Riedweg a.O. 58.

[56] Hermogenes Stas. 4,37, p. 64 Rabe; Sopatros Rhet. Gr. VIII 110–124 Waltz.

[57] Am eindrucksvollsten in der Villa dei Misteri bei Pompei, Burkert 1990, 80 f. mit Abb. 5.

[58] Diodor 5,77,3.

Die eigentümlichsten Hinweise geben die bezeugten Mysterienprozesse. Diagoras hat, wie es heißt, 'die Mysterien' 'allen' erzählt und damit 'gemein gemacht'.[59] Das—durchaus aussagbare—Geheimnis war also gebrochen, die Information öffentlich zugänglich; doch die Folgen blieben aus. Niemand war bemüht, die Information festzuhalten, die Mysterien bestanden weiter, nur Diagoras verschwand von der Bildfläche. Merkwürdiger noch die Nachricht über Aischylos:[60] "Es schien, er lasse etwas von den mystischen Geräten auf der Bühne herumtragen"; seine Verteidigung war, er sei gar nicht geweiht. Eine zufällige Aehnlichkeit also, ein harmloser, von sich aus bedeutungsloser Gegenstand wird von Seiten der 'Wissenden' mit ungeahnter Bedeutung belastet. Nach der Aussage des Gnostikers ist das höchste, 'epoptische' Geheimnis, das der Hierophant zeigt, eine geschnittene Aehre.[61] Nur Vorverständnis und Kontext kann solchen Zeichen ihren Sinn geben; hätten wir eine Videoaufnahme, wir wären um nichts klüger. In der Tat, die Mysten erhielten im voraus ihre Erklärungen; Ahnungslose stellten 'absurde Fragen'.

Eigentümlich auch die Formel, die Clemens als 'Paßwort', *synthema*, der Eleusinischen Mysterien anführt: "Ich fastete, ich trank den *kykeon*, ich nahm aus der *kiste*, ich werkte und legte dann zurück in den *kalathos* (den offenen Korb) und aus dem *kalathos* in die *kiste*".[62] Dieser Text ist offensichtlich eben dadurch ausgezeichnet, dass er nichts preisgibt, nur die Reihenfolge gewisser Handlungen mit dem geschlossenen und dem offenen Korb nennt. Auch hier hat der Verdacht sich auf Sexuelles gerichtet. Nach einem Hinweis Theophrasts aber gehören zu den Gegenständen, die man verborgen und zum Geheimnis gemacht hat, die 'Werkzeuge der Getreideverarbeitung', also wohl Mörser und Stößel. Wieder das absolut unspektakuläre Gerät, das durch 'Verbergung' zum esoterischen Symbol erhoben ist. Nur das Geheimnis akzentuiert das Besondere; the medium is the message.

---

[59] M. Winiarczyk, ed., Diagorae Melii et Theodroi Cyrenaei Reliquiae, Leipzig 1981, T 7A; T 15–20; Burkert 1990, 76; die chronologische Festlegung bleibt umstritten; siehe J. Bremmer in diesem Band.

[60] Die Zeugnisse bei S. Radt, Tragicorum Graecorum Fragmenta III: Aeschylus, Göttingen 1985, Test. L 93, insbes. Herakleides Fr. 170 Wehrli (=93b), vgl. Arist. EN 1111a10 (=93a): "er habe nicht gewußt, daß es geheim sei".

[61] Hippol. Haer. 5,8,39.

[62] Clemens Protr. 2,21,2; Burkert 1972, 297–302. An einen Phallos dachte A. Dieterich, Eine Mithrasliturgie, Leipzig 1923³, 124–126, an ein weibliches Genital A. Körte Archiv für Religionswissenschaft 18 (1915) 16–26, danach O. Kern RE XVI 1239. Vgl. Anm. 37 zu den Bacchanalia.

Man könnte geneigt sein, von einer inhaltsleeren Geste der Konformität zu sprechen, die zunächst in der Polis Athen und dann, mit der Ausbreitung einer gesamtgriechischen Kultur, allgemein innerhalb dieser Kultur verlangt worden ist. Ueblich war, in Bezug aufs Göttliche 'Vorsicht' zur Schau zu tragen, was kein Bekenntnis bedeutet, Skepsis keinesfalls ausschließt. Umso mehr hält man die Spielregeln ein, um sich als zugehörig auszuweisen. So konnte es denn gelingen, die nicht vorhandene Banane effektvoll und dauerhaft zu verstecken, bis die Christen als Spielverderber kamen und ihre eigenen, andersartigen Regeln durchzusetzen unternahmen.

Jenseitserwartung als Privileg

Der semiologisch-soziologische Nihilismus trifft dennoch wohl zu kurz. Den Mysterien eignet Realitätsgehalt, weil sie sich mit dem Tod abgeben, jener Wirklichkeit, die ebenso unausweichbar wie unbegreifbar bleibt. Den Tod als Rätsel und Geheimnis zu bezeichnen, geht uns leicht von der Zunge, auch wenn dies in der Antike weniger geläufig war. In der Enthüllung ihres Geheimnisses scheinen die Mysterien Antworten auf Angst und Ungewißheit geboten zu haben, die als Glück erfahren wurden. Oft ist gesagt, daß 'zwei Gaben' der Göttin Eleusis auszeichnen, das Getreide und die 'besseren Hoffnungen' für ein Leben nach dem Tod; und wie sehr das Glück im Jenseits auch in bakchischen Mysterien im Zentrum stand, sagen gerade die neugefundenen Texte aufs eindrücklichlichste aus: "Jetzt bist du gestorben, und jetzt bist du geboren, dreimal Seliger, an diesem Tag".[63] Einleuchtend, ja ergreifend ist auch für uns die Symbolik der Erde, die der Aussaat wie dem Begräbnis dient, sodaß die zyklisch sich erneuernden Ressourcen des Lebens die Endgültigkeit des Todes aufzuheben scheinen: Das Weizenkorn erstirbt, um Frucht zu bringen. Auch die Wandlung von der Traube zum Wein ließ sich zum Gleichnis der Hoffnung gestalten.

Allerdings besteht an sich kein Grund, Verheißungen von einem seligen Leben im Jenseits geheim zu halten. Das Christentum hat seine eigentliche Propaganda darauf gegründet. Dabei war die Verkündigung von Eleusis offenbar so allgemein, dass wir kaum einen Satz oder ein Detail als 'Glaubenssatz' von Eleusis festmachen können,[64]

[63] Text von Pelinna, o.Anm. 35.
[64] Hierzu Graf 1974 (o.Anm. 51).

und auch die bakchische 'Seligkeit' bleibt ungestaltet. Es war seit je Dichtern überlassen, das Leben auf der 'Insel der Seligen' auszumalen, Pindar so gut wie Hesiod, und dies in aller Oeffentlichkeit. Aristophanes bringt in seiner Komödie, den 'Fröschen', sogar den seligen Chor der Mysten in der Untwerwelt, der eleusinischen Mysten, auf die Bühne. Hierin liegt kein Geheimnis. Doch mag es sein, daß im Zwielicht von Verhüllung und Enthüllung im Rahmen des Festes glaubhaft wurde, was sonst als unverbindliche Erdichtung gelten konnte.

Vor allem zu beachten ist der Begriff des *synthema* oder *symbolon*. Diese Wörter bezeichnen das 'Paßwort', das 'Zeichen', das privilegierten Zugang ermöglicht. So heißt die geheime Parole vor allem im militärischen Zusammenhang *synthema*; ursprünglicher noch ist *symbolon* als das reale Zeichen, ein zerbrochenes Holzblättchen oder aneinanderpassende Scherben, mit denen sich ein Gastfreund der Familie auch noch nach Generationen legitimieren kann. Neben das schon erwähnte *synthema* von Eleusis, das erkennen läßt, daß die notwendigen Handlungen alle in der rechten Folge vollzogen wurden, tritt das Frage- und Antwortspiel in den bakchischen Jenseitstexten: Wächter sind am "See der Erinnerung" postiert, sie fragen: "Wer bist du? wessen (Sohn) bist du?", die Antwort muß lauten: "Ich bin ein Sohn der Erde und des gestirnten Himmels." Eben ist ein neues Goldblättchen aus Thessalien bekannt geworden, aus dem 4.Jh.v.Chr.; es trägt direkt als Ueberschrift das Wort *SYMBOLA*, dann folgt, je zweimal, offenbar als Parole und bestätigende Wiederholung, ein Rätselwort, das 'Bakchisches' und zugleich Orphisches andeutet, *Andrikepaidothyrson*, und ein ungewöhnlicher Gottesname, *Brimo*. Daraufhin wird die Zulassung erteilt: "Geh ein zur heiligen Wiese. Frei von Schuld ist der Myste."[65]

Mysterienweihe also bedeutet die Gewinnung und Sicherung eines Privilegs, garantiert durch ein 'Wissen' um das Paßwort der Gruppe, der man zugehört: Hierfür steht der Name eines Gottes und/oder die Genealogie des eigenen Clans. So 'weiß' der eleusinische Myste, daß er 'Geschlechtsgenosse der Götter' ist, zur 'Verwandtschaft' gehört. Eine hellenistische Inschrift am Eingang des Heiligtums der Göttermutter in Phaistos rühmt das Wunder, das die Göttin bereithält für die 'Reinen', "die ihre Abstammung garantieren".[66] Dies hat nichts

[65] P. Ch. Chrysostomou, *He Thessalike Thea En(n)odia e Pheraia thea*, unpublizierte Diss. Thessaloniki 1992, 375 ff., freundliche Mitteilung von K. Tsantsanoglou.
[66] Burkert 1990, 65.

mit Demokratie und Gerechtigkeit zu tun, wohl aber mit den Realitäten einer archaischen Gesellschaft. Was der Myste erfahren hat, ist ein Privileg: Es muß, eben damit es Privileg bleibt, wohl aufbewahrt und profanem Gebrauch entzogen werden. Man denke nochmals an die Prozesse: Das Verbrechen des Alkibiades wird um nichts geringer, falls—womit zu rechnen ist—alle Teilnehmer an seinem Fest eleusinische Mysten waren, von einem 'Verrat' also im Kreis der 'Wissenden' gar nicht die Rede sein konnte. Die Kopie als solche ist das Verbrechen, die Fälschung, die die Einmaligkeit aufhebt. Niemand scheint vorgeschlagen zu haben, jene Akarnanen, die unwissend in den Mysteriensaal eingedrungen waren, nachträglich durch belehrende Weihe in den Normalstatus der 'Wissenden' zu versetzen:[67] Es ging nicht um den Inhalt eines 'Wissens', sondern um die Einzigartigkeit des Zugangs, die zu verteidigen war.

Das soziale Spiel von Zulassung und Abweisung, Ausschließung und Gewährung, das sich in besonderem Maße mit der 'Verheimlichung' durchführen läßt, ist im Jenseitsbezug verabsolutiert: Weil die Verifikation fehlt, die Einlösung unüberprüfbar bleibt, kann der Anspruch umso unbehinderter aufrecht erhalten werden. Der außenstehende Skeptiker könnte schließlich geneigt sein, von einem fiktiven Zugang zum Nichts zu sprechen; doch wo es keinen besseren Weg, keine richtigere Antwort gibt, bleibt das Zusammenspiel von Bedürfnis, Rollenspiel und ritueller Symbolik unübertroffen. Daß in den Mysterien eine 'unerkennbare, göttliche' *sympatheia* von Ritual und eingestimmten Seelen sich ereigne, sagt Proklos.[68]

Die weibliche Dimension

Einem besonderen Aspekt des Mysteriengeheimnisses ist noch nachzugehen, von dem psychologisch zwingende Wirkung ausgehen konnte. Der erfolgreichste Mysterienkult gilt weiblichen Gottheiten, insbesondere dem 'Mädchen', *Kore* schlechthin. Prononcierte Geheimhaltung eignet aber auch anderen Formen des Kultes der 'beiden Göttinnen', Demeter und Kore, auch wo diese nicht Mysterien im eigentlichen Sinn heißen, nicht allgemein auf Bewerbung hin zugängliche Initiationszeremonien sind, vielmehr auf dem Gegensatz der Geschlechter aufbauen: Es handelt sich um ausschließliche Frauenfeste, allen

[67] Dies schlägt der Rhetor bei Sopatros vor, o.Anm. 56.
[68] Proklos, In remp. II 108 Kroll, Burkert 1990,96.

voran die *Thesmophoria*, das verbreitetste griechische Fest, das Frauenfest schlechthin.[69] Da darf kein Mann zugegen sein. Aristophanes hat aus den 'Frauen beim Thesmophorienfest' eine seiner lustigsten Komödien gemacht, und doch sieht es so aus, als ob er in der Tat nichts von den eigentlichen Zeremonien gewußt habe. Dem Mann, der sich eindrängt, ergeht es übel—wobei wiederum die staatliche Polizei den Frauen zuhilfe kommt. Im Mythos wird ein Mann, der zufällig oder absichtlich unter die *Thesmophoria*-feiernden Frauen gerät, nicht nur gefangen genommen, sondern gar kastriert.[70]

Sehr merkwürdig ist die Geschichte bei Herodot (6,134), wie Militiades, der Sieger von Marathon, bei seinem mißglückten Unternehmen gegen Paros sich die tödliche Wunde zuzog: Eine 'Unterpriesterin der chthonischen Gottheiten' hatte Miltiades geraten, ins Thesmophorien-Heiligtum der Parier auf dem Hügel vor der Stadt einzudringen; er kletterte über die Umzäunung, weil die Türe nicht zu öffnen war, ging zum Megaron, "um etwas von dem zu bewegen, was nicht zu bewegen ist, oder sonst etwas zu tun"; dann aber sei er in plötzlichem Schreck zurückgerannt und habe sich dabei am Zaun verletzt. Man machte der Priesterin den Prozeß, "weil sie die Feinde zur Eroberung der Vaterstadt angeleitet habe und das, was dem männlichen Geschlecht gegenüber unsagbar ist, dem Miltiades gezeigt habe;" auf Weisung des Delphischen Orakels sei der Prozeß jedoch eingestellt worden. Es ist erstaunlich, wie hier die Macht über die chthonischen Götter zugleich die Macht über die Stadt bedeutet; also doch *arcanum imperii*? Dabei ist jedoch das göttliche Geheimnis aufs Geschlecht festgelegt, "das, was dem männlichen Geschlecht gegenüber unsagbar ist". Das *arcanum imperii* also ist das *arcanum* der Frauen. Herodots Text ist übrigens zugleich ein Musterbeispiel der 'Vorsicht' im Sprechen über göttliches Geheimnis: Unsere (männliche) Neugier bleibt ungestillt.

Neben Demeter tritt wiederum Dionysos: Wie gefährlich es für einen Mann ist, in geheime Riten einzubrechen, zeigt am dramatischsten der bekannteste Mythos, Pentheus unter den Mänaden. Durch das Meisterwerk des Euripides, *Bakchai*, ist dies Weltliteratur geworden. Auf der Bühne gestaltet war der Mythos auch vorher schon durch Aischylos' 'Bassariden', einige Vasenbilder scheinen noch älter

---

[69] Vgl. Burkert 1977, 365–370.

[70] Burkert 1977, 369. Battos: Ael. Fr. 44; Aristomenes: Paus. 4,17,1; Thesmophorien und Danaiden Hdt. 2,171; M. Detienne, Violentes "eugénies", in M. Detienne, J.P.

als Aischylos zu sein. In einem theokritischen Gedicht (26) ist das Geschehen als eine Szene dionysischer Mysterien nochmals behandelt. Dabei wird nun ausnahmslos eben nicht jenes Bild bakchischer Mysterien gezeichnet, das etwa Herodot bietet (4,79) und das auch Euripides am Rande durchscheinen läßt, das Bild allgemeiner, für Männer wie für Frauen zugänglicher Weihezeremonien. Die Mänaden oder Bassariden sind eine reine Frauengruppe, die Organisation pervertierter Weiblichkeit, losgerissen von Haus und Hausarbeit, Familie und Kindern, und in diesem Status, vom Gott erfüllt, allen Männern überlegen. Im parallelen Mythos von der Zerreißung des Orpheus wird der Geschlechtergegensatz noch deutlicher hervorgehoben: Orpheus, heißt es, ließ die Frauen zu seinen Mysterien nicht zu; darum der Ueberfall durch die sich empörenden Frauen.[71] Dabei malt sich der euripideische Pentheus aus, er könne besondere Formen weiblicher Sexualität ausspionieren, spezifisch Weiblich-'Unsagbares'.

Denn das Eigentümliche ist, daß das 'Unsagbar-Verbotene', *arrheton/aporrheton* gerade in Bezug auf weibliche Intimität gebraucht wird. Im 'Hippolytos' des Euripides vermutet die Amme, die kranke Phaidra leide an einem 'geheimen Uebel', das man 'Männern nicht mitteilen kann': nun, Frauen seien zur Stelle, diese Krankheit 'gemeinsam in Ordnung zu bringen' (293 f.). Offenbar ist an ein klinisches 'Frauenleiden' gedacht, und so wie für die Geburt sind auch hierfür die Frauen gemeinsam zuständig. Euripides' Ausdruck ist fast identisch mit dem, den Herodot in Bezug auf das parische Thesmophorion verwendet. Es gibt Bereiche, von denen Männer qua Männer nichts wissen dürfen, angeblich zumindest. Man hat darauf hingewiesen, daß, ungeachtet seines griechischen Namens, der Hymen qua Jungfernhäutchen überhaupt erst spätantik zu belegen ist.[72] Karl Kerényi hat das Thesmophorienfest als eine Art gemeinsames Menstruationsfest der Frauen gefaßt;[73] die Hypothese von einer kollektiven Menstruation in der Urzeit, entsprechend dem Rhythmus des Mondes, halte ich für phantastisch; aber etwas vom Wesen dieses Festes ist damit erfaßt.

Vernant, La cuisine du sacrifice en pays grec, Paris 1979, 183–214.

[71] Konon FGrHist 26 F 1,45, vgl. Strabon 7 fr. 18.; F. Graf, Orpheus. A poet among Men, in J. Bremmer ed., Interpretations of Greek Mythology, London 1987, 80–106.

[72] Soranus Gyn. 1,16 f. Ilberg; Untersuchung Marias durch die Amme im Protevangelium Iacobi 19 f.; G. Sissa, Greek Virginity, Cambridge, Mass. 1990; vgl. Duerr, Intimität (o.Anm. 5).

[73] K. Kerényi, Zeus und Hera, Zürich 1972, 126 f.

Wir finden somit beim Geheimnis, dem *arrheton*, im Bereich der Demeter und damit auch der Demetermysterien nicht nur das Merkmal der Geheimgesellschaft überhaupt mit Bewahrung des Privilegs, sondern zugleich eine Stilisierung im Sinn des weiblich-sexuellen Geheimnisses. Es ist also kein Zufall, daß die Göttin des bedeutendsten Mysterienkultes, der die Jenseitshoffnungen vermittelt, eben Demeter ist, nicht etwa Hermes der Seelengeleiter; und wenn wir daneben Dionysos als Mysteriengott finden, erscheint er in besonderer Weise mit einer 'Mutter' verbunden zu sein, sei es Semele, sei es Rhea-Demeter.[74] Daß alte und neue Vermutungen oder Verdächtigungen um das 'Geheimnis' der Mysterien mit erstaunlicher Beharrlichkeit immer wieder aufs Sexuelle zielen, daß die Verteidiger des 'Mysterienhaften' von der zu vermeidenden 'Nacktheit' sprechen, christliche Polemiker eben diese zu entblößen drohen, zeigt den Einfluß dieses Gravitationsfeldes.

Zum kulturellen Modell fügt sich so ein mythisch-psychologisches Moment, geleitet von der Biologie und eben darum anthropologisch durchaus relevant, geht es doch in der Polarität der Geschlechter auch in unserer Sicht um Grundlagen des Lebens, die noch immer nicht ganz manipulierbar sind, und um den eigentlichen Widerpart des Todes. Im Stil antiker Kultur wird hierüber nur indirekt gesprochen. Dem Dichter kann es gelingen, daran zu rühren. Im Dionysos-Lied in Sophokles' Antigone heißt es von Dionysos: "du waltest in dem allen gemeinsamen Busen der Eleusinischen Demeter".[75] Eleusis liegt an einem realen Meeresbusen, und alle sind zum gemeinsamen Fest eingeladen, aber man ahnt: da ist 'mehr dahinter'. Doch eben, hier 'steht der Ochse auf der Zunge'.

---

[74] Bemerkenswert auch der Hinweis auf eine 'unsagbare Mutter' des Dionysos Plut. Caes. 9 (= Bona Dea).—Ganz anders steht es mit Mithras, der Frauen ausschließt.

[75] Sexuelle Bedeutung der *kolpoi* z.B. Philodem A.P. 5,25; 5,107.

SECRECY IN HELLENISTIC RELIGIOUS COMMUNITIES

Luther H. Martin
The University of Vermont

Hamlet: What news?
Rosencrantz: None, my lord, but that the world's grown honest.
Hamlet: Then is doomsday near.
—*Hamlet* II.2.237–240

A Hellenistic period of history was first defined by J.G. Droysen in the mid-nineteenth century as extending from the Greco-Macedonian empire of Alexander the Great to the consolidation of Roman power under Augustus in 30 B.C.E.[1] Historical periodization is, however, a form of historical generalization shaped by the critera of the historian's own historical context.[2] The criteria which must be reckoned as influencing Droysen's innovative generalization about a Hellenistic period included not only the traditional, theologically informed periodizing of a pagan age that ended with Augustus and of a Christian age that began during his reign (Lk. 2:1–7), but also the political values of a nascent European historiography shaped by the rise of nationalism and the consequent founding of national archives.[3] But theologically and politically defined historical periods do not always correspond to culturally defined periods of history[4]—as Droysen himself recognized.[5] A Hellenistic period of religious history might rather be defined as extending indeed from the cultural conditions occasioned by Alexander's empire but as enduring until the end of the

[1] J.G. Droysen, *Geschichte des Hellenismus*, 3 vols (1836–43); 2nd ed., 1877; new ed., Erich Bayer, 1952–53; rpt. München: Deutscher Taschenbuchverlag, 1980), I, 3; II, 442.

[2] M.I. Finley, "Generalizations in Ancient History", in: Louis Gottschalk (ed.), *Generalization in the Writing of History* (Chicago: The University of Chicago Press, 1963), 19–35, esp. 23–24.

[3] Luther H. Martin, "The *Encyclopedia Hellenistica* and Christian Origins", *Biblical Theology Bulletin* 20 (1990), 123–127: 124.

[4] "[A]ssumptions about periodization . . . may impose an unexplained or unjustified organization of the subject matter to be presented and may bring in their wake other unexamined assumptions of generalization" (Gottschalk on Finley, 197).

[5] Bayer in Droysen, III, 474–475.

fourth century C.E. with the establishment of Christianity as the virtually uncontested dominant feature of Western culture.[6]

The protracted conquest of political space ensuing from the imperial aspirations of Alexander and continued by his successors had challenged, among other local institutions, traditional locative definitions of social existence to produce a complex and richly textured religious culture that included private clubs, the mysteries, and even some of the early Christianities.[7] This profusion of alternative religious communities perdured well beyond any imagined social cohesiveness under the *pax Romana*; indeed, this social diversification intensified throughout the centuries of Roman rule. The *politeia* of the traditional *polis*, as of the subsequent imperial ideals, gave ground, in other words, to the *mystēria* of club and cult.[8]

Clubs and Colleges

Social reality in the Hellenistic world was exemplified by the ubiquity of its clubs and *collegia*. These private associations, so-defined in contrast to the public institutions of political life, seem always to have been part of ancient Mediterranean culture.[9] As early as the sixth century B.C.E., the Athenian statesman, Solon, accepted their legality "provided they were not contrary to the laws of the state" (Gaius, *Dig.* 47.22.4)—although Plato later recommended legislation against

---

[6] Luther H. Martin, "Why Cecropian Minerva? Hellenistic Religious Syncretism as System", *Numen* 30 (1983), 131–145: 132–134.

[7] See now the similar characterization of the Greco-Roman age by Burton L. Mack, *The Lost Gospel. The Book of Q and Christian Origins* (San Francisco: Harper, 1993), 65–68.

[8] This is to suggest only that the polis *ideal* was challenged, but not, as is often proposed, an end to the continued political effectiveness of the city-state organization throughout the Hellenistic period; see Erich S. Gruen, "The Individual and the Hellenistic Community", paper delivered at a symposium on "The Individual and the Cosmos in the Hellenistic World", 9 February 1991, The College at New Paltz.

[9] The classic work on the Greek associations remains that of Franz Poland, *Geschichte des griechischen Vereinswesens* (Leipzig: B.G. Teubner, 1909); Poland builds upon the work of P. Foucart, *Des associations religieuses chez les Grecs* (1873; New York: Arno Press, 1975). See the summary of Poland's work by Marcus N. Tod, *Sidelights on Greek History* (Oxford: Blackwell, 1932), *cited*; and Tod's article on "Clubs, Greek" in *The Oxford Classical Dictionary*, 2nd ed., ed. H.G.L. Hammond and H.H. Scullard (Oxford: Oxford University Press, 1970), 254–255. On the Latin associations, see Jean Waltzing, *Étude historique sur les corporations professionelles chez les Romains*, 4 vols. (Louvain: Peeters, 1895–1900). The investigations of Foucart, Poland and Waltzing were made possible by Th. Mommsen's pioneering monograph, *De Collegiis et Sodaliciis* (Kiel: Schwersiana, 1843).

them (Pl. *Lg.* 909e–910c). The founding of the Latin *collegia* was attributed to Numa, the traditional seventh-century B.C.E. second king of Rome (Plu. *Numa* 17; Plin. *HN* 34.1; 35.159).[10] As a consequence of their involvement in political intrigue, the Roman colleges were suppressed by the senate in 64 B.C.E. and again by Caesar following a revival in 58 B.C.E. There seems to have been little government interest in such associations after 100 C.E., however, and in 136 C.E. the senate legalized the formation of associations devoted to funerary obligations, provided they met not more than once a month to receive contributions. Even under this legal constraint, Roman clubs flourished.[11]

Evidence for the Greek clubs and societies, as for their Roman collegial counterparts, is almost entirely epigraphical.[12] Although attested from antiquity, a proliferation of inscriptions from the fourth century B.C.E. through the third century C.E. document these private associations as primarily a Hellenistic institution.[13]

The earliest attested of the Hellenistic societies were the *orgeōnes*, from *orgiazō*, 'to pay ritual service to the gods' (Is. 2.14, 16; IG2^2 1252 [fourth century B.C.E.]),[14] generally, by sacrifice (*SIG* 57.4; A. *Th.* 179; S. *Tr.* 765, *Ant.* 1013). The worship of Demeter at Eleusis was so characterized, for example (*h. Cer.* 273, 476; Ar. *Ra.* 386; Th. 948), as was that of the Cabeiri and Demeter Achaia (Hdt. 5.51, 5.61), of Orpheus (Hdt. 2.81), of Cybele (E. *Ba.* 78), and, most frequently of all, Dionysus (Hdt. 2.81; E. *Ba.* 34; Theoc. 26.13). These native "religious associations" are conventionally compared, according to a typology of religious 'intensity' derived from the work of Franz Poland at the beginning of the century,[15] with the *thiasōtai*, associations of foreigners for the worship of one of their national

[10] On these citations, see Emilio Gabba, "The *Collegia* of Numa: Problems of Method and Political Ideas", *JRS* 74 (1984): 81–86.

[11] Samuel Dill, *Roman Society from Nero to Marcus Aurelius* (London: Macmillan, 1911) 254–256; Geroge H. Stevensen, "Clubs, Roman", in: *The Oxford Classical Dictionary*, 255–256.

[12] Tod, 72–73.

[13] Tod, 73.

[14] Poland, 8–16.

[15] In addition to the summary by Tod, see, for example, Joachim Wach, *Sociology of Religion* (1931; Chicago: University of Chicago Press, 1944), 113; W.W. Tarn, *Hellenistic Civilisation*, 3rd ed. rev. with G.T. Griffith (New York: New American Library, 1961), 93–94, and Robert Garland, *Introducing New Gods: The Politics of Athenian Religion* (Ithaca: Cornell University Press, 1992), 11.

deities[16]—although these religious innovations were not always welcome;[17] and these groups are contrasted, in turn, with the *eranistai* in which the religious dimension, it is suggested, is subordinate to social and economic concerns,[18] and, finally, to purely "secular" clubs exemplified by the *synodoi* and the *koina*.[19]

Such typologies are misleading, however, as they are based on the assumption that such a reality as "religion" existed in antiquity as a discrete cultural or institutional reality that may be measured over against the non-religious. Although the clubs generally claimed divine patronage,[20] Poland already recognized that the nature and purpose of the associations could not be ascertained from their divine patronyms.[21] To refer to a frequently cited example, an inscription from Pompeii encouraging a group with the name "Isiaci" to vote in upcoming elections for a certain Helvius Sabinus: it was no more unusual or noteworthy for an association that derived its name and identity from a patron deity to urge the election of a particular candidate to political office than for fellow members of some trade association to support the election of their own favorite son.[22] It has increasingly been recognized that what has been named "religion", or identified as "religious", in the Hellenistic world is embedded in social relations and political strategies.[23] There just was no clear distinction between the religious and secular functions of these Hellenistic communities. Some have argued, consequently, that the primary purpose of all the associations was social.[24] Poland concluded, however, that "in a certain sense, every association was a cult asso-

---

[16] Tod, 74–75; Poland, 16–28.

[17] Garland, 150.

[18] Tod, 75; Poland, 28–33.

[19] Tod, 75; Poland, 158–168.

[20] Poland, 57.

[21] Poland, 5–6.

[22] "The worshippers of Isis unanimously urge the election of Gnaeus Helvius Sabinus as aedile" (H. Dessau, *Inscriptiones latinae selectae* [1906] (Chicago: Ares, 1979) no. 6420b; cited and translated by Robert L. Wilken (*The Christians as the Romans Saw Them* [New Haven: Yale University Press, 1984], 13), see Walter Burkert, *Ancient Mystery Cults* [Cambridge, MA: Harvard University Press, 1987], 48). Compare no. 6411a: "The fruit dealers unanimously urge the election of Marcus Holconius Priscus as duovir with judicial power"; and no. 6419c: "The goldsmiths unanimously urge the election of Gaius Cuspius Pansa as aedile". The influence of elections seem to have been a primary activity of the these clubs from their Greek beginnings (Thuc. 8.54), and was continued by their Latin counterparts (Cic. *Pro Plancio, passim*).

[23] Bruce Malina, "'Religion' in the World of Paul", *Biblical Theology Bulletin* 16 (1986), 92–101.

[24] Wayne Meeks, *The First Urban Christians: The Social World of the Apostle Paul* (New Haven: Yale University Press, 1983), 31, 79.

ciation since religious practices, above all religious banquets, were generally of great significance".[25] It is in this broad, behavioral sense, therefore, that we might refer to the Hellenistic associations as religious communities.

Although Thucydides had judged "the tie of [political] party" (*ta hetairika*) to be stronger than "the tie of blood" (*to suggenes*) (Th. 3.82.6), the private clubs were, in fact, fictive kin affiliations that provided substitute kin relations for those newly cosmopolitanized citizens of the Hellenistic world who had lost contact with their natural kin.[26] Social demarcations in the Hellenistic world traditionally ascribed by birth, race, gender, class (or occupation) were continued by these subcultural affiliations,[27] with favorable conditions for admission often extended to sons and descendants,[28] and membership itself becoming, in some cases, an inheritance.[29]

The strategy of recruitment for the fictive, as for natural, kinship societies was adoption, a legal fiction that permits kin relations to be created artificially,[30] and which provided the model for the discourse of conversion and the practice of initiation in genealogically articulated systems.[31] The Greek juridical term for adoption, *huiothesia*, is

---

[25] Poland, 5–6.

[26] A.D. Nock, "The Historical Importance of Cult-Associations", *The Classical Review* 37 (1924), 105–109: 105; Robin Lane Fox, *Pagans and Christian* (New York: Alfred A. Knopf, 1987), 84; but see Meeks, 225 n. 73; Mack, 67. The secret societies of China similarly provided those without strong family ties an alternative affiliation by which to promote their interests (George Weckman, "Secret Societies", *The Encyclopedia of Religion*, M. Eliade, editor-in-chief [New York: Macmillan, 1987], Vol. 13, 151–154: 153). Theoretical portions of the following discussion are adapted from my article, "Genealogy and Sociology in the Apocalypse of Adam", in: *Gnosticism and the Early Christian World: in honor of James M. Robinson*, J. Goehring, *et al.* (eds.) (Sonoma, CA: Polebridge Press, 1990), 25–36.

[27] Meeks, 78.

[28] R.L. Fox, 88.

[29] Everett Ferguson, *Backgrounds of Early Christianity* (Grand Rapids, MI: William B. Eerdmans, 1987), 106; see Galatians for the Pauline view of inheritance.

[30] Henry Sumner Maine, *Ancient Law: Its Connection with the Early History of Society and its Relation to Modern Ideas* [1861] (New York: Dorset Press, 1986), 22. The criteria for assigning persons to the role of kin in any society are a social invention that varies from culture to culture in ways having little or nothing to do with biology (see Harrison C. White, *An Anatomy of Kinship* [Englewood Cliffs, NJ: Prentice-Hall, 1963], 6; Robin Fox, *Kinship and Marriage: An Anthropological Perspective* [Cambridge: Cambridge University Press, 1967], 34), as the frequency of adoption in Roman society suggests (Maine, 107; Paul Veyne, "Roman Empire", in *A History of Private Life*, gen. eds. Philippe Ariès and Geroges Duby, Vol. 1: *From Pagan Rome to Byzantium*, ed. Paul Veyne, trans. Arthur Goldhammer [Cambridge, MA: Harvard University Press, 1987], 17).

[31] George la Piana, "Foreign Groups in Rome during the First Centuries of the Empire", *Harvard Theological Review* 20 (1927), 183–403: 325.

used in this derivative sense most notably by Paul (see Gal. 4:5).[32] Such fictive kin systems reinforced, thereby, second society loyalties,[33] to the extent that many of these groups took over the traditional family funerary obligations for their members,[34] the performance of which constituted, in fact, legal evidence for establishing claims of legitimacy in disputed cases of adoption.[35]

Membership in these small associations—their membership rarely exceeded a hundred[36]—was voluntary, in the sense of selectivity, however, rather than choice, since admission was dependent upon the approving vote of existing members.[37] They were typically organized on the constitutional model of municipalities and towns in which citizenship was ascribed by place or birth, not a surprising development given the tendency of any subcultural development to replicate structures of the dominant society.[38]

As has often been remarked but little regarded, the organization of the mystery cults did not differ markedly from that of other Hellenistic associations. The voteries of Isis like those of Mithras, for example, were distributed throughout the Hellenistic world in relatively small, local groups, each having an official roll of members presided over by a council of decurions with a director, treasurer and lawyer, and with a "father", a "mother" or a patron at their head. And, like their sister associations, the mysteries "depended to a great extent, for the creation of chapels and the endowment of their services, on the generosity of their wealthier members and patrons."[39] At least one scholar has explicitly suggested that the Eleusinians had more in common with the Greek associations than with our modern constructs of what constitutes a "mystery",[40] and, another, that initiation into the Eleusinian, as in the other mysteries,

---

[32] Hans Dieter Betz, *Galatians* (Philadelphia: Fortress Press, 1979), 208–209, also 185–186.

[33] Wach, 110; Stanton K. Tefft (ed.), *Secrecy: A Cross-Cultural Perspective* (New York: Human Sciences Press, 1980), 329.

[34] Poland, 503–513; Robin Lane Fox, 84–89.

[35] Garland, 143.

[36] Tarn, 93.

[37] Tod, 85, see 87; Wach, 116.

[38] Bonnie H. Erickson, "Secret Societies and Social Structure", *Social Forces* 60 (1981), 188–210: 188, 195–196.

[39] Dill, 612, summarizing F. Cumont; see *Mysteries of Mithras* 168–171; see also Dill, 581, summarizing Foucart, 25–30.

[40] Albrecht Oepke, "*kruptō*", in *Theological Dictionary of the New Testament*, Gerhard Kittel (ed.), trans. G.W. Bromily (Grand Rapids, MI: Eerdmans, 1967), 3: 963.

was equivalent to adoption by the presiding deity.[41]

Although the third-century Church Father, Cyprian, contemptuously dismissed the Roman *collegia* as interested only in their banquets and burials (*Ep.* 67.6), early Christian groups were perceived as such associations by many, and, apparently, some were actually organized as such.[42] Celsus, for example, characterized Christian groups as "obscene and secret associations" (*Cels.* 8.17) that operated "contrary to the laws" (*Cels.* 1.1), while Minucius Felix, complained about their "secret and nocturnal rites" (Min. Fel. *Oct.* 8–9). But, in his defense of the Christians, Minucius's contemporary, Tertullian, describes their organization precisely in the technical terms associated with the Roman *collegia*: *factio Christiana*, *corpus*, *secta Dei*, *coito Christianorum*, *curia*. They had a common chest (*arca*) to which they contributed gifts (*honoraria*) and offerings (*stips*), they shared their property and goods—although Tertullian was at pains to assure his readers that the Christians did *not* share their wives. And like the Roman *collegia* castigated by Cyprian, Tertullian emphasized that the Christians had regular meetings that included festive meals, and they buried their dead (Tert. *Apol.* 39).

The acceptance of funerary responsibilities by many of the Hellenistic religious communities exemplifies a persistent pattern of relationship among their members,[43] insuring not only their solidarity but the transgenerational continuity of traditional group identity and loyalty as well. Such well-defined groups retained, thereby, a particularized and exclusivistic definition based upon claims of common descent, whether natural or fictive, and tended to react, as such, to the growing complexities and challenges of Hellenistic cosmopolitan culture with suspicion and hostility.[44]

---

[41] W.K.C. Guthrie cites the first-century B.C. pseudo-Platonic dialogue, *Axiochos*, which states that an initiate into the Eleusinian Mysteries becomes a kinsman (*gennētēs*) of the gods, in, *The Greeks and their Gods* (Boston: Beacon, 1955), 292–293.

[42] Wilken, 47.

[43] Nock, 105.

[44] Tod, 81; Brian Stock, *The Implications of Literacy: Written Language and Models of Interpretation in the Eleventh and Twelfth Centuries* (Princeton: Princeton University Press, 1983) 15–16. I do not mean to equate this typical construction of "otherness" which is a necessary concomitant of any social formation with the *ängstlicher* individualism attributed Hellenistic culture by academic tradition (for example, Burkert, 114), and expressed in such metaphors of individual pathology as "failure of nerve" (Gilbert Murray, *Five States of Greek Religion*, 3rd ed. [Garden City, NJ: Doubleday, 1955], 119–120), "age of anxiety", (E.R. Dodds, *Pagan and Christian in an Age of Anxiety* [New York: Norton, 1970], or "cosmic paranoia" (Jonathan Z. Smith, *Map is Not Territory* [Leiden: E.J. Brill, 1978], 161). Such psychologistic characterizations of a

Societies and Secrecy

There are basically two types of relationships between subgroups and the dominant social order, or the ambition for such an order: those that oppose and those that support the existing order,[45] or, are perceived to do one or the other. Examples of religious communities perceived to oppose the ambiguities of order in the Hellenistic world include the Roman followers of Dionysus and their suppression by the senate in 186 B.C.E., and the early Christian movements—opposed by Rome, on the legal precedent, perhaps, of the earlier senatorial decree surpressing the Bacchanalia.[46] Among examples of groups that supported the existing order must be counted those of the devotees of Demeter, Mithras, and, post-Constantinian Christianity. But whether oppositional or conformative, all Hellenistic religious communities represented, in fact as in organization, "a second world alongside the manifest world", the construction of which, in the oft-cited conclusion of G. Simmel, is facilitated by the secret.[47]

From their classical origins, the exclusivistic associations were described as existing "for selfish aggrandisement contrary to the established laws" (Th. 3.82.6) and as operating, therefore, "secretly" (Th. 8.65). The word used by Thucydides, *krupha*, has the meaning of 'hidden' or 'concealed' and is opposed to *phanerōs*, 'openly', or, in the political context, 'public' (Th. 1.69, 3.27), as, for example, in the contrast between secret ballot and open vote (D. 43.82).

Kruphios and its cognate *kruptos*, however, were notions that played little role in Greek religion for which the typical term was *mystērion*,[48] as the Hellenistic private communities—some of which were self-consciously organized as *mystai*,[49] others of which included also "mystery celebrations"[50]—illustrate, as do the better known "mystery cults"

far-reaching and enduring cultural era makes about as much sense as observing, in the insightful formulation of Ramsay MacMullen, that "in Italy, Switzerland, the Low Countries, Britain, France, and Spain between about 1400 and 1600, people were tense and worried" (Ramsay MacMullen, *Paganism in the Roman Empire* [New Haven: Yale University Press, 1981], 123).

45 Tefft, 14–15.

46 Wilken, 17.

47 Georg Simmel, *The Sociology of Georg Simmel*, trans. and ed., Kurt H. Wolff (Glencoe, IL: The Free Press), 307–376: 330.

48 —nor did the Greeks ever name a festival *arrēta*; on the later development of "secrecy" as the sense of *mystēria*, see Kevin Clinton, *Myth and Cult: The Iconography of the Eleusinian Mysteries*, Acta Instituti Atheniensis Regni Sueciae (Stockholm: Svenska Institutet i Athen, 1992), 86, n. 122.

49 Poland, 36–41.

50 Poland, 270 note.

such as those celebrated at Eleusis.[51] Nevertheless, at least two well-known public figures were charged with inappropriately publicizing the Eleusinian mysteries: Aeschylus, in one of his plays (Arist. *EN* 3. 1),[52] and Alcibiades, during an evening of intoxicated revelry with his comrades. Aeschylus, according to one source, claiming that he did not know that these mysteries were to be concealed, was acquitted (Heraclid. Pont., fr. 170);[53] Alcibiades, who mocked the mysteries by performing them apart from the sacred *temenos* (Thuc. 6.28, 61, Plu. *Alc.* 19), was convicted. The prosecution of Aeschylus and Alcibiades was not, however, for revealing mystery *krupta*, but for impiety (*asebeia*), that is, for profaning the mysteries.[54] The crime of revealing the mysteries, in other words, seems not to do with disclosures of concealed information, of mystery contents, which, in most cases, were either trivial or public all along,[55] and which, as Burkert has noted, "did no harm to the institutions" in any case,[56] but with the intent or attitude of collective context that renders any gesture or practice to be ritual rather than rote[57] —a judgement that seems to be confirmed by the verbal prescriptions for the conduct of the mysteries (*orgia*) of Demeter according to her "Homeric Hymn" (*h. Cer.* 273–274).[58] In the famous words of Erwin Rohde's demythologization of Creuzer's *Mythologie der alter Völker*: "It was difficult to let out the 'secret', since there was essentially no secret to let out",

---

[51] Oepke, 963.

[52] Whether Aeschylus was charged under laws of the Demos or under those of the Eleusinian priesthood (Plu. *Alc.* 22.3; see Garland, 139) is irrelevant to this comparison with Alcibiades.

[53] F. Wehrli, *Herakleides Pontikos*, (Basel: Schwabe, 1953).

[54] On *asebeia* as a juridical category, see Jean Rudhardt, "Le délit d'impiété d'après la législation attique", *Museum Helveticum* 17 (1960), 87–105.

[55] Contra Simmel, 364, see Weckman, 151, and Beryl Larry Bellman, *The Language of Secrecy: Symbols and Metaphors in Poro Ritual* (New Brunswick, NJ: Rutgers University Press, 1984), 142. It is usually acknowledged that the well-known "Homeric Hymn to Demeter", for example, was the "official" myth for the Eleusinian mysteries (George E. Mylonas, *Eleusis and the Eleusinian Mysteries* [Princeton: Princeton University Press, 1961], 3, and N.J. Richardson, ed., *The Homeric Hymn to Demeter* [Oxford: Oxford University Press, 1974], 13; but see now Clinton, who presents the most interesting argument that the core episodes of this Hymn reflect rather *aitia* of the earlier Attic Thesmophoria [13–14, 28–37]); on public knowledge concerning Mithraic iconography, see Luther H. Martin, "The Mithraic Tauroctony as Cult Scene", in: J.R. Hinnells (ed.), *Studies in Mithraism* (Rome: "L'Erma" di Bretschneider, 1994), 217–224: 218.

[56] Burkert, *Mysteries*, 9.

[57] See the suggestive but neglected paper by S. Freud, "Obsessive Acts and Religious Practices", in: *Sigmund Freud: Collected Papers*, authorized trans. supervised by Joan Riviere [1907] (New York: Basic Books, 1959), 25–35.

[58] E.R. Dodds (ed.), *The Bacchae* (New York: Oxford University Press, 1960), 136.

for the mysteries were essentially a dramatic performance.[59]

Ritual performances, especially funerary and initiatory rites, establish and maintain the various orders and domains of social reality by working "simultaneously to define membership and to exclude outsiders".[60] The substance of such ritual definition of social exclusivity, anthropologists have emphasized, is the claim to secrecy.[61] The "doing" of secrecy, in other words, is not primarily a concealing of some knowledge, but rather embodies the ritual procedures necessary for the formation and maintenance of social boundaries.[62] And while such ritual performances clearly establish boundaries between insiders and outsiders by investing cultic actions and their implements with certain meanings that are of significance only to the insiders, it is equally clear that outsiders are generally uninterested in what they consider to be the bizarre practices of marginal others once they become convinced that these others do not in fact possess some knowledge that is either superior or seditious. For the insiders, however, it is precisely the traditional procedures and practices that must be preserved and transmitted if their society is to perdure. One definition that has been offered of initiation is that it is: "the dramatic enactment of the natural history of a secret from its inception until the time when the need for concealment is past".[63] Ritual initiation into the well-defined private or "mystery" groups implies, in other words, pedagogical rather than hidden relationships, as use of *myeō* in the sense of 'instruction' suggests (see Phil. 4:12).

Coincidental with the development and distribution of the Hellenistic religious communities, and especially the "mystery cults", there developed a pedagogical "culture of silence" (*siōpē*), wherein the young, according to Plutarch, learned philosophy in contrast to classical dialectical techniques (Plu. *Rec. Rat. Aud.* 4).[64] Reputedly, Epictetus once demonstrated this "style of teaching" by "falling into silence"

---

[59] Erwin Rohde, *Psyche: Seelenkult und Unsterblichkeitsglaube der Griechen* (Tübingen: J.C.B Mohr [Paul Siebeck], 1890–94), 8th ed., trans. W.B. Hillis, *Psyche: The Cult of Souls and Belief in Immortality among the Greeks* [1923] (London: Routledge and Kegan Paul, 1950), 222.

[60] James Fernandez, "Forward" to Bellman, viii; Bellman, 79.

[61] Bellman, 79.

[62] Bellman, 140.

[63] Bellman, 142.

[64] Michel Foucault, "Technologies of the Self", in: Luther H. Martin *et al.* (eds.), *Technologies of the Self: A Seminar with Michel Foucault* (Amherst, MA: The University of Massachusetts Press, 1988), 16–49: 32.

(*apesiōpēsen*) (Epic. 2.14.1). This pedagogical culture of silence is attested in the context of Hellenistic religious communities by the "banquets of silence" held by the Therapeutae of the Alexandrian desert during which they received instruction (Philo, *Cont. Vita* 76).[65] The word for "silence" used by Philo in his account,[66] *hēsuchia*, from *hēsuchazō*, 'to maintain silence', is another sense of "secrecy" (Plu. *Alc.* 24; Th. 8.69; Plot. 2.9.18) that is associated especially with the Pythagoreans (Luc. *Vit. Auct.* 3). Initiates into the Pythagorean societies were widely known for their undertaking of a five-year period of pedagogical silence (Iamb. *VP* 68, 72, 94; D.L. 8.10, 22) which earned them the appellation "followers of the 'things heard'" (*akousmatikoi*)" (Iamb. *VP* 81).[67] These themes of silence, pedagogy and the mysteries all coalesce in the *Vita Apollonii Tyanensis* in which Philostratus writes that whenever Apollonius, who, like the Pythagoreans, had taken a five-year vow of silence,

> came on a city engaged in civil conflict . . ., he would put an end to all the disorder (by indicating something of his intended rebuke by manual gesture or by look on his face), and people hushed their voices, as if they were engaged in the mysteries (*VA* 1.15).

---

[65] The thrice-daily communal meals of the Essenes, who were organized, according to the report by Josephus, as a secret society (J. *BJ* 2.141), were also taken in silence (J. *BJ* 2.130); compare the similar account of communal meals in the Qumran community (1QS 6.1–6). There is no suggestion, however, of any instruction given during these meals; in fact, only fully initiated members of the community might participate in these communal meals according to both Josephus and the rules of discipline of the Qumran community (J. *BJ* 2.129; 1QS 6.20–21). On the relationship of the communal meals of the Essenes and those at Qumran, see Karl Georg Kuhn, "The Lord's Supper and the Communal Meal at Qumran" [rev. and expanded from "Über den ursprünglichen Sinn des Abendmahles und sein Verhältnis zu den Gemeinschaftsmahlen der Sektenscrift", *Evangelische Theologie* 10 (1950/51): 508–527], in: Krister Stendahl (ed.), *The Scrolls and the New Testament* (New York: Harper, 1957), 65–93.

[66] —as in Josephus' account of the Essenes—

[67] For the classical references to the Pythagorean five-year period of silence, see A. Delatte, *La Vie de Pythagore de Diogène Laërce* [1922] (New York: Arno Press, 1979), 111, n. 8. On the pedagogical implications of this period of silence, see C.J. de Vogel, *Pythagoras and early Pythagoreanism* (Assen: Van Gorcum and Company, 1966), 188. On Pythagorean silence generally, see Vogel, 64, 189; Walter Burkert, *Lore and Science in Ancient Pythagoreanism*, trans. Edwin L. Minar, Jr. (Cambridge, MA: Harvard University Press, 1972), 178–179, and his *Greek Religion*, trans. J. Raffan (Cambridge, MA: Harvard University Press, 1985), 302–304. The Pythagorean societies also set aside a period of instruction following their evening common meal (Iamb. *VP* 99–100). On the Pythagorean *akousmatikoi*, see Burkert, *Lore and Science in Ancient Pythagoreanism*, 192–208.

The Hellenistic culture of silence was taken up by early Christians into their own pedagogical practices as well. "[B]e quiet (*hēsuchios*)", catechumens are instructed in the *Didache*, "ever fearing the words you have heard" (*Did.* 3.8//Barn. 19.4). And, in the admonition of Ignatius, "It is better to be silent (*siōpan*) . . . than to talk . . ." (Ign. *Eph.* 15.1), for it is in the *hēsuchia theou* that *mystēria* are wrought (Ign. *Eph.* 19.1; see also Hipp. *Ref.* 1. *proem.*).

And, as might be expected, pedagogical silence was central to the gnostic and Hermetic traditions. The opening line of the *Apocryphon of John*, for example, refers to "[t]he teaching [of the] savior and [the revelations] of the mysteries [which] are hidden in silence [and which] he taught to John, his disciple" (NHC II 1, 1–4), whereas the Hermetic catechumen speaks of his silence becoming "pregnant with good and the birthing of the word" as "a progeny of goods" (CH 1.30; see also 10.5 and 13.8).[68]

The Hellenistic religious communities, in other words, were not distinguished by their concealment of mystery secrets but by their silence, not by *krupta* but by *arrhētos*, the "unspeakable" mystery of the mysteries.[69] Together with its synonym, *aporrhētos*,[70] *arrhētos* stipulates "secrecy" as a rhetorical strategy of silence for structuring social relations, especially in religious and pedagogical contexts.[71] As such it belongs, along with *parrhēsia*, the right of free speech claimed by all Athenians (E. *Hipp.* 422–423, *Ion* 669–675; Pl. *R.* 557b) and, in the conclusion of Peter Brown, that "most enviable prerogative to which an inhabitant of the later [Roman] empire could aspire",[72] to the discursive strategy of social formation in the Hellenistic world generally, and to its religious communities specifically.[73]

---

[68] The relationship of secrecy and pedagogy is also a characteristic of the rabbinic tradition. In the words of Gerd A. Wewers: "alle esoterischen Maßnahmen enthalten das Bestreben, das rabbinische Lehrer-Schüler-Verhältnis zu stabilisieren" (*Geheimnis und Geheimhaltung im rabbinischen Judentum* [Berlin: Walter de Gruyter, 1975], 259).

[69] For references, see Burkert, *Ancient Mystery Cults*, 9 nn. 44, 46, with which Paul's "*arrēta hrēmata* which it is not lawful for a man to speak" (2 Cor. 12:4) must also be counted. (On the translation of *ouk exon anthrōpō lalēsai*, see Alfred Plummer, *A Critical and Exegetical Commentary on the Second Epistle of St Paul to the Corinthians* [Edinburgh: T & T Clark, 1956], 345).

[70] Burkert, *Ancient Mystery Cults*, 9. As with *arrhētos*, the Kpelle word for "secrecy", *ifa mo*, translates literally: 'you cannot tell it' (Bellman 43).

[71] Bellman, 50.

[72] Peter Brown, *The World of Late Antiquity* (1971; New York: Norton, 1989), 101.

[73] Suggested by Burkert with respect to the mystery cults: *Ancient Mystery Cults*, 79.

Discourse and Disclosure

As discursive formations, secrets are structured in such a way that they can be disclosed.[74] To the rhetoric of secrecy, in other words, belong communal claims of truth to be spoken obscurely, or to be spoken not at all.[75] In contrast to mystical or experiential views of religion which maintain that the "essence of a mystery . . . cannot be communicated, but only realized",[76] the rhetoric of secrecy has to do precisely with a collective structuring of discourse. As such, it offers, according to Simmel, a "seductive temptation to break . . . [existing social] barriers".[77]

If the mystery cults are characterized by a discourse of silence, the Christians and gnostics, regardless of their sociological status,[78] increasingly represented a culture of writing.[79] To our knowledge, the Hellenistic mystery cults, like the private clubs known from reference and inscription, neither produced nor possessed any mystery writings— for the "living" in any case[80]— assuming that the hieroglyphic texts of the Isis cult referred to by Apuleius were cult objects and not doctrinal tomes (Apul. *Met.* 11.22).[81] The portrayal of scrolls being read by a naked boy on the left wall of the Dionysiac Fresco in the

---

[74] Bellman, 75.

[75] Umberto Eco *et al.*, *Interpretation and Overinterpretation*, ed. Stefan Collini (Cambridge: Cambridge University Press, 1992), 30.

[76] Kees W. Bolle (ed.), *Secrecy in Religions* (Leiden: E.J. Brill, 1987) 6; Poland emphasizes that it was rare for any club to have any mystical character (Poland, 7).

[77] Simmel, 466.

[78] "[F]or the fundamental, institution-building activity to take place", Brian Stock argues,

> previous experience, both social and intellectual, in a community developing literate sensibilities, must be rendered as a "text", which, at that point, stands at the nexus of thought and action, whether it exists in written form, or, having been internalized, is merely presented verbally (101).

[79] Similarly, "[d]ie Phänomene der rabbinischen Geheimhaltung stellen sich nicht begrifflich, wohl aber primär sprachlich dar, insofern der Gegenstand dieser Untersuchung sich nur in schriftlichen Textzeugen präsentiert" (Wewers, 190).

[80] The Greek Magical Papyri were most likely part of funerary deposits (Hans Dieter Betz, "Introduction to the Greek Magical Papyri" in: Hans Dieter Betz, ed., *The Greek Magical Papyri in Translation.* Vol. I: *Texts* [Chicago: The University of Chicago Press, 1986], xli–liii: xlii–xliii), as were the Bacchic gold leaves (G. Zuntz, *Persephone* [Oxford: Oxford University Press, 1971], 277–343; Walter Burkert, *Greek Religion*, 293–295).

[81] See the discussion by J. Gwyn Griffiths, *Apuleius of Madauros. The Isis-Book (Metamorphoses, Book XI)* (Leiden: E.J. Brill, 1975), 285. On the conventional nature of such books in Hellenistic cult, see Jonathan Z. Smith, "The Temple and the Magician", in J.Z. Smith (ed.), *Map is Not Territory* (Leiden: E.J. Brill, 1978), 176–177.

Villa dei Misteri at Pompeii and being carried by Magi on the walls of the Mithraeum at Dura Europas may be understood analogously as belonging to an archaizing *topos* of cultic iconography,[82] and not as portraying an emblem of cult content as often interpreted.[83] Similarly, the recently published fragment of a Mithraic codex from Egypt has been tentatively identified as a "*pre*-initiatory catechism" (emphasis mine).[84] By contrast, those in the gnostic milieu who reveled in their claims to secret discourse and doctrine are known primarily from their writings, a literary tradition of inscription and collection commended, for example, in the *Greek Magical Papyri* (*PMG.* 401–444).

Whereas the meaning of ritual procedures arise from performance, the emergence of what Brian Stock has termed "textual communities" increasingly transforms enacted meaning into doctrinal norms,[85] to be codified in the interpretative authority of written texts.[86] When textual traditions begin to emerge—from the second century C.E. in the West, according to Stock[87]—even oral cultures effectively begin to function within a universe of discourse governed by them.[88] The normative discourse generated by the availability of literary precedent not only produces new social relationships but restructures existing ones.[89] Consequently, the "rhetorical use of mystery metaphor", to which Burkert calls our attention as reflecting some sort of underlying phenomenon,[90] must itself be considered to become the phenomenon. The ancient Eleusinian injunction against speaking the

---

[82] William M. Brashear, *A Mithraic Catechism from Egypt <P. Berol. 21196>*, Tyche Supplementband (Wien: Verlag Adolf Holzhausens Nfg., 1992), 51 and literature cited in note 53. It might prove constructive to consider the "sealed scroll" referred to in Rev. 5 in this regard.

[83] E.g., G. Zuntz, *On the Dionysiac Fresco in the Villa dei Misteri at Pompeii* (London: Oxford University Press, From the Proceedings of the British Academy, 49, 1963), 177–201: 181. This is not to question the existence of temple libraries, especially in the context of Egyptian cult, which contained, however, books of prayer (e.g., Apul. *Met.* 11.17) or testamony (*aretai*, e.g., Aristid. *Or.* 8.54) but not "mystery texts" proper (see Ramsay MacMullen, *Paganism in the Roman Empire* [New Haven: Yale University Press, 1981], 11 and n. 50).

[84] Brashear, 45–46.

[85] Stock, 9.

[86] On the relationship between text and interpretation, see Stock, 11.

[87] Stock, 19–30. This dating is supported by Michael Greenwald's thesis of a general literary "consolidation of knowledge" in the Mediterranean world during this century (*The New Testament Canon and the Mishnah: Consolidation of Knowledge in the Second Century C.E.*, diss. Boston University, 1989).

[88] Stock, 3.

[89] Stock, 4.

[90] Burkert, 80, see 78–80.

mysteries (*h. Cer.* 478–479), for example, may be understood in this rhetorical sense as the likely basis for later literary attributions of this mystery "formula" to Bacchic and Isiac contexts as these cults became transformed into mysteries on the Eleusinian model (E. *Ba.* 472; Apul. *Met.* 11. 23);[91] and the *Corpus Hermeticum*, which is careful to distinguish between revelation *ek phōnēs hē krubēn*, a distinction between secret and public knowledge (*CH* 13.1), may itself be reconsidered as something like the "literary mystery" (*Lese-Mysterium*) Reitzenstein judged it to be.[92] As Umberto Eco has more recently observed, "Hermetic thought transforms the whole world theatre into a linguistic phenomenon".[93]

In the suggestion of Simmel, the act of writing itself is, at least in principle, an act of publication,[94] an irony of disclosure already pondered in the Platonic tradition (Pl. 2 *Ep.* 314C),[95] as later by the

[91] Burkert refers to "the seminal role of Eleusis in the institution and designation of the mysteries" (*Ancient Mystery Cults*, 9)—the Eleusinian mysteries themselves being a later formation on earlier Athenian cult practice, if Clinton's compelling argument be accepted (Clinton, 29–35). See Lucian's account of the creation of mysteries by Alexander of Abonoteichus modeled upon those of Eleusis (Lucianus, *Alex.* 38). For the suggestion that the worship of Asclepius at Epidauros was modelled on Eleusinian cult practice, see Garland, 124. Compare also the dependence of the Hellenistic Isis and Osiris myth as recounted by Plutarch on aspects of the Demeter myth as preserved in her "Homeric Hymn", for example, the account of the wandering and disguised Isis who, having secured a position as nursemaid for the Queen of Byblos, attempted to burn away her child's mortality (Plu. *Is. et Os.* 15–16) and the parallel story of Demeter as recounted in her "Homeric Hymn" (*h. Cer.* 224–247, see now Clinton, 31–32); further the linking of civilization to cultivation by Osiris as reported by Plutarch (*Is. et Os.* 13) and its relations to the agrarian mission to the nations by the Eleusinian hero, Triptolemos, has, apart from vague references to the common motifs of "culture bringers", not been fully explored.

[92] Richard Reitzenstein, *Die hellenistischen Mysterien-religionen*, 3rd ed. [1926] (Darmstadt: Wissenschaftliche Buchgesellschaft, 1956), 51–53, 64; Eng. trans. J.E. Steely, *Hellenistic Mystery-Religions: Their Basic Ideas and Significance* (Pittsburg: The Pickwick Press, 1978), 51–52; 62.

[93] Eco, 32. Søren Giversen, on the other hand, has argued for the possibility of Hermetic communities, in: *Rethinking Religion: Studies in the Hellenistic Process*, Jørgen Podemann Sørensen, ed. (Copenhagen: Museum Tusculanum Press, 1988), 49–54.

[94] Simmel, 352.

[95] "[I]t is not possible that what is written down should not get divulged", (pseudo-) Plato writes. "The greatest safeguard is to avoid writing and to learn by heart". This counsel, of course, is delivered by letter, concerning which its author advises: "read . . . [it] repeatedly, then burn it up" (Pl. 2 *Ep.* 314C). This advice is an issue of pedagogy, however, rather than a strategy for protecting secrets or mysteries; fundamental philosophical truths, because of their complexity and profundity, should not be divulged "to uneducated people" (*eis anthrōpous apaideutous*) (Pl. 2 *Ep.* 314A). On the authenticity of this letter, see R.G. Bury, trans., *Plato*, vol. 9 (Harvard: Loeb Classical Library, 1989) (edition cited), 391–392: 399.

Hermetic Asclepius (CH 16.2.)[96] Like secrecy, such literary productions create their own alternative world,[97] and such textual societies, from Marcionites to Manichaeans, reviled and rejected the external world which represented, from their perspective, a universe of diminished literacy beyond their own revelatory texts.[98] They did not, however, fear this world like the local associations and oral cultures they replaced.[99] Rather than cowering within the protective embrace of secret enclaves, the goal of such textual societies was nothing less than the militant mastery and domination of the entire universe,[100] one of the reasons, perhaps, that Manichaeism was viewed with such suspicion by the established empires of Rome and China but was embraced, initially at least, by the ascendant empire of Sassanian Persia. "For", according to the Cologne Mani Codex, should "[the whole world] and all people obey ['the hidden and secret things revealed to Mani but . . . manifested through (his) hands . . . to (all) eyes' (36.1–13)]", he "would be able . . . to enrich them and establish Wisdom as sufficient for the entire world" (68.5–69.8). "Gnosticism", in Eco's conclusion, "is not a religion for slaves but one for masters".[101] And Christians, who had initially demonized a world of adversarial others (Just. 2 *Apol.* 6), came to employ *parrhēsia* (Col.

---

[96] In order to preserve "the mysteries" from the Greeks, Asclepius counsels that his "summary" of the Hermetic discourses not be translated from the Egyptian (CH 16.1–2), even though this advice, like all of the Hermetic literature, was both composed and transmitted in Greek.

[97] Garland, 154. In the argument of Stock:

> Understanding heresy and reform . . . as both historical and social phenomena, must go beyond doctrinal questions and come to grips with the transformative power of . . . "writings", together with the role of hermeneutics and interpretation (101).

[98] Stock, 90.

[99] The sense of superiority to the world resulting in its rejection *en principe*, addresses "[o]ne of the most puzzling paradoxes of Manichaean thought", which, according to Sarah and Gedaliahu Stroumsa, "is the contradiction between the perception of the material world as the work, or at least the realm, of the evil power, and a radical inability to overcome, in imagery and mythology, the world of senses" ("Aspects of Anti-Manichaean Polemics in Late Antiquity and under Early Islam", *Harvard Theological Review* 81 (1988), 37–58: 43.

[100] Kurt Rudolph, *Gnosis: The Nature and History of Gnosticism*, trans. ed. R. McL. Wilson (San Francisco: Harper and Row, 1983), 265–266.

[101] Eco, 36.

2:15; *Mart. Poly.* 10:1; Eus. *Eccl. 5.2.4*),[102] along with exorcism,[103] to establish their own catholicity.

With the forthright publication of their secret discourses by the Hermetic, Gnostic and Christian communities, doomsday loomed near, indeed, for those clubs and cults of the Hellenistic world whose social definition and maintenance yet rested upon localized strategies of secrecy and exclusion. And when one of these cultic claims to an identifying revelation came to define the dominant and inclusive cultural reality, exclusivistic claims to sacrality became reimagined as the esoteric contents of traditions past.[104] Occluded by a regnant Christianity, it is precisely the Hermetic and Gnostic heritage that produced for Western culture its "syndrome of the secret".[105]

The Syndrome of the Secret: A Theoretical Postscript

There is a consensus among social scientists, as among humanists, that human beings are social creatures, and innately so. As such, all human culture is characterized by social formation, and the process of social formation is a process of defining social boundaries, of establishing parameters of inclusion and exclusion. If claims to secrecy, the English sense of which is derived from *secernere*, 'to separate', or, 'divide off',[106] are best understood as one such "calculus of social differentiation,"[107] how then did secrecy come to be judged by historians of religion to be a central feature specifically of religious groups?[108]

---

[102] On the Christian attitude of separation from the world, see Brown, 116; on Christian *parrhēsia*, see especially Mk. 8:32 in contrast to 8:30; John 7:4; 15:25; 18:20; Eph. 6:19; on Col. 2:15, see H. Schlier, *TWNT* 8, 882; on the role of *parrhēsia* in the establishment of the Christian empire, see Peter Brown, *Power and Persuasion in Late Antiquity* (Madison: The University of Wisconsin Press, 1992), 106–117, 144.

[103] Brown: "[H]owever many sound social and cultural reasons the historian may find for the expansion of the Christian Church, the fact remains that in all Christian literature from the New Testament onwards, the Christian missionaries advanced principally by revealing the bankruptcy of . . . the demons, through exorcisms and miracles of healing" (*World of Late Antiquity*, 55).

[104] See Mircea Eliade, *Myths, Dreams, and Mysteries*, trans. Philip Mairet (New York: Harper, 1960), 203. For this process in the Hellenistic period, see J.Z. Smith, "The Temple and the Magician", 187; for eighteenth-century Freemasonry, see Margaret C. Jacob, *Living the Enlightenment. Freemasonry and Politics in Eighteenth-Century Europe* (Oxford: Oxford University Press, 1991), 42.

[105] Eco, 38.

[106] *OED*, s.v.

[107] Peter M. Whiteley, "The Interpretation of Politics: A Hopi Conundrum", *Man* 22 (1987), 696–714: 704.

[108] The modern view of "mystery" as essential to all religion seems to go back to

I should like to suggest that the sensationalizing of secrecy as a category of religious explanation has its own, yet unwritten, intellectual history about which I should like to offer, in conclusion, but a few brief observations.

The academic study of religion is a child of the Enlightenment,[109] and has inherited such of its values as individualism, voluntarism, and "a new respect for private and informal activity."[110] The modern emergence of private or secret societies, preeminently Freemasonry, which gave expression to these values in the face of an antecedent political absolutism and ecclesiastical confessionalism, was not only bound up with the realization of a civil or public society,[111] but provided the basis for a widespread conviction of European thought, culminating in the nineteenth century, that much of what had happened in the world, "from the collapse of the Roman Empire to the Russian Revolution", only occurred "because secret societies planned it so."[112] As characterized by one historian, this *mentalité* assumed that

> there is an occult force operating behind the seemingly real outward forms of... life. No discovery, no penetrations of the veils of secrecy can ever be assured to have revealed the full truth[113]

—a view of history recently fictionalized by Umberto Eco in his extraordinary novel, *Foucault's Pendulum.*[114] This generalized acceptance of secret forces operating in history shaped also nineteenth-century theories of religion.

Nathan Söderblom ("Points of Contact for Missionary Work", *International Review of Missions* [1919]), and is cited approvingly by G. van der Leeuw, *Religion in Essence and Manifestation*, trans. J.E. Turner (London: George Allen and Unwin, 1938), 4,2. More recently, see Kees W. Bolle, "Introduction" and "Secrecy in Religion", in: Kees W. Bolle (ed.), *Secrecy in Religions* (Leiden: E.J. Brill, 1987), x–xvi and 1–24: "All people are religious (x).... Not only is there no religion without secrecy, but there is no human existence without it" (2).

[109] Jonathan Z. Smith, *Imagining Religion: From Babylon to Jonestown* (Chicago: The University of Chicago Press, 1982), 22–23.

[110] J.M. Roberts, *The Mythology of the Secret Societies* (New York: Charles Scribner's Sons, 1972), 17. See now the discussions and wealth of information on these topics in Philippe Ariès and Georges Duby (gen. eds.), *A History of Private Life*, trans. Arthur Goldhammer. Vol. III: *Passions of the Renaissance*, Roger Chartier (ed.) (Cambridge, MA; Harvard University Press, 1989).

[111] Jürgen Habermas, *The Structural Transformation of the Public Sphere. An Inquiry into a Category of Bourgeois Society* (Cambridge: MIT Press, 1989), 50–52; Jacob, 3–22.

[112] Roberts, 2, 11.

[113] Roberts, 15.

[114] For the historical development of the occultist *mentalité* suggested here, see, in addition to Roberts and Jacob, Carlo Ginzburg, who associates the development of

Under the influence of the nascent discipline of anthropology, theological concerns with primordial revelation were replaced with "scientific" assumptions about the natural or vegetative origins of religion comparable to other "primitive rites".[115] These original or primordial truths were, in the view of students of perennial philosophy and esotericism, held to have been concealed by a positivist practice of occultation,[116] or considered by comparative religionists, by G.G. Creuzer and Friederich Schelling, for example, to be preserved in mythology, quintessentially that of *das Volk*, but now obscured by an accumulation of historical and cultural detritus.[117] Charles William Heckethorn, for example, writes characteristically in his history of *The Secret Societies of all Ages and Countries* (1875, rev. 1897) that

> Religion has had its secret societies from the most ancient times; they date, in fact, from the period when the *true religious knowledge*—which, be it understood, consisted in the knowledge of the constitution of the universe and the Eternal Power that had produced, and the law that maintained it, possessed by the first men began to decay among the general mass of mankind (emphasis mine).[118]

The comprehension of this "true religious knowledge", Heckethorn observed ominously, is "the prerogative of the most highly developed of all races of men, viz., the Aryan races. . . ."[119] Further, Heckethorn, continued, this:

> genuine knowledge was to a great extent preserved in the ancient "Mysteries", though even these were already a degree removed from the first primeval native wisdom, since they represented only the type, instead of the archetype; namely, the phenomena of outward temporal Nature, instead of the realities of the inward eternal Nature, of which this visible universe is the outward manifestation.[120]

---

this view of historical secrecy also with religious developments ("The High and the Low: The Theme of Forbidden Knowledge in the Sixteenth and Seventeenth Centuries", *Past and Present* 73 [1976]: 28–42, rpt. in Ginzburg, *Clues, Myths, and the Historical Method* [Baltimore: The Johns Hopkins University Press, 1989]: 60–76).

[115] Richardson, 13.

[116] Antoine Faivre, "Esotericism", in Eliade, *The Encyclopedia of Religion*, 5:156–163, 160–162.

[117] See J.E. Sandys, *A History of Classical Scholarship* (Cambridge University Press, 1908) III: 66–67; and "Religionsgeschichte", *Die Religion in Geschichte und Gegenwart*, 3rd ed. (Tübingen: J.C.B. Mohr [Paul Siebeck], 1956–65), V: 990.

[118] Charles William Heckethorn, *The Secret Societies of All Ages and Countries*, 1875, rev. ed. (New York: New Amsterdam Book Company, 1897), 3.

[119] Heckethorn, 5–6.

[120] Heckethorn, 4.

Whereas the ubiquitous clubs and associations of the Hellenistic world were relegated to the status of "undeveloped form[s] of the specifically religious organization",[121] the mystery religions, to which primitive vegetative origins had been attributed,[122] were judged by comparison to have sprung from "genuine religious impulses".[123] Influenced further by a nineteenth-century theory of religion grounded, from Schleiermacher to Otto, in the central Protestant insistence on the inward experience of grace,[124] these "religious impulses" were consequently romanticized as the epitome of "high" (i.e., Protestant-like) religion, as paradigms of religious expression in the Hellenistic world,[125] which provided a pagan preparation for the acceptance of Christianity.[126] As Lewis Farnell concludes of the Orphic societies, for example:

> We discern in these mystic brotherhoods the germs of a *high religion* and the prevalence of conceptions that. . . . may have even contributed something to the later European ideals of private and personal morality [emphasis added].[127]

And Samuel Angus concludes that the mystery initiation, "if too often of a ceremonial and external character, was, *as in the religion of Israel*, a step toward a *spiritual* outlook [emphases added].[128]

I should like to suggest, in other words, that a theoretical pro-

---

[121] Wach, 115.

[122] Salomon Reinach, for example: *Orpheus, histoire générale des religions* [1907], rev. and enlarged ed., trans. F. Simmonds, *Orpheus. A History of Religions* (New York: Horace Liveright, 1930), 100

[123] Wach, 120.

[124] Luther H. Martin, "The Academic Study of Religion in the United States: Historical and Theoretical Considerations", *Religio* I (1993), 73–80: 76–78.

[125] E.g., Mircea Eliade, *A History of Religious Ideas* 2, trans. Willard R. Trask (Chicago: The University of Chicago Press, 1982), 208, 277.

[126] For example, Poland, 36:

> Von besonderer Bedeutung für die griechische Religionsgeschichte sind die zahlreichen Vereinigungen späterer Zeit, in denen ein gewisser Geheimkult mit besonderen Bräuchen getrieben wurde und die, da sie im Gegensatz zur Staatsreligion ein innerliche Erbauung des menschlichen Gemütes bezweckten, den Boden für die Aufnahme des Christentums bereiteten.

On the cultural-Protestant influence on research on Hellenistic religion, especially by New Testament scholars, see now Jonathan Z. Smith, *Drudgery Divine: On the Comparison of Early Christianities and the Religions of Late Antiquity* (Chicago: The University of Chicago Press, 1990).

[127] Lewis R. Farnell, "Mystery", in: *The Encyclopaedia Britannica*, 11th ed. (New York: The Encyclopaedia Brittanica, Inc., 1911), 19, 117–123: 123.

[128] S. Angus, *The Mystery-Religions: A Study in the Religious Background of early Christianity* [1928] (New York: Dover, 1975), 78.

minence attributed to secrecy in religion generally, and in the Hellenistic mystery cults especially, is a consequence of eighteenth-century intellectual and theological formulations which, shaped by a nineteenth-century Romantic *mentalité*, still governs the modern academic study of religion.[129]

[129] In contrast to the implied obsolescence of Romanticism for the modern study of religion suggested here, Kees Bolle argues the *necessity* for maintaining such an impulse in its study (Kees W. Bolle, "The Romantic Impulse in the History of Religions", *Cultural Dynamics* 2 [1989]: 400–424).

MASKIERTE TEXTE.
RELIGIÖSE ANSPIELUNG UND VERHEIMLICHUNG IN DER GRIECHISCHEN TRAGÖDIE*

Renate Schlesier

1. *Bühne und Mythos: öffentlich, hell, bekannt*

Wer die attische Tragödienbühne und die Stücke des Aischylos, Sophokles und Euripides durch einen einzigen Begriff charakterisieren wollte, würde gewiß nicht das Wort "Verheimlichung" oder das Wort "Geheimhaltung" wählen. Nicht Verheimlichung oder gar Geheimhaltung, sondern Öffentlichkeit ist es, wodurch sich die antike griechische Tragödie vom modernen Drama am ehesten zu unterscheiden scheint. Die Theateraufführungen im antiken Athen waren öffentliche Veranstaltungen, an denen die gesamte Polisgesellschaft aktiv beteiligt war. Sie begannen nach Sonnenaufgang und fanden ausschließlich bei Tage statt. Die Akteure und der Chor traten unter freiem Himmel auf. Das antike Theater verzichtete auf Exklusivität und Dunkelheit oder künstliche Lichteffekte. Wirklichkeitsfremde Illusion und kriminalistische Spannung waren fast gänzlich ausgeschlossen. Das Schicksal der Tragödienfiguren konnte niemanden überraschen. Die in den Tragödien dramatisierten Stoffe besaßen nicht den

---

* Die Thesen dieses Essays knüpfen an Analysen und Argumentationen an, die ich an folgenden Stellen detailliert entfaltet habe:

- *Die tragischen Masken des Dionysos. Bakchische Metamorphosen bei Euripides* (Habilitationsschrift Berlin 1988).
- "Die Bakchen des Hades. Dionysische Aspekte von Euripides' *Hekabe*", in: *Mètis* 3/1–2 (1988), 111–135.
- "Mixtures of Masks. Maenads as Tragic Models", in: Thomas Carpenter und Christopher Faraone (Hg.), *Masks of Dionysus*, Ithaca und London 1993, 89–114.
- "Mischungen von Bakche und Bakchos. Zur Erotik der Mänaden in der antiken griechischen Tradition", in: Horst Albert Glaser (Hg.), *Annäherungsversuche. Zur Geschichte und Ästhetik des Erotischen in der Literatur*, Bern/Stuttgart/Wien 1993, 7–30.
- "Pathos und Wahrheit. Zur Rivalität zwischen Tragödie und Philosophie", in: Jörg Huber und Alois Martin Müller (Hg.), "Kultur" und "Gemeinsinn" [=Interventionen 3], Basel und Frankfurt am Main 1994, 127–148.
- "Lust durch Leid: Aristoteles' Tragödientheorie und die Mysterien. Eine interpretationsgeschichtliche Studie", in: Walter Eder (Hg.), Democracy in Forth-Century Athens: Zenith or Nadir of a Constitution (im Druck).

Reiz des Neuen, sondern waren allgemein bekannte und für wahr erachtete Geschichten, deren Ausgang unwandelbar feststand. Dies konnten auch zeitgenössische historische Ereignisse sein, überwiegend aber handelte es sich um mythische Erzählungen. Agiert und geredet, gesungen und getanzt wurde in einem Draußen, das ein Draußen repräsentierte, zu Füßen der Zuschauer und Zuhörer, die niemals Zeugen dessen wurden, was im Innern des Hauses geschah. "Alles öffentlich, alles im hellen Licht, alles in Gegenwart des Chors"—so charakterisiert Nietzsche (Das griechische Musikdrama, S. 14) die spezifische Absenz von Verheimlichung in der Tragödie.

2. *Tod und Götter: unsichtbar, verborgen, epiphanisch*

Dennoch ist es gerade diese offensichtliche, aufdringliche Transparenz der Tragödie, welche ihr vielfältige Formen von Geheimhaltung und Verheimlichung erlaubt. Nicht das Sichtbare, nicht das, was sich unter den Augen der Zuschauer abspielt, ist es, das die Handlung leitet, sondern das, was dem Publikum, den Akteuren und dem Chor unsichtbar ist, was im Innern des Hauses geschieht und im Innern der handelnden Personen wirksam wird. Denn, so wiederum Nietzsche (ebd.), "die tragische That und die Vorbereitung zu ihr pflegt sich gerade nicht auf der Straße finden zu lassen, sondern erwächst am Besten in der Verborgenheit". Tod und Mord sind es vor allem, die unsichtbar bleiben. Tod und Mord bilden das Zentrum der meisten Tragödien, aber Tragödienfiguren sterben gewöhnlich nicht auf offener Szene, und niemals wird ein Mord im Angesicht des Publikums verübt. Tod und Mord werden zeitlich oder räumlich aus der Sichtbarkeit entfernt. Sie sind während der Handlung in Innenräume oder auf entfernte Schauplätze verlegt und werden oft bereits durch die Eingangsworte vorausgesetzt. Erst wenn ein Tod geschehen, ein Mord vollzogen ist, werden die Leichen epiphanisch den Blicken präsentiert. Auch die Ursache für Tod und Mord liegt im Verborgenen. Menschen sterben, morden, werden ermordet, doch es sind Götter, die mittelbar oder unmittelbar für das Sterben, Morden, Ermordet-Werden der Menschen verantwortlich sind. Daß dies so ist und welche Götter dabei wirksam werden, ist in den Tragödien anfangs allenfalls den Zuhörern, zuweilen auch den Hauptakteuren klar und bleibt den einzelnen Menschen unterschiedlich lange verborgen. Manche Tragödien enden sogar, ohne daß allen Beteiligten dieses religiöse Geheimnis transparent geworden ist. Die Götter, die manchmal zu Beginn eines Stücks auftreten, zeigen sich nur dem Publikum. Eine göttliche Epiphanie innerhalb oder am Ende eines Stücks wird darüber hinaus nur dem Chor und wenigen der handelnden Personen zuteil.

3. *Mythos auf der Bühne: Latenz wird Präsenz*

Ob Götter auf der antiken Bühne in Erscheinung treten oder nicht—daß sie primär im Hintergrund und durch die Menschen selber wirken, wird in jeder Tragödie vorausgesetzt. In den durch Mythen und Kulte geprägten alltäglichen Erfahrungen des zeitgenössischen Publikums ist dies nicht anders. Die spezifische Weise jedoch, wie sich ein Mythos im Verhalten der Mythenfiguren bis zu einem vorgegebenen und feststehenden, aber immer vorläufigen Endpunkt entfaltet und wie sich dies vorstellen, darstellen und verstehen läßt, ist nicht ein für allemal festgelegt. Jeder einzelne Mythos enthält unzählig viele Vorstellungs-, Darstellungs- und Deutungsmöglichkeiten dieser Entfaltung, von denen die antiken Autoren und bildenden Künstler zahlreiche Varianten entworfen haben. Nur in den Tragödien aber ist dies ein Vorgang, der die Gegenwart des Hier und Jetzt umgreift. Etwas, das in den Mythen verborgen ist, wird offengelegt, wird so präsent gemacht, daß es sich in diesen Augenblicken ereignet. Die Implikationen der Mythen treten nach außen und werden sichtbar, hörbar, reflektierbar. In den Bühnenfiguren und der vorgeführten Handlung erweisen sich die Mythen als lebendig, wirklich, wahr und aus der Nähe wirksam. Dabei zeigt sich zugleich, daß die Mythen die Qualitäten und Möglichkeiten immer schon enthalten haben, die nun plötzlich aus der Latenz und Virulenz hervortreten. Es ist so, als ob durch die Tragödien das bisher in den Mythen Verheimlichte buchstäblich ans Licht kommt. Dies ist der Überraschungseffekt jeder Tragödie, und dies ist die ihr spezifische Spannung.

4. *Masken und Text: Totes wird lebendig*

Die Tragödie hat also mit Sichtbarkeit und Unsichtbarkeit zugleich zu tun, mit dem Hörbaren und mit dem Unhörbaren, mit dem Vorstellbaren und dem Unvorstellbaren. Das Verheimlichte wird offenkundig, und das Offenkundige erweist sich als geheimnisvoll und deutungsbedürftig. Die beiden wichtigsten Mittel, derer sich die Tragödie zu diesen Zwecken bedient, sind die Masken und der Text.

Durch die Masken werden die Akteure auf der Bühne als mythische Wesen erkennbar. Doch erst der Text bestimmt, um welche Mythenfiguren es sich handelt. Die starren Masken geraten vor den Augen der Zuschauer in Bewegung. Sie sind es, die lebendig scheinen, lebendiger noch als die lebenden Wesen, die sie tragen. Die Gesichter der Schauspieler bleiben unsichtbar. Was durch den Text in den Masken sichtbar wird, sind die Lebenszeichen der Mythenfiguren. Doch die Starrheit der Masken läßt keinen Zweifel daran aufkommen, daß das, was hier lebendig gemacht wird, etwas Totes ist. Am hellichten Tage vollzieht sich also etwas Unerhörtes: ein Wunder, eine Verwandlung von Totem in Lebendes. Eine solche Erfahrung indessen ist mehr als nur mythisch. Es ist eine kultische Erfahrung, welche die Griechen außerhalb der Tragödie nur unter Ausschluß der Öffentlichkeit, bei den Mysterieneinweihungen machen konnten. Daß die Mysterienkulte diese Erfahrung versprachen, war nicht geheim. Was von den Initiierten unbedingt geheimgehalten werden mußte, war die Art und Weise, wie dies geschah.

5. *Mysterienkult und Tragödie: Verwandlungen, ähnlich und verschieden*

Wie die Mysterienkulte ermöglicht also die Tragödie eine über das Menschenleben hinausreichende Erfahrung, aber anders als die Eingeweihten vollziehen die Tragödienzuschauer diese Erfahrung nicht an sich selbst, sondern allein am Spiel der Masken durch die Vermittlung der gesprochenen oder gesungenen Texte. Die spezifische Art und Weise der Tragödienerfahrung konnte daher öffentlich sein und mußte nicht geheimgehalten werden. Die Tragödienerfahrung entsprach zwar der Mysterienerfahrung, wurde jedoch auch von ihr unterschieden. Die Eingeweihten wie das Tragödienpublikum werden durch das, was sie sehen und hören, Erschütterungen ausgesetzt und mit Unvorstellbarem, Unerhörtem konfrontiert. Diese Erschütterungen bewirken Verwandlungen: Schrecken und Jammer schlagen in Lust und Freude um. Unwissende werden zu Wissenden. Bisher Verborgenes wird erkannt. Doch die Verwandlung der Tragödienzuschauer bleibt unvollständig. Nicht sie werden wie die Eingeweihten eines besseren Loses im Jenseits gewiß. Nicht sie sind wie die Masken etwas Totes, das lebendig wird. Und die Tragödientexte enthalten einen dunklen, schwer aufzuhellenden Rest.

6. *Verdichtung und Enthüllung: Tragödientexte sind Rätsel*

Denn offensichtlich sind die Tragödientexte alles andere als unmittelbar evident und klar. In ihnen sind Sinndimensionen verborgen, welche durch die Interpretationsgeschichte bis heute noch längst nicht ausgeschöpft werden konnten. Die Konstruktion einer Tragödie ist unendlich komplex. Keine Tragödienhandlung ist eine gradlinige Verbindung zwischen zwei Punkten, sondern umschreibt eine spiralförmige Bewegung. Mindestens einmal erfolgt ein unerwarteter Umschwung, vorwiegend vom Guten zum Schlimmen. Die von den Tragödiendichtern verwendeten Kompositions- und Stilmittel sind außerordentlich vielfältig. Mit der Synthetisierung epischer, hymnischer und lyrischer Formen von Sprech- und Singversen partizipiert die Tragödie an der gesamten, auch der kultischen Dichtungstradition. Zu dieser Tradition gehört sowohl die weiterhin praktizierte wie die bereits literarisch umgeformte Sakralsprache. Ebenso wird der durch die Mythenüberlieferung und ihren Variantenreichtum gegebene Spielraum von den Tragikern bis aufs äußerste genutzt und ausgeweitet. Die traditionelle Polyvalenz der jeweiligen Mythenerzählungen und Mythengestalten erscheint in jeder Tragödie in einer neuen Verdichtung. Durch die Evokation von Modellen und Paradeigmata, Exempeln und Präfigurationen wird die einzelne mythische Figur zu einer Konfiguration. Der einzelne Mythos ist dabei in ein Netz von Umdeutungen, Überlagerungen und Substruktionen verschlungen. Mythos wie Mythenfigur erscheinen auf diese Weise sowohl als Mixtur wie als Abbreviatur. Zudem spricht in den Tragödientexten und ihrer Darstellung auch das Anonyme und Indirekte mit, kommt auch das Ungesagte oder als unsagbar Titulierte zum Ausdruck. Die Tragödientexte sind also auf Deutung angewiesen, und deshalb funktionieren sie wie Rätsel. Mittels der Verdichtung verheimlichen sie ihren Sinn und gerade dadurch ermöglichen sie, ihn zu enthüllen.

7. *Aussparung und Verhüllung: Mysterientexte sind Rätsel*

Die rätselhafte, anspielungsreiche Redeweise haben die Tragödientexte mit Mysterientexten gemein. Doch die Mysterientexte (z. B. die Einweihungsformeln von Eleusis oder der Wortlaut der bakchischen und orphischen Täfelchen) sind Rätsel nur für die Nicht-Eingeweihten und also für alle diejenigen, denen die antike Einweihungserfahrung verschlossen ist. Für die Eingeweihten waren sie klar und evident.

Anders als die Tragödientexte evozieren die Mysterientexte eine bereits stattgefundene Erfahrung. Diese Erfahrung bestand in einem schon einmal oder mehrmals vollzogenen rituellen Tun und in einer nicht mehr aufhebbaren, vollständigen inneren Verwandlung. Im Unterschied dazu blieb die Verwandlung des Tragödienpublikums partiell und ungesichert, während das Tun den Akteuren auf der Bühne reserviert war. Das Handeln der Bühnenfiguren und des Chors in der Orchestra kann rituell oder nicht rituell sein, ist wiederholend und überaus variantenreich zugleich. Der Inhalt des Tuns und die Art und Weise der Verwandlungserfahrung werden in den Mysterientexten gegenüber den Nicht-Eingeweihten verhüllt und nicht, wie durch die Tragödientexte, erst ermöglicht, öffentlich zugänglich gemacht und enthüllt. Auch die Mysterientexte partizipieren an der Dichtungstradition, aber sie entfalten sie nicht über ihre bisherigen Mittel und Gehalte hinaus, sondern verknappen sie und reduzieren sie auf einige wenige konventionelle Bestandteile. Namen und Geschichten sind dabei fast gänzlich ausgespart. Während die Tragödientexte virtuell alle kultischen und mythischen Namen und Geschichten enthalten, verweisen die Mysterientexte allein auf den Zusammenhang eines bestimmten Kultes, einer bestimmten mythischen Konstellation. Nicht um Reflexion und um Lernen von etwas Neuem, nicht um Enthüllung und Vermittlung von Wissen geht es, sondern um bereits vorhandenes Wissen, das aufbewahrt, zugleich aber geschützt und geheimgehalten wird. Mysterientexte sollen nicht etwa Deutung provozieren, sondern sich ihr gerade entziehen.

8. *Tragödie gegen Philosophie: Anspielung als Kampfmittel*

Sind Mysterien- und Tragödientexte als Ganzes rätselhaft, so sind sie im Detail allusiv. Tragödien wie Mysterien verwenden vorzugsweise eine Vokabular, das nicht eindeutig religiös festgelegt ist, sondern für vielfältige Bedeutungen offen ist. Doch die Texte der Mysterienkulte geben diesem Vokabular immer einen religiösen Sinn. Worin genau er besteht, bleibt nur für Uninitiierte rätselhaft. Im Gegensatz zu den Mysterientexten können die Tragödientexte Anspielungen auf gegenwärtige politische Ereignisse enthalten. Auch die philosophische Tradition der Mythen- und Kultkritik wird durch Zitate, Paraphrasen und Nutzanwendungen in den Verlauf der Handlungen verwoben. Nicht so sehr ist es aber dabei die Politik und die Philosophie, welche ihrerseits die jeweiligen Inhalte der Tragödien erklären, sondern die einzelne Tragödie soll dabei helfen, die allusiv herangezogene politische Erfahrung besser zu verstehen und die philosophische Mythen- und Kultkritik zu entkräften. Die Tragödien sind aufklärerisch, aber nicht rationalistisch. Sie sind radikal anti-philosophisch und dennoch nicht irrationalistisch. Jede Tragödie ist ein Reflexionsmodell, das demonstriert, warum philosophische Denkmodelle generell unwirklich und unwirksam sind. Philosophische Mittel einschließlich der philosophischen Tragödienkritik werden in den Tragödien gegen die Philosophie selbst gewendet und zugleich dazu benutzt, die Wirklichkeit und Wirksamkeit der Mythen und Kulte zu erweisen. In den Tragödien zeigt sich: unabhängig von der Philosophie und gegen sie setzen religiöse Erfahrungen und religiöse Wahrheiten sich im Menschenleben durch. Die Tragödien sind Entlarvungsunternehmen, die gegen die Philosophie gerichtet sind. Es geht dabei darum, die aus den Mythen und Kulten bekannten Masken zu restituieren.

9. *Tragödie und Religion: Anspielung als Denkaufgabe*

Doch die gleichzeitig mit der Tragödie entstandene philosophische Deutung und Abwertung der Wirklichkeit stellt einen Eingriff in die Mythen- und Kulttradition dar, der auch auf der Tragödienbühne nicht mehr rückgängig zu machen ist. Die von den Philosophen in Angriff genommene Religionskritik läßt die Religion selbst nicht unberührt. Auch ohne den direkten Zugriff der philosophischen Reflexion verwandelt sich die traditionelle Religion und verwandelt sich ebenso das Denken der Dichter. Seit jeher waren es in Griechenland die Dichter, denen die Ausbildung der Religion anvertraut war. Die Tragödiendichter aber treten erst zu einem Zeitpunkt auf den Plan, als die Religion und ihre weitere Ausbildung ernstlich in Gefahr geraten ist. Als die Philosophen damit begonnen haben, den kultisch und literarisch verbindlichen Göttern Masken und Namen abzureißen und neue Mythen zu erfinden, schicken die Tragiker sich an, die Philosophen zu widerlegen. Den Feinden der Religion halten die Tragiker die altehrwürdigen Namen und die Masken der Götter entgegen, um die philosophische Gefahr zu bannen. Die Namen und die Masken allein reichen indessen dafür nicht aus, es ist nötig, sie zum Sprechen zu bringen, ja zum Reflektieren. Sie sind zu einer Denkaufgabe geworden. In jegliches Denken ist aber bereits das philosophische Sprechen und Reflektieren eingebrochen, und so kommen die Tragiker nicht umhin, dies in ihren antiphilosophischen

Texten selbst zu bezeugen. Die daraus entstehende Dynamik kommt am deutlichsten zum Ausdruck bei den religiösen Anspielungen, die in keiner Tragödie fehlen.

10. *Kultische Anspielungen*

Vergleichsweise einfach liegen die Dinge bei den Anspielungen auf kultische Erfahrungen. Hier, wo es in erster Linie aufs Tun und nicht aufs Reden ankommt, ist die traditionelle Religion noch am ehesten intakt. Was die allgemeinverbindlichen Kulterfahrungen betrifft, so hielten sich die Philosophen in ihrer Kritik weitgehend zurück. Sogar die radikalsten Mythenkritiker verweigerten sich nicht den landläufigen Riten. Die Tragiker jedoch lassen sich auf ein riskantes Unternehmen ein: Sie bauen die Kulterfahrungen nicht allein als Versatzstücke in die Handlungen der Tragödien ein, sondern versuchen, ihnen zusätzliche Bedeutungen abzugewinnen und eine Sprache zu verleihen, die zuvor nicht vorhanden waren oder die bisher verborgen, unbemerkt und unausgesprochen geblieben sind. Dadurch werden sogar die Kulte philosophisch angreifbar. Noch riskanter wird dieses Unternehmen dort, wo die Tragiker selbst bestimmte Kulte der Kritik auszusetzen scheinen oder die üblichen Riten verändern und andere Ergebnisse denkbar sein lassen als die sonst vorgesehenen. Zwar können die Kulte aus diesem Unternehmen auch gestärkt hervorgehen; doch nur, wenn Kritik und Transformation, Mischung und Erweiterung von Kulterfahrungen nicht als Auflösung, sondern als Bedingung eines genaueren religiösen Verständnisses begriffen werden.

11. *Mythische Anspielungen*

Die heftigste philosophische Kritik richtete sich von Anfang an gegen die Mythen. Die Menschlichkeit der Mythenfiguren, ihr menschliches Handeln und Leiden war den Philosophen der anstößigste Skandal. Eben diese mythisch fundierte Menschlichkeit erklären die Tragiker, wie schon die Dichter vor ihnen, zur religiösen Wahrheit par excellence. Sie demonstrieren dies an allgemein bekannten mythischen Erzählungen. Nicht in kanonischer, textlich fixierter Form finden sie die Mythen in der Tradition vor, sondern vielfältig gebrochen durch die mündliche und die schriftliche Überlieferung. Die von den Tragikern dramatisierten Mythen haben bereits eine lange Darstellungsgeschichte, und also Deutungsgeschichte, durchlaufen. Auf diese Geschichte spielen die Tragiker in ihren Stücken an. Jede frühere Darstellung eines Mythos war bereits eine Interpretation. Den traditionell vorgegebenen Interpretationen fügen die Tragiker neue Interpretationen hinzu. Durch Anspielungen auf die älteren Interpretationen setzen sich die Tragiker mit diesen auseinander. Die in Literatur und Bildkunst schon vorhandenen Mytheninterpretationen werden in den Tragödien variiert und umgeformt. Dadurch treten bisher verborgene Aspekte der einzelnen Mythen und Mytheninterpretationen ans Licht. Der jeweilige Mythos wird auf der Bühne und in den Texten perspektivisch ausgeleuchtet und erscheint unter immer neuen Blickwinkeln. Doch die Tragiker beschränken dieses perspektivische Verfahren nicht auf je einen besonderen Mythos und die ihm zugehörigen mythischen Gestalten. Der tragische Perspektivismus bezieht auch andere Mythen und Mythenfiguren mit ein. Dies ist eine weitere Form mythischer Anspielung, derer sich die Tragiker bedienen. Virtuell kann so jede Mythenfigur jede andere vertreten, kann jeder Mythos auf jeden anderen verweisen. Alle Mythenfiguren und Mythen, so zeigt sich dabei, haben tragische und nicht-tragische Dimensionen und können gar verschiedene tragische Dimensionen miteinander kombinieren. Orest ist kein Ödipus, Ödipus kein Orest. Doch in den Tragödien wird mit der Möglichkeit der Mischung dieser (oder vieler anderer) Figuren experimentiert. Bei Sophokles will Ödipus schließlich seine Mutter töten, aber sie ist schon tot. Und bei Aischylos scheint dem Orest vor dem Muttermord im letzten Augenblick die Möglichkeit eröffnet zu sein, der Mutter beizuwohnen. Herakles ist keine Antigone. Doch bei Euripides wird ihm verwehrt, seine Toten zu begraben, die Familienangehörigen, die er selbst getötet hat. Pentheus ist kein Dionysos, doch in Euripides' *Bakchen* verknüpfen sein Name "Leidensmann", seine Verkleidung, seine Raserei, sein Schicksal ihn mit diesem Gott.

12. *Anspielungen auf Dionysos*

Euripides' *Bakchen* sind die einzige vollständig überlieferte Tragödie, die einen Mythos behandelt, der Dionysos und seinen Kreis spezifisch betrifft. In verlorenen Tragödien hatten auch Aischylos und Sophokles solche Mythen dramatisiert, und gewiß hat Euripides in den *Bakchen* auf diese Dramatisierungen angespielt und sie durch seine Interpretationen retrospektiv in neuer Weise geprägt. Auch auf die Kultrealität der Dionysos-Verehrung spielt Euripides sicherlich in dieser

Tragödie an. Doch die Überlieferung vermittelt nur wenig Vergleichsmaterial, um den tatsächlichen kultischen Gehalt des Stückes zu bestimmen. Die Mehrzahl der anderen noch vollständig vorhandenen Tragödien aller drei großen attischen Tragiker enthalten ebenfalls Hinweise auf die Mythen- und Kulttradition des Dionysos. Er ist die in die Gesamtheit der Tragödien am häufigsten einbezogene Gottheit. Seine vielförmigen Namen werden genannt, mit ihm verbundene mythische Erzählungen erwähnt und auf ihn verweisende kultische Termini oft den Tragödien-Figuren und -Handlungen zugeordnet. Bei diesem Verfahren wird zum einen durch explizite Nennung und direkte Anspielung das Konglomerat der mythischen und kultischen Bestimmungen des Dionysos in einzelnen Elementen verdichtet. Zum anderen werden dabei diese spezifischen Bestimmungen implizit und indirekt in mythische und kultische Spezifikationen anderer Götter und Heroen eingebaut. Dies geschieht vor allem mittels des Verbum *bakcheuein*, das im engeren Sinn die mit Dionysos Bakchos vermittelte Raserei bezeichnet. Die Handlungen und Figuren zahlreicher Tragödien werden durch dieses Verbum auf eines der wichtigsten Charakteristika des Dionysos und seines Kultes, die dionysische Ekstase, bezogen. So erscheint die einzelne Tragödienhandlung nicht allein als Dramatisierung eines bestimmten Mythos, sondern gleichzeitig verbunden mit dionysischer Mythologie und Kulterfahrung. Ebenso ist damit die einzelne Tragödienfigur nicht nur sie selbst, sondern eine dionysische Figur zugleich. Auf diese Weise statten die Texte die Akteure mit zusätzlichen dionysischen Masken aus. Diese Masken sind nicht materiell, aber visionär erfahrbar. Durch die unterschiedlichsten Anspielungen auf Dionysos werden diese Masken in den Texten sowohl enthüllt als auch verborgen.

13. *Das geheime Bündnis: mit Dionysos gegen Philosophie und Mysterienkult*

Die Anspielungen auf Dionysos verleihen den Tragödien also eine virtuell allumfassende zusätzliche Dimension. Die aus der Antike überlieferte Frage der zeitgenössischen Tragödienzuschauer: "Was hat die Tragödie mit Dionysos zu tun?" ist demnach keine rhetorische Frage, deren Antwort lauten würde: "nichts". Diese Frage muß vielmehr als Frage ernstgenommen und auf jeden Tragödientext angewendet werden. Es geht dabei darum, in welcher Weise die Tragödienhandlungen auf ihre institutionelle religiöse Voraussetzung verweisen.

Denn die Tragödienaufführungen fanden am Hauptfest der Stadt Athen zu Ehren des Dionysos statt, in einem Dionysos-Heiligtum, in dem sein Theater lag. Dionysos war der Theatergott, der Maskengott par excellence. Komödie, Tragödie und Satyrspiel waren ihm geweiht. Unter allen Gottheiten war er der einzige, der auf der Bühne dem Lachen der Menschen ausgesetzt werden konnte. Die Satyrn gehörten zu seinem Gefolge ebenso wie seine rasenden Anhängerinnen, die Bakchen, die Mänaden. Und nur dem Dionysos wurde die menschliche Erfahrung des zu erleidenden Todes zugeschrieben, ausschließlich diesen Gott mußte man beweinen, nur er ist nicht bloß ein Gott der Tragödie, sondern ein tragischer Gott. Ebenso aber zeigt allein sein Schicksal, daß Tote wieder lebendig werden können, und nur er besitzt einen Mysterienkult, der den Menschen die Göttlichkeit verspricht. Die Charakteristika seines Mysterienkultes finden sich in den Tragödien wieder. Diese Charakteristika sind die geheimen religiösen Vorzeichen der Tragödien, und in ihnen wird am deutlichsten, welche Einsprüche die Tragiker gegen die Philosophen richten. Die Tragödien suchen zu zeigen: Totes kann lebendig werden, aber dazu bedarf es der Mythen und der sie repräsentierenden sichtbaren Masken. Der Menschheit bester Teil sind die Erschütterungen, denen sie ausgesetzt ist, und die lebendigste, wirklichkeitsgetreuste, wirksamste Erkenntnis ist ohne diese affektiven Erschütterungen nicht zu haben. Etwas kann nicht nur entweder unsichtbar oder sichtbar, dunkel oder klar, latent oder präsent, verborgen oder enthüllt sein, entweder einer anderen Sache ähnlich und gleich oder von ihr verschieden. Sondern eines kann sich in das andere verwandeln, und die Umschwünge sind deshalb so erkenntnisträchtig, weil diese Erfahrungen simultan Widersprüchliches verdichten und in eins zusammenziehen. Was dabei geschieht, ist ein Leiden, das Lernen und Lust verleiht. Andererseits aber legen die Tragödien auch gegen die Versprechen der Mysterienkulte und speziell gegen die des Dionysoskultes Einspruch ein. In den Tragödien zeigt sich: Rätsel gibt es, und sie müssen und können gelöst werden. Dazu bedarf es aber keiner Einweihung, sondern der Interpretation. Sieht die Interpretation aber von den Affekten ab, so bleibt sic blind und leer. Erkenntnis bedarf des Schreckens und des Jammers, der Erregung der Affekte womöglich bis zur Ekstase, aber dazu ist sie nicht auf Einweihung angewiesen. Ekstase kann auch tödlich sein. Die Zuversicht der Eingeweihten ist nichts als ein schöner Traum, denn ein Ende menschlicher Leiden gibt es nicht, und Menschen können keine

Götter sein. Dies alles weiß jeder, und wenn nicht, muß dieses Wissen öffentlich gemacht werden. Die menschliche Existenz steht im Zeichen des Mischungsgottes Dionysos, so wie er sich im Wein, in der Liebe und auf dem Theater der Komödie und Tragödie präsentiert: Sie ist aus Rausch und Erkenntnis, Lachen und Weinen, Erinnerung und Vergessen gemischt. Die Mysterien und die Philosophie aber geben nur ein reduziertes Bild des Gottes.

14. *Mysterien in den Tragödien: Anspielung als Aneignung und Einspruch*

Die Tragödiengattung steht zwischen Mysterien und Philosophie. Von beidem setzt sie sich ab, und beides integriert sie. Die Tragödien sind sowohl das aufklärungskritische, religiöse Pendant zur Philosophie wie das öffentliche, aufklärerische Pendant zu den Mysterien, besonders zu denen des Dionysos und zu denen der Göttinnen Demeter und Kore. Den Erfahrungen bei den Mysterienkulten dieser Götter ist die Tragödienerfahrung auffallend ähnlich. Sowohl für die Mysterien wie für die Tragödien gelten die Bestimmungen, durch welche Aristoteles in der *Poetik* die Tragödie definiert: Im Mittelpunkt steht die Darstellung eines "Pathos", eines schweren Leidens, einer Handlung, die Schmerz und Zerstörung bringt. Der Verlauf der Handlung wird einmal oder mehrmals durch einen Umschwung vom Guten zum Schlimmen oder vom Schlimmen zum Guten, die "Peripeteia", skandiert. Eine spezielle Form dieses Umschwungs ist die "Anagnorisis", die plötzliche Erkenntnis oder Wiedererkennung des zuvor Verborgenen und Unerkannten. Umschwung und Anagnorisis bewirken Schrecken und Jammer, "Phobos" und "Eleos". Die Hervortreibung von Schrecken und Jammer ist ein Reinigungsvorgang, eine "Katharsis". Auf diese Weise entsteht aus Leiden Lust, "Hedone". Dies ist das für Tragödien und Mysterien grundlegende Verfahren, die "Metabole": eine Verwandlung, die alle anderen genannten Charakteristika einschließt. Die Tragödien eignen sich dieses Verfahren an und legen zugleich gegen die Exklusivität und die Esoterik der Verwandlung innerhalb der Mysterienkulte Einspruch ein. Denn alle diese Bestimmungen gelten zwar generell sowohl für Mysterien wie für Tragödien, in den Mysterien aber geht es um die Wiederholung eines spezifischen Leidens in einem spezifischen religiösen Zusammenhang, auf den sich Phobos, Eleos und Hedone, Peripeteia, Anagnorisis und Katharsis spezifisch beziehen. Rituell sind die Tragödien in dem Maße, indem sie diese Bestimmungen ebenfalls strukturell wiederholen. Nicht rituell sind die Tragödien, da sie Umschwünge und Verwandlungen in den verschiedensten mythischen Zusammenhängen geschehen lassen. Der spezifische religiöse Zusammenhang wird aufgelöst und zugleich so sehr generalisiert, daß er die Gesamtheit der religiösen Erfahrungen umfaßt. Durch diese Generalisierung wird er aber auch ablösbar von der Religion und kann zu einem Modell menschlicher Erfahrung überhaupt werden, das für Reflexion und Analyse offen wird. Gegen die Hermetik der Mysterienkulte setzen die Tragödien Hermeneutik. Die Tragödien geben die Geheimnisse der Mysterienkulte nicht preis. Doch durch die Anspielungen auf sie setzen sie sie der Deutbarkeit aus. Sind die Mysterien aber deutbar, so läßt sich diese Interpretation auf Erfahrungen übertragen, die auch außerhalb der Mysterien zu gewinnen sind. Dabei zeigt sich, daß Interpretation von Texten keine bloße Aneignung ist, sondern Transformation. Die Exegese, die Entzifferung des Sinns setzt seine Verheimlichung und seine Entfaltung voraus. Verstehen ist Restitution und Kritik zugleich.

15. *Paradigma eines maskierten Textes: Euripides'* Hippolytos

Der Sinn einer Tragödie liegt in den Masken auf der Bühne und in ihrem Text, der wie eine Maskierung funktioniert. Besonders deutlich wird dies in jenen Tragödien, in denen auf Mysterienerfahrungen angespielt wird. Paradigma dafür ist Euripides' *Hippolytos.* Im Prolog verkündet die Göttin Aphrodite, daß sie die Liebe der Phaidra zu ihrem Stiefsohn Hippolytos in dem Augenblick hervorgerufen habe, als beide in die Mysterien der Demeter und Kore von Eleusis eingeweiht wurden. Diese Angabe zu Beginn des Stücks wurde bisher nicht in seine Gesamtinterpretationen einbezogen, sondern als überflüssiges Detail gewertet, das für die angebliche Beliebigkeit von Kulthinweisen in den Euripideischen Tragödien generell typisch sei. In Wirklichkeit aber lenkt der Verlauf der *Hippolytos*-Tragödie immer wieder auf diesen Kulthinweis zurück. Anspielungsreich wird das Reden und Handeln der Phaidra in diesem Stück auf die Mysterienerfahrung von Eleusis bezogen und sogar mit einer anderen Mysterienerfahrung, der Einweihung in die Dionysos-Mysterien, kombiniert. Die Liebe der Phaidra zu Hippolytos, das Verheimlichen und Verschweigen dieser Liebe, die Art, wie sie ans Licht kommt und die Funktion, die der Tod und die Schrift, das Weiterleben der Toten und die

Erinnerung an sie in Kult und mündlichem Hymnos dabei erhalten—all dies ist durch diese Mysterienerfahrungen vorgeprägt. Verheimlichung und Enthüllung wird dargestellt als etwas, das sich sowohl ereignet, als auch im Text reproduziert ist.

Das Stück beginnt mit einer Darstellung von Phaidras Verhalten durch den Chor der städtischen Frauen und durch Phaidras Amme. Diese Darstellung zeigt, jedoch ohne daß der Chor oder die Amme dies deutlich aussprechen, daß Phaidras Leiden dem der Göttin Demeter nach dem Raub ihrer Tochter Kore durch Hades entspricht. Wie die trauernde Demeter verweigert Phaidra mehrere Tage lang Nahrung und Bäder (Hipp. 135–138, cf. Hom. Hymn. 2, 47–50), sie stürmt "übers Feste und Nasse" (Hipp. 148–150), wie die Göttin, bevor ihr ihre Tochter als Persephone, als Göttin der Unterwelt, wieder erscheint (Hom. Hymn. 2, 43–44). Wie die Eingeweihten der Mysterien wird Phaidra von einem "geheimen Leiden" (Hipp. 139) beherrscht, einem Leiden, das sie geheimhalten muß und nicht aussprechen will. Hippolytos wird sowohl durch dieses Verhalten der Phaidra wie durch den Verlauf des Stücks nach dem Vorbild der Kore modelliert. Denn ähnlich wie Kore von einem Pferdegespann in die Unterwelt entführt wird, so wird Hippolytos von seinem eigenen Pferdegespann tödlich verwundet. Kore hatte, als Hades zu ihr kam, auf einer feuchten Wiese (*leimon*, Hom. Hymn. 2, 7) Blumen geflückt, so wie Hippolytos (Hipp. 74), bevor er durch Phaidra dem Tod überantwortet wird. Auch Phaidra verlangt es danach, auf einer Wiese zu sein (Hipp. 211), aber es ist eine Wiese, auf der Schwarzpappeln (*aigeiroi*, Hipp. 210) stehen, wie im Hain der Persephone, dem Eingang zur Unterwelt in Homers *Odyssee* (10, 510). Auf dieser Wiese möchte die durstige Phaidra reines Quellwasser schöpfen, wie es die eingeweihten Toten nach dem Zeugnis der (bakchischen oder orphischen) Mysterientexte tun (siehe die meisten Goldtäfelchen, außer Zuntz C und Pelinna a und b). Als Phaidra dies ausspricht, wird sie von der Amme sogleich streng zum Schweigen ermahnt (Hipp. 212–214), so als habe sie ein streng zu bewahrendes Geheimnis verraten. Phaidra äußert aber auch geheime dionysische Lüste, denn es verlangt sie danach, zu einer mörderischen Mänade zu werden. Und in der Tat bringt sie dem Jäger Dionysos den Tod, als sei er ein von den Mänaden gejagtes Wild. Und ihr Mittel dazu ist ein Schrifttäfelchen, das sie vor ihrem Selbstmord an ihrem Leib befestigt, so wie jene, die bei—in die bakchischen oder orphischen Mysterien—eingeweihten Frauen gefunden wurden. Doch anders als diese

Mysterientexte bringt der von der toten Phaidra getragene Text einem anderen Menschen, dem von ihr geliebten Hippolytos, den Tod (wenngleich später Unsterblichkeit im Kult). Er habe die gesellschaftliche Konvention nicht geachtet, denn er sei zum Ehebrecher geworden. Weil er auch sonst gegen gesellschaftliche Konventionen verstößt, wird er von seinem Vater Theseus, dem Ehemann der Phaidra, der ihr das Geschriebene glaubt, zum Orphiker erklärt und verflucht. Im Stück durchläuft Hippolytos Verwandlungsformen, die ihn selber nicht allein nach dem Vorbild der Kore, sondern ebenso nach dem des zweimal geborenen, verstümmelten, getöteten und kultisch restituierten Dionysos modellieren, desjenigen Dionysos, von dem ein geheimer Mythos erzählt, der den Orphikern zugeschrieben wird. All dies und vieles mehr ist allusiv in den Text verwoben und wird durch ihn in verdeckter oder mittelbarer Weise angedeutet. Ausdrücklich ausgesprochen wird dabei schließlich allein die Liebe der Phaidra zu Hippolytos, und die ausdrückliche Konsequenz dieser unerfüllbaren Liebe ist ihr Tod und der seine. Daß es zu dieser Liebe und zu diesen Toden kam, daß beides tragisch unabwendbar ist, wird in dieser Tragödie auf Mysterienkulte zurückgeführt, welche Entstehung, Verlaufsform und Ausgang dessen als Anlaß und Paradigma bestimmen. Die Masken und der Text aber dienen dazu, diese von der Tragödie selbst entwickelte Interpretation zu verbergen und zu enthüllen. Tragische Verheimlichung erweist sich als ambivalent: Sie ist heimlich wie unheimlich.

Bibliographische Hinweise

Bierl, Anton F.H.: *Dionysos und die griechische Tragödie* [=Classica Monacensia 1], Tübingen 1991.

Bollack, Jean: "Wie kritisch und hermeneutisch sind die antiken Werke selbst?", in: Richard Faber und Bernhard Kytzler (Hg.), *Antike heute*, Würzburg 1992, 110–119.

Burkert, Walter: *Antike Mysterien. Funktionen und Gehalt*, München 1990.

Carpenter, Thomas und Faraone, Christopher (Hg.): *Masks of Dionysus*, Ithaca und London 1993.

Cole, Susan G.: "New Evidence for the Mysteries of Dionysos", *GRBS* 21 (1980), 223–238.

Croissant, Jeanne: *Aristote et les mystères* [=Bibl. Fac. Phil.Lettr. Liège 51], Liège und Paris 1932.

Dodds, Eric R.: *The Greeks and the Irrational*, Berkeley 1951; dt. Ausg. Darmstadt 1970.

Gould, Thomas: *The Ancient Quarrel between Poetry and Philosophy*, Princeton, N.J. 1990.

Graf, Fritz: "Textes orphiques et rituel bacchique. À propos des lamelles de Pélinna", in: Philippe Borgeaud (Hg.), *Orphisme et Orphée, en honneur de Jean Rudhardt* [=Recherches et rencontres 3], Genève 1991, 87–102.

Henrichs, Albert: "Changing Dionysiac Identities", in: B.F. Meyer und E.P. Sanders (Hg.), *Jewish and Christian Self-Definition III: Self-Definition in the Graeco-Roman World*, London 1982, 137–160, 213–237.

Kerényi, Karl: "Mensch und Maske," in: *Humanistische Seelenforschung*, München und Wien 1966, 340–356 (Erstpublikation: 1949).

Merkelbach, Reinhold: *Roman und Mysterium. Eine Untersuchung zur antiken Religion*, München und Berlin 1962.

Nietzsche, Friedrich: *Zwei öffentliche Vorträge über die griechische Tragödie. Erster Vortrag. Das griechische Musikdrama*, in: *Nietzsche Werke. Kritische Gesamtausgabe* III.2, hg. von Giorgio Colli und Mazzino Montinari, Berlin und New York 1973, 3–22.

Padel, Ruth: *In and Out of the Mind. Greek Images of the Tragic Self*, Princeton, N.J. 1992.

Pickard-Cambridge, Arthur: *The Dramatic Festivals of Athens* (1953). Second Edition (1968) Revised by J. Gould and D.M. Lewis (with supplement and corrections), Oxford 1988.

Riedweg, Christoph: *Mysterienterminologie bei Platon, Philon und Klemens von Alexandrien*, Berlin und New York 1987.

Seaford, Richard: "Dionysiac Drama and the Dionysiac Mysteries", *CQ* 31 (1981), 252–275.

Segal, Charles: "Dionysus and the Gold Tablets from Pelinna", *GRBS* 31 (1990), 411–419.

Thomson, George: *Aeschylus and Athens: A Study in the Social Origins of Drama*, [1]1941, [3]London 1966.

Tsantsanoglou, K. und Parássoglou, G.M.: "Two Gold Lamellae from Thessaly", *Hellenika (Thessalonike)* (1987), 3–17.

Vernant, Jean-Pierre: "Le Dionysos masqué des *Bacchantes* d'Euripide", in: Jean-Pierre Vernant und Pierre Vidal-Naquet, *Mythe et tragédie II*, Paris 1986, 237–270.

Zeitlin, Froma I.: "Mysteries of Identity and Designs of the Self in Euripides' *Ion*", *PCPS* 215 (1989), 144–197.

Zuntz, Günther: *Persephone. Three Essays on Religion and Thought in Magna Grecia*, Oxford 1971.

THE ΑΠΟΡΡΗΤΟΣ ΘΕΩΡΙΑ AND THE ROLES OF SECRECY IN THE HISTORY OF PLATONISM

Robert Lamberton

Where does the history of concealment in Platonism start? The dialogues themselves, first of all, often reverberate with the language of cultic esotericism. When, in the *Symposium*, Socrates describes Diotima's lesson on the difference between contraries and contradictories, her instruction is given the quality of an initiation (*Symp.* 201d ff.). Socrates himself, on the other hand, is portrayed as a teacher whose work was public in the extreme—all too public for his own safety.[1] Still, Socrates is made to articulate an esoteric model of education in the *Theaetetus* when he asks coyly about Protagoras:

> Can it be, then, that Protagoras was a very ingenious person who threw out this obscure utterance for the unwashed like us (καὶ τοῦτο ἡμῖν ᾐνίξατο τῷ πολλῷ συρφετῷ) but reserved the truth as a secret doctrine to be revealed to his disciples (τοῖς δὲ μαθηταῖς ἐν ἀπορρήτῳ τὴν ἀλήθειαν ἔλεγεν)? (152c)

This is just what Plato has been thought by many of his readers to have done. Whatever Plato may have reserved for his inner circle is, of course, lost—or only to be recovered in the writings of later Platonists who have betrayed the philosopher's wishes by allowing things to slip into the public domain that Plato himself would have preferred to confine within the oral tradition.

This entire episode—or rather tradition—in the history of the interpretation of Plato was documented with scholarly insight and wit thirty years ago by Konrad Gaiser,[2] who himself believed in the continuity of an esoteric teaching that began with Plato and extended through the whole history of Platonic teaching in antiquity. A similar position was taken by Hans Joachim Krämer.[3] On the other side of

[1] Later Platonists, including Numenius in the 2nd c. CE, stressed the formative influence on Plato of observing the fate of his own teacher (below, p. 144).

[2] Gaiser (1959, 1963).

[3] Krämer (1959, 1964).

the issue, E.N. Tigerstedt, who found no reason to believe in such a continuity, responded to Gaiser and Krämer, examining the same evidence, but with a different emphasis, and building on the work of Harold Cherniss.[4] This early phase of Platonic tradition is not my principal concern here, but since this divisive issue and the resulting antithetical accounts of the role of concealment in the beginnings of Platonism present such serious obstacles to agreement on the nature of that tradition, a review of the salient evidence is needed here. I will go on to suggest, however, that when we hear of a need for concealment among Platonists, the issue is more often than not the esoteric interpretation of generally accessible texts, rather than a secret teaching as such, whether transmitted orally or in unpublished texts reserved for the privileged few.

The passage in the dialogues of Plato most often evoked to support the claim that an esoteric oral teaching of Plato existed is near the end of the *Phaedrus* (276–278), where Socrates tells Phaedrus that writing speeches is all very fine, but in the end written texts and fixed monologues share the same basic limitation—they can be of use to *remind* the individual who already knows the truth but has forgotten, but they lack the capacity of dialectic, of living dialogue, to *work toward* the truth. This in itself is clearly not decisive. Its positive point is hardly surprising: Socrates values teaching by question and answer. But on the negative side, the passage is as critical of the shortcomings of the orator as of those of the written text. Nevertheless, combined with the evidence of the *Seventh Letter*, it has seemed enough, and certainly that evidence is troubling. Ever since Dr. Bentley undermined the historical credibility of much of the epistolary literature of antiquity, the authenticity of the letters of Plato has been a matter of debate. If Plato actually wrote to Dion of Syracuse about the instruction he gave to Dionysius and said, "I certainly have composed no work in regard to it, nor shall I ever do so in future, for there is no way of putting it in words like other studies (341c)," then

[4] Tigerstedt's (1974), ch. 6, and (1977). W.K.C. Guthrie, in the final volume of his *History of Greek Philosophy*, applauded Tigerdtedt's recent publication (Tigerstedt [1977]) and spelled out his own reasons for discounting much of what has been claimed about Plato's lecture "On the Good" (Guthrie [1978], 418–442; on Tigerstedt: n. 1, p. 418). I have here omitted discussion of Plato's unpublished lecture, though its existence is attested in the 4th c. BCE by Aristoxenus, and from then on it is evoked repeatedly at least to the time of Proclus. It was known in paraphrase and, to judge by the reports, neither the lecture nor its contents can have been considered secret or to require concealment.

the esotericists' model of Platonic instruction is well supported. On the other hand, this may prove nothing beyond the fact that the author of the *Seventh Letter* had read the *Phaedrus*.[5] It is even more likely that the author of the *Second Letter* was working from the *Seventh Letter*. There, "Plato" tells Dionysius to keep his (Plato's) teachings from the ignorant (ἀπαίδευτοι), that memory is always better than writing, and that to have published your views may prove an embarrassment after you change your mind. He goes on to say that he has never written anything on his true doctrine, and never will, and closes with an injunction to the addressee to burn the letter, once he has read and reread it (314).

Those are the basic givens in the text of Plato. The first proves nothing and the second and third are both suspect. There is one further bit of evidence close to Plato, and it is not to be scoffed at. Aristotle, once ("but once only", Tigerstedt insisted)[6] refers to the "so-called unwritten doctrines" (τὰ λεγόμενα ἄγραφα δόγματα) of Plato, in which, he says, Plato gives a different account of τὸ μεταληπτικόν ("the receptor" or "that which is receptive of determination") from the one given in the *Timaeus* (*Physics* 209b13 ff.). But the important thing for Aristotle's argument is that in *both* the *Timaeus* and the "unwritten doctrine", Plato identified τόπος (place) with χώρα (room, space), marking an advance over other thinkers, who talked about τόπος without giving an account of it. Not only did Aristotle know *of* such an "unwritten doctrine", then, he actually was acquainted with it, but mentions it only once, and that quite casually, and without disclosing details of its content. What he does say, though, would suggest that Plato's unwritten doctrine related to concerns that also appear in the dialogues, or at least that the same subjects were addressed. This is important, since the passages cited above from the *Letters* suggest rather that the dialogues have nothing to do with the heart of the matter—one might consider them solely protreptic, or take them (following the dubious lead of the *Second Letter*) to represent only the thought of a "Socrates embellished and modernized" rather than Plato's own (314c). Whatever sort of compilation of Plato's

[5] Tigerstedt (1977), 70, in fact argued (based on the passage immediately following the one cited above) that the *Seventh Letter* simply makes the same point as the *Phaedrus*, that interactive dialogue is essential to instruction, and does not in fact provide the support for the esotericists that I am willing to concede.

[6] Tigerstedt (1974), 64.

thought Aristotle had access to, it would seem to have complemented the dialogues rather than superseded them.[7]

The earliest evidence is suggestive, but frustratingly inconclusive, and as we have seen, two models of an esoteric Platonic doctrine can be deduced from it, models that are mutually incompatible. On the one hand, we have a Plato who treated his published work as something entirely divorced from his *true* thought, which in turn was reserved for the initiate. On the other, Aristotle points to "unwritten doctrine" *complementing* the dialogues, where the terms and issues appear to be the same. Most of the scholars who have examined this question, whatever their beliefs about the continuities or discontinuities between Plato and the Platonism of the Roman empire, would acknowledge that there is a gap of half a millennium before we find further claims of the existence of an esoteric teaching of Plato. I shall turn in a minute to that evidence, but first I would like to look at some of the very fragmentary evidence for the activities of the immediate successors of Plato in order to suggest the nature of Aristotle's "unwritten" Platonic doctrine.

On Xenocrates, the last of the leaders of the Academy who actually knew Plato, we have a certain amount of information. He belonged to the sequence of successors (Speusippus, Xenocrates, Polemon) under whom the teaching of the Academy (according to the historian Numenius, of whom more later) retained much the same character it had under Plato (ἀεὶ τὸ ἦθος διετείνετο σχεδὸν δὴ ταὐτόν Numenius fr. 24, 5–10). At least the "suspension of judgment" (ἐποχή) that was to mark the sceptical Academy had not yet reared its head—and for Numenius, that was the great betrayal (as later in Augustine's assessment). In Numenius' view, however, there was some deviation from the thought of Plato already under these three.

We must admittedly be satisfied with the view back from the high Roman empire for our reconstruction, but a remark of Plutarch in his essay on "The Generation of Soul in the *Timaeus*" (1013a–b) projects back to Xenocrates and his student Crantor the opinion that, in describing the generation of the world-soul in time, Plato in the

[7] Though the passage cited is the only one in which Aristotle refers to an "unwritten doctrine", it must be emphasized that, as a student in the Academy, Aristotle was able to—and did—offer a synthetic account of what Plato thought that could not be distilled from the dialogues. This is to be found principally in *Metaphysics A*, where Aristotle does not suggest that the teachings he summarizes were privileged or needed to be concealed. See Guthrie (1978), 418–42, for a summary.

Timaeus was dissolving into a *sequence* what is actually a simultaneous and eternal compound:

> All of these uniformly believe that the [world-]soul has not come into being nor is it subject to generation, but rather that it has multiple faculties, and that Plato dissolved it into these for the sake of examining it, and in his account said that it came to be and is mixed. They also think that he has the same opinion about the cosmos and knows that it is eternal and not subject to generation, but observing that to comprehend the manner of its composition and organization was no easy thing for those who did not previously have an idea of its generation and a conjunction of generative elements at the beginning, he took this path.

Plutarch evokes this position on the meaning of the *Timaeus* in order to distance himself from it. It is, though, the *communis opinio* against which he defines his own confessedly idiosyncratic position that Plato said the world-soul was created in time, along with the world, and that was exactly what he meant.

This interpretive move attributed to Xenocrates and Crantor is more interesting than it might at first appear. Within the corpus of Neoplatonism in the strict (chronological) sense, it was elevated to the status of a hermeneutical principle of tremendous power and was evoked repeatedly from Plotinus to Sallustius to Proclus and no doubt beyond. A synthetic paraphrase and reconstruction is more useful than any single statement of the principle:[8]

> Myths about eternal things invariably *mis*represent what they represent, because they of necessity translate them into the temporal realm. Our discursive intelligence knows only "first this, then that". In the sublunar realm, that is the best we can do, the best we can hope for. Even language itself, because it exists in time and is based on process, on subjects and verbs, introduces a necessary distortion, or distance, between any account of eternal things and their representation in terms *we* as receptors can process. Understanding that distortion or distance is essential to proper understanding of any such descriptions, especially mythic ones.

This summary represents the full-blown Neoplatonic development of the same interpretive principle Plutarch projects back to the circle of Plato (and which, in this specific instance, Plutarch rejects). The

[8] See Lamberton (1986), 170–73, for discussion of the texts from which this synthesis is composed, principally Sallustius *De diis* 4, and several passages in the *Republic* commentary of Proclus.

longevity of the hermeneutic principle is extremely interesting in itself, but the question here is: Need we look any further for our "unwritten doctrine"? There is not even any reason to assume that Xenocrates heard this interpretation of the *Timaeus* from Plato himself. What it is is an interpretation of a text—perhaps we might say, of a myth—and it is unwritten, first, in the sense that Plato did not write it down, and second, in that Aristotle's (or any one else's) source for it would presumably have been oral. But it was not *necessarily* even secret (ἀπόρρητον)—it is qualified only as unwritten. One might even argue that to talk of τὰ λεγόμενα ἄγραφα δόγματα was simply to refer, in an easily intelligible way, to a tradition of interpretation.

At this point, we may turn to the evidence of the Platonists of the Roman empire, and again, an overview of the abundant evidence will suffice for our purposes. An obscure Pythagorean of the second century CE named Numenius may well represent a real turning point here, as many have realized. We have very substantial fragments of his works, including a single fragment from a work on "The Secrets (ἀπόρρητα) in Plato" and a larger number from a history of "The Infidelity of the Academy to Plato". Numenius was a polemical historian of philosophy who denounced the sceptical academy as a betrayal of the (Pythagorean) core of the teaching of Plato and who clearly considered the elucidation of the text of the dialogues as a key to the *real* meaning (the "secrets") of Plato's teaching.[9] Numenius projected the need to hide the true doctrines of Platonic philosophy back to Plato himself, and explained the dialogue form itself as a response to political necessity. Socrates had expressed himself too openly and the Athenians executed him for it. Plato in turn saw a way to speak the truth *and* stay alive, but it required that he express himself obliquely.[10] The obscurity of the dialogues, then, was the effect of political rather than philosophical considerations. It created very real problems of interpretation for those who came later (as it was *intended* to do in the case of Plato's contemporaries). Did Plato himself elucidate these secrets for his own students? The surviving fragments of Numenius do not indicate his position on this matter, but

[9] I depart here from Tigerstedt, who insists on the differences between Numenius' position on the secret teaching of Plato and that of the Neoplatonists. He bases his position on an excessively narrow reading of the single fragment of "The Secrets of Plato".

[10] Numenius, fr. 23 (Des Places).

presumably (given the nature of Plato's obscurantism) he would have had every reason to do so.

It is probably fair to say that among the Platonists of the Roman empire the model we find in Numenius prevails, though other attitudes toward the teachings and writings of Plato can be documented. The truth is there in the dialogues, most of it on the surface where it is accessible to all readers, and the rest "in secret" (ἐν ἀπορρήτῳ) or "in secrets" (ἐν ἀπορρήτοις). Access to that truth, then, is a hermeneutic matter. The reader who has the requisite interpretive skills is able to find the single truth behind the variegated surface (ποικιλία) of the dialogues. It is almost certainly this desire to find the unified core of truth in this disturbingly diverse material, this philosophical drama built on the same *mimesis* it so energetically condemns, that led Iamblichus to the extraordinarily powerful hermeneutic move of declaring that each dialogue had a single target (or subject)—a single σκοπός.[11] For Numenius, one exceptionally important tool is comparative material. He views Plato as a participant in a revelation that was shared most immediately with Pythagoras, but more pieces of the puzzle are to be found among the Jews, the Egyptians, the Persian Magi, and the Brahmans (Fr. 1), and the "theological" poetry of archaic Greece, including the *Iliad* and *Odyssey*. His eclecticism is extreme, but symptomatic of a familiar trend. If the truth is one but its sources many, and requiring a variety of hermeneutic techniques, then the connection between hermeneutics and concealment becomes crucial.

Before turning finally to the specific hermeneutic problem that I wish to address, it should be observed that the attitudes toward secrecy of the Platonic teachers of the Roman empire were by no means uniform, nor is a clear and simple trend to be defined. The best documented phases of Platonic teaching in the Roman Empire are the school of Plotinus in Rome between 245 and 270, and the school of the διάδοχοι in Athens from the 4th c. to its closing in 529. Here we find a very striking contrast. Plotinus, Porphyry insists, held classes that were open to anyone who wanted to come (ὁ βουλόμενος). Plotinus taught senatorial aristocrats and had access to Gallienus and the Empress. His own education in Alexandria seems to have taken place in a similar atmosphere of openness. Porphyry describes his

[11] On the motivation and scope of this interpretive claim, see Lamberton (1989), 469–470.

shopping around for a teacher and finally, disappointed by the others, discovering Ammonius Saccas through a friend. There is no suggestion that access to Ammonius and his teaching was limited. Porphyry also tells us that Plotinus and his fellow students Origen (the polytheist, not the Christian) and Erennius agreed among themselves to keep Ammonius' teaching secret, a pact that all three eventually broke (Vit. Plot. 3). Was what they had learned from Ammonius imparted to them as a secret, reserved for the initiate? Or were they simply concerned to constrain each other to respect Ammonius' intellectual property? Porphyry does not provide us with an answer. Two centuries later, however, the picture of the intellectual world of Athens painted by Marinus, the biographer of Proclus, is very different. But by this time, the polytheist philosophers were a tiny intellectual minority representing a dwindling religious tradition. The threat of the Christians was a very tangible one, as the fate of Hypatia was to show. Although they taught Christians and there is evidence for a remarkable level of religious tolerance among intellectuals, the initiatory model for philosophical teaching and the injuction to exclude the profane (βέβηλοι) had for them a new significance. Theirs was a world in which Numenius' description of the relationship between Socrates and the Athenians, and Plato's consequent retirement into deliberate obscurantism, must have seemed especially relevant and immediate.

I would like to turn now from the Platonists' techniques for dealing with the secrets in Plato to their ideas about some other problematic texts, and specifically the hexameter poetry of archaic Greece. I listed Homer above among the sources of wisdom singled out by Numenius in the second century, emphasizing that a variety of interpretive techniques were required to extract the valuable core of truth from each of his categories of texts. With Syrianus, Proclus, and the other Athenian Platonists of the fifth century, these techniques were brought to a very high level of sophistication.[12]

We have already seen that throughout the history of ancient Platonism, the issue of concealment is closely bound up with hermeneutics. In the interpretive literature of the later polytheist Platonists, hermeneutics is frequently couched in initiatory language and models. In Proclus' *Commentary on the Republic*, a substantial part of which is devoted to commentary on the *Iliad* and *Odyssey* in defense of Homer

[12] See Lamberton (1986).

against Socrates, this model is invoked repeatedly. The poetry presents a φαινομένη τερατολογία, an absurd and fantastic story displayed to exclude the βέβηλοι (I, 86, 3)—the truth needs to be protected from them (they might laugh at it) and so only traces (ἴχνη) are projected so that the select may follow them to the ἄβατος τοῖς πολλοῖς θεωρία (I, 77, 22–24). At the end of his readings and interpretations of Homer, which took the form of a lecture celebrating the birthday of Plato, Proclus called on his audience to keep the readings secret: they are "for me to tell you, but for you to keep secret from the many" (ἐμοὶ μὲν . . . ῥητὰ πρὸς ὑμᾶς, ὑμῖν δὲ ἄρρητα πρὸς τοὺς πολλούς (I, 205, 22–23).

What, then, are they doing written down? There is an interesting violation here of the lines separating the unspoken from the spoken and in turn the unwritten from the written. Although the other commentaries of Proclus take the familiar form of discussion of short passages and individual phrases, one after the other, his *Republic* commentary consists of a series of substantial essays on a variety of subjects relating to the dialogue. The interpretive material on Homer makes up a separate essay in two books (I, 69–205), apparently an expansion of the address on Plato's birthday, and still including the opening injunction to exclude the uninitiate as well as the closing injunction to keep secret what has been revealed. We might well ask why, if secrecy was declared to be so important at the time of performance, the address was subsequently included with the other essays and published as a part of the commentary. No answer is forthcoming, but we are left with a text whose relationship to writing and publication is contradictory and problematic. It broadcasts its secrets, bracketed by instructions to keep them concealed.

For Proclus, Homeric poetry must be understood "according to the secret doctrine" (κατὰ τὴν ἀπόρρητον θεωρίαν) and to understand it according to what appears on the surface (κατὰ τὸ φαινόμενον)[13] is both misleading and dangerous (I, 140, 11–13). Central to the interpretive vocabulary of Proclus is the concept of the "screen" (παραπέτασμα) of fiction, as in the following discussion of the use and abuse of myth (I, 74.12–30):

> First, those who have neglected the cult of the higher beings on account of the superficial fictions may have been drawn into this insane and monstrous impiety because they failed to recognize either the goal

[13] Cf. the expression φαινομένη τερατολογία, above.

> or the power of mythmaking. If myths place in front of the truth that is rooted in the ineffable the whole apparatus they project, and use this visible screen to hide concepts that are unavailable and unknowable for the masses of men—and *this* is precisely their most outstanding quality, that they give nothing of the truth to the profane but rather only offer traces of the total mystery to those naturally equipped to go from these to the kind of contemplation inaccessible to the masses of men—and if some people, rather than search out the truth that lies within the myths, use only their surface and get no further than fantastic and partial conceptions, falling short of the purification of the mind, how can the myths be held responsible for *their* disorderly activities and they themselves, who have misused the myths, not be seen to be responsible for their own mistakes concerning them?

This idea of the surface of the fiction as a screen on which images are projected to amuse the uninitiated while the truth of the statement lies somewhere behind, is a commonplace in late antiquity. Christians, at least from Clement, and all the later polytheist Neoplatonists refer to texts as παραπετάσματα. The fifth-century commentator on the *Categories* Ammonius even ascribes the habit to Aristotle, and in so doing reveals that the vocabulary of the παραπέτασμα belongs as well to initiatory ritual: "We say that just as in rituals (ἐν τοῖς ἱεροῖς) they use screens (παραπετάσμασι) so that all the profane (πάντας τοὺς βεβήλους) will not encounter what they are unworthy to encounter, and just so Aristotle. . . ." (7.9)

Along with this ritual language so characteristic of the hermeneutic endeavors of thinkers like Proclus when they explicate authoritative and enigmatic texts comes a commitment to the existence of a radical disjunction between the surface of the text and its true meaning. The claims made here are really of a different order from those we have seen made concerning the dialogues of Plato. Here, the screen of fiction is all-encompassing and *only* with the aid of the initiatory hermeneut can it be penetrated. We have also seen that the ignorant reader runs the risk of compounding his ignorance and falling into error simply by trying to read Homer on his own, because he will be inclined to confuse fiction and truth.

The history of allegorical reading is a long one and there are a number of reasons for treating texts as screens for some hidden meaning. Among the most frequent are what has been called "defensive allegory"—the claim that an offensive or otherwise incoherent passage in a text deemed authoritative means something quite different from what it superficially appears to mean—and interpretation as appropriation, the sort of thing the Stoics have been accused of ever since Cicero. He and Plutarch and Galen all join in denouncing the Stoics as willful misreaders who want to make out that all the archaic poets shared their views.[14]

To most readers of the interpretive literature of the later polytheist Platonists, some combination of these motives has seemed sufficient to explain their hermeneutic exercise. In the last thirty years, however, new light has been thrown on the history of the reading of archaic Greek "theological" poetry by the gradual publication and study of a papyrus from Derveni in Macedonia, containing fragments of a portion of an extensive commentary on an Orphic cosmogony in dactylic hexameters.[15] The degree to which the anonymous commentator's analytical tools and vocabulary resemble those of Proclus is extraordinary, but the papyrus itself dates to the latter part of the fourth century BCE and the commentary, as a number of scholars, including Walter Burkert, have established, is probably a century older, so that very nearly a millennium separates the Derveni commentary from Proclus' *Commentary on the Republic*.

Here again, we have a text with a puzzling history. Found half incinerated in a funerary context (but not inside a tomb), the Derveni papyrus may well represent a much larger literature of commentary on Orphic texts that we are unlikely ever to recover. The poetic texts themselves were not written down until a very late date, so that there has been a tendency to write them off as Hellenistic forgeries (which many Orphic texts no doubt are). But a reluctance to commit the hexameters to writing may throw light on this question. The Derveni text was deliberately destroyed, perhaps when its owner died. If this is the case, then the commentary as well must have been endowed with some special status, some reason for secrecy. A number of passages in the lacunose text lend themselves to this interpretation, though it is difficult to be certain.

The importance of the Derveni papyrus in the present context lies in the possibility that it raises, that the initiatory language in which the later Platonists veiled their comments on the "true" meaning of archaic, hexameter, "theological" poetry is not to be explained fully

[14] Cf. Lamberton (1992), xvi–xviii, along with Long (1992).

[15] For a discussion of the papyrus with some bibliography, see West (1983). The forthcoming papers from a conference on the papyrus held in Princeton in April, 1983, will include a discussion of the hermeneutic techniques of the commentator.

by reference to the religious and philosophical trends of the Roman empire. Their odd hermeneutic enterprise may in fact represent the same tradition of commentary on "theological" poetry that we see documented in the Derveni commentary, nearly a millennium earlier. The Orphic poetry that has survived is clearly of a different order from the hexameters of Homer and even of Hesiod. Its surface is far less coherent, far less esthetically engaging. It can plausibly be argued that it was created for just the sort of interpretation we see it submitted to in the Derveni commentary. To know the poetry was already a reserved privilege. To be guided through it by a qualified exegete represented a higher, but a normal, stage of initiation. Just as Homer, in Hellenistic usage, was designated "the Poet" (ὁ ποιητής), so Orpheus was "the theologian" (ὁ θεολόγος), though the term might properly be used of any of the early hexameter poets who wrote about the gods. The Derveni commentary raises the possibility that we must understand Proclus' initiatory exegesis of Homer, with its emphasis on the necessity for concealment of the true meaning of the text, as a transfer of hermeneutic method rather than a new invention. Proclus would have preferred to withhold the *Iliad* and *Odyssey* from the general public, because of the dangers of *mis*reading κατὰ τὸ φαινόμενον. In the classical period, this was an acceptable and quite possibly the normal attitude toward Orphic poetry, but Homer was at that period central to education and to the civic festivals of the Athenians. Perhaps the sort of reading Proclus gave Homer was the natural one, as soon as Homer the theologian was placed on a footing comparable to that of Orpheus the theologian. The screen of the Homeric text concealed the truth every bit as effectively as did the Orphic hexameters, and lent itself just as well to the work of the learned and initiatory exegete.

What sorts of secrecy and concealment do we find in Platonism? The accessible phases of Platonic teaching in antiquity suggest that what is regularly at stake is private or privileged access to the concealed meanings of certain texts. There was certainly no uniform hermeneutics at work here. The dialogues of Plato, the Chaldaean Oracles, Hesiod, and the other texts deemed worthy of interrogation had each to be treated in the manner it required. Each of these hermeneutic modes, however, is built on the assumption that the text in question screens, or hints at, the truth, to a greater or lesser degree, if not all of the time, at least some of the time. Can we extend that principle back over the great gap between the death of

Plato and the second century CE? In other words, can we say that the "unwritten doctrine" of Plato was in fact always a matter of hermeneutics, of disengaging the meaning from the text of the dialogues when it was unclear or incoherent? I suspect that this is the case, and that the various sorts of "secret doctrine" or "oral teaching" later Platonism repeatedly evoked were, consciously or not, metaphors for or projections of that tradition of interpretation, devices for cementing the thought of Plato himself to that of his followers and creating out of that body of speculation a single whole. In the last stages, when other acknowledged sources of wisdom have proliferated and need to be incorporated, the hermeneutic tools increase in importance and become central to the enterprise of philosophy, and the claims of coherence and continuity become louder and more pervasive.

The advantages of such claims are self-evident, as are the advantages conferred by claims of exclusive access to the meaning of texts. The little world of the last polytheist Platonists was cemented together by hermeneutics. Proclus taught his advanced students what *really* lay hidden behind the screen of Homer's mythic τερατολογία—not with the same techniques he used to elucidate the text of Plato's dialogues for them, but perhaps with the same effect. A great deal was at stake. The access he provided them to what was concealed within a wide range of texts amounted to extending to his students membership in the group that truly possessed those texts, by possessing their secrets. An inevitable consequence must have been one that Georg Simmel would surely have appreciated: as we have all read, he observed, first, that possession confers pleasure in part because what I (or we) own is denied to others, and secondly "what is denied to many must have special value."[16]

I am inclined to believe that Platonism was never, properly speaking, a religion (though many of my friends would vehemently disagree). It insisted, at least until the close of the Athenian school in 529, on the continuity of the nature and methodology of the search for the truth in the tradition of Plato. If some later Platonists expanded the sphere of this search to include astrology or theurgy, they never abandoned a clear sense of the difference between their endeavor and that of others who sought god first, and truth secondarily if at all. Platonists were for most of the history of the tradition

[16] Simmel (1964), 332.

by and large individuals who pursued a lonely search for the truth by doing the hard intellectual work the dialogues and their teachers led them to believe might lead them there. But when we think of the shrinking Platonist circles of fifth-century Athens or Alexandria, there can be little doubt that the bonds of the closed hermeneutic community and the benefits it conferred were crucial to the survival of the endeavor.

Bibliography

Gaiser, Konrad, 1959. *Protreptik und Paränese bei Platon.* Tübinger Beiträge zur Altertumswissenschaft 40. Stuttgart: Kohlhammer.

——, 1963. *Platons ungeschriebene Lehre.* Stuttgart: Klett.

Guthrie, W.K.C., 1978. *A History of Greek Philosophy, vol. 5: The Later Plato and the Academy.* Cambridge: Cambridge University Press.

Krämer, Hans Joachim, 1959. *Arete bei Platon und Aristoteles.* Abhandlungen der Heidelberger Akademie der Wissenschaften, Phil.-hist. Klasse, Heidelberg.

——, 1964. *Der Ursprung der Geistmetaphysik, Untersuchungen zur Geschichte des Platonismus zwischen Platon und Plotin.* Amsterdam: Schippers.

Lamberton, Robert, 1986. *Homer the Theologian, Neoplatonic Allegorical Reading and the Growth of the Epic Tradition.* Berkeley: The University of California Press.

——, 1989. [Review of Malcolm Heath, *Unity in Greek Poetics*] *Ancient Philosophy* 11, 465–473.

——, 1992. "Introduction" to *Homer's Ancient Readers,* R. Lamberton and J.J. Keaney, eds., Magie Classical Publications, Princeton: Princeton University Press.

Long, A.A., 1992. "Stoic Readings of Homer," 41–66 in R. Lamberton and J.J. Keaney, eds., *Homer's Ancient Readers.* Magie Classical Publications. Princeton: Princeton University Press.

Simmel, Georg, 1964. *The Sociology of Georg Simmel,* ed. and tr. Kurt H. Wolff. New York: Free Press.

Tigerstedt. E.N., 1974. *The Decline and Fall of the Neoplatonic Interpretation of Homer* Commentationes Humanarum Litterarum, 52, Helsinki: Societas Scientiarum Fennica.

——, 1977. *Interpreting Plato.* Uppsala: Almqvist and Wiksell.

SECRECY IN THE GREEK MAGICAL PAPYRI

HANS DIETER BETZ
University of Chicago

"Das Wahre ist gottähnlich; es erscheint nicht unmittelbar, wir müssen es aus seinen Manifestationen erraten."
Goethe, "Aus Makariens Archiv," Werke 8 (München: Beck, 1981), p. 460, no. 3

As one would expect, secrecy is one of the fundamental principles in the Greek Magical Papyri, but closer examination of the texts reveals that the phenomena concerning secrecy are more complex than we would expect. To begin, the collection of texts we call *Papyri Graecae Magicae*[1] is not homogeneous in itself. Only part of the corpus falls into the category of texts to be kept secret, while other parts are not protected from the public or are even to be sold in the marketplace.[2] In addition, the familiar command to keep the magic secret is found in texts written in Greek, but not in those written in Demotic, representing the older Egyptian tradition. Egyptian magic, however, knows of the concept of secret divine names and of secret magical substances, but rituals and procedures were not necessarily kept away from the public. The older Egyptian magician is simply taken as an expert who knows the divine names, formulae, and procedures. In the Graeco-Egyptian materials, however, there is an unequal distribution of concerns about secrecy. Only certain texts, similar in

[1] Abbreviated in the following *PGM* and quoted according to the edition by Karl Preisendanz, ed., *Papyri Graecae Magicae. Die griechischen Zauberpapyri* (2 vols.; 2nd ed. by Albert Henrichs; Stuttgart: Teubner, 1973–74). The English translation cited is by Hans Dieter Betz, ed., *The Greek Magical Papyri in Translation, Including the Demotic Spells* (2nd ed.; Chicago: University of Chicago Press, 1992), abbreviated *GMPT*.

[2] For additional texts see Robert W. Daniel and Franco Maltomini, *Supplementum Magicum* (2 vols.; Abhandlungen der Rheinisch-Westfälischen Akademie der Wissenschaften, Sonderreihe "Papyrologica Coloniensia," 16.1–2; Opladen: Westdeutscher Verlag, 1990, 1992).

character, are preoccupied with secrecy. For the most part, these texts belong to the category that shows influence of mystery-cult language,[3] Judaism,[4] and Hellenistic philosophy of religion.[5] We should, therefore, expect that these concerns for secrecy are indicative of larger issues in the background.[6]

1. *The Command to Keep the Spells Secret*

The Great Magical Papyrus of Paris (P. Bibl. Nat. suppl. gr. 574) contains some good examples of spells to be protected by secrecy. The "Charm of Solomon that produces a trance" is entitled Σολομῶνος κατάπτωσις (*PGM* IV.850–929).[7] As the title indicates, the charm contains a formula that produces an ecstatic seizure in boys and adults, at which occasion the medium can receive oracular inquiries and answer them, "and he will describe everything with truth" (IV.913). Prior to the invocation, the charm orders the practitioner to keep it secret: "I swear to you by the holy gods and the heavenly gods not to share the procedure of Solomon with anyone and certainly not to use it for something questionable, unless a matter of necessity forces you, lest perchance wrath be preserved for you" (IV 851–57).

---

[3] See my articles on the magical literature in *Hellenismus und Urchristentum. Gesammelte Aufsätze* I (Tübingen: J.C.B. Mohr [Paul Siebeck], 1990).

[4] Depending on the type of texts, their provenience and date, Jewish magic takes very different forms. In the *PGM*, Jewish elements, whatever their origin may be, are found mostly in the material that also shows strong influence of Hellenistic syncretism. Special investigations are a desideratum. See the still valuable work by Ludwig Blau, *Das altjüdische Zauberwesen* (Jahresbericht der Landes-Rabbinerschule in Budapest für das Schuljahr 1897–98; reprinted Westmead, Farnborough, Hants., England: Gregg International, 1970); Joseph Naveh and Shaul Shaked, *Amulets and Magic Bowls: Aramaic Incantations of Late Antiquity* (Jerusalem: Magnes, 1985) 35–38: "Magic in the Palestinian Amulets and their Religious World."

[5] In the *PGM* Hellenistic philosophy of religion takes the form of Hermeticism, but the relationship between them constitutes complicated problems. See William C. Grese, "Magic in Hellenistic Hermeticism," Ingrid Merkel and Allen G. Debus, eds., *Hermeticism and the Renaissance: Intellectual History and the Occult in Early Modern Europe* (Washington: The Folger Shakespeare Library; London and Toronto: Associated University Press, 1988) 45–58; Garth Fowden, *The Egyptian Hermes: A Historical Approach to the Late Pagan Mind* (Cambridge: Cambridge University Press, 1986), especially 79–94; Brian P. Copenhaver, *Hermetica: The Greek Corpus: The Greek Corpus Hermeticum and the Latin Asclepius in a new English translation with notes and introduction* (Cambridge: Cambridge University Press, 1992), *passim.*

[6] For the whole material and its background see the indispensible work by Theodor Hopfner, *Griechisch-ägyptischer Offenbarungszauber* (Studien zur Palaeographie und Papyruskunde, 21.1–2/2 (3 vols.; 2nd ed.; Amsterdam: Hakkert, 1974, 1983, 1990).

[7] For the trans. see William C. Grese, *GMPT*, 55–56.

The procedure begins with with a series of *voces magicae*, in which the names of Phre, Osiris, and Amon can be recognized, followed by the invocation of Esies/Osiris (IV.870–97). The secret magical name of Osiris, which is quoted in full and which is replete with the god's Egyptian names, is said to have been revealed by Hermes Trismegistos[8] who had inscribed them with hieroglyphic letters in Heliopolis (IV.885–87).[9] While the charm is Egyptian throughout, the reference to Hermes Trismegistos and to Heliopolis as the place of origin gives it a Graeco-Egyptian and even "philosophical" character.

Another example is the "Hidden Stele" (στήλη ἀπόκρυφος) in *PGM* IV.1115–66.[10] The section so entitled contains a χαιρετισμός invocation beginning with "Hail, entire system of the aerial spirit" (χαῖρε, τὸ πᾶν σύστημα τοῦ ἀερίου πνεύματος . . .). The prayer is in fact addressed to the all-encompassing Aion (ὁ θεὸς τῶν αἰώνων) and "lord of the universe" (μέγας εἶ, κύριε, θέε, δέσποτα τοῦ παντός [IV.1163–64]). Divine epithets such as "incomprehensible figure of the universe" (ἀπερινόητον σχῆμα κόσμου [1138–39]) and "the one who gathered together the abyss at the invisible foundation of its position" (ὁ τὴν ἄβυσσον θησαυρίσας ἀοράτῳ θέσεως ἑδράσματι [1148–49]) suggest a strong influence of Hellenistic philosophical cosmology. Remarkably, the whole prayer is dedicated to what appears to be a mystery-cult association:" Hail to those to whom the greeting is given with blessing, to brothers and sisters, to holy men and women" (χαίρετε, οἷς τὸ χαίρειν ἐν εὐλογίᾳ δίδοται, ἀδελφοῖς καὶ ἀδελφαῖς, ὁσίοις καὶ ὁσίαις [1136–38]).[11]

The text immediately following (IV.1167–1226),[12] entitled "Stele

---

[8] The name occurs in *PGM* IV.884; V.551. See Betz, *GMPT*, 133 n. 93.

[9] The relatively frequent naming of Heliopolis in the *PGM* often involves Hermes Trismegistos. See I.35; IV.885; 2446; xii.40 (?), 315, 350; XXXVI.108; CXXII.1. See also Fowden, *The Egyptian Hermes*, 51, n. 19; 63; 66, n. 84.

[10] Trans. by William C. Grese, *GMPT*, 60–61. See also Reinhold Merkelbach and Maria Totti, *Abrasax: Ausgewählte Papyri religiösen und magischen Inhalts* (3 vols.; Abhandlungen der Rheinisch-Westfälischen Akademie der Wissenschaften, Sonderreihe "Papyrologica Coloniensia," 17.1–3; Opladen: Westdeutscher Verlag, 1990, 1991, 1992) 2.34–42.

[11] This reference to a group of initiates is rare in the *PGM*. Cf. William C. Grese, *Corpus Hermeticum XIII and Early Christian Literature* (Studia ad Corpus Hellenisticum Novi Testamenti, 5; Leiden: Brill 1979) 40–43. An analogy seems to be the group called ἱεροί καὶ ἱεραί in the rules of the mystery cult of Andania; see the text in Franciszek Sokolowski, *Lois sacrées des cités grecques* (École française d'Athènes, Travaux et mémoires des anciens membres étrangers de l'école et des divers savants, 18; Paris: De Boccard, 1969) No. 65, line 1.

[12] Trans. by William C. Grese, *GMPT*, 61.

that is useful for all things; it even delivers from death" (στήλη πρὸς πάντα εὔχρηστος, ῥύεται καὶ ἐκ θανάτου), is a prayer of invocation addressed to Aion/Helios. As in the previous text, the divine epithets abound in cosmic and mystic terms reflecting Hellenistic philosophical cosmology. The spell's deities are a syncretistic mixture of Greek and Jewish names. Aion is identified with Sophia (1206), and there is a hierarchy of divinities (θεοί), archangels and decans, and myriads of angels (1202–04).[13] Reference is made to the 100-letter name (1209–10), which is quoted in full and said to be worn on a gold-leaf amulet (1222–24), and to the unquenchable lamp burning in the temple at Jerusalem (1218–21).[14] The fact that this prayer is influenced by Hellenistic religious philosophy becomes even clearer when one compares it with its parallel version in I.196–221. In that version there is no command to keep the magic secret, but instead we read that it should not be investigated (μὴ ἐξέταζε τὸ ἐν αὐτῇ [1168]).

The exorcism ritual in IV.1227–64,[15] entitled "Excellent rite for driving out daimons" (πρᾶξις γενναία ἐκβάλλουσα δαίμονας) shows Jewish and Christian influences. In part written in Coptic, it invokes the god of Abraham, Isaac, and Jacob, and throws in "Jesus Chrestos,[16] the Holy Spirit, the Son of the Father" (1233–34). After the daimon is expelled, wearing a powerful Chnubis amulet is recommended against a return of the daimon. The procedure is to be kept secret (κρύβε [1251]).

PGM IV.2441–2621,[17] entitled "Spell of Attraction" (ἀγωγή), mentions Pachrates, the prophet from Heliopolis, as having revealed the spell to the emperor Hadrian (2446–48). The section also includes a procedure for a dream revelation. Addressed to the underworld goddess Selene/Persephone/Artemis it reveals a phylactery with a secret magical inscription. The command "Keep it secret, son!" (κρύβε, υἱέ

---

[13] On this point see Michael Mach, *Entwicklungsstadien des jüdischen Engelglaubens in vorrabbinischer Zeit* (Texte und Studien zum Antiken Judentum, 34; Tübingen: J.C.B. Mohr [Paul Siebeck], 1992), especially 141, 299–300.

[14] See on this miraculous phenomenon *GMPT*, 61, n. 167.

[15] Trans. by Marvin W. Meyer, *GMPT*, 62.

[16] Both ΧΡΗΣΤΟΣ and ΧΡΙΣΤΟΣ are used in the *PGM* with reference to Jesus Christ; see also XIII.289; C.5; CXXIII.a.49. See M.J. Edwards, "ΧΡΗΣΤΟΣ in a Magical Papyrus," *ZPE* 85 (1991) 232–36; cf. Robert W. Daniel, *Two Greek Magical Papyri in the National Museum of Antiquities in Leiden: A Photographic Edition of J 384 and J 395 (=PGM XII and XIII)* (Abhandlungen der Rheinisch-Westfälischen Akademie der Wissenschaften, Sonderreihe "Papyrologica Coloniensia," 19; Opladen: Westdeutscher Verlag, 1992), p. xxv.

[17] Trans. by Edward N. O'Neil, *GMPT*, 82–86.

[2518–19; cf. 2512: κρύβε) implies the existence of an apprentice whom the master magician teaches.

The Berlin Papyrus 5025 includes two spells with the command to keep them secret. Both are rituals for acquiring an assistant daimon (πάρεδρος). The first of these (I.1–41) invokes the god Agathos Daimon, apparently at Heliopolis because of the mentioning of the holy fig tree there. The procedure is to be kept secret: κρύβε, κρύβε τὴν πρᾶξιν (41).

The second spell follows in I.42–195[18] and is called "The Spell of Pnouthis, the sacred scribe, for acquiring an assistant" ([Πνού]θεως ἱερογραμματέως πάρεδρος). While Egyptian in character, the spell contains mystery-cult terminology and shows even literary ambitions in its epistolary prescript: "Share its great mystery with no one [else], but conceal it, by Helios, since you have been deemed worthy by the lord [god]" (μηδὲν [ἄλλῳ με] μεταδῷς, ἀλλὰ κρύβε, πρὸς Ἡλίου, ἀξιωθεὶς ὑπὸ τοῦ κυρί[ου θεοῦ], τὸ μέγα τοῦτο μυστήριον [130–31]).

The most important passages involving secrecy are found in the Leiden Papyri J 384 and J 394 (*PGM* XII and XIII).[19] *PGM* XII contains two spells concerning the making of magical rings.

The first of these spells (XII.201–69)[20] carries the title "A little ring" (δακτυλείδιον) and is said to be good "for every [magical] operation and for success," commending itself even to kings and governors (201–02). The stone for the ring is to be light-blue jasper; engraved on it should be an Ouroboros serpent,[21] and in the middle of it the figure of Selene on the crescent moon, with two stars over the horns of the moon and above that the symbol of Helios. On both sides of the stone the name ABRASAX should be inscribed, and around it "the great and holy and omni-competent [spell], the name IAŌ SABAŌTH." The invocation to be spoken during the procedure (216–38) addresses the cosmic deities in all their manifold forms and functions. In a sequence of ἐγώ εἰμι—statements the magician identifies himself with the great Egyptian and Greek deities (228–36), in order to call on the cosmic deities as "helpers" (συνεργοί [236]). The magician has power over these deities because he is in

[18] Trans. by Edward N. O'Neil, *GMPT*, 4–8.

[19] The two papyri have been reedited by Daniel, in *Two Greek Magical Papyri* (see above n. 16).

[20] Trans. by Morton Smith, *GMPT*, 161–63. See also Merkelbach and Totti, *Abrasax*, 1.155–78.

[21] See on this *GMPT*, 337, s.v. Ouroboros.

the possession of "the hidden and ineffable name, the forefather of gods, overseer and lord of all" (τὸ κρυπτὸν καὶ ἄρρητον ὄνομα, τὸν προπάτορα θεῶν, πάντων ἐπόπτην κ[α]ὶ κύριον [237–38]).

The god whom the magician finally invokes and orders to appear is Aion, ὁ παντοκράτωρ θεός (238), whose body is identical with the universe and who bears the name Agathos Daimon (244). His ὄνομα is cited (240–41), and he is then praised by a hymn (244–66).[22] This hymn is also characterized by its highly developed Aion theology, programmatically combining the god's Egyptian, Jewish, Greek, and Parthian names, and addressing the deity as the one whom the "high priests" regard as the "unknown god": κρυπτέ, ἀόρατε, πάντας ἐφορῶν (263–66).

The spell in XII.270–350,[23] also entitled "A little ring" (δακτυλίδιον), is equally syncretistic, even though there is a preponderance of Jewish names when invoking Iao, Sabaoth, Adonai, Elohim, etc. (285). The theology is similar to the previous spell, displaying mystery-cult terminology as well, and expressing high expectations for social success: "It makes men famous and great and admired and rich as can be, or it makes possible friendships with suchlike men" (271–72).

The stone is to be a green heliotrope with the symbol of Helios on its face. The Ouroboros serpent has to have the shape of a wreath, inside of which there is to be the image of a sacred scarab surrounded by rays. On the reverse side the name is to be inscribed "in hieroglyphic, as the priests pronounce [it]" (277). A fully developed "commercial" praises not only the beauty but also the enormous power of this ring (277–84).

The god invoked is "the greatest god who exceeds all power" (284–85), but instead of the name Aion that we would expect a long string of magical names is given, beginning with IAŌ SABAŌTH ADŌNAI ELŌHIM and continuing with a mixture of Egyptian and Greek voces magicae, with a few Jewish names thrown in for good measure (285–301). This spell as well as the additional invocation to the god OUPHŌR is to be kept secret: "So keep this in a secret place as a great mystery. Hide, hide [it]!" (ὃ καὶ ἔχε ἐν ἀποκρύφῳ ὡς μεγαλομυστήριον. κρύβε, κρύβε [321–22]). And at the end: "Hide, hide the true [spell to control?] OUPHŌR! (κρύβε, κρύβε τὸ ἀληθεινὸν Οὔφωρ [334]).

What is to be kept secret, therefore, is above all the μυστήριον

---

[22] See also Merkelbach and Totti, *Abrasax*, 1.16–19.
[23] Trans. by Morton Smith, *GMPT*, 163–65.

(331–333) as the center piece of the spell, so that we may conclude that the command has been imported into the material together with the mystery-cult language. But there is more to the story.

Secrecy stands out as a prominent feature in *PGM* XIII.[24] The title of the "Eighth Book of Moses" (XIII.343–734) reads: "The sacred, hidden book of Moses called 'eighth' or 'holy'" (Μοϋσέως ἱερὰ βί⟨β⟩λος ἀπόκρυφος ἐπικαλουμένη ὀγδόη ἢ ἁγία [343–44]). This, however, is the second version of the book, the first of which precedes it in XIII.1–343, entitled "A sacred book called 'Unique' or 'Eighth Book of Moses" (Βίβλος ἱερὰ ἐπικαλουμένη Μονὰς ἢ ὀγδόη Μοϋσέως).[25] At the end of the second version the writer not only repeats the title "The eighth, hidden book of Moses" (Μοϋσέως ἀπόκρυφος η' [730]), but he says he knows of still another copy of the same book with the title "Hidden book of Moses concerning the Great Name, or, for everything in which is the name of him who governs all" (Μοϋσέως ἀπόκρυφος βίβλος περὶ τοῦ μεγάλου ὀνόματος, ἢ κατὰ πάντων, ἐν ᾗ ἐστιν τὸ ὄνομα τοῦ διοικοῦντος τὰ πάντα [731–33]).[26] The magician who composed the papyrus also cites from "A secret prayer of Moses to Selene" (Μοϋσέως ἀπόκρυφος Σεληνιακή [1057–64]), and he refers to the "The tenth hidden [book of] Moses" (Μοϋσέως ἀπόκρυφος ἡ Δεκάτη [1077–78]), but it is unclear whether this is the title of the preceding section (734–1077) or another text not included in this magical handbook.

Even within the material references to secrecy are found: XIII.20 cites a list of seven secret kinds of incense (τὰ ἀπόκρυφα ἐπιθύματα). The writer claims to have drawn this list from a book in his possession called "Key of Moses" (Κλεὶς Μοϋσῆς [21]). This list is said to have been plagiarized in still another book by Hermes (Trismegistos), called "Wing" (Πτέρυξ [16]).

At any rate, the section XIII.734–1078 is different from the "Eighth book of Moses" (1–730). As the writer indicates at the beginning, the apprentice who receives the material in XIII.734–1078 is under oath to keep it secret: "I have set out for you the oath that precedes each book, since, when you have learned the power of the book, you are to keep it secret, child" (προτέθειμαι δέ σοι τὸν ὅρκον τὸν κατὰ βί⟨β⟩λον

[24] Trans. by Morton Smith, *GMPT*, 172–95. See also Merkelbach, *Abrasax*, 3.92–153, with the commentary 185–231.

[25] On the composition of *PGM* XIII see Smith, *GMPT*, 181–82; Merkelbach and Totti, *Abrasax*, 1.179.

[26] On XIII.732–1056 see also Merkelbach and Totti, *Abrasax*, 1.179–222.

προκείμενον· ἐπιγνοὺς γὰρ τῆς βίβλου τὴν δύναμει ν κρύψεις, ὦ τέκνον· [740–42]). The reason for the secrecy is said to be that the spell contains "the name of the lord, which is Ogdoas." The command to keep things secret is repeated after other divine names have been revealed: "Learn and conceal, child!" (κρύβε μαθών, τέκνον [756]).

Therefore, while the context makes it quite clear that the major reason for secrecy is the revelation and knowledge of the divine ὀνόματα (756–61), the overall literary framework suggests that the material comes from a literature that is secret in its entirety. The compiler of the handbook of *PGM* XIII is interested in this material no doubt because its status of secrecy gives it high prestige among the magicians. The associations with the name of Moses and personalities from the literature of Orphism, including Orpheus himself, add to this prestige. The redactional comments frequently made by the compiler betray his work as that of a scholar of magic, most likely working in a library of such materials. His own religious preferences obviously include materials influenced in one way or another by Judaism, focusing on books attributed to Moses. If he knows about the "Eighth" and the "Tenth Book of Moses", there must have been other such pseudepigrapha, and, indeed, some of them are extant, either under the name of Moses[27] or Solomon[28] as "Orphica".[29]

2. *The Secrecy of the Divine Names*

In the *PGM* secrecy is more than a convention or ploy to reserve knowledge for power-obsessed religious manipulators. This fact is borne out by the connection between the concern for secrecy and the divine names.[30] The evidence suggests that the Hellenistic religio-philosophical problem of the nature and function of divine names weighs

[27] For the name of Moses in the *PGM* see III.444; V.109; VII.619; XIII. 1, 21, 343, 382–83, 724, 730, 970, 1057, 1078; xiv.131, 1030; CXXIII.a.15; CXXIII.b; CXXIII.c. See John Gager, *Moses in Greco-Roman Paganism* (Society of Biblical Literature Monograph Series, 16; Nashville, TN: Abingdon Press, 1972) 134–61.

[28] See *PGM* IV.850, 3040; LXXXIII.19; XCII.5; XCIV.20. On the whole see Karl Preisendanz, "Salomo," PW, Suppl. 8 (1965) 66–704.

[29] See in *PGM* VII.451; XIII.933, 947. Cf. Michael Lafargue, "Orphica," in James H. Charlesworth, ed., *The Old Testament Pseudepigrapha* (2 vols.; Garden City, N.Y.: Doubleday, 1985) 2.795–801; Walter Spoerri, "Hekataios von Abdera," *RAC* 14 (1988) 275–310.

[30] See on this topic Hopfner, *Offenbarungszauber*, 1, §§ 680–801; Blau, *Das altjüdische Zauberwesen*, 117–46; Mach, *Entwicklungsstadien*, *passim* (with further bibliography).

heavily on the mind of the magicians who wrote the material under examination.[31] In general, in the *PGM* names of deities are found in three categories:

a. *The traditional names of gods and goddesses*
As has often been observed, the Graeco-Egyptian pantheon as we find it in magical texts is different from that of earlier periods. The magical texts we are discussing name those deities that have acquired an international status in Hellenistic religion. From the Egyptian deities this includes preeminently Isis, Osiris, Anubis, Thoth, Horus, Seth; from the Greeks there are Zeus, Apollo, Artemis, Hermes, Aphrodite, Heracles, Hephaestus, to mention the most frequent ones. Many of the deities, whether Egyptian, Greek, or Jewish, have become merged (e.g., Helios/Osiris, Helios/Apollo, Helios/Iao, Artemis/Selene/Hekate/Persephone, Typhon/Seth).

b. *The new names of deities*
In addition to the old gods and goddesses new ones were created or reshaped, and some of them are prominent in the *PGM* (e.g. Agathos Daimon, Aion, Harpocrates, Sarapis, Physis).

c. *Secret names of the deity*
While the names of gods, goddesses, and daimons commonly populating the Hellenistic pantheon are being invoked throughout the magical texts, important changes in the very understanding of divine names have occurred. There is a new understanding that the names of deities are to be taken as conduits of divine power, a function that can no longer be expected of the older and traditional names. This change can be detected especially in those texts that are under the influence of Greek religious philosophy. In these texts, the traditional deities have in principle been moved to a lower level of the divine hierarchy. These deities can hold on to their power only if they are identified with the highest cosmic deity, such as Helios, Aion, or Agathos Daimon. Or, and this is the most frequent phenomenon in the magical texts, secret names have replaced the traditional ones as conduits of divine power. It is at this point that the connection

[31] See Burkhard Gladigow, "Gottesnamen (Gottesepitheta) I (allgemein)," *RAC* 11 (1981) 1202–38; C. Detlev G. Müller, "Gottesnamen (Gottesepitheta) IV (christlich-volkstümlich)," *ibid.*, 1238–78.

between the concern for secrecy and the divine names can be observed. Several conclusions can immediately be drawn from this situation.

Firstly, the divine names have changed their nature and function. They no longer designate individual deities within a pantheon, analogous to human names in society, but they are now regarded as a multitude of manifestations of what is basically the one power of the divine.

Secondly, since the traditional names of deities are no longer capable of fully representing deities, the conclusion by Greek philosophers concerning the "unknown god" (ἄγνωστος θεός)[32] is in principle endorsed by philosophically inclined magicians.[33] The reason is that these traditional names were given to the deities by humans who did not know the true names by which the deities identify themselves. In other words, those who know only the traditional names of the deities remain ignorant of the true divinity that is in charge of the cosmic forces in the universe.

Thirdly, this "unknown god" is manifest in and represented by secret names known to the informed magician only. As the highest deity encompasses all the cosmic forces, the vast number of different secret names demonstrates the diversity in which the divine powers are at work in the universe. Consequently, to the magician these secret names provide access to and contact with the divine forces and, indeed, with the deity itself.

Fourthly, in a sense the secret names replace the traditional names which, however, are retained for the sake of convention and tradition. New names such as Agathos Daimon or Aion are, strictly speaking, not names at all but abstractions describing the nature of the highest deity. Access to this deity can be gained only through the secret ὀνόματα which, therefore, simultaneously function as magical spells. In fact, ὄνομα becomes a designation for the entire spell that has a secret name as its center.

The relationship between the secret names and the deity shows in the epithets attached. The κρυπτὸν ὄνομα (I.217) of Aion/Helios is cited in I.218–21; τὰ ἱερὰ καὶ μεγάλα καὶ κρυπτὰ ὀνόματα of Helios/Agathos Daimon are mentioned in IV.1609–10; similarly τὸ κρυπτὸν

[32] It should be noted, however that the Greek term does not occur in the *PGM*.

[33] *So rightly Wolfgang Fauth, "Agnostos Theos," Der kleine Pauly* (München: Druckenmüller (Artemis), 1975) 1.134–35, 135: "Die bereits im alten Orient existierende Vorstellung von den 'unbekannten Göttern' . . . wurde von der hellenist. Zauberliteratur aufgenommen . . ."

καὶ ἄρρητον ὄνομα of Aion (XII.237, 240; XIII.763); τὸ κρυπτὸν ὄνομα of Sabaoth (XXII.b.20). The secret names represent the deities themselves, e.g. cosmic Eros (κρύφιε [IV.1801]), Isis (XXIII.2), and Aion, to whom the well-known formula κρυπτέ, ἀόρατε, πάντας ἐφορῶν (XII.265)[34] is attributed.

That these epithets address the "unknown god" can be seen from related epithets, such as ἀόρατος, ἀπερινόητος, ἀφανής, ἄφθεγκτος and ἀθεώρητος. A few times at least, these epithets also occur in the Demotic texts (xiv.240, 585; lxi.75, 116; Suppl. 10).

As the formula μηδενὶ μεταδούς *vel sim.* tells the recipient, these secret names must not be shared with anyone, at least not quickly (μὴ ταχὺ μεταδίδου τινι [VII.457]), for the whole purpose of writing them down was of course to preserve them and hand them down to other magicians, albeit qualified ones.

It is to be assumed, then, that the secret names were originally known only to the deity in question. Deities so named are those who know τὰ κρύφιμα (VIII.15) and who are the guardians of all the secrets (κρυφίμων φυλακαί [VI.1353; VII.352]). Eros, e.g., can be called κρυφίων πάντων ἄναξ (IV.1780; cf. xiv.45; Suppl. 195). Whenever the magician gets to know these names and the deities themselves, it must occur through special revelation by them as τῶν ἀποκεκρυμμένων φανερωταί (XII.223).

3. *The Language of Divine Names*

Since originally only the deity knows the divine names, the question arises in which language these names are pronounced and revealed. XIII.763–64 states the basic assumption in all of the *PGM*: The expression τὸ κρυπτὸν ὄνομα καὶ ἄρρητον is to be interpreted to mean that the name "cannot be pronounced by a human mouth" (ἐν ἀνθρώπου στόματι λαληθῆναι οὐ δύναται). The implication is, first, that the secret names do not represent human but divine language, and that the human mouth is not capable of articulating them, just as human reason cannot comprehend their meaning.[35]

---

[34] See Folker Siegert, *Drei hellenistisch-jüdische Predigten: Ps. Philon, "Über Jona," "Über Jona" (Fragment) und "Über Simson"* (WUNT 61; Tübingen: J.C.B. Mohr [Paul Siebeck], 1992) 2.116–18.

[35] On these phenomena see the collection of material in the work by Hermann Güntert, *Von der Sprache der Götter und Geister: Bedeutungsgeschichtliche Untersuchungen zur homerischen und eddischen Göttersprache* (Halle: Niemeyer, 1921); Alfred Heubeck, "Die

What then is the evidence for the existence of such language? The evidence is given in the magical materials in the form of what scholarship has come to call ῥῆσις βαρβαρική or *voces magicae*.[36] The magicians point to exorcism as evidence that the demons understand these secret names, and that when they hear them they tremble (οὗ καὶ οἱ δαίμονες ἀκούοντες τὸ ὄνομα πτοῶνται [XIII.765]). In addition, the voices of sacred animals, when imitated by the magician, show that they understand them.

These *voces magicae* occur throughout the magical texts as the core of the magical formulae.[37] The fact that *voces magicae* are inserted into older hymns means that these hymns are no longer considered magically effective as such, but that they need these additions in order to accomplish their purposes. The point of the *voces magicae* is, therefore, that they imagine and imitate non-human language that exists prior to human articulation and comprehension. When deities and demons speak, their language must consist of sound sequences that do not add up to anything resembling everyday human speech.

The secret names of the deity, therefore, belong to this divine language and can aptly be designated by epithets such as τὸ αὐθεντικὸν ὄνομα (I.226; IV.1812; XII.153).[38] In other words, only these names, by virtue of being metaphysically different from the traditional names of the gods and goddesses, are effective; in fact, the deity has no choice but to give heed to them.[39]

The names, however, are not the only secret material. There are also the secret formulae (λόγοι), the vowel sequences, the palindromes, and the combinations of letters and numbers (e.g., the famous 100–letter name [IV.240, 1205, 1380; V.435). Moreover, in order to increase the believability of the *voces magicae*, the magicians were mimicking "foreign" languages like Egyptian, Ethiopian, Nubian, Hebrew, Syriac, and Coptic.[40] Of course, skeptics like Pliny (*NH* 28.4.6), Lucian

---

homerische Göttersprache," *Würzburger Jahrbücher für Altertumswissenschaft* 4 (1949/50) 197–218; Martin L. West, *Hesiod, Theogony* (Oxford: Oxford University Press, 1966) 386–88 (on *Theog.* 831–35); Gerhard Dautzenberg, "Glossolalie," *RAC* 11 (1981) 225–46.

[36] The phenomenon of the *voces magicae* is in need of linguistic exploration. See also my dissertation, *Lukian von Samosata und das Neue Testament: Religionsgeschichtliche und paränetische Parallelen; ein Beitrag zum Corpus Hellenisticum Novi Testamenti* (TU 76; Berlin: Akademie-Verlag, 1961) 64, 108, 141, 153–57.

[37] For a large collection of material see Hopfner, *Offenbarungszauber*, 1, §§ 680–801.

[38] See Hopfner, Offenbarungszauber, I, § 687.

[39] See Hopfner, Offenbarungszauber, I, § 688–89.

[40] It should be noted that the Greek-speaking magicians in the *PGM* treat Egyp-

(*Philops.* 9), and Porphyry (*Ep. ad Aneb.*) have pointed out the ludicrousness of these efforts, only to call into action apologists like Iamblichus (*Myst.* 7.4–5).

Even more imaginative was that the secret language was believed to be spoken and understood by sacred animals, so that some magicians use "foreign" languages mixed up with "baboonic" (ὡς κυνοκέφαλος, κυνοκεφαλιστί [IV.1006; XIII.80, 155, 465, 595]), "birdic" or "bird-glyphic" (ὀρνεογλυφιστί [XIII.80, 145, 450, 590]), and "falconic" (ἱερακιστί [XIII.85, 155, 465, 595]).[41]

These phenomena are similar not only to archaic shamanism but also to later attempts of imagining non-human means of communication,[42] efforts that continue to the present day.[43] This very notion of a non-human, divine language then raises the further question about the process of divination and revelation.

---

tian as foreign language; Demotic and Coptic are treated differently depending on the dominating language of the spell. The existence of bilinguality or multilinguality must be decided by a case by case approach.

[41] See Hopfner, *Offenbarungszauber*, 1, § 780; furthermore, Wolfgang Speyer, "Die Nachahmung von Tierstimmen durch Besessene (Zu Platon, resp. 3, 396b)," in his *Frühes Christentum im antiken Strahlungsfeld: Ausgewählte Aufsätze* (WUNT 50; Tübingen: J.C.B. Mohr [Paul Siebeck], 1989) 193–98, 497.

[42] An interesting parallel example from the Middle Ages is St. Francis of Assisi, whose abilities to communicate with the animals and plants is the subject of legends. Such communication presupposes that St. Francis spoke the non-human language of the creatures he was preaching to, and this in turn presupposes his "deification" which resulted from his mystical transformation into Christ himself. See on this the informative paper by Helmut Feld, *Franciscus von Assisi, der "zweite Christus"* (Institut für Europäische Geschichte Mainz, Vorträge No. 84; Mainz: von Zabern, 1991), especially pp. 23–25, 49–50). Doubtless, there are connections with the Jesus of the Gospel of Mark who communicates with the animals, the angels (Mark 1:13), and the demons; see Otto Bauernfeind, *Die Worte der Dämonen im Markusevangelium* (BWANT 44; Stuttgart: Kohlhammer, 1927).

[43] Lawrence Sullivan has called my attention to very interesting contemporary examples of esoteric glyphs of sound and vision in South American and African religions. For South America see Marc de Civrieux, *Religión y Magia Kari'ña* (Caracas: Universidad Católica "Andres Bello." Instituto de Investigaciones Históricos, 1974); Lawrence E. Sullivan, *Icanchu's Drum: An Orientation to Meaning in South American Religions* (New York, N.Y.: Macmillan, 1988) 426–40; David Guss, The Language of the Birds: Tales, Texts and Poems of Interspecies Communication (San Francisco: Northpoint Press, 1985); Idem, *To Weave and Sing: Art, Symbol and Narrative in the South American Rainforest* (Berkeley and Los Angeles, CA: University of California Press, 1989). For Africa see Robert D. Pelton, *The Trickster in West Africa: A Study of Mythic Irony and Sacred Delight* (Berkeley & Los Angeles, CA: University of California Press, 1980) 113–63; Geneviève Calame-Griaule, *Ethnologie et langage. Le parole chez les Dogons* (2nd ed.; Travaux et Mémoires de l'Institut d'Ethnologie 79; Paris: Institut d'Ethnologie, 1987) 438–46; Marcel Griaule et Germaine Dieterlen, *Le rénard pâle* (Vol. 1, fasc. 1; 2nd ed.; Travaux et Mémoires de l'Institut d'Ethnologie 72; Paris: Institut d'Ethnologie, 1991).

4. *The Nature of the Letter*

If the divine language is divine and secret, how can it be communicated at all to human beings? Is there a common denominator that allows the deity as well as the magician to enter into conversation with human beings? The answer to this question involves first of all the nature of the letters, of which the divine language is made up. Letters are secondary to sounds, for which they stand as signs, simply because they are written down by human hands and are visible by human eyes. Therefore, these letters can be looked at from two sides, a human as well as a divine side. Indeed, at this point we are confronting in the magical materials nothing less than a presupposed theory concerning the nature of the alphabet.[44] As we know from Plato and the Neoplatonic philosophers, theories about the alphabet are much older than the *PGM*. It seems that the *PGM*, at least in some sections, are well aware of these theories.

As the term "bird-glyphic," noted above, indicates, the magicians understood the letters of the alphabet as symbolic images comparable to the Egyptian hieroglyphs. These hieroglyphs were of course visible at the time to everyone in Egypt. Temples and monuments were still standing, and the hieroglyphs could be inspected with awe and admiration, but only a few scholars were still able to read them.[45]

Some interesting passages in the *PGM* inform us about the use of hieroglyphs by the magicians.[46] The "Charm of Solomon" (IV.850–929) contains this reference: "Come to me NN man or little boy and tell me accurately since I speak your names which thrice-greatest Hermes wrote in Heliopolis with hieroglyphic letters" (ἱερογλυφικοῖς γράμμασι [886–87]). What follows is a list of Egyptian divine names, all having to do with Osiris. One does not get the impression that this magician is able to actually read the hieroglyphs.[47] This is confirmed by other passages. In XII.276 the stone of the magical ring is

---

[44] See Franz Dornseiff, Das Alphabet in Mystik und Magie (2nd ed.; Leipzig: Teubner, 1925).

[45] In *PGM* V.96–97 a hieroglyphist (ζωγράφος) Jeu is mentioned; as Preisendanz points out in the critical apparatus *ad loc.*, the ζῷα refer to the hieroglyphs.

[46] For the background of the following see Pieter W. van der Horst, *Chaeremon, Egyptian Priest and Stoic Philosopher: The Fragments Collected and Translated with Explanatory Notes* (EPRO 101; Leiden: Brill, 1984), pp. 34–35 (Frg. 20D from Clement of Alexandria, *Strom.* V 4.20.3–21.3) and the commentary pp. 69–70; Erich Winter, "Hieroglyphen," RAC 15 (1989) 83–103.

[47] The ability to read the hieroglyphs disappears by the 3rd cent. A.D. See on this point Winter, RAC 15, cols. 93–94, 100.

to be inscribed with a divine name "in hieroglyphics (ἱεγογλυφικῶς), as the prophets pronounce [it]." In XIII.81–82, 149, 458, 595 "hieroglyphic" (ἱερογλυφιστί) is taken to refer to a foreign-language name Lailam, not a script. Finally, an unmistakable testimony of ignorance is found in the section called "Interpretations" (Ἑρμηνεύματα ἐκ τῶν ἱερῶν μεθηρμηνευμένα, οἷς ἐχρῶντο οἱ ἱερογραμματεῖς [XII.401–44]).[48] A learned scribe believes that a series of hieroglyphs he read as inscriptions is in fact a pictorially encoded list of magical plants and substances: "Because of the curiosity of the masses they [i.e., the scribes] inscribed the names of the herbs and other things which they employed on the statues of the gods, so that they [i.e., the masses], since they do not take precaution, might not practice magic, [being prevented] by the consequence of their misunderstanding. But we have collected the explanations [of these names] from many copies [of the sacred writings], all of them secret" (περιεγίαν τὰς βοτάνας καὶ τὰ ἄλ[λ]α, οἷς ἐχρῶντο εἰς θεῶν εἴδωλα ἐπέγραψαν, ὅπως μὴ εὐλαβούμενοι περιεργάζωνται μηδὲν διὰ τὴν ἐξακολούθησιν τῆς ἁμαρτίας [XII.403–06]). What follows is a list of "explanations" (λύσεις), i.e., descriptions of the pictures juxtaposed with the substances to be associated. The magician has of course nothing against magic as such, but only against its use by the uninformed masses because of the implied dangers that could harm the people. His own expertise, whatever it may be, does not include a real understanding of the hieroglyphs.

If these passages demonstrate that the magicians speaking in the *PGM* were not among those who could still read the hieroglyphs, this did not stop them from imagining what they would mean. Learned magicians writing in the *PGM* took the hieroglyphs to be cryptic pictograms of meanings that the ancient sages wanted to keep away from misuse by the crowds, be it inadvertently or by intent. They took the hieroglyphs to be of the same order as the magical symbols (σύμβολα) or "characters" (χαρακτῆρες). Similar to the δεικνύμενα of the mystery cults, they had an outside, a sign or image of some kind, undecipherable for the uninitiated, and a hidden meaning about which only the initiated knew.[49]

Speculation about the meaning of the hieroglyphs attracted Greek philosophers at least from Chaeremon onwards. Plutarch (*De Is. et*

[48] Trans. by Betz, *GMPT*, 167.

[49] It was known also outside of Egypt that knowledge of the hieroglyphs was a secret kept by the priests (see Diod. Sic. 3.3.5; Philo, *V. Mos.* 1.5; Origen, c. *Cels.* 1.12).

Os. 32, 363E–F) sees a connection between the "symbolic" (συμβολικῶς) interpretation of the hieroglyphs and the "allegorical" (ἀλληγορεῖν) interpretation of the Greek names of the gods and even the Pythagorean σύμβολα (364A).[50] Neoplatonist philosophers discuss the implications of the philosophical interpretation of the hieroglyphs for a general theory of language, especially Proclus' theory, according to which the divine ὄνομα is regarded as ἄγαλμα.[51] Proclus presented this theory in his commentary on Plato's *Cratylus*, where he followed its traces all the way back to Democritus, Pythagoras, and Plato.[52]

The passages from the *PGM* we have discussed above leave little doubt that Greek philosophical thinking has had some influence on them. It cannot be incidental that these texts belong to those that also in other ways show traces of Hellenistic philosophy, and their mentioning of Hermes Trismegistus may not be unjustified.

There is evidence in the *PGM* that the magicians have seen the connection with Greek philosophy. The names of the pre-Socratics Democritus (VII.167, 795; XII.351)[53] and Pythagoras (VII.795) occur as originators of magical spells, a claim that cannot be dismissed as mere fancy.[54] Damascius' commentary on the *Philebus* attributes the idea of divine names as ἀγάλματα to Democritus.[55] If Socrates is mentioned in XII.231, this occurrence of his name would be ex-

[50] See the edition and commentary by J. Gwyn Griffiths, *Plutarch's De Iside et Osiride* (Cambridge: University of Wales Press, 1970) 166–69 and 419–23.

[51] See on this the study Maurus Hirschle, *Sprachphilosophie und Namenmagie im Neuplatonismus.* Mit einem Exkurs zu 'Demokrit' B 142 (Beiträge zur Klassischen Philologie 96; Meisenheim: Hain, 1979).

[52] See the more recent studies by Walter Burkert, "La genèse des choses et des mots. Le papyrus de Derveni entre Anaxagore et Cratyle," *Les études philosophiques*, n.s. 25:4 (1970) 443–55; Peter Crome, *Symbol und Unzulänglichkeit der Sprache: Jamblichos, Plotin, Porphyrios, Proklos* (München: Fink, 1970); Josef Derbolav, *Platons Sprachphilosophie im Kratylos und in den späten Schriften* (Impulse der Forschung 10; Darmstadt: Wissenschaftliche Buchgesellschaft, 1972); Konrad Gaiser, *Name und Sache in Platons 'Kratylos'* (Abhandlungen der Heidelberger Akademie der Wissenschaften, philol.-hist. Kl. 1974:3; Heidelberg: Winter 1974); Jetske C. Rijlaarsdam, *Platon über die Sprache. Ein Kommentar zum Kratylos.* Mit einem Anhang über die Quelle der Zeichentheorie Ferdinand de Saussures (Utrecht: Bohn, Scheltema & Holtema, 1978); Walter Burkert, "Herodot über die Namen der Götter: Polytheismus als historisches Problem," *MH* 42 (1985) 121–32; Ernst Heitsch, "Platons Sprachphilosophie im 'Kratylos'. Überlegungen zu 383a4–b2 und 387b10–390a8," *Hermes* 113 (1985) 44–62; Burkhard Gladigow, "Gottesnamen (Gottesepitheta) I," *RAC* 11 (1981) 1202–38.

[53] See also *GMPT*, 157 n. 35 on *PGM* XII.120.

[54] See the annotations in *GMPT*, 334 and 338, s.v. Demokritos, Pythagoras.

[55] See the investigation by Hirschle, *Sprachphilosophie*, 57–58, 63–65; also Walter Burkert, "Hellenistische Pseudopythagorica," *Phil.* 105 (1961) 16–43, 226–46, 232 (on the Hellenistic Pseudo-Democritea and the figure of Democritus as a magician).

traordinary, but his respect for the names of the gods (Plato, *Phileb.* 12c) is discussed several times by Neoplatonist commentators.[56] As far as Pythagoras is concerned, the *Symbola Pythagorea*, whatever their origin and meaning may be, are related to these issues.[57] As Hans Lewy has shown, a confusing stream of magical and mystical traditions from earlier ages was passed down in Neoplatonism.[58] Although Plato is not mentioned in the *PGM*, the question must also be asked whether all of this is somehow related to Plato's views on the limits of written philosophy, and, perhaps, secret teachings,[59] a question that will also be discussed at this conference by R. Lamberton.

5. *The Initiation of the Magician*

The discussions among the philosophers make it plain that they are in a disadvantageous position regarding the meaning of the hieroglyphs. Being on the side of humanity all the philosophers can do is speculate, even if those speculations are informed by Egyptian priests.

What is really required is to cross the borderline between the human sphere and that of the deity.[60] To take this step is the purpose of initiation and deification rituals that magicians have to undergo, if their magic is to be effective. These rituals are of course highly secret, and we are extremely fortunate that the *PGM* have preserved at least one of the ritual formulae.

It is again no coincidence that the pertinent passages are found in

---

[56] See on this Hirschle, *Sprachphilosophie*, 17, 49–50, 55–58, 64.

[57] See the article by Johan C. Thom, "'Don't Walk on the Highways': The Pythagorean *akousmata* and Early Christian Literature," *Journal of Biblical Literature* 113 (1994), 93–112, where the older literature is also given.

[58] Hans Lewy, *Chaldean Oracles and Theurgy. Mysticism, Magic and Platonism in the Later Roman Empire* (2nd ed. by Michel Tardieu; Paris: Études Augustiniennes, 1978).

[59] See Thomas A. Szlezák, *Platon und die Schriftlichkeit der Philosophie. Interpretationen zu den frühen und mittleren Dialogen* (Berlin & New York: de Gruyter, 1985); Fritz Jürss, "Platon und die Schriftlichkeit," *Phil.* 135 (1991) 167–76.

[60] This may have been the reason why so many philosophers were attracted by ways for obtaining some form of deification. The most rational way was to conceive of the νοῦς or πνεῦμα as having a divine nature, by virtue of which the human mind could get access to the truth. Thus the history of philosophy has never been lacking attempts at employing forms of ecstasy, divine inspiration, mystery-cult initiation, and theurgy, in order to overcome the limitations of merely human sense perception and intellectual recognition. See Christoph Riedweg, *Mysterienterminologie bei Platon, Philon und Klemens von Alexandrien* (Untersuchungen zur antiken Literatur und Geschichte, 26; Berlin: de Gruyter, 1987); Hans Dieter Betz, "Gottmensch II (Griechisch-römische Antike und Urchristentum)," RAC 12 (1982) 234–312, especially sections A.II–IV.

the material that shows influences of mystery-cult language and thought. On the basis of our knowledge it is very difficult to decide whether this particular type of initiation rituals existed prior to the Hellenistic era or whether they were secondarily imposed upon whatever older rituals may have existed.

In the great initiation of Lucius in chapter 22 of Apuleius' *Metamorphoses*, Book XI, the mystagogue takes him into the temple library.

> There, after the service of the opening of the temple had been celebrated with exalted ceremony and the morning sacrifice performed, he brought out from the hidden quarters of the shrine certain books in which the writing was in indecipherable letters. Some of them conveyed, through forms of all kinds of animals, abridged expressions of traditional sayings; others barred the possibility of being read from the curiosity of the profane, in that their extremities were knotted and curved like wheels or closely intertwined like vine-tendrils. From these writings he indicated to me the preparations necessary for the rite of initiation.[61]

This important passage in Apuleius can be confirmed by rituals prescribed in the *PGM*, in which the initiate becomes deified and thus enabled to learn the secrets of the divine world. A central passage in this respect is the so-called "Mithras Liturgy" (IV.475–829).[62] It is, of course, not possible to enter into a discussion of the many complexities that this text presents. At any rate, deifications are the climax of the procedures, first that of the main practitioner and then of his apprentice.

Following the epiphany of the god Mithras (IV.693–704), the practitioner is to offer his petition: "MOKRIMO PHERIMO PHERERI, life of me, NN: stay! Dwell in my soul! Do not abandon me, for ENTHO PHENEN THROPIŌTH commands you" (708–11). This in dwelling of the god results in the practitioner's rebirth and deifica-

---

[61] P. 284,10–17: . . . senex comissimus ducit me protinus ad ipsas fores aedis amplissimae rituque solemni apertionis celebrato ministerio ac matutino peracto sacrificio de opertis adyti profert quosdam libros litteris ignorabilibus praenotatos, partim figuris cuiusce modi animalium concepti sermonis compendiosa verba suggerentes, partim nodosis et in modum rotae tortuosis capreolatimque condensis apicibus a curiositate profanorum lectione munita. indidem mihi praedicat, quae forent ad usum teletae necessario praeparanda. Cited according to the edition and translation by J. Gwyn Griffiths, *Apuleius of Madauros, The Isis-Book (Metamorphoses, Book XI) (EPRO 39; Leiden: Brill, 1975)* pp. 96–97, with the commentary, pp. 284–86.

[62] Trans. by Marvin W. Meyer, *GMPT*, 48–54. See also Merkelbach, *Abrasax*, 3.155–83, with the commentary 233–49.

tion. The transformation apparently happens while he cites the sacred formula (718–24):

> O lord, while being born again, I am passing away;
> while grown and having grown, I am dying;
> while being born for life-generating birth, I am passing on,
>   released to death—
> as you have founded,
> as you have decreed,
> and have established the mystery.
> I am PHEROURA MIOYRI.
> κύριε, παλινγενόμενος ἀπολίνομαι,
> αὐξόμενος καὶ αὐξηθεὶς τελευτῶ,
> ἀπὸ γενέσεως ζωογόνου γενόμενος,
>   εἰς ἀπογενεσίαν ἀναλυθεὶς πορεύομαι,
> ὡς σὺ ἔκτισας,
> ὡς σὺ ἐνομοθέτησας,
> καὶ ἐποίησας μυστήριον.
> ἐγώ εἰμι φερουρα μιουρι.

During his transformation the practitioner will be in ecstasy, his soul will be limp, and he will not be by himself, but in that very condition he will be able to receive the revelation of the god:

> He [sc. the god] speaks the oracle to you in verse, and after speaking he will depart. But you remain silent, since you will be able to comprehend all these matters by yourself; for at a later time you will remember infallibly the things spoken by the great god, even if the oracle contained myriads of verses (727–32).

In other words, in his ecstasy the magician crosses the line into the realm of the divine, and in that realm the god will speak the message to him "in verse" (διὰ στίχων [727]), that is in the language the god speaks.[63] The message is preserved in the memory of the soul until later when the magician has returned to normal life, even if the revelation runs into myriads of verses.

The second initiation concerns an apprentice and is patterned on the first:

> If you also wish to use a fellow-initiate (σύνμυστης), so that he alone may hear with you the things spoken, let him remain pure with you for [seven] days, and abstain from meat and the bath. And if you are alone, and you undertake the things communicated by the god, you speak as if prophesying in ecstasy (λέγεις ὡς ἐν ἐκστάσει ἀποφοιβώμενος).

---

[63] Cf. Plutarch's discussions about oracles in verse in his *De def. orac.* 396C ff.

> And if you also wish to show (δεῖξαι)[64] him, then judge whether he is completely worthy as a man: treat him just as if in his place you were being judged in the matter of immortalization (ἐν τῷ ἀπαθανατισμῷ), and whisper to him the first prayer, of which the beginning is "First origin of my origin, AEĒIOYŌ." And say the successive things as an initiate, over his head, in a soft voice (ὡς μύστης, λέγε αὐτοῦ ἐπὶ τῆς κεφαλῆς ἀτόνῳ φθόγγῳ), so that he may not hear, as you are anointing his face with the mystery. This immortalization (ἀπαθανατισμός) takes place three times a year (722–50).

Clearly, if a magician wants to receive a direct revelation from the god he must be immortalized or deified; a person who is "uninitiated" (ἀμυστηριαστῶς) is incapable of comprehending the god's language. Other texts confirm that for the magicians initiation equals deification.[65]

6. *Knowing the Secrets and the Beginning of Natural Science*

Knowing the secret names, symbols, and forms of the deity is the first and most important benefit of the initiation. Frequently, therefore, the magician will call on the deities and demons by saying, "I know your names"[66] or "your symbols"[67] or "your forms of appearance,"[68] which is to say, "I know you" (οἶδά σε).[69] Yet, for magicians influenced by Hermetic thought there lies another benefit behind the knowledge of the deity. Since the deity knows all, those who know the deity share in divine omniscience. Knowing it all includes not only the world of the deities, the universe and the underworld, but also mundane matters of the daily life. Having come to know the "unknown god" opens the possibility for exploring the wide range of the secrets of the cosmos the magicians are curious to discover. A typical example for this expansion of knowledge is the great Hermetic prayer to Helios in III.494–632. First, there is the petitionary part 574–590:[70]

---

[64] The language seems to be influenced here by the mystery-cults.

[65] For deification of the magician see also *PGM* IV.220, 501, 644–49, and the discussion in my *Hellenismus und Urchristentum*, 164–70.

[66] See, e.g., *PGM* II.126–27; III.158–59, 624–25; IV.1818–19, 2344.

[67] See, e.g., III.624–25, 628; IV.945, 2292–93.

[68] See, e.g., VIII.6–21; xiv.240–45.

[69] See, as a good example, the *Binding love spell of Astrapsoukos*, *PGM* VIII.1–63.

[70] Trans. by William C. Grese, *GMPT*, 33. See also Merkelbach and Totti, *Abrasax*, 2.1–33.

> Come to me with a happy face to a bed of your choice, giving me, NN, sustenance, health, safety, wealth, the blessing of children, knowledge, a ready hearing, goodwill, sound judgment, honor, memory, grace, shapeliness, beauty to all who see me; you who hear me in everything whatsoever, give persuasiveness with words, great god . . .

Up until this point the request is for all kinds of benefits, but the following prayer of thanksgiving, which has parallels in the Hermetic treatise Asclepius[71] and the Prayer of Thanksgiving of the Nag Hammadi library,[72] greatly expands the matters concerning knowledge:

> We give thanks with every soul and heart stretched out to [you], unutterable name honored with [the] appellation of god and blessed with the [appellation of father], for to everyone and to everything you have shown fatherly goodwill, affection, friendship and sweetest power, granting us intellect, [speech], and knowledge; intellect so that we might understand you, speech [so that] we might call upon you, knowledge so that we might know you. We rejoice because you showed yourself to us; we rejoice because while we are [still] in bodies you deified us by the knowledge of who you are. The thanks of man to you is one: to come to know [you], O womb of all knowledge. We have come to know, O womb, pregnant through the father's begetting. We have come to know, O eternal continuation of the pregnant father. After bowing thus before your goodness, we ask no [favor except this]: will that we be maintained in knowledge of you; and one protection: that [we] not fall away from a [life] such as this . . . (III.591–609).[73]

Obviously, this prayer is strongly influenced by Hermetic gnosticism. Concentrating on divine knowledge, little is said about what this knowledge should be good for. This is different in another prayer, spoken also to Helios but expressing a different theology. After the magician has identified himself with Thoth and other Egyptian deities, he demands (V.256–66):[74]

> Unless I know what is in the minds of everyone, Egyptians, Greeks, Syrians, Ethiopians, of every race and people, unless I know what has been and what shall be, unless I know their skills and their practices

---

[71] Ps.-Apuleius, *Asclepius* 41 (ed. Arthur D. Nock and André-Jean Festugière, *Hermès Trismégiste. Corpus Hermeticum* (Paris: "Les belles lettres," 1945) 2.353–55). See also Merkelbach and Totti, *Abrasax*, 2.32–33. For a new English translation and commentary notes see Copenhaver, *Hermetica* (see above, n. 5) 92, 258–60.

[72] *NHC* VI, 7:63,33–65,7 (Trans. in James M. Robinson, ed., *The Nag Hammadi Library in English* [3rd ed.; Leiden: Brill, 1988) 328–29; for discussion and references see also *GMPT*, 33–34, with notes.

[73] Trans. by William C. Grese, *GMPT*, 33–34.

[74] Trans. by Morton Smith, *GMPT*, 105.

> and their works and their lives, and the names of them and of their fathers and mothers and brothers and friends, even of those now dead, I will pour the blood of the black dog-face . . .

What follows are terrible threats against the gods the deified magician has just invoked, telling them that, unless his demands are met at once, he will destroy the remains of Osiris's body, reveal his mysteries, and upset the universe. Then he concludes (V.286–303):[75]

> I will not let gods or goddesses give oracles until I, NN, know through and through what is in the minds of all men, Egyptians, Syrians, Greeks, Ethiopians, of every race of people, those who question me and come into my sight, whether they speak or are silent, so that I can tell them whatever has happened and is happening and is going to happen to them, and [until] I know their skills and their lives and their practices and their works and their names and those of their dead, and of everybody, and I can read a sealed letter and tell them everything truthfully.

Paradoxically, this magician, going almost crazy about the possibilities of discovery and knowledge, and certainly engaging in the most outrageous hybris against the deities he has invoked, stands at the threshold of natural science. In terms of the magical literature, this is where the figure of Faust has its genuine origin.

7. *A Concluding Digression*

Naming Faust is a temptation to enter into a lengthy discussion about Goethe's life-long treatment of the subject of secrecy. What has found its climax in the figure of Faust began much earlier, and perhaps Goethe's early biblical study of 1773, "Was heißt mit Zungen reden?" is the most eloquent testimony.[76] His description of what lies behind 1 Corinthians 14 not only hits the nail on the head as far as Paul is concerned, but also clearly indicates where Goethe himself wishes to stand:

> Die Fülle der heiligsten tiefsten Empfindung drängte für einen Augenblick den Menschen zum überirdischen Wesen, er redete die Sprache der Geister, und aus den Tiefen der Gottheit flammte seine Zunge Leben und Licht. Auf der Höhe der Empfindung erhält sich kein Sterblicher. Und doch mußte denen Jüngern die Erinnerung jenes Augenblicks

[75] Trans. by Morton Smith, *GMPT*, 105–06.

[76] "Zwo wichtige unerörterte Biblische Fragen zum erstenmal gründlich beantwortet, von einem Landgeistlichen in Schwaben. Lindau am Bodensee 1773," cited according to Max Morris, *Der junge Goethe* (6 vols.; Leipzig: Insel-Verlag, 1910) 3.122–31.

> Wonne durch ein ganzes Leben nachvibriren. Wer fühlte nicht in seinem Busen, daß er sich unaufhörlich wieder dahin sehnen würde?

Then Goethe reflects about what happened to this "Quelle" and "Lehrstrom":

> Sucht ihr nach diesem Bache; Ihr werdet ihn nicht finden, er ist in Sümpfe verlaufen, die von allen wohlgekleideten Personen vermieden werden. Hier und da wässert er eine Wiese ins Geheim, dafür danke einer Gott in der Stille. Denn unsre theologischen Kameralisten haben das Prinzipium, man müßte dergleichen Flecke all einteichen, Landstraßen durchführen und Spaziergänge darauf anlegen. Mögen sie denn! Ihnen ist Macht gegeben! Für uns Haushalter im Verborgnen bleibt doch der wahre Trost: Dämmt ihr! Drängt ihr! Ihr drängt nur die Krafft des Wassers zusammen, daß es von euch weg auf uns desto lebendiger fliesse.

And he concludes:

> Und wir, lieber Herr Bruder, lassen Sie uns in der Fühlbarkeit gegen das schwache Menschengeschlecht, dem einzigen Glück der Erde, und der einzigen wahren Theologie, gelassen fortwandeln, und den Sinn des Apostels fleißig beherzigen: Trachtet ihr, daß ihr Lebenskenntniß erlanget euch und eure Brüder aufzubauen, das ist euer Weinberg, und jeder Abend reicht dem Tage seinen Lohn. Wirft aber der ewige Geist einen Blick seiner Weisheit, einen Funken seiner Liebe einem Erwählten zu, der trete auf, und lalle sein Gefühl.
>
> Er tret auf! und wir wollen ihn ehren! Geseegnet seyst du, woher du auch kommst! Der du die Haiden erleuchtest! Der du die Völker erwärmst![77]

[77] Ibid., 130–31.

SCHAUSPIELEREI UND HEUCHELEI IN ANTIKEN BEURTEILUNGEN

Karl Hoheisel, Bonn

"Schauspieler" heißt im antiken Griechenland ὑποκριτής. Entsprechend bedeuten ὑποκρίνομαι und die medialen Verbformen "als Schauspieler agieren". Merkwürdigerweise meint aber das Substantiv ὑπόκρισις ebenso wie das seltenere ὑποκρισία nur vereinzelt die Schauspielkunst oder Schauspielerei. Gewöhnlich begegnet es als eine Art terminus technicus für das, was Schauspielern und Rednern gemeinsam ist: das kunstvolle Rezitieren, den Vortrag, einschließlich Gestik und Mimik.

Beides, die spezifisch rhetorische und schauspielerische Vortragskunst, decken sich nicht vollständig. Allein dadurch, daß Schauspieler eine Maske trugen, war die Mimik auf Bewegung von Kopf und Augen beschränkt. Das Beispiel des Demosthenes, der, mit einer Rede gescheitert, bei dem ὑποκριτής Andronikos Unterricht in ὑπόκρισις nahm und danach mit demselben Text überwältigenden Eindruck erzielte,[1] zeigt aber deutlich, daß, was theoretischen Schriften etwa des Aristoteles oder Theophrast u.a. zur Bewertung der ὑπόκρισις zu entnehmen ist, im Kern auch für die schauspielerische Vortragskunst gelten muß.

1. *Grundbedeutung von ὑποκρίνομαι*

Das Substantiv ὑποκριτής dürfte seit frühen Zeiten den "Schauspieler" bezeichnet haben. K. Schneider vermutet, Aristoteles habe das Wort in dieser Bedeutung schon "in den Akten über die Theateraufführungen gefunden".[2] Wahrscheinlich bezeichnete es den Schauspieler längst vor dem Jahre 533 v.d.Z., in dem Thespis an den Dionysien zum ersten Male eine Tragödie aufführte, reicht also in die Zeit der Rhapsoden[3] zurück. Fest steht jedoch, daß ὑποκρίνομαι in älterer Zeit

[1] Plut. dec. orat. 8 (Demost.) 845ab.

[2] Art. ὑποκριτής: PW Suppl. 8 (1956) 189.

[3] Dazu H. Patzer, ΡΑΨΩΙΔΟΣ: Hermes 80 (1952) 314/25; vgl. aber W. Schadewaldt, Die Gestalt des homerischen Sängers: Homers Welt und Werk 1943, 54/86.

noch nicht auf fahrende Sänger und ihre Darbietungen eingeschränkt war. An den sechs Belegstellen des Wortes bei Homer etwa ist von dieser spezifischen Bedeutung nichts zu spüren.

Der genaue Sinn des Wortes in den Epen bleibt allerdings nach wie vor umstritten. B. Zucchelli hat die Forschungsgeschichte in einer Monographie ΥΡΟΚRΙΤΗΣ[4] sehr sorgfältig aufgearbeitet. Von Schwyzer-Debrunners Deutung: "seine Meinung aus der Herzenstiefe, aus der Verborgenheit hervorgeben" ausgehend, erschloß er "pronuciarsi", "sich aussprechen, sich erklären" als Grundbedeutung und drängte dadurch den zweiten, bei Homer deutlichen Aspekt des feierlichen Antwortens an den Rand.[5]

In einer ausführlichen Besprechung der beiden ersten Kapitel Zucchellis korrigierte H. Patzer Schwyzer-Debrunners Etymologie und kam zu dem Ergebnis: "Kurz, die Etymologie ergibt bündig: ὑποκρίνομαι heißt im genauen Sinne 'auf förmliche Anfrage Bescheid geben.'"[6]

Wie dem auch sei, für unseren Zusammenhang bleibt festzuhalten, das weder "sich erklären" noch "kompetent Bescheid geben" moralisch negativ qualifiziert sind, ὑποκρίνομαι in seiner, m.E. noch keineswegs eindeutig gesicherten, Grundbedeutung also nichts von dem später überwiegenden Aspekt täuschenden Scheins assoziiert.

2. *Anwendung auf den Schauspieler*

Gewöhnlich wird vorausgesetzt, das Wort sei in seiner Grundbedeutung auf den Schaupieler und sein Tun übertragen oder weitgehend darauf eingeschränkt worden und lediglich gefragt, was von dessen Funktion denn genau damit gekennzeichnet werde, also: wie der Schauspieler gesehen wurde.

Ich halte dieses Verfahren für bedenklich, denn abgesehen davon, daß es gleichsam unwandelbare Wortinhalte nicht gibt, erhalten Wörter nicht erst in den modernen Sprachen neue Bedeutungen keineswegs ausschließlich und in vielen Fällen nicht einmal primär auf Grund ihrer etymologischen Bedeutung. Die Entwicklungsgeschichte von Bedeutungen zeigt überdeutlich, daß Wörtern aus Gründen, die häufig nicht mehr zu ermitteln sind, neue Sinnfelder unvorhersehbar einfach zuwachsen.[7]

---

[4] Origine e storia del termine, Brescia 1962.
[5] Ebd. 9/27.
[6] Gnomon 1970, S. 647.
[7] Zu Etymologie und etymologischer Vorgehensweise J. Trier, Art. Etymologie:

Deshalb ist unter den Bedeutungen von ὑποκριτής auch "Schauspieler" als gegeben hinzunehmen. Die Frage, welche Funktion oder welcher Aspekt des Schauspielers damit gekennzeichnet werden sollte, ist nur zu beantworten, wenn dies vom Objekt, eben dem Schauspieler her, zu bestätigen ist oder begründet werden kann, warum gerade diese Bezeichnung gewählt wurde.

Beides ist zumindest bisher nicht gelungen, denn wie der Schauspieler aussah, als man anfing, ihn ὑποκριτής zu nennen, welche Seite seiner facettenreichen Stellung und Aufgabe damit hervorgehoben werden sollte, ist den Quellen nicht mehr zu entnehmen. Rückschlüsse aus späteren Zeiten, als diese Bezeichnung für sein inzwischen mit Sicherheit gewandeltes Erscheinungsbild beibehalten und auf immer neue Varianten wie z.B. Kommödianten und Volksschauspieler ausgedehnt wurde, schließen die Lücken in den Quellen nicht. Zum anderen weiß man weder, ob Thespis ihm den Titel ὑποκριτής gab, wie Schneider[8] vermutet, noch wie die Dichter genannt wurden, die vor Heranziehung von Schauspielern persönlich die Hauptrollen gespielt haben sollen.

Daher empfiehlt es sich, die Bezeichnung ὑποκριτής als Konvention hinzunehmen, ohne in der, wie gesagt, keineswegs eindeutig geklärten etymologischen Grundbedeutung des Verbs ὑποκρίνομαι eine Art Definition des Schaupielers zu suchen. Auch bei diesem Vorgehen bleibt es selbstverständlich bei dem Fazit der meisten Darstellungen: Verbum u. davon abgeleitetes Nomen agentis ὑποκριτής lassen bei der Anwendung auf den Schauspieler keinen negativen Sinn erkennen, denn Übertragung oder Einschränkung eines nicht negativ qualifizierten Begriffes allein können nicht zu dem später negativ bewerteten Tun-als-ob führen.

Dennoch halte ich ὑποκριτής auch alleinstehend keineswegs einfach für eine vox media, denn soweit wir auch zurückblicken, gelten ὑπόκρισις ebenso wie das seltenere ὑποκρισία, also das Hauptmerkmal, das Schauspieler und Redner gemeinsam haben, als problematisch, wenn nicht eindeutig negativ besetzt. Aus den zahlreichen Indizien gehe ich nur auf drei der wichtigsten kurz ein.

Historisches Wörterbuch der Philosophie, 2, Darmstadt 1972, 816/818.

[8] A.a.O. 189.

3. *Schauspielerei und Täuschung*

Nach Aristoteles ist die Schaupielkunst spät aufgekommen,[9] doch aus der Tatsache, daß die Dichter ihre Tragödien zunächst persönlich aufführten, folgt nicht, die Vortragskunst hätte erst später in die Schauspielerei Eingang gefunden.[10] In seinem bis auf zwei oder drei eindeutige Fragmente verlorenen Dialog Περὶ ῥητορικῆς ἢ Γρῦλος[11] wendet er sich Qunitilians Paraphrase[12] zufolge gegen die These, Rhetorik sei etwas Natürliches, denn obgleich Menschen zu allen Zeiten für sich oder gegen andere gesprochen hätten, sei doch nicht schon jeder rein auf Grund der Tatsache, daß er rede, ein Rhetor, werde es vielmehr erst durch die Kunst der Rhetorik.

Diese wachsende Bedeutung der Rezitation oder Vortragskunst einschließlich Gestik und Mimik in der Rhetorik mag durchaus nachhaltig von der Schauspielerei angeregt sein. Doch wie immer die geschichtliche Entwicklung verlaufen ist, wenn der Vortrag auf der Bühne und der auf dem Marktplatz, Aristoteles[13] zufolge, dieselben Wirkungen haben, trifft auch seine abwertende, verächtliche Einschätzung beide: Vortrag ist hier wie da φαντασία, äußerliches Getue, πρὸς τὸν ἀκροατήν, um dem Hörer zu gefallen, zur Darbietung objektiver Wahrheiten wie der Geometrie deshalb unüblich und letztlich ungeeignet.[14] Diogenes Laërtios gibt in seinem Grillos-Fragment[15] deutlich zu erkennen, daß sich Aristoteles gerade auch gegen die vielen Lobhudeleien gewandt haben muß, mit denen Enkomiasten wie Isokrates, schon um den einflußreichen Vater für sich einzunehmen, auf den Tod des jungen Grillo in der Schlacht reagierten, und dabei mit der um die Wahrheit recht unbekümmerten typisch sophistischen Rhetorik abgerechnet haben wird.[16]

Was speziell die Tragödie anbelangt, war man sich offenbar lange vor Platon ihres fiktiven Charakters bewußt. Plutarch[17] überliefert ein Wort des Gorgias,[18] die Tragödie stelle ein großes Täuschungsmanö-

---

[9] Rhet. 3, 1, 1403 b22/4.

[10] Aristot. rhet. 3, 1, 1403 b22 f.

[11] Zu anderen Formulierungen des Titels R. Laurenti (ed.), Aristotele, i frammenti dei dialoghi, Napoli 1987, 1, 404; die Fragmente befinden sich ebd. 376/8.

[12] Frg. 2 (476/8 L.).

[13] Rhet. 3, 1, 1404 a12 f.

[14] Ebd. 3, 1, 1404 a10/2.

[15] 476 L.

[16] Laurenti a.a.O. 399/403.

[17] Gloria Athen. 348C.

[18] Lebenszeit zwischen etwa 480—380 v.d.Z.

ver dar, in dem "derjenige, der betrügt, gerechter oder ehrenvoller ist als derjenige, der nicht betrügt, und derjenige, der sich betrügen läßt, weiser als wer sich nicht betrügen läßt."[19] Diese Sicht deckt sich sehr genau mit Platons Kritik an der lügnerischen Hervorbringung von Bildern der Reallität in der Sophistik, und an ihren Vertretern, den Sophisten: gauklerischen Nachahmern dessen, was wirklich ist.[20]

Zusammengefaßt und ausdrücklich auf die Schauspielerei ausgedehnt hat Platon diese Kritik in seiner Kunst-Theorie. Als Nachahmung nicht des unsinnlichen Wesens der Dinge im Sinnlich-Realen, sondern nur ihrer Erscheinung in Scheingebilden, ist Kunst lediglich Spiel, Genuß und Unterhaltung, gewährt aber weder Nutzen noch Belehrung.[21] "Dichter und Künstler verbreiten (nicht nur) die unwürdigsten Vorstellungen über die Götter, die sittengefährlichsten Grundsätze und Beispiele . . ., die Nachbildung des Unwürdigen und Schlechten, welche in der Dichtkunst und in der Musik, ganz besonders aber im Schauspiel einen so breiten Raum einnimmt, wird den Zuhörer und den Darsteller unvermerkt an verwerfliche Gesinnungen und Handlungen gewöhnen; ja die Nachahmung fremder Charaktere wird an und für sich schon der Einfalt und Lauterkeit des eigenen Eintrag thun".[22] Nicht nur auf die unphilosophische Masse, auch auf diejenigen, die die Täuschungen durchschauen, übe die darstellende Kunst ihre unwiderstehlichen negativen Reize aus. Analog schätzt Plato die Rhetorik ein.[23]

Platons Kunst-Theorie und der daraus erwachsenden Politik strenger Reglementierung gerade auch der Schauspielerei[24] stand das wesentlich sachlichere Konzept der aristotelischen Schule gegenüber. Dennoch war man sich auch hier des Trügerischen sehr wohl bewußt. Theophrasts Traktat Περὶ ὑποκρίσεως ist verloren, das Echo läßt jedoch vermuten, daß er neben rein technischen Fragen auch der ethischen, dem Aspekt von Fiktion und Täuschung, nicht ausgewichen ist.[25] So war man sich bereits in ganz früher Zeit des besonders in ethischer Hinsicht problematischen Aspektes der Verstellung

[19] ὁ τ᾿ ἀπατήσας δικαιότερος τοῦ μὴ ἀπατήσαντος καὶ ὁ ἀπατηθεὶς σοφώτερος τοῦ μὴ ἀπατηθέντος; ausführlichere Diskussion Zucchelli a.a.O. 79 f.

[20] Plat. sophist. bes. 234.

[21] E. Zeller, Die Philosophie der Griechen in ihrer geschichtlichen Entwicklung 2, 1, Leipzig[5] 1922, 940f mit Einzelbelegen.

[22] Ebd. 941 mit Belegen.

[23] Laurenti a.a.O. 381/98.

[24] Vgl. Zeller a.a.O. (o.Anm. 21) 942f mit Belegen.

[25] Zur gelehrten Diskussion Zucchelli a.a.O. 70_{55}.

in Schauspiel und Schauspieler bewußt, so daß das Wortfeld leicht Trug überhaupt bezeichnen konnte, wobei aber zunächst das Positive der Fähigkeit, in raschem Wechsel in ganz verschiedene Rollen zu schlüpfen, nicht übersehen wurde.

4. *Der Schauspieler-Vergleich*

Schon bei Plato wird die Lebensführung mit dem Agieren des Schauspielers verglichen. Phileb. 50b spricht er ausdrücklich von der "Tragödie und Komödie des Lebens."[26] Besonders die Stoa machte sich den Vergleich zu eigen: Wie den guten Schauspieler, so zeichnet es den stoischen Weisen und jeden edlen Menschen aus, jeder vom Schicksal auferlegten Rolle gerecht werden zu können. Bis hin zum abrupten mehrfachen Rollentausch in ein und demselben Schauspiel wird das Bild übertragen.

Derselbe Vergleich kann aber auch ethisch negativ ausfallen. Besonders Lukian betont in immer neuen Wendungen: Ob Schauspieler auch voller Stolz, herausgeputzt und hochtrabend als König oder reicher Krösos auftreten, ob als Sklaven oder Bettler, sie bleiben dieselben armseligen Kreaturen und kehren, sobald die Vorstellung vorüber ist, in ihr tristes bürgerliches Leben zurück.[27] Noch stärker treten Vortäuschen und Sich-Verstellen in den Vordergrund, wenn falsche oder scheinheilige Philosophen mit dramatischen Schauspielern verglichen werden, die nach Beendigung des Spieles "arme, für sieben Drachmen gedungene Menschen sind".[28]

Die eigenartige Oszillation zwischen Fiktion und Schein auf der einen Seite, Täuschung und Lüge auf der anderen Seite, bei zahlreichen weiteren Abwandlungen des Schauspielervergleichs[29] dürfte in einer Eigenart der griechischen Sprache liegen, die keinen eindeutigen Ausdruck für Lüge und Lügen kennt: ψεῦδος bedeutet ebensowohl Irrtum wie Lüge und das zugehörige Verb "sich täuschen" und "lügen". Vielleicht hängt es damit zusammen, daß die alten Griechen das Problem der Lüge von altersher lebhaft erörtert haben, aber aus

---

[26] Vgl. auch für das folgende U. Wilckens/A. Kehl/ K. Hoheisel, Art. Heuchelei: RAC 14 (1988) 1208.

[27] Belege und zahlreiche weitere Beispiele R. Helm, Lucian und Menipp, Leipzig/ Berlin 1906, 47/55.

[28] Luc. Icaromenipp. 29.

[29] Außer Helm vgl. U. Wilckens, Art. ὑποκρίνομαι κτλ: ThWbNT 8 (1969) 560/ 2 und ders./Kehl/Hoheisel a.a.O. (o.Anm. 26) 1209.

heidnischer Zeit keine einzige monographische Studie bezeugt oder erhalten ist.[30] Vermutlich hat auch die schwankende Beurteilung von Verstellung und Täuschung nicht zuletzt damit zu tun, daß es in der griechischsprachigen Welt erst beträchtlicher philosophischer Anstrengung bedurfte, um das zu erreichen, was anderen Völkern die Sprache von vorneherein an die Hand gab: die begriffliche Unterscheidung von Irrtum und Lüge.[31]

Wenn auch die allgemeine Sprache das Verb ὑποκρίνομαι bereits in der ersten Hälfte des 4. Jhs. v.d.Z. mit Fiktion und Schein verknüpfte,[32] war das Wortfeld auch nach dem Schauspielervergleich noch keineswegs ausschließlich negativ besetzt, wenn der Kontext auch immer stärker dahin tendierte. Zwei Beispiele aus der Zeit des Überganges zum Christentum zeigen das besonders deutlich.

In seiner dritten Satire schildert Juvenal (ca 55—ca. 138 n.d.Z.) die Unannehmlichkeiten des Stadtlebens. Unter den Gründen, die er seinem Freund Umbricius für den Umzug aus der Hauptstadt in das abgelegene Cumae in den Mund legt, spielt die Begeisterung, welche vornehme Römer den Griechen angedeihen lassen, eine wichtige Rolle: sie verleidet Römern nach echtem Schrot und Korn den Aufenthalt in der orientalisierten, vor allem aber gräzisierten Stadt. Dabei spitzt er den Schauspielervergleich aufs äußerste zu, nennt nicht nur bekannte Schauspieler zu seiner Zeit namentlich[33] und kommt auf die typischen Frauenrollen von uxor, meretrix und ancilla zu sprechen,[34] sondern tituliert das ganze Volk "Kommödiantennation" und macht sogleich überaus drastisch die Probe aufs Exempel.[35] Dabei stehen stets sich nach fremdem Gesicht Richten und maßlos Übertreiben beherrschend im Vordergrund.

Das zweite Beispiel liefert der bereits 40/35 v.d.Z., also knapp 100 Jahre vor Juvenal verstorbene Philodem. In seinem Περὶ ρητορικῆς weist er die Ansprüche der Rhetorik zurück: wenn auch Kunst, sei sie vom philosophischen, der Wahrheit verpflichteten Standpunkt aus doch nutzlos. Namentlich im Schlußteil des dritten Buches[36] zeigt er,

---

[30] L. Schmidt, Die Ethik der alten Griechen 2 (Berlin 1881) 404 ff.

[31] Vgl. W. Luther, "Wahrheit" und "Lüge" im ältesten Griechentum, Borna-Leizig 1935, 83/105.

[32] Zucchelli a.a.O. (o.Anm. 4) 84; zur Entwicklung im vorchristlichen Griechisch und der davon abhängigen lateinischen Übersetzungsliteratur ebd. 75/90.

[33] Beispielsweise Antiochus, Stratocles, Demetrius und Haemus (3, 98 f.).

[34] 1, 93 f.

[35] 1, 100/108.

[36] 2, 239/72 Sudhaus, zuletzt neu herausgegeben, übersetzt und kommentiert von

daß politisches Können die (sophistische) Rhetorik nicht als unentbehrlichen Bestandteil umfaßt, der Politiker nicht in jedem Fall gleich auch ein Redner ist, und preist den Staatsmann, der keiner künstlerischen Beredsamkeit bedarf.

Vor diesem Hintergrund überrascht es nicht, daß ὑποκρίνομαι in christlichen Schriften das Bezeichnete von Anfang negativ qualifiziert.

5. *In der christlichen Literatur*

Das NT enthält noch keine ausdrückliche Kritik der Schauspiele. Tertullians Ansicht, die Mahnung Ps. 1, 1: die Versammlung der Gottlosen meiden, beziehe sich auch auf den Besuch der Schauspiele,[37] ist historisch-kritisch ebenso wenig zu halten wie die erst von Augustinus[38] formulierte Behauptung, die Mahnung zur Abkehr von der ἐπιθυμία τῶν ὀφθαλμῶν (1 Joh. 2, 16) schließe auch das Verbot, Schauspiele zu besuchen, ein. Lediglich Paulus verwendet 1 Kor. 4, 9: θέατρον ἐγενήθημεν τῷ κόσμῳ ... äußerlich eine Schauspielmetapher, verleiht ihr aber einen ganz anderen Sinn, der kaum Rückschlüsse auf die Einschätzung des Theaters unter ethischen Rücksichten gestattet.

Um so eindeutiger bezeichnen ὑποκρίνομαι und das davon abgeleitete ὑποκριτής überwiegend nur noch bewußte Verstellung und Heuchelei. Dahinter steht der Sprachgebrauch des Tanach bzw. seiner griechischen Übersetzungen. Dabei ist jedoch zu beachten, daß Unehrlichkeit und Verstellung, gespaltener Sinn oder zwiespältiges Herz, der Zwiespalt zwischen Innen und Außen, zwar zu den zentralen Themen der hebräischen Bibel gehört, dafür aber vergleichsweise selten ein feststehendes hebräisches Wort benutzt wird. Am häufigsten begegnet die Wurzel hnp. Da diese aber anders als das griechische ὑποκρίνεσθαι nicht das aus der Schauspielersprache herrührende Moment subjektiver Verstellung und Unehrlichkeit, sondern grundlegender einen objektiven Gegensatz zwischen Verhalten und gottgesetzter Ordnung, also letztlich Gottlosigkeit und Frevel bedeutet, wird hnp völlig zu Recht nur vereinzelt mit grammatischen Äquivalenten von ὑποκρίνομαι übersetzt.[39]

J. Hammerstaedt: Cronache Ercolanesi 22 (1992) 9/17.

[37] Spect. 3, 3/8; 27, 4; dazu W. Weismann, Kirche und Schauspiele = Cassiacum 27, Würzburg 1972, 70_9.

[38] Conf. 10, 41.

[39] Zu Einzelheiten Wilcken/Kehl/Hoheisel a.a.O. (o.Anm. 26) 1211 mit Belegen und Literatur.

Deshalb dürfte der Sprachgebrauch des NT[40] weniger an diese Übersetzungen als an die atl.-jüdische Bewertung des Zwiespalts zwischen Innen und Außen überhaupt anknüpfen: Ein Verhalten, das durch eine derart gelebte Lüge geprägt ist, bildet einen integrierenden Bestandteil der Gottlosigkeit, der Auflehnung gegen die objektive, gottgesetzte Ordnung und wird im Sinne des griechischen Wortfeldes von Gott als etwas für das wirkliche Leben ebenso Unwirksames entlarvt wie Schauspiel und rhetorische Geste.

Prototypen solchen in den Augen Gottes ebenso verwerflichen wie in sich lächerlichen Verhaltens sind die Pharisäer,[41] Judas, der Jesus mit einem Zeichen der Freundschaft verrät (Mk. 14, 44 f. par.), und Simon Magus, der gläubig wird, um größere magische Kraft zu erlangen (Apg. 8, 9/24).

Seit der Klassik war in der griechischsprachigen Literatur der auf Platon zurückgehende Vorwurf nicht verstummt, in der Dichtung, auf der Bühne und von den Rhetoren werde gelogen und Falsches vorgespiegelt, nicht mehr verstummt. Bis in sprichwörtliche Wendungen hinein hat sich diese Einschätzung durchgesetzt.[42] Die christlichen Schriftsteller griechischer wie lateinischer Zunge griffen sie bereitwillig auf. Tatian etwa verachtet πάντα ψευδόμενον (die Rede ist von einem Schauspieler) und weiß: καλοὶ ... καὶ οἱ ποιηταὶ ψευδολόγοι,[43] und Lateiner sind überzeugt: (histriones) mentiuntur.[44]

In der grundsätzlichen Ablehnung des Schauspiels, die aus zahlreichen frühchristlichen Zeugnissen spricht und einen bedeutenden Anteil kirchlicher Angriffe auf das Heidentum darstellt, kommen

[40] Das Wort ὑποκριτής begegnet 1x bei Markus, 3x bei Lukas und 14x bei Matthäus; ὑπόκρισις kommt außer je einem Mal in den Synoptikern noch 3x in der Briefliteratur vor, eine Verbform nur Lk. 20, 20.

[41] Den Analysen in W. Beilner, Christus und die Pharisäer, Wien 1959, bes. 277 ff. und H. Frankemölle, "Parisäismus" in Judentum und Kirche, zur Tradition und Redaktion in Mt. 23, In: H. Goldstein (Hrsg.) Gottesverächter und Menschenfeinde, Düsseldorf 1979, 123/89 ist hier kaum mehr etwas hinzufügen.

[42] A. Otto, Die Sprichwörter und sprichwörtlichen Redensarten der Römer, Leipzig 1890 (ND Hildesheim 1962), S. 283, nr. 1444.

[43] Orat. graec. 22 (6, 96/8 Otto).

[44] Lact. div. inst. 6, 20, 29; weitere Zeugnisse aus der lateinischen christlichen Literatur bei Weismann a.a.O. (o.Anm. 37) 76 f. Zur Einschätzung bei griechischsprachigen Schriftstellern O. Pasquato, Art. Spettacoli, in: A. Di Bernardino (ed.), Dizionario patristico e di antichità cristiane, 2, Casale Monferrato 1984, 3281 f. u.ders., Gli spettacoli in S. Giovanni Crisostomo, paganesimo e cristianesimo ad Antiochia e Costantinopoli nel IV secolo, Roma 1976, 97/207. Bes. zur Entstehung eines besseren christlichen Theaters vor dem Hintergrund der Kritiken am heidnischen V. Cottas, Le théatre à Byzance, Paris oJ. (1931).

tiefgreifende Wandlungen der ludi scaenici seit der griechischen Klassik und der bürgerlichen Stellung der Schauspieler zum Ausdruck.

Tragödie, Vortrag einzelner ihrer Szenen durch Gesangsolisten, den tragicus cantor, sowie die griechische Kommödie hatten viel von ihrem einstigen Glanz eingebüßt und fanden entsprechend geringes Interesse bei den Kirchenschriftstellern.[45] Gegen die Komödien eines Terenz oder Menander haben sie sogar ausgesprochen wenig einzuwenden, weil sie Lateinern für das Erlernen der griechischen Sprache unentbehrlich erschienen. Der ganze Groll der mit dem Großstadtleben Vertrauten richtete sich gegen die neuen Formen des inzwischen vorherschenden Volkstheaters, den Mimus und Pantomimus.

Obgleich stummer Ausdruckstanz, ähnelte letzterer insofern der Tragödie, als der Pantomime in Gewand und Maske des tragischen Schauspielers auftrat und sein Repertoire die gesamte Mythologie umfassen konnte, wobei aber die Liebesabenteuer der Götter auffallend bevorzugt wurden. Diese Vorliebe, der rasche Wechsel männlicher und weiblicher Rollen und die ausgefeilte Gebärdensprache machten ihn jedoch noch stärker als den klassischen Tragöden verdächtig. Die unverblümte Sexualität, tölpelhafte Clownerien und die bekannten Typen des Mimus führten Züge der Neuen Kommödie weiter, die noch größere Geschmeidigkeit machte aber die Mimen, die ihre Rollen sprachen, Gesangseinlagen gaben und tanzten, den Christen besonders verabscheuungswürdig.[46] Schon in vorchristlicher Zeit und später auch von Nichtchristen immer wieder verdächtigt, Religion und Tugend zu untergraben, wurde der Mimus wegen ausschweifender Liebesszenen und anderer Inhalte von den christlichen Schriftstellern generell als niedrig und verwerflich, derb frivol und obszön abgelehnt. Dabei mochte mitspielen, daß die Schauspieler nach traditioneller römischer Auffassung aus der Gesellschaft ausgeschlossen, mit dem Makel der Infamie behaftet waren und in der Kaiserzeit der Rechtstheorie zufolge auch blieben, was ihrem gesell-

[45] Zur Entwicklung hauptsächlich in Rom Weismann a.a.O. (o.Anm. 37) 33/54, vgl. auch H. Juergens, Pompa diaboli, die lateinischen Kirchenväter und das antike Theater = Tübinger Beiträge zur Alterumswissenschaft 46, Stuttgart, Berlin, Köln, Mainz 1972, speziell zur Einschätzung der griechischen Tragödie den Vortrag von J.H. Waszink, Die griechische Tragödie im Urteil der Römer und Christen: JbAC 7 (1964) 139–148.

[46] Zu Dokumenten und Entwicklung des griechischen Volkstheaters H. Wiemken, Der griechische Mimus, Bremen 1972. Zum römischen Theaterleben der Kaiserzeit L. Friedländer, Darstellungen aus der Sittengeschichte Roms in der Kaiserzeit von Augustus bis zum Ausgang der Antonine, 1/2 Leipzig 1921/23[10], 112/47.

schaftlichen Prestige allerdings kaum mehr Abbruch tat.[47]

Betonten die Christen so auch mit der profanen Gelehrsamkeit das Frivole, Schlüpfrige und Obszöne am Mimus,[48] so beriefen sie sich für ihre Ablehnung doch, wie bereits angedeutet, auch auf den ebenfalls längst vor ihnen bemängelten fiktiv-lügenhaften Charakter. Non amat falsum auctor veritatis (d.h. Deus): adulterium est apud illum omne quod fingitur. Proinde vocem sexus, aetates mentientem amores, iras, gemitus, lacrimas asseverantem non probabit qui omnem hypocrisin damnat, schreibt Tertullian[49] und spricht damit das Todesurteil über jede wie immer geartete Bühnenkunst. Zurückhaltender in der Sprache, sinngemäß jedoch noch schärfer bringt dies der einst Cyprian, heute Novatian zugeschriebene kurze Traktat De spectaculis zum Ausdruck: selbst wenn in Schauspielen nichts Verwerfliches (crimen) dargestellt wird, haben sie doch rein als Schauspiele maximam et parum congruentem fidelibus vanitatem.[50] Wer auf der Bühne die Unwahrheit sagt und sich nach allen Regeln der Kunst zu verstellen versteht, gewöhnt, so wußte ebenfalls bereits Platon, nicht allein sich selbst, sondern stiftet auch die Zuschauer dazu an, im täglichen Leben ähnlich verwerflich zu verfahren. Mit der Ablehnung ansonsten harmloser Täuschung und scherzhafter Lüge als Sünde wird die Kritik des Schauspiels als irrealer Welt bei Augustinus ihren Höhepunkt erreichen.[51]

Derweil lösten sich die in der christlichen Paränese weit verbreiteten Mahnungen zu ungeheucheltem (ἀνυπόκριτος) und Warnungen vor einem zwiespältigen Leben immer weiter von der professionellen Schauspielerei und ὑπόκρισις / ὑποκρισία bezeichnet überwiegend die als schwere Sünde eingestufte rein heuchlerische Verstellung, den bewußt, häufig in betrügerischer Absicht im Gegensatz zum Sein erzeugten Schein. Im christlichen Latein bezeichnet das Wortfeld ὑποκρίνεσθαι fast nur noch den Scheinheiligen, Sich-Verstellenden, wie mehr oder weniger synonyme Termini, vor allem simulari unterstreichen.[52]

---

[47] Zu Einzelheiten Weismann a.a.O. (o.Anm. 37) 84 f. mit der dort genannten weiterführenden Literatur.

[48] Diomedes, der seine ars Grammatica wahrscheinlich zwar erst im 4. Jh. n.d.Z. abfaßte, aber speziell im dritten Buch in den Teilen zur Poetik auf viel älteren Quellen basiert, charakterisiert den Mimus als sermonis cuius libet immitatio et motus sine reverentia, vel factorum et dictorum turpium cum lasciva immitatio (Gramm. Lat. 1, 491 Keil).

[49] Spect. 23, 5 f.

[50] 7 (CSEL Cyprian 3, 3, 10).

[51] Weismann a.a.O. (o.Anm. 37) 153 f.

[52] Zu Einzelheiten Wilckens/Kehl/Hoheisel a.a.O. (o.Anm. 26) 1218 f.

Die christlichen Neuauflagen des Schauspielervergleichs zeigen aber deutlich, daß der Bezug dieser ὑπόκρισις zur Schauspielerei nicht ganz in Vergessenheit geraten war. Isidor v. Sevilla etwa schildert ausführlich, welche Mittel der Schauspieler auf der Bühne anwendet, um sein Publikum zu täuschen.[53] Gelegentlich findet sich der Vergleich positiv gewandt. Klemens v. Alex. wendet ihn sogar auf den Logos an, der im Theater der ganzen Welt den Siegeskranz erhält, die Maske eines Menschen annahm und sich in Fleisch kleidete, um das Drama der Erlösung aller Menschen aufzuführen.[54] Im Zeitalter der christologischen Streitigkeiten wären diese und vereinzelte ähnliche Metaphern mit hoher Wahrscheinlichkeit als unorthodox abgelehnt worden.

Bis zum Ende der Spätantike waren Heuchelei oder Verstellung zu einer der schlimmsten Sünden geworden. Christusfeindliche Gestalten werden dadurch zum Antichrist, daß sie Christus äußerlich möglichst getreu nachahmen. Hippol. antichr. 6 (GCS Hippol. 1, 2, 8, 1/14) zeigt, wie weit der "Antichrist" dabei gehen kann.[55] Häretiker und Abweichler wurden neben verschiedenen anderen moralischen Minderwertigkeiten als Heuchler abgetan.[56]

Intensiv wird nach Gründen für das besonders schlimme der Hypokrisie gesucht. Gregor der Gr. stellt dem Heuchler eine zwangsläufige Entwicklung zum Bösen in Aussicht.[57] Hieronymus bewertet Heucheln zumindest von Heiligkeit oder Tugend viel schlimmer als ungeheucheltes Sündigen, und Augustinus findet in der Heuchelei gleich zwei Sünden: das sündhafte Tun selbst und die Heuchelei. Isidor v. Sevilla war überzeugt, daß Heuchler deswegen auch zweimal bestraft werden: wegen ihrer Bosheit im Verborgenen und ihrer Heuchelei in der Öffentlichkeit.

Noch so harschen Kritikern konnte aber nicht verborgen bleiben, daß mit Ablehnung und Abscheu allein nicht viel erreicht war. Verbote wie in der Didaskalie und den sog. Apostolischen Konstitutionen[58] und mehrerer Regionalsynoden[59] konnten anscheinend nicht einmal Kleriker vom Besuch des Theaters abhalten. Trotz Infamie des

[53] Orig. 10, 119; vgl. Wilckens/Kehl/Hoheisel a.a.O. (o.Anm. 26) 1219.
[54] Protr. 2, 2 f; 110, 2; vgl. Wilckens/Kehl/Hoheisel a.a.O. (o.Anm. 26) 1220.
[55] Auch zum folgenden ebd. 1222/1229.
[56] Vgl. die Belege bei Weismann a.a.O. (o.Anm. 37) 121 f.
[57] Moral. 31, 15, 28.
[58] Didascalia apost. 2, 62, 1 f; Const. apost. 8, 32, 15 vgl. 2, 61, 1 f.
[59] Belege auch zum folgenden Weismann a.a.O. (o.Anm. 37) 105/107.

Schauspielers im Römischen Recht und dem Verbot für Christen, den Schauspielberuf zu ergreifen oder weiter auszuüben, fehlte es nicht an Versuchen, die wiederholten ausdrücklichen Berufsverbote zu unterlaufen, ehe im 4. Jahrhundert Schauspieler immer häufiger bedingungslos getauft wurden. Ließ sich das Drängen der vom Schauspiel Begeisterten auch durch Hinweis auf das viel größere Schauspiel der Natur oder auf die besseren spectacula der Christen in Gestalt einzelner Episoden des Heilsmysteriums noch halbwegs abtun und, solange die inkriminierten Schauspiele fortbestanden, wahrscheinlich sogar halbwegs zufriedenstellen, so konnten sich doch auch Christen lobenswerten Gründen für Verstellung im Alltagsleben nicht verschliessen.

Insbesondere die Mönche standen vor dem Dilemma, ihre eigene Tugend verbergen zu müssen, um nicht hochmütig zu werden, vor allem aber, um Lob und Anerkennung durch die Mitwelt zuvorzukommen. Das zwang sie, Heuchelei unter bestimmten Bedingungen positiv zu bewerten. Zur Rechtfertigung wird Jesus angeführt, der sich durstig oder ängstlich stellte, ohne es tatsächlich zu sein. Hieronymus neigt dazu, Demut letztlich nur als tugendhafte Heuchelei zu definieren.[60]

Längst ehe Mönche um eine utilis ac salubris hypocrisis rangen, wandte sich Irenaeus gegen offenbar gnostische Überlegungen, Christus und die Apostel hätten ihre Lehren wie Schauspieler der Fassungskraft der Hörer angepaßt, ihre Antworten nach deren Erwartungen gegeben.[61] Gleichwohl sahen sich Spätere in ähnliche Richtung gedrängt, um Petrus und Paulus zu rechtfertigen, der gesteht, er habe Petrus der Heuchelei bezichtigen müssen, als dieser in Antiochien die Tischgemeinschaft, die er vorher mit Heidenchristen gepflegt hatte, aus Furcht vor Jerusalemer Judenchristen aufgab.[62] Die häufig krampfhaften Versuche, die beiden Säulen der Kirche zu entlasten, müssen entweder für eine nur simulierte Auseinandersetzung votieren, oder höhere Güter, den Frieden unter den Gläubigen oder die Einheit des Glaubens in der Gemeinde bemühen, deretwegen Heuchelei gerechtfertigt erscheinen kann.[63]

Im Unterschied zu anderen Handlungen duplicis effectus ist den Kirchenschriftstellern bei der Verstellung allerdings ausgesprochen

---

[60] Zahlreiche weitere Details bei A. Dihle, Art. Demut: RAC3 (1957) bes. 760/771.
[61] Haer. 3, 5, 1 (SC 211, 54/6).
[62] Gal. 2, 11/4; vgl. 2, 15/21.
[63] Details Wickens/Kehl/Hoheisel a.a.O. (o.Anm. 26) 1229/31.

schwer gefallen, und ein überragender Kopf wie Augustinus hat sogar in zwei Traktaten[64] versucht, was wohl jeder, auch seiner eigenen Lebenserfahrung gespottet haben dürfte: ein striktes Verbot jeder Unwahrhaftigkeit zu begründen.

Indes trugen die dem Menschen eigenen Möglichkeiten und die Erfordernisse des sozialen Miteinander auch hier den Sieg davon. Mit ganz ähnlichen Erwägungen wie in der Gegenwart: um Täter nicht auf die Spur potentieller Opfer zu bringen oder Schwerstkranke über ihren aussichtslosen Zustand im Unklaren zu lassen[65] wurde sowohl die Notlüge als auch die Welt des Schauspiels mit ihrer absichtlichen Verstellung und gezielten Täuschung rehabilitiert, letztere sogar auf dem Gebiet mythischer Stoffe, was als pompa diaboli nicht nur Rigoristen wie Tertullian als zutiefst bedenklich erschienen war.

[64] Die Lüge und Gegen die Lüge.

[65] Zur Sache, auch mit historischen Rückblicken S. Bok, Lügen, vom täglichen Zwang zur Unaufrichtigkeit, Reinbek bei Hamburg 1980; vgl. auch dies., Secrets, on the thic of concealment and revelation, New York 1982.

OCCULTE ADHUC COLUNT. REPRESSION UND METAMORPHOSE DER RÖMISCHEN RELIGION IN DER SPÄTANTIKE

Hubert Cancik

Universität Tübingen

1. *Occulte desciverat: Iulian (331–369 n.Chr.)*

1. Im achten Consulat des Constantius Augustus und im ersten des Caesar Iulian (356 n.Chr.) wurde in Mailand folgendes Gebot erlassen:[1]

> Wir weisen an, daß diejenigen der Todesstrafe unterworfen werden, die erwiesenermaßen Opfer besorgt oder Bilder verehrt haben.

Dieses Gebot ist ein Glied in jener langen Kette von repressiven Maßnahmen, die mit Constantin beginnt und am 8.11.392 zum Totalverbot der römischen Religion führt:[2]

> Überhaupt keiner, aus welchem Geschlecht oder Stand der Menschen auch immer—ob in eine Machtstellung gesetzt oder mit einem Amte

[1] Codex Theodosianus 16,10,6: Idem et Iulianus Caesar. Poena capitis subiugari praecipimus eos, quos operam sacrificiis dare vel colere simulacra constiterit. Dat. XI Kal. Mart. Mediolano Constantio Augusto VIII et Iuliano Caes. Conss.

[2] Cod. Theod. 16,10,12 (8.11.392): Impp. Theodosius, Arcadius et Honorius AAA ad Rufinum praefectum praetorio.

Nullus omnino ex quolibet genere ordine hominum dignitatum vel in potestate positus vel honore perfunctus, sive potens sorte nascendi seu humilis genere condicione fortuna in nullo penitus loco, in nulla urbe sensu carentibus simulacris vel insontem victimam caedat vel secretiore piaculo larem igne, mero genium, penates odore veneratus accendat lumina, inponat tura, serta suspendat. [. . . .] Quod quidem ita per iudices ac defensores et curiales singularum urbium volumus custodiri, ut ilico per hos comperta in iudicium deferantur, per illos delata plectantur. Si quidem ii tegendum gratia aut incuria praetermittendum esse crediderint, commotioni iudiciariae subiacebunt; illi vero moniti si vindictam dissimulatione distulerint, triginta librarum auri dispendio multabuntur, officiis quoque eorum damno parili subiugandis. Dat. IV Nov. Constantinopoli Arcadio A II et Rufino Conss.—Der Codex Theodosianus wurde 439 publiziert, als noch nicht alle Reste der hellenischen und römischen Religion verschwunden waren. Zudem mochte es nützlich scheinen, die Erinnerung an den besiegten Gegner wachzuhalten. So wurde der Codex Theodosianus zu einem Klassiker der Religionsverfolger. Vgl. Verf., Nutzen, Schmuck und Aberglaube. Ende und Wandlungen der römischen Religion im 4. und 5. Jahrhundert, in: H. Zinser (Hg.), Der Untergang von Religionen, Berlin 1986, 65–90.

> bekleidet, sei es daß er mächtig ist durch die Gnade der Geburt oder ein niederer nach Geschlecht, Stand, Besitz in überhaupt keiner Stellung—soll in keiner Stadt den wahrnehmungslosen Bildern ein unschuldiges Opfertier schlachten oder mit *verborgenerer* (*secretiore*) Sühnung den Lar mit Feuer, den Genius mit Wein, die Penaten mit Weihrauchduft verehren [. . . .]

Die Justiz soll Eifer zeigen: wer so ein Vergehen absichtlich "deckt" (*tegere*) oder durch Nachlässigkeit "vorbeigehen läßt" (*praetermittere*) oder die Bestrafung durch Heuchelei (*dissimulatio*) verschleppt, wird mit 30 Pfund Gold bestraft.

Als der Caesar Iulian sein Gebot erließ, brachte er sich selbst in große Gefahr. Sein Historiograph Ammianus Marcellinus berichtet nämlich zu demselben Jahr 356 über Leben und Tätigkeit des jungen Caesar:[3]

> [. . .] in der Mitte der Nacht erhob er sich immer [. . .] und brachte heimlich (*occulte*) dem Mercurius seine Verehrung dar (*supplicare*), von dem die theologischen Lehren überliefern, daß er der geschwindere Sinn der Welt sei, der die Bewegung des Geistes anregt.

Erst danach wandte Iulian sich den Sorgen um den Staat zu, dann der Philosophie und schließlich den Musen.

"Verehrung" (*supplicatio*) bedeutet mehr als ein stilles Gebet oder die Rezitation eines homerischen Hymnus, wahrscheinlich ein Weihrauchopfer vor einem kleinen Bild, Lichter, eine Weinspende. Der einverständige Historiker nennt weder hier noch anderswo in seinem Werke rituelle Details. Ammian schreibt eine Generation nach dem Ende der iulianischen Reformen und unter dem Druck neuer Religionsgesetze. Deshalb ersetzt er Kult durch hermetische Theologie; Hermes, der schnelle Götterbote, das Wort des Zeus, der Mittler zwischen Oben und Unten[4]—das konnte als mythologische Gelehrsamkeit die Zensur passieren.

2. Fünf Jahre später, im Winter 360/61, feiert Iulian in Vienna seine *quinquennalia*.[5] Er plant, den Augustus Constantius, seinen Onkel, abzusetzen. Vorzeichen und Träume bestärken ihn. Sein Histo-

---

[3] Ammian 16,5,5 (zum Jahre 356 n.Chr): [. . .] nocte dimidiata semper exsurgens [. . .] occulte Mercurio supplicabat, quem mundi velociorem sensum esse, motum mentium suscitantem, theologicae prodidere doctrinae.

[4] Zur Theologie Mercurs im 4.Jahrhundert vgl. Servius ad Vergil, Aeneis 4, 238 ff.

[5] Ammian 21,1.

riker erklärt, daß Divination nicht schwarze Magie (*pravae artes*) sei. Die Erklärung weitet sich zu einem sakralgeschichtlichen Exkurs über die physikalischen Grundlagen der Weissagung, über Vogelflug, Extispicin, apollinische Mantik. Alles ist verboten; der antiquarische Exkurs erlaubt. Um alle Kräfte für seinen Plan zu gewinnen, vermeidet Iulian den Bruch mit den Christianern:[6]

> [...] er fingierte, dem christlichen Kult anzuhängen, den er längst schon heimlich verlassen hatte (*a quo iam pridem occulte desciverat*); engagiert war er in Haruspicin und Augurallehren und den anderen Dingen, die die Verehrer der Götter immer gemacht haben; Teilhaber an den Geheimnissen (*arcana*) waren wenige. Und damit dies vorläufig verborgen bliebe (*celari*), zog er an dem Feiertage, den die Christianer im Monat Januar feiern und den sie Epiphanie zu nennen pflegen, in deren Kirche, betete die Gottheit an und entfernte sich feierlich.

Welche Gottheit hat Iulian in der Kirche der Christianer angebetet? Das Göttliche (*numen*) an sich, dessen Erscheinung—unter demselben Festnamen (τὰ ἐπιφάνια)—auch unter den Hellenen gefeiert wurde? Was sind die "anderen Dinge", die "Verehrer der Götter" machen? Wie kann Iulian, trotz Verbot der hellenischen und römischen Religion, trotz Bespitzelung gerade seiner Person, sie durchführen?

Sein Historiograph kann es unter dem Druck verschärfter religiöser Unterdrückung nicht genauer schreiben. Aber seine Distanz zu den Christianern macht er deutlich durch die apotropäische Geste, mit der er ihr Fest einführt: "das sie 'Epiphanie' zu nennen pflegen". Das ganze lateinische Wortfeld für 'Verheimlichung' stellt er zusammen: fingieren, heimlich, Geheimnis, verstecken (*fingere, occultum, arcanum, celare*). So entsteht aus dem fiktiv-antiquarischen Exkurs ein klassischer Text des hellenischen Nikodemismus.

3. "Heimlich" hatte Iulian das Christentum verlassen und "schon längst": man vermutet, etwa zehn Jahre vor dem Epiphaniefest in Vienne.[7]

---

[6] Ammian 21,2,4–5: Utque omnes nullo impediente ad sui favorem inliceret, adhaerere cultui Christiano fingebat a quo iam pridem occulte desciverat, arcanorum participibus paucis haruspicinae auguriisque intentus et ceteris quae deorum semper fecere cultores. Et ut haec interim celarentur, feriarumn die, quem celebrantes mense Ianuario Christiani Epiphania dictitant, progressus in eorum ecclesiam, sollemniter numine orato discessit.—Bezug und Nuance von *solemniter* sind mir unsicher, es gibt gute Gründe für eine Übersetzung 'betete nach altem Brauch'.

[7] Der Zeitpunkt der heimlichen Apostasie wird auf 351/52 angesetzt von Labriolle, Réaction, S. 385.

Sein Historiograph, der Kontakt zu den "Wenigen" hatte, die Iulians "Geheimnisse" teilten, verlegt dessen "Neigung" zu den Göttern bereits in die frühe Kindheit:[8]

> Und obschon er seit den ersten Anfängen der Kindheit mehr zum Kulte der Gottheiten geneigt war und als Jüngling allmählich in Brand geriet vor Sehnsucht nach der Sache, betrieb er, obschon viel in Furcht, dennoch gewisses, was zu dem gehört, soweit es gemacht werden konnte, auf das heimlichste. Sobald er aber nach Abschaffung dessen, was er fürchtete, bemerkte, daß da sei die freie Zeit zu tun, was er wollte, eröffnete er die Geheimnisse seiner Brust, und er bestimmte mit deutlichen und endgültigen Dekreten, daß die Tempel geöffnet und Schlachttiere zu den Altären geführt werden sollten zum Kulte der Götter.

Die leeren und die emotional aufgeladenen Worte konstituieren Sprache und Psychologie erzwungener Geheimhaltung. Der "Kult der Gottheiten"—nie wird ein Name genannt, die Tarnsprache sagt: "es", "gewisses", "die Sache", die man "betreibt" (*res, id, quaedam, agitare*). Erst als die Zeit der Religionsfreiheit da ist, nennt Ammian die zentralen Riten der hellenisch-römischen Religion: Öffnung von Tempeln, in denen Bilder stehen, Aufrichtung von Altären, an denen Tiere geschlachtet werden. Hiernach stand das "brennende Verlangen" des Jünglings: öffentliche, spektakuläre Akte, die nur schwer mit "Wenigen" und "heimlich" ausgeführt werden können.

Nirgends vor der Zeit der Unterdrückung durch die Christianer haben wir, soweit ich weiß, ein derartig emotionales Bekenntnis zur hellenisch-römischen Religion.[9] Es sind gerade das Verbot, der Mangel und die Furcht, der Zwang zur Geheimhaltung und die Beschränkung auf kleine Gruppen, die solches Verlangen schüren.

---

[8] Ammian 22,5,1 f.: Et quamquam a rudimentis pueritiae primis inclinatior erat erga numinum cultum, paulatimque adulescens desiderio rei flagrabat, multa metuens tamen agitabat quaedam ad id pertinentia, quantum fieri poterat, occultissime. Ubi vero abolitis, quae verebatur, adesse sibi liberum tempus faciundi, quae vellet, advertit, sui pectoris patefecit arcana: et planis absolutisque decretis aperiri templa, arisque hostias admoveri ad deorum statuit cultum.—Vgl. Rufin, hist. eccl. 10,33 (abgefaßt nach 410): sed Iulianus postquam ad orientem Persas bello pulsaturus advenit et publica, quam prius occultaverat, erga idolorum cultum ferri coepit insania, callidior ceteris persecutor non vi neque tormentis, sed praemiis, honoribus, blanditiis, persuasionibus [. . .].

[9] Vergleichbare Ausdrücke gibt es in Geschichten, die eine Bekehrung zur Philosophie schildern; vgl. Lukian, Nigrinos und sein Gleichnis vom guten Schützen.

2. *Occulte adhuc colunt: Augustin (354–430)*

2.1 *Augustins Gegner*

Die 22 Bücher, die Augustin als Bischof von Hippo Regius von 413 bis 426 über die "Bürgerschaft Gottes" schreibt, sind ein polemisches Werk. Der Titel *de civitate dei* ist ergänzt durch ein *contra paganos*—"Wider die Paganen".[10] 'Pagan' sind Menschen, die noch nicht gelernt haben, daß ihre Götter "die schmutzigsten Geister und bösesten und trügerischsten Dämonen sind, und das in einem solchen Grade, daß sie durch ihre Verbrechen erfreut werden—entweder wirkliche oder auch nur erdichtete, jedenfalls ihre eigenen Verbrechen, die nach ihrem Willen im Verlaufe ihrer Feste gefeiert werden." Die Paganen, gegen die Augustin schreibt, haben diese kriminellen Falschgötter selbst "öffentlich verehrt oder verehren sie noch immer im Verborgenen":[11]

> *deos falsos quos vel palam colebant vel occulte adhuc colunt eos esse inmundissimos spiritus*

Augustin hat sich das nicht ausgedacht, er weiß es aus den paganen Büchern und aus eigener "frischer Erinnerung":[12]

> denn auch wir selbst haben derartige Dinge gesehen.

Die Partie ist geschrieben um 415, ein Jahrhundert also nach dem Triumph Constantins, nach dem reichsweiten Totalverbot der römischen Religion von 392 und nach der letzten großen Säuberung in Nordafrika nach der Rebellion des Gildo (399/ 400). Wie viele Pagane gab es damals noch in Karthago oder Hippo? Wie lange hatten sie noch "öffentlich" ihre Religion ausüben können, wo sie doch unter Todesstrafe verboten, die Tempel geschlossen, die Bilder und Altäre zerbrochen waren? Was treiben sie—immer noch—"im Verborgenen"?

Verboten jedenfalls ist auch das: auf privatem Grunde, in eigenen Räumen, in der Stadt oder auf freiem Felde, räuchern, opfern,

---

[10] Vgl. Augustin, Retractationes 2,69.

[11] August. civ. 4,1: et simul docendum deos falsos quos vel palam colebant vel occulte adhuc colunt eos esse inmundissimos spiritus et malignissimos ac falacissimos daemones, usque adeo ut aut veris aut fictis etiam, suis tamen criminibus delectentur, quae sibi celebrari per sua festa voluerunt [. . . .]

[12] [. . .] Haec non ex nostra coniectura probavimus, sed partim ex recenti memoria, quia et ipsi vidimus talia ac talibus numinibus exhiberi, partim ex litteris eorum, qui non tamquam in contumeliam, sed tamquam in honorem deorum suorum ista conscripta posteris reliquerunt [. . . .]

feiern, die Zukunft erkunden.[13] Je geheimer, desto schlimmer; zumal nachts kann es nur Verschwörung oder pervers sein. Jene paganen Okkultisten haben sich also strafbar gemacht. Und dennoch planen sie, so hat Augustin vernommen, eine Antwort auf seine Schrift "Über die Bürgerschaft Gottes". Ja, die Antwort sei sogar schon geschrieben, man warte nur den Zeitpunkt ab, zu dem die Stellungnahme ohne persönliche Gefährdung publiziert werden könne:[14]

> *sed tempus quaerant, quo sine periculo possint edere.*

Augustin warnt diese Leute: "sie sollten sich nicht wünschen, was ihnen nicht förderlich ist". Die Warnung war ernst gemeint und erfolgreich. Mit der antiken Lustigkeit und der Sonne Homers war es längst vorbei. So ein Paganer mußte aufpassen, wenn er zum Himmel aufblickte oder ein Sternbild benannte, daß es ihm nicht als Götzendienst bestraft wurde. Deshalb gingen sie mit hängenden Köpfen und schauten auf die Erde wie die Tiere.

2.2 *Römische Religion in Karthago, um 400 n.Chr.*

Um 400 n.Chr. war die streitende Kirche ihrem endgültigen Triumphe nahe. Nachdem der Aufstand des Gildo, eines Mauren (gest. 398), niedergeschlagen war, setzte eine große Säuberung ein, in die auch die afrikanischen Christianer ('Donatisten' oder 'Circumcellionen') und die Römer (*pagani*) hineingezogen werden konnten. Gesandte des Kaisers Honorius zerstörten am 18. März 399 die Tempel der römischen Götter und zerbrachen ihre Bilder. Nach mehr als zwanzig Jahren erinnert Augustin sich noch an das genaue Datum.[15] Kaiserliche Gesetze, die Macht der Verwaltungen, der Druck der christlichen Gemeinden trieben die Verehrer der alten Götter in den Untergrund:[16]

---

[13] Die Delikte sind einzeln aufgeführt in: Cod. Theod. 16,10,12 (8.11.392).

[14] August. civ. 5,26 (Ende).—Augustin rechnet zu seinen Gegnern gebildete Leute (civ. 4,1), darunter Flüchtlinge aus Rom.

[15] August. civ. 18,54 (abgefaßt ca. 420): interim, quod scimus, in civitate notissima et eminentissima Carthagine Africae Gaudentius et Iovius comites imperatoris Honorii quarto decimo Kalendas Aprilis falsorum deorum templa everterunt et simulacra fregerunt.—Vgl. Verf., Augustin als constantinischer Theologe, in: J. Taubes (Hg.), Der Fürst dieser Welt. Carl Schmitt und die Folgen, 1983, 136–152; 2.Aufl. 1985.

[16] August. Cons. Evang. 1,27,42 (ca. 400): [...] Nunc certe quaerunt ubi se abscondant, cum sacrificare volunt vel ubi deos ipsos suos recludant, ne a Christianis inveniantur et frangantur. Es folgt ein Hinweis auf den "Gott Israels", der den christlichen Gesetzen und Königen diese Macht verleiht.

[. . .] Jetzt müssen sie natürlich suchen, wo sie sich verstecken, wenn sie opfern wollen, oder wo sie ihre Götter selbst verschließen können, damit sie nicht von den Christianern gefunden und zerbrochen werden.

Was die paganen Römer erdulden müssen, ist Strafe, nicht etwa Martyrium; denn es ist der Teufel selbst, der jetzt verfolgt wird:[17]

[. . .] Sehet, wie vieles er erleidet, dessen Tempel überall zerstört werden, dessen Idole überall zerbrochen werden, dessen Priester und Seher (*arreptitii*) überall ge-/ erschlagen werden! Kann der etwa sagen: 'Auch ich, der ich so vieles erleide, bin ein Martyrer'!

Feste der Römer werden durch die afrikanischen Christianer in selbstmörderischer Weise, so Augustin, gestört.[18] Dabei kommt es zu Gewaltsamkeiten, bei denen auch Christianer das Leben verlieren.[19] Aus den Gegnern schafft Augustin eine Einheitsfront; so kann er sie leichter bekämpfen:[20]

Ihr sollt wissen, Liebste, daß sich das (aufrührerische) Murren jener (Römer) verbindet mit den Haeretikern, mit den Juden. Haeretiker, Juden und Pagane haben eine Einheit (*unitatem*) gemacht gegen (unsere) Einheit.

Einen Beleg dafür gibt es nicht.

---

[17] August., sermo 328,4,4 (Zusammenhang: Gegen die Ansprüche der afrikanischen Christianer, ihre Getöteten seien Martyrer; die der Paganen, so argumentiert Augustin, sind es doch auch nicht): Si de passione gloriandum est, potest et ipse diabolus gloriari. Videte quanta patitur, cuius ubique templa evertuntur, cuius ubique idola franguntur, suius ubique sacerdotes et arreptitii caeduntur. Numquid potest dicere: Et ego martyr sum, quia tanta patior!

[18] August., contra Gaudentium 1,28,32: [. . .] qui solent (ci. solebant) haec et antea facere, maxime cum idololatriae licentia usque quaque ferveret, quando isti paganorum armis festa sua frequentantium irruebant. vovebant autem pagani iuvenes idolis suis quis quot occideret. at isti gregatim hinc atque inde confluentes tamquam in amphitheatro a venatoribus more immanium bestiarum venabulis se oppositis ingerebant, furentes morienbantur, putrescentes sepeliebantur, decipientes colebantur. praeter haec sunt saxa immania et montium horrida praerupta voluntariorum creberrimis mortibus nobilitata vestrorum. aquis et ignibus rarius id agebant, praecipitiis greges consumebantur ingentes. aetatis nostrae hominibus res notissimas loquor.

Die Nachwirkung des makkabäischen Zelotismus ist bei Augustin und den afrikanischen Christianern deutlich. Vgl. August., sermo 24 (Karthago 399), 6: Dii Romani, dii Romani, si crgo, inquam, dii Romani Romam defecerunt, hic quare remanserunt?

[19] August. epist. 50 (An die Colonia Sufetana; Anlaß: Zerstörung eines Hercules-Bildes; wohl 399): Immanitatis vestrae famosissimum scelus et inopinata crudelitas terram concutit et percutit caelum, ut in plateis ac delubris vestris eluceat sanguis et resonet homicidium. apud vos Romanae sepultae sunt leges, iudiciorum rectorum calcatus est terror, imperatorum certe nulla veneratio nec timor.

[20] August., sermo 62, 18: Sciatis autem, carissimi, murmura eorum coniungere se

Nur noch desintegrierte Überbleibsel der römischen Religion hat Augustin in Nordafrika und Italien kennenlernen können. Noch um 375 wollte ein *haruspex* in Karthago ein Opfer für Augustin bringen, damit das von diesem verfaßte Theaterlied den Preis gewinne; doch Augustin lehnte ab. Astrologen dagegen befragte er, da diese nicht Opfertiere und Gebete für ihre Weissagungen benötigten.[21]

Priester der Großen Mutter sah er "noch bis gestern" in Karthago: Weichlinge, kastriert, mit gesalbtem Haar und geschminkt. Augustin ist von Abscheu und Verachtung überwältigt: mit zerfließenden Gliedern, weiblichem Gang gehen sie durch die Straßen und Plätze von Karthago und erbetteln schimpflich, wovon sie leben können.[22]

Eine wirkliche Versuchung blieb das Theater, unwiderstehlich die Schaulust, die Anziehung durch Laster und Pomp, und seien sie auch nur zum Anschauen. Augustin versucht, die Neugier und Lust auf imaginäre Welten als Götzendienst zu entlarven. Er verstärkt die sakralen Momente des antiken Theaterwesens:

> wozu gehören die *ludi scaenici*, wenn nicht zum Kult?

Damit ist klar, daß diese Institution Teufelswerk ist.[23]

---

cum haereticis, cum Iudaeis. Haeretici, Iudaei et pagani unitatem fecerunt contra unitatem.

[21] August., confessiones 4,2,3–4,3,4: Recolo etiam cum mihi theatrici carminis certamen inire placuisset, mandasse mihi nescio quem haruspicem, quid ei dare vellem mercedis, ut vincerem, me autem foeda illa sacramenta detestatum et abominatum respondisse, nec si corona illa esset immortaliter aurea, muscam pro victoria mea necari sinere. Necaturus enim erat ille in sacrificiis suis animantia et illis honoribus invitaturus mihi suffragatura daemonia videbatur. [. . . . .] Sed videlicet sacrificari pro me nollem daemonibus, quibus me illa superstitione ipse sacrificabam. [. . . .] Ideoque illos planos, quos mathematicos vocant, plane consulere non desistebam, quod quasi nullum eis esset sacrificium et nullae preces ad aliquem spiritum ob divinationem dirigerentur.

[22] August., civ. 7,26: Itemque de mollibus eidem Matri Magnae contra omnem virorum mulierumque verecundiam consecratis, qui usque in hesternum diem madidis capillis facie dealbata, fluentibus membris incessu femineo per plateas vicosque Carthaginis etiam a propolis unde turpiter viverent exigebant, nihil Varro dicere voluit nec uspiam me legisse commemini.—vgl. ibid. 2,4: Caelestis virgo et Berecynthia mater.

[23] August., civ. 6,5: ubi sunt ludi scaenici, nisi in rebus divinis? Augustin spielt auf die Dreiteilung der Theologie bei Varro an: vgl. civ. 4,1: ut Varro [. . .] non saltem in rebus humanis, sed in rebus divinis ludos scaenicos poneret; vgl. August., civ. 1,32: [. . .] ludi scaenici, spectacula turpitudinum et licentia vanitatum, non hominum vitiis sed deorum vestrorum iussis Romae instituti sunt.—Die Flüchtlinge aus Rom im Jahre 410 sitzen "täglich" im Theater.

3. *Ergebnisse und Fragen*

3.1 *Zur spät- und subantiken Religionsgeschichte (3.–4./5.–7.Jh.)*

3.1.1 Die religiösen Repressionen seit dem 3.Jh. n.Chr. sind eine neue Erscheinung in der antiken Religionsgeschichte. Diese Repressionen unterscheiden sich nach Ort, Durchführungsweise, Intensität. Die Reaktionen der Betroffenen—afrikanische Christianer, Juden, Manichäer, Hellenen und Römer—liegen zwischen Martyrium und Übertritt. Verheimlichung ist eine unter mehreren praktizierten Möglichkeiten.

3.1.2 In der (hellenischen und) römischen Religion zeigen sich unter der Repression durch die Christianer folgende Veränderungen:

a. Zerstörung der Kultstätten, ihrer Ausstattung, der Kultfunktionäre und Verehrer.
b. Flucht in Rückzugsgebiete; Verstecken von Kultgerät; Lüge; Dissimulation und Ambivalenz als Tarnung.
c. Mutationen: Götter werden schmutzige Dämonen, Religion zu Aberglauben, das Theater zum wichtigsten 'Kultort' der Dämonen. Die römische Geschichte und die klassische Literatur erhalten eine gesteigerte Bedeutung als verpflichtende Tradition und Bildung, die religionsfrei, bzw. mit dem Christentum vereinbar ist. Die Gelehrsamkeit vertieft sich in religiöse Antiquitäten und entwickelt eine kryptische Hermeneutik.
d. Übertritt mit völliger oder teilweiser Aufgabe der alten Loyalitäten.

3.2 *Die Entstehung des Katholizismus*

3.2.1 Ende und Mutationen der römischen Religion und die Entstehung des römischen Katholizismus sind Teil einer einheitlichen spätantiken Religionsgeschichte. Die Macht, die die römische Religion als öffentliche und Staatsreligion abschafft, verformt sie zu Bildungsgut und Vergnügungswesen, bzw. Aberglauben, Dämonenfurcht, Zauberei und Okkultismus. In dieser Form bleibt die römische Religion in und neben dem Christentum erhalten.

3.2.2 Die Lehre von der antizipierenden Imitation erleichterte intellektuell und praktisch die Übernahme hellenischer und römischer Riten und Bräuche. Schon im 3.Jh. feiern Christen Saturnalien, Ianusfeste, Brumalia, Matronalia.[24] Die Dämonen haben Reinigungen und das

[24] Tertullian, de idololatria 14; vgl. Origenes, contra Celsum 8,21.

Opferwesen eingeführt, um später die Christianer von dem wahren Opfer und dem einzigen wahren Priester abziehen zu können.[25] Indem Augustin diese Lehre entwickelt, benutzt er die alte römische Opfersprache. Priester der Mater Magna behaupten, so Augustin, Attis sei ein Christianer: da sieht man, wie die Dämonen alles verwirren.[26]

3.2.3 Die siegende Kirche ist die verfolgende Kirche. Sie verfolgt nicht nur die Römer sondern auch Juden, Afrikaner und die jeweiligen Haeretiker. Sie setzt damit die Tradition des spätantiken Staates des 3.Jh. fort.

3.3 *Ausblick auf die europäische Religionsgeschichte*

1. Dissimulation (Verstellung), Verheimlichung, Nikodemismus wurden, trotz Repressionen nicht zu einem expliciten Prinzip der späten hellenischen und römischen, bzw. christlichen Religion. Die Unterlegenen wurden 'verboten'.
2. Dämonisiert und verboten, bleiben die alten Mythen, Götter, Riten in Kunst, Bildung, Wissenschaft, 'Volksglauben' praesent. Die westeuropäische Tradition wird mehrschichtig und widersprüchlich, weil sie überwältigte Stufen aufbewahrt. Daher haben die Bilder in mittelalterlichen Reiseberichten und Statuenlegenden ihre 'magische' Kraft—: wie Magister Gregorius vor der Venusstatue in Rom erfuhr. Es wäre zu prüfen, ob in der Geschichte der Juden, Marannen, Bogumilen, Sabatianer u.a. ähnliche Verwerfungen zu beobachten sind.
3. Verfolgung zerstört, kann aber Alternativen—die vorher angelegt waren—zum Durchbruch verhelfen. Die Alternativen, die Römern nach Verbot von Tempeln, Bilderkult, Opfern und Divination möglich blieben, sind:
   - philosophische Religion: *deum colit qui novit*;
   - *sacrum studium litterarum*: Mythen in Literatur, Vergil als heiliges Buch;
   - römische Geschichte als Tradition : *Roma aeterna*;
   - Kunsterlebnis: Kunstwert wird höher als Kultwert.

[25] Augustin, de trinitate 4,13,17–14,19; vgl. H. Cancik-Lindemaier, Opferphantasien. Zur imaginären Antike der Jahrhundertwende in Deutschland und Österreich, in: Der Altsprachl. Unterricht 30,3 (1987) 90–104.

[26] August., tract. in Joh. 7, vgl. o. §2.2.

4. Die antiken Verfolgungen, ihre administrative und juristische Formierung im Codex Theodosianus (5.Jh.), ihre theologische Begründung bei Augustin, die Techniken der Ambivalenz, die Erinnerung an den großen Apostaten Iulian dürften nicht ohne Wirkung auf die nachantiken Zeiten geblieben sein. Eine wissenschaftliche Behandlung ist mir unbekannt.

ERSTREBENSWERTES PRESTIGE ODER FALSCHER SCHEIN? DAS ÖFFENTLICHE ANSEHEN DES GERECHTEN IN JÜDISCH-FRÜHCHRISTLICHEN AUSEINANDERSETZUNGEN

Hans G. Kippenberg

Fragestellung

Religionswissenschaftler haben von Geheimnis ohne jeden Bezug auf Öffentlichkeit gesprochen. Wenn "das Heilige" eine Erfahrung von Macht und eine Ahnung des gänzlich Anderen ausdrückt, wie G. van der Leeuw[1] und andere Religionsphänomenologen annahmen, gehört es zum Wesen von Religion an sich und entsteht nicht durch Einschränkung von Öffentlichkeit. Da die sog. religiöse Erfahrung sich kategorial jeder Begreiflichkeit entziehen soll, existiert das Geheimnis vor aller Kommunikation und nicht erst durch deren Beschränkung.

Ein Blick auf die antike Religionsgeschichte bestätigt diese Sicht, läßt aber aber auch ihre Grenzen erkennen. Geheimnis begegnet in ihr als eine Konzeption, derzufolge das Göttliche unaussprechlich und namenlos ist. Jedoch erschöpft diese Bedeutung nicht alle Fälle. Geheim konnte ein rituelles Wissen genannt werden, das vor Profanierung geschützt werden mußte und daher der Verschwiegenheit unterlag (Arkandisziplin). Dieser Fall setzt das Bestehen einer Öffentlichkeit voraus. Als Clemens von Alexandrien heilige Handlungen und Worte paganer Mysterien in seiner Schrift *Protreptikos pros Hellenas* (2,11–24 und 12,118–123) veröffentlichte, verstieß er gegen diese Verschwiegenheitspflicht. Zwar waren viele Einzelheiten bereits bekannt gewesen. Daß aber ein antike Autor diese Einzelheiten mit Absicht der Öffentlichkeit preisgab, hieß, sie zu entweihen.[2]

Jedoch sind auch damit noch nicht alle Fälle von Geheimnis in der antiken Religionsgeschichte erfaßt. In Zeiten von Unterdrückung haben Gläubige wiederholt ihren Glauben verleugnet oder verheimlicht. In der Geschichte antiker vorderasiatischer monotheistischer

---

[1] G. van der Leeuw, *Phänomenologie der Religion.* 4. A. Tübingen 1977, S. 33.
[2] W. Burkert, *Antike Mysterien. Funktionen und Gehalt.* München 1990, S. 78 f.

Religionen sind solche Handlungen wiederholt bezeugt. Als über Christen und einige Jahrhunderte später über Schiiten schwere Verfolgungen hereinbrachen, berichteten die Quellen nicht nur über Glaubensabfall und Martyrium. Sie erwähnen auch religiös begründete Ablehnungen eines öffentlichen Glaubensbekenntnisses. In der Alten Kirche waren es insbesondere gnostische Gruppen, im Islam der omayyadischen und abbasidischen Zeit vor allem die Anhänger der Partei Alis, die diese Ablehnung vertreten haben. Als Handlungsbegründung ist diese Stellungnahme in den kommunikativen Haushalt der europäisch-vorderasiatischen Religionsgeschichte eingegangen und hat eine beachtenswerte Variante in der Beziehung von Religionsgemeinden zur Öffentlichkeit begründet.[3]

Verleugnung des Glaubens unterscheidet sich von dem Fall der Arkandisziplin. Sie enthält der Öffentlichkeit nicht rituelles Wissen vor, sondern die wahre Identität eines Menschen. Diese Variante von Verheimlichung ist unter dem Gesichtspunkt der Konzeption menschlicher Identität folgenreich. Eine Verheimlichung dieser Art mußte, explizit ausgesprochen oder nur implizit praktiziert, zwischen einem Ich und seinen öffentlichen Rollen unterscheiden. Man kann sich den springenden Punkt gut mit Hilfe einer Überlegung von G.H. Mead verständlich machen. "Selbst"-Bewußtsein kommt dadurch zustande, daß ein Mensch zum Bezugspunkt anderer Menschen wird. Dieses Bewußtsein verfestigt sich, wenn "ich" die Haltungen "anderer" "mir" gegebenüber übernehme.[4] Diese Struktur des "Selbst"-Bewußtseins oder, wie man auch sagen kann, der Identität, ist historisch und kulturell unterschiedlich ausgefüllt worden. Es ist das große Verdienst des französischen Anthropologen und Mitarbeiter E. Durkheims, Marcel Mauss, gewesen, in einem kleinen Essay aus dem Jahre 1938 die kühne Behauptung vorgetragen zu haben, die Auffassung vom menschlichen Selbst sei in vielen Kulturen nach dem Modell der sozialen Rolle gestaltet worden und habe sich erst in der römisch-christlichen Kulturgeschichte davon frei gemacht. In ihr erst sei die menschliche Person als ein unteilbares, rationales Subjekt, unab-

[3] H.G. Kippenberg, "Die Verheimlichung der wahren Identität vor der Außenwelt in der antiken und islamischen Religionsgeschichte". In: J. Assmann/ T. Sundermeier (Hg.), *Die Erfindung des inneren Menschen.* Gütersloh 1993, S. 183–198.

[4] Sozialpsychologie. Neuwied 1969, S. 309 f. Man kann die Unterscheidungen auch anders vornehmen, wie S. Lukes in einem scharfsinnigen Nachwort zu M. Carrithers/ S. Collins/ S. Lukes (Hg.), *The Category of the Person.* Cambridge 1985, vorführt (S. 282–301). Sachlich laufen sie auf dasselbe hinaus.

hängig von allen seinen Rollen bestimmt worden.[5] Sein Schüler L. Dumont hat diese These später noch einmal aufgegriffen und weitergeführt.[6] Auch wenn Mauss' These bislang nicht schlüssig bewiesen werden konnte, ist sie wiederholt erörtert worden[7] und bleibt eine wissenschaftliche Herausforderung.

Die These von Mauss wirft auf eine innere Differenzierung im antiken Judentum Licht. Es gab in der antiken Geschichte des Judentums zwei Richtungen, die in der Frage des wahren menschlichen Selbst divergierende Positionen eingenommen haben: die Vertreter eines politischen Judentums auf der einen, jüdische Christen auf der anderen Seite. Ihre Differenzen ergaben sich aus unterschiedlichen Beurteilungen des öffentlichen Ansehens des gerechten Gläubigen. Den einen war es ein erstrebenswertes Prestige, den anderen ein falscher Schein.

Erstrebenswertes Prestige

Anerkennung jüdischer väterlicher Gesetze durch römische Herrscher

Verschiedene hellenistische und römische Herrscher hatten durch offizielle Anordnungen einen offiziellen Status jüdischer Überlieferungen geschaffen. Josephus stellte sie an vier Stellen in seinen Antiquitates Judaicae zusammen (XIV 185–267; 301–323; XVI 160–178; XIX 280–291). Philo kannte einige von ihnen ebenfalls (Leg. 311–320). Josephus unterteilte die Anordnungen in Edikte, städtische Beschlüße und amtliche Schreiben (Ant. Jud. XIV 265). Über die Echtheit dieser Urkunden waren sich die Historiker lange nicht einig. Man wird sie nicht komplett als Fälschungen aber auch nicht als vollständig authentische Dokumente ansehen können. Daß pagane Herrscher Anordnungen zur Sicherung jüdischer Lebensführung erlassen haben, ist jedoch sehr wahrscheinlich.[8]

---

[5] "Eine Kategorie des menschlichen Geistes: Der Begriff der Person und des 'Ich'" (1938). In: derselbe, *Soziologie und Anthropologie.* Band 2. Frankfurt 1978, S. 221–252.

[6] Individualismus. Zur Ideologie der Moderne (franz. 1983). Frankfurt 1991.

[7] Ich nenne R.A. Shweder/ R. Levine (Hg.), *Culture Theory, Essays on Mind, Self, and Emotion.* Cambridge 1984 (mehr in der Tradition von G.H. Mead als von M. Mauss); den in Anm. 4 genannten Band von M. Carrithers, S. Collins und S. Lukes; sowie H.G. Kippenberg/ Y.B. Kuiper/ A.F. Sanders (Hg.), *Concepts of Person in Religion and Thought.* Berlin/ New York 1990.

[8] H.R. Moehring, "The Acta pro Judaeis in the Antiquities of Flavius Josephus". In: J. Neusner (Hg.), *Studies for Morton Smith at Sixty.* Vol. III. Leiden 1975, S. 124–158, sah in den Dokumenten des Josephus eher Fälschungen. Die oben vertretene Deutung ist die von T. Rajak, "Was there a Roman Charter for the Jews". In: *JRS*

Die Anordnungen wurden öffentlich bekannt gemacht und in Archiven aufbewahrt. Sie galten anfangs nur lokal und sollten Juden an verschiedenen Orten, meistens Städten, das Recht geben, entsprechend ihren väterlichen Gesetzen leben zu können: sich zu versammeln, gemeinsame Mahlzeiten abzuhalten, eine eigene Gerichtsbarkeit zu haben, am Sabbat nicht vor Gericht zu erscheinen, keinen Militärdienst zu verrichten, Geld an den Tempel in Jerusalem abzuführen, spezielle Speisen zu essen und Gesandtschaften zu entsenden. Heidnische Mitbewohner hatten ihnen einige dieser Rechte streitig gemacht. Josephus überlieferte die Urkunden jedoch nicht, ohne aus jüdischem Blickwinkel ihre Bedeutung nachdrücklich hervorzuheben. Er will die Ehrungen und Verträge, die römische Herrscher dem jüdischen Volk haben zuteil werden lassen, durch sein Geschichtswerk bekannt machen, damit niemandem verborgen sei, "daß die Könige Asiens und Europas uns Beachtung geschenkt und unseren Mut und unsere Loyalität geschätzt haben" (Ant. Jud. XIV 186)

Die Situation, in der es zu solchen Anordnungen kam, kann in einem wichtigen Fall an paganen Quellen überprüft werden. Als in Alexandrien Griechen gegen Juden gewaltsam vorgingen, griff der römische Kaiser Claudius 41 n.Chr. mit einem Brief ein, der von dem römischen Präfekten in Alexandrien öffentlich bekannt gemacht wurde und von dem eine Abschrift auf Papyrus existiert. Er drohte den Anstiftern des Bürgerkrieges mit Strafen und beschwor die Alexandriner, "sich sanft und menschenfreundlich den Juden gegenüber zu verhalten, die seit langen Zeiten dieselbe Stadt bewohnen, und keine der bei ihnen geltenden Einrichtungen für die Gottesverehrung zu entehren, sondern sie nach ihren Gebräuchen (ἔθη) verfahren zu lassen, wie es auch unter dem göttlichen Augustus war" (P. London 1912, Z. 82–88).[9] So stellte der römische Herrscher die bedrohte Tradition eines der Völker seines Reiches unter seinen Schutz.

Josephus überlieferte dasselbe Edikt (διάγραμμα), gab ihm aber eine etwas andere Absicht. Folgt man seinem Wortlaut, versicherte Clau-

---

74 (1984), S. 107–123; dieselbe, "Jewish Rights in the Greek Cities under Roman Rule: A New Approach". In: W.S. Green (ed.), *Approaches to Ancient Judaism. Vol. 5. Studies in Judaism and its Greco-Roman Context.* Atlanta 1985, S. 19–35.

[9] Papyrus London 1912, abgedruckt von A.S. Hunt/ C.C. Edgar, *Select Papyri.* Vol. II. Loeb Classical Library 282. Cambridge (Mass.) 1934, Nr. 212. Dt. Übersetzungen: C.K. Barrett/ C.J. Thornton (Hg.), *Texte zur Umwelt des Neuen Testaments.* 2. A. Tübingen 1991, Nr. 52, S. 55–57; J. Leipoldt/ W. Grundmann (Hg.), *Umwelt des Urchristentums. Bd.II. Texte zum neutestamentlichen Zeitalter.* Berlin 1967, Nr. 269, S. 250–253.

dius den Alexandrinern, es sei bereits der erklärte Wille von Augustus gewesen, "daß die einzelnen (Völker), die unterworfen worden waren, bei ihren eigenen Gebräuchen bleiben und nicht gezwungen werden dürften, den väterlichen Gottesdienst (θρησκεία) aufzugeben" (Josephus, Ant. Jud. XIX 283). Aus Claudius Befehl an die Alexandriner, jüdische Lebensweise zu dulden, wurde in der Wiedergabe von Josephus ein geschütztes Recht aller Juden im ganzen Reich. Jedoch mußten in Wirklichkeit Juden an jedem Ort und immer wieder neu für dieses Recht streiten, wie regionale Quellen zweifelsfrei erkennen lassen.[10] Der Vergleich des Papyrus mit Josephus gestattet daher, jüdische Tendenz in der Darstellung zu isolieren. Josephus, Philo und andere jüdische Schriftsteller sahen in der offiziellen Anerkennung jüdischer Lebensführung durch hellenistische und römischen Herrscher mehr als nur einen lokalen, politischen Vorgang: Es war die offizielle Sanktionierung der jüdischen Lebensführung reichsweit. Darin erblickten sie ein erstrebenswertes Prestige.

Der offizielle Status jüdischer Vereinigungen

Wenn Herrscher jüdische väterliche Gesetze offiziell anerkannten, eröffneten sie damit Juden einen Handlungsspielraum, der ihrem eigenen Wunsch nach öffentlicher Anerkennung jüdischer Lebensführung entgegen kam. Sie nutzten ihn, indem sie Vereinigungen bildeten.

Einen Einblick in die Voraussetzung staatlicher Anerkennung von Vereinen erlaubt ein Brief (unsicheren Absenders) an Regierende, Rat und Volk von Paros (Josephus, Ant. Jud. XIV 213–216).[11] Juden auf Delos waren auf Beschluß einer Volksversammlung daran gehindert worden, entsprechend ihren väterlichen Gewohnheiten und sakralen Geboten zu leben und hatten bei einem römischen Machthaber dagegen protestiert. Der Briefschreiber, angeblich Caesar, mißbilligte den Beschluß, da die Juden Freunde und Verbündete Roms seien und ihre Loyalität (εὔνοια) unter Beweis gestellt hätten. Nicht einmal in Rom seien ihnen Versammlungen untersagt worden.

> Denn Gaius Caesar... untersagte durch Edikt (διάταγμα) religiösen Vereinigungen (θιασοί), sich in der Stadt zu versammeln. Nur diesen

[10] P.R. Trebilco, *Jewish Communities in Asia Minor*. Cambridge 1991, S. 10.

[11] Weder der Name des Absenders noch das Datum sind gesichert. Die zahlreichen Textverbesserungen, die R. Marcus zur Stelle meldet, geben H.R. Moehring (s.o. Anm. 8) Recht, daß häufig die Texte der Dokumente verderbt sind und Fehler enthalten.

(Juden HGK) untersagte er es nicht, Gelder zu sammeln oder gemeinsame Mahlzeiten zu halten".

Unter Berufung auf diesen Präzedenzfall ordnete der Briefschreiber an: "Ebenso verbiete auch ich die anderen religiösen Vereinigungen. Nur diesen gestatte ich es, sich entsprechend den väterlichen Gewohnheiten und Gesetzen zu versammeln und Feste zu feiern". Sueton kannte diesen Vorgang unter Caesar ebenfalls: "Alle Vereine, außer den seit alters bestehenden, löste er auf" ("Cuncta collegia praeter antiquitus constituta distraxit") (Sueton, Gaius Iulius Caesar 42,3; vgl. Suetons Notiz zu Augustus 32,1).

Daß Caesar bei jüdischen Vereinigungen eine Ausnahme gemacht hat, wird mehrere Gründe gehabt haben. Die Rechtskategorie der 'religio licita' ist dabei allerdings wenig erhellend[12] Sicherlich begründete ein hohes Alter von Riten und Heiligtümern eine größere *sanctitas* (Heiligkeit, Unverletzlichkeit), wie später im 2.Jh. n.Chr. M. Minucius Felix (Octavius 6,3) berichtete. Das Alter allein wird aber nicht ausschlaggebend gewesen sein. Die Sonderstellung der Juden könnte sich aus dem Freundschaftsvertrag ergeben haben, den Römer und Juden im 2.Jh. geschlossen hatten. Außerdem wird eine Rolle gespielt haben, daß viele freigelassene Juden in Rom das Bürgerrecht erworben hatten und ohne Einwände weiter ihre jüdische Lebensweise praktizieren und Versammlungen abhalten konnten (Philo, Legatio 155–157). Auf Grund dieser Sachlage konnten Juden ihren Versammlungen auch dann die Form eines offiziellen Vereins geben, wenn dies anderen Gruppen versagt blieb.[13]

συναγωγή, wörtlich *Versammlung* und äquivalent mit σύνοδος war nicht von Anfang an ein kultisches Gebäude mit Personal und geregelter Liturgie gewesen. Zweck der jüdischen 'Synagoge' war, wie eine Inschrift einer Synagoge in Jerusalem aus dem 1., spätestens

---

[12] Das juridische Konzept stammt erst aus dem 3. Jh. n. Chr. Instruktiv hierzu der Artikel von G.W. Clarke, "Religio licita" in: *The Anchor Bible Dictionary*. New York 1992, Vol. V, S. 665–667.

[13] M. Hengel, "Proseuche und Synagoge. Jüdische Gemeinde, Gotteshaus und Gottesdienst in der Diaspora und in Palästina". In: *Festschrift K.G. Kuhn*. Göttingen 1971, S. 157–184, bespricht auf S. 173 entsprechende Quellen. Außerdem: A.T. Kraabel, "The Roman Diaspora: Six Questionable Assumptions" (1982). In: J.A. Overman/ R.S. MacLennan (Hg.), *Diaspora Jews and Judaism. Festschrift A.Th. Kraabel*. Atlanta 1992, S. 1–20; zur Erscheinung von Vereinen im römischen Reich und ihrer Rechtstellung ist neben der bekannten Studie von F. Poland, *Geschichte des griechischen Vereinswesens*. Leipzig 1909, der Artikel instruktiv von C. Colpe/ P. Herrmann/ B. Kötting/ J.H. Waszink "Genossenschaft". *RAC*, Bd. 10, Stuttgart 1978, S. 84–155.

2.Jh. n.Chr. mitteilte, "die Verlesung des Gesetzes und der Unterricht in den Geboten".[14] Archäologisch ist die erste Synagoge als ein eigenes Gebäude erst am Ende des 2.Jh. n.Chr. nachgewiesen. Zuvor sind in Palästina im 1.Jh. n.Chr. nur jüdische Versammlungsplätze freigelegt worden. Und die archäologischen Reste der ältesten privaten Häuser, in denen sich Juden nachweislich zu solchen Versammlungen getroffen haben, stammen aus dem 1.Jh. v.Chr.[15]

Die offizielle rechtliche Form, die jüdische Gemeinden in der antiken Gesellschaft angenommen haben, war die von Vereinen gewesen: griech. θιασοί, lat. *collegia.* M. Hengel hat den Umstand, daß συναγωγή ("Versammlung") bzw. ihr Äquivalent σύνοδος die ältere Bezeichnung προσευχή ("Gebetsstätte") verdrängt hat, hiermit in Verbindung gebracht. Die Geschichte der jüdischen Synagoge vor der Zerstörung des jüdischen Tempels 70 n.Chr. war eng mit dieser Rechtsform verknüpft gewesen. Sie erlaubte es, daß sich jüdische Kolonien im römischen Reich offiziell als Religionsvereine konstitutieren konnten. Dabei haben Juden nicht nur bestimmte Möglichkeiten, die sich aus politischen Vorgaben des römischen Reiches ergaben, ergriffen, sondern sie haben in der Öffentlichkeit ihrer Traditionen ein Merkmal jüdischer Lebensführung gesehen.

Die Öffentlichkeit jüdischer Lebensführung

Philo warf in seiner Schrift 'de specialibus legibus' auch einen Seitenblick auf die Mysterienkulte Alexandriens und kam in diesem Zusammenhang auf die Frage der Öffentlichkeit von Heilswissen zu sprechen. Philo hatte in seiner griechischen Übersetzung der Bibel, der Septuaginta, gelesen, daß kein Jude Angehöriger eines Mysterienkultes sein dürfe (ein Zusatz zu Dtn 23,18). Daß Mose Weihungen und μυστηρια aus seiner heiligen Gesetzgebung verbannt habe, erklärte er damit, daß das jüdische Gesetz öffentlich gelehrt werden müße.

> Warum, "ihr Mysten, . . . schließt ihr euch in tiefster Finsternis zusammen und tut nur für drei oder vier (Menschen) Gutes, obwohl ihr allen

---

[14] G. Pfohl (Hg.), *Griechische Inschriften als Zeugnisse des privaten und öffentlichen Lebens.* 2. A. Tübingen 1980, Nr. 120.

[15] J. Gutman, "Synagogue Origins: Theories and Facts". In: derselbe (Hg.), *Ancient Synagogues. The State of Research.* Chico 1981, S. 1–6; H.C. Kee, "The Transformation of the Synagogue after 70 CE: Its Import for Early Christianity". In: *NTSt* 36 (1990), S. 1–24; J. Overman, "The Diaspora in the Modern Study of Ancient Judaism". In: J.A. Overman/ R.S. MacLennan (eds.), *Diaspora Jews and Judaism.* Atlanta 1992, S. 63–78.

> Menschen mitten auf dem Marktplatz (ἀγορά) die Vorzüge (eurer Lehren HGK) vortragen könntet, damit sie alle ohne Scheu an einem besseren und glücklicheren Leben teilhaben können? . . . Diejenigen, die gemeinnützig handeln, sollen öffentlich reden (παρρησία), am hellichten Tag auf den Marktplatz gehen und mit vielen Menschen sprechen . . . Siehst du nicht, daß die Natur keines ihrer preisenswerten und wunderbaren Werke verbirgt?" (de spec. leg. I, 320–2).

Die paganen θιασοί, die Philo der Unmoral bezichtigt (323), waren in Wirklichkeit keine heimlich operierenden Gruppen. Sie erhoben, auch wenn dies paradox klingen mag, den Anspruch auf den Besitz geheimer Lehren in aller Öffentlichkeit, wie dies übrigens auch Philosophen taten. Sicher wird auch Philo nicht alle jüdischen Lehren auf dem Marktplatz ausbreiten wollen. Anders aber als beispielsweise die essenische Sektenschrift, die dem Einsichtigen riet, er möge seine Erkenntnis inmitten der Männer des Unrechts verbergen (1QS 4,6; 9,17),[16] sah Philo in der öffentlichen Verkündigung des Gesetzes eine religiöse Pflicht. Eine hermetische Geschlossenheit von jüdischen Versammlungen lehnte er ab. Sie sollten jedem Wissensdurstigen offenstehen (de spec. leg. II, 62).

Die jüdische Religion war seit Alters auf Öffentlichkeit ausgerichtet gewesen.[17] Die Tora war Eigentum nicht nur der Priester, sondern des ganzen Volkes Israel gewesen. Nur darum konnte im Deuteronomium der Tora-Gehorsam bestimmend werden für Heil oder Unheil des Volkes Israel insgesamt und jedes Einzelnen. Die Übersetzung hebräische Schriften ins Griechische sollte es—übrigens noch bevor diese abschließend kanonisiert worden waren—Laien ohne Hebräisch-Kenntnissen gestatten, die in ihnen enthaltenen Wahrheiten kennen zu lernen und ihr Leben entsprechend zu führen. Einen gleichen Zweck hatte die Namengebung jüdischer Kinder, die sich seit dem 4.Jh. v. Chr. zunehmend an biblischen Vorbildern orientierte und damit die Erwartung einer religiösen Lebensführung an das Leben des Kindes heftete.

Öffentlichkeit war also kein zufälliger Status des jüdischen Gesetzes. Man kann sich den Wert, den Öffentlichkeit im Urteil vieler jüdischer Gruppen erlangt hat, gut an einer Märtyrererzählung vor Augen führen, die im 2. Makkabäerbuch steht.[18] In der Zeit der gro-

---

[16] Dazu M. Weinfeld, *The Organizational Pattern and the Penal Code of the Qumran Sect.* Göttingen 1986, besonders S. 60–69.

[17] A.I. Baumgarten, "The Torah as a Public Document in Judaism". In: *Studies in Religion / Sciences Religieuses* 14 (1985), S. 17–24.

[18] Das 2. Makkabäerbuch beruht auf der Zusammenfassung eines älteren fünf-

ßen Glaubensverfolgung unter Antiochos IV. Epiphanes war es Juden "weder möglich, den Sabbat zu feiern, noch die väterlichen Gesetze zu begehen, noch sich überhaupt nur als Juden zu bekennen" (2 Makk 6,6). Nur heimlich in Höhlen konnten sie den Sabbat halten (6,11). Als der anerkannte Schriftgelehrte Eleasar von Regierungsbeamten gezwungen werden sollte, Schweinefleisch zu essen (6,18), war er bereit, den Tod in Kauf zu nehmen (6,19). Da boten ihm die Beamten, die ihn persönlich kannten, an, er möge doch heimlich Fleisch essen, das ihm erlaubt sei und nur so tun (ὑποκρίνομαι), als ob er dem königlichen Gebot Folge leisten würde. Eleasar lehnte das entschieden ab. Lieber wolle er als ein edles Vorbild sterben und seinem Volk "ein Beispiel von Edelmut und ein denkwürdiges Zeichen von Tugend (ἀρετή)" sein (6,31), statt als ein abschreckendes weiterleben (6,25). Die Öffentlichkeit von Glaubenstreue ist wichtiger als die Befolgung der Gesetzesvorschriften an sich. Wenn sie im geheimen praktiziert wird, fehlt ihr etwas Wesentliches. Die Praktizierung des Glaubens vor der etablierten Öffentlichkeit war mehr als nur eine zufällige Begleiterscheinung religiösen Handelns: Sie war eine notwendige Voraussetzung. Diese Erzählung war auch noch im 1.Jh. zur Zeit des entstehenden Christentums bekannt.[19]

Josephus war sich der Besonderheit der jüdischen Verknüpfung von Religion und Öffentlichkeit voll bewußt. In der wichtigen Passage, in der er den Begriff der 'Theokratie' prägte, kam er auf sie zu sprechen.[20] Die besondere Leistung von Mose als Gesetzgeber[21] sei gewesen, daß er Religion (εὐσέβεια) nicht zum Bestandteil von Tugend, sondern umgekehrt Tugenden (Gerechtigkeit, Besonnenheit, Standhaftigkeit, Eintracht der Bürger untereinander) zum Bestandteil von Religion gemacht habe. "Alle Handlungen, Gespräche und Ansprachen haben eine Beziehung auf unsere Gottesverehrung" (Contra Apionem II, 170f). Die Gottesverehrung war Quelle von Ansehen und Legitimität von Handlungen und Diskursen.

bändigen Werkes von Jason von Kyrene (2.Jh. v. Chr.) (2,23).

[19] Das vierte Makkabäerbuch überlieferte diese Märtyrererzählung erneut, nur daß es neben dem Schweinefleisch noch das Götzenopferfleich nennt (4 Makk 5,2). Es greift damit eine Problematik auf, die in den frühchristlichen Gemeinden im 1.Jh. n.Chr. akut war. Es ist den Söhnen Abrahams unwürdig, zu schauspielern, fügt der Verfasser warnend hinzu (4 Makk 6,17).

[20] H. Cancik, "Theokratie und Priesterherrschaft. Die mosaische Verfassung bei Flavius Josephus, c. Apionem 2, 157–198". In: J. Taubes (Hg.), *Theokratie.* Religionstheorie und Politische Theologie, Bd.3. München 1987, S. 65–77.

[21] Hierzu D. Timpe, "Mose als Gesetzgeber". *Saeculum* 31 (1980), S. 66–77.

Das Geheimnis der Erlösung

Zur selben Zeit, als hellenistische und römische Herrscher Juden an verschiedenen Orten Autonomie gewährten, erinnerten jüdische Apokalypsen daran, daß Juden von Fremdherrschern regiert wurden. Jeremia hatte im 6.Jh. v.Chr. geweissagt, daß die babylonische Gefangenschaft siebzig Jahre dauern würde (Jer 25,11f; 29,10; 2.Chr 36,20f). Erst nach diesen Jahren sollte das Volk aus der Gefangenschaft entlassen werden. Mitte des 2.Jh. v.Chr.—gerade, als die Makkabäer den Kampf um die väterlichen Gesetze aufnahmen—deutete das Buch Daniel diese Prophetie neu und machte die Rechnung noch einmal auf. Nun wurden aus den siebzig Jahren 70 Jahrwochen: 70x7 = 490 Jahre oder 10 Yobeljahre (Dan 9,1f und 9,24–27). Gerechnet wurden sie mit Beginn der Zerstörung Jerusalems und des Tempels 587 v.Chr. Nach sieben Jahrwochen—so geht die Berechnung—wurde die Stadt neu aufgebaut. Nach noch einmal 62 Jahrwochen wurde ein "Gesalbter" ausgerottet. Damit könnte Daniel auf die Absetzung des rechtmäßigen jüdischen Hohenpriesters Onias III., 170 v.Chr., durch den griechischen Herrscher Antiochus IV. Epiphanes anspielen. Das chronologische Wissen, über das Daniel verfügte, war jedoch unvollständig, weshalb er die Periode zwischen den beiden Ereignissen am Anfang und am Ende um cirka 66 Jahre länger machte, als sie in Wirklichkeit war. Nach nur einer weiteren halben Jahrwoche, also nach 3 1/2 Jahren sollte dann das Ende der Periode der Unfreiheit erreicht werden. Das Buch Daniel muß demnach vor 167 v.Chr geschrieben bzw. zusammengestellt worden sein. Diese Rechnung mit 70 Sabbatjahren oder 10 Yobeljahren lag auch anderen Apokalypsen des 2.und 1.Jh. v.Chr. zugrunde: der Zehnwochenapokalypse des 1. (äthiopischen) Henochbuchs (92,1–5; 93,1–10; 91,11–17), Henoch-Fragmenten aus der 4. Höhle von Qumran sowie dem Milchisedek Midrasch aus der 11. Höhle von Qumran.[22] In diesen Schriften wird über die eigene Gegenwart unerbittlich und scharf geurteilt. Dieselbe Periode, in der Juden sich das Privileg, entsprechend den väterlichen Gesetzen leben zu dürfen, erkämpft hatten und weiterhin erkämpften, war in der Sicht der Apokalypsen eine Periode, in der Israel den Frevel sühnen mußte (Dan 12,1) oder

[22] J.T. Milik, The Books of Enoch. Aramaic Fragments of Qumrân Cave 4. Oxford 1976, S. 249–255; zum Melchisedek-Midrasch verweise ich nur auf die Publikation jüngeren Datums von E. Puech, Notes sur le Manuscrit de XIQMelkîsédeq. In: Revue de Qumran 12 (1987), S. 483–513.

von seinem Gott abgefallen war (1.Henoch 93,9).

So zeigt sich in der Geschichte der jüdischen Literatur, daß die Angehörigen der jüdischen Religionsgemeinde damals auseinandergehende Loyalitäten im Auge zu behalten hatten. Die jüdischen Rechtsbücher, die schon lange zuvor verschriftlicht und veröffentlicht worden waren, erlangten in der damaligen Zeit offizielle Anerkennung durch die politischen Instanzen der hellenistischen und römischen Großstaaten.

Neben diese Rechtsbücher traten vom 2.Jh. v. Chr. an Schriften, die ein vernichtendes Urteil über die politischen Verhältnisse ihrer Gegenwart sprachen. Sie trugen die Form von Offenbarungsbüchern, die angeblich vor langer Zeit von Weisen aufgeschrieben worden waren und die die gegenwärtigen Ereignisse voraussagten. In dieser Literaturgattung zeigt sich, daß die Erwartung einer Erlösung von Fremdherrschaft unabhängig von der öffentlichen Anerkennung jüdischer Religiosität begründet wurde. Apokalyptik machte die jüdische Hoffnung auf politische Autonomie resistent gegen Fehlschläge und Enttäuschungen, die den Kampf um Autonomie begleiteten. Der zweideutige Status dieser Schriften: Offenbarungen der Wahrheit zu sein und doch nur eingeschränkt öffentlich zu werden, deutet auf die Schwierigkeiten jüdischer Existenz in der damaligen Epoche hin: einerseits loyal zu bleiben gegenüber den Herrschern, die für Loyalität das Privileg der Autonomie einräumten, und auf der anderen Seite einen Erwählungsglauben zu bewahren, der keiner staatlichen Unterstützung bedurfte. Die Loyalität zu den jeweiligen Staaten und die zum Glauben an die Erwählung des Volkes Israel durch Gott konnten auf diese Weise gleichermaßen, wenn auch nicht gleichberechtigt, aufrechterhalten werden.[23]

Falscher Schein

Strafverfolgung von Christen

Die Grenzen religiöser Toleranz waren in der Antike eng gezogen. Zwar wurden viele Kulte von Staat und Städten geduldet oder auch unterstützt. Jedoch gab es immer wieder Fälle, in denen Herrschende gegen religiöse Vereinigungen gewaltsam vorgingen. Verfolgungen

---

[23] H.G. Kippenberg, "Geheime Offenbarungsbücher und Loyalitätskonflikte im antiken Judentum". In: Chr. Elsas/ H.G. Kippenberg (Hg), *Loyalitätskonflikte in der Religionsgeschichte. Festschrift C. Colpe.* Würzburg 1990, S. 258–268.

von Angehörigen von Religionsgemeinden kam in der Antike zwar relativ selten, dann aber maßlos hart vor. Wegen der unguten Erfahrung mit den Bakchanalien waren Vereinigungen religiöser Art den Römern auch noch im 1.Jh. n.Chr. eher verdächtig. Mißtrauen von Seiten der Machthaber und Unsicherheiten von Seiten der Gläubigen begleiteten die Geschichte von Religionsvereinigungen in der gesamten Antike.[24]

Paulus wußte ein Lied davon zu singen, wie gefährlich es war, mit einer neuen religiösen Botschaft an die Öffentlichkeit zu treten: Mühsal, Gefangenschaften, Schläge, Todesgefahren. "Fünfmal habe ich von Juden vierzig weniger einen (Geißelhieb, HGK) erhalten, dreimal bin ich mit Ruten geschlagen, einmal gesteinigt worden" (2. Kor 11,23 f.). "In Damaskus ließ der Ethnarch des Königs Aretas die Stadt der Damaszener bewachen, um sich meiner zu bemächtigen. Und ich wurde durch ein Fenster in einem Korb durch die Stadtmauer hinabgelassen und entrann seinen Händen" (2.Kor 11,32).

Neben städtischen Magistraten und Statthaltern besaßen offizielle Vereinigungen wie die jüdischen eine gewisse interne Strafgerichtsbarkeit gegenüber ihren Mitgliedern.[25] Die Auseinandersetzungen, die sich im antiken Judentum zwischen Anhängern und Gegnern Jesu Christi entspannen, haben daher nicht zufällig früh schon rechtliche Aspekte gehabt. Hinweise hierauf ziehen sich quer durch alle Schriften des Neuen Testaments und betreffen Vorgänge an verschiedenen Orten und Zeiten des römischen Reichs im 1.Jh. n.Chr..

Die neutestamentlichen Schriften erwähnen Verfolgungen von christlichen Propheten bzw. Aposteln in Judäa und andernorts im römischen Reich.[26] Christus und seine Jünger wurden geschmäht und verflucht.[27] Christliche Missionare konnten gefangengenommen[28] und

---

[24] P. Garnsey hat dargelegt, daß römische Machthaber meistens religiöse Kulte und Vereinigungen einfach gewähren ließen: 'toleration by default'. Nur wo gegen Religionsgemeinden von Bürgern Anklagen vorgebracht wurden oder wo sie von Bürgern angegriffen wurden, nahmen sie Stellung und verboten sie bzw. sicherten ihnen durch *beneficia* ein Existenzrecht: P. Garnsey, "Religious Toleration in Classical Antiquity". In: W.J. Sheils (Hg.), *Persecution and Toleration.* Oxford 1984, S. 1–27.

[25] Instruktiv hierzu der Artikel von G. Thür/ P.E. Pieler, "Gerichtsbarkeit". In: *RAC,* Bd. 10. Stuttgart 1978, Sp. 360–492.

[26] In Judäa: Lk 11,49–51 <Q>; Mt 10,23; 2. Thess 2,14 f.; in Damaskus: Apg 9,1f; in Antiochia: 2.Tim 3,11; in Ikonium: 2.Tim 3,11; in Lystra: 2 Tim 3,11; in Thessalonike: 2.Thess 2,14 f.; Apg 17,5–8.

[27] Mt 5,11 (Christen werden geschmäht); Agp 26,11 (Christen werden in Synagogen zu Lästerungen gezwungen); 1. Kor 12,3 ("ein Fluch ist Jesus"); in Antiochia: Apg 13,45 (die Lehre von Paulus); in Korinth: Apg 18,6 (Lästerung von Jesus als Christus); in Ephesus: Apg 19,9 (die Lehre von Paulus).

[28] Apg 8,3; 22,19.29; 26,10 (Christen von Paulus); in Damaskus: Apg 9,1 f.; in

an jüdische Gerichte und römische Machthaber ausgeliefert werden.[29] Geißelungen bzw. Auspeitschungen[30] und Steinigungen kamen vor,[31] ebenso Ausweisungen und Ausschlüsse,[32] sogar Hinrichtungen und Tötungen werden genannt.[33]

Einige dieser Strafen stützten sich auf die biblischen Rechtsbücher: die Geißelung mit 40 Peitschen- oder Stockhieben auf Dtn 25,2f, die Steinigung auf Dtn 13,10 f. Andere Strafen wie z.B. Gefängnis waren nicht biblisch, haben sich aber schon bald nach dem Exil eingebürgert (Esra 7,26). Es scheint, daß die jüdischen Diaspora-Gemeinden unbotmäßigen Mitgliedern völlig legal Strafen auferlegen konnten: den Ausschluß aus der Gemeinde, die Geißelung und eventuell auch noch die Gefangenschaft. Wenn Christen ausgeschlossen wurden, könnte dies in Zusammenhang mit der Aufforderung an sie, Jesus Christus zu verfluchen, erfolgt sein.[34] Vielleicht war bereits im 1.Jh. eine Regelung in Kraft, die später aus der Mischna bekannt ist: Wer zweimal wegen Mißachtung eines Gesetzes gegeißelt worden war, erhielt beim dritten Mal eine Gefängnisstrafe (Sanh 9,5).[35] Was für Paulus "Verfolgung" war, war aus der Sicht der Verfolger eine legale "Strafverfolgung".[36]

Jerusalem: Apg 12,3 (Petrus von König Herodes Agrippa); Apg 21,32f (Paulus von römischen Soldaten); Apg 24,5 f. (Paulus vom Hohenpriester mit den Ältesten); in Philippi: Apg 16,19 f. (Festnahme durch das Volk und Übergabe auf dem Markt an die Regierenden).

[29] Mt 10,17 f.; Mk 13,9: Auslieferung an Machthaber; Mt 10,21 (ein Bruder liefert den anderen zur Tötung aus); Apg 18,12 (Juden übergeben Paulus dem Statthalter Gallio); Apg 17,5–8l (Auslieferung an die Politarchen von Thessalonike).

[30] Mk 13,9; Mt 10,17; 23,34; Apg 22,19 (Christen in Synagogen); 2. Kor 11,25 (Paulus entsprechend Dtn 25,2 f. fünfmal ausgepeitscht; dreimal mit Ruten geschlagen); in Jerusalem: Apg 5,40 (vom Synhedrion); Apg 22,24–29 (Paulus soll von Soldaten ausgepeitscht werden, was nicht statthaft ist, da er das römische Bürgerrecht besitzt); in Philippi: Apg 16,22 f. (von Befehlshabern); in Korinth: Apg 18,17 (der christliche Synagogenvorsteher von Juden verhauen).

[31] 2 Kor 11,25, in Ikonium: Apg 14,5 (Versuch von Heiden und Juden mit ihren Oberen); in Lystra: Apg 14,19.

[32] Mt 23,34 (aus Städten); Apg 13,50 (aus Antiochia in Pisidien); Apg 18,2 (aus Rom); Lk 6,22; Joh 9,22.34 f.; 12,42 (aus Synagoge).

[33] Mt 10,21; Mk 13,12 (ein Bruder liefert den anderen zur Tötung aus); in Judäa: Lk 11,49–51 <Q> (die Weisheit sendet Propheten und Apostel, die verfolgt und getötet werden); in Judäa: Apg 26,10 (Christen sollen getötet werden).

[34] J.D.M. Derrett, "Cursing Jesus (1 Cor XII,3): The Jews as Religious 'Persecutors'". In: *NTSt* 21 (1975), S. 544–54.

[35] D.R.A. Hare, *The Theme of Jewish Persecutions of Christians in the Gospel according to St Matthew.* Cambridge 1967, S. 47 f.

[36] Darauf weist richtig E.P. Sanders hin: "Paul on the Law, His Opponents, and the Jewish People in Philippians 3 and 2 Corinthians 11". In: P. Richardson (ed.), *Anti-Judaism in Early Christianity. Vol. 1. Paul and the Gospels.* Waterloo, Ontario 1986 S. 75–90.

Fraglich ist hingegen, ob Tötungen von Christen legal waren.[37] Man muß weiter vermuten, daß auch manche der genannten Verfolgungen aus dem Szenarium des leidenden Gerechten stammten. Nicht nur die Deutung von Tod und Auferstehung Jesu Christi war in der frühchristlichen Literatur davon geprägt, sondern auch noch die Auffassung von Nachfolge seiner Jünger.[38]

Soweit wir es mit rechtlich begründeten Bestrafungen zu tun haben, geschahen diese nicht allein im Rahmen der jüdischen Rechtsordnung, sondern auch der Ordnung des römischen Reiches. Ein Indiz dafür sind die Nachrichten über eine Übergabe von Angeklagten an römische Machthaber. Ein weiterer Hinweis hierauf sind die Anklagen gegen Christen: "gesetzwidrige Gottesverehrung" (Apg 18,13), "Unruhestiftung" (Apg 16,20 f.), "Aufruhr" (*stasis* Apg 17,6 f.; 19,40; 24,5).[39] Christen verkünden Bräuche, so beschwerten sich Bürger der griechischen Stadt Philippi auf dem Markt bei ihren Regierenden, "die anzunehmen oder auszuüben uns nicht erlaubt sind, da wir Römer sind" (Apg 16,21).

Der offizielle Status jüdischer Rechtsordnung, den jüdischen Aktivisten in so vielen Städten des römischen Reiches erkämpft hatten, hatte offenbar Rückwirkungen auf die jüdischen Gemeinden und ihr Selbstverständnis gehabt. Als in ihr eine Gruppe auftrat, für die die wahre jüdische Lebensweise nicht öffentlich sichtbar und kontrollierbar war, haben einige jüdische Gemeinden schnell und mit Rückendeckung römischer Machthaber reagiert. Die Empfindlichkeit vieler Juden in bezug auf solche Position kann erklären, daß bereits früh, nämlich in der Regierungszeit von Kaiser Claudius (41–54 n.Chr),

---

[37] Stephanus, Jakobus der Zebedaide und der Herrenbruder Jakobus sind die einzigen namentlich bekannten Märtyrer der innerjüdischen Auseinandersetzung des 1.Jh. n.Chr. Ihre Verfolgungen wurden als Fortsetzung oder Wiederholung des Geschicks Jesu, der das Los aller wirklich Gerechten geteilt habe, gedeutet. Man muß damit rechnen, daß hinter dieser Deutung die wirklichen Vorgänge verschwunden sind. Verläßlicher sind Berichte, christliche Missionare seien ausgepeitscht und aus Synagogen und Städten ausgewiesen oder auch gefangengenommen worden.

[38] G.W.E. Nickelsburg, "The Genre and Function of the Markan Passion Narrative". In: HThR 73 (1980), S. 153–184; derselbe, "Passion Narratives"; "Resurrection". In: *The Anchor Bible Dictionary*. New York 1992, Bd.4, S. 172–177; 684–691.

[39] Eine gründliche neue Analyse zur Verfolgung von Christen in der Apostelgeschichte stammt von J. Molthagen, "Die ersten Konflikte der Christen in der griechisch-römischen Welt". In: *Historia* 40 (1991), S. 42–76. Er betont, daß in der Apostelgeschichte noch nirgends das Christsein selber als Anklagepunkt in Erscheinung tritt, wie bei den späteren Christenprozessen (S. 75). Jedoch kehrt der Vorwurf der *stasis* in den späteren schweren Konflikten durchaus wieder.

die kleine Schar Christen von römischen Beamten als eine besondere Gruppe in jüdischen Gemeinden in Antiochia und Rom ausgemacht worden war. So wenigstens legt die Frühgeschichte des Namens *christianoi* es nahe (Apg 11,26; Sueton, Claud. 25,4).[40]

Ablehnung eines Eiferns für die väterlichen Gesetze

Einer der Verfolger der Christen war Paulus gewesen (1 Kor 15,9; Gal 1,13.23).[41] Nach seiner Bekehrung wurde er seinerseits von Aktivisten verfolgt, wie er selber einer gewesen war. Paulus war nämlich bei den von ihm vorgenommen Christen-Verfolgungen ebenfalls selber die treibende Kraft gewesen und hatte aus Eifer für die "väterlichen Überlieferungen" gehandelt (Gal 1,14 und Phil 3,5f). Wir lesen in der Apostelgeschichte, er habe selber vom Hohenpriester in Jerusalem Briefe erbeten, um in Damaskus christliche Gemeinden verfolgen und Christen festnehmen zu können (Apg 9,1–3; 22,4f; 26,9–11).[42] Nach der Christus-Vision und seiner Berufung zum Heidenapostel schwur er diesem Eifer für das Gesetz ab. Von Ansehen und Ruhm auf Grund von Gesetzestreue wollte er nichts mehr wissen. Stattdessen rühmte er sich etwas ganz anderen. In seinem Brief an die Korinther zählt er alle Gefahren und Verfolgungen auf, die er als Missionar unterwegs erlitten habe. Und er fügte—an seine Gegner gewandt—einen Satz hinzu, der die damals unter Juden üblichen Maßstäbe für Ansehen und Stolz wohl auf den Kopf stellte: "Wenn man sich schon rühmen muß, dann will *ich* mich der Erweise meiner Schwachheiten rühmen" (2.Kor 11,30).

Paulus Gegner waren stolz auf ihre Gesetzestreue und konnten dies auch sein. Paulus sah darin ein typisches Element jüdischen Selbstbewußtseins. "Du magst dich einen Juden nennen und dich auf das Gesetz verlassen und dich Gottes rühmen" (Röm 2,17). Dies mißbilligte er. Das Ansehen eines Menschen—seine Gerechtigkeit vor Gott und vor den Menschen—hing ausschließlich vom Glauben an Jesus Christus als den kommenden Herren ab. "Ruhm" auf Grund

[40] E. Peterson, "Christianus". In: *Frühkirche, Judentum und Gnosis.* Rom/ Freiburg 1959, S. 64–87.

[41] Ich stütze mich bei der Darstellung von Paulus als Verfolger auf M. Hengel, "Der vorchristliche Paulus". In: M. Hengel/ U. Heckel (Hg.), *Paulus und das antike Judentum.* Tübingen—Durham—Symposium im Gedenken an den 50. Todestag Adolf Schlatters (gest. 19. Mai 1938). Tübingen 1991, S. 177–291.

[42] A.J. Hultgren, "Paul's Pre-Christian Persecutions of the Church: Their Purpose, Locale, and Nature". In: *JBL* 95 (1976), S. 97–111; E.P. Sanders a.a.O. (s.Anm. 36).

von Gesetzestreue war ausgeschlossen (Röm 3,27f; 4,2). Wenn Paulus in diesem Zusammenhang den Ausdruck "Werke des Gesetzes" (Gal 2,16; Röm 3,20) benutzt, greift er einen zentralen Begriff des zeitgenössischen Judentums auf.[43] In der Gemeinde von Qumran wurden die Novizen mit Blick auf ihre "Werke der Tora" beurteilt (1QS V, 21 u.ö). Gerechtigkeit war beobachtbar und konnte so ein Kriterium für die Zugehörigkeit zur erwählten Gemeinde sein. Wie im Falle der Märtyrerakte des Eleasar waren es auch in der essenischen Gemeinde von Qumran die sichtbaren Handlungen, die über die Vorbildlichkeit des einzelnen und seine Zugehörigkeit zum Volke Gottes entschieden.

Es ist diese äußere Dimension, die Paulus mit Blick auf die Gerechtigkeit des einzelnen für irrelevant erklärte. Er begründete seine radikale Sicht im Galaterbrief mit der Behauptung, das Gesetz sei erst 430 Jahre nach Gottes Verheißung an Abraham verkündet worden und folglich könne das Heil nicht aus seiner Befolgung, sondern nur aus dem Glauben an die Verheißung kommen (Gal 3,17f). Unreinheitsgebote beim Essen sowie die Beschneidung (Röm 14,1–6. 13–19; 1.Kor 7,19; Gal 6,15) haben ihren Charakter als Merkmal der Zugehörigkeit zum erwählten Volk verloren.

Damit war ein Konflikt vorprogrammiert, wie Paulus ihn mit Petrus in Antiochia und vermutlich viele andere Jesus-Anhänger an anderen Orten ebenfalls hatten. Petrus hatte mit heidnischen Christen Tischgemeinschaft gehalten. Als Anhänger des Jakobus aus Jerusalem nach Antiochia kamen, hat er diese abrupt beendet. Die Gründe, die ihn dazu bewogen haben, werden respektabel gewesen sein. Er hatte auf die heikle Situation der Brüder in Jerusalem, die unter den Argusaugen der jüdischen und römischen Instanzen operierten, Rücksicht genommen. Petrus hat wohl nur getan, was das Matthäus-Evangelium verlangte: Er ordnete das Gesetz und die Propheten dem Gebot der Nächstenliebe unter (Mt 7,12).[44] Trotzdem aber konnte Paulus in einer solchen Handlungsweise nichts anderes sehen als Heuchelei aus Furcht vor den Juden in Jerusalem (Gal 2,11–13).

Es lohnt, an dieser Stelle zum Vergleich einen Blick auf das Markus-Evangelium zu werfen. Es behandelte das gleiche Problem

[43] J.D.G. Dunn, "Works of the Law and the Curse of the Law (Galatians 3,10–14)". *NTSt* 31 (1985), S. 523–542.

[44] A.F. Segal, "Matthew's Jewish Voice". In: D.L. Balch (Hg.), *Social History of the Matthean Community. Cross-Disciplinary Approaches.* Minneapolis 1991, S. 3–37.

in Form einer Chrie, einer Anekdote (Mk 7,1–23). Jesu Jünger hatten mit unreinen Händen gegessen (V. 2). Daraufhin fragten Pharisäer und Schriftgelehrte Jesu, warum sie nicht entsprechend der Überlieferung der Alten leben würden. In der ältesten Schicht der Anekdote scheint Jesus darauf eine drastische Antwort gegeben zu haben: 'Nicht was in den Menschen hineingeht, macht ihn unrein, sondern was aus ihm herauskommt'. Markus hat diese Antwort abgeschwächt. Er beschrieb die Gegner Jesu als Heuchler, die Gott mit den Lippen, nicht aber mit dem Herzen ehrten (V. 6f) und sich an die Überlieferung von Menschen statt an Gottes Gebot (V.8 und 13) hielten. Wenn man B. Mack glauben darf, steht seine Umdeutung der Chrie in Zusammenhang mit einer Synagogenreformbewegung, die von Jesu Jüngern getragen worden war, jedoch am Widerstand von Pharisäern und Schriftgelehrten zu scheitern drohte.[45]

Öffentlich gezeigte Gerechtigkeit als Heuchelei

Die synoptischen Evangelien Matthäus, Markus und Lukas sollte man nicht wie Fenster in die Welt des Jesu von Nazareth auffassen, sondern eher wie Spiegel, in denen sich Erfahrungen und Reflexionen christlicher Gemeinden des 1. Jh. fingen.[46]. Wie berechtigt und fruchtbar dieser Ansatz ist haben B.L. Mack für Markus, J.A. Overman für Matthäus, P.F. Eisler für Lukas sowie G. Theißen gezeigt.[47]

Dieser Gesichtspunkt wirft Licht auf eine Kritik, die das Matthäus-Evangelium im 23. Kapitel an den Schriftgelehrten und Pharisäern übt. Der Verfasser, der gegen Ende des 1.Jahrhunderts in einer galiläischen Stadt gelebt haben wird, greift auf eine Polemik zurück, die vor ihm Markus gegen die Schriftgelehrten lanciert hat: Sie gehen

[45] B.L. Mack, *A Myth of Innocence. Mark and Christian Origins*. Philadelphia 1988, S. 94–96; 195–198; 238–245; 318.

[46] S. Freyne hat in seiner Studie *Galilee, Jesus and the Gospels. Literary Approaches and Historical Investigations* (Philadelphia 1988) die zwei gängigen Herangehensweisen an Texte—die sozialgeschichtliche und die literarische—treffend mit Hilfe dieser beiden Metaphern unterschieden: Die erste behandelt die Texte als Fenster, durch das die Umwelt rund um Jesus wahrgenommen werden kann; die zweite richtet sich auf den kreativen Aspekt der Produktion eines Textes und erkennt in ihm die Reflektionen seiner Verfasser (S. 9). Siehe dazu meinen Besprechungsartikel "Mirrors, not Windows: Semiotic Approaches to the Gospels". In: *Numen* 41 (1994), S. 88–97.

[47] B.L. Mack, a.a.O. (s.Anm. 45); J.A. Overman, *Matthew's Gospel and Formative Judaism: A Study of the Social World of the Matthean Community*. Philadelphia 1990; P.F. Esler, *Community and Gospel in Luke-Acts. The Social and Political Motivations of Lucan Theology*. Cambridge 1987; G. Theißen, *Lokalkolorit und Zeitgeschichte in den Evangelien. Ein Beitrag zur Geschichte der synoptischen Tradition*. Göttingen 1989.

gerne in Amtskleidern (στολη) einher, lieben die Begrüßungen auf den Marktplätzen, den Vorsitz in den Versammlungen und die obersten Plätze bei den Mahlzeiten. Sie bereichern sich an den Häusern der Witwen, wobei sie zum Schein lange Gebete sprechen (Mk 12,37–40). Es scheint sich bei den "Schriftgelehrten" des Markus um angesehene und einflußreiche Personen gehandelt zu haben, die selber zwar nicht einer begüterten Oberschicht angehörten, jedoch deren lokale Gefolgsleute gewesen waren.[48]

Matthäus griff die Kritik von Markus auf und aktualisierte sie: "Auf Moses Stuhl haben sich die Schriftgelehrten und die Pharisäer gesetzt" (Mt 23,2). Nach der verheerenden Tempelzerstörung scheinen sie zu den offiziellen Repräsentanten des Judentums geworden zu sein.[49] Matthäus wirft ihnen Heuchelei vor, wobei er sich auf die Kritik der Logienquelle an den Schriftgelehrten und Pharisäern stützt. Das griechisches ὑποκριτής ("Heuchler") war bereits länger ein innerjüdisches Schimpfwort gewesen. Es war in der Septuaginta an die Stelle von hebräischem ḥanef polemisch bei Auseinandersetzungen verwendet worden.[50]

Heuchelei hatte im Zusammenhang dieser Polemik zuweilen einen besonderen Beiklang bekommen und richtete sich auf den Widerspruch zwischen öffentlichem Bekunden und tatsächlichem Handeln jüdischer Amtsinhaber. Bereits eine Schrift aus dem 1.Jh. v.Chr. hat diesen Widerspruch durch Rückgriff auf antike Rollenterminologie gegeißelt.

> "Was sitzt Du Gottloser in der Versammlung der Heiligen, und dein Herz ist weit entfernt vom Herren und erzürnt den Gott Israëls mit Übertretungen? An Worten und Gebärden alle übertreffend, verurteilt der Unbarmherzige mit Worten die Sünder im Gericht und richtet seine Hand wie im Eifer zuerst gegen ihn, obwohl er selber schuldig ist vielfacher Sünden und Zügellosigkeiten. Seine Augen sind auf jede Frau ohne Unterschied gerichtet, seine Zunge lügt beim eidlichen Vertrag. Nachts und im Verborgenen sündigt er, als ob er nicht gesehen würde. Durch die Augen hält er mit jedem Weib sündige Verabredung. Schnell ist er im Zutritt zu jedem Haus in Heiterkeit, als sei er harmlos. Rotte aus, Gott, die, die in Heuchelei unter Heiligen leben" (Psalmen Salomos 4,1–6).

---

48 So A.J. Saldarini, "The Social Class of the Pharisees in Mark". In: J. Neusner u.a. (Hg.), *The Social World of Formative Christianity and Judaism. Festschrift H.C. Kee.* Philadelphia 1988, S. 69–77.

49 A.J. Saldarini, "Delegitimation of Leaders in Matthew 23". In: CBQ 54 (1992), S. 659–680.

50 A.J. Saldarini, a.a.O., S. 670. Zu *hupokrisis*: U. Wilkens/ A. Kehl/ K. Hoheisel,

Die Rollenterminologie des antiken Theaters und Gerichtswesens steht im Dienst religiöser Argumentation. Sie erlaubte es, eine trügerische Dimension sichtbaren Handelns (Versammlung, Verurteilung, Augen, Reden, Zunge, Eifer) von einer wahren, aber unsichtbaren Dimension (Herz, Lüge, Unbarmherzigkeit, Schuld, Sünde, Unreinheit, Verborgenheit) zu unterscheiden. So konnte die antike Konzeption der *persona*, die im Lateinischen auch noch zur Zeit des 1.Jh. n.Chr. primär "Rolle" bedeutete, zu einer Trennung zwischen "Selbst" und "Rolle" genutzt werden.[51]

Der Verfasser des Matthäus-Evangeliums machte von dieser Sichtweise weidlich Gebrauch. Seine sieben Wehe-Worte demaskierten die Schriftgelehrten und Pharisäer als Heuchler. Sie verschliessen vor Menschen das Reich der Himmel und reissen durch ihre Mission Heiden in den Untergang. Weheworte über ihre Praxis von Schwören, Verzehntung und Reinheit folgen. Das letzte der Weheworte verschärft die Anklage noch einmal: Sie sind die Söhne jener Väter, die die Propheten getötet haben, und sie machen das Maß ihrer Väter voll, indem sie Propheten, Weise und Schriftgelehrte töten und kreuzigen, andere in den Synagogen geißeln und von einer Stadt zur anderen verfolgen lassen.

Der Gegensatz zwischen äußerer Rolle und dem wahren ungerechten Selbst wird durch zwei Vergleiche mit der Reinheitspraxis ausgedrückt. Sie gleichen Gefäßen, die innen unrein sind, und sie gleichen geweißten Gräbern, an denen andere sich verunreinigen, ohne es zu wissen (Mt 23,25f). Die Metapher der Gefäße ist besonders instruktiv, wie J. Neusner gezeigt hat.[52] Im Blick auf übertragbare Unreinheit hatten Schriftgelehrte des 1. Jh. zwischen der Außen- und der Innenseite von Gefäßen unterschieden (Mischna-Traktat Kelim 25,1). Sie waren sich darin einig, daß eine unreine Außenseite nicht automatisch das Innere verunreinige (25,8). Wie aber war es umgekehrt? Die Schule Schammais vertrat die Ansicht, Unreinheit im Inneren eines Gefäßes erstrecke sich nicht zwingend auf die Außenseite; die Schule Hillels hielt dagegen das Innere auch in diesem Fall für bestimmend. Das Wort Jesu richtete sich gegen eine Ansicht wie die von Schammai: Nicht der äußere, sondern der innere Zustand ist bestimmend. Zugleich interpretierte es Reinheit ethisch. Gerechtigkeit kann

"Heuchelei". In: *RAC*, Bd. 14, Stuttgart 1988, S. 1205–1231.

[51] M. Fuhrmann, "Persona, ein römischer Rollenbegriff". In: O. Marquard—K. Stiele (Hg.), *Identität*. München 1979, S. 83–106.

[52] J. Neusner, "'First Cleanse the Inside'". *NTSt* 22 (1976), S. 486–495.

ein falscher Schein sein, während das Innere in Wirklichkeit voller "Heuchelei" und "Gesetzlosigkeit" ist.

"Gott richtet das Verborgene"

Paulus hatte die Handlungsweise des Petrus als "Heuchelei" bezeichnet (Gal 2,13). Damit distanzierte er sich von einer politischen Auffassung der jüdischen Tradition. Es liegt auf dieser Linie, daß Paulus den Eifer von Juden für ein Leben entsprechend den väterlichen Gesetzen als Schaden ansah (Phil 3,7). Beim Gericht Gottes werden nicht die äußeren Handlungen, sondern das Verborgene beurteilt (Röm 2,16). Nicht der ist wahrhaft ein Jude, der es sichtbar ist, sondern nur derjenige, der es im Verborgenen ist (Röm 2,28f). Erst wenn der Herr kommt, wird das Verborgene der Finsternis ans Licht kommen und werden die Absichten der Herzen offenbar. "Dann (erst) wird das Lob einem jeden zuteil werden" (1. Kor 4,5).

Paulus zieht daraus jedoch nicht die Konsequenz, daß die Gläubigen ihr wahres "Ich" vor den Mächten dieser Welt verborgen halten dürften oder sollten. Gegen die Praxis von Christen in Korinth, auf Grund einer—wie sie annahmen—bereits erfolgten Befreiung von der dämonischen Welt an paganen Kultmahlen teilzunehmen und dabei Götzenopferfleisch zu verzehren, wandte er sich nachdrücklich (1 Kor 8,10; 10,14–22). Ebenso widersetzte er sich der Praxis von christlichen Missionaren, von der Gemeinde der Galater die Beschneidung zu verlangen, nur damit sie nicht verfolgt würden (Gal 6,12; vgl. 5,11). Würden die Missionare nämlich eine Beschneidung verlangen und die Galater sie vornehmen, würden sie im Rahmen des anerkannten Judentums operieren und müßten nicht mit Verfolgung rechnen.[53] Auf eine ähnliche Praxis weist das Johannes-Evangelium hin. "Viele von den Regierenden glaubten an ihn (Jesus, HGK), bekannten es aber nicht wegen der Pharisäer, damit sie nicht aus der Synagoge ausgeschlossen würden. Denn sie liebten das Ansehen bei den Menschen mehr als bei Gott" (12,42f). Und auch das Lukas-Evangelium bezieht sich indirekt auf entsprechende Vorstellungen. Es warnte die Gläubigen vor Heuchelei. "Nichts ist verhüllt, das nicht enthüllt werden wird, und verborgen, das nicht bekannt wird. Deshalb wird alles, was ihr im Dunkeln gesagt habt, im Lichte gehört werden. Und was ihr in den Zimmern geflüstert habt, wird auf den

[53] H.D. Betz, *Galatians. A Commentary on Paul's Letter to the Churches in Galatia*. Philadelphia 1979, S. 314–316.

Dächern gepredigt werden". Nicht vor Machthabern, wohl aber vor Gott muß der Mensch sich fürchten (Lk 12,1–6). Ob es Paulus, Johannes oder Lukas ist: Sie alle lehnen eine für Christen offensichtlich attraktive Anpassung an bestehende Institutionen und eine Verheimlichung des erlösten Selbst ab. Genau diese Praxis haben Gnostiker dann später im 2.Jahrhundert legitimiert und kultiviert. Im 1.Jh. scheint es die Praxis hier und da auch schon gegeben zu haben. Den Ton aber gaben Denker an, die einerseits wohl Zweifel an äußerer Beobachtbarkeit von Gerechtigkeit hegten, anderseits aber nicht an ein göttliches Selbst des Menschen glaubten.

An sich könnte eine Verheimlichung des wahren Selbst legitim sein, wenn Gott das Verborgene und nicht die sichtbaren Handlungen beurteilt. Gegen solche Konsequenz wehrten sich die genannten Autoren jedoch. Dafür wird man wohl die Selbstverständlichkeit verantwortlich machen, mit der sie davon ausgingen, daß Christen in aller Öffentlichkeit Gemeinden bildeten. Außerdem hatte das Motiv des leidenden Christus die Jesus-Anhänger darauf vorbereitet, daß in dieser Welt jeder Gerechte mit Leiden rechnen müsse.

Schlußüberlegung

Das frühe Christentum hat sich in einem sozialen Umfeld entwickelt, in dem die Vorstellung eines öffentlichen Lebens entsprechend den väterlichen Gesetzen selbstverständlich und hoch angesehen war. Viele Juden ergriffen mit beiden Händen alle sich bietenden Chancen, auf daß auch ihre Lebensweise offiziell von römischen Machthabern und städtischen Instanzen anerkannt würde. Zwar gab es im antiken Judentum verschiedene Fraktionen, die über gravierende Punkte stritten: die Reinheit des Tempels, die Legitimität der Priesterschaft, die Gültigkeit mündlicher Überlieferungen und anderes. Daß aber Gottes Herrschaft sowie das gerechte Handeln des einzelnen öffentlich ist, setzten sie gemeinsam voraus.

Ein wenig anders deuteten bereits die Autoren apokalyptischer Schriften Gottes Herrschaft. Die Wahrheit kann erst am Ende der Zeit öffentlich werden. Die Loyalität zum politischen Ideal einer Autonomie wurde so mit einer weltübergreifenden Erlösungshoffnung verknüpft. Erst Christen gaben das politische Ziel eines Lebens entsprechend den väterlichen Gesetzen vollständig preis: Gerechtigkeit ist im gegenwärtigen Äon aus der Welt verschwunden und unsichtbar geworden. Nur als falscher Schein besteht sie noch fort. Damit verlor die bestehende politische Öffentlichkeit für das Handeln der Christen jenen Charakter der Bewährung, den sie für viele andere Juden noch behielt. Sicher darf man Paulus nicht zum Repräsentanten des frühen Christentums insgesamt machen. Das frühchristliche Schrifttum kennt dafür zuviele innere Differenzen. Nur insofern könnte er typisch gewesen sein, als seine Ablehnung eines Lebens entsprechend den väterlichen Gesetzen im antiken Judentum eher marginal, im antiken Christentum dagegen zentral war. Daß gerechtes Handeln sichtbar und beobachtbar ist, hatte für Paulus die Selbstverständlichkeit verloren, die es für viele Juden nach wie vor hatte. Die Öffentlichkeit des Selbst war ihm fragwürdig geworden. Gott richtet über das Unsichtbare, Innere, Verborgene des Menschen und nicht über seine öffentlichen Handlungen.

Paulus griff andererseits jedoch nicht griechische Selbstverständlichkeiten auf. Das Unsichtbare des Menschen ist dem Äußeren keineswegs überlegen. Im Gegenteil! Es galt als Hort der Verunreinigung des Menschen. Die Heilserwartung muß sich daher vollständig auf das Ereignis der Parusie des Herren richten. Hierin folgte Paulus dem im antiken Judentum Üblichen. Erst in der entwickelten Gnosis des 2. Jh. n. Chr. wird eine Position greifbar, die dem menschlichen Selbst jenseits aller sozialen Rollen eine transzendente Identität zuschrieb, die Garant seiner Freiheit war.

DIE PRAGMATISCHE BEDEUTUNG DER GEHEIMNISMOTIVE IM MARKUSEVANGELIUM EIN WISSENSSOZIOLOGISCHER VERSUCH

Gerd Theißen

Wenn ein großer und umstrittener Staatsmann gestorben ist, machen seine Anhänger mit den "Geheimnissen" des Verstorbenen Politik. Der eine behauptet, ihm sei eine der Öffentlichkeit unbekannte Idee von ihm anvertraut worden, die den Weg zur Lösung eines aktuellen Problems weise. Ein anderer erklärt, er sei von ihm im privaten Gespräch für die Nachfolge nominiert worden. Ein dritter deutet in neuer Weise sein unrühmliches Abtreten: Seine Gegner hätten seine wahren Intentionen verkannt; ihm habe er sie dagegen offenbart. Sein Abtreten sei das Scheitern eines großen Menschen an der Durchschnittlichkeit seiner Zeitgenossen. Ein vierter verbreitet dagegen, der große Staatsmann habe sich von seinen Vertrauten mißverstanden gefühlt—insbesondere von denjenigen, die sich als Verwalter seines Erbes aufspielen. Wir merken: All diese Geheimnismotive haben eine pragmatische Funktion. Nachfolger ringen um Einfluß in der Öffentlichkeit. Und sie berufen sich dafür auf bisher geheime und unbekannte Aussagen, Intentionen und Ereignisse aus dem Leben des Verstorbenen.

Auch in der ältesten Darstellung des Lebens Jesu, im Markusevangelium (= MkEv), finden wir eine Reihe solcher Geheimnismotive: Jesus umgibt seine Würde mit Geheimnis, er vermittelt abseits der Öffentlichkeit geheime Lehren an die Jünger; er will nicht, daß seine Wunder bekannt werden; seine Jünger verstehen ihn nicht. Sollten nicht auch diese Motive eine pragmatische Funktion haben? Dienen nicht auch sie dazu, die Gemeinden, für die das Evangelium geschrieben wurde, in einem bestimmten Sinne zu beeinflussen und zu lenken? Dieser Vermutung soll im folgenden nachgegangen werden. Die Frage ist: Wurde auch im Urchristentum mit der Verteilung von Wissen "Politik" gemacht? Hatte die im MkEv dargestellte ungleiche Verteilung von Wissen Einfluß auf die urchristlichen Gruppen? Es handelt sich also um eine wissenssoziologische Frage (vgl. F. Watson 1985).

Über die Situation dieser Gemeinden besteht in einer Hinsicht ein Konsens: Die hinter dem MkEv stehenden christlichen Gruppen in Syrien (L. Schenke 1988, 45 ff.) oder Rom (M. Hengel 1984) waren in einer schwierigen Lage, die mit dem jüdisch-römischen Krieg 66–70 n.Chr. zusammenhing. Sie waren zwischen die Fronten von Juden und Heiden geraten: Von allen wurden sie gehaßt (Mk 13,13); ihnen drohten Verfolgung und Martyrien. In dieser Situation schrieb ein unbekannter Christ die erste zusammenfassende Darstellung des Wirkens Jesu. Auffällig an dieser Darstellung sind die vielen Geheimnismotive. In einem ersten Teil werden sie kurz dargestellt. Ein zweiter Teil skizziert drei Alternativen bei ihrer Interpretation. Ein dritter Teil versucht, die Geheimnismotive des Markusevangeliums zusammenfassend neu zu deuten.

1. *Die vier Geheimnismotive im Markusevangelium: der Befund*

Wir finden im MkEv vier Geheimnismotive: Das Persongeheimnis Jesu, das Jüngerunverständnis, die Geheimlehren Jesu und das Wundergeheimnis. Seit W. Wrede (1901) und U. Luz (1965) werden sie so unterschieden.

1.1 *Das Persongeheimnis*

Jesus reagiert mit Schweigegeboten, wo seine Würde erkannt wird. In der ersten Hälfte des Evangeliums treffen diese Schweigegebote nur die Dämonen, die Jesus aufgrund ihres übernatürlichen Wissens als "Heiligen Gottes" (1,24; vgl. auch 1,34) und "Sohn Gottes" (3,11; 5,7) ansprechen und bekennen. In der zweiten Hälfte werden auch die Jünger zum Stillschweigen über Jesu Würde verpflichtet. Denn inzwischen haben auch sie die Hoheit Jesu als "Christus" (8,29) erkannt und durch eine Himmelsstimme während der Verklärung erfahren, daß er der "Sohn Gottes" ist (9,7). Singulär ist die zeitliche Befristung des Schweigegebots nach der Verklärung: Es gilt nur bis zur Auferstehung des "Menschensohns" (9,9).

Markus erzählt nirgendwo, daß eines dieser Schweigegebote übertreten wird. Er stellt also ein christologisches Wissen dar, das die Christen grundsätzlich von der Umwelt unterscheidet: Nur sie wissen um Jesu wahres Wesen. Sie befinden sich damit in Einklang mit übermenschlichen Wesen—denn auch die Dämonen und Gott wissen um Jesu Würde als "Sohn Gottes". In ihrer Umwelt aber wird diese Würde nicht anerkannt.

Dies Persongeheimnis wird bei Mk nicht konsequent durchgeführt. Es erstreckt sich nicht auf den Menschensohntitel (2,10; 2,28). Es wird mehrfach durchbrochen: Im heidnischen Land folgt auf das Bekenntnis der Dämonen zu Jesus als "Sohn des höchsten Gottes" kein Schweigegebot (5,7). Im Blick auf das jüdische Land wird in 6,14 sogar ausdrücklich gesagt: "Sein (d.h. Jesu) Name wurde offenbar". Herodes hält Jesus für den einst von ihm hingerichteten Johannes den Täufer. In Jerusalem wehrt sich Jesus nicht gegen die Akklamation von Festpilgern: "Hosianna! Gelobt sei der, der da kommt in dem Namen des Herrn! Gelobt sei das Reich unseres Vaters Davids, das da kommt" (11,9 f.). Im Winzergleichnis bezeichnet sich Jesus indirekt als von Gott gesandten "geliebten Sohn"—und wird von seinen Gegnern verstanden (12,6.12). In direkter Form bekennt er sich dann vor dem Synhedrium offen zu seiner Würde als Christus, als Sohn des Hochgelobten und Menschensohn und provoziert damit sein Todesurteil. Wahrscheinlich werden die drei wichtigsten christologischen Hoheitstitel in dieser Szene bewußt kombiniert (14,61 f.). Am Ende des MkEv akklamiert der römische Hauptmann am Kreuz Jesus als Gottessohn: "Wahrhaftig, dieser Mensch *war* (ein) Gottessohn" (15,39), was wohl bewußt als inadäquates Bekenntnis formuliert wird: Der Hauptmann kann von der Auferstehung des Gekreuzigten noch nichts wissen.

All diese "Inkonsequenzen" sind zu zahlreich, als daß man sie bei einer Gesamtdeutung der Geheimnismotive ausklammern könnte. Für uns ist entscheidend: Die Durchbrechung des Persongeheimnisses führt nicht zu einem gemeinsamen Wissen zwischen Binnen- und Außengruppe. Vielmehr ist ein Konflikt zwischen ihnen die Folge, der in der Hinrichtung Jesu seinen Höhepunkt findet. Je mehr das Geheimnis durchbrochen wird, um so mehr gefährdet sich Jesus.

1.2 *Das Jüngerunverständnis*

Gegenstand des Jüngerunverständnisses ist im ersten Teil des MkEv die Würde Jesu. Die Jünger erkennen Jesu Hoheit nicht trotz erstaunlicher "Naturwunder", trotz Sturmstillung (4,35–41), Seewandel (6,45 ff.) und der beiden Brotwunder (8,14–22). Sie sind genauso "verstockt" wie die Außenstehenden (vgl. 4,12 mit 8,18). Mit dem Messiasbekenntnis des Petrus ändert sich der Inhalt ihres Unverständnisses: Es richtet sich jetzt gegen die Notwendigkeit des Leidens. Das Unverständnis der Jünger begegnet in Zusammenhang mit den drei Leidensweissagungen (8,31 ff.; 9,30 ff.; 10,33 ff.) und in der Getsemaneszene

(14,39–42). Aus dem Unverständnis seiner Hoheit wird ein Mißverständnis seiner Niedrigkeit. Die Jünger nehmen Anstoß am Martyrium des Gottessohnes. Alle fliehen bei der Gefangennahme Jesu.

1.3 *Die Geheimlehren Jesu*
Trotz ihres Unverständnisses erhalten die Jünger besondere Belehrung durch Jesus unter Ausschluß der Öffentlichkeit, entweder im Freien (4,10–20; 13,3 ff.) oder "im Haus" (7,17 ff.; 9,33 ff.; 10,10 ff.; 9,28 f.). Gegenstand der Geheimlehre sind: der esoterische Sinn der Parabeln (4,10 ff.), die Aufhebung der Speisegebote (7,17 ff.), die Umkehr der Hierarchie in der Gemeinde (9,33 ff.), die Unmöglichkeit mancher Exorzismen (9,28 f.), das zweiseitige Ehescheidungsverbot (10,10 ff.) und das Schicksal der Christen in der Endzeit: Ihnen werden Verfolgung und Not angesagt (13,3 ff.). Nur diese letzte Geheimlehre wendet sich (zunächst) an die vier engsten Jünger, indirekt aber an alle (13,37); sonst werden immer alle Jünger direkt belehrt.

1.4 *Das Wundergeheimnis*
Jesus verbietet den Geheilten bzw. Zeugen ihrer Heilung, das Wunder weiterzuerzählen. Unmittelbar danach wird jedoch zwei Mal die Übertretung dieses Geheimhaltungsgebots erzählt (1,44 f.; 7,56). Auch 5,18–19 läßt sich so verstehen: Der Geheilte wird nach Hause geschickt, verkündet aber in der ganzen Dekapolis von Jesu Taten. Die Totenerweckung in 5,35–43 kann von der Sache her kaum verborgen bleiben. Der Leser des MkEv erhält daher den Eindruck: Erzählungen von Jesu Wundern kursierten gegen den erklärten Willen Jesu im ganzen Volk—sogar über Galiläa hinaus. Bemerkenswert ist die vorausgesetzte Wissensverteilung. Die christliche Binnengruppe reklamiert für sich ein Wissen, das gegen ihren Willen an Außenstehende gelangt ist.

1.5 *Das sachliche Verhältnis der Geheimnismotive zueinander*
Die vier mk Geheimnismotive begegnen in verschiedener Form. Das Geheimnis wird teils als "Imperativ" in Form von Schweige- und Geheimhaltungsgeboten eingefordert: Ein bestimmtes Wissen soll geheim bleiben. Teils begegnet das Geheimnis als "Indikativ": Ein Wissen bleibt durch äußere oder innere Faktoren, durch Ausschluß der Öffentlichkeit oder Unverständnis der Jünger unzugänglich. In jedem Fall wird eine Grenze zwischen denen gezogen, die das Geheimnis kennen, und denen, die es nicht kennen: zwischen Binnen-

und Außengruppe. Jedoch ist die "Wissensverteilung" zwischen ihnen nicht eindeutig. Teils können Außengruppen geheimes Wissen erlangen, denn viele erfahren gegen Jesu Willen von seinen Wundern; teils schließen sich Binnengruppen vom Verständnis des Geheimnisses aus, denn auch die Jünger sind verstockt.

Unterscheidet man die vier Geheimnismotive nach Form, Inhalt und Wissensverteilung, so erhält man folgende Tabelle:

	Geheimhaltung geschieht durch Imperativ	Geheimhaltung geschieht als Indikativ
Person Jesu:	Das Persongeheimnis ist exklusives Wissen der Binnengruppe	Das Jüngerunverständnis betrifft gemeinsames Nicht-Wissen von Binnen- u. Außengruppe
Werk Jesu:	Das Wundergeheimnis ist gemeinsames Wissen von Binnen- und Außengruppe	Die Geheimlehren sind exklusives Wissen der Binnengruppe

Die ungleiche Wissensverteilung markiert in der Regel eine Grenze zwischen Binnen- und Außengruppe. Dort, wo es anders ist (beim Jüngerunverständnis und Wundergeheimnis), gilt das als illegitim. Eigentlich sollten die Wundertraditionen auf die Binnengruppe beschränkt bleiben! Eigentlich sollten die Jünger Jesus verstehen!

Darüber hinaus gibt es Indizien, die auf eine ungleiche Verteilung von Wissen sogar in der Binnengruppe hinweisen. Innerhalb des Jüngerkreises gibt es nämlich einen inneren Kreis: Petrus, Johannes und Jakobus, zu dem manchmal auch Andreas, der Bruder des Petrus, gehört. Nur dieser Jüngerkreis ist unmittelbarer Zeuge

- bei der Auferweckung von Jairi Töchterlein (5,35–45)
- bei der Verklärung (9,2–8)
- bei der apokalyptischen Rede (13,3–37)
- bei Jesu Anfechtung in Getsemane (14,32–43).

Falls die Wissensverteilung im MkEv Indiz für Abgrenzungen innerhalb der Gemeinde sein soll—etwa für Kritik an mangelndem (christologischen) Wissen bei Gegnern des Mk-Evangelisten—, müßte sich das hier zeigen.

1.6 *Das kompositionelle Verhältnis der Geheimnismotive zueinander*

Wie wichtig im MkEv die Geheimnismotive sind, geht daraus hervor, daß der Aufbau des MkEv durch sie bestimmt ist. Das MkEv wird durch drei Epiphanieszenen strukturiert: Am Anfang öffnet sich der Himmel bei der Taufe. Jesus wird (nur für den Leser) als "Sohn Gottes" eingeführt. In der Mitte steht die Verklärungsszene auf dem Berg. Wieder ertönt eine Stimme vom Himmel. Am Ende steht die Engelsbotschaft am leeren Grab mit der Verkündigung der Auferstehung. An diesen drei Stellen—und nur an ihnen—wird die himmlische Welt unmittelbar sichtbar und hörbar. Alle drei Szenen sind nur wenigen Menschen im MkEv zugänglich. Die meisten Mithandelnden wissen nicht um sie. Für den Leser aber legen sie einen transzendenten Glanz um die Gestalt Jesu. Das ganze Leben (auch zwischen diesen Szenen) wird zu einer Geschichte geheimer Epiphanien.

Alle Epiphanieszenen werden durch "Bekenntnisse" vorbereitet. Der Himmel öffnet sich jeweils als Bestätigung und Überbietung eines menschlichen Bekenntnisses. Der Täufer kündigt den "Stärkeren" an, den die Himmelsstimme als "Sohn Gottes" bestätigt. Petrus bekennt sich zum Messias ("Christos"), woraufhin eine zweite Himmelsstimme sein Bekenntnis bestätigt und überhöht: Jesus ist Sohn Gottes. Der Hauptmann am Kreuz akklamiert Jesus als Gottessohn—freilich als gestorbenen: "Dieser war (ein) Gottessohn". Erst die Engelsbotschaft verkündigt ihn als Lebendigen, der von den Toten auferstanden ist.

Durch diese drei "Doppelszenen" von irdischem Bekenntnis und himmlischer Bestätigung wird das MkEv in zwei Teile geteilt, innerhalb derer die Geheimnismotive in verschiedener Gestalt begegnen (eine andere Kompositionsanalyse bietet R. Weber 1983).

Die Ankündigung des "*Stärkeren*" durch den Täufer (1,7 f.) ⟶	Seine Bestätigung als "*Sohn Gottes*" durch die Himmelsstimme (1,11)
Persongeheimnis:	Nur die Dämonen wissen um Jesu Würde (1,24.34; 3,11; 5,7)
Wundergeheimnis:	Trotz Jesu Verbot wird überall von seinen Wundern erzählt (1,44 f.; 5,18 ff.; 7,36 f.)
Geheimlehren:	Jesus lehrt die Jünger unter Ausschluß der Öffentlichkeit im Freien (4,10–20) und "im Haus" (7,17 ff.)
Jüngerunverständnis:	Die Jünger verstehen trotz der Wunder Jesu Hoheit nicht (4,39 ff.; 6,52; 8,14 ff.)

Das Bekenntnis zum *"Christus"* durch Petrus (8,29)	⟶	Die Bestätigung als *"Sohn Gottes"* durch die Himmelsstimme (9,7)
Persongeheimnis:		Auch Menschen wissen jetzt um Jesu Würde (Petrus 8,29; der Hauptmann 15,39 s.u.) Jesus offenbart sich selbst vor seinen Richtern (14,61 f.)
Geheimlehren:		Jesus lehrt "im Haus" (9,28 f.; 9,33 ff.; 10.10 ff.) und im Freien (13,3 ff.)
Jüngerunverständnis:		Die Jünger verstehen trotz Jesu Leidensweissagungen Jesu Niedrigkeit nicht (8,32; 9,32; 19,32; 14,39 ff.)
Das Bekenntnis zum toten *"Gottessohn"* durch den Hauptmann (15,39)	⟶	Die Botschaft des Engels von seiner *Auferstehung* am leeren Grab (16,6)

2. *Probleme der Interpretation des Befundes*

Aus der langen Forschungsgeschichte (vgl. H. Räisänen 1990, 38–75) seien nur drei Alternativen skizziert: Die Geheimnismotive können als Tradition oder Redaktion, als einheitliche Theorie oder lockeres Motivbündel, als Erinnerung an den historischen Jesus oder Impuls für das Gemeindeleben verstanden werden.

2.1 *Tradition oder Redaktion?*

Nur selten wird die Meinung vertreten, die gesamte "Geheimnistheorie" habe dem Mk-Evangelisten als Tradition vorgelegen (W. Wrede, 1901). Eine solche Annahme würde Inkohärenzen und Inkonsequenzen im MkEv erklären: Mk hätte die ihm vorgegebene Theorie nicht ganz verstanden. Meist werden jedoch traditionelle Anknüpfungspunkte nur für die vier Grundmotive angenommen, die Mk aufgegriffen und ausgestaltet hat, nicht für die Geheimnistheorie insgesamt:

a) Das zum Persongeheimnis gehörende Schweigegebot in 1,24 könnte ursprünglich apotropäischen Sinn gehabt haben: Es soll die Macht des Dämons brechen, nicht aber den Namen Jesu geheimhalten. Mk hat es im Sinne von 1,34 als Geheimhaltung der Würde Jesu verstanden.

b) Im Bereich des Wundergeheimnisses könnte das Gebot, eine Aussätzigenheilung geheim zu halten, traditionell sein. Es galt ursprünglich wohl nur bis zur Reinheitserklärung durch die Priester, war also befristet (1,44). Die Schweigegebote in 5,43 und 7,36 könnten in den vormarkinischen Fassungen der jeweiligen Wundergeschichten durch die fremdsprachlichen Zauberworte "Talita kum!" (5,41) und "Hefata!" (7,34) motiviert gewesen sein: Diese sollen geheim bleiben, nicht das Wunder an sich (G. Theißen, 1974, 151 f.; F. Watson, 1985, 50).
c) Das Jüngerunverständnis begegnet auch im JohEv und dürfte daher nicht erst mk Erfindung sein (vgl. Joh 4,31 ff.; 11,12 f.).
d) Ebenso sind Geheimlehren Jesu nicht nur bei Mk, sondern auch im mt Sondergut belegt: Die grundsätzliche Freiheit gegenüber dem Tempel soll geheim bleiben, um kein Ärgernis zu erregen (Mt 17,24–27). Die "Parabeltheorie" (Mk 4,10–12) verwendet eine im Urchristentum oft zitierte Jesajastelle (Jes 6,9 f.; vgl. Joh 12,40; Apg 28,26 f.) und ist kein mk Proprium.

2.2 *Einheitliche Theorie oder lockeres Motivbündel?*
Gegen die Annahme einer einheitlichen Theorie hat man auf die vielen Widersprüche und Inkonsequenzen hingewiesen (H. Räisänen, 1976; J. Ernst, 1992): Es gibt z.B. eine Spannung zwischen den Geheimlehren Jesu, die den Jüngern ein privilegiertes Wissen zuschreiben, und ihrem Unverständnis, das sie auf eine Stufe mit Außenstehenden stellt. Das Persongeheimnis wird nicht konsequent durchgeführt: Immer wieder wird Jesu Würde bekannt. Da z.B. Mk 6,14 ("sein Name wurde offenbar") an einer Verbindungsnaht steht, dürfte diese Bemerkung von Mk gestaltet sein; aber sie widerspricht seinem Bild von einem Jesus, dessen Würde geheimbleiben soll. Erst wenn man die Erwartung an Textkohärenz im MkEv herabsetzt, kann man eine einheitliche Intention unterstellen. Das aber hieße: Mk ist nicht der große Schriftsteller und Theologie, der seinen Stoff konsequent durchformt hat. Mit Blick auf die pragmatische Dimension der Geheimnismotive wird man in ihm eher einen "Kirchenführer" sehen. Inkohärenzen sind bei "Kirchenführern" von vornherein zu erwarten: Inkonsequenzfreundliche Anschauungen sind oft lebenspraktischer als kohärente Systeme.

2.3 *Erinnerung oder Impulse für das Gemeindeleben?*

Es besteht fast ein Konsens darüber, daß Mk mit Hilfe der Geheimnismotive heterogene Traditionen in ein einheitliches Evangelium integriert: Das in den Wundergeschichten begegnende Bild von Jesus wird durch dessen Kreuzigung und Auferstehung ergänzt. Die Geheimnismotive weisen auf dies Ziel (9,9). Die klassische Deutung von W. Wrede (1901) sieht darin eine Gestaltung der Erinnerung an Jesus: Sein Leben sei unmessianisch gewesen, die Gemeinde aber habe seit Ostern (Röm 1,3 f.) an seine Hoheit als Gottessohn geglaubt. Die Geheimnistheorie stelle einen Kompromiß dar: Jesus war schon immer der Sohn Gottes, aber er war es geheim. Die meisten Deutungen suchen dagegen nach einem pragmatischen Motiv der Geheimnismotive. Nicht die Erinnerung an die Vergangenheit, sondern Impulse für die Gegenwart werden durch sie gestaltet.

a) Die paränetische Deutung: Die Geheimnismotive gestalten das Evangelium als Ruf in die Leidensnachfolge. Nur wer Jesus bis zum Kreuz folgt, wird ihn wirklich verstehen (E. Schweizer, 1968).
b) Die polemischen Deutungen: Die Geheimnismotive korrigieren Christusbilder in der Gemeinde. Die bekämpften Gegner werden verschieden bestimmt: als Vertreter einer Wundermann-Christologie (Th. Weeden, 1968) oder eines Christusbildes ohne Wunder, wie es in der mit Mk konkurrierenden Logienquelle erhalten ist (H. Räisänen, 1990).
c) Die apologetische Deutung: Die Geheimnismotive sollen den Mißerfolg Jesu erklären. Wie konnte er trotz so vieler Wunder am Ende hingerichtet werden? Möglich sei das nur gewesen, weil er seine wahre Würde geheim hielt (M. Dibelius, 1933, 231 f.).
d) Die kerygmatische Deutung: Die Geheimnismotive sollen an den Leser appellieren. Er ist gewürdigt zu verstehen, was die Jünger nicht verstanden haben. Er darf wissen, was den Zeitgenossen verborgen blieb. Das Geheimnis steigert den Wert des Offenbarten für den Leser (H.J. Ebeling, 1939).

Die polemische Deutung basiert vor allem auf dem Jüngerunverständnis, die apologetische auf der Parabeltheorie, die kerygmatische trifft am ehesten auf das Wundergeheimnis zu: Diese drei Deutungen können allenfalls eines der Geheimnismotive erklären. Am ehesten ist m.E. von einer paränetischen Deutung her eine Gesamtdeutung aller Motive möglich.

3. *Versuch einer neuen Gesamtdeutung der Geheimnismotive*

Die hier vorgelegte Interpretation knüpft an die paränetische Deutung an und ist von zwei Grundgedanken bestimmt: Was geheim ist, ist sozialen Sanktionen entzogen. Was öffentlich wird, ist ihnen ausgesetzt. Vorausgesetzt ist erstens, daß der Inhalt des Geheimnisses brisant ist, d.h. bei anderen Gruppen Unruhen und Sanktionen gegen die Geheimnisträger auslösen kann, und zweitens, daß das Geheimnis Gruppen bekannt wird, die Sanktionen ausüben können. Fehlt eine der beiden Voraussetzungen, so ist die Offenbarung eines Geheimnisses unproblematisch: Ein harmloses Geheimnis darf ausposaunt werden. Und die Verbreitung eines brisanten Geheimnisses ist nicht gefährdend, wenn seine Mitwisser weder Interesse noch Macht haben, mit Sanktionen zu reagieren. Nur indirekt entsteht eine Gefahr. In der Regel gilt aber: Jedes Geheimnis ist ein Schutzgeheimnis, jede Durchbrechung potientiell eine Gefährdung.

Ein zweiter Grundgedanke der folgenden Deutung ist, daß es eine Entsprechung zwischen Textwelt und Sozialwelt gibt. Die in der Textwelt auftretenden Personen und Figuren sind mögliche Identifikationsfiguren für die Leser. Dabei hält der Leser (oder Hörer) seine Identifikation in der Schwebe: Er kann sich nacheinander mit verschiedenen Gestalten identifizieren. Im MkEv identifiziert er sich zunächst mit den Jüngern. Aber er wird immer wieder dazu gebracht, sich von ihnen zu distanzieren: Ihr Unverständnis soll er nicht teilen. Er soll sich vielmehr konsequenter als die Jünger an Jesu Wort und Verhalten orientieren. Auch Jesus ist daher eine Identifikationsfigur: Der Nachfolgegedanke zielt darauf, daß die Leser seinen Weg nachvollziehen. Sein Verhalten ist Modell für ihr Verhalten, sein Problem auch ihr Problem. Wenn im MkEv ein Bild von Jesus entworfen wird, das vom Gedanken einer sukzessiven Enthüllung des christologischen Geheimnisses bestimmt ist, so werden Geheimhaltung und Offenbarung christlicher Identität auch in der Welt der Leser ein Problem gewesen sein.

Wenden wir nun beide Voraussetzungen auf das MkEv an, so gelangen wir zu folgender Deutung der Geheimnismotive, die vorweg skizziert sei: Wenn innerhalb der Textwelt des MkEv die sukzessive Enthüllung des christologischen Geheimnisses eine wachsende Gefährdung Jesu darstellt, so wird auch in der sozialen Welt der mk Gemeinde die Enthüllung christlicher Identität eine Gefährdung gewesen sein. Meist lebten die frühen christlichen Gemeinden im

Verborgenen. Sie fielen in der Öffentlichkeit kaum auf. Wurden aber Christen (gegen ihren Willen) als Christen in der Öffentlichkeit bekannt, so mußten sie sich zu ihrer Identität bekennen—wie Jesus im MkEv. Dies Bekenntnis konnte wie beim mk Jesus zum Martyrium führen. Das MkEv ist Konfliktparänese für diese Situation: Einerseits schreibt es Jesus eine bewußte Geheimhaltung seiner Identität zu. Dadurch macht es den christlichen Lesern ein gutes Gewissen, ihre Identität nicht unnötig in der Öffentlichkeit bekannt zu machen. Andererseits stellt es dar, daß das Offenbarwerden des Geheimnisses auf Dauer unvermeidlich ist. Nachdem Jesus einmal bekannt geworden ist, bekennt er sich demonstrativ zu seiner Identität und riskiert den Konflikt bis hin zum Martyrium. Ebenso sollen sich die Leser des MkEv verhalten. Insofern ist das MkEv ein Ruf in die Leidensnachfolge: eine Aufforderung, dem Konflikt mit der Umwelt nicht auszuweichen.

Diese vorweg skizzierte Gesamtdeutung muß sich anhand einer Analyse der vier Grundformen von Geheimnismotiven bewähren. Dabei ist darauf zu achten, daß auch die "Inkonsequenzen" innerhalb der mk Durchführung der "Geheimnistheorie" erklärt werden können.

3.1 *Das Persongeheimnis*

Das Persongeheimnis ist ein Schutzgeheimnis. Seine Durchbrechung führt im MkEv ins Leiden. Zugegeben: Nirgendwo antwortet Jesus auf die Offenbarung seiner Würde mit einem Schweigegebot des Inhalts: "Schweigt, damit ich nicht gefährdet werde!" Aber bei den beiden einzigen die Person Jesu betreffenden Schweigegeboten an Menschen wird durch den Kontext ein Zusammenhang zwischen der Offenbarung von Jesu Würde und seiner Passion hergestellt: Petrus bekennt Jesus als "Messias" (8,29). Auf das Schweigegebot: "Und er gebot ihnen, daß sie niemandem von ihm sagen sollten" folgt die erste Leidensweissagung: "Und er fing an, sie zu lehren: der Menschensohn muß viel leiden und verworfen werden . . ." (8,31). Das erste Bekenntnis zu seiner Würde wird also unmittelbar mit dem Leiden verbunden. Derselbe Zusammenhang begegnet nach der Verklärung auf dem Berge. Den Zeugen der Verklärung wird geboten, ihre Vision niemandem bis zur Auferstehung des Menschensohns zu erzählen (9,9 f.). Unmittelbar danach erinnert Jesus an Johannes den Täufer und erneuert seine Leidensweissagung: "Und wie steht geschrieben von dem Menschensohn, daß er viel leiden und verachtet werden soll?" (9,12).

Noch eindeutiger tritt der Zusammenhang zwischen "Offenbarung" der Identität Jesu und Konflikt mit der Umwelt an Stellen hervor, die zu den Inkonsequenzen des Mk-Evangelisten gezählt werden: Jedes Mal, wenn das Persongeheimnis aufgehoben wird, wird nämlich eine Gefährdung Jesu sichtbar, die im Laufe des Evangeliums immer mehr zunimmt.

a) Schon in Mk 2,10 und 2,28 spricht Jesus offen von sich als dem "Menschensohn". Dieser Titel wird eng mit seiner Vollmacht zu Sündenvergebung (2,10) und Sabbatbruch (2,28) verbunden. Beides gilt als Vergehen. Die Reaktion auf Jesu Überschreitung von Grenzen und Normen ist der Tötungsbeschluß der Pharisäer und Herodianer (3,6).
b) Man hat viel darüber gerätselt, warum auf das Dämonenbekenntnis in 5,7 kein Schweigegebot folgt. Jesus wird hier "Sohn des höchsten Gottes" genannt. Sicher ist: Die weitere Geschichte erzählt von einer Gefährdung Jesu. Er wird aus dem heidnischen Land ausgewiesen! Da der Dämon sich "Legion" nennt, assoziiert der Leser einen Konflikt zwischen Jesus und den Römern.
c) Nach Mk 6,14 wird Jesu Name "offenbar". Herodes Antipas hört von Jesu Wundern und fürchtet, er sei der Täufer redivivus. Sein schlechtes Gewissen wird wach, da er den Täufer hat umbringen lassen. Deshalb wird jetzt die Geschichte vom Tod des Täufers als Retrospektive eingeschoben. Die Komposition zeigt: Mit Bekanntwerden des "Namens" fällt der Schatten des Todes auf Jesus. Unwillkürlich fragt sich der Leser, der aus 3,6 weiß, daß die "Herodianer" die Tötung Jesu schon beschlossen haben: Wird Herodes Antipas Jesus umbringen lassen—so wie er Johannes den Täufer hat töten lassen?
d) In Mk 11,9 f. akklamiert die Menge der Festpilger Jesus als Träger der wiederkommenden Herrschaft Davids. Darauf folgt die Tempelreinigung mit dem Tötungsbeschluß der Hohepriester und Schriftgelehrten, die sich damit gegen die Sympathien des Volkes für Jesus stellen (11,18). Die öffentliche Akklamation als messianischer Hoheitsträger führt zu seiner Gefährdung durch die Tempelaristokratie.
e) Im Winzergleichnis (12,1–12) spricht Jesus von sich selbst als "geliebtem Sohn", der als letzter vom Besitzer des Weinberges, von Gott, ausgesandt wird, um die Früchte des Weinberges einzufordern. Er wird getötet. Damit stellt Jesus selbst einen unmittelbaren Zusammenhang zwischen Hoheit und Hinrichtung her. Die

Tempelaristokratie versteht die Parabel und reagiert mit dem Versuch, Jesus zu inhaftieren (12,12).

f) Seinen Höhepunkt nimmt diese Entwicklung im Prozeß vor dem Synhedrium. Hier bekennt sich Jesus vor der Tempelaristokratie zu seiner Würde als Christus, Sohn des Hochgelobten und Menschensohn (14,62). Die unmittelbare Reaktion auf dies einzige direkte Bekenntnis Jesu zu seiner Identität ist das Todesurteil: "Sie aber verurteilten ihn alle, daß er des Todes schuldig sei" (14,64).

Wenn Jesus durch die Enthüllung seiner Identität immer mehr gefährdet wird, so ist er ein Modell für Erleben und Verhalten der Christen. Das "christianus sum" bedeutet—wenn Christen vor Gericht standen—unmittelbare Todesgefahr: Schon das nomen ipsum war strafbar (Plinius ep X,96).

Gerade die Inkonsequenzen der mk Geheimnistheorie lassen sich somit relativ "konsequent" erklären, wenn man das Geheimnis als ein Schutzgeheimnis auffaßt. Der mk Jesus behält die Kontrolle über das Bekanntwerden seiner Identität als "Christus". Ebenso sollen die Christen selbst bestimmen, wann und wo sie als "Christen" bekannt werden. Wenn Jesus in Schweigegeboten und Geheimhaltungsbefehlen selbst verborgen bleiben wollte, so dürfen die Christen auch mit gutem Gewissen verborgen bleiben. Wenn Jesus freiwillig immer mehr von seiner Identität preisgibt und sich gefährdet, so sollen auch die Christen ihm darin nachfolgen.

3.2 *Das Jüngerunverständnis*

Das Jüngerunverständnis bezieht sich in der ersten Hälfte des MkEv auf die Hoheit Jesu, in der zweiten auf seine Niedrigkeit: auf die Notwendigkeit des Leidens. Es stellt indirekt den Weg des Lesers (vom Unverständnis zum Verstehen) dar. Er soll verstehen, daß der Konflikt mit der Umwelt notwendig zum christlichen Leben gehört. Das trifft besonders für das Unverständnismotiv in der zweiten Hälfte des MkEv zu.

Aber auch in der ersten Hälfte finden wir diese Verbindung von Unverständnis und Konflikt. Die Gleichnisrede spricht zum ersten Mal von Verfolgungen (4,17). Sie spricht vom Wort (dem Samen), der nicht unangefochten aufwachsen wird. Die erste Perikope nach der Gleichnisrede, die Stillung des Seesturms, schildert solch eine Anfechtung der Jünger (4,35 ff.). Ihr Unverständnis besteht darin, daß sie Jesus zu wenig Macht über Naturgewalten zutrauen. Ihr

Unverständnis beim Seewandel zeigt sich darin, daß sie Jesus für ein Gespenst halten (vgl. 6,49 ff.). Beide Seewunder haben einen symbolischen Sinn über die Rettung aus Naturgewalten hinaus, wie 8,14–21 zeigt: Wieder befinden sich die Jünger auf einer Überfahrt über den See. Sie machen sich Sorge, weil sie nur ein Brot bei sich haben. Jesus warnt sie vor dem Sauerteig der Pharisäer und dem Sauerteig des Herodes—also vor den beiden Instanzen, die schon 3,6 die Tötung Jesu beschlossen hatten bzw. für diesen Beschluß verantwortlich gemacht werden können. Mk assoziiert mit der Gefährdung durch Naturgewalten und Hunger die Gefährdung durch die Gesellschaft.

Auf jeden Fall bedeutet das Unverständnis im ersten Teil mangelndes Vertrauen zur Macht Jesu, aus Gefahren zu retten. Es ist konsequent, wenn es sich im zweiten Teil als Zurückschrecken vor dem Leiden in der Nachfolge Jesu darstellt.

Dabei wird unter den Jüngern noch einmal unterschieden. Ein engster Jüngerkreis innerhalb der Zwölf hat eine privilegierte Nähe zu Jesus. Aber gerade dieser Jüngerkreis unterscheidet sich von den anderen Jüngern nicht durch größeres Verstehen. Im Gegenteil! Jeder Jünger stellt sich die Frage, ob er nicht der Verräter ist, den Jesus in seinem Jüngerkreis weiß (14,19). In Getsemane versagt auch der innere Kreis der drei Jünger (14,10). Deren Nähe zu Jesus bedeutet kein privilegiertes Wissen, sondern eine größere Nähe zum Martyrium. Denn das MkEv weiß, daß alle drei Märtyrer geworden sind. Den Zebedaiden Johannes und Jakobus wird in 10,38 f. das Martyrium geweissagt. Petrus verspricht in 14,31, er werde mit Jesus sterben. Die Leser und Hörer des MkEv wissen wahrscheinlich, daß er dies Versprechen trotz seiner Verleugnung Jesu inzwischen wahr gemacht hat. Petrus ist in den 60er Jahren den Märtyrertod gestorben. Jakobus ist sicher zwischen 41–44 n.Chr. hingerichtet worden (vgl. Apg 12,2), sein Bruder wohl später. Von allen dreien heißt es vor der Verklärung: Sie werden den Tod nicht schmecken, bevor sie nicht das Kommen des Reich Gottes gesehen haben. Wenn sie dann Jesus in seiner himmlischen Hoheit und Macht in der Verklärung sehen, so bedeutet das: Diese drei haben—nachdem sie das Reich Gottes in Gestalt des verklärten Jesus gesehen haben—den Tod geschmeckt. Speziell diesen drei Jüngern (ergänzt durch Andreas) werden daher die Verfolgungen der Endzeit geweissagt (13,4 ff.). Zu diesen Verfolgungen gehört auch das Martyrium (13,12).

Das Jüngerunverständnis bringt also zum Ausdruck: Derjenige hat das Christentum noch nicht richtig verstanden, der nicht von seinem unvermeidlichen Konflikt mit der Umwelt weiß. Christen sind verhaßt "um (Jesu) Namen willen" (13,13). Das nomen ipsum kann zum Martyrium führen. Wenn der innere Jüngerkreis besonders gefährdet erscheint, so entspricht dem die Tatsache, daß Gemeindeleiter im Urchristentum besonders gefährdet waren. Das Jüngerunverständnis enthielte dann keine Polemik gegen Christen mit abweichenden Anschauungen von Jesus, es wäre vielmehr Konfliktparänese für alle Jünger (gegen T.J. Weeden, 1968). Diese Konfliktparänese hat eine doppelte Funktion: Einerseits sind die Jünger ein negatives Modell, das den Hörern und Lesern warnend vor Augen gestellt wird. Positive Gegenbeispiele sind die Frauen. Sie fliehen nicht, sondern bleiben bis zur Hinrichtung bei Jesus und erfahren als erste die Osterbotschaft (vgl. 15,40 f.; 16,1–8). Andererseits soll die Gemeinde durch die Erinnerung an das Versagen der Jünger getröstet werden: In der Krise der Gegenwart haben viele Christen versagt. Sie sind in guter Gesellschaft. Wenn der Auferstandene sich trotz des Versagens seiner Jünger diesen neu zuwendet (vgl. Mk 14,28; 16,7), so gilt das auch für versagende Christen in der Gegenwart. Die mit Hilfe des Jüngerunverständnisses artikulierte Konfliktparänese enthält beides: Warnung und Trost.

3.3 *Die Geheimlehren Jesu*

Die Geheimlehren finden im Freien und "im Hause" statt. Im Freien spricht Jesus seine großen Reden: Die Gleichnisrede mit einer Geheimlehre (4,1–34) und die apokalyptische Rede (13,3–37). Zwischen ihnen finden sich vier kleinere Geheimlehren "im Hause" (7,17 ff.; 9,33 ff.; 9,28 f.; 10,10 ff.).

Aufschlußreich ist, daß die beiden großen Reden von Verfolgungen und Leiden sprechen. Die allegorische Auslegung des Sämannsgleichnisses spricht von Verfolgungen, die manche Christen entwurzeln werden. Sie werden vom Glauben abfallen (4,17.19). Die apokalyptische Rede kündigt für die Zeit vor dem Ende Verfolgungen an, bei denen sich Familienmitglieder gegenseitig ausliefern und töten werden (13,12). Die Christen werden vor Synhedrien und Synagogen verfolgt und vor Statthaltern und Königen zur Rechenschaft gezogen werden (13,9).

Bei den Geheimlehren "im Hause" fehlt ein direkter Bezug zu Verfolgungen. Hier handelt es sich wahrscheinlich um Fragen, die in den Gemeinden umstritten waren. Sie werden durch ein Wort Jesu entschieden. Wenn dies als "Geheimlehre" eingeführt wird, so weil diese Jesusüberlieferungen nicht von allen geteilt wurden. Nachweisbar ist, daß in solchen "Geheimlehren" Probleme angesprochen werden, die im Urchristentum umstritten waren:

Gegenstand innerchristlichen Streites war die Gültigkeit der jüdischen Speisegebote. Dafür haben wir Belege in Gal 2,1 ff. und Apg 10,1 ff.; 15,1 ff. Das MkEv läßt Jesus "im Hause" eine radikale Position vertreten: Jesus erklärt grundsätzlich alle Speisen für rein (7,19).

Umstritten waren die Ehescheidungsregeln. Das MtEv hält eine Ehescheidung durch den Mann "im Falle von Unzucht" für legitim (Mt 5,32; 19,9). Paulus akzeptiert Ehescheidungen, wenn sie von nichtchristlichen Partnern ausgehen (1Kor 7,10 ff.). Das MkEv vertritt einen rigoroseren Standpunkt: Ein apodiktisches zweiseitiges Scheidungsverbot, das er als Wiederheiratsverbot für Mann und Frau formuliert. Wieder wird für ein umstrittenes Problem eine "Geheimlehre Jesu" aktiviert (10,10–12).

Nur per analogiam können wir vermuten, daß auch Exorzismen umstritten waren. Wenigstens finden wir eine Geheimlehre Jesu, die bestimmte Formen von Besessenheit für nicht exorzisierbar hält. Die Gemeinde soll in solchen Fällen beten (9,28 f.).

Beim Rangstreit wird der Streit selbst in einer Geheimlehre "im Haus" behandelt—nämlich der Streit um die Führungspositionen in der Gemeinde. Die traditionelle Maxime "Wer der Erste sein will, soll der Letzte werden" wird so variiert: Wer kleine Kinder aufnimmt, ist für Führungspositionen geeignet. Soziales Engagement qualifiziert ihn. Konflikte um Führungspositionen sind in der urchristlichen Literatur zur Genüge dokumentiert (vgl. Apg 6,1 ff.; 1/2Kor; Gal; 3Joh; 1Klem u.ö.).

Eine weitergehende Überlegung sei hinzugefügt: Indirekt könnten all diese Probleme mit der Situation einer verfolgten Gemeinde zusammenhängen.

Wer in heidnischer Umgebung keine besonderen Speisegebote hält, fällt weniger auf, als wer vom allgemeinen Verhalten abweicht. Paulus zeigt, wie sich bei Gastmählern Christen zu erkennen geben mußten, wenn sie sich an Speisetabus halten wollten (1Kor 8–10).

Ehescheidungen sind bei christlichen Gemeinden ein Problem, wenn der eine Partner nicht christlich ist und möglicherweise im Unfrieden scheidet. Justin erzählt in seiner zweiten Apologie den Fall einer christlichen Dame, die sich von ihrem Ehemann wegen dessen "Unzucht" trennen will. Dieser rächt sich an den Christen. Er ist die Ursache für drei Martyrien (vgl. Justin, Apol II, 2).

Rangstreit ist für die Gemeinden bedrohlich. Wo Gemeinden in rivalisierende Gruppen zerfallen, droht die Gefahr, daß die eine Hälfte negative Gerüchte über die andere verbreitet. Diese konnten in einer feindseligen Umwelt ein Eigengewicht annehmen. Der 1. Klemensbrief führt den Märtyrertod des Petrus und Paulus auf Eifersucht und Neid bzw. Eifersucht und Streit zurück (1Klem 5,4 f.). Selbst wenn dies ein Topos ist, den man nicht historisch auswerten darf, so muß sich doch allgemeine Erfahrung in ihm niederschlagen.

Selbst Exorzismen konnten kontraproduktiv wirken. Paulus soll nach Apg 16 eine ganze Stadt wegen der gelungenen Austreibung eines wahrsagenden Geistes aus einer Sklavin gegen sich aufgebracht haben. Die Evangelien schildern, wie schon Jesus aufgrund seiner Exorzismen in den Ruf gerät, mit dem Satan verbündet zu sein (Mk 3,22 ff. parr). Waren auch die mk Christen ähnlichen Vorwürfen ausgesetzt? Der Ersatz von Exorzismen durch Fürbitte wäre dann eine konfliktvermeidende Strategie.

Es ist also prinzipiell vorstellbar, daß Geheimlehren Jesu die objektive Funktion hatten, Konflikte mit der Umwelt zu vermeiden. Ein direkter Beleg außerhalb des MkEv ist Mt 17,24–27: Hier lehrt Jesus "im Hause" unter Ausschluß der Öffentlichkeit, daß die Jünger keine Tempelsteuer zahlen müssen. Nur um keinen Anstoß zu erregen, sollen sie trotz grundsätzlicher Freiheit von Steuern zahlen. Die mk Geheimlehren im Hause hatten (anders als Mt 17,24 ff.) zwar kaum die bewußte Intention, Konflikte mit der Umwelt zu reduzieren. Ihre objektive Funktion aber könnte in einer konfliktreduzierenden Wirkung bestanden haben, unabhängig davon, ob diese objektive Funktion subjektiv bewußt war.

Wir hätten dann auch in den Geheimlehren eine Ambivalenz im Umgang mit dem "Geheimnis". Einerseits bereitet Jesus in den Lehren im Freien (also in Mk 4,1 ff.; 13,3 ff.) die Jünger auf unvermeidliche Konflikte mit der Umwelt vor. Andererseits lehrt er sie "im Haus", Konflikte zu vermeiden.

3.4 *Das Wundergeheimnis*

Das Wundergeheimnis scheint auf den ersten Blick nicht in das hier entworfene Bild eines Schutzgeheimnisses zu passen. Es wird durchbrochen. Die Schweigegebote werden sofort übertreten.

Die Entstehung dieses Motivs kann man sich so vorstellen (vgl. G. Theißen, 1989, 102 ff.): Noch lange trafen Christen in ihrer nichtchristlichen Umwelt in Palästina und Syrien auf Erinnerungen an

Jesus, in denen von dessen Wundern erzählt wurde. Vor allem die Wunderüberlieferung hat über den Kreis der engeren Anhänger hinaus Interesse gefunden. Das MkEv berichtete immer wieder in kurzen Notizen von der Verbreitung der Wunderfama. In diesen weit verbreiteten Wundergeschichten aber erkannte die christliche Gemeinde ihren Glauben nur unvollkommen wieder. Hier erschienen christologische Bekenntnisse als Dämonenbekenntnisse, es fehlten Eschatologie, Ethik und Nachfolgeruf. Kurz, diese Wundergeschichten hatten einen vergleichsweise "profanen Charakter", wie die klassische Formgeschichte erkannte (M. Dibelius, 1933, 34 ff.; 66 ff.). Mk wollte m.E. diese Volksüberlieferungen von Jesus wieder in den christlichen Erzählschatz reintegrieren. Er bestätigt: Es handelt sich zwar um echte Jesusüberlieferung. Illegitim ist nur, daß sie überall kursiert—auch dort, wo sie sich der Wissenskontrolle der Gemeinde entzieht. Das hat Jesus nicht gewollt. Innerhalb des MkEv sollen sie wieder zu einem legitimen Bestandteil eines Gesamtbildes von Jesus werden, das auf das spezifisch christliche Bekenntnis zum "Sohn Gottes" ausgerichtet ist. Und das sagt: Erst wer sich in Konflikten mit der Umwelt zu ihm bekennt, hat ihn richtig erkannt. Erst wer Jesus bis ans Kreuz folgt, hat die Botschaft der Wundergeschichten richtig begriffen. Wenn Nicht-Christen diese Wundergeschichten erzählen, so sind sie noch weit von solch einem angemessenen Verständnis Jesu entfernt. Das Wundergeheimnis dient also dazu, die Wissenskontrolle über einen Teil der Jesusüberlieferung wiederzugewinnen, der über den Bereich der Gemeinde hinausgedrungen war.

Ist das Geheimnis in diesem Fall also kein Schutzgeheimnis? Das Geheimnis wird ja sofort durchbrochen! Diese vermeintliche Inkonsequenz läßt sich jedoch in unser Bild einfügen:

1.) Es handelt sich beim Wundergeheimnis um kein brisantes Geheimnis. Wunderglaube war allgemein verbreitet. Niemand geriet in Gefahr, wenn er sich für einen Wundertäter interessierte. Im Gegenteil, die Anerkennung Jesu als Wundertäter trug ihm Sympathien ein.
2.) Die Wundergeschichten kursierten im einfachen Volk—also in Gruppen ohne Sanktionsmacht und ohne Interesse, einen Wundercharismatiker feindselig zu bekämpfen. Erst wenn die Wunderfama auch die Mächtigen erreichte wie Herodes Antipas (vgl. 6,14), wurde Jesus gefährdet.

Das erste Schweigegebot, das keinen christologischen Titel, sondern ein Wunder betrifft, bestätigt diese Überlegungen. In der Heilung des Aussätzigen (1,39–45) wird dem Geheilten nicht jede Erzählung von seiner Heilung verboten. Es heißt vielmehr: "Sieh zu, daß du niemandem etwas sagst; sondern geh hin und zeige dich dem Priester und opfere für deine Reinigung, was Mose geboten hat, ihnen zum Zeugnis" (1,44). Der Geheilte soll sich also offiziell für rein erklären lassen, um wieder in das soziale Leben integriert zu werden. Dabei soll er vor dem Priester natürlich von seiner Heilung erzählen, aber den wunderbaren Charakter der Heilung verschweigen und sie als "Spontanheilung" darstellen, ohne Jesus selbst zu erwähnen. Jesus will vor allem dort, wo seine Gegner sitzen, im Kreise der Jerusalemer Priester, unbekannt bleiben. Eine Verbreitung der Wundertat im Volk, wie sie der Geheilte dann betreibt, ist (vorerst) unschädlich. Daher kann der Geheilte das Schweigegebot außerhalb der offiziellen Instanzen übertreten!

Das zweite unmittelbar übertretene Schweigegebot, das sich auf eine Wundertat bezieht, steht in 7,36 nach der Heilung eines Taubstummen. "Sein Ohr wurde wieder geöffnet und die Fessel seiner Zunge gelöst." Diese Heilung hat auch einen symbolischen Sinn. Denn auch den Augenzeugen des Wunders wird die Zunge gelöst. Sie verbreiten die Botschaft von der Wundertat: "Und er gebot ihnen, sie sollten's niemandem sagen. Je mehr er's aber verbot, desto mehr breiteten sie es aus. Und sie wunderten sich über die Maßen und sprachen: Er hat alles wohl gemacht; die Tauben macht er hörend und die Sprachlosen redend" (7,36 f.). Die Akklamation des Wundertäters am Schluß geht über den einzelnen Anlaß hinaus. Sie bezieht sich nicht nur auf den einen Taubstummen, der wieder seine Sprache fand—sondern auf die vielen, welche die Botschaft von Jesus weitertrugen. Daher geht sie in den Plural über: Von mehreren Tauben und Sprachlosen ist die Rede.

Die unaufhaltsame Verbreitung der Kunde von Jesus ist eine zweischneidige Sache: Sie schafft zwar Bewunderung im Volk, ruft aber Unruhe unter den Mächtigen hervor (6,14; vgl. 8,28). Auch hier wird es eine Entsprechung zwischen der Textwelt des MkEv und der sozialen Welt seiner Leser geben: Die Gemeinde konnte nicht verborgen bleiben (vgl. 4,22). Durch das in ihr lebendige Wundercharisma fand die Bewegung im Volk Anklang. Einfache Menschen wurden zu Propagandisten des neuen Glaubens. Aber eben deshalb kam es auf längere Sicht zu Konflikten mit der Umwelt—dann nämlich, wenn die Mächtigen intervenierten. Die frühchristlichen Gemeinden lebten in der Regel unbehelligt. Die politischen Instanzen hatten von sich her kein Motiv, sie zu verfolgen. Das Reskript des Trajans an Plinius d.J. (ep. X,97) verbietet ausdrücklich, daß Behörden von sich aus gegen Christen vorgehen. Gefährdet wurden die Christen erst, wenn sie im Volk Anstoß erregten oder einzelne Nicht-Christen sich über ihr Verhalten ärgerten und sie anzeigten. Beliebtheit im Volk war ihr bester Schutz. Was das MkEv für die Zeit des öffentlichen Wirkens Jesu als Faktum darstellt—eine positive Resonanz der christlichen Botschaft im Volk—, war ein gutes Programm zur Konfliktverminderung. Gefährlich waren erst die Interventionen der religiösen und politischen Elite, der Schriftgelehrten und der Priesterschaft.

Wir können zusammenfassen: Alle vier Formen mk Geheimnismotive (Persongeheimnis, Jüngerunverständnis, Geheimlehren Jesu, Wundergeheimnis) stellen in Form einer Erzählung von Jesus und seiner schrittweise offenbar werdenden Identität und Gefährdung indirekt die Situation der mk Gemeinde dar. Diese darf Jesus in dem Sinne "nachfolgen", daß sie zunächst mit gutem Gewissen "geheim" bleibt. Ihre "Taten" werden bekannt, ihre eigentliche Identität aber darf vom Geheimnis geschützt werden. Langfristig aber ist es für Christen unvermeidlich, daß sie sich zu ihrer Identität öffentlich bekennen und wie Jesus das Martyrium riskieren. Sie sollen es freiwillig tun. Sie sollen wie Jesus selbst die Kontrolle über das Bekanntwerden ihrer wahren Identität bewahren, auch wenn sie wissen: Sie können nicht verborgen bleiben. Die Geheimnismotive haben also eine pragmatische Funktion für die Gemeinde. Sie sind Ermutigung für Christen zur Geheimhaltung und Offenbarung ihrer eigenen Identität. Sie zielen auf eine Balance zwischen Schutzgeheimnis und Öffentlichkeitsrisiko, zwischen Konfliktreduktion und Konfliktbereitschaft.

Wir waren von einer Analogie aus unserer Lebenswelt ausgegangen. Wenn ein großer Staatsmann stirbt, so wird mit Geheimnissen um seine Person und seine Absichten Politik gemacht. Jesus war kein Staatsmann, wohl aber die beherrschende Autorität einer vitalen religiösen Bewegung im Römischen Reich. Mit Geheimnissen um seine Person und sein Werk wurde zweifellos auch "Kirchenpolitik" betrieben, nicht um Macht zu gewinnen, sondern um den Konflikt mit der Macht durchzustehen.

Literatur

Dibelius, M. (1933) Die Formgeschichte des Evangeliums, Tübingen.

Ebeling, H.J. (1939) Das Messiasgeheimnis und die Botschaft des Marcus-Evangelisten, BZNW 19, Berlin.

Ernst, J. (1992) Das sog. Messiasgeheimnis—kein "Hauptschlüssel" zum Markusevangelium, in: J. Hainz (Hg.), Theologie im Werden. Studien zu den theologischen Konzeptionen im Neuen Testament, Paderborn / München / Wien / Zürich, 21–56.

Hengel, M. (1984) Entstehungszeit und Situation des Markusevangeliums, in: H. Cancik (Hg.), Markus-Philologie. Historische, literargeschichtliche und stilistische Untersuchungen zum zweiten Evangelium, WUNT 33, Tübingen 1984, 1–45.

Luz, U. (1965) Das Geheimnismotiv und die markinische Christologie, Zeitschrift für die neutestamentliche Wissenschaft und die Kunde der Älteren Kirche 78, 169–185.

Räisänen, H. (1976) Das "Messiasgeheimnis" im Markusevangelium. Ein redaktionskritischer Versuch, Schriften der Finnischen Exegetischen Gesellschaft 28.

Räisänen, H. (1990) The "messianic secret" in Mark's Gospel, Edinburgh.

Schenke, L. (1988) Das Markusevangelium, Urban-Tb 405, Stuttgart / Berlin / Köln / Mainz.

Schweizer, E. (1968), Das Evangelium nach Markus, NTD 1, Göttingen.

Theißen, G. (1974) Urchristliche Wundergeschichten, StNT 8, Gütersloh.

Theißen, G. (1989) Lokalkolorit und Zeitgeschichte in den Evangelien, NTOA 8, Freiburg (Schweiz) / Göttingen.

Watson, F. (1985) The Social Function of Mark's Secrecy Theme, Journal for the Study of the New Testament 24, 49–69.

Weber, R. (1983) Christologie und "Messiasgeheimnis": ihr Zusammenhang und Stellenwert in den Darstellungsintentionen des Markus, Evangelische Theologie 43, 108–125.

Weeden, Th. (1968) The Heresy that necessitated Mark's Gospel, Zeitschrift für die neutestamentliche Wissenschaft und die Kunde der Älteren Kirche 59, 145–158 = Die Häresie, die Markus zur Abfassung seines Evangeliums veranlaßt hat, in R. Pesch (Hg.), Das Markus-Evangelium, Wege der Forschung 161, Darmstadt 1979, 238–258.

Wrede, W. (1901) Das Messiasgeheimnis in den Evangelien. Zugleich ein Beitrag zum Verständnis des Markusevangeliums, Göttingen = [4]1969.

DAS PROBLEM DES MARTYRIUMS BEI BASILIDES: VERMEIDEN ODER VERBERGEN?[1]

Dieter Georgi

Ich möchte von einem Widerspruch ausgehen, der sich in den Nachrichten über die Auffassung des Basilides hinsichtlich des Martyriums findet. Ich werde nachweisen, daß es sich dabei nicht um einen echten, sondern nur um einen scheinbaren Widerspruch gehandelt hat. Die Erörterung einer möglichen Lösung führt unmittelbar in die Diskussion über das Thema Verheimlichung in der spätantiken Religionsgeschichte. Der erwähnte scheinbare Widerspruch ist folgender.

Auf der einen Seite haben wir die von Irenäus und Eusebius vertretene Behauptung, daß Basilides gelehrt habe, man könne, ja man solle sich Verfolgungen entziehen.[2] Eusebius zitiert in seiner Kirchengeschichte (IV 7,7)[3] einen gewissen Agrippa Kastor, der gesagt haben

---

[1] Die folgende Überarbeitung meines ursprünglichen Vortrags verdankt viel der Diskussion auf der Tagung, der Erörterung im Kreis meiner Doktorandinnen und Doktoranden und vor allem auch den Beiträgen von Herrn Dr. Lukas Bormann.

[2] Irenäus behauptet *Advers. Haer.* I 24,4 im Kontext des dem Basilides angelasteten Doketismus, daß B. gesagt habe, wenn einer "den Gekreuzigten bekennt, so ist dieser bis zur Stunde Knecht und unter der Gewalt derer, die den Körper geschaffen haben; wer (ihn) aber verleugnet, ist von ihnen befreit und kennt die (Heils-) Veranstaltung des himmlischen Vaters." Etwas weiter in I 24,5 heißt es von den Basilidianern: "Sie verachten aber auch das Götzenopfer und halten es für nichts, sondern genießen es ohne irgendeine Angst; sie genießen auch die anderen (Götzen-) Feste und alle(s, was) Begierde (heißt)." In I 24,6 sagt I. dann noch deutlicher: "Darum sind auch bereit zur Verleugnung die, die so(lche Leute) sind, ja, sie können auch nicht einmal leiden wegen des Namens, da sie allen gleich sind. Nicht viele aber können dies(e Lehre) wissen, sondern einer von tausend und zwei von zehntausend. Sie sagen, sie seien keine Juden mehr und Christen noch nicht; man dürfe ihre Geheimnisse auf keinen Fall aussprechen, sondern müsse sie im Verborgenen im Schweigen bewahren." Sicher hat das mit Verheimlichen etwas zu tun, vor allem, wie der Anfang dieses Abschnitts bei I. deutlich macht, mit einem den höheren Mächten gegenüber Unsichtbarwerden, das aus dem höheren Wissen heraus kommt. "Und wie der Sohn allen unbekannt sei, so brauchten auch sie von niemand erkannt zu werden, sondern, wie sie selbst alle kennen und durch alle hindurchgehen, so seien auch sie allen unsichtbar und unbekannt. Sie sagen: 'Denn du erkennst alle, dich aber soll niemand erkennen.'" Über dieses Verschweigen handelt auch Epiphanius in seinem Exzerpt in XXIV 5,2.4 f. mit ähnlichen Worten.

[3] Eusebius von Caesarea, Bd.2,1, *Die Kirchengeschichte,* 1.Teil, hrsg. Eduard Schwarz, GCS 9,1, Leipzig 1903.

soll: "(Basilides) habe gelehrt, Geopfertes frei von jeder Gewissensrücksicht zu genießen und ohne Skrupel und indifferent den Glauben in Zeiten von Verfolgung zu verleugnen, und habe gelehrt, daß seine Anhänger nach Art der Pythagoreeer fünf Jahre schweigen (sollten)."

Auf der anderen Seite steht ein relativ ausführliches Zitat aus dem 23.Buch der *Exegetika* des Basilides, das sich in den *Stromata* des Clemens findet (Str. IV, 81,1–83,1).[4] Nach diesem Zitat zu urteilen erklärte Basilides das Martyriums zur Normalsituation des Jesusanhängers und der Jesusanhängerin:[5] "Basilides sagt im 23.Buch der *Exegetika* über die im Martyrium Gefolterten folgendes mit eben diesem Wortlaut: 'Denn ich sage dir, alle die, die besagten Drangsalen unterworfen werden, die werden zu eben diesem Guten geführt,[6] weil sie in anderen Übertretungen (sich selbst) verborgen gesündigt haben,[7] werden aber in Wirklichkeit durch die Güte des sie Führenden hinsichtlich anderer (Verschuldungen) aus anderen (Vergehen) angeklagt, damit sie nicht wie solche litten, die aufgrund von eingestandenen Übelta-

[4] Clemens Alexandrinus, Bd.2, *Stromata* I–IV, hrsg. Otto Stählin, GCS 15, Leipzig 1906.

[5] Zu dem Zitat s.auch *Die Gnosis I: Zeugnisse der Kirchenväter*, eingel., übers. und erl. von Werner Foerster, Zürich und Stuttgart, 1969, S. 103; Hermann Langerbeck, "Die Anthropologie der alexandrinischen Gnosis," in: ders., *Aufsätze zur Gnosis*, hrsg. Hermann Dörries, Göttingen 1967 (AAWG.PH. 3,69), S. 38–82; W.H.C. Frend, *Martyrdom and Persecution in the Early Church: A Study of a Conflict from the Maccabees to Donatus*, Oxford 1965, S. 245–247. Langerbeck und Frend verweisen beide auf die Bedeutung platonischer Gedanken für den zitierten Passus des Basilides und auch sonst. Sie übersehen aber beide die Verehrung, die Plato für Sokrates als Märtyrer empfunden hat und die Fortsetzung und Steigerung dieser Perspektive von Sokrates als Märtyrer (ohne den Begriff) in den nachsokratischen philosophischen Schulen und im Hellenismus überhaupt bis weit in die christliche Ära hinein.

[6] B. spricht hier eindeutig von Leuten seines Couleurs, von Gnostikerinnen und Gnostikern also.

[7] Dieser Text kann erst wirklich verstanden werden, wenn er als exegetische Reflexion über wesentliche biblische Texte und Zusammenhänge gelesen wird. Die biblisch-theologischen Themen und die entsprechenden Textprobleme sind einmal die vom unschuldigen Leiden, dann die von der unbewußten Sünde, ferner die vom bösen Trieb und schließlich noch das Thema wahre Menschlichkeit, nicht nur anthropologisch, sondern auch christologisch verstanden. Basilides war sicher nicht der erste, der diese exegetischen Problemfelder in Beziehung zueinander setzte. B. selbst zitiert Hiob 14 in diesem Zusammenhang, eine Stelle, die Leiden, Sünde, Tod und Gottes Wille und Gerechtigkeit in Zusammenhang bringt. B. hat sicher nicht nur den zitierten vierten Vers im Auge, sondern den ganzen umfangreichen Passus, und er behandelt ihn nicht nur anthropologisch sondern auch christologisch. Weiterhin setzt er die Urgeschichte der Genesis voraus, vor allem einen Schlüsseltext wie Gen. 8,20, ein Text, der bereits im biblischen Zusammenhang, erst recht in der gnostischen Exegese, als Summar der Sintflutgeschichte und als Rückgriff auf ihren Anfang in Gen. 6 verstanden wurde. Weiter unten werde ich noch auf judenkirchliche Jesustraditionen zu sprechen kommen. S.u.Anm. 10.

ten Verurteilte wären, noch als solche, die wie ein Ehebrecher oder ein Mörder (öffentlich) beschimpft werden, sondern weil sie als Christen existieren.[8] Das wird sie trösten, die (noch) nicht (einmal) zu leiden scheinen.[9] Auch wenn einer überhaupt nicht gesündigt hat und doch ins Leiden gerät—was zwar selten ist—, so leidet auch dieser nicht nach dem Ratschluß einer Macht,[10] sondern er leidet ebenso wie auch das unmündige (Kind) leidet, das scheinbar noch nicht gesündigt hat.'

---

[8] Eine Ähnlichkeit zu 1.Petr. 4,15–16 besteht. Es ist aber fraglich, ob ein Zitat vorliegt. Da auch 1.Petr. hier und andernorts stark mit traditionellem Material arbeitet, ist eher anzunehmen, daß beiderseits Rückgriff auf gemeinsame Tradition vorliegt.

[9] Unter dem Leiden sind hier ganz eindeutig Sühne- und Reinigungsleiden, nicht Strafleiden zu verstehen. Ekkehard Mühlenberg, Artikel "Basilides", *TRE* 5, 1980, S. 296–301, sieht die Ansicht des B. über Leiden anders: Er behauptet auf S. 297 ohne Anhalt im obigen von ihm besprochenen Text, daß Leiden bei Basilides immer Strafleiden sei. Mir scheint gerade in der zitierten Stelle wenig dafür zu sprechen. Im Gegenteil, Leiden hat da reinigende Funktion. Das ist eine exegetisch-theologische Weiterentwicklung weisheitlicher Gedanken aus dem biblischen und zwischentestamentlichen Judentum. In Prov. 10,17; 12,1 und 13,1 ebenso wie in Hiob 1,1–2,10 und 42,10–16 wird Leiden als prüfendes Instrument genommen. Dies wird im weisheitlichen Kontext weiter entwickelt zu der Vorstellung, daß Leiden ein verbesserndes Instrument im Rahmen der weisheitlichen Zucht sei, wie etwa in Prov. 3,11–12; Hiob 5,17–26; 33,12–33; Sir. 2,4–5 und 4,17–18 und in den Weisheitspsalmtexten Ps. 66,10; 118,18; 119,67.71. Im Kontext des hellenistischen Judentums und seiner Bibel, die Basilides voraussetzt, wird diese Zucht zur weisheitlichen Bildung, welche als παιδεία bezeichnet wird. Langerbeck sieht sicher richtig, daß hier und im folgenden Hebr. 12,1–11, ja überhaupt der Zusammenhang von Hebr. 11 und 12, eine wichtige Rolle gespielt hat, nicht nur Hebr. 12,8. Dieser ganze Textkomplex des Hebr. hat, da hat L. sicher recht, mit dem Märtyrerthema zu tun, m.E. stark mit jüdischen Traditionen, besonders solchen märtyrertheologischer Natur arbeitend. Zu dieser "pädagogischen" Dimension des Leidens gehören auch die Phänomene von Leiden als Sühneleiden, besonders von Martyrium als Sühne (letzteres im 4.Makk. vorgestellt, sicher aber als eine allgemeine hellenistisch-jüdische Märtyrertradition). Auch Frend, S. 246, hat auf die Gemeinsamkeit des Sühne-Reinigungsgedankens im obigen Basilidestext mit jüdischen und christlichen Gedanken verwiesen: "when he (Basilides) claimed that martyrdom was in essence an atonement for sin," behauptet dann aber ohne Textgrundlage: "the Gnostic, already perfect, needed no martyrdom." Bei Basilides wird dann diese Sühne zur Selbstsühne/reinigung. Ob er dafür bereits Vorgänger gehabt hat, ist schwer zu sagen. Dabei darf aber nicht vergessen werden, daß diese Selbstsühne nicht völlig individualisiert und privatisiert ist, sondern im Rahmen des von B. beschriebenenen allgemeinen Erlösungsprozesses steht, in diesem prozessualen Sinn also durchaus der bisherigen Vorstellung vom Sühneleiden vergleichbar, auch wenn die Vorstellung vom Prozeß sich sehr verändert hat. Langerbeck (a.a.O., S. 48–49) mag damit recht haben, daß in diese exegetisch orientierten Äußerungen über die Beziehung von Leiden und Reinigung auch die platonisch-aristotelische Konzeption von der Reinigung der Seele hineinschlägt, bei der ja an eine Therapie durch κολάζεσθαι gedacht ist.

Mühlenberg (a.a.O.) ist in seiner Kritik an Clemens zuzustimmen, daß Basilides

Weiter unten referiert er (Basilides) wieder: 'Wie man das unmündige (Kind), das nicht vorher gesündigt hat oder zwar aktiv überhaupt nicht gesündigt hat, aber das in sich selbst das Sündigen trägt, und wenn es ins Sündigen geworfen wird, Wohltat erfährt[11], wenn es in Leiden gerät und viel Schweres erntet; so leidet auch ein Vollkommener, der zufällig nicht mit der Tat gesündigt hat, aber leidet, was immer er leidet, das hat er gelitten ähnlich dem unmündigen (Kind). Er hat nämlich das Sündigen in sich, Gelegenheit zum Gesündigt-Haben hat er nicht genommen[12] und (so) nicht gesündigt. Daher kann ihm das Nicht-Sündigen nicht zugerechnet werden. Denn wie der, der ehebrechen will, ein Ehebrecher ist, auch wenn er zufällig nicht die Ehe bricht,[13] und wer einen Mord begehen will, ein Männermörder ist, auch wenn er nicht morden kann, so werde ich auch den Sündlosen, von dem ich spreche, wenn ich ihn leiden sehe, auch wenn er nichts Böses getan hat, (doch) einen Bösen nennen aufgrund des Sündigen-Wollens. Denn ich werde alles eher sagen, als die Vorsehung böse nennen.'

Weiter unten spricht er über den Herrn[14] direkt wie über einen Menschen: 'Wenn du freilich alle diese λόγοι[15] läßt und dazu kommst, mich durch einige Personen zu beschämen, mit z.B. folgenden Worten: der und der hat also gesündigt, denn er hat das und das gelitten,—so werde ich, wenn du erlaubst, sagen: Er hat zwar nicht ge-

in der zitierten Stelle die Vorstellung von verborgenen Verfehlungen als unbekannten Resten von Sünden in einem anderen Leben nicht kennt, daß ihm der damit verbundene Gedanke der Metempsychose unterstellt wird und daß auch ex Theodot. 28 oder Origenes, In Rom V,1 keine ausreichenden Belege für eine andersartige Meinung geben.

[10] Die Theologie des Basilides und ihre Praxis zielen ganz auf eine Entmächtigung aller Mächte. Ihnen soll mit jedem Vertrauen und jeder Furcht auch ihre Realität geraubt werden. Es bleibt für B. und seine Gemeinde nur die eine Macht, die er in dem zitierten Text sowohl Vorsehung wie Gott nennt.

[11] Hier wird das Leiden als eine Wohltat Gottes interpretiert, was erst recht auf das Martyrium zutrifft.

[12] Es wäre durchaus möglich, daß hier eine exegetische Anspielung an Röm. 7,8 und 11 vorliegt, allerdings dann unter Verschweigen des dort eingebrachten Begriffs "Gebot".

[13] Hier wird von Basilides die judenkirchliche Tradition aufgenommen, die hinter der 1. und 2. Antithese der sogenannten Bergpredigt steht, obgleich gegenüber der Reihenfolge der 1. und 2. Antithese bei B. der Ehebruch zuerst, der Mord als Zweites genannt wird. Mit dem genannten Text Mt. 5,21–30 ist die These gemeinsam, daß bereits der Gedanke an, der Wille zur Sünde Sünde ist.

[14] Gemeint ist der irdische Jesus.

[15] Da der vorhergehende Text nicht erhalten ist, ist schwer zu sagen, was mit diesem Begriff gemeint ist, ob Worte, Gründe, Argumente, Überlegungen oder was.

sündigt, ist aber dem leidenden unmündigen (Kind) gleich. Wenn du freilich schärfer die Sache zwingst, werde ich sagen, der, den du einen Menschen nennst, ist ein Mensch, Gott aber ist gerecht. Denn: 'Rein ist keiner', wie einer sagt, 'von Schmutz'."[16]

Die zitierte Äußerung des Agrippa Kastor will derogatorisch-polemisch sein. Deshalb bringt sie zwei Unterstellungen über die Praxis des Basilides und seiner Jesusgemeinschaft zusammen, die fromme Leserinnen und Leser gleichermaßen schockieren sollen: den gewissenlosen Genuß von Götzenopferfleisch und die skrupellose Bereitschaft zur Verleugnung des (Christus-)glaubens. Aber was hier in unmittelbare Beziehung gebracht wird: Teilnahme am heidnischen Opfer und das Verhalten gegenüber dem römischen Richter, ist so gar nicht vergleichbar. Zwar liegt hier eine exegetische Meinung des Basilides über 1.Kor.8 vor. Aber er bezieht diesen Text hier nicht auf die "normalen" Fälle des Einkaufs auf dem Fleischmarkt und der heidnischen Einladung zum Mahl, wo Geopfertes aufgetischt wurde oder werden konnte, wie im Paulustext, sondern er hat die Probleme des "Götzenopfers" mit dem Thema der hochnotpeinlichen Befragung der offen bekennenden oder mutmaßlichen Jesusanhänger durch die römischen Behörden verbunden. Die römischen Beamten forderten dabei die Jesusanhängerinnen und -anhänger auf, Jesus Christus zu verleugnen und am Kaiseropfer samt Opferschmaus teilzunehmen.[17]

Agrippa Kastor und mit ihm Eusebius wollen Basilides, seinen Anhängern und anderen Gnostikern Feigheit vor den kaiserlichen Gerichten vorwerfen. Dieser Vorwurf findet sich auch andernorts bei den Ketzerbekämpfern und hat sich bis heute gehalten. Dabei hat der später siegreiche Zweig der Kirche[18] selbst diese Behauptung später

[16] Hiob 14,4. Es folgt eine Stelle, die sicher kein Zitat ist, vielleicht noch nicht einmal eine echte Paraphrase. In ihr behauptet Clemens, daß Basilides die Seelenwanderung vertreten habe (s. Anm. 6)

[17] Literatur zum Märtyrerthema und damit auch zu den Märtyrerakten in den Artikeln "Christenverfolgungen" in *RAC* 2, 1954, Sp. 1159–1228 (J. Vogt und H. Last) und in *TRE* 8,1981, S. 23–62, hier S. 23–29 (Rudolf Freudenberger). Es ist symptomatisch für die Diskussion, daß auch in diesen und ähnlichen modernen wissenschaftlichen Darstellungen der Christenverfolgungen die Untersuchung über die Verfolgungen im Römischen Reich abbricht mit der Änderung der Religionspolitik Konstantins zugunsten der Christen. Die dann sehr schnell wieder aufgenommene Verfolgung der Häretikerinnen und Häretiker, nun mit staatlicher Sanktion und mit staatlichen Mitteln, fällt auch heute noch nicht unter die Rubrik Christenverfolgungen.

[18] Es ist schwer, die kirchlichen Gruppierungen im 2.Jahrhundert präzise zu beschreiben, nicht zuletzt deshalb, weil die uns gewohnten Grenzlinien damals organisatorisch noch kaum existierten, sondern das Miteinander und fließende Übergänge vorherrschend waren. Die sich bei den Ketzerbestreitern des 2.Jahrhunderts

gründlich widerlegt, insofern er die Gnosis mit glühendem Eifer verfolgte und neben heidnischen und jüdischen Märtyrererinnen und Märtyrern auch christlich-gnostische Blutzeuginnen und -zeugen schuf.[19]

Das oben angeführte Zitat aus Eusebius' Kirchengeschichte bringt ein weiteres Moment unerklärt ins Spiel, das auf eine Lösung hindeutet. Agrippa Kastor erwähnt scheinbar zusammenhanglos im unmittelbaren Anschluß an die Martyriumsaussage, daß Basilides seinen Anhängern nach Art des Pythagoras ein fünfjähriges Schweigen auferlegt habe. Darüber, was es mit der Fünfjahresfrist auf sich gehabt haben könnte, will ich jetzt nicht spekulieren. Mir geht es mehr um den Inhalt des ordensmäßig auferlegten Schweigens und seinen Zusammenhang mit dem Martyriumsthema. Wichtig ist zu fragen,

---

findenden Grenzziehungen sind wesentlich private Wunschvorstellungen der betreffenden Personen. Am ersten entwickelten sich bei den Vertreterinnen und Vertretern gnostischer Ideen konkrete Tendenzen und Organisationsstrukturen gemeinde- und regionenübergreifender Art. Im nicht direkt gnostischen Bereich der Jesusbewegung des 2.Jahrhunderts lassen sich bestenfalls 'a posteriori' eindeutige organisatorische Trends und Tendenzlinien feststellen, die man dann von später erreichten organisatorischen Verfestigungen her vorgreifend zu beschreiben sucht. Wenn ich "Großkirche" und "großkirchlich" mit Anführungsstrichen markiere, so deute ich damit den Anachronismus an, Tendenzen, die zwar im 2.Jahrhundert noch kein Mehrheitsphänomen waren, die sich aber später zu dem verdichteten, was wir dann den siegreichen Zweig der Kirche oder auch die Mehrheits-, die Großkirche nennen, schon zur Charakterisierung bestimmter Erscheinungen des 2.Jahrhunderts zu verwenden. Es ist religionssoziologisch, kirchengeschichtlich und auch theologisch unangebracht, den gnostisch orientierten Jesusanhängerinnen und -anhängern die Bezeichnung Kirche vorzuenthalten. Gerade theologisch wäre es höchst unangemessen, Sieg und Erfolg zu wesentlichen Beurteilungs-, Differenzierungs- und Entscheidungskriterien zu machen. Wo bliebe dann die 'theologia crucis'?

[19] Zur Verfolgung von Häretikerinnen und Häretikern durch das heidnisch-römische Regime wäre neben der diskutierten Basilidesstelle auf die Belege zu verweisen, die Harnack für die markionitische Kirche anführt: Adolf von Harnack, *Marcion: Das Evangelium vom fremden Gott*, Neudruck Darmstadt 1960, S. 157, 340*, 348*. Besonders radikal war die Verfolgung der manichäischen Kirche, deren Gründer ja auch den Märtyrertod erlitten hatte. Zur Verfolgung der christlichen Häresien überhaupt s. Norbert Brox, "Häresie, *RAC* 13. 1986, Sp. 248–297, hier besonders Sp. 277–283. Die Härte dieser Verfolgungen in christlich-römischer Zeit wird gern verschwiegen oder mindestens abgeschwächt. Ausgesprochen verniedlichend sind die Äußerungen von Alfred Schindler, "Häresie II. Kirchengeschichtlich," *TRE* 14, 1985, S. 318–341, hier S. 325–326, zu dem Thema Ketzerverfolgungen seit Konstantin. Das Argument, daß nämlich diese Verfolgungen so schwer nicht gewesen sein können, weil doch die antihäretische Gesetzgebung immer wieder erneuert worden sei, ist sehr fadenscheinig. Bei der Beschreibung der Verfolgung des später siegreichen Zweigs der Kirche verwendet man auch derartige abschwächende Urteile nicht. Im Gegenteil, neue Edikte und neue Verfolgungsmaßnahmen werden hierbei selbstverständlich als Beleg für die Ernsthaftigkeit des staatlichen Verfolgungswillens, die Maryriumsbereitschaft der Mitglieder der Kirche und auch die Zahl der Opfer genommen.

was das Schweigen beinhaltete und was für eine Disziplin und entsprechende Schulung hinter diesem Schweigegebot stand, das Basilides im Kontext dieser ordensähnlichen Formierung seinen Anhängerinnen und Anhängern auferlegte. Ich möchte auch gern wissen, was dieses Schweigen mit dem Martyrium zu tun hatte.

In dem Basilideszitat über das Martyrium bei Clemens Alexandrinus fehlt erstaunlicher Weise jede Dramatisierung und Heroisierung des Martyriums. Märtyrerin oder Märtyrer werden noch nicht einmal als Personen herausgehoben.[20] Ignatius, der Zeitgenosse des Basilides, spricht dagegen geradezu enthusiastisch von seinem bevorstehenden Martyrium und der Freude des Märtyrers überhaupt. Spätere Märtyrerakten und auch Tertullian steigern Leiden und blutiges Ende der Glaubenszeugen ins grotesk Triumphalistische. Bei Basilides aber wird die Verfolgungssituation als Normalsituation angesehen—eindeutig konkret und nicht symbolisch verstanden.[21]

Dieses betont unpathetische Martyriumsverständnis, dieser eklatante Widerspruch zu einem triumphalistisch-makabren Bild vom Blutzeugnis für Christus, mußte den Vertretern des später siegreichen Zweiges der Kirche, den Gegnern der Gnostikerinnen und Gnostiker, verhaßt sein. Bei dem extrem heroisierten Martyriumsverständnis der sogenannten "Kirchenväter" spielte das fixierte Bekenntnis eine wesentliche Rolle im Kontext einer isolierten und stereotypisierten und deshalb apologetisch eingrenzbaren Rechtssituation. Die Rechtssituation wurde in den Märtyrertexten merkwürdiger Weise immer wieder ganz auf das Christusbekenntnis und die Opferforderung und deren Verweigerung beschränkt.

Viele der rechtlich-prozessualen Fragen bleiben in den direkten und indirekten Martyriumsdarstellungen, die erbaulich-tendenziöser Natur sind, draußen vor. Die historische Forschung hat sich bei der Befragung dieser "großkirchlichen" Texte viel zu stark auf das konzentriert, was diese ganz und gar nicht objektiven Berichte und theologischen Reflexionen ihrerseits in den Vordergrund stellen wollten:

---

[20] PolPhil 9 deutet bereits eine beginnende Märtyrerverehrung an. Ignatius, Zosimus, Rufus, Paulus und "die anderen Apostel" werden als Märtyrer aufgeführt, die drei ersten mit dem Titel μακάριοι bedacht.

[21] Ausgaben der Märtyrerakten von R.Knopf, *Ausgewählte Märtyrerakten*, 3.Aufl. bearb. von Gustav Krüger, Tübingen 1929 (Nachdruck 1965); Hugo Rahner, *Die Märtyrerakten des zweiten Jahrhunderts*, 2.Aufl.Freiburg 1954; Odo Hagemeyer, *Ich bin Christ: Frühchristliche Märtyrerakten*, Düsseldorf 1961. Wichtig auch die Reflexionen von Tertullian, *Apologeticum*, hrsg., übers. und erl. von Carl Becker, 2.Aufl., München 1961.

einmal die ohnehin öffentlichen Phänomene des Verfahrens wie Aufforderung zur Verleugnung, Bekenntnis, Opferforderung und -verweigerung und zum anderen die juristischen Gründe für Anklage und Verurteilung samt ihrer gesellschaftlich-ideologischen Voraussetzungen und dem kirchlich-apologetischen Einspruch dagegen.[22]

Charakter und Ablauf der Verhöre vor den römischen Behörden werden immer noch nicht ausreichend erörtert und rechtlich-prozessual hinterfragt. Ganz selbstverständliche Fragen, die sich den heutigen Zeitgenossen einer Vielfalt von Verfolgungs-, Bekenntnis-, Verleugnungs-, Kollaborations-, Denunziations- und Verratssituationen eigentlich aufdrängen müßten, werden in den kritischen Analysen nicht gestellt. Wie die Verhöre abliefen, was gefragt wurde, ist aber ein zentrales Problem der historischen Kritik in dieser Angelegenheit.

Diese Tatsache, daß die "großkirchliche" Martyriumsliteratur in dieser juridischen Hinsicht so schweigsam ist, ist merkwürdig. Unsere recht ausführlichen Informationen über den Präzedenzfall, den sogenannten Bacchanalienprozeß aus dem Jahre 186 vor unserer Zeitrechnung, demonstrieren minutiöses, geradezu raffiniertes Vorgehen der römischen Behörden, ihrer polizeilichen, gerichtlichen, legislativen und wieder auch exekutiven Institutionen.[23]

Der Brief des Plinius über die Christen (Epist. X 96)[24] liefert uns

[22] Die wissenschaftliche Diskussion des Martyriumsphänomens im allgemeinen und seiner juristischen Probleme im besonderen ist zwar umfangreich, aber hinsichtlich der oben gestellten Fragen nicht sehr ergiebig. Eine umfassende Bibliographie bieten die oben Anm. 17 genannten Artikel "Christenverfolgungen". Unter anderen beschäftigen sich mit der rechtlichen Seite des Themas neben dem oben, Anm. 2, erwähnten Buch von Frend der Teil des oben in Anm.13 angegebenen *RAC*-Artikels, den H. Last geschrieben hat; weiter die Aufsatzfolge in dem von Moses I. Finley herausgegebenen Sammelband *Studies in Ancient Society*, London etc. 1978, von G.E.M. de Ste Croix, "Why were the Christians Persecuted?" (ebd., S. 210–249); A.N. Sherwin-White, "Why were the Early Christians Persecuted? An Amendment" (ebd., S. 250–255); G.E.M. de Ste Croix, "Why were the Early Christians Persecuted? A Rejoinder" (ebd., S. 256–262); W.H.C. Frend, "The Failure of the Persecutions in the Roman Empire" (ebd., S. 263–287); Antonie Wlosok, *Rom und die Christen: Zur Auseinandersetzung zwischen Christentum und römischem Staat*, Stuttgart 1975; außerdem Charles Munier, *Histoire du Droit et des Institutions de l'Église en Occident*, publ. Gabriel Le Bras et Jean Gaudmet, Teil II, Bd.3, *L'Église dans L'Empire Romain: Église et Cité*, Paris 1979, S. 218–233.

[23] Der Bericht über den sogenannten Bacchanalienskandal von 186 v.u.Z. bei Livius 39,8–19. Der Senatsbeschluß, das 'senatus consultum de Bacchanalibus' in CIL I 2.Aufl., 581. Zu diesen Texten s.Dieter Georgi, "Analyse des Liviusberichts über den Bacchanalienskandal," in: *Unterwegs für die Volkskirche: Festschrift für Dieter Stoodt*, Frankfurt/Main etc. 1987, S. 191–207. Es ist wichtig, daß noch Tertullian, *Apologeticum* 6,7 und 8 auf die durch den Bacchanalienprozeß geschaffene Rechtslage verweist, die er als eine für die Christen bedrohliche versteht.

[24] Gaius Plinius Caecilius Secundus, *Briefe: Epistularum Libri Decem*, hrsg. Helmut

die ersten verläßlichen Informationen über das Vorgehen römischer Behörden gegen Christinnen und Christen. Auch in diesem Schreiben erfahren wir nichts Genaues über das, was die Christinnen und Christen an Verhören vor den römischen Behörden erlebten. Aber, daß nicht nur öffentliche Einzelbefragungen in Richtung auf das individuelle Bekenntnis und das Kaiseropfer vorgenommen wurden, sondern vorher auch Verhöre stattfanden, setzt der erwähnte Brief voraus und wertet diese Verhörergebnisse auch aus. Diese Verhöre konnten selbst bei dem liberalen Plinius Folterungen mit einschließen. Wir erfahren einiges über das Gemeindeleben der Kirche. Daß diese Mitteilungen gemacht wurden, geschah sicher nicht aus purer Freundlichkeit der Kirchenangehörigen gegenüber Plinius und seinen heidnischen Beamten, sondern auf Befragung unter Druck. Deshalb dürfen, ja müssen wir annehmen, daß Fragen hinsichtlich der Lehre, der Gottesdienstpraxis, der Gottesdienstorte und der Organisationsstruktur gestellt wurden, also polizeiliche Verhöre stattfanden, obgleich gerade unsere christlichen Texte darüber fast nichts sagen. Ob die Verhörten auch Namen und Wohnort von anderen Christen angaben, erfahren wir nicht.[25] Daß Plinius als Provinzgouverneur und regionaler Gerichtsherr selbst alle Dinge erfragt haben sollte, von denen er berichtet, wird man wohl kaum annehmen dürfen.

Im Pliniusbrief wird deutlich genug, daß dieser Statthalter die Christenfrage unter die Trajanschen Mandata hinsichtlich der Hetairien, und das heißt: verschwörerischer Genossenschaften, einordnet.[26] Das bedeutet aber, daß nach seinem—von Trajan offenkundig

---

Kasten, Darmstadt, 6.Aufl. 1990. Antonie Wlosok bietet in der oben, Anm. 22, angegebenen Arbeit auf S. 27–39 ebenfalls den Text dieser Korrespondenz samt Kommentar. Auf S. 76 bringt sie auch relevante Sekundärliteratur. W. fragt aber z.B. nicht weiter nach, woher die Anzeigen der Christinnen und Christen kamen und ob oder welche vermittelnde polizeiliche Instanz hier mitwirkte, und wenn sie mitwirkte, ob sie zufällig oder gesteuert handelte. Auch das, was sie in 96,4b als "anonyme Massenanzeige" (S. 29) charakterisiert, hinterfragt sie nicht kriminal- und prozeßrechtlich.

[25] Es darf nicht übersehen werden, daß diese und spätere polizeiliche und richterliche Maßnahmen juristisch als außerordentliche Verfahren ('cognitiones extra ordinem') liefen, auf die die strengeren Verfahrensregeln für die normalen gerichtlichen Prozeßverfahren keine Anwendung fanden.

[26] Wlosok geht dieser Beziehung zum "Hetairienverbot" des Trajan unter Berücksichtigung nicht nur dieses Textes sondern auch des übrigen Briefwechsels auf S. 32 und 33 nach und stellt fest: "Plinius hatte von Trajan den Sonderauftrag mit in die Provinz bekommen, das Vereinswesen strengstens zu überwachen und illegale Vereine, das sind solche, die kein *ius coeundi* hatten, zu unterdrücken. . . . Für uns ist aufschlußreich, daß Plinius das Christenproblem offenbar in Zusammenhang mit diesem Auftrag gesehen hat und weiter, daß die Christen das Hetairienverbot des Statthalters auf sich bezogen zu haben scheinen, mindestens teilweise."

geteilten—Urteil die Christenfälle juristisch immer noch unter dem Präzedenzfall von 186 v.d.Z., dh der Bacchanalienaffäre, stehen und entsprechend behandelt werden müssen, was insbesondere bedeutet, daß das entsprechende Gesetz und das korrespondierende Verfahren im Blick sind.[27] Die damalige Befragung mit ihrer Methode und ihren Themen ist Modell für das spätere polizeiliche und richterliche Vorgehen. Es muß historisch-kritisch gefragt werden, warum die "großkirchlichen" Darstellungen die ihnen bekannte Vergleichbarkeit ihres Falles mit dem Bacchanalienprozeß und dem entsprechenden Vorgehen der römischen Behörden minimieren.

Im Unterschied zu dem oben aus Eusebius zitierten ordensmäßigen Schweigegebot bei Basilides und den Basilidianern lassen die direkten und indirekten großkirchlichen Märtyrertexte das Thema Geständnis oder Verschweigen bei Verhören unerörtert oder verschwommen. An vielen Stellen wird der Eindruck erweckt, als habe man sich zu solchen Geständnissen geradezu gedrängt, wobei aber dann, bei Licht besehen, das Geständnis sich in dem nicht sehr differenzierten Christusbekenntnis erschöpft.

Sollten die römischen Behörden wirklich damit zufrieden gestellt gewesen sein? Wir erfahren aus dem "großkirchlichen" Material nicht, ob die Märtyrerinnen und Märtyrern über die Bekenntnis- und Opferfrage hinaus irgend etwas gefragt wurden und ob und was sie eventuell darauf antworteten, noch weniger, ob in den "großkirchlichen" Gemeinden irgendwelche Präventivschulung im Blick auf die zu erwartenden Verhöre erfolgte, ähnlich dem, was hinter dem Verweis auf das Pythagoreerbeispiel bei den Basilidianerinnen und Basilidianern vermutet werden muß. Ich halte diese komplette Problemverschweigung bei den "Kirchenvätern" für extrem verdächtig.

Es ist sicher, daß diese Literatur in ihrer apologetischen, grundsätzlich ordnungs- und staatsbejahenden Haltung das offenkundige

---

[27] Es ist erstaunlich, daß Wlosok diese historische und rechtliche Beziehung überhaupt nicht erwähnt, den Präzedenzfall undiskutiert läßt. So folgt dann Wlosok auch dem individualisierenden Trend der "großkirchlichen" Darstellung, die zwar gelegentlich von Mengen von christlichen Märtyrerinnen und Märtyrern spricht, aber sie trotzdem als je einzelne betrachtet und gewertet wissen will, als individuell bekennende Personen. Wlosok läßt sich dazu verleiten, auch den Transfer der Denunzierten als individuelles Ereignis zu nehmen. Die in den Verfolgungstexten, u.a. auch von Plinius, erwähnte Menge hat auch für sie nur quantifizierende Bedeutung, bringt weder auf der Seite der Verhörten noch auf der der Verhörenden eine neue Qualität ins Spiel. Deshalb wird das Trajanische Verbot des Nachspionierens ganz auf das je einzelne Geschick bezogen.

Thema der fehlenden Loyalität gegenüber dem Staat möglichst verharmlosen will. Der Konflikt mit Staat und Gesellschaft wird auf ein Minimum reduziert: nur hinsichtlich der Christusverleugnung und des Opfers versagte man sich der Obrigkeit.

Das würde mit dem Interesse dieses Zweigs der Kirche an Öffentlichkeit übereinstimmen. Man war auf Publizität aus, selbst wenn es um den Preis des Martyriums war. Dieser Preis wurde in den Augen dieses Teils der Christenheit doppelt aufgewogen: durch die glorreiche individuelle Belohnung nach Leiden und Tod, nicht nur im Himmel sondern auch in Gestalt der kirchlichen Ehrung, und durch die missionarisch wirkende Öffentlichkeit solcher blutiger Bekenntnisakte. Schulung im Verschweigen hätte das eine wie das andere verhindert. Individueller, gruppenorientierter oder institutioneller Schutz wurden nicht bedacht, mit zunächst katastrophalen Folgen, aber mit schließlichem Erfolg. Heißt das aber nicht zugleich, daß man sich bezüglich der anderen, sehr viel heikleren Themen, die in den Verhören angeschlagen wurden, willfährig erwies und eine entsprechende Offenheit vielleicht sogar Programm war?

Plinius spricht nicht nur von Einzelanzeigen, sondern auch von einem 'libellus' voller Anzeigen. Was soll das gewesen sein? Der konkreteste Fall, den er etwas später erwähnt, ist der von zwei Mägden, die in ihrer Jesusgemeinde die Funktion von Diakoninnen gehabt hätten, was sicher mehr bedeutet als Gemeindeschwestern, sondern auch noch am Anfang des 2. Jahrhunderts eine leitende, mit der Wortverkündigung verknüpfte Funktion meint.[28] Gesellschaftlich und rechtlich waren sie Sklavinnen. Deshalb konnte Plinius sie foltern lassen. Er wollte durch die Folter herausbekommen, "was wahr sei." Er findet nichts anderes heraus als eine 'superstitio prava et immodica',[29] "einen verrückten und maßlosen Aberglauben", ganz im Unterschied zu dem vorher aus anderen Aussagen früherer oder abgefallener Christen Eruierten, wo Verständliches und Gemäßigtes gebracht bzw. zitiert wird.

Wie soll man diese beiden völlig unterschiedlichen Phänomene in demselben Text und im gleichen Verfahrenszyklus beurteilen? Die

---

[28] Diakoninnen sind weit mehr als Gemeindeschwestern (s.meine Erörterungen des διακονία-Begriffs in *The Opponents of Paul in Second Corinthians*, Philadelphia 1986, S. 27–33 und 352).

[29] Ich folge hier dem von Wlosok (a.a.O., S. 31, Anm. 76) zitierten textkritischen Vorschlag von Mynors in der Oxfordausgabe der Pliniuskorrespondenz. Der Ausfall des verbindenden 'et' zwischen beiden Adjektiven wird ein Schreibfehler sein.

nächstliegende Antwort ist die, daß unter demselben Obertitel "Christusgefolgschaft" zwei einander widerstreitende Varianten des Christentums in den Gesichtskreis der römischen Behörden traten. Die erstere ist die später "großkirchlich" genannte Seite. Dann scheint die zweite, die der beiden Diakoninnen, die gnostische Seite zu sein. Es ist für unseren Zusammenhang nicht unwichtig, daß Plinius im letzteren Fall trotz der Folter und eines gewissen Informationserfolges, eben der Mitteilung dessen, was er 'superstitio prava et immodica' nennt, dieses Verfahren anscheinend in einiger Ratlosigkeit abgebrochen hat. Der Grund dafür war wohl der, daß er trotz der Folter keine größere Kooperationsbereitschaft bei den beiden Frauen erzielte. Das war es faktisch, was seinen Brief an Trajan veranlaßte. Die Beurteilung, mit der Plinius hier das im Verhör Erfahrene zusammenfaßt, scheint auf Form und Inhalt des Gesagten zu gehen. Wenn die gnostische Lehre den "Kirchenvätern" konfus erschien, dann mußte das noch viel eher und mehr die Reaktion bei einem heidnischen Beamten sein. Aber die Sturheit dieser beiden Frauen wird als Widerstandshaltung zu werten sein.

Im Antwortschreiben des Trajan (Plinius *Epist.*X 97) wird das 'conquirere', das Nachspionieren, verboten, nicht aber das Denunzieren. Man wollte und sollte nicht ohne Anlaß, gleichsam präventiv, zugreifen. Erst recht wollte man keine Razzien. Aber die Denunziation wurde ausdrücklich zugelassen. Sie sollte jeweils der eigentliche Auslöser sein. Eine erlaubte Äußerung der 'vox populi'?[30] Aber waren damit nur die Denunziationen einzelner gegen einzelne gemeint, und war es so, daß bei Eingang einer Anzeige, die Polizei nicht nachfragte, eine mögliche Vielzahl von Verdächtigten und deren wahrscheinlicher Verbindung, gar translokale Vernetzung und entsprechende Strukturen die römischen Behörden überhaupt nicht interessierten? Das ist doch höchst unwahrscheinlich. So abwartend, geradezu unpolitisch, darf man sich die römische Macht nicht vorstellen. Wenn, wie anzunehmen, die Denunziation die vornehmliche, wahrscheinlich sogar die ausschließliche Ausgangsposition für das römische Eingreifen blieb, konnte das doch nicht jede, von der Denunziation ausgehende weitere Ermittlung der Behörden gegen den Jesusanhang ausgeschlossen haben. Das wäre völlig unvorstellbar, schon allein deshalb, weil die Denunzierten und infolgedessen Arrestierten eben nicht nur als individuell "den (Christus-)Namen" Bekennende

[30] Wie Wlosok auf S. 38–39 wohl in Anlehnung an Last (s.Anm. 14) meint.

genommen werden konnten, sondern als Mitglieder einer verbotenen Genossenschaft gesehen werden mußten.

Trajan lehnt neben dem Nachspüren auch die anonyme Verdächtigung als relevantes Instrument ab. Das impliziert eine gewisse Kritik an Plinius, der selbst davon berichtet hatte, daß er ein anonymes 'libellus' mit seinen Denunziationen für seine Verfahren benutzt habe. Aber was, wenn ein solches 'libellus' nicht anonym wäre? wenn es etwa den Namen des Irenäus oder anderer Ketzerbekämpfer trüge? Der kriminalrechtliche Belang, den die Literatur 'adversos Haereses' für die römischen Behörden, die Polizei ebenso wie die Gerichte, haben mußte, ist bislang nicht wirklich erörtert worden. Warum sollten nur die ausdrücklichen Apologien, von der Apostelgeschichte des Lukas an, für heidnische Augen bestimmt gewesen sein?

Wenn man durch Verdächtigungen gegen und Denunziationen von Häretikerinnen und Häretikern, die einerseits als anarchistisch und andererseits als totalitär und repressiv, also in jedem Fall als staats- und gesellschaftsfeindlich gebrandmarkt wurden, die Aufmerksamkeit der römischen Behörden ablenkte, dann war das schützend und nützlich für die eigene Person und die eigene Institutionsvariante und deren Anhängerinnen und Anhänger, vor allem, wenn man den römischen Beamten glaubhaft machen konnte, daß eine echte und grundsätzliche Grenze zwischen der eigenen Gruppe und den gnostischen Gruppen bestand. Daß Irenäus z.B. die Organisationsfrage so stark betont, stärker als es die faktischen Gegegebenheiten erlaubten, hängt gewiß mit diesem Sicherungsbedürfnis zusammen, das in der Diskussion allzu gern nur als ein innerkirchliches Problem betrachtet wird. Und die moralischen Skrupel gegenüber den Häresien und damit auch deren Denunziation wurden Christinnen und Christen im apologetischen und "katholischen" Schrifttum völlig ausgetrieben. Ich kann mir nicht vorstellen, daß Leute wie Irenäus oder der juristisch wohl beschlagene Tertullian sich der kriminalrechtlichen und denunziatorischen Dimensionen ihrer antihäretischen Arbeiten nicht bewußt gewesen wären. Aber da für sie die Ketzer des Teufels waren, brauchte man hinsichtlich ihrer Denunziation keine humanen oder rechtlichen Bedenken zu haben, denn nicht nur der Teufel, sondern auch die Seinen—und das waren vor allem die Ketzerinnen und Ketzer—hatten sich nach dem Urteil dieses Zweigs der Kirche außerhalb von Recht und Menschheit gestellt.

Die Meinung des Basilides hinsichtlich des Verhaltens gegenüber den römischen Ermittlungs- und Gerichtsbehörden läßt sich am besten damit erklären, daß er eine bekenntnismäßige Expektoration und entsprechende Fixierung für einen ebenso taktischen wie sachlichen Grundfehler hielt. Seine Argumentation wird dann verständlich, wenn es für ihn bei dem polizeilichen und gerichtlichen Kontakt mit den römischen Behörden eher um ein Verschweigen als um ein Bekennen ging, und zwar ein Verschweigen in Sachen Lehre, Organisation und Mitgliedschaft. Ich erinnere noch einmal an die Erwähnung des pythagoreischen Schweigens.

Mir scheint sich von diesen gleichsam polizei-, gerichts- und prozeßtaktischen Dimensionen her auch ein weiteres bekanntes Problem der fragmentarischen Überlieferung des Basilides zu entwirren. Das Werk des Basilides liegt uns nicht mehr direkt vor. Es ist der Zensur des später siegreichen Zweigs der Kirche zum Opfer gefallen. Wir kennen es nur sehr bruchstückhaft durch ausführliche, in vielem tendenziöse und auch einander in vielem widersprechende Zitate bei den "Kirchenvätern". Abgesehen von der angesichts der Fülle des von B. Verfaßten bedauerlichen Bruchstückhaftigkeit des Überlierferten, ist dieses noch dazu nicht einheitlich, sondern liegt in mehreren miteinander kaum harmonisierbaren Versionen vor. Sie lassen sich bestenfalls auf zwei reduzieren, eine dualistische und eine monistische.

Unverständnis der "Kirchenväter" kann dieses Durcheinander, ja Gegeneinander nur zum Teil erklären. Immerhin war Basilides einer der kompliziertesten unter den gnostischen Theologen, von denen wir wissen.

Aber in all dem Widersprüchlichen zeigt sich doch auch eine Gemeinsamkeit. So ist bei Licht besehen die sogenannte monistische Version nicht ganz so abstrakt philosophisch, wie oft unterstellt. Auch in dieser monistischen Version lassen sich Zäsuren zwischen dem Unsagbaren und Gesagten erkennen, und überhaupt ist der ganze Aussonderungs-/Erlösungsprozeß in dieser Variante relativ leicht dramatisierbar, wodurch die zunächst bestenfalls abstrakte Mythisierung zu einer konkreten wird, und sich damit der tragisch-dramatischen Mythisierung der dualistischen Version annähert.

Es bietet sich eine weitere ergänzende Erklärung für die auf den ersten Blick unversöhnliche Widersprüchlichkeit der Überlieferung an, eine Erklärung, die die polizeiliche und gerichtliche Bedrohung der Gemeinde des Basilides mit ins Auge faßt. Konnte hinter der Konfusion und Widersprüchlichkeit der Überlieferung der "Kirchenväter" nicht ein gezieltes und manipulierendes Handeln des Basilides und seiner Gemeinde stehen, eine absichtliche Verwirrung und Verheimlichung hinsichtlich des Eigentlichen? Die mythisierende Sprache mit intendierter Täuschung und Verwirrung konnte ein Mittel sein, das böse gemeinten Anfragen durch nicht-gnostische kirchliche Gruppen und deren Führer ebenso wie durch die staatlichen Autoritäten gleichsam in verschleiernder Form entgegenarbeiten sollte. Die "Kirchenväter" hätten dann nur diese Vieldeutigkeit aus Unverständnis vergrößert, wären auf die gleich noch genauer zu besprechende mythisierende Täuschung hereingefallen.

Weiterhin würde sich der schon angesichts der Länge der Texte nicht ausreichend mit Miß- oder Unverständnis der "Kirchenväter" zu erklärende Widerspruch am ehesten so deuten lassen, daß Basilides für die Lage mitverantwortlich war, daß er nämlich die Ketzerbestreiter auch durch Verbreitung verschiedener Versionen absichtlich in noch stärkere Verwirrung stürzen wollte.

Die Diskussion über die Gnosis krankt bis heute daran, daß man den Gnostikerinnen und Gnostikern ein Fixiertsein auf den Mythos unterstellt, den Vertretern der kirchlichen Gegenmeinung eine Orientierung an und auf Geschichte. Zunächst zum letzteren. Hier handelt es sich um eine leicht zu durchschauende Legende. In Wirklichkeit ist es gerade umgekehrt. Bei näherem Zusehen wird deutlich, daß ein als Weltanschauung verfaßter Mythos viel eher Anliegen und Sache der "katholisch"-kirchlichen Praxis und Theologie war, wie etwa Ignatius sehr anschaulich demonstriert, der sogar sein eigenes Leben, vor allem dessen Ende mythisierte. Bei Irenäus, mit seiner pseudogeschichtlichen, eher mythischen Spekulation ist das auch der Fall. Das geschichtliche Interesse, das kirchliche und theologische Apologetik den "Kirchenvätern" bis heute unterstellt, ist nicht wirklich geschichtlich, sondern es macht die Geschichte zum mythischen Prozeß, wenngleich zu einem einlinigen. Im Unterschied zu der gnostischen Komplexität ist dieser "großkirchliche" mythische Prozeß viel stärker objektiviert, vor allem auch uniformer.

Den gnostischen Mythos gibt es nicht. Weder für Basilides noch für die übrige Gnosis ist die Mythologie Selbstzweck. Sie ist Mittel zu einem hermeneutischen Zweck. Es gibt viele Hinweise bei den "Kirchenvätern" und in den Nag-Hammadi-Schriften dafür, daß die Gnosis, gerade auch die frühkirchliche, zunächst und vor allem eine hermeneutisch-exegetische Bewegung war.[31] Die direkte und indirekte

[31] S.dazu Dieter Georgi, "Das Wesen der Weisheit nach der Weisheit Salomos," in Jacob Taubes, *Gnosis und Politik*, Religionstheorie und Politische Theologie, Bd. 2, 1984, S. 66–81.

Textbenutzung ist den von den "Kirchenvätern" überlieferten gnostischen Fragmenten nicht nur aufgesetzt, sondern die direkte und indirekte Behandlung dieser Texte beherrscht die gnostischen Dokumente über weite Strecken, noch viel deutlicher in den original gnostischen Handschriften aus Nag Hammadi und in den manichäischen Schriften.

Wie schon der Titel des Hauptwerks des Basilides *Exegetika* dokumentiert, hat er sich vor allem als Exeget verstanden, einmal der Schriften der LXX und zum anderen kirchlicher Schriften, nicht nur solcher aus seinen oder verwandten Kreisen. Unsere beiden Hauptreferenten, Irenäus und Hippolyt, haben diese exegetische Dimension des Werks des Basilides je auf ihre Weise—aus deutlich apologetischen Gründen—zu verwischen gesucht, es aber trotzdem nicht ausreichend genug vermocht.[32] Die Dominanz der Exegese schlägt immer noch durch. Erst, wenn man sie in Rechnung stellt, kann man vieles, was auf den ersten Blick unlogisch erscheint, erklären.

Wie in der Mehrheit der gnostischen Texte sonst, spielen die ersten 6 Kapitel der Genesis und in diesem Komplex das Verhältnis von Gen.1 und 2 eine wesentliche Rolle, aber zugleich in einer interessanten Kombination mit Psalmen- und Weisheitstexten, die ihrerseits als Auslegung der "Urgeschichte" gelesen werden—eine sicher nicht so falsche hermeneutisch-exegetische Annahme hinsichtlich eines nicht unwesentlichen Teils der biblischen Psalmen.

Sicher waren das 7. und 8.Kapitel des Römerbriefs des Paulus für Basilides ein zentraler, die alttestamentlichen Schöpfungstexte interpretierender Text, höchstwahrscheinlich aber überhaupt Röm.1–11, vor allem Röm.5–8, wo für Basilides so wichtige Themen wie Schöpfung aus dem Nichts, Glaube, Taufe und Sünde eine Rolle spielen. Es wäre sogar nicht ausgeschlossen, daß das Motiv von der ἀποκατάστασις πάντων, das am Ende der Erlösungslehre des Basilides steht,

[32] Langerbeck konzediert in dem oben, Anm. 2, angeführten Aufsatz wohl die exegetische Orientierung des Basilides. Aber er entwertet dann sofort diese richtige Beobachtung durch die nicht belegte Behauptung angesichts der Benutzung von Hiob 14 durch B.: "Das ist zugleich ein sehr typisches Beispiel von 'gnostischer' Exegese. Sie isoliert das einzelne, läßt den Zusammenhang häufig völlig außer acht und kommt zu überraschenden, teilweise auch befremdenden Ergebnissen, nicht weil sie ihre Philosophie hineindeutet, sondern gerade weil sie zu sehr κατὰ λέξιν interpretiert." (a.a.O., S. 47) Langerbeck übersieht völlig, daß Basilides im Kontext seines Zitats aus Hiob 14,4 durchaus die Themenstellung des Zusammenhangs nicht nur dieses Verses, sondern auch dieses Kapitels im weiteren Zusammenhang des Hiobbuches reflektiert.

aus seiner Exegese von Röm. 5 und 11 stammt.

Bei den Gnostikern überhaupt und bei Basilides im besonderen stehen Offenbaren und Verbergen, Gesagtsein und Ungesagtsein in einem unmittelbaren Zusammenhang. Die Martyriumsdimension läßt mich fragen, ob das nur grundsätzliche und spekulative Überlegungen waren oder ob nicht auch taktische bzw. strategische Überlegungen dabei eine Rolle spielten.

Der Aspekt des Verbergens wäre dann ein wesentlicher Ausdruck einer taktischen Dimension, nicht nur des Denkens, sondern auch des Handelns. Verbergen wäre dann auch als Schutz von Lehre und Gemeinschaft vor irdischer Gewalt, kirchlicher wie staatlicher, gedacht. Daß Verwirren und Verbergen in engem Zusammenhang miteinander stehen, sagt nicht nur der gnostische Mythos, sondern das ist auch Alltagserfahrung, vor allem Polizei- und Gerichtserfahrung. Bei den Gnostikerinnen und Gnostikern muß man vermuten, daß sie aufgrund vorhergehender Schulung die Behörden bewußt in die Irre geführt, sie buchstäblich verwirrt haben. Dies geschah einmal zum Schutz der Mitglieder und der Organisationsstruktur. Aber es muß darüber hinaus auch einen weiteren, einen strategischen Grund gegeben haben, der mit den Inhalten der Gnosis, genauer mit dem Offenbarungsprozeß zusammenhing, den wir Gnosis nennen.

Hans Kippenberg[33] hat bereits solch eine strategische Überlegung mit ins Spiel gebracht, nämlich, daß das Verschweigen in Zusammenhang stünde mit der gnostischen Eschatologie und ihren endzeitlichen Passagevorstellungen. Mir scheint aber auch die Offenbarungsseite zu diesen strategischen Überlegungen zu gehören. Das Verhältnis von Martyrium und Sündenreinigung ist nämlich bei Basilides alles andere als eine nur moralische Frage. Das Thema Reinigung gehört bei ihm vielmehr in den grundsätzlichen Offenbarungs- und Erlösungskomplex von anfänglicher Vermischung und endzeitlicher Trennung und Ausscheidung. Im Martyrium wird der staatliche Apparat durch den Offenbarungs- und Erlösungsprozeß instrumentalisiert, was natürlich den staatlichen Organen verborgen bleiben und auch verheimlicht werden muß, wie ihnen überhaupt ihre Ohnmacht und ihr Eingespanntsein in einen Gesellschaft und Welt übergreifenden Prozeß nicht gesagt werden muß, ja nicht gesagt werden darf, obgleich

[33] Hans Kippenberg, *Die vorderasiatischen Erlösungsreligionen in ihrem Zusammenhang mit der antiken Stadtherrschaft* (Suhrkamp Taschenbuch 917), Frankfurt/Main 1988, S. 369–425.

das eine Erkenntnis ist, die den Erleuchteten eigen ist. Sie ist ein wesentliches Zeichen ihrer aus ihrer Gnosis gewonnenen Einsicht und Weltüberlegenheit und ist auch konkrete psychische Hilfe in Zeiten politischen Drucks und Zwangs.

Der Offenbarungs- und Erlösungsprozeß des Basilides beschreibt den weltumgreifenden Prozeß zwischen dem anfänglich und dem endgültig Ungesagten, in das alle Lichtelemente hineingenommen werden. Die Weltschöpfung endet nach dem Offenbarungs- und Erlösungsprozeß in einer kosmischen 'Agnoia', der grundsätzlichen Unkenntnis der gesamten Welt und ihrer Bestandteile. Sie und ihre 'Agnoia' werden gegen ihre eigene böse Intention ins Positive gewandt, nicht nur den Offenbarungsprozeß sondern auch die Wissenden unterstützend, gleichsam dem hermetischen Schutz des Ungesagten als des eigentlich Göttlichen dienend. Die Welt und ihre Organe zur Unkenntnis führen ist also ein wesentlicher positiver, geradezu konstruktiver Teil des Erlösungsgeschehens, und das Martyrium ist ein entscheidendes Element dieses Verbergens, einer notwendige Seite von Offenbarung und Erlösung. Damit steht unser Basilidestext aus den *Stromata* des Clemens im Auslegungshorizont von 1.Kor. 2,6–9[34] und gibt auf seine Weise eine Variante des großen gnostischen Gelächters, was auch das große gnostische Schweigen ist.

[34] Dieser selbst schon gnostische Tradition verarbeitende Text des Paulus lautet: "Weisheit reden wir unter den Vollkommenen, Weisheit dieses Äons jedoch nicht, noch (Weisheit) der Machthaber dieses Äons, die vorübergehen (werden). Sondern wir reden Gottes Weisheit, die im Geheimnis verborgen ist, welche Gott vor Äonen zu unserer Herrlichkeit vorher festgesetzt hat, welche keiner der Machthaber dieses Äons erkannt hat, denn wenn sie (es) erkannt hätten, hätten sie nicht den Herrn der Herrlichkeit getötet." In diesem Text spielt wie in vielen anderen gnostischen Texten das folkloristische Motiv vom geprellten Teufel eine wichtige Rolle, das auch Varianten im Motiv vom protzenden, aber doch tumben und so leicht zu prellenden Machthaber hat.

GEHEIMNIS UND GEHEIMHALTUNG IN DER ANTIKEN GNOSIS UND IM MANICHÄISMUS

Kurt Rudolph

"Verschwiegenheit fordern, ist nicht das Mittel sie zu erlangen" heißt es in der von Goethe in seinen Roman Wilhelm Meisters Wanderjahre eingeschalteten und von ihm aus dem Französischen übersetzten Novelle "Die pilgernde Törin" eines uns unbekannten Autors.[1] Im Komentar zur Hamburger Ausgabe der Werke Goethes schreibt Erich Trunz u.a. dazu: "Die Heldin ist, wie die Gestalten der Rahmenerzählung, eine Wandernde und erprobt im Wandel der Umgebungen die Unwandelbarkeit des Innern." Diese "innere Stetigkeit" wird allerdings im Laufe der Erzählung fast zur Marotte und macht die Heldin im Auge des Erzählers eben zur "Törin". Trotzdem ist hier der Vorgang der Verschleierung von Erlebnissen instruktiv geschildert, da gerade darin der Reiz der Novelle liegt. Die von der Heldin hin und wieder gemachten preisgegebenen "Geheimnisse" ihres Innenlebens sind "Meisterstücke des Verhüllens und Bekennens zugleich".

Man könnte diesen hier dichterisch dargestellten Tatbestand auf den Gnostiker übertragen, der ebenfalls als ein Tor für die "Außenwelt" erscheint, da seine "Innenwelt" die eigentliche Erfahrungswelt ist, die sein Verhalten und Denken steuert. Die hier von Goethe überlieferte Geschichte in seinem Alterswerk von der "Entsagung", das dem Menschheitsthema von Bindung und Freiheit (Geist) nachgeht, bringt bereits den Zusammenhang von Geheimnis und Individualität deutlich zur Sprache, ein Problem, das wohl in der dichterischen Überlieferung allerorten aufzufinden ist, aber wissenschaftlich-soziologisch m.W. erst von Georg Simmel analysiert und für die Kulturwissenschaft, bes. die Soziologie, fruchtbar gemacht worden ist. Er hatte dem Thema schon 1907 eine "sozialpsychologische Skizze" gewidmet, die dann erweitert als 5.Kapitel in seine "Soziologie" von 1908 eingegangen ist.[2]

---

[1] Joh. W. von Goethe, Werke. Hamburger Ausgabe. Band 8, S. 62. Der im Folgenden benutzte Kommentar von E. Trunz findet sich ebd. 568 ff.

[2] G. Simmel, Soziologie. Untersuchungen über die Formen der Vergesellschaftung.

In diesem Kapitel wird der "rohen Form" der Lüge, dann der Verschwiegenheit, dem Verbergen oder Geheimhalten "ein Individualisierungsmoment ersten Ranges" in der gesellschaftlichen Entwicklung zugeschrieben. "Das Geheimnis legt eine Schranke zwischen die Menschen, zugleich aber den verführerischen Anreiz, sie durch Ausplaudern oder Beichte zu durchbrechen—der das psychische Leben des Geheimnisses wie ein Oberton begleitet".[3]

Dieser fast dialektische Gegensatz zwischen Verbergen und Enthüllen läßt sich vielfach nachweisen, wie wir sehen werden.

Als "schmückender Besitz und Wert der Persönlichkeit" treibt das Geheimnis bis in das Tragen von Schmuck seine Blüten.[4] Als Soziologe hat Simmel natürlich auch die Geheimgesellschaften untersucht, da sie hier das "Innen" und "Außen" als soziale Dualität von "Eingeweihten" und "Nicht-Eingeweihten" manifestieren (Geheimbünde, Freimaurer usw.). Die zur Erhaltung des "Geimnisses" benutzten Mittel sind dabei Eide, Strafandrohungen, Schweigen und z.B. nur mündliche Belehrungen, denn mit der Verschriftlichung der Überlieferung wird zwar eine Vergegenständlichung des Geistes und Individuums eingeleitet, aber der "Verrat" wird leichter. Auch die gradweise Einweihung bei einer hierarchischen Struktur kann zu den Schutzmitteln gegen Verrat gehören (wie in Gnosis und Manichäismus).[5] Das "Geheimwissen" erhält in diesen Gruppen einen sozialen Selbstwert, da die "Wissenden" eine Gemeinschaft bilden, um eben die Geheimhaltung zu garantieren; auf diese Weise erhält der "Einzelne" psychologischen Halt in der Gemeinde. "Während das Geheimnis. . . . isolierend und individualisierend wirkt, ist nun die Vergesellschaftung dafür ein Gegengewicht."[6] Das Absonderungsmoment (Simmel spricht vom "Abscheidungsmoment"), das jeden Geheimnis eigen ist, wird durch die Tatsache ausgeglichen, daß sie eben Gesellschaft ist (ebd.). So sind "Geheimnis und individualistische Besonderung entschiedene Korrelativa . . ."[7]

Das elitäre Bewußtsein solcher Gruppen steigert natürlich ihren

---

Hrsg. von Otthein Rammstedt. Frankfurt/M. 1992 (Gesamtausgabe Band 11), S. 383–455. Der ältere Aufsatz findet sich jetzt in der Gesamtausgabe Band 8: Aufsätze und Abhandlungen 1901–1908, Bd.II. Hrsg. von A. Cavalli u.V. Krech, Frankfurt/M. 1993, S. 317–323.

[3] Ebd. S. 409; die anderen Zitate auf S. 410.

[4] Vgl. ebd. den Exkurs über den Schmuck (414–421)

[5] Vgl. ebd. S. 434 f.

[6] Ebd. S. 433

[7] Ebd.

sozialen Wert, aber vermehrt auch den Abstand zur Allgemeinheit. Der Abschluß nach außen bedeutet immer zugleich auch einen Zusammenschluß nach innen; die "Zentralisierung" wird auf diese Weise zur Lebensbedingung.[8] Simmel geht auch auf die Schattenseiten kurz ein, wie die "Entindividualisierung" in radikalen Gruppen, oder das nivellierende "Bruderwesen" und schließlich als letzte Konsequenz die Verantwortungslosigkeit durch die Auslöschung des Ichs.[9] Damit wird das Geheimwissen und seine soziale Manifestation zur Gefahr für die Öffentlichkeit und "Zentralmacht" (Staat oder Kirche); der Geheimbund wird zur "Verschwörung" gemacht, auch wenn er es gar nicht ist.[10]

Der kurze Durchgang durch Simmels originelle Analyse hilft in mancher Hinsicht, die folgenden Ausführungen zu dem gnostischen und manichäischen Bereich zu verstehen und ihren religions-soziologischen Hintergrund zu begreifen. Bevor ich dazu übergehe möchte ich noch eine andere Stimme aus der gegenwärtigen Philosophie der Sprache anführen, die sich in anderer Weise mit dem Problem des Geheimnisses befaßt. Ich meine Jacques Derrida und seinen Traktat über "Comment ne pas parler. Dénégations", deutsch: "Wie nicht sprechen. Verneinungen".[11] Derrida kommt auf "Geheimnis" zu sprechen im Zusammenhang von "how to avoid speaking", d.h. "ein Geheimnis bewahren". Dieser Akt setzt ein Bewußtsein voraus, daher sei er bei einem Tier nicht möglich. Verheimlichung besteht im "Für-sich-wahren", zieht aber immer die Frage nach der Sicherheit der Verheimlichung durch "Nicht-Sprechen" nach sich. Die Möglichkeit des Verrats besteht nämlich immer (das hat Simmel ebenfalls beobachtet). "Nur die Nicht-Bekundung ist niemals sichergestellt."[12] Geheimnis als solches ist demnach ein Negativum. Seine "absprechende Verneinung" (*dé-négation*), führt Derrida auf das Thema der "Bekanntmachung", der "Offenbarung" oder "Dekryptierung" des Geheimnisses. Wegen der Denunziation seines "Destruktivismus" als "negativer Theologie" analysiert er die Sprache einer solchen Theologie, nämlich die des Areopagiten (Pseudo-Dionysios) und Meister Ekkehards.[13]

[8] Ebd. 441 f. und 447 ff.

[9] Ebd. 451 ff.

[10] Ebd. 453 f.

[11] Ich benutze die deutsche Übersetzung von H.-D. Gondek des 1987 in Jerusalem gehalten Vortrags, die Peter Engelmann im Wiener Passagen-Verlag 1989 (Nr. 29) herausgegeben hat. Ab S. 32 ff. wird über das Geheimnis reflektiert.

[12] Vgl. ebd. S. 35

[13] Vgl. ebd. 36 ff. Verwiesen sie hier auf zwei andere relevante Studien von Derrida,

Die "Teilung des Geheimnisses", die hier sichtbar wird, ist eine dialektische: das Geheimnis kann sich nur verheimlichen oder verneinen, indem es sich zeigt: "indem es anfängt, seine Verheimlichung zu verheimlichen." "Es gibt kein Geheimnis *als solches*."[14] Man könnte sagen: Positivität und Negativität bedingen einander. Daher spricht Derrida von einer "Topolitologie des Geheimnisses", d.h. eines esoterisches Wissen jenseits der Wahrnehmung mit dem Zweck einer "Absonderung" (vgl. Simmel!). "Welches ist—in der Kreuzung von Geheimnis und Nicht-Geheimnis—das Geheimnis?"[15] Daher umgibt das Geheimnis zwei Sprachen: eine positive und negative (nicht—doch). "Es gibt ein Geheimnis der absprechenden Verneinung und eine absprechende Verneinung des Geheimnisses."[16] Das Geheimnis als solches "trennt eine Negativität ab und richtet sie ein, d.h. eine Verneinung die sich selbst verneint."[17] Die auf sozialer Ebene sichtbare (dialektische) "Teilung des Geheimnisses", wie sie Simmel beschrieben hat, liegt daher für Derrida im Faktum des Geheimnisses selbst begründet und diktiert seine es umgebende Sprache.[18]

1. *Die Dialektik von Geheimnis und Offenbarung in der Religionsgeschichte*

In der Religionsgeschichte ist das Doppelspiel von Mysterium und Offenbarung, wie es Simmel und vor allem Derrida analysiert haben, ein bekannter Sachverhalt, der zu der These Anlaß geben kann, daß ohne Geheimnis keine "Offenbarung", d.h. Kundgabe des Geheimnisses unter besonderer Form, und umgekehrt kein Offenbarungsgeschehen ohne die Voraussetzung von "verborgenem Wissen" vorstellbar ist.

In dieser allgemeingültigen Weise ist das zwar nicht nachweisbar, aber im Bereich der antiken sog. "Offenbarungsreligionen", wozu Gnosis und Manichäismus gehören, bedingen beide Formen religiöser Tradition und Vorstellungswelten einander und sind aufeinander angewiesen. Fast ausnahmslos arbeiten diese religiöse Überlieferungen mit diesen Mitteln in der ein oder anderen Art, da nur so bestimmte

---

die unter dem dt. Titel "Apokalypse", ebenfalls von P. Engelmann als Passage 3, Wien 1983, herausgeben und von M. Wetzel übersetzt wurden.

[14] Ebd. 48

[15] Ebd. 46

[16] Ebd. 47

[17] Ebd., vgl. auch S. 35 f.

[18] None

religiöse Sachverhalte in ihrem Wandel mit der überlieferten Tradition in Einklang gebracht werden können. Ein bekanntes Mittel dafür ist die Esoterik, die diesen Tatbestand zwar auf einen Kreis von Geheimnisverwaltern begrenzt, aber zugleich damit deutlich macht, daß die offizielle Religion nur die eine Seite ist, die von einer anderen und besonderen Form der religiösen Überlieferung begleitet wird, die vielfach den eigentlichen Schlüssel zum Verständnis eben der offiziellen Religion und ihrer Praxis besitzt. Das damit zugleich ein Weg besteht und oft beschritten wird, gerade bestimmte Wandlungen in der religiösen Überlieferung und ihrer Hermeneutik in die herkömmliche Tradition zu integrieren, ist ein bisher nur selten thematisierter Vorgang in der Religionsgeschichte und daher ein aktuelles Thema unserer Tagung.

Es lassen sich einige (teilweise schon genannte) Züge festmachen, die in erster Linie den Inhalt von Geheimnis und Offenbarung ausmachen:

- "neue" Lehren, Riten und Verhaltensweisen,
- abweichende Auffassungen in der hermeneutischen Tradition einer religiösen Überlieferung,
- "Sprachrohr" unterschiedlicher Gruppen in einer Gesellschaft mit relativ fester religiöser Integrationskraft,
- Ausdruck von Wandel und Integration in einer Religionsgemeinschaft.

Es bleibt zu bemerken, daß diese Tatbestände in erster Linie für traditionelle religiöse Gemeinschaften zutreffen, aber auch darüber hinaus zu beobachten sind, z.B. im Islam (Schiʿa) und Judentum (Qumrantexte; Kabbala), bei christlichen Sondergemeinschaften etc.[19]

Die literarischen Mittel in den Schriftreligionen für den genannten

[19] Vgl. u.a. H.G. Kippenberg, Geheime Offenbarungsbücher und Loyalitätskonflikte im antiken Judentum, in: C. Elsas/H.G. Kippenberg (Hg.), Loyalitätskonflikte in der Religionsgeschichte. Festschrift für Carsten Colpe, Würzburg 1990, 258–268, und die größere Studie von Markus N.A. Bockmuehl, Revelation and Mystery in Ancient Judaism and Pauline Christianity, Tübingen 1990 (WUNT 2.Reihe 36), die das Material übersichtlich vorlegt, z.B. zu Qumran (42–56), Philo (69–81), Targume (93 ff.) und rabbin. Literatur (104–126, mit Exkurs zur frühen Mystik 116 ff.); der 2.Teil behandelt Paulus, für den Christus Hauptgegenstand von Offenbarung und Geheimnis (Gottes) ist. Bemerkenswert ist, daß im Aramäischen (einschl. Mandäischen) vorwiegend das mitteliran. *rāz* als term. techn. für "Geheimnis", Mysterion verwendet wird (neben hebr. *sôd*), so bes. in den Qumrantexten. Das Alter der Übernahme ist schwer feststellbar (Arsakidenzeit); die ältesten Belege im AT sind die aram. Einlagen in Dan. (s.auch Jes. Sir. 8,18)

Tatbestand sind bekannt und bedürfen keiner weiteren Ausführung im Allgemeinen. Die Textsorten von sog." Offenbarungsschriften" (Apokalypsen), Apokryphen und Pseudepigraphen stehen hier zur Verfügung, allerdings mit einer aus dem jüdisch-christlichen Bereich entlehnten Terminologie, die damit Vorbildcharakter für die anderen Bereiche besitzt und eine kritische Überprüfung nach sich ziehen muß, die hier nicht vorgenommen werden kann.

2. *Geheimnis, Geheimhaltung und Offenbarung in der Gnosis, vornehmlich in den Nag Hammadi-Schriften*

Neben der sog. Apokalyptik und den Mysterienkulten ist die Gnosis (einschließlich des Manichäismus) sicherlich eines der typischsten Beispiele für den eben geschilderten Tatbestand: den Zusammenhang von Mysterium und Offenbarung. Nicht nur der Sprachgebrauch gibt darüber Aufschluß, sondern die Form der literarischen Überlieferung ist daran primär orientiert, nämlich an der sog. Offenbarungsliteratur. Man kann ohne Übertreibung die Auffassung vertreten, daß das gesamte "Heilswissen"—und nichts anderes bedeutet eigentlich "Gnosis" in diesem Bereich—ein Geheimwissen ist, das der Bekanntgabe oder "Offenbarung" bedarf und ohne diese eben nicht das Licht der Öffentlichkeit betreten kann. Gnosis ist übernatürliche, ja 'überkosmische' Geheimweisheit, die der herkömmlichen Weltdeutung entgegensteht. Hans Jonas hat das in seinem bahnbrechenden Buch über "Gnosis und spätantiker Geist" von 1934 deutlich gemacht und dabei m.R. den Manichäismus konsequent miteinbezogen.[20]

[20] Das Buch ist 1988 in 4., verbesserter und erweiterter Auflage erschienen und enthält seit der 3.Auflage (1964) auch ein ausführliches Register.

[21] Vgl. F. Siegert, Nag-Hammadi-Register, Tübingen 1982 (WUNT 26). Die im Folgenden verwendeten Abkürzungen für die NHC-Texte folgen meist dem gängigen Gebrauch in deutschsprachigen Publikationen, einige seien aber besonders für die "Nicht-Eingeweihten" entschlüsselt: AJ—Apokryphon des Johannes (mit der Angabe welche Version gemeint ist); BG—Berliner Gnosticus (Papyrus 8502); EV—Evangelium Veritatis (der Wahrheit); HA—Hypostase der Archonten; Prot.—Dreiteilige Protennoia; PS—Pistis Sophia; SJC—Sophia Jesu Christi; SOT—Schrift ohne Titel (auch: Vom Ursprung der Welt; NHC II 5); TrTrip.—Tractatus Tripartitus. Eine Übersicht der NHC-Texte findet sich bei Siegert, a.a.O.S. XVII ff., und in meinem Gnosisbuch (3.Aufl. Göttingen 1990; UTB 1577), 50 ff.; die wichtigste Literatur zu den Editionen und Übersetzungen ebd. 426 ff.

Da die mandäische Literatur nicht eigens behandelt wird verweise ich auf meine Arbeit: Die Mandäer. II.Der Kult, Göttingen 1961, S. 254 ff., und die Studie von G. Furlani, I significati di mand. raza=mistero, segreto, Roma 1957 (Atti della Accademia Nazionale dei Lincei, Anno 353, 1956, Memorie. Classe di Sc. mor., stor. e

2.1. Folgt man zunächst der Terminologie, so ist die Verwendung von gr. *mysterion*, *mysteria*, oder *kryptein*, *apokryptein*, *kalyptein* und kopt. *hōp* mit seinen Derivaten recht häufig.[21] Bezeichnet werden damit sehr unterschiedliche Sachen und Personen, wie Christus (EV), seine Geburt (TestVer) und sein Tod (ApkJak I; ApkPetr), die Hylē (TrTrip), der Agnostos Theos oder "Vater" (2LogSeth), pleromatische Gestalten (Allog.: "die dreifache eine Kraft"; Prot.: die "erste Denkkraft"), die gnostische "Wahrheit" (Dial, AJ pass.), der "Heilsplan" (SJC), der Lebensbaum im Paradies (AJ) und das Leben der Archonten (ebd.), Sakramente oder Riten (bes. EvPhil), vor allem aber die gnostische Lehre oder Weisheit selbst inklusive der literarischen Form, d.h. der Texte (AJ, ApkrJak, ApkPetr, ValExpos, EvÄg, Prot). Das Mysterium des "Wissens" ist der Kern der gnostischen Heilsbotschaft, die der Erlöser an die Eingeweihten, d.h. die Angehörigen des "nicht wankenden Geschlechtes" vermittelt (vgl. AJ III,1: 39,17 f. par; 40,5par). Dies Mysterium ist dem Demiurgen als auch den Nicht-Gnostikern verschlossen (AJ III 1: 30,26par), denn es ist der "Ratschluß der heiligen oberen Seite" (ebd.). Als (nur?) literarisches Mittel der Geheimhaltung desselben ist das Verbot der käuflichen Weitergabe belegbar (AJ III 1: 39,24–40,4 = II 1: 31,34–32,1; IV 1: 49,17–21; BG 76,10–15).[22]

2.2. Die literarischen Mittel die die (christlichen) Gnostiker einsetzen sind bekanntlich die "Offenbarungsgespräche" des Sōtēr (Christus) mit seinen Jüngern. Die im lukanischen Werk (Ev., Apg.) nachweisbare Ausdehnung der Zeit zwischen "Erscheinung" Jesu nach der Kreuzigung (sog. "Auferstehung" vom Tode) und seiner "Himmel-fahrt" mit dem Zweck, weitere Reden und Taten des Erlösers vorzuführen (EvLk 24,50–53; Apg.1,4–14; vgl.13,31; EvMk 16,19), ist in den gnostischen Texten gleichfalls die vornehmliche Periode der Reden des Erlösers über die "Geheimnisse" der Gnosis. Man beschränkt sich nicht nur auf die 40 Tage des Lukas (Apg 1,3; cf.13,14: nur "mehrere Tage"), sondern dehnt sie auf 18 Monate (Iren. I 3,2: valentinisch; 30,14: ophitisch) oder gar auf 11 Jahre (Pistis Sophia 1,2) aus.[23]

filol. Serie VIII, Vol. VII, fasc. 9); vgl. auch Drower-Macuch, A Mandaic Dictionary, Oxford 1963, s.v. *raza*. Der Begriff bezeichnet vorwiegend kultische "Mysterien".

[22] Vgl. 2.Buch Jeu K. 43; Unbek. gnost. Werk K. 15 (Codex Bruce ed. Schmidt, PS): nur der Gnostiker, der nach Mt. 10,38 alles verlassen hat, erhält die Mysterien.

[23] Da der Auferstandene nach seiner Himmelfahrt hier noch einmal zu seinen Jüngern auf den Ölberg herabkommt, um ihnen den größeren Rest der 24 Mysterien des Pleromas zu erklären (I, Kap.2–6), ist die Zeit auf 12 Jahre anzusetzen, was

Die Belege hat schon C. Schmidt, Gespräche Jesu mit seinen Jüngern nach der Auferstehung, 1919 (Nachdruck 1967), 201 ff., 370 f. gesammelt, die sich nicht nur auf "gnostische" Quellen beschränken (z.B. auch auf Clemens Alexandrinus).[24] In den NHC sind es AJ, die SJC, EvMaria, ApkrJak, Thom, ApkJak I u.II, die dieses Mittel mehr oder weniger ausführlich einsetzen:

- 550 Tage nach der Auferstehung (ApkrJak I 1, 2,19 f.) offenbart sich Jesus in Jerusalem dem Jakobus und Petrus, die auch geheime Bücher besitzen; der Text gleicht den Abschiedsreden Jesu im EvJoh.
- An einem "wüsten Ort" oder "Berg" (cf. Mk. 13,3; Apg 1,12) erhält Johannes Zebedäus das "Geheimnis des Geschlechts (der Gnostiker)" von Jesus, um es seinen Mitjüngern weiterzugeben (AJ Eltg.; II 1, 31, 26 ff.). Der ganze Text, den wir ja in vier Versionen (mit der von Irenaeus benutzten sogar fünf) besitzen trägt bekanntlich den Titel "Geheimschrift (Apokryphon)".[25]
- "Geheime Worte" des Sōtēr werden im Thomasbuch (II 7: 138,1 ff.) an Judas Thomas gerichtet, die Mathaias (cf. Apg 1,23.26) niederschreibt. Ähnlich verfährt das EvThom (II 2, incip.): Judas Thomas erhält die "geheimen Worte" Jesu.
- In der "Weisheit des Jesus Christus" (BG, NHC III 4) begegnen nach Kreuzigung und Auferstehung die 12 (!) Jünger und 7 Frauen dem Soter in Galiläa auf dem 'Berg der Verklärung' (Mk. 12,3), der hier "Ort der Reife und Freude" genannt wird (78,1 f.), aber auch "Ölberg in Galiläa" (79,7 f.!). Jesus besitzt ein unbeschreibliches Aussehen und erklärt den eben genannten das "wahre Wesen des Alls, den Heilsplan und die heilige Vorsehung (Pronoia)".[26]
- Eine doppelte Mystifizierung bringt die 2.Jakobusapokalypse (V 4), indem sie die Offenbarung an Jakobus aufgrund eines Berichtes

der Zahlenspielerei mit den 24 Mysterien entspricht. Vgl. auch 2.Buch Jeu Kap. 44 f.

[24] Vgl. auch W. Bauer bei Hennecke-Schneemelcher, Neutestamentliche Apokryphen. II.Band, Tübingen 4.Aufl.1971, S. 16 ff., bes.18 f.; 19 ff. (über die einzelnen Apostel); M. Hornschuh, ebd. 41 ff. (die Apostel als Träger der Überlieferung, in der Gnosis S. 46 ff.).

In der 5.Aufl. des Werkes (Tübingen 1989) ist der Teil leider gekürzt und von W. Bienert neu verfaßt worden (15–25), dafür sind aber die relevanten Texte der NHC in den späteren Kapiteln ausführlich zur Darstellung gekommen. Nach dem Kerygma Petru (vgl. ebd. 34–41) weilten die Jünger Jesu 12 Jahre in Jerusalem!

[25] Von den vier koptischen Versionen liegt mir als "Draft October 1993" eine Synopse mit engl. Übersetzung vor, die F. Wisse und M. Waldstein erarbeitet haben. Sie wird in der CGL-Reihe des Brill-Verlages, Leiden, erscheinen.

[26] Über die typische Art dieser Belehrung in Form eines "Offenbarungsdialogs"

eines Priesters Marim an seinen Verwandten und Vater des Jakobus, namens Theudas ergehen läßt (44,11–20).

- Der "Olivenberg" ist auch im "Brief des Petrus an Philippus" (VIII 2) Ort der Begegnung mit dem Sōtēr, ob nach der Kreuzigung als Erscheinung oder Auferstehung bleibt unklar. In der PS ist der Ort der vielen "Offenbarungen" der Mysterien ebenfalls der "Berg der Oliven" (4,11 ff.; 171,7 f.); der Auferstandene wird von einer Lichtkraft umhüllt und ins Jenseits entrückt, kehrt aber verwandelt zurück, um seine Jünger erneut zu belehren (Kap. 2–6; vgl. Anm. 23); am Ende ist noch einmal von seiner Entrückung (nach Kreuzigung und Auferstehung) die Rede (Kap. 136). Es ist wohl das phantastischste Buch dieser Art.
- In der Petrusapokalypse (VII 3) handelt es ich sich um eine Vision oder Entrückung (cf. 84,12 f.) des Petrus, in der er Jesus im Tempel im 300. Jahr seines Baues (?) sieht und "unverhüllte" Mysterien (bes. über die Vorgänge bei der Kreuzigung) erhält.
- Schließlich haben die "Taten des Petrus und der 12 Apostel" (VI 1) eine mysteriöse Schiffsreise nach der Kreuzigung zum Anlaß, um in einer Stadt auf einem Meer dem Sōtēr in verschiedenen Verwandlungen zu begegnen (Perlenverkäufer, Lithargoēl, Arzt), der einen Dialog mit Petrus führt (9,1–19; cf. Mt 16,13–19). Vielleicht steckt tatsächlich eine verschleierte Himmelsreise dahinter.[27]

Andere Mittel, vornehmlich in weniger oder nichtchristlichen Schriften sind das bekannte Motiv der Himmelsreise oder Entrückung (Zostr.; ParSem), das der "Uroffenbarung" (ApkAdam: Seth erhält sie im 700. Lebensjahr Adams; in 3StelSeth sind es alte Säulen, die Dositheos las, memorierte und an die "Auserwählten weitergab) und das der "Kundgabe" in Form einer "Epiphanie" einer Lichtgestalt die mit Reden vorgeführt wird (z.B. Prot.; Anhang der Langversion des AJ; Dial.).

Die auch in den neutestamentlichen Schriften verwischten Unterschiede zwischen "Erscheinungen" des Auferstandenen, also Wiederbelebten, im Diesseits und der von "Offenbarungen" vom Jenseits her (cf. Gal. 1,15 f.; Apg 9,1 ff.) sind so auch in der gnostischen Literatur

s.meine ältere Studie: "Der gnostische 'Dialog'als literarisches Genus" in: P. Nagel (Hg.) Probleme der koptischen Literartur. Wissenschaftliche Beiträge der Martin-Luther-Universität Halle/Wittenberg 1968/1 (K. 2), S. 85–107

[27] So H.-M. Schenke bei W. Schneemelcher, Neutestamentliche Apokryphen, 5.Aufl. (1989), S. 375 ff.

anzutreffen. Die Probleme der Realität oder Authentizität führte offensichtlich schon früh (vor Paulus!) zur Vorstellung von der Rückkehr des erhöhten Sōtēr in die irdisch-körperliche Welt: über das Wie wurde unterschiedlich geurteilt. So war es leicht, "Erscheinungen" als Begegnung mit dem irdischen Jesus nach seinem Tode als Mittel der Bekanntgabe von "Geheimnissen", d.h. von in den alten Traditionen nicht vorhandenen Anweisungen des Erlösers an seine Gemeinde, einzusetzen. Strenge Grenzen gab es dazu zunächst nicht, wie die lukanische (Ev 24,36 ff.) und johanneische Version (Ev. 20, 24 ff.), Matth. (cf. 28,9 f. 16–20) und Mk. (späterer Anhang 16,1 ff. mit Nachtrag 9–20) oder die EpApost. zeigen. In diesen Kontext gehören auch die genannten NHC-Texte, deren diesbezügliche Aussagen zunächst keinesfalls als "häretisch" oder nichtkanonisch galten: "apostolisch" waren sie allemal auf ihre Weise.

2.3. Vom Inhalt her ist das Offenbarte natürlich sehr vielseitig; wie oben bereits bemerkt, handelt es sich dabei bei den Gnostikern um ihre ganze "Weisheit", die sich von der offiziellen unterscheidet. Konzentriert wird dies oft in der Stellung des Demiurgen zum Ausdruck gebracht, der sich als unwissender "Narr" (Saklas) benimmt, indem er sich selbst als letzte Instanz (Gottheit) betrachtet und die "Überwelt" über sich zunächst nicht wahrnimmt (AJ BG 44 ff.; SOT II, 107 f.; HA 86 f.). Der Archigenetor der menschlichen Zeugung hat die "Stimme" der "Ersten Denkkraft" (Protennoia) nicht erkannt; diese gibt sich den "Kindern des Gedankens" (den Gnostikern) bekannt: "Jetzt also hört auf mich . . . hört auf die Stimme der Mutter des Erbarmens, denn ihr seid gewürdigt worden des Myst[e]riums, dessen, das verborgen ist seit Ewigkeiten, auf daß [ihr] es [empfangt]" (Prot. 44,29–33).[28] Weitere 'Brennpunkte' solcher Geheimnisse sind die der oberen Welt, d.h. des Pleromas, der Anthropogonie, der Wissenvermittlung an Adam durch Eva (die verschiedentlich die positive Lichtkraft vertritt), die Entstehung des "unerschütterlichen" oder "königlosen" Geschlechtes (d.h. der Gnostiker) und seiner Geschichte (vgl. ApkAd), die Herabkunft des Erlösers durch die Sphären der Archonten (Planeten, Tierkreiszeichen), seine Entrückung als Licht- und Geistwesen vom Körper-Jesus, das Schicksal der Seele bzw. des "lichten Geistes", bes. nach dem irdischen Tod (Aufstiegs-

[28] Übersetzung und Text nach Gesine Schenke, Die dreigestaltige Protennoia (Nag-Hammadi-Codex XIII), Berlin 1984 (TU 132), S. 43

mysterien) und das der unerweckten oder nur teilweise erweckten Seelen bzw. Geister. Das gesamte "Wissen" ist als solches "Mysterium", das der Kundgabe bedarf, da es jenseits alles bisherigen Wissens liegt und allein Grund der Befreiung vom Kosmos ist.

2.4. Die Dialektik von Geheimnis und Offenbarung hat eine Grenze an den Sachverhalten und Ereignissen, die eine "Veröffentlichung" des Verborgenen (Wissens) nicht opportun erscheinen lassen (man erinnere sich daran, was Simmel und Derrida dazu bemerkt haben). Es wurde bereits das Verbot der Weitergabe der "Mysterien" genannt, das allerdings mehr literarisch zur Steigerung des Geheimbesitzes und seiner Singularität für den "auserwählten" Adressaten zu bewerten ist. Aber wir kennen ja das strikte Verbot des Verrates bei Geheimbünden. Anders steht es mit einer erlaubten *Reservatio mentalis* (arabisch und neupers. *ketmān*; arab. *taqija*), die in kritischen Situationen, wie der Drohung der Todesstrafe, eine "Verheimlichung" nicht nur des esoterischen Wissens oder Glaubens geraten erscheinen läßt, sondern zugunsten der Erhaltung des Trägers des "inneren" Besitzes, sich den "äußeren" Verhältnissen und Erfordernissen (z.B. der Bekehrung oder Mission) anpaßt, d.h. sich "verstellt" oder "heuchelt". In der Gnosis, im engeren Sinne, ist dies bisher nur bei den Mandäern ausdrücklich belegt.[29] Aber auch bei den der Gnosis nahestehenden Elchasaiten findet sich eine ähnliche Praxis der "Heuchelei" (*hypokrisis*), die auf den Gründer der Gemeinde "verborgene Kraft" (vermutliche aramäische Bedeutung von *Al-Chasai*) zurückgeht.[30] Dieser Sachverhalt, der in letzter Zeit von Hans G. Kippenberg mehrfach näher behandelt worden ist,[31] beleuchtet das Thema von einer recht

---

[29] Vgl. Ginza rect. (Übers. Lidzbarski), Buch I § 198–199; II,1 § 133–133. Vgl. dazu meinen Beitrag "Zum Problem von Loyalitätskonflikten in der Gnosis", in: C. Elsas/H.G. Kippenberg (Hg.), Loyalitätskonflikte (s.o. Anm. 19), S. 292–300; hier S. 297 ff. eine Übersetzung und Interpretation der beiden, unterschiedlichen Versionen dieser mandäischen Überlieferung, deren Datierung nicht eindeutig, aber sicher vorislamisch ist.

[30] Vgl. Eusebius hist. eccl. VI 38 und Epiphanius, Panarion XIX 1,8–2,1; 3,3. Übersetzung von J. Irmscher in: Schneemelcher, NT-liche Apokryphen, 5.Aufl. (1989), S. 623; G.P. Luttikhuizen, The Revelation of Elchasai, Tübingen 1985, 89 f.,119 f. (dazu 201 f.). S. die in Anm. 31. angeführten Arbeiten von H.G. Kipppenberg, die ebenfalls näher darauf eingehen.

[31] Vgl. Ketmān. Zur Maxime der Verstellung in der antiken und frühislamischen Religionsgeschichte, in: J.W. Henten, H.J. de Jonge u.a. (Hg.), Tradition und Re-Interpretation in Jewish and Early Christian Literature. Essays in Honour of J.C.H. Lebram, Leiden 1986, S. 172–183; Die Verheimlichung der wahren Identität vor der Außenwelt in der antiken und islamischen Religionsgeschichte, in: J. Assmann/

wirkungsträchtigen Seite her, da hier das Auseinandertreten von öffentlichen und 'privaten' (individuellen) Verhalten in verschärfter Form sichtbar wird. Die Verinnerlichung des religiösen Bekenntnisses ("im Herzen") wird vorangetrieben im Angesicht öffentlichen Drucks mit Todesgefahr. Der gnostische antikosmische Dualismus von Geist und Körper, der auch das Verhältnis von Geheimnis und Offenbarung steuert, hat offensichtlich einen entscheidenden Anteil an der Entwicklung des Auseinandertretens von 'innerer Wahrheit' und 'äußerer Welt', sei es als Lüge oder Belanglosigkeit. 'Ich'und 'Welt' werden zwei gegensätzliche Pole, die nicht zu Übereinstimmung gebracht werden können. Die politisch-sozialen Hintergründe für diesen Wandel sind an dieser Stelle nicht weiter zu verfolgen.[32] Im nächsten Abschnitt 3 über das manichäische Material wird Gelegenheit sein, noch einmal darauf zurückzukommen, da auch die Manichäer eine *Reservatio mentalis* praktizieren konnten, die für die Folgezeit in anderen dualistischen Bewegungen des christlichen und islamischen Mittelalters eine Vorbildfunktion hatte.

Ein anderes Terrain dieser Art der Verheimlichung als Verstellung ist die im frühen Christentum und damit auch in den christlich-gnostischen Gruppen diskutierte Teilnahme oder Nichtteilnahme an "heidnischen" Opferfleischmahlen oder am Kaiserkult. Auch hier ist der Gegensatz von "Mund" und "Herz" oder äußerer Haltung bzw. "Äußerung" und der inneren Einstellung (Glaube, Denken) durch eine kritische Situation hervorgerufen worden. Die Fronten verliefen dabei quer durch die Vielfalt der frühchristlichen Auffassungen dazu, auch wenn die dominante großkirchliche Richtung sich offiziell mehr und mehr durchsetzte.[33] Schon Paulus war mit diesem Problem konfrontiert (1.Kor. 8,10; 10,20–22). In Korinth hatten diejenigen, die "Festigkeit" und "Gnosis" besaßen, keine Scheu vor dem Genuß von Opferfleisch. Von den Gnostikern des 2.Jh., wie Basilides und eini-

Th. Sundermeier (Hg.), Studien zum Verstehen fremder Religionen. Band 6: Die Erfindung des inneren Menschen, Gütersloh 1993, S. 183–198; Die vorderasiatischen Erlösungsreligionen in ihrem Zusammenhang mit der antiken Stadtherrschaft, Frankfurt/M. 1991, Kap. 9 und 10

[32] Vgl. dazu ausführlich Kippenberg, Die vorderasiatischen Erlösungsreligionen. Zum Ich-Begriff und seine Relevanz für die "soziologische Verortung" der Gnosis ist jetzt eine phil. Dissertation von Julia Iwersen, Gnosis und Geschichte. Gnostisches Ich- und Weltverständnis im Spiegel der Geschichte des östlichen Mittelmeerraumes von Alexander dem Großen bis ins zweite nachchristliche Jahrhundert, Hamburg 1994, abgeschlossen worden (vgl. bes. S. 32–60).

[33] Vgl. dazu den Beitrag von D. Georgi in diesem Band und H.G. Kippenberg, Ketmān, S. 175 ff.; Die vorderasiatischen Erlösungsreligionen, S. 380 ff.

gen Valentinianern wird eine ähnliche großzügige Haltung demgegenüber von den Häresiologen mit Abscheu berichtet,[34] obwohl auch andere Christen so handelten. Dies betrifft besonders das öffentliche Bekenntnis zur Kaiserverehrung und die Bereitschaft zum Martyrium. Plinius Junior (ca. 62–114) berichtet bekanntlich über die unterschiedliche Haltung der Christen dazu (epist. X 96.97). Den Gnostikern wird allgemein eine laxe Verhaltensweise und Absage an das Martyrium nachgesagt, was aber in dieser generellen Weise nicht stimmt, wie nicht zuletzt einige der NHC-Schriften (TestVer.; ApkPetri; 2LogSeth; EpPetPhil; ApkJak II) zeigen.[35] Die Gleichgültigkeit gegenüber den offiziellen heidnischen Praktiken hat bei den Gnostikern in erster Linie mit ihrer Überlegenheit über die die irdischen Dinge, den "Adiaphora",[36] zu tun. Der "Pneumatiker", d.h. der potentiell von der Welt Befreite, nimmt keinen Schaden an seiner "Seele", sich auf diese Weise zu prostituieren; dies ist ein Stück seiner 'libertinistischen' Haltung, die sich der sonstigen überwiegend asketischen Verhaltensweise einfügt. Im übrigen ist für ihn dadurch nicht die einstige Erlösung gefährdet, da sie ein innerer Pfand des Wissens ist, sofern das äußere Verhalten den gnostischen (enkratitischen) Normen folgt. Gnostiker wie Basilides und Herakleon haben eine eigene Leidenstheologie entwickelt, die das Martyrium nicht rundweg ablehnt, aber auch nicht als garantierendes Erlösungsmittel anerkennt.[37] Die eigentliche Bewährungsprobe hat der Gnostiker nicht vor den irdischen Archonten zu bestehen, sondern vor den überirdischen, den dämonischen Beherrschern des Kosmos, die den Weg seines "Selbst" (Geist, Seele) nach dem irdischen Tode zum Pleroma zu hemmen suchen, aber gegenüber denen er endlich offen sein wahres Wesen zu erkennen geben kann, das ihm die Durchreise erlaubt.[38] Auf diese Weise verkehrt sich das "Geheimnis" seiner Herkunft bei seiner Rückkehr

[34] Vgl. Irenaeus, Adv. haer.I 6,3; 24,5; Clemens Alex. Strom IV 81–83; Euseb. hist. eccl. IV 7, 5–8.

[35] Vgl. dazu K. Koschorke, Die Polemik der Gnostiker gegen das kirchliche Christentum, Leiden 1978 (NHS 12), S. 127 ff., 134 ff.; E. Pagels, Versuchung durch Erkenntnis, Frankfurt/M. 1981, Kap. 4; Kippenberg, Ketman, S. 176 f.; Rudolph, Zum Problem von Loyalitäts-konflikten S. 295 f.

[36] Der Ausdruck dafür ist durch Irenaeus I 6,3, und Euseb IV 7,7; VI 38 (betr. Elchasai) ausdrücklich belegt.

[37] Betr. Basilides s. Euseb, h.e. IV, 7,5–8, und Clemens Alex. Strom. IV, 81–83; betr. Herakleon (Fragment 50) s. Clemens Alex. ebd. IV 71 f. Vgl. dazu W. Foerster, Die Gnosis, 1.Band, Zürich 1979, S. 103 f. und 238 f.

[38] Vgl. Kippenberg, Die Verheimlichung S. 186f. Texte zum gnost. Seelenaufstieg und seinen Gefahren bietet meine Gnosis, S. 186 ff.

in einen Zustand der Freiheit und Offenheit, für die das Pleroma steht. Die wahre Identität des Gnostikers, die in dieser Welt verborgen und "geheim" bleibt, wird erst im überkosmischen Jenseits voll wiedererlangt. Bei den Mandäern heißt das: das Leben hat das Seine und das Seine hat das Leben wiedererlangt.

3. *Geheimnis und Verheimlichung im Manichäismus (Auswahl)*

Die zweite große Welle antikosmisch-dualistischer Religion nach der nichtchristlichen und christlichen Gnosis in der Spätantike war die von dem Iraner Mani ins Leben gerufene Lehre von den "Zwei Prinzipien und den Drei Zeiten", die seit dem 3.Jh. den Orient und Okzident überzog. Sie ist ohne Zweifel eine aus dem gnostischen Geist geborene Erlösungsreligion, die in bewußt weltumspannender Weise die östliche und westliche Ökumene zu verbinden suchte, indem sie christlich-jüdische und iranisch-zoroastrische, später auch buddhistische, uigurische und chinesische Traditionen, wenn auch oft nur verwandelt und auf die Terminologie beschränkt, in eine eindrucksvolle Synthese zu verbinden wußte. Das ganze komplizierte, auf Anpassung ausgerichtete System ist ein "Mysterium", das der Initiator und seine Missionare mit Energie und Geschick als ein solches verbreiteten. Die Ausdrücke "Mysterion" (bewußt mit dem griech. Terminus in den Koptica), "Geheimnis" (kopt. *hōp*, *hāp* oder *pethēp*; iran. *rāz* bzw. *rāzān*) oder "Unaussprechlichkeit" (gr. *apórreton*) begegnen daher sehr oft in den manichäischen Quellen, weithin in ähnlicher Weise, wie in den gnostischen Texten.[39]

3.1. In dem einzigen, griechisch erhaltenen Text, der die Frühzeit Manis nach den Erinnerungen seiner Jünger behandelt und den Titel "Über das Werden seines (Manis) Leibes" trägt, in der Wissenschaft als "Kölner Mani Kodex" (CMC) bekannt, wird wiederholt von Mani

[39] Im Folgenden verwende ich die zitierten Quellen mit den gängigen Abkürzungen: CMC—Kölner Mani-Codex (ed. Koenen/Römer 1987); Hom.—Koptische Homilien (ed. Polotsky 1934); Keph.—Koptische Kephalaia (ed. C. Schmidt, Polotsky, Böhlig, 1940 u. 1966); Ps.-b.—Koptisches 'Psalmbook'(ed. Allberry 1938). Die iranischen Turfantexte folgen der von Mary Boyce gegebenen Nummerierung (A Catalogue of the Iranian Manuscripts in Manichaean Script in the German Turfan Collection, Berlin 1960). MirM—Mitteliranische Manichaica aus Chinesisch Turkestan I–III, ed. von C.F. Andreas u.W.B. Henning, Berlin 1932, 1933, 1934); abgedruckt bei W. Henning, Selected Papers, Vol. 1, Leiden 1977 (Acta Iranica, 2.Serie, 14). Eine vorzügliche dt. Quellensammlung liefert A. Böhlig, Die Gnosis. 3.Band: Der Manichäismus, Zürich 1980 (mit Bibliographie); abgekürzt: Gnosis III.

betont, daß seine Lehren insgesamt "Geheimnisse" (*apórreta*) sind, die ihm sein Vater-Gott durch seinen "Gefährten" oder "Paargenossen"(*Syzygos*) offenbart worden sind.[40]

"Er lehrte mich die Geheimnisse (*apórreta*; eig. Unaussprechlichkeiten) [die Gedanken] und das Übermaß meines Vaters, und wer ich bin, und wer mein unzertrennlicher Syzygos (Gefährte) ist, ferner auch, was meine Seele ist, welche die Seele aller Welten ist, und wie sie ins Sein gekommen ist. Er zeigte mir darüberhinaus die grenzenlosen Höhen und unergründlichen Tiefen. . . ." (CMC 22 f.)[41]

"Alle Geheimnisse (*apórreta*), die mir mein mein Vater geschenkt hat, habe ich vor den Sekten (*dogmata*) und Heiden (*ethnoi*), ferner auch vor der Welt (*kosmos*) verborgen und verhüllt, euch (den Jüngern, K.R.) aber nach dem Wohlgefallen meines glückseligen Vaters offenbart (*apekálypsa*). Wenn es ihm abermals gefallen sollte, gebe ich euch wieder eine Offenbarung (*apokalypto*); denn die Gabe, die mir mein Vater gegeben hat, ist sehr groß und [reich]. Wenn nämlich die [ganze] Welt und alle Menschen sich ihm unterordneten, dann wäre ich genug, mit ebendiesem Besitz und Gewinn, den mir mein Vater geschenkt hat, sie reich zu machen und dafür zu sorgen, daß die Weisheit für die ganze Welt ausreicht." (CMC 58 f.)[42]

In den Kephalaia Kap. 76 beklagt sich Mani, daß ihn seine Gegner daran hinderten, alle seine "Mysterien", die er erhalten hat, zu verkünden. "Aber ich habe [den Willen des Mysteriums], den ich in der [lebendigen] Wahrheit predige, erfüllt . . ." (p. 184). Mani hebt immer wieder hervor, daß ihm diese Geheimnisse nicht von Menschen oder Schriften geoffenbart oder gelehrt wurden. So in einem Brief an seine Gemeinde in Edessa (erhalten im CMC 64 f.):

"Die Wahrheit und die Geheimnisse (*apórreta*), über die ich rede, auch die Handauflegung, die bei mir ist, habe ich nicht von Menschen oder fleischlichen Geschöpfen und auch nicht durch den Umgang mit Schriften (*graphoi*) empfangen. Als mich vielmehr mein seligster [Vater], der mich in seine Gnade berufen hat und mich [und] die anderen in der Welt nicht zugrunde gehen lassen [wollte],

---

[40] Zur Gestalt des Syzygos Manis s.W. Fauth, Manis anderes Ich. Syzygos und Eikon, in: R. Berlinger/W. Schrader (Hg.), Gnosis und Philosophie. Miscellanea. Amsterdam/Atlanta (GA), 1994 (Elementa 59, S. 75–139)

[41] Nach: Der Kölner Mani-Kodex. Kritische Edition. Hrsg. von L. Koenen und Cornelia Römer, Opladen 1987 (Abh. Rhein.-Westf. Akadamie d. Wiss. Papyrologia Coloniensa Vol. XIV), S. 15

[42] Nach ebd. S. 47 f. Vgl. Joh. 21,25.

erblickte und sich [meiner] erbarmte, um denen, die bereit sind, sich für ihn aus den Religionen (*dogmata*, eig. Sekten oder Lehren) erwählen zu lassen, das selige Leben zu geben, da zog er mich in seiner Gnade aus der Gemeinschaft (*synedrion*) der Menge heraus, welche die Wahrheit nicht kennt. Er enthüllte mir (*apekálypsé moi*) seine Geheimnisse (*apórreta*), die seines unbefleckten Vaters sowie die der ganzen Welt. Er zeigte mir, wie sie vor der Schöpfung der Welt (*prin katabolēs kosmu*) waren, wie das Fundament aller guten und schlechten Werke gelegt wurde, und wie sie (die Väter) [das aus] der Vermischung (*synkraseos*) Gebildete erbauten [in] diesen [jetzigen Zeiten und Welten (?)]."[43]

Auch aus den Keph. Kap. 1 geht klar hervor, daß Mani sein ganzes System als "verborgenes Mysterium" verstand, das ihm z.Zt. des ersten Sasanidenkönigs Ardaschir I. (224–239/40) durch den "lebendigen Parakleten" (der in den Keph. mit dem Syzygos identifiziert wird)[44] offenbart wurde.[45] Aufgezählt werden dabei als einzelne manichäische Theologumena: das Mysterium der Tiefe und Höhe (s.o. CMC 22 f.), das des Lichts (vgl. auch Keph. 163,14 f.; 248,28) und der Finsternis, das vom Fall des (Ur-) Menschen im Kampf, das vom Krieg und Streit, den die Finsternis angestiftet hat (vgl. auch Keph. 164,28 f., 254,11 ff. 21), das der Schaffung Adams und des Paradiesbaumes der Erkenntnis, aber auch das Mysterium der Lichtapostel, der Electi und Katechumenen, der Sünder, ihrer Werke und ihrer Strafe.[46] Daher kann es auch heißen, daß Mani die Mysterien vor der Weltgründung offenbart wurden (Ps.-b. 3,22). Da die Welt "voller Mysterien" ist (Keph. 254,8 f.), sind alle kosmologischen Ereignisse damit eingeschlossen, wozu nicht nur die bereits aufgeführten Mythologumena gehören, sondern auch astronomische bzw. astrologische Dinge (s.Keph. Kap. 69: p. 166 ff.; M 33 I R II,14–20),[47] Kalenderberechnungen (betr. der 50 Herrenoder Fastentage in Keph.

[43] Ebd. 45

[44] Vgl. dazu Fauth, Manis anderes Ich, S. 109 ff.

[45] Zum Problem der Datierung an dieser Stelle s. W. Sundermann, Mani's Revelation in the Cologne Mani Codex and Other Sources, in: L. Cirillo (Ed.), Codex Manichaicus Coloniensis. Atti del Simposio Internazionale (Rende-Amantea 3–7 settembre 1984), Cosenza 1986, 205–214, spez. 206 f., gegenüber Böhlig, Gnosis III, S. 85 mit A. 42 auf S. 318.

[46] Vgl. Keph. 14 f.; Böhlig, a.a.O., S. 85;

[47] MirM III, S. 30; Henning, Sel. Papers I, S. 302. Über die Mysterien der Sonne s.Keph. Kap. 65 (p. 160 ff.)

Kap. 109: p. 262 ff.),[48] die Vorgänge bei der Erlösung der Seele (M 7 R I, 77–80; M 38 V II, 82 f.),[49] aber auch rituelle Praktiken und ihre "verborgene" Bedeutung, wie die "fünf Mysterien": der Friedensgruß, die rechte Handreichung, der Kuß, die Proskynese und die Handauflegung (Keph. Kap. 9: p. 37 ff.)[50] oder das Brot und Wasser des Bēma-Tisches (Ps.b. 25,1 f.). Die manichäische Kirche ist die Erfüllung der Mysterien ihres Gründers (Ps.-b. 21,7 ff.).

3.2. Von Personen und den manichäischen Gottheiten wird das Attribut des Geheimnisvollen oder Verborgenen verschiedentlich ausgesagt. In erster Linie natürlich von Gott-Vater, dem ersten der Götter, der "verborgene (*pethēp*), dessen Licht offenbart ist" (Ps.-b. 1,7 f.; Keph. 162,26 f.). Ibn an-Nadīm berichtet (irrtümlich?) vom "Aion des Geheimnisses" (*al-ġaib*).[51]

Der Erlöser (*Sōtēr*) Jesus als einer der Lichtgötter der 3.Berufung wird als "der Geheimnisvolle" in der chines. Hymnenrolle bezeichnet.[52] Er besitzt die "Mysterien des Lebens" (Ps.b. 37,28; 126,8 [?]). Da er für die Rettung der Seelen eingesetzt wurde, ist er der "Offenbarer des Geheimnisses (*pethēp*)" nach dem Tode (ebd. 83,25–28). Als "Quelle des lebendigen Wortes" sind ihm die "Mysterien des Vaters" offenbart worden (ebd. 185,4 f.). "Jesus der Glanz" gibt daher Offenbarungen über "alles Äußere und Innere, Obere und Untere" usw. (s. Keph. Kap. 61: 152,7–15). Der Kreuzestod des irdischen Jesus, als Lichtgesandter ein Vorläufer Manis, ist die Vollendung seines "Mysteriums" (ebd. 11,15; vgl. dazu Hom. 18,3, wo gleiches von Manis Tod gesagt wird). Generell wird von den Lichtgesandten in der chines. Hymnenrolle (Z. 264) gesagt: "Kein Geheimnis bleibt unenthüllt; alles bringen sie zum Leuchten. Sämtliche Geheimnisse werden geoffenbart: die sogenannten beiden Prinzipien, die beiden großen Kräfte, wer, wenn nicht die Gutartigen, vermögen sie

---

[48] Vgl. Böhlig, Gnosis III, S. 209 f.; Mysterion und Wahrheit, Leiden 1968, S. 259 ff.

[49] MirM III, S. 26.41; Henning, Sel. Papers I, 298.313

[50] Vgl. Böhlig, Gnosis III, S. 212 ff.

[51] G. Flügel, Mani, seine Lehren und seine Schriften, Leipzig 1862 (Reprint Osnabrück 1969), S. 53,2; Böhlig, a.a.O. 145,4 v.u.; gemeint ist wohl die *Enthymesis* ("Überlegung, Nachdenken"), die in der manich. Tradition einer der fünf Eigenschaften des "Vaters der Größe" ist.

[52] E. Waldschmidt/ W. Lentz, Die Stellung Jesu im Manichäismus, Berlin 1926 (Abh. Preuß. Akad. d. Wiss. Phil-hist. Kl. Nr. 1926: Nr. 4), S. 85 Überschrift; H. Schmidt-Glintzer, Chinesische Manichaica, Wiesbaden 1987, S. 33, 1 f.

zu verstehen. . . ."[53] Auch Jakobus, der Bruder Jesu, vollzog auf diese Weise viele "Mysterien" (Ps.-b. 142,30).

Verständlich, daß vor allem Mani selbst nicht nur als Offenbarer der "Geheimnisse" an seine Kirche (s.o.) verehrt wird, sondern sein Aposteltum selbst ein "Mysterium" ist (Hom. 75,31), ein "(Ab)-Bild der Mysterien Gottes" (Ps,.b. 16,28). Alle Mysterien haben sich in ihm erfüllt, wozu auch sein (symbolischer) Kreuzestod gehört (ebd. 18,3). Die Bēma-Psalmen schildern den Bēma-Sitz, auf dem Mani bildlich Platz nimmt, als Zeichen der Weisheit, der Größe und seiner "unermeßlichen Mysterien" (ebd. 26,6–8; 27,21 f.).

Das "Mysterienwissen" überträgt sich natürlich auf Manis Jünger und die "Auserwählten" generell. Sie sind "die Prediger, Lehrer und Offenbarer der Geheimnisse (*rāzān*) der Weisheit" (M 36 R 22)[54] oder der "verborgenen Geheimnisse (*rāzān*)" (M 11 R, 24 f.; M 11 R Ü,25).[55] Sie erhielten das Wissen um das "Geheimnis (*pethēp*) des Höchsten". Als Kenner der offenbarten Mysterien erhalten sie Sündenvergebung (Ps.-b. 8,22 f.). Das "Mysterium (der Söhne) des Lichts" besteht in ihrem gerechten Wandel (Keph. 191,21 betr. das Fasten). Ibn an-Nadīm nennt die "Rechtschaffenen" (*al-ṣiddiqūn*; iran. *arthavān*) die "Söhne des Geheimnisses" (*'ibna'i al-ġaib*).[56]

3.3. Aufgrund der angeführten Tatbestände nimmt es nicht Wunder, wenn der Begriff "Geheimnis", "Mysterium" auch auf Schriften seine Anwendung findet, enthalten sie ja nach Manis Absicht gerade die von ihm offenbarten Dinge. Stellenweise bleibt es unsicher, ob damit schriftliche "Offenbarungen" oder die der Gemeinde anvertrauten mündlichen Auslegungen und Erklärungen zum manichäischen Mythos gemeint sind. So werden Manis "Schriften und Mysterien" gepriesen (Hom. 4,9.27) und (nach Aufzählung seiner 'kanonischen' Werke) "seine Offenbarungen (Apokalypsen), Parabeln und Mysterien" (ebd. 25,6 f.).[57] Die "Epistula fundamenti", die Augustinus zitiert (Fragment 9), sprechen von den "göttlichen Schriften und himmli-

---

[53] Nach Schmidt-Glintzer, ebd. S. 44

[54] MirM II, S. 33; Henning, Sel. Papers I, S. 324

[55] MirM II, S. 33 Anm. 6; Henning, Sel. Papers I, S. 221; vgl. auch E. Waldschmidt/W. Lentz, Manichäische Dogmatik aus chines. und iran. Texten (SB. Preuß. Akad. d. Wiss. Phil.-hist. Kl. 1933, S. 480–607), S. 557; H.J. Klimkeit, Hymnen und Gebete der Religion des Lichts, Opladen 1989 (Abh. Rhein.-Westf. Akad. d.Wiss. Bd. 79), S. 135 (7.)

[56] Flügel, Mani 64,11; Böhlig, Gnosis III, 190,9 mit A. 124 auf S. 326 (s.o. Anm. 51); vielleicht auch hier für "Enthymesis".

[57] Vgl. dazu Böhlig, a.a.O., S. 221 mit A. 3 auf S. 240 (apokryphe Schriften?).

schen Mysterien" (*arcanisque caelestibus*), in denen die Vorgänge über die Weltentstehung enthalten sind.[58] Bekanntlich hieß eines der Hauptwerke Manis, die er seiner Gemeinde als Grundbücher anvertraute, "Buch der Mysterien" (*ptschōme ïnïmmysterion, sifre al-asrar*) oder "Von den Mysterien" (*ta ton mysterion*).[59] Leider haben sich davon bisher keine Exzerpte oder Fragmente erhalten; nur die arabischen Autoren berichten darüber etwas näher, vor allem Ibn an-Nadīm gibt uns eine Übersicht über die 19 Kapitel die das Buch enthalten haben soll.[60] Daraus geht hervor, daß darin (ähnlich wie in den Kephalaia!) einzelne Theologumena oder Mythologumena der manichäischen Lehre in Auseinandersetzung mit anderen Auffassungen (z.B. des Bardaiṣān und seiner Schule) behandelt waren, u.a. auch, wie al-Bīrūnī mitteilt, über die Seele und ihr Schicksal nach dem Tode (Seelenwanderung). Die griechischen Abschwörungsformulare erwähnen das "sogenannte Buch der Mysterien", in denen die Manichäer versuchen, "das Gesetz und die Propheten zu verdrehen".[61] Von den Apostaten wurde daher verlangt nicht nur die Gedanken und Lehren der Manichäer zu verdammen, sondern auch "die schmutzigen, unreinen und von Täuschung (oder: Zauberei) vollen Mysterien ... und was in den manichäischen, vor allem den täuschungsreichen ('goetischen') Büchern enthalten ist."[62]

3.4. Damit ist bereits das Thema der "Verheimlichung" angeschnitten, denn gerade die bereits nach dem Tode Manis (277) einsetzende Verfolgung der Manichäer im iranischen Reich, die parallel auch in den römischen Herrschaftsgebieten umsichgriff (erstes Edikt gegen sie unter Diokletian 297), machte die weltweit sich ausbreitende Gemeinde immer wieder zu einer unterdrückten Minderheit, über die auch die Zeit als offizielle Religion des Uigurenreiches (762–840) nicht hinwegtäuschen kann. Mit der Abbasidenherrschaft (750–1258)

[58] Vgl. Böhlig, ebd. S. 232 f., und E. Feldmann, Die "Epistula Fundamenti" der nordafrikanischen Manichäer, Altenberge 1987, S. 18,4 f. mit S. 82 ff. (Kommentar).

[59] Vgl. Böhlig, a.a.O.,S. 45 f.; M. Tardieu, Le Manichéisme, Paris 1981, S. 50–55; O. Klíma, Manis Zeit und Leben, Prag 1962, S. 402 f., 405 ff. Kopt-manich. Angaben: Hom. 25,3; 43,17 ("Buch der Mysterien und der Weisheit"); 49,20; Ps.-b. 46,28.

[60] Vgl. Flügel, Mani, 72 f. (arab.), 102 f. (Übers.), 354 ff (Kommentar); A. Adam, Texte zum Manichäismus, Berlin 1969, S. 8–10.; Böhlig S. 225 f.; Übersicht auch bei Klíma, a.a.O., S. 405 f.

[61] Vgl. Adam, Texte S. 94,27 f. (kleines Formular 1321B); 100, 133 f. (großes Formular 1465D); Böhlig, S. 299, 7 f.v.u.

[62] Adam, Texte, S. 100, 121–127: Böhlig, 299 (1465D)

beginnt im arabischen Reich die Unterdrückung (bes. zwischen 775 und 932), 843/44 die in China. So nimmt es nicht Wunder, daß die Manichäer diesen Verfolgungszeiten auf ihre Weise zu entkommen suchten. Mani selbst hat meines Wissens eine *Reservatio mentalis* noch nicht ins Auge gefaßt, obwohl bereits zu seinen Lebzeiten (besonders gegen Ende) Verfolgungen geschahen, wie die Inschriften des Obermagiers Kirdīr zeigen.[63] Seine Nachfolger gingen dazu über, ohne daß wir darüber nähere theologische Debatten erfahren. Vermutlich wurde dabei von Fall zu Fall lokal entschieden. Das gnostische Grundgerüst des Manichäismus mit der strikten Trennung von 'Innen' (Geist, Seele etc.) und 'Außen' (Körper, Welt) gab dazu die beste Voraussetzung, wie bereits unter 2.4 bemerkt.

Die Hauptzeugen für die "Verheimlichung" sind einerseits Ibn an-Nadīm (10 Jh.), andererseits Augustinus (372/3–383 manich. Auditor; 387–400 Kampf gegen die Manichäer).[64] Die Verfolgung der Manichäer in ihrem ältesten Stammland, dem Iraq, unter Kalif Muqtadir (908–932) führte "aus Furcht für ihr Leben" zu einem (2.) Exodus nach Chūrasān. "Wer von ihnen zurückblieb, verheimlichte (o. verhüllte) seine Gesinnung (eigtl. Sache, Angelegenheit) und reiste (so unbehelligt) in diesen Gebieten umher."[65] Der Rechtslehrer Mālik b. Anas (8.Jh.) hatte bereits festgestellt, daß die Aufrichtigkeit bei den (zum Islam) bekehrten Dualisten oder Manichäern (*zanādiqa*) unglaubwürdig sei, da sie die Verheimlichung praktizierten.[66] Daß diese Haltung dann auch für den chinesischen Raum möglich war, ist aufgrund der manichäischen Anpassung an die buddhistischen und taostischen Verhältnisse dort anzunehmen.[67]

[63] Vgl. zuletzt Ph. Gignoux, Les quatre inscriptions du mage Kirdir, Paris 1991 (Coll. des sources pour l'histoire de l'Asie centrale pré-islamique. Sér II. vol. 1. Studia Iranica-Cahier 9), bes. S. 60 (Konkordanz der Inschriften) und 69 f. (Übersetzung). Die Manichäer erscheinen in der Ka'aba i Zarduscht-Inschrift, Z. 10 (ebd. S. 46) unter dem Begriff *zandike* (*zndyky*), d.i. "Häretiker" (später generell für Dualisten).

[64] Vgl. zum Thema: Kippenberg, Ketmān, S. 175 f.; Verheimlichung, S. 188 ff.; Erlösungsreligionen, S. 405 ff.; F. Decret, Du bon usage du mensonge et du parjure, in: Mélanges P. Lévèque, IV, Paris 1990, S. 141–149.

[65] Ibn an-Nadīm bei Flügel, Mani, S. 77,2 f. (arab.), 105 f. (Übers.); B. Dodge, The Fihrist of al-Nadim, New York 1970, Vol. 2, S. 802,16 f. Vgl. dazu G. Vajda, Die Zindīqs im Gebiet des Islams zum Beginn der 'Abbasidenzeit, in: G. Widengren (Hg.), Der Manichäismus, Darmstadt 1977, (WdF 168), S. 423 f. (frei übersetzt); J. van Ess, Theologie und Gesellschaft im 2.und 3.Jh. Hidschra. Band 1, Berlin 1991, S. 420 f.

[66] So nach Kippenberg, Verheimlichung, S. 189. Ich habe die Quelle nicht nachprüfen können.

[67] Vgl. dazu P. Bryder, The Chinese Transformation of Manichaeism. Diss. phil.

Ähnlich liegen die Tatbestände im Westen, wo Augustinus uns über den "guten Gebrauch von Lüge und Täuschung" (F. Decret) bei den nordafrikanischen (und römischen?) Manichäern berichtet. Er selbst sagt in seinen Konfessionen, daß er sein manichäisches Leben "heimlich trieb unter dem falschen Deckmantel der (manichäischen) Religion" (IV,1). Dies kann auch anders, von seinem schlechten Gewissen als bekehrter Christ diktiert sein. In dem ihm zugeschriebenen Traktat *De haeresibus* heißt es über die manichäische Praxis (c. 70): "Schwöre, lege Meineid ab, aber verrate unsere Geheimnisse (*secreta*) nicht" (*iura, peiura, secretum prodere noli*). Augustin betont, daß die Auditores, wie er selbst, nur ein begrenztes Wissen über die manichäischen "Mysterien" haben; die wahre Kenntnis besitzen nur die Electi.[68] Insofern ist die Reservatio mentalis unterschiedlich zu sehen: die Laien ("Hörer") wußten wirklich nicht mehr, die Priester (Electi) konnten das verschweigen, was sie wirklich wußten mit Bezug auf die unzerstörbare und unzugängliche 'innere Wahrheit' gegenüber der vergänglichen Welt der Lüge und Täuschung. "Man kann die Täuschung um Munde führen, um die Wahrheit im Herzen zu bewahren" (*c. mendacium* 6,14).[69] Wie wir gesehen haben, vertraten die Elchasaiten, aus denen Mani hervorging, bereits drei Jahrhunderte vorher den gleichen Grundsatz (s.o. 2.4). Auch die Priscillianer konnten das Gleiche tun und sich auf Ps. 15,2 (Vulgata 14,3) berufen, wo von der "Wahrheit des Herzens" die Rede ist (*c. mendacium* 6,3).[70] Bestätigt wird das manichäische Verhalten auch in dem großen griech. Abschwörungsformular (1469 D): "Wenn ich aber nicht aus ganzem Herzen so denke und spreche (wie vorausgehend verlangt, K.R.) . . ., sondern die vorstehenden Anathematismen aus Verstellung (*meth'*

Lund 1985; Sam. N.C. Lieu, Manichaeism in the Later Roman Empire and Medieval China. 2. ed. Tübingen 1992 (WUNT 63), bes. S. 248 ff., 257 ff. (Manichaean Scriptures and the Taoist Canon), 268 ff., 270 ff. (über die Geheimsekte der "Weißen Wolke"), 285 ff. (über die "Weiße Lotos-Sekte"). Der Zusammenhang zwischen Sektierertum und Subversion ist in diesen chines. Bewegungen oft sehr eng, wobei die taostischen und buddhistischen Sekten dieser Art Kontakte mit manichäischen Gedankengut aufweisen. Eine nähere Untersuchung darüber steht noch aus. Wie leicht der Übergang zum Buddhismus sein konnte, zeigt einer der wenigen erhaltenen manich. Tempel in Fu-Chien (Fukien) bei Ch'üan chou bzw. Tsin-Chiang, der jetzt zu einem buddhist. Nonnenkloster gehört und dessen Altarbild (Relief) mit Mani als das von Buddha gilt. Vgl. Lieu ebd. 297 ff.; P. Bryder, . . . Where the faint traces of Manichaeism disappear, in: Altorient. Forsch. 15, 1988, 201–208 (mit Abb.).

[68] Vgl. Decret, a.a.O., S. 143 (c. Fortunatum manich. 3)

[69] Vgl. ebd. 146

[70] Ebd. 147 A. 35.36 (Text)

hypokriseos) ausgesprochen habe, dann soll auch ich verdammt und verflucht sein ..."[71]

Die Grundlage für die gnostisch-manichäische *reservatio mentalis* ist der dualistische Ansatz, wie F. Decret m.R hervorhebt.[72] Vor- und Abbild dafür ist die sog. 'doketische' Christologie, nach der das Leiden nur die äußere Körperform betrifft, nicht die innere Pneumanatur des *salvator salvandus*. Da das äußere Leben das uneigentliche ist, trifft der Vorwurf der Lüge, Täuschung oder Verstellung die Gnostiker nicht; er ist daher kein Makel für sie und trifft nicht den Kern. Dieser liegt für sie jenseits des Vorfindlich-sichtbaren Bereichs: das "*secretum*" oder "*mysterion*" ist nur den Pneumatikern oder Electi zugänglich.[73] So ist der Akt des Verbergens ein spezieller Fall der Geheimnisverwahrung gegenüber der feindlichen Welt, die einerseits deren Mißachtung bedeutet, andererseits dem Überleben dient, vor allem aber auch Ausdruck des unangreifbaren "Inneren" gegenüber der äußeren Demonstration ist: die "Gnosis" ist der unangreifbare Besitz des Herzens. "Entweder war das Innere des Menschen der Ort der Sünde und die Öffentlichkeit der Ort der praktischen Bewährung des Glaubens. Oder die äußere Welt war der Ort der Sünde und die innere Welt der Erlösten der Ort der Wahrheit."[74]

Daß diese Optionen durch die politische Wirklichkeit bestimmt wurden und auch Judentum und Christentum erfaßten, mag zum Schluß ein Hinweis auf Moses Maimonides und Immanuel Kant begründen. Ersterer hat in seinem Sendschreiben über die Abtrünnigkeit oder das Martyrium (verfaßt in Fèz zwischen 1160 und 1165) den verfolgten Juden Spaniens unter den Almohaden, u.a. den Rat gegeben, wenn sie nicht in ein anderes Land fliehen vermögen, sie den Islam äußerlich bekennen können, um den jüdischen Glauben im Herzen zu bewahren. Wenn es sich nur um äußere Worte oder Reden handelt, ist die Notlüge erlaubt, nicht dagegen, wenn es um geforderte Handlungen oder Riten geht, die dem jüdischen Gesetz widersprechen. Die "Heiligung des (göttlichen) Namens" kann nicht überall auf die gleiche Situation angewendet werden; es bedarf gewisser Unterscheidungen, wofür Maimonides Beispiele aus der jüdischen Geschichte anführt.[75]

---

[71] Böhlig, Gnosis III, S. 301; Adam, Texte, S. 103, 230–235; Ylva Vramming, Anathema. Phil. Diss. Lund 1983, S. 81 f.

[72] A.a.O., S. 148

[73] Vgl. auch Decret, S. 149

[74] Kippenberg, Verheimlichung, S. 195

[75] Vgl. Abraham J. Heschel, Maimonides. Berlin 1935, Neuausgabe von F. Hansen

Kant andererseits meint in seinen postum veröffentlichten "Vorlesungen über Ethik"[76] über das Problem des *status confessionis*: "In fremden Ländern, wo eine abergläubische Religion ist, hat man nicht nötig, seine Religion zu deklarieren . . . denn Gott sieht das gebeugte Herz, nicht den gebeugten Körper (bei fremden Zeremonien, K.R.) an". "Allein wenn ich durch Lebensgefahr gezwungen werde, die Religion oder Gebräuche mitzumachen. . . . so ist dies auch kein *status confessionis*." Er hat hier vor allem die Berichte des Orientreisenden Carsten Niebuhr im Auge. "Allein wenn jemand gezwungen wird, seine Gesinnungen zu deklarieren und dasjenige, was falsch ist und was er für falsch hält, durch Verschwörungen oder Beteuerung anzunehmen und dasjenige zu verwerfen, was er hochzuschätzen verbunden ist, so ist das ein *status confessionis*. . . . " Maimonides und Kant argumentieren ähnlich, wenn auch aus unterschiedlichen Erfahrungen. Beide gestehen eine relative "Geheimhaltung" in besonderen, existentiellen Situationen zu, wobei gleichfalls "Innen" und "Außen" getrennt wird; die Öffentlichkeit und das Gewissen (so Kant) sind zwei unterschiedliche Bereiche. Geheimhaltung kann also durchaus Menschenpflicht sein, sie darf nur nicht die "Gesinnung" oder das "Herz" verderben.

---

und F. Rosner, Neukirchen 1991, S. 41–50; Jane S. Gerber, The Jews of Spain, New York 1992, S. 81 f. "According to Maimonides, since the Almohads were aware that Jewish profession of faith in Islam were insincere, Jews were in effect being asked to make a false utterance, not to become martyrs. His response served to counteract the wave of despair among the Jews of Marocco" (ib. 82). Das Sendschreiben findet sich in engl. Übersetzung in: A. Halkin/D. Hartman (ed), Crisis and Leadership. Epistles of Maimonides, Philadelphia 1985, S. 25 ff. Bekanntlich setzen die Verfolgungen und Bekehrungsversuche der jüdischen Gemeinden auf der iberischen Halbinsel schon unter den Westgoten ein, wobei u.a. verlangt wurde, daß sie ihre Religion als "Aberglaube" (*superstitio*) und Irrtum erklären sollten; die Bekehrung mußte mit dem Essen von Schweinefleisch bekräftigt werden (s. Gerber, a.a.O., 15). Bei der schließlichen Vertreibung im 14./15. Jh. (bes. 1492) kam es neben den Standhaften und den "Neu-Christen" (*conversos*) bekanntlich zu den "*Marranos*" (Schweinen), die "Krypto-Juden" waren, da sie sich zwar den schweren Verfolgungen durch äußere Annahme christlicher Glaubenslehren und Sitten zeitweise beugten, aber innerlich und auch in vielen Verhaltensweisen Juden blieben (vgl. Gerber, ebd., S. 121 ff.). Sie bildeten daher eine eigene Gruppe neben den Christen und Juden und sind ein Produkt des oben geschilderten Vorganges einer *Reservatio mentalis* auf Zeit. Auf frühchristlicher Seite sei auf Joh. 19,38 verwiesen, wo von Josef Arimathias gesagt wird, daß er "ein verborgener Jünger Jesu aus Furcht vor den Juden" sei.

[76] Hrsg. von Gerd Gerhardt, Frankfurt/M. 1980 u. 1990, S. 128 f. Es handelt sich um eine aus Nachschriften rekonstruierte Vorlesung Kants über "praktische Philosophie" oder über "Philosophische Moral", die er vermutlich zwischen 1775–1785 mehrfach gehalten hat, und die Paul Menzer erstmalig 1924 edierte. Näheres bei Gerhard in seiner Neuausgabe S. 281 ff. (Abdruck der Einleitung von Menzer) und 291 ff.

FROM ESOTERICISM TO MYSTICISM IN EARLY CHRISTIANITY

Guy G. Stroumsa

The complex question of Early Christian esotericism, its nature and its fate, has been dealt with repeatedly since the seventeenth century.[1] It remains, however, a notoriously vexing problem of religious history, at least in part because the emphasis has been put on cult, to the neglect of esoteric *traditions*. In the following remarks, I shall try to focus on the *disappearance* of the early esoteric traditions from ancient Christianity and some of its implications.

I shall first briefly review some of the evidence pointing to the existence of esoteric trends in the earliest strata of Christianity (an existence still denied, ignored or played down by some scholars), then discuss the reasons for their disappearance from mainstream Christian thought.[2] Finally, I shall call attention to the fact that the language of esotericism, and in particular *termini technici* such as *mysterion* (Lat. *mysterium*), once emptied of any esoteric reference, became key-words of Christian mysticism in the making. This semantic transformation reflects, to my mind, some deep changes in religious sensitivity and the new subjectivity that was crystallising at the outset of the ancient world. Since I have argued some of these points in some detail elsewhere, the evidence will not be brought here in a systematic or exhaustive way, but mainly for illustrative purposes.

1. *Early Christian Esotericism*

a. *Cult*

Renaissance thinkers such as Pico della Mirandola conceived the truth of revealed religions as reflecting a *theologia pristina*, which had been

[1] For a recent and thorough bibliography, see Christoph Jacob, *"Arkandisziplin', Allegorese, Mystagogie: Ein neuer Zugang zur Theologie des Ambrosius von Mailand* (Theophaneia, 32; Frankfurt a. M.: A. Hain, 1990), 13–32.

[2] On these trends, see G.G. Stroumsa, *Savoir et salut: traditions juives et tentations dualistes dans le christianisme ancien* (Paris: Le Cerf, 1992), 127–143 (ch. 7): "*Paradosis*: traditions ésotériques dans le christianisme des premiers siècles".

known since the dawn of humankind to the sages of all nations, but veiled in the garbs of their various myths, so that it would remain hidden from those unable or unfit, intellectually or morally, to grasp them properly.[3] This original and universal truth could in the course of history have taken the form of either the secret doctrines of the Egyptian priests (expressed in the hieroglyphs), Kabbalah, the doctrines of Zoroaster, or those of Hermes Trismegistus. In any case, this attitude paved the way for a belief among early modern thinkers that the deepest message of Jesus was also secret by nature, and had been expressed at two levels, the first, exoteric, for the crowd, and the second, esoteric, revealed only to the inner circle of the disciples. This idea of an esoteric kernel of Christian doctrine was picked up during the seventeenth century polemics between Catholics and Protestants about the true nature of Christianity and the causes of its perversion. Since that time, scholars have been aware of various esoteric trends in early Christianity. Born of religious polemics, however, the debate has often been phrased more in theological than in historical terms: was it true that the very ethos of Christianity, which offered salvation for all, prevented or forbade the development of any kind of secret doctrine or practice? If this were the case, then any kind of esotericism would reflect heresy, rather than the true doctrine of Christ and his apostles.

Isaac Casaubon, who was the first to work on the question of the relationship between 'mystery-terminology' and early Christian use of the term *mysterion*, strongly influenced Jean Daillé's conception of a *disciplina arcani* in the first Christian centuries.[4] For these Protestant scholars, the development of esoteric doctrines or of secret cultic practices in early Christianity reflected the corruption of the earliest Christian *kerygma* by the Catholic Church.

Since then, the idea that one can detect esoteric trends and traditions in early Christianity has appealed to many scholars, but the problem is still too often formulated within the parameters set by its first students.[5] In particular, the existence of esoteric traditions, or of

---

[3] See Ch. B. Schmitt, "*Prisca theologia e philosophia perennis*: due termi del Rinascimento italiano e la loro fortuna", in G. Tarugi, ed., *Il pensiero italiano del Rinascimento e il tempo nostro* (Florence: Olschki, 1970), 211–236.

[4] Casaubon's *De rebus sacris et ecclesiastis exercitationes XVI* was published in 1614. Daillé's *De scriptus quae sub Dionysii Areopagitae circumferentur* appeared in Geneva in 1666. On both, see J.Z. Smith, *Drudgery Divine: on the Comparison of Early Christianities and the Religions of Late Antiquity* (Chicago: Univ. of Chicago Press, 1991), 54 ff.

[5] A milestone in scholarship is N. Bonwetsch, "Wesen, Entstehung und Fortgang der Arkandisziplin", *Zeitschrift für historische Theologie* 43 (1873), 203–299.

layers of the cult, in early Christianity were seen almost exclusively within the context of the Hellenistic mystery cults. I say 'cults', since, as Walter Burkert has recently reminded us, the mysteries were options within the general and vague framework of Greco-Roman paganism, rather than full-fledged religions.[6]

Christianity was born and first grew in a world in which esotericism, religious as well as philosophical, was rife. In the ancient world, it was common for religious groups to define and protect themselves by keeping various sets of beliefs or/and cultic practices secret, to remain unseen or unheard by outsiders. This seems to have been the case around the Mediterranean, as well as throughout the cultures and religions of the Near East.

In the Greek world, at least, it is hard to distinguish clearly between the religious and the intellectual dimensions of ancient esotericism.[7] After all, 'truth' (*alētheia*) retained soteriological dimensions in the thought of the Greek philosophers. This phenomenon is particularly clear, of course, in the case of the Pythagoreans, but not only in their case. The 'masters of truth', as Marcel Detienne has called them, were conscious of the marginal character of their trade, and of its explosive potential. Hence, they took great precautions when expressing their perception of truth: one should weigh carefully to whom, and how, to reveal it. For a proper understanding of secret traditions, it is imperative to recognize the major role played by the ambiguous status of literacy in the ancient world for a proper understanding of secret traditions. Such traditions should be transmitted orally, and not committed to writing, a fact emphasized, in particular, by Plato's second *Letter*.[8]

---

[6] This is the main argument of his *Ancient Mystery Cults* (Cambridge, Ma.: Harvard, 1987); for a recent appraisal of this work, see for instance G. Casadio, "I misteri di Walter Burkert", *Quaderni Urbinati di Cultura Classica*, N. S. 40 (1992), 155–160.

[7] See for instance A. H. Armstrong, "The Hidden and the Open in Helllenic Thought", *Eranos Jahrbuch* 54 (Frankfurt a. M.: Insel Verlag, 1987), 81–117, reprinted in his *Hellenic and Christian Studies* (London: Variorum, 1987). See also J. Pépin, "L'arcane religieux et sa transposition philosophique dans la tradition platonicienne", in *La storia della filosofia come sapere critico* (Milan: Franco Angeli, 1984), 18–35, (*non vidi*).

[8] See Th. A. Szlezák, *Platon und die Schriftlichkeit der Philosophie: Interpretationen zu den frühen und mittleren Dialogen* (Berlin, New York: de Gruyter, 1985), and F. Jürss, "Platon und die Schriftlichkeit", *Phil.* 135 (1991), 167–176; this reference is provided by H.D. Betz, "Secrecy in the Greek Magical Papiry", in this volume. For a basic bibliography, see Armstrong, art. cit., who points out (p. 99) that the term *esoterikos* appears relatively late, while Pierre Hadot remarks that *mustikos* is used sparingly by philosophers (see B. McGinn, *The Foundations of Mysticism* [New York: Continuum, 1991], 42). On oral and written traditions in early Christianity, see B. Gerhardsson,

Philosophical esotericism, however, played a less prominent role in the development of religious secret practices than the so-called mystery cults, which grew particularly during the Hellenistic times. These cults have traditionnally been seen as the proximate channels through which the vocabulary and the practice of secrecy in religious cult reached Christianity.

Indeed, it is mainly to the Hellenistic 'mysteries' that the Christian *mysterion* has been compared.[9] The postulated massive influence of the mystery cults on the origins of the Christian *arcana* has brought scholars seeking to understand the nature of early Christian esotericism to insist on cultic activities, (the *dromena* of the Greek mysteries), rather than on esoteric teachings (the *legoumena*)[10]. The obvious linguistic dependence here encouraged such an orientation in research, which has led to many interesting and important studies, particularly on the 'Mystery-terminology' in Patristic literature and on the so-called *disciplina arcani*, reflecting the secret element in Christian cult and its theoretization.[11] In this regard, however, one should heed to the *caveat* of J.Z. Smith, who argues that much of the past and current work done on terminology, particularly that work which insists on the 'mysteric' terminology of Judaism, is flawed, since it ignores the vast differences between the contexts within which this vocabulary appears.[12] In any case, there has been for some time a prevalent feel-

Memory and Manuscript: Oral Tradition and Written Transmission in Rabbinic Judaism and Early Christianity (Acta Seminarii Neotest. Uppsaliensis, 22; Uppsala, Lund: Gleerup, 1961).

[9] Among classical studies, one should mention at least those of A. Loisy, *Les mystères païens et le mystère chrétien* (Paris, 1913), and K. Rahner "Christliche Mysterium und die heidnischen Mysterien", *Eranos Jahrbuch* 11 (1944), 347–449, reprinted in his *Griechische Mythen in christlicher Deutung* (Zurich: Rhein Verlag, 1945), 21–72, and A.D. Nock, "Hellenistic Mysteries and Christian Sacraments", *Mnemosyne* 25 (1953), 177–213, reprinted in his *Essays on Religion and the Ancient World*, ed. Z. Stewart (Oxford: Clarendon, 1972), II, 791–820. See now C. Colpe, "Mysterienkult und Liturgie: zum Vergleich heidnischer Rituale und christlicher Sakramente", in C. Colpe, L. Honnefelder, M. Lutz-Bachmann, Hg., *Spätantike und Christentum* (Berlin: Akademie Verlag, 1992), 203–228.

[10] There was no dogma at Eleusis, as Burkert reminds us in his *Homo Necans: the Anthropology of Ancient Greek Sacrificial Ritual and Myth* (Berkeley . . .: Univ. of California, 1983), 294.

[11] Among the newer works, see especially Christoph Riedweg, *Mysterienterminologie bei Platon, Philon und Klemens von Alexandrien* (Untersuchungen zur antiken Literatur und Geschichte, 26; Berlin, New York, W. de Gruyter, 1987). For the growing influence of mystery cults terminology, see H.D. Betz, "Magic and Mystery in the Greek Magical Papyri", in Ch. A. Faraone and D. Obbink, eds., *Magika Hiera: Ancient Greek Magic and Religion* (New York, Oxford: Oxford University Press, 1991), 244–259.

[12] See J.Z. Smith's study quoted n. 4 above.

ing that no satisfactory answer has yet been offered to the question of the existence of an early Christian esoteric teaching.

b. Doctrine

In his seminal article, "Pagan Mysteries and Christian Sacraments", A.D. Nock insisted on the long transformation of the language of secrecy in the Greek cultural orbit. According to him, *mysterion* was first of all defined in in Hellenic literature in cultic terms, and reflected secret *rites*, more than ideas. Moreover, he noted that in many cases the use of the term *mysterion* was only a "façon de parler".[13] He argued convincingly that the evidence drawn from the semantic connections between Greek pagan and Christian vocabularies was not quite compelling, and drew attention, rather, to the vocabulary of Hellenistic Judaism. It was chiefly from Biblical Greek, for instance, that *mysterion* "took the additional sense of 'something secret', without any ceremonial associations".[14] Nock pointed out that the Jewish context of early Christianity, in this respect, seemed to have been deeply understudied.[15] Unfortunately, Nock's lack of familiarity with the Hebrew sources prevented him from fully developing his case.

Although the nature of esoteric cultic attitudes and theological traditions in Judaism remains rather ill-defined, their existence cannot be denied. Esoteric traditions, which appear first in the Apocryphal and Pseudepigraphic writings, can also, in part, be unearthed from various eliptical statements in Talmudic and midrashic texts. Their *locus classicus*, however, remains the *Hekhalot* literature from late antiquity. These texts describe the heavenly journey of the mystic (or of the magician, as Peter Schäfer has claimed), and his vision of the divine palaces, or of the divine charriot described in Ezekiel 1. It is only in the last generation that the philological study of the earliest strata of Jewish mysticism has begun in earnest. Scholars, who still disagree about much else, (for instance, the question of dating both the texts and the older oral traditions which they may carry is hotly debated) recognize that these texts clearly reflect esoteric doctrines.[16]

Moreover, the Dead Sea Scrolls have added considerable evidence

[13] Nock, "Religious Symbols and Symbolism. III", in his *Essays*, II, 914.

[14] Nock, art. cit., 798.

[15] In this, Nock has been echoed by J.Z. Smith.

[16] The latest synthetic study is that of Peter Schäfer, *The Hidden and the Manifest God: some Major Themes in Early Jewish Mysticism* (SUNY Series in Judaism; Albany, N.Y.: SUNY, 1992), with a bibliography.

to our sources. Such vocables as *sod* or *raz*, for instance, which appear time and again in the Qumran texts, seem to refer to a *mysterium* of sorts, difficult to define precisely, but in any case esoteric by nature.[17]

Oddly enough, the major textual discoveries of the last generations have not really eroded the neglect of the Jewish sources by students of early Christian esotericism. Neither the publication of the Dead Sea Scrolls nor the renewed study of Gnosis since the Nag Hammadi discoveries have brought a real change in this regard. This is all the more surprising, since in Protestant theology and scholarship, since the Enlightenment and until the end of the nineteenth century, it was almost a *lieu commun* to trace back to the earliest stages of Kabbalah the roots of the Gnostic teachings of the first Christian centuries.[18]

The reasons for this strange blindness are too complex to be dealt with here.[19] Let us only point out that the discussions have been occurring on different levels. The Catholic-Protestant polemic led to a radical distinction between the study of Gnostic origins and that of the *disciplina arcani* in the fourth century. For Protestant theologians such as Gottfried Arnold, the Gnostic and dualist thinkers of the second century had been heralding or prefiguring the Protestant revolt against the Church hierarchy; and so was Mani, for the Hugenot Isaac de Beausobre.[20] (As is well known, this is also the intellectual and spiritual background for Harnack's attraction to Marcion.) These thinkers, however, did not usually perceive the development of the *disciplina arcani* as having been connected to the esoteric trends in early Christianity. For them, it reflected the spiritual weakness of fourth century Catholicism in the time of Constantine and the origins of Caesaropapism, that is to say a Christianity stained by the invasion of pagan influences. This situation was fundamentally different from the Gnostic movement of the second century, which was perceived as an internal revolt aimed at retaining the deepest and purest elements of the *kerygma*. Catholic scholars brought counter-arguments,

---

[17] See for instance E. Vogt, "'Mysteria' in textibus Qumrân", *Biblica* 37 (1956), 247–257. Cf. *Savoir et salut*, 231–234.

[18] See G.G. Stroumsa, "Gnosis and Judaism in Nineteenth Century Thought", *Journal of Jewish Thought and Philosophy*, 2 (1992), 45–62.

[19] At least in part, the guilt falls on the marginalization of Jewish learning in late nineteenth century German universities.

[20] See Isaac de Beausobre, *Histoire critique de Manichée et du Manichéisme* (Two volumes: Amsterdam, 1735–1738).

showing that the development of mysteric language in Christianity had happened on a grand scale only after the great danger of a powerful and organized paganism had disappeared.[21]

The conjunction of these two trends, i. e., the occultation of the Jewish dimension of early Christian esotericism together with the focus on cultic attitudes rather than on the intellectual content of doctrines, had serious consequences. It explains why research has tended to minimize the question of the possible doctrinal elements of the Christian *arcana*.

These elements, however, could not be totally ignored since some texts, known to all, are quite explicit in this regard. Testimonies about the esoteric dimension of early Christian teachings include some of Jesus's and Paul's dicta or expressions in the New Testament, various Gnostic texts and traditions, as well as the whole *ethos* of Alexandrian theology (Clement, Origen, Dydimus), and such fourth century figures as Basil the Great, Cyril of Jerusalem, and even John Chrysostom.

One of the most famous texts in this respect is a passage of Cyril of Jerusalem. It shows that the cultic *arcana* cannot be understood without direct reference to theological esotericism. More precisely, we can detect in this text a particular mixture of allusions:

> For to hear the Gospel is not permitted to all; but the glory of the Gospel is reserved for Christ's true children only. Therefore the Lord spoke in parables to those who could not hear: but to the disciples he explained the parables in private; for the brightness of the glory is for those who have been enlightened, the blinding for them that believe not. These mysteries, which the Church now explains to thee who art passing out of the classs of catechumens, it is not the custom to explain to heathen. For to a heathen we do not explain the mysteries concerning Father, Son and Holy ghost, nor before catechumens do we speak plainly of the mysteries; but many things we often speak in a veiled way, that the believers who know may understand, and they who know not may get no hurt.[22]

In other words, the insistence on the different status of pagans,

---

[21] See further P. Battifol, "Arcane", *Dictionnaire de Théologie Catholique*, I. 2 (1923), cols. 1738–1758. Pagan vocabulary became more visible in the fourth century, "lorsque tout risque d'équivoque aura disparu".

[22] Cyril of Jerusalem, *Catechesis*, 6. 29 (P. G. 33, cols. 588–589): the *mysteria* must remain hidden from the *katechoumenoi*: *Tauta ta mystèria, ha nun hè ekklèsia diègeitai soi tôi ek katèxoumenôn metaballomenôi, ouk estin ethos ethnikois diègeisthai* (col. 589 B). This does not seem to refer only to the liturgy. Cf. *Procat.* 12, *in finem.*

catechumens and 'insiders', i. e. 'believers', members of the community of the faithful is not only reflected in their participation (or the lack thereof) in the cult, but also in their different exposure to Christian doctrine. More precisely, perhaps, this passage seems to confirm the view that in the fourth century, a vocabulary previously typical of esoteric doctrines came to be used in the context of the various levels of participation in the cult.

Even Celsus, the pagan philosopher and polemicist from the mid-second century, argues against the secret character not only of Christian cult, but also of Christian doctrine, as Origen points out at the beginning of his *Contra Celsum*. For Celsus, the Christians are a secret society, and hence prohibited by law, on account of their secret *doctrines* as well as of the secrecy of their *cult*. To be sure, Celsus does not distinguish between 'main stream' Christians and Gnostics, but it is quite improbable that all such allusions refer only to the Gnostic teachings. A few instances may emphasize this point.[23]

In a short but important testimony, this secret tradition is perceived by Basil the Great as being oral in nature, and coming directly from the apostles:

> Among the doctrines (*dogmata*) and proclamations (*kerygmata*) kept in the Church, some were received from written teaching, and some were transmitted secretly from the apostolic tradition.[24]

The evidence from the writings of the Alexandrian Fathers, in particular Clement and Origen, is so massive that it must be dealt with in a different context.[25] Let us here only remember that Clement's *Stromateis* provide the *locus classicus* of esoteric teaching and its legitimation in Patristic thought. In Book V, for instance, Clement insists that truth, in order to be protected from those unable to grasp it, must be hidden by means of a veiled expression. Some mysteries, which had remained hidden in the Old Testament, have been transmitted by the apostles only to a small group of selected students, and this only orally, since "the God of the universe, who is beyond any

---

[23] For a more detailed treatment, see *Savoir et salut*, 127–143, esp. 132–133.

[24] Basil of Caesarea, *On the Holy Spirit*, XXVII. 66 (Pruche, ed., SC 17 bis, Paris, 1968; 478–481, cf. 481–483). On the oral traditions transmitted by the *presbuteroi* in the early Church, see also the testimony on Papias, reported by Irenaeus, *Adv. Haer.* V. 33. 3–4.

[25] See G.G. Stroumsa, "Moses' Riddles: Esoteric Trends in Patristic Hermeneutics", in Sh. Biederman and B.A. Sharfstein , eds., *Interpretation in Religion* (Philosophy and Religion, 2; Leiden: Brill, 1992), 229–248.

thought, any notion, cannot become the object of a written teaching". The Platonic echoes (actually stemming from a Pythagorizing Platonism)[26] of such a text are obvious. Indeed, Clement quotes here Plato's *Second Letter*: "The best protection is not to write, but to learn by heart".[27] What is even more remarkable, however, is that such attitudes are not limited to Clement, but can be found also in Gnostic texts.

Gnostic Apocalypses, i.e., 'revelations', often insist that the secrets being revealed to the reader have been kept and transmitted only orally, "neither transcribed in a book nor written down."[28] Such texts are presented as *apocryphoi*, that is to say 'hidden'. *Apocryphon* actually, can be translated as "a book of secrets"[29]; To be sure, there was in early Christian literature, and not only within Gnostic or gnosticising milieus, a plethora of such apocalypses. The genre itself seems to have been rather popular: there is no better way to publicise a text than to prohibit its publication, strongly limit its readership, or insist that it reveals deep and heavily guarded secrets.

The esoteric traditions transmitted in early Christianity, both those transmitted orally and those preserved in apocryphal books, clearly reflect a Jewish origin. In most cases when Origen uses the term *paradosis*, he refers to a Jewish or to a Hebrew tradition.[30]

In an interesting study of early Christian esoteric doctrines attributed to the apostles, Jean Daniélou pointed out that in both the apocryphal writings and the (oral) traditions of the Elders (*presbyteroi*), these doctrines referred first of all to the theme of the heavenly journey. Daniélou identified these esoteric apostolic traditions as the continuation of an earlier Jewish esotericism.[31]

---

[26] This is noted by Alain Le Boulluec, in the introduction to his edition of *Stromateis* V (SC 278; Paris, 1981) 19.

[27] Clement, *Strom.* V.10.65 3 (132–133 Le Boulluec). Cf. Eusebius, *Hist. Eccl.* VI.13.9. See *Savoir et salut*, 136, n. 40.

[28] *Apocalypse of Adam*, NHC V, 85, 11. 3–7.

[29] So for instance Michel Tardieu translates *Apocryphon of John* as *Livre des secrets de Jean*. Cf. H.-C. Puech, *En quête de la gnose* II (Paris: Gallimard, 1978), 97–98, on the esotericism of the *Gospel of Thomas* and on *apokruphon*, defined as a "recueil de paroles cachées de Jésus, émises et transmises en secret".

[30] See R.C.P. Hanson, *Origen's Doctrine of Tradition* (London, 1954), 73. The most recent article on Origen and Jewish traditions is J.A. McGuckin, "Origen on the Jews", in D. Wood, ed., *Christianity and Judaism* (London: Blackwell, 1992), 1–13, with up-to-date bibliographical references.

[31] J. Daniélou, "Les traditions secrètes des apôtres", *Eranos Jahrbuch* 31 (1962), 199–215.

From various indications, such as the importance of the traditions attributed to James the Just, the Lord's brother, we can postulate with a reasonable degree of plausibility that it is through Jewish-Christian channels that Gnosticism first developed. It seems also that the Gnostics picked in Jewish-Christian traditions their idea of esotericsm, which they were to develop so well in the second century.

It appears, then, that esoteric trends did exist in early Christianity, and that their direct roots are to be found more in the Jewish heritage of Christianity than in the broader pagan and Hellenic religious milieu.

2. *Disappearance of Christian Esotericism*

a. *The Fight against Gnosticism*

In his *Life of Moses*, Gregory of Nyssa states that Moses' knowledge of the hidden mysteries on behalf of the whole people prefigures the 'economy' of the Church: the public appoints someone able to become initiated to the divine secrets (*para tou ta theia muèthentos*), and then trusts him when he reports to them. Gregory adds, however, that "nowadays, this is not observed anymore in many churches".[32] Such a testimony, then, would seem to reflect the waning of esoteric doctrines in the fourth century—as well as the knowledge that esoteric doctrines had existed in the early Church.

The question, then, becomes that of the end of Christian esotericism. Why and how did esoteric teachings disappear in the ancient Church? Among others, Walter Burkert has noted that except for the Gnostics, the Christians gave up secrecy in the early centuries.[33] He does not, however, offer an explanation for this fact. Burkert also points out that the Greek mysteries, too, disappeared in late antiqutity. If they did not go underground under Christian rule, he suggests, it is because their theology as well as their organization were too complex to offer a plausible competition to Christianity. It may be interesting in our present context to notice this simultaneous disappearance of both Greek mysteries and Christian esotericism. Should this fact be interpreted as a coincidence, or could it point to a similar or identical cause? Some elements of answer to this difficult question will be mentioned in the following paragraphs.

---

[32] Gregory of Nyssa, *Vita Mosis*, II. 160–161 (SC 1ter; Daniélou, ed. transl.; Paris: Cerf, 1968), 208–209.

[33] W. Burkert, *Ancient Mystery Cults* (Cambridge, Mass.: Harvard, 1987), 53.

The most developed anti-esoteric argument in Patristic literature can perhaps be found in a sermon of Augustine. The analysis of its argument shows the complexity of the reasons which brought to the disappearance of esoteric traditions from Christian thought in late antiquity.[34] An obvious and simple explanation for this disappearance lies in the transformation brought by the Peace of the Church: when Christianity was no more *religio illicita*, the need to hide was gone. But this explains the end of *cultic* secrecy, not that of *doctrinal* esotericism.

A more convincing answer lies with the fight of the Church Fathers against Gnosticism. Various Gnostic groups seem to have accepted and developed, sometimes in baroque fashion, early Jewish-Christian esoteric traditions.[35] The appropriation of these traditions by the Gnostics made them suspect for 'orthodox' Christian intellectuals. In their merciless fight against the Gnostics, the Church Fathers felt the need to reject these esoteric traditions, which had accompanied Christianity since its beginning, but which had become an embarrassing burden. Victory over Gnosticism thus meant the eradication of esotericism from Christian doctrine.

But this answer, too, is not really satisfying, or at least, it does not solve the whole riddle. There is also a deeper intellectual cause of the phenomenon: the very *ethos* of Christianity is inherently refractory to esoteric doctrines. There is one single salvation, offered to all and sundry, on the condition that one believe in Christ's salvific sacrifice. In this context, the undeniable esoteric elements in the earliest stages of Christianity were an anomaly, condemned to disappear within a short time. And indeed, one can easily find anti-esoteric statements in early Christian literature. Tertullian, for instance, opposes the openness of true Christianity to the esotericism typical of the heretic:

> This wisdom which he says was kept secret is that which has been in things foolish and little and dishonourable, which has also been hidden under figures, both allegories and enigmas, but was afterwards to be revealed in Christ who was set for a light of the gentiles by that creator who by the voice of Isaiah promises that he will open up invisible and secret treasures.[36]

---

[34] See G.G. Stroumsa, "Milk and Meat: Augustine and the End of Ancient Esotericism", in A. and J. Assmann, eds., *Das Geheimnis* (München: Fínk, forthcoming).

[35] See for instance H.W. Attridge, "The Gospel of Truth as an Exoteric Text", in C.W. Hedrick and R. Hodgson, Jr., ed., *Nag Hammadi, Gnosticism, and Early Christianity* (Peabody, MA: Hendrickson, 1986), 239–255.

[36] Tertullian, *Adv. Marcionem*, 5. 6, (II, 540–541 Evans; Oxford, 1972); cf. Minucius

More than a hidden truth which must be at once protected from those who are unfit and taught to insiders, the *exemplum* of Christ, the eternally living pattern of ethical behaviour, stands at the center of the early Christian experience.[37] The follower of Christ is the saint, or the religious virtuoso, to use Max Weber's term, and not the philosopher. The new philosopher, actually, is the monk. Action has now gained preponderance upon knowledge.[38] This attitude reflects the new religious sensitivity of late antiquity, for which there was no need to preserve or cherish esoteric traditions. These traditions finally disappeared, hidden by the veil of the 'mysteric' vocabulary that had once been used to describe them.

b. *interiorization and the new person*

A deep and complex transformation of the structures of the personality is at work under the early Empire. A combination of various intellectual trends, partly inherited from the Hellenistic times and partly encouraged by aspects of Christian theology, brought what amounted to nothing short of a remodelling of the human person. Man had been created in God's image, the Son of God had been incarnated, and had resurrected from the dead. These three central tenets of Christian theology entailed the attribution of a new nobility to the human body. In some ways, this transformation encouraged the perception of body and soul as a single unit, more clearly than had been the case in Greek thought.[39]

The new stature of the human person fostered the development of a refined sensitivity to the individual subject, capable at once of damning sin and of saving faith. The 'interior man' mentioned in Paul's letters had achieved a new religious importance in the writ-

---

Felix, *Octavius*. LCL 338–341): "guilt loves secrecy". For an opposite example, see a Pseudo-Augustinian text quoted by Nock (art. cit., 818, n. 81), which opposes the simplicity and openness of Christian rites to the secrecy of pagan mysteries.

[37] P. Brown, "The Saint as Exemplar in Late Antiquity", *Representations* 1 (1983), 1–25.

[38] See the semantic analysis of A.M. Malingrey, *Philosophia: étude d'un groupe de mots dans la littérature grecque des présocratiques au IVe. siècle après Jésus Christ* (Paris: Klincksieck, 1961). For the medieval semantic development of the term, see J. Leclercq, *The Love of Learning and the Desire for God* (New York: Fordham Univ. Press, 1961), 100–101 and notes [= *L'amour des lettres et le désir de Dieu: initiation aux auteurs monastiques du Moyen Age* (Paris: Cerf: 1957].

[39] See *Savoir et salut*, ch. 11, pp. 199–223. To be sure, this human unit was broken anew by the original sin, this time in a different, more intimate way. Cf. the argument developed in the item quoted next note.

ings of the Church Fathers. Thus did early Christian thought foster the interiorization of religious attitudes. Feelings became more concrete than ever before.

The deeply ambivalent term 'interiorization' perhaps smacks of apologetics: it has almost always been understood *in bonam partem*, as early Christianity was perceived by Christian scholars and thinkers as having encouraged 'interiorized' beliefs, in opposition to the 'exterior' character of Jewish patterns of religious behaviour (or those of Roman paganism).[40] What is important in our context is its bearing on the transformation of esotericism into mysticism in Patristic times. As a 'master metaphor', its importance is capital. The *metanoia* (Lat. *conversio*) upwards, which describes the turning towards God, soon becomes identified to a turn inward, best expressed by Augustine, who calls Christ 'the inner Master', *interior magister*. This 'turning in' is also understood as 'turning from' the outer world of the senses and common experience. Hence, a new vocabulary is developed, of the 'interior senses', through which one can experience the divinity, in particular through spiritual visions.[41] The significance of such metaphors of 'interiorization' for our present context lies in the fact that they are parallel to those of esotericism: what is inside is also what is hidden from the eyes, what cannot be seen, or expressed in words, be it invisible or unspeakable.[42]

---

[40] See G.G. Stroumsa, "Interiorization and Intolerance in Early Christianity", in J. Assmann and Th. Sundermaier, eds., *Die Erfindung des inneren Menschen*, (Studien zum Verstehen fremder Religionen, 6); (Güttersloh: G. Mohn, 1993), 168–182.

[41] On the interior senses, see M. Canévet, "Sens spirituel", in *Dictionnaire de Spiritualité* 14 (1990), 598–617, esp. 598–604, on the origins of the doctrine and the analogy of the spiritual with the bodily senses developed by Origen. On the ambivalent attitude to mystical visions in late antique Christianity, and in particular among the monks, see A. Guillaumont, "Les visions monastiques dans le christianisme oriental ancien", in Guillaumont, *Aux origines du monachisme chrétien: pour une phénoménologie du monachisme* (Spiritualité orientale, 30; Begrolles en Mauges: Abbaye de Bellefontaine, 1979), 136–147.

[42] For Georg Simmel, secrecy was in early societies linked to relationships between men, and should be conceived as representing a most important moment in the individuation process; established upon social relations of a certain type, and in their turn encouraging such relationships. One cannot here go into a careful reading of Simmels' remarks for our purposes. Suffice it here to point out that the individuation process described by Simmel bears some similarity with the new structure of the human person launched by Christian theology in the making. See G. Simmel, *Soziologie: Untersuchungen über die Vergesellschaftung*, (Munich, Leipzig: Duncker & Humblot, 1923), ch. 5, pp. 257–304.

3. *From musterion to mysterium*

a. *Mysterion*

Although it is mainly since the New Testament that the sense of *secret* has been attached to *mysterion*, the scholarly focus has been put mainly, as we have seen, on the relationships between the pagan *mysteria* and the Christian *mysterion*. Moreover, little emphasis has been put on the *esoteric* aspects of the Christian use of the term and on its Jewish background.

Various esoteric traditions were circulating in ancient Jewish literature, mainly in the Apocryphal and Pseudepigraphical writings, on God and the heavenly court, angels and Satan, as well as on the creation of the world and on its end. It is a truism to state that this literature stands in the background of the New Testament writings. Nevertheless, the passions run high among scholars as to the exact measure in which New Testament texts should be read in the light of Jewish esotericism, since most of our sources are later than the New Testament, and since both genres and *Sitz im Leben* are different. In any case, it is reasonable to read various 'esoteric' passages in the Gospels and in the Pauline Epistles *in the cultural and religious context* of Jewish esoteric traditions.

Only two texts will be quoted here in this respect.

> When He was alone, the Twelve and others who were round him questioned him about the parables. He replied: "To you the mystery (*to musterion*) of the kingdom of God has been given; but to those who are outside (*ekeinois de tois exô*) everything comes by way of parables, so that (as Scripture says) they may look and look, but see nothing; they may hear and hear, but understand nothing; otherwise they might turn to God and be forgiven". (Mark 4: 10–12)

This famous text, together with its parallels, has given way to a long tradition of scholarly interpretations, mainly in the context of the so-called '*Messiasgeheimnis*' question.[43] Another *locus classicus* in the New Testament, in this respect, is provided by the various "spiritual teachings' of Paul, for instance—the origin and precise nature of which are still in need of clarification:

---

[43] This question was raised first by S.W. Wrede, *Das Messiasgeheimnis in den Evangelien* (Göttingen: Vandenhoeck & Ruprecht, 1901). For the contemporary literary approach of the question, see for instance F. Kermode, "Secrets and Narrative Sequence", Critical Inquiry 7 (1980), 83–101, and W.H. Kelber, "Narrative and Disclosure: Mechanisms of Concealing, Revealing, and Reveiling", *Semeia* 43 (1988), 1–20.

> We speak God's hidden wisdom, in a mystery... (*alla laloumen theou sophian en musteriôi tèn apokekrummenèn*... I Cor 2: 7)

Although the vocable *musterion* does not necessarily have the same meaning in these two contexts, both utterances seem to allude to esoteric doctrines, to be shared only within a small and exclusive group of direct disciples, but to remain hidden from the majority.[44] Yet, a long exegetical tradition, already in Patristic hermeneutics of the first centuries, and up to modern New Testament research, has attempted to explain away such verses or minimize their significance. Two main reasons are responsible for this fact. The first is related to the cultural weight of theological perceptions, while the other reflects the ignorance of Jewish sources on the part of many scholars.

A central concept in early Christian parlance, *mysterion* alluded to the main events and beliefs upon which the new religion was established.[45] One of the most interesting documents showing the new meaning of the term is perhaps the following passage of Ignatius of Antioch's *Letter to the Ephesians*:[46]

> And the virginity of Mary, and her giving birth were hidden from the Prince of this world, as was also the death of the Lord. Three mysteries of a cry (*tria mysteria kraugès*) which were wrought in the stillness of God.

'Mystery' is here used in a highly idiosyncratic way: the term refers to events which are *not* kept secret. On the contrary, they represent the apex of God's new revelation to mankind. These events, hence, are highly visible although, through a cunning of sorts, they remain hidden from Satan. The latter hopes to prolong his reign upon earth by preventing the salvation. Such a presentation of things is not unique. One finds it also in Gnostic texts and traditions. During his salvific descent to the earth, the Gnostic Savior must hide in order to escape the evil intentions of the various archons who keep guard at the gates of the different heavens.[47]

---

[44] For a new approach to the the social role of secret language in the Pauline writings, see D.B. Martin, "Tongues of Angels and Other Status Indicators", *Journal of the American Academy of Religion* 59 (1992), 547 ff.

[45] On the term and its semantical transformations, see G. Bornkamm, "*Mysterion*", in G. Kittel, ed., *Theological Dictionary of the New Testament*, IV, 802–828. For bibliographical elements, see A. Solignac, "Mystère", *Dictionaire de Spiritualité* 12, 1860–1902, reprinted in A. Solignac *et al.*, *Mystère et mystique* (Paris: Beauchesne, 1983), 3–86.

[46] I quote Kirssop Lake's translation, in LCL, *The Apostolic Fathers*, vol. I, 192–193.

[47] See for instance the texts discussed in connection with the *Apocalypse of Adam*,

For Ignatius, the mystery is part of the manifestation of the divine power:

> How then was he manifested to the world? A star shone in heaven beyond all the stars, and its light was unspeakable (*aneklalèton*), and its newness caused astonishment . . . And there was perplexity, whence came this new thing, so unlike them . . .

The 'mystery' is not any more something that should not be spoken about, it is something that *cannot* be entirely described in words, precisely because of its newness.[48]

But the novelty of the phenomenon is also its power: through the appearance of the *mysterion*, the world is transformed:

> by this all magic was dissolved and every bond of wickedness vanished away, ignorance was removed, and the old kingdom was destroyed . . . Hence all things were disturbed, because the abolition of death was being planned.

The *mysterion* is the correct interpretation of the 'cry' which perturbated God's usual silence about the affairs of humankind. This *musterion* brings at the same time the dissolution of the old evil kingdom and of the ignorance that alone had rendered Satan's reign possible.

Hence, what is hidden is also what is revealed, but can be understood only through faith, not through wisdom.

Such an understanding of the term is not peculiar to second century literature. We find it also, more than two centuries later, in an impressive text of Chrysostom:

> The most characteristic trait of mystery is that it is announced everywhere, and nonetheless remains unknown from those who do not think correctly: since it is not through wisdom that it is revealed, but through the Spirit, inasmuch as we can receive it. One would not err in calling the mystery ineffable (*aporrhèton*), since even to us the believers, it is not possible to understand such things in full light and with an exact knowledge.[49]

---

in G.G. Stroumsa, *Another Seed: Studies in Gnostic Mythology* (Nag Hammadi Studies 24; Leiden: Brill, 1984), 82–88.

[48] 'New' is an important term in early Christian literature, used both *in bonam* and *in malam partem*. For the positive meaning, see for instance Nock, art. cit., 808. Tertullian, on the other side, cracks jokes on Marcion's insistence on the 'novelty' of Christ's message; see Tertullian, *Adv. Marc.*, *passim*.

[49] John Chrysostom, *Hom in I Cor*, VII (*P.G.* 61; 56b).

The ineffable mystery revealed through the Spirit, therefore, will often be identified with baptism. Expressions such as 'the initiated' (*hoi myethentes*, *hoi memyemenoi*), losing all esoteric allusion, often refer in Patristic literature to the baptised, those who by joining the Christian community will have gained access to spiritual and saving realities. So, for instance, the liturgical prayers of the *Apostolic Constitutions* describe baptism in terms of initiation.[50] In this sense, *musterion* does refer to the mysteries of cult. This conception was given its classical expression by Augustine, for whom the *mysterion*, i. e., the *sacramentum*, is identical to the visible form of the Logos, *visibile verbum*.[51] In its metaphorical use, then, *mysterion* came to mean exactly the opposite of its original meaning: it is the outward expression of the divine depth, which remains unattainable.

It is precisely after the fourth century, when Christianity becomes secure and organized paganism "was almost everywhere dead"[52] at last, and when the Christians are, for the first time, in no need of hiding, that the vocabulary of esotericism—for instance the term *mystagogia*- becomes prominent in Patristic literature. This paradox, long noticed, has not really been explained.

In this context, Gregory of Nyssa's *Life of Moses* is a capital witness, and may offer some elements of answer. In this text perhaps better than anywhere else, we can detect the passage from esotericism to mysticism. For Gregory, the life of Moses should be understood as a spiritual itinerary. It is thanks to the 'divine initiation' which guided him that Moses was able to climb step by step up to the *theognosia*, the knowledge of God. Here too, the climbing is also described in terms of 'going inside' (*to endoteron*), since the progress is accomplished by the intellectual and spiritual faculties. God remains invisible, and transcends even all intellectual knowledge. Moses, like David, will eventually be initiated in the secret sanctuary to the hidden mysteries (*ho en tô autô adytôi myètheis ta aporrhèta*).[53] The dynamic character of the initiation is essential in Gregory's thought: due to

---

[50] *Apostolic Constitutions* VIII.6.7; VIII.8.2.

[51] Augustine, *In Ioh. Evang.* Tract. 80. 3. On *sacramentum*, *secretum* and *mysterium* in the formative period of the Latin theological vocabulary, cf. J. de Ghellinck et al., *Pour l'histoire du mot sacramentum*, I (Louvain, 1924), (*non vidi*).

[52] In the terms of Nock, "Hellenistic Mysteries . . .", 818.

[53] Gregory of Nyssa, *Vie de Moise*, II. 162–164 (210–213 Daniélou). See also Origen, *Hom. on Numbers*, 27 (A. Méhat, ed., transl., SC 29; Paris: Cerf, 1951). Cf. W. Völker, *Gregor von Nyssa als Mystiker* (Wiesbaden: Steiner, 1955), esp. 167–174: "der Gnostiker als Deuter des geheimen Schriftsinnes".

God's infinite nature, this remains an endless process, and the spiritual quest is never completed. The concept of *epektasis* describes the mystic's constant straining towards the divine.

The popularity of terms like *mystagogein* after the fourth century has usually been explained by the fact that since in the Chritianized empire, paganism was not anymore perceived as a threat, the vocabulary of the pagan mysteries could be used much more freely than ever before.[54] Without totally denying the relevance of this interpretation, I would rather stress another point. As long as becoming (and remaining) a Christian was a courageous and often dangerous act, words as loaded as those of 'initiation' could be used in baptismal context. From the fourth century on, however, baptism, the basic element of Christian identity, was partaken by almost everybody. Hence, new terms of reference had to be found for a lofty vocabulary which could not anymore be applied to baptism. It is in relation to the spiritual man, isolated by his experience from the rest of the community, that such new terms were found. Words, indeed, have a life of their own. When they lose their former reference, they have to acquire a new one.

b. *mysterium*

> But according to Jesus' teaching the one who leads to God initiates who have been purified in soul will say: anyone whose soul has for a long time known nothing of evil, and especially since he came to be healed by the Logos, let him hear even those doctrines which were privately revealed by Jesus to his genuine disciples. Accordingly, in his contrast between the exhortations of those who initiate men among the Greeks and those who teach the doctrines of Jesus, he does not know the difference between calling bad men to be cured and calling those already pure to more mystical doctrines (*epi de ta mystikôtera*).[55]

This text of Origen is remarkable on various accounts. Arguing against Celsus who accuses the Christians of secret doctrines, Origen does not deny that Jesus revealed deeper truths to his immediate disciples. But he points out that the major difference between the higher doctrines of the Christians and those of the pagans lie in the essential role played by ethics in Christian teaching: only the pure in heart

[54] See for instance the words of Battifol quoted n. 21 above.

[55] Origen, *Contra Celsum*, 3. 60 (H. Chadwick, transl.; Cambridge: Cambridge Univ. Press, 1951), 169.

can be initiated into the spiritual realities. This text also reflects the fact that for him, the term *mystikos* still means 'secret'. As was aptly noted by Bernard McGinn, "Augustine, too, uses the qualifiers *mysticus* and *mystice* frequently, keeping to the primary sense of the Greek root, that is, 'hidden' or 'secret', referring to the inner significance of anything related to the mystery of salvation."[56]

The same is true in the vocabulary used by Pseudo-Dionysius, whose *mystikè theologia* retains a deep element of secrecy. It may be noted here that the substantive term, 'mysticism', does not appear before the seventeenth century, a fact pointed out, in particular, by Michel de Certeau.[57] Can we try to follow some of the semantic shifts which permitted the passage from Christian esotericism to Christian mysticism?

Although mystical patterns of thought are common within various religious and cultural traditions, they are not universal, in the sense that they characterize only certain stages of religious development.[58] In particular, the desire to become united with the deity, the search for the *unio mystica*, implies a conception of the divine as well as of the human person, and of the relationship between them, which is not found at all stages of intellectual and religious thought.

In an important article which has not elicited enough attention, the late Hans Jonas sought to follow the passage from myth into mysticism in late antiquity.[59] In this article, Jonas focuses on the mystical reinterpretation of Gnostic myths in the writings of Origen, in particular on Origen's conception of the *apokatastasis*. For him, one essential, though implicit, condition for the emergence of mystical thought is the recognition of the individual as subject. This individual is then able to interiorize what had previously been expressed in an 'objective' way through myth. Jonas states that "the objective representation of reality found in myth precedes in time the subjective realization of different stages of being", the latter being a prerequisite for the development of mystical thought. For him, myth

---

[56] B. McGinn, *The Presence of God* (New York: Continuum, 1992), 252.

[57] On the history of the term and of research, see the appendix to McGinn's book.

[58] See for instance the remarks of G. Scholem, *Major Trends in Jewish Mysticism* (New York: Schocken, 1944), chapter 1.

[59] H. Jonas, "Myth and Mysticism: a Study of Objectification and Interiorization in Religious Thought", *Journal of Religion* 49 (1969), 315–329. The argument, however, suffers from Jonas's rather opaque language.

and mysticism are rooted in a common existential experience. In his terms, mystical ascent corresponds in mental immanence to the representational transcendance of myth. He perceives Gnostic mythology as a decisive step on the way from mystery to mysticism in late antiquity. The approach followed here is somewhat parallel to that of Jonas: the genesis of Christian mysticism should be understood within the frame of the fading Christian esotericism.

To the best of my knowledge, a major difference between Christian and Jewish mysticism has remained hitherto unexplained. This difference lies the exoteric nature of Christian mysticism, *versus* the esotericism characteristic of Jewish 'mysticism'—a phenomenon which should perhaps rather be called theosophy, since its classical texts describe, rather than a spiritual experience, the 'objective' knowledge of the divinity. This difference, again, seems to stem from the fact that in Judaism, which evolved in the first Christian centuries outside the intellectual frames of reference of Greco-Roman culture, no transformation of the person similar the one referred to above happened.[60]

The development of mystical expression began to take shape precisely with the recognition of the limitations of language itself, and its insufficiencies in dealing with the supreme realities of theology. To be sure, this recognition is found also in the texts of the middle Platonists, not only among those of the Christian thinkers.[61] But the latter succeeded better than the former in taking advantage of the new sensitivity to language. Helped by their theology, Christian thinkers developed a new understanding of the interior world of the individual, complete with feelings and even members, which was strikingly different from the Hellenic belief in the soul as the core of the human person.

A statement of Gregory the Great, toward the end of our period, reflects this transformation. According to him, the *Song of Songs* is an interior solemn secret, which can be reached only through the eyes of the intelligence. [62] In this passage, *secretum* is defined not as something that *should not* be revealed to 'those outside', (*hoi exô*), to use the

[60] On this point, see also G.G. Stroumsa, "Mystical Descents", in M. Fishbane, ed., *Ioan Culiano Memorial Volume* (Albany: SUNY Press, forthcoming).

[61] See *Savoir et salut*, ch. 10, 183–197.

[62] "Ita cantica canticorum secretum quoddam et sollemne interius est. Quod secretum in occultis intellegentiis penetratur: nam, si exterioribus verbis adtenditur, secretum non est." Gregory the Great, *Commentary in Song of Songs*, 6 (P.L. 79, cols. 525–533. See also his *Homilies on Ezekiel* and his *Moralia in Job*, where Gregory de-

Gospel's expression[63], but as something that *cannot* be expressed in words. It is not, as in the usual conceptions of esotericism in the ancient world, the uninitiated who are outside. Rather, language itself is 'exterior', and therefore cannot grasp the essence of the *secretum.* (As is well known, *mysterion* is translated in Christian Latin by *secretum* as well as by *mysterium* and *sacramentum*). This *secretum*, being essentially interior, can be cracked ('penetratred') only by the 'interior senses'.[64]

The interior man can grasp the interior 'secret', i. e. the saving message of Jesus Christ, whom Augustine, as mentioned above, calls 'the interior master'. Christian mysticism thus expresses a spiritual experience. We can detect here, already in Patristic literature, the seed of medieval mysticism, a *cognitio Dei experimentalis*, in Jean Gerson's terms.[65]

Gregory's statement represents in a nutshell the last step in the long semantical transformation of a word. Moreover, it reflects the deep change in religious sensitivities at the end of the ancient world, and the passage to the medieval 'imaginary', i. e. the implicit categories through which a civilization perceives the world.[66] 'Mystery', in its Christian garb, has now become something ineffable, which cannot be fully expressed by words, rather than something which must remain hidden. In other words, we witness here the end of ancient esotericism.[67]

---

velops a language fit to express mystical ways of thought. See the introduction of Dom Robert Gillet, O.S.B., in Grégoire le Grand, *Morales sur Job*, première partie (S.C. 32 bis; Paris: Cerf, 1975), 20–81.

[63] See Mark 4: 10–12.

[64] On a similar point, McGinn notes (*op. cit.*, 213) that Ambrose's mysticism offers no hint of elitism or of esotericism. He calls Ambrose's *On Isaac* "a discourse of an initiatory hermetism, adding that its message is hidden only to outsiders; those within the Christian community had been given the keys, both scriptural and sacramental, that would unlock the inner meaning."

[65] See "Mystique" (A. Deblaere), in *Dictionnaire de Spiritualité* 12, 1902–1905, also in *Mystère et mystique*, 87–94.

[66] The term is a calque from the French 'l'imaginaire', so well studied by Jacques Le Goff, among others, for the medieval period. See in particular J. Le Goff, *L'imaginaire médiéval* (Paris: Gallimard, 1986). Le Goff points out that he is particularly interested in the genesis of conceptions, and speaks about a "long moyen âge" extending from the third to the mid-nineteenth century. The genesis of the medieval imaginary, however, is to be searched for in the very emergence of Christianity.

[67] Medieval philosophical esotericism, developed around the conception of the 'double truth', is of a quite different nature. See for instance L. Strauss, *Persecution and the Art of Writing* (Glencoe, Ill.: Free Press, 1952). On the double faith theory, see H.A. Wolfson, "The Double Faith Theory in Clement, Sa'adia, Averroes and Saint Thomas and its Origins in Aristotle and the Stoics", *Jewish Quarterly Review*, N.S. 32 (1942), 213–264.

SECRECY, BINAH AND DERISHAH

Moshe Idel

Toute chose sacrée
et qui veut demeurer sacrée
s'enveloppe de mystère
S. Mallarmé

I. *On Secrets and Religion*

Secrets are integral part of life, and as such are a part of many religions. Introvertive reflections will easily show that intimate experiences, that remain in the realm of inner life, and are hardly shared with the other do, at the same time, contribute to one's idiosyncratic personality. Secrets are part of self-definition of a religion, just as the shadowy personal secrets contribute to the individual self-perception. Again, just as in life, secrets grow with time and thus they become much more numerous and even more formative. This seems to be the case also in some religions. Later forms are also more inclined to include secret dimensions, which should be taken in consideration when attempting to describe these religions.

However, more than the amount of these secrets, their nature is a much more constitutive factor of certain religions. Secrets of nature ostensibly differ from secrets of history, political secrets differ from theosophical ones, and secrets of sacred scripture differ from oral secret traditions. A typology of secrecy, the understanding of accumulative importance of the various secrets, of their changes and continuities, is therefore a precondition of a more sensitive description of the spiritual physiognomy of certain religions. With time, religions evolve and some of these changes may be also discerned in the amount and nature of the secrets that survive, are adopted from outside, or become more influential. Though no accurate description can be generated by an overemphasis of the importance of the domains of secrecy, ignorance, or even only the neglect of this area, will produce a simplistic, sometimes monochromatic picture of certain religiosities. Though many scholars of religion, among them also students of Judaism, may attempt to avoid the engagement with this realm of shadows, this seems to be more the effect of the preconception of the Enlightenment than a dictate of reason. A little bit freer from those shadows generated by the century of lights than our predecessors, we may now better encourage the exposition of the history and phenomenology of secrecy, without too many apologetical and polemical concerns.

II. *Secrets of the Torah*

In its Biblical forms, Judaism is a rather exoteric and popular type of religiosity. The emphasis on teaching of the revealed scriptures as open to all the classes of Israelites and the paramount importance of religious actions which were open, in most cases to all the members of the nation, marginalize during this phase of Judaism, the surfacing of mysteries and secrets. However, some of the subsequent phases of Judaism, can be described as part of an ongoing process of arcanization, to use a term I adopt from Jan Assmann,[1] which means that the common texts and actions have been growingly understood as fraught with 'deeper' and more numerous esoteric meanings. Secrets, in matters of religion, as well as in other domains, reflect an important evalution of a certain topic. If this assumption is correct, Rabbinic Judaism would look for secrets more in texts than in other zones of reality. Articulated in a period when political power was part of the past, Rabbinic esotericism is eminently a matter of decoding the secret aspect of the text par excellence: the Torah. Unlike the Platonian kind of thinking, with its secrecy which is much more political and articulated in an ambiance which did not cultivate a canonic text, i.e. the Greek polis, Rabbinic religiosity gravitated around a bibliocentric mentality. As such, the religious esotericism in Rabbinic texts, and in those formulated in its immediate vicinity, or within some of its circles, like the *Heikhalot* literature, rotates around the transmission of secrets believed to be within texts, the way they are extracted from texts, and how they were expounded to others. However, this does not mean, at least in my opinion, that Jewish esotericism emerged solely from hermeneutical activities. I assume that in some cases 'secrets' had penetrated Jewish circles from out-

[1] Cf. his still unpublished paper "Semiosis and Interpretation in Ancient Egyptian Ritual"

side, and were connected to the Biblical texts using some forms of exegesis. According to some recent studies, it seems that some parts of Jewish esotericism, emerging in later periods, had some significant affinities to much earlier esoteric traditions, especially of Assyrian and Babylonian extraction.[2] However, some explicit beginnings of Jewish esotericism are to be found in a later biblical book, the book of Daniel, as well as in the Apocryphical literature of the Second Temple,[3] and in the Qumran literature.[4]

By and large the largest literary corpora extant in Hebrew are not esoteric, in the sense of the existence of a comprehensive arcanization of the Biblical texts. This is conspicuous in the Talmudic and Midrashic literature, which are palpably exoteric corpora; the *Heikhalot* literature, on the other hand, where some esoteric elements are to be found in many cases, is not an interpretive literature, which would expand upon the idea of a comprehensive and pervasive secret sense of the Biblical text. The several references to secrets in the Apocryphical literature, have to do either with secrets of nature[5] or with

---

[2] See Moshe Weinfeld, "Divine Intervention in War in Ancient Israel and the Ancient Near East" in eds. H. Tadmor—M. Weinfeld, *History, Historiography and Interpretation, Studies in biblical and cuneiform literatures* [The Magness Press, Jerusalem, 1983] pp. 142–143 note 119; Stephen Lieberman, "A Mesopotamian Background for the So-Called Aggadic 'Measures' of Biblical Hermeneutics?", *Hebrew Union College Annual* vol. LVIII [1987] pp. 157–225; Simo Parpola, "The Assyrian Tree of Life: Tracing the Origins of Jewish Monotheism and Greek Philosophy" *Journal of Near Eastern Studies*, vol. 52 [1993] pp. 161–208; and claims regarding the origin of some forms of Jewish hermeneutics, similar to those of Lieberman later on, already in Jeffrey H. Tigay, "An Early Technique of Aggadic Exegesis" in Tadmot-Weinfeld, *ibidem*, pp. 169–188 and P. Kingsley's study, to be mentioned below note 43.

[3] See Ithamar Gruenwald, *From Apocalypticism to Gnosticism*, [Peter Lang, Frankfurt a/M, 1988] pp. 53–64.

[4] On some aspects of esotericism in Qumran see below our discussion of *Binah*, and the important remarks of Gershom Scholem, *Jewish Gnosticism, Merkabah Mysticism and Talmudic Tradition* [Jewish Theological Seminary of America, New York, 1960] pp. 3–4. Important remarks on ancient Jewish esotericism can be found in G.A. Wewers, *Geheimnis und Geheimhaltung in rabbinischen Judentum* [de Gruyer, Berlin, New York, 1975] and Morton Smith, *Clement of Alexandria and a Secret Gospel of Mark* [Harvard University Press, Cambridge, Mass. 1973] s.v. *secret, secrecy*. The attempt of Joseph Dan to point out the precise beginning of "Jewish mysticism" does not take in account the possible implications of the existence of esoteric topics in earlier Jewish, sometimes Hebrew, types of literature. See his *The Revelation of the Secret of the World: The Beginning of Jewish Mysticism in Late Antiquity* [Providence, Rhode Island, 1992].

[5] See Michael Stone, "List of Revealed Things in the Apocalyptic Literature" *Magnalia Dei: The Mighty Acts of God* [ed. F.M. Cross [New York, 1976] pp. 414–452. Gruenwald, *ibidem*, pp. 74–76.

historical, namely eschatological topics as obvious in the Qumran literature[6] and in the apocalypses.[7]

On the other hand, many of Philo of Alexandria's biblical interpretations can be described as mystical, as some scholars have already pointed out.[8] On the other hand, almost all the Rabbinic discussions mentioning secrets, and some of the *Heikhalot* references to secrets, involve secrets related, at least formally, to the Torah.[9] The expression *Sitrei Torah*, the most widespread phrase concerning Jewish *esoterica*, or the less known *Razei Torah*, or *Sod ha-Torah* point to the restriction of the greater variety of secrets in Jewish non-Rabbinic literatures, to topics included in the Bible. In other words, the secrets of the Bible constitute the great majority of the secrets recognized as such by the Rabbis.[10] This strategy allowed the absorption of a variety of types of secrets someone would like to adopt, with the condition that he is able to offer convincing links between them and biblical verses. This development raises the importance of hermeneutics, both the disclosure of secrets in the canonic texts, and devices which facilitate their exposition. Indeed, the preoccupation with exegetical devices is manifest in Jewish mystical corpora, as the literature of *Hasidei Ashkenaz* and the ecstatic Kabbalah demonstrate.[11] The precise sources of some of the complex exegetical devices still wait for a detailed analysis, which may well show their ancient extraction, even when the historical links are uncharted for centuries.[12] In this framework, I would like to deal with some expressions that betray these exegetical concerns in the context of studying secrets related to the Torah, or to show how the biblical text has been gradually enveloped by secrets. The nature of these secrets can be approximated by an attempt to analyse the content in which they occur followed by an academic discussion of the nature, or the different

---

[6] Gruenwald, *ibidem*, pp. 59–61.

[7] See Sigmund Mowinckel, *He That Cometh* tr. G.W. Anderson, [Oxford, 1959] pp. 385–393.

[8] Erwin Goodenough, *By Light Light* [Yale University Press, New Haven, 1935], David Winston "Philo and the Contemplative Life", ed. Arthur Green, *Jewish Spirituality* [Crossroad, New York, 1986] vol. I pp. 198–231 especially pp. 223–236; *Philo of Alexandria* [Paulist Press, New York, 1981] pp. 21–34.

[9] One of the major exceptions would be the magical text *Sar ha-Panim*. See Peter Schaefer, *Hekhalot-Studien* [J.C.B. Mohr, Tuebingen, 1988] pp. 118–153.

[10] See also the assumption that there are secrets in texts in Mesopotamian material cf. Tigay, "An Early Technique" [note 2 above] p. 171 note 4.

[11] See, respectively, the studies of Dan and Marcus, mentioned in notes 93, 95 and Idel, note 130 below.

[12] See Liebermann's, Tigay's and Parpola's studies quoted in note 2 above.

opinions on the meaning of *Ma'aseh Bereshit* or *Ma'aseh Merkavah.* Here, however, I would like to adopt a different strategy, and interrogate two of the verbs that recur in the context of secrets, namely verbs which describe how someone may arrive at them or expound them. By adopting such a strategy, a claim on the nature of these secrets will be advanced: they represent contents which are deeply connected to texts of the Bible, but represent a hidden understanding of some parts of this canon. This understanding could be fathomed and consequently, is different from mysteries which, even when presented as part of a certain ritual, can hardly be understood but has a much greater emotional effect. Let me succinctly survey the use of two verbs, occuring in Biblical literature, and their subsequent career in the domain of Jewish *esoterica.*

III. *Binah*

The term *Binah*, meaning understanding or discernment, and its derivates, recur many times in the Bible and postbiblical literature. They possess a variety of nuances, and each of them developing later on. Here, an effort will be made to point out one of the meanings of this term, and of the verb, which signifies a deeper understanding, which penetrates the superficial knowledge of a certain topic. This fathoming of the meaning of a text, of a tradition, of a vision or a revelation, sometimes involves the disclosure of the [often allegedly] implied secrets. Let me adduce the descriptions of this term in several scholarly studies, and add then some texts concerning the extraction, or reception of secrets, in a context where *Binah* is mentioned. In the first chapter of Deuteronomy, Moses told the people of Israel "take wise men, of understanding, who are known among the tribes"[13] in order to help him to guide the people. However, later on in this chapter, Moses indicates that he took "wise and known men"[14] while *nevonim*, the understanding ones, are not mentioned at all. In some Rabbinic discussions of the discrepancy between the verses, the claim is made that understanding men were not found in Moses' generation, an argument that implies that understanding is a very high spiritual attainment.[15] Against this view of understanding as higher than

[13] verse 13.
[14] verse 15.
[15] See *Babylonian Talmud, 'Eruvin*, fol. 100b; Rashi on Deuteronomy, I:13.

wisdom, represented by the Babylonian attitude[16], the apparently Palestinian view was that wisdom is superior to understanding.[17] In another biblical discussion, a rather hypostatic view of the *Binah* is found, which parallels that of the *Hokhmah*, Wisdom. In Proverbs VIII:14 Wisdom declares that: "Counsel is mine, and sound wisdom, I am understanding, I have strength." This identity between the hypostatic Wisdom and Understanding is also found at the beginning of the same chapter:

> Does not Wisdom call? and Understanding put forth her voice?[18]

The above sequel to the features of the Wisdom is reminiscent of a verse in Isaiah XI:2 where the Messianic figure is described in such words:

> And the spirit of the Lord shall rest upon him, the spirit of Wisdom and Understanding, the spirit of Counsel and Strength, the spirit of Knowledge and of the Fear of the Lord.[19]

It is quite plausible that, in the vein of the phrase "spirit of the Lord", which implies a descent of the divine upon the chosen man, so also the expression "spirit of Wisdom and Understanding" reflects an hypostatic status of those two concepts. An alternative reading may assume that the spirit of the Lord is a collective description of the six characteristics enumerated later on, and such a reading implies, again, an hypostatic status of *Binah*.

In the book of Daniel however, the hypostatic stand seems to be absent, and the occurence of the term *Binah* has more to do with an epistemic claim; *Binah* in this book has been described by Gerald H. Wilson, as follows:

> *Bina* in Daniel therefore unlike the wisdom literature is not the end product of careful observation of experience through the analytic processes of the human mind. It is instead the knowledge which is beyond the ability of even the great *hakam* Daniel to understand and which must be interpreted by divine revelation . . . This increased emphasis in ch. 8–12 on instruction in esoteric knowledge sets Daniel's usage of these terms apart from that of biblical wisdom.[20]

---

16 See E.A. Finkelstein, "Tiqqunei Girsa'ot ba-Sifrei" *Tarbiz*, vol. III, [1932] pp. 198–199. See also Rabbi Abraham ibn Daud's view of Rabbi Itzhaq al-Fassi; see *Sefer Ha-Qabbalah, The Book of Tradition*, ed. Gerson D. Cohen [JPS, Philadelphia, 1967] p. 63 [Hebrew part] pointed out to me by Prof. Israel Ta-Shma.

17 See *Sifrei* par. 13, ed. L. Finkelstein, New York, JTS, 1969] p. 22.

18 *Ibidem*, VIII:1.

19 On this verse see Mowinckel, *He That Cometh*, [note 7 above] p. 175. Compare also to Proverbs II:4–5.

20 "Wisdom in Daniel and the Origin of Apocalyptic" *Hebrew Annual Review*,

Indeed, the use of *Binah* and *Haven* in those chapters is very conspicuous, involving both the deeper understanding of the content of a vision[21] and of a book[22], in both cases the eschatological secrets being evident. Last but not least; the terminology of secrecy as found in II:22 where '*amiqata*', the profound secrets,[23] and *mesatrata*', the hidden things, have been very influential on the subsequent Jewish esoteric nomenclature.[24] The two tendencies found in the Biblical literature, to see in the terms derived from BYN either hermeneutical activity of unerstanding a text or as an hypostasis on the high, have become the blueprints of the later Jewish esotericism. *Binah* as a noun represents the hypostatical approach, while the verbal forms, which may assume also the gift of understanding given by a higher entity, reflects the hermeneutical approach.

It seems that in this sense the verb is occuring, several times, also in the Qumran literature. In the *Manual of the Discipline* for example it is said that at the end of time God

> will cause the upright to understand the knowledge of the Most High, and teach the wisdom of the sons of heaven to the perfect of way.[25]

---

vol. 9 [1985] p. 377 = *Biblical and Other Studies in Memory of S.D. Goitein* ed. R. Ahroni.

21 Daniel VIII:15. Interesting uses of this verb is found also in books of Ezra and Nehemiah, also stemming from Babylonian background.

22 See *ibidem*, IX:2.

23 I wonder whether this Aramaic form does not correspond to the Hebrew *'Amuqot*, which occurs in Job, XII:22; in both cases the verb *Galleh* occurs. See also N. Tur Sinai, *Sefer Yo'v* [Jerusalem, 1972] pp. 131–132.

24 See especially the view that 'Amiqata' was interpreted as dealing with either *Ma'aseh Merkavah* or *'Omeq ha-Merkavah*, namely the depths of the divine chariot. See *Seder 'Olam Rabba*, ed. Ber Ratner, [Wilna, 1896] p. 150; *Yalqut Shimeoni* on Daniel II:22. Interestingly enough, two traditions that are related to Babylonian sources are equated; that of the book of Daniel and that of the book of Ezekiel. At the beginning of Kabbalah we found this equation also in a text of Rabbi Ezra of Gerone, analyzed in M. Idel, "*Sefirot* above *Sefirot*" *Tarbiz*, vol. 51 [1982] p. 243. [Hebrew] On the view that there is a profound secret related to the seat of Glory see the text referring to Rabbi Eleazar and printed by E.E. Urbach, *'Arugat ha-Bosem* [Jerusalem, 1963] vol. IV p. 83, [Hebrew] and the version brought by and analysed in Daniel Abrams, "The Literary Emergence of Esotericism in German Pietism" *Shofar* vol. 12 [1994] pp. 72–73. Especially interesting from our point of view is the expression found in Abraham Abulafia's *Sefer Shomer Mitzwah*, Ms. Paris BN 853, fol. 39a, that *Ma'aseh Merkavah* is the depth of the science of divinity, *'omeq hokhmat ha-'Elohut*, namely metaphysics. In the same context, this Kabbalist uses the phrase *Sitrei hokhmot* [*sic*] *ha-teva*', the secrets of the sciences of nature; the depth is corresponding to the secrets.

25 IV:22. ed. Y. Licht, *Megillat ha-Serachim* [Mossad Bialik, Jerusalem, 1965] p. 104; See Gruenwald, *From Apocalypticism to Gnosticism*, [note 3 above] p. 78.

I take the nexus between the understanding of the knowledge of God as higher than the knowledge of the wisdom of angels, referred to here as the sons of heaven. The strong *hif'il* form is understood here as the act of God, who causes the upright to understand, and not as simply an act of independent understanding of man.[26] This verb is used in such a sense in a Psalm of Qumran, where it is demanded of God to grant understanding of the Torah: *Havineni YHWH be-Toratekhah.*[27] In another pertinent passage, found in the so-called *Apocalypse of Levi*, as preserved by the Qumran community, we learn that the sage, *Hakim*, "understands the depths and speaking the enigmas". The first part of this quote translates the phrase *Mitbonen be-'Amiq[i]n*,[28] which has been translated recently in French as *comprendre les profondeurs.*[29] Elsewhere this treatise speaks about the "revelation of the profound secrets, which were not understood".[30] Several times in the *Scroll of the Thankgivings*, the member of the sect confesses that he knows by means of the *Binah* of God,[31] in the context of revelation of the wondrous secrets.[32] Beside this direct illumination of God, in the Qumran literature there is also another relevant meaning of this verb. Steven Fraade has recently summarized the meaning of the verb in this literature in these words:

> In the Dead Sea Scrolls the verb *hevin* is commonly used to denote the prophetic enlightenment of the community by its priestly leaders and by God.[33]

---

[26] Such a use of the verb *haven* is found also much later, in the Middle Ages in the context of the secret of the divine name. See Rabbi Eleazar of Worms' Preface to his *Sefer ha-Shem*, as printed by Joseph Dan, *The Esoteric Theology of Ashkenazi Hasidism* [Jerusalem, 1968] p. 75: *Gillah lannu setarav, vehavinenu leida' shemo ha-gadol.*

[27] See David Flusser, *Judaism and the Origins of Christianity* [The Magness Press, Jerusalem, 1988] p. 201.

[28] Emile Puech, "*Fragment d'un apocryphe de Levi et le personnage* eschatologique" in eds. J. Trebolle Barrera and L. Vegas Montaner, *The Madrid Qumran Congress* [Brill, Leiden, 1992] pp. 458, 461 who has pointed out the nexus to *Daniel II:22.* On the affinity between the Qumran esoteric terminology and that of Daniel see also Devora Dimant, "New Light on the Jewish Pseudepigrapha" *ibidem*, p. 423. Thanks are due to Dr. Israel Knohl who alerted me to the possible contribution of material printed in the Madrid Conference Volume.

[29] *Ibidem*, pp. 459, 461.

[30] *Ibidem*, p. 464.

[31] *Binatekha.*

[32] See ed. Y. Licht, Jerusalem, 1957] pp. 42–43, 60–61, 188–189.

[33] *From Tradition to Commentary; Tradition and Its Interpretation in the Midrash to Deuteronomy* [SUNY Press, Albany, 1991] p. 249 note 140. Moshe Weinfeld, "The Prayer for Knowledge, Repentance and Forgiveness in the Eighteen Benediction, Qumran Parallels, Biblical Antecedents and basic Characteristics", *Tarbiz*, vol. XLVII [1979] p. 194. [Hebrew]

The same tendency to discern in the verb *BYN* a special form of understanding is found in David Daube's analysis of some Rabbinic texts; following W. Bacher,[34] he assumes that it is "employed by the Rabbis preferably where the deeper meaning in question is of a secret, dangerous character."[35] Daube mentions in this context several sources, including chs. IX and XII of the book of Daniel; the occurence of this verb in ch. IX:2 is understood by this scholar as denoting "to get at the bottom of allusions made in the sacred books"[36] It seems that the *binah* is a superrational faculty that is the organon of the perception of the alleged inner, or even esoteric meanings of a certain text. This seems to be also the meaning of this term in a famous Mishnaic passage dealing with the spiritual qualities of those to whom someone is allowed to expound the "Accounts of Creation and Chariot"; the recipient scholar is supposed to be "wise and he understood with [the help of] his own intellect" *hakham vehevin mi-da'ato.*[37] Being a requirement for the reception of the most esoteric kind of knowledge in Judaism, I assume that understanding is not only a matter of having an ordinary level of intelligence, which may be represented by the term *da'ato,* but another sort of understanding which is based upon the ordinary intellect, and transcends it. In a Talmudic discussion, *Shabbat,* fol. 31a the understanding of one thing from another is described as following the preocupation with wisdom. In the Talmudic list of qualities, required in order to receive the secret topics, also the phrase *Navon lahash* is mentioned,[38] which means "someone who understands [things] transmitted in a whisper", namely that he is able to receive esoteric matters, which are transmitted orally, in a whisper."[39] On the same page in the Talmud, we learn that a young boy, *Tinoq*

> was reading the book of Ezekiel in the house of his master, and he was understanding[40] [the nature of] the *Hashmal,* and then a fire went out of the *Hashmal* and consumed him.[41]

---

[34] *Die Aggada der Tannaiten* 2th edition [1903] vol. I p. 70 note 42.

[35] *The New testament and Rabbinic Judaism* [Arno Press, New York, 1973] pp. 427, 431.

[36] *Ibidem,* p. 428.

[37] *Mishnah, Hagigah,* II:1. On this passage see David Halperin, *The Merkabah in Rabbinic Literature* [American Oriental Society, New Haven, 1980] pp. 11–12 and the pertinent footnotes, as well as Bacher and Daube, ibidem.

[38] *Hagigah,* fol. 13a.

[39] See Scholem, *Jewish Gnosticism,* p. 58, and below, the quote from Hai Gaon.

[40] *Hayah mevin.*

[41] *Hagigah,* fol. 13a. It should be mentioned that this incident, which occurs also

This text assumes that the book of Ezekiel, found in the house of a master, is an esoteric book and its reading already implies an esoteric activity.[42] The understanding is therefore an activity which stands for a more advanced form of activity, and it alone seems to entrail the lethal danger. Thus I assume that it is not merely an understanding of the prophetic text, but of the nature of an esoteric issue, the *Hashmal*,[43] apparently a kind of amber, which emanates a sort of light around the divine throne, which was interpreted as a kind of angelic powers in the Talmud.[44] This understanding is not only a matter of decoding the meaning of the mysterious *Hashmal*, but it is conceived of as bringing someone in a certain direct relation to the entity represented by words in the text, that creates the dangerous situation. I assume that such a reading means also the fathoming of the secret knowledge allegedly coded within the biblical text. This view about the story of the boy is corroborated by another story, found also in the *Hagigah* version, where the discussion of topics related to *Ma'aseh Merkavah* induces the presence of the *Shekhinah* and produced some fiery phenomena, which are fraught with danger.[45] Rabbi Eleazar ben Arakh's exposition is lauded by his teacher, Rabbi Yohanan ben Zakkai, in a rather interesting manner: he blesses the patriarch Abraham for his descendant's attainment, because the latter is able to "understand, and inquire and expound."[46] It seems, therefore, that according to those sources, the mere discussions of secrets pertaining to the higher world is instrumental in the emergence of extraordinary phenomena, which may endanger someone who is not prepared for those phenomena. An interesting statement found in what is called the Hebrew *Book of Enoch* where its protagonist is granted "All the secrets of the Torah, all the secrets of *Binah*

in an Aramaic form, to which we shall return later on, does not occur in the *Heikhalot* literature. See Scholem, *Jewish Gnosticism* [note 4 above] p. 19.

[42] See more on this issue below par. V.

[43] On the *Hashmal* as pointing to a much earlier tradition see Peter Kingsley, "Ezekiel by the Grand Canal: between Jewish and Babylonian Tradition", *Journal of the Royal Asiatic Society* Third Series, vol. 2 [1992] pp. 339–346. See also Gruenwald, *Apocalyptic and Merkavah Mysticism*, pp. 77, 209.

[44] See Halperin, *The Merkabah in Rabbinic Literature*, [note 37 above] pp. 155–162.

[45] Fol. 14b.

[46] *Ibidem*. On this issue and its possible sources and parallels see E.E. Urbach, *The World of the Sages*, [The Magness Press, Jerusalem, 1988] pp. 487–496 [Hebrew]; Gruenwald, *Apocalyptic and Merkavah Mysticism*, pp. 75–76; Yehuda Liebes, *Het'o shel* 'Elisha' [Academon, Jerusalem, 1990] pp. 100–103. [Hebrew]

and all the depths[47] of the secret of Torah."[48]

The nexus between the secrets of the Torah and *Binah* may reflect a view found in an early text. In an important passage found also as an appendix to *Massekhet Avot* where it has been said, in the name of Rabbi Meir, that

> Whoever busies himself in Torah for its own sake merits many things: and not only so, but he is worth of the whole world, he is called friend, beloved; loves God, loves mankind. And he is clothed with meekness and fear, and he is fitting of becoming righteous, pious, upright and faithful; it removes him from sin, and brings him toward the side of merit. And they enjoy from him consel, and sound wisdom, understanding and strength for it is said: "Counsel is mine, and sound wisdom; I have understanding; I have strength". And it gives him dominion, and faculty of judgement. And they reveal to him the secrets of the Torah. And he is made, as it were, a spring that ceases not, and a river that flows on, increasingly. And he becomes modest, and long-suffering, and forgiving of insult. And it magnifies him and exalts him over all things.[49]

The devoted student of the Torah is described here from several points of view in so far as his achievements are concerned:

a] his study contributes to an appreciation by external factors.
b] the Torah is adorning him with special gifts.
c] his is revealed secrets of the Torah by unspecified factors.
d] last but not least, the student undergoes a certain transformation as a culmination of the prior gifts. The question that may be raised here is whether these three events happen one after the other, or whether they depend upon each other. In other words, do understanding and strength not only precede the revelation of the secrets, but also prepare him for their reception. If this reading is accepted

[47] *'Imqei.* Compare also another instance where the concept of the depths of the Torah is indicated in the Heikhalot literature. See Peter Schaefer, *Synopse zur Hekhalot-Literatur*, [J.C.B. Mohr, Tuebingen, 1981] pp. 250–251, par. 678; See also par. 279; idem, *The Hidden and Manifest God*, [SUNY Press, Albany, 1992] p. 115, Moshe Idel, "The Concept of the Torah in the Heikhalot Literature and its Reverberations in the Kabbalah" *Jerusalem Studies in Jewish Thought* vol. I [1991] pp. 33–34 [Hebrew]. Some of the conclusions drawn in the following have been presented in this study, but explicated here on the basis of a greater amount of material. See also David Halperin, *Faces of the Chariot*, [J.C.B. Mohr, Tuebingen, 1988] pp. 376–377.

[48] Ed. Hugo Odeberg, *3 Enoch or the Hebrew Book of Enoch* [Cambridge, Cambridge University Press, 1928] p. 16 version C.

[49] Charles Taylor, *Sayings of the Jewish Fathers* [Cambridge, 1897] p. 99. On this text see more David Flusser and Shmuel Safrai, "The Essene Doctrine of Hypostasis and Rabbi Meir" *Immanuel*, vol. 14 [1982] pp. 47–49.

then we have a rather relatively early text testifying again to the nexus between the possession of understanding and the reception of the secrets of the Torah. The special intellectual faculty designated sometimes by *Binah*, has been related often to a very early concept, found in another text to *Massekhet Avot* to the effect that the intellectual maturity, is reached at the age of forty[50] an issue which will be dealt with later on. The higher intellectual faculty, designated by the verb *BYN*, is, apparently a precondition of the reception of someone's else expositions on esoteric topics. It should be emphasized that in Rabbinic texts, unlike the book of Daniel, no divine revelation, in the strict sense of this term is connected to *Binah*, but a transmission of an already existing, though apparently initially revealed, type of knowledge. In one of the *Heikhalot* texts, the mystic is told that he

> should understand what it is in his heart, and be silent,[51] in order to merit the [vision of] the beauty of the *Merkavah*.[52]

The inner understanding is therefore, together with other acts, a prerequisite for mystical experience. In our case, the mystical vision of the *Merkavah*, formulated in a manner that is reminiscent of the vision of God's beauty[53] is preceded by the understanding of what is in one's heart. This expression is very similar to other expressions, which occur also before an act related to the *Merkavah*. So, for example, in the *Gemara* of *Megillah*, fol. 24b, it is said that "many have expected to expound the *Merkavah*, though they never saw it." Formulated in the context of the discussion about a blind man's officiating in the ritual for the congregation, this sentence means that because of his blindness, he could not view the Chariot, and thus he should not attempt to expound this topic to others. The answer of Rabbi Yehudah is that the vision of *Merkavah* is not a matters of an ocular activity or achievement, but it depends upon the understanding of the heart, 'ovanta' *de-libba*'.[54] At least in the view of Rabbi Yehudah, the understanding of the *Merkavah* in the heart does allow

---

[50] Ch. V, ed. Taylor, *ibidem*, p. 97.

[51] Silence as part of an ascetic path recurs in *Heikhalot* literature. It should be mentioned that while in many other cases, the recitation of hymns is quintessential, here a quite different approach is offered.

[52] Schaefer, *Synopse*, [note 47 above] pp. 142–143, par. 335.

[53] See Rachel Elior, "The Concept of God in the Hekhalot Mysticism", in ed. J. Dan, *Early Jewish Mysticism* [Jerusalem, 1987] pp. 26–37. [Hebrew]

[54] See Halperin, *Faces of the Chariot*, [note 47 above] pp. 11–13, 318–319, 335.

someone, even a blind person, to expound topics related to it, to others. What is the meaning of the 'ovanta' in this context? In my opinion, the view of Rabbi Yehudah is an alternative to the ocular vision, and though speaking about understanding, he refers actually to an inner vision. Thus, the above text from *Heikhalot* literature, which is related to the *Merkavah*, opens the way to another, more external, or in the last case, public understanding, dealing with this issue, and we shall return to this issue later on. However, it is the understanding of the paramount importance of *Binah* as pointing to instruction of esoteric knowledge, as included in the book of Daniel which is reverberated in a relatively late Midrash, which preserved views and material from the *Heikhalot* literature, *'Otiyot de-Rabbi 'Aqiva*

> You should know that *Binah* is exalted in the eyes of God, even more than the Torah is, so that even if someone reads the Torah, the Prophets and the Hagiography, and studies *Mishnah*, *Midrash Halakhah* and *Aggadah*, Traditions and *Tosafot*, *Moshelot* and *Ma'amadot*, and all the orders of the Midrash, and he has no *Binah*, his *Torah* is worthy as nothing, as it is written[55] 'The *binah* of His wise men shall be hid'.[56]

I assume that it is not only the intellectual capability, a very high one indeed, in general, as it is considered to be higher than the Torah, that defines the *Binah*, but also, so I guess, a certain peculiar power which penetrates complex issues. I assume that this passage does not allow a totally independent status to *Binah*, but this capacity is exercised while studying the various parts of the Jewish canonic corpus. The similar stand is apparently reflected by a well-known Talmudic passage, which elucidates Rabbi Abbahu's quote of the verse 'The words of the Lord are pure words, as silver tried in the lear sight of the earth, refined seven times"[57] to the effect that

> Fifty gates of understanding were created in the world, and all were given to Moses save one, as it says:[58] 'Yet thou hast made him little[59] lower than a God.[60]

---

[55] Isaiah XXIX:14.

[56] *Batei Midrashot*, ed. A.J. Wertheimer, [Jerusalem, 1950] II, p. 358. See also *ibidem*, p. 389 and Idel, "The Concept of the Torah" [note 47 above] p. 38.

[57] Psalms XII:7.

[58] *Ibidem*, VIII:8.

[59] *Me'at*. It may well be that the letters *Mem* and *tet*, which are part of the word *me'at*, are understood to be a hint at the figure forty-nine. It seems also that the idea of the diminution of Adam, as mentioned in the Rabbinic sources, might be relevant for the citation of this verse. See *Hagigah* fol. 12a and note 101 below.

[60] *Babylonian Talmud, Rosh ha-Shanah*, fol. 21b and Louis Ginzberg, *The Legends of*

The forty-nine gates seem to be related to a cosmological principle, which is not linked to the interpretation of the Bible. This seems to be quite clear from the fact that the gates are depicted as created in the world. On the other hand, the reference to the verse mentioned earlier concerning the seven time refinement, can be understood, as some interpreters have already done, as seven times seven.[61] Since this refinement is ostensibly related to the scriptures, a nexus has been created, by the dint of this juxtaposition, between the gates, which are apparently a cosmological principle revealed to Moses, and the seven-times-seven ways to understand the scriptures.[62] Though no secret way of understanding is explicit here, the fact that only Moses was graced with such a gift shows that this is indeed a superior type of knowledge. At the end of this short survey of the occurence of the term *Binah* in connection to secrets and secrecy it would be in order to draw attention to two texts which assume a metaphysical existence of the *Binah*, in a way reminiscent of the biblical hypostatic views mentioned above: one is the famous Talmudic passage dealing with the creation of the world by means of ten things, one of them being *Tevunah*, a synonym of *Binah*.[63] This is one of the sources of the Kabbalistic hypostatic notion of *Binah* as a sefirotic attribute of God. The second text seems to be as important: in *Sefer ha-Razim* a third century magical text,[64] where the sun is invoked by the names of

> the angels that cause to men of knowledge to understand[65] and to discern[66] lores and obscure [things][67]

Again, the angels are conceived as instructing men to understand secret lores.

---

the Jews [Jewish Publication Society of America, Philadelphia, 1968] vol. VI p. 284 note 25.

[61] Rashi ad locum.

[62] Compare *Babylonian Talmud*, *'Eruvin*, fol. 13b, *Jerusalemite Talmud*, *Sanhedrin* IV:2, *Midrash Shir ha-Shirim Rabba*, ed. S. Dunski [Devir, Jerusalem, Tel Aviv, 1980] p. 58, etc., where forty-nine ways of expounding the Torah are mentioned. The two talmudic texts have been already juxtaposed by Nahmanides, in one of his sermons. See *Kitvei ha-Ramban*, ed. Ch. D. Chavel, [Jerusalem, 1963] vol. I p. 134 and our discussion later on below par. IV.

[63] *Hagigah*, fol. 12a.

[64] For a description of the content see Gruenwald, *Apocalyptic and Merkavah Mysticism* pp. 225–234.

[65] *mevinim*.

[66] *mevonenim*.

[67] *Sefer ha-Razim* ed. Mordekai Margalioth, [Jerusalem, 1967] p. 72. [Hebrew]

IV. *Binah: Some Medieval Reverberations*

The use of the verb *haven* in in order to point out a special, oftenly more profound understanding of a certain text recurs thousands of times in Middle Ages, both in philosophical and Kabbalistic literature. Phrases like *ha-mevin yavin,* or *ha-maskil yavin* are commonplaces which need no elaboration. Here, however, I would like to address some few instances, out of many that will be ignored here, as to the special meaning of the *Binah.* Let me adduce first an additional short text, found in a manuscript, whose precise background is not clear, where it is written that

> The perfect *hasid,* who has no evil thought, [namely] Rabbi Aqiva' was described as being worthy of [magically] using the glory of heaven,[68] and he was given *Binah* and he knew how to expound[69].[70]

Here, like in the *Mishnah* of *Hagigah,* the presence of *Binah* is a precondition for expounding of esoteric issues. However, while in the Hagigah passage the understanding recipient receives the exposition from another sage, here the understanding is a precondition for his own capacity of expounding. This hierarchical distinction between *Binah* and *Derishah,*[71] both related to the transmission or the exposition of the religious secrets, involves also a magical moment: the power to use the divine glory, a quality attributed to Rabbi Aqivah in the *Babylonian Talmud. Hagigah,* fol. 15b.[72] It is quite interesting that in this text, the faculty of *Binah,* and the expounding activity is

---

[68] *Kevod ha-shamayim.*

[69] More on the verb *lidrosh* see below, in the next paragraph.

[70] Ms. Vatican 283, fol. 73a.

[71] It may well be that the expounding mentioned here is that of the *Merkavah*: see the *Heikhalot* view that Rabbi 'Aqiva' "descended" in order "to expound the *Merkavah*". Cf. the text in Schaefer, *Synopse,* [note 47 above] pp. 252–253 par. 685.

[72] See also the view of Rabbi Abbahu, one of the most mystical Rabbinic figures in late antiquity, as adduced in the Midrash on Psalms XVI:10 which may be translated to the effect that "the Glory rejoiced in the moment the little [children] were pronouncing, in order to use it." cf. *Midrash Tehillim,* ed. S. Buber, [Vilna, rpr. Jerusalem, 1977] p. 123. The text is not so clear, but nevertheless the nexus between *mishtammshim,* theurgical use, and *Kavod,* seems to be rather plausible. In my opinion, this text is related, though in a complex manner, to the quotes on the young boy adduced above and below from *Hagigah.* It should indicated that in the context of that quote, also the name of Rabbi Abbahu has been mentioned. It should be stressed that the magical use of the *Kavod,* occurs in the Talmud, and probably in the abovequoted Midrash, but not in the *Heikhalot* literature. In the closest parallel to the Talmudic passage describing Rabbi Aqiva' as using the divine Glory, found in a *Heikhalot* text, *Heikhalot Zutarti,* Schaefer, *Synopse,* [note 47 above]

attributed to Rabbi 'Aqiva, a figure whose name plays an important role in the *Heikhalot* literature as a mystic, and in the Midrashic literature as someone who was expounding the Scriptures in a rather peculiar way.[73] Indeed this last quote is consonant with that brought from *'Otiyot de-Rabbi 'Aqiva*. This type of relationship between understanding a a mystical experience, is paralleled by a statement of R. Hai Gaon, a 11th century Jewish religious master, in a passage that deals with the *Hagigah* esoteric topics:

> the whispers he is whispered,[74] and the general [principles][75] are delivered to him, and he understands them,[76] and from heaven he is shown[77] in the hiddenness of his heart.[78-79]

Understanding is explicitly connected here to secrets, that were shown from above. It should be emphasized that understanding is the human faculty that enables the mystic to comprehend the revealed principles which facilitates the understanding of secrets. We can easily see how the two trends related to this verb, that of Daniel, emphasizing the need of revelation from above on the one hand, and

---

par. 346 pp. 146–147 the version is *histakkel bi-khevodi*, namely, R. 'Aqiva has contemplated the Glory. This is one of the example which demonstrate that when a Talmudic, and also a Midrashic, passage is paralleling one in the *Heikhalot*, it is quite possible that the more magical, or theurgical stand will be found in the Rabbinic versions, while the *Heikhalot* text may represent a more contemplative stand. See, especially par. 335 where different attitudes to the Glory are mentioned, in order to warn the mystic, none of them being the theurgical use, as represented by the verb *Mishtammesh*. See also Gershom Scholem, *Major Trends in Jewish Mysticism* [New York, 1967] p. 46, idem, *Jewish Gnosticism*, p. 54; Liebes, *Het'o shel* 'Elisha', [note 46 above] pp. 90–91. The reason for such a differing attitude may be explained by the different types of theology domineering the different types of literature. See Moshe Idel, *Kabbalah: New Perspectives*, [Yale University Press, New Haven, 1988] pp. 157–158.

[73] See A.Y. Heschel, *The Theology of Ancient Judaism* [The Soncino Press, London and New York, 1962] vol. I pp. 3–23. [Hebrew]

[74] The transmission of secrets in a whisper is already mentioned in *Bereshit Rabba*, III:4, eds. J. Theodor—Ch. Albeck [Wahrman, Jerusalem, 1965] vol. I pp. 19–20 and *Hagigah*, fol. 13a. See also above note 39.

[75] *Kelalut*. This term is parallel to *Rashei peraqim* which are sometimes translated as rudiments, in the Rabbinic sources. See also the text of the anonymous student of Abulafia, the author of *Sefer Sha'arei Tzedeq*, ed. J.E. Porush [Jerusalem, 1989] p. 9 who mentions the kelalim as related to the rudiments.

[76] *mevin · bahem.*

[77] On this expression see Isadore Twersky, *Rabad of Posquieres: A Twelfth-Century Talmudist* [Harvard University Press, Cambridge, 1962] pp. 293–296. See also below the quote from Todros Abulafia's *'Otzar ha-Kavo d.*

[78] Compare the requirement of having an anxious heart, for receiving secrets, in *Hagigah* fol. 13a.

[79] *Otzar ha-Ge'onim*, ed. B. Levin, *Hagigah*, p. 12; Scholem, *Jewish Gnosticism*, p. 58.

that of the superior understanding that enables the independent understanding of secrets, on the other. Here, the understanding concerns an inductive type of knowledge; the principles are understood in their more detailed form, and these particular forms, or contents, are preparing the mystic for above, the inner understanding precedes the vision of the beauty of the *Merkavah*. A contemporary of Rav Hai Gaon uses the phrase *Mevinei sodim*, namely those who understand the secrets.[80] In a prayer pronounced before the ritual reading of the Torah in the New Year ritual God is asked to grant, inter alia,

> intelligence and understanding, in order to comprehend and understand the depths of its[81] secrets.[82]

Again, this verb occurs in a context which is ostensibly dealing with secrets, in a passage attributed to an the 11th century Rabbi;[83] Rabbi Itzhaq ha-Levi, one of the teachers of Rashi, describes the concern of the Ashkenazi Jews with the ritual poems in these terms:

> they fathom[84] [in order] to understand,[85] the commandment of the secret of our Lord, in the Torah, which has a pedigree and a [reliable] tradition [*qabbalah*] from a Rabbi.[86]

---

[80] *Megillat Ahima'atz*, [Jerusalem, 1964] pp. 1–3.

[81] Namely of the Torah.

[82] See Daniel Goldschmidt, *Mahzor le-Yamim Nora'im*, according to the Ashkenazi Rite [Jerusalem, 1970] I p. 133.

[83] Though scholars consider the following text as a relatively early text in the Ashkenazi literature, its similarity to the Hasidei Ashkenaz thought invites, in my opinion, a rather later datation.

[84] *Ma'amiqim*. On the relation between this verb and the concept of secret see Joseph Dan, *Studies in Ashkenazi-Hasidic Literature*, [Ramat Gan, 1975] p. 46 note 9, Marcus, *Piety and Society*, p. 85 and also below, note 133. As Israel Ta-Shma has pointed out the verb recurs in medieval Ashkenazi non-mystical nomenclature, in order to describe a certain kind of legalistic study. See his "An Abridgement of 'Hovot ha-Levavot', *Alei Sefer* vol. 10 [1982] p. 19. [Hebrew] and Soloveitchik's study mentioned below, note 100, p. 315 note 8. The term *'omeq*, for secrets occurs also in ecstatic Kabbalah: see M. Idel, "Maimonides and Kabbalah", in ed. I. Twersky, *Studies in Maimonides* [Harvard University Press, Cambridge, Mass. 1990] pp. 57, 62. See also an early 14th century Kabbalistic book, whose influence on later Kabbalah was very great, *Berit Menuhah* [Amsterdam, 1648] fol. 2b, discussed in in Daniel Abrams, "The *Shekhinah* Prays Before God" forthcoming in *Tarbiz*, Appendix.

[85] The nexus between fathoming and understanding is found also in *Sefer Hasidim* ed. J. Wistinetzki, [Frankfurt a/M, 1924] p. 242 par. 983: *she-ma'amiq be-binah*, and in Rabbi Eleazar of Worms' *Sefer Hokhmat ha-Nefesh* [Benei Beraq, 1987] p. 96: *'Omeq ha-hokhmah ve-ha-binah*. On the other hand, in *Sefer Hasidim* par. 984, understanding is presented as a condition for the fathoming. On this latter paragraph see Peter Schaefer, "The Ideal of Piety of the Ashkenazi Hasidim and Its Roots in Jewish Tradition" *Jewish History*, vol. IV no. 2 [1990] p. 17.

[86] *Sefer ha-Pardes*, ed. Ehrenreich, [Budapest, 1924], p. 229 par. 174. On this text

The occurence of the verb *ma'amiqim* before the verb to understand seems to qualify the special type of understanding related to the 'commandment of the secret of God', a phrase that is rather obscure. What is especially pertinent to our discussion is the fact that the secret is not only related to God, but is also found in the Torah, understood according to the reliable tradition. Thus, the secret related to God can be extracted from the Bible, by fathoming its meaning. This also seems to be the meaning of *Binah* in another passage, written by the poet Rabbi Benjamin ben Shmuel, an inhabitant of Lombardia of the early 11th century. In one of his poems he put in the mouth of God the following verse, as a response to the Torah:

> How shall I give your secret[87] to the immortals?[88] Is not the majority of your *Binah*,[89] the matter of those [consisting of] flesh and blood, who decode them?[90]

I assume that the secret of the Torah is parallel to the majority of the *Binah*, which is deciphered by the mortals. If this juxtaposition is correct, then *Binah* of the Torah means in this case the secret of the Torah, which is to be penetrated by man.[91] In another poem this poet connects explicitly between the forty-nine gates and the tablets of the Torah, establishing, thereby a rather hermeneutical role for the gates.[92]

The possible links between *Binah* and secrets of the Torah, as pointed out above, served as the background for the emergence of a very complex treatment of the Talmudic phrase: 'fifty gates of *Binah*'. Rabbi Eleazar of Worms composed, around 1217, a lengthy treatise named *Sefer ha-Hokhmah*, on seventy-three exegetical methods to interpret the Bible, designated as "Gates of *Hokhmah*."[93] Those gates are explicitly related to the Torah on the one hand, and with fifty,

---

see E.E. Urbach, *Sefer Arugat Habosem, auctore R. Abraham b. R. Azriel* [Jerusalem, 1963], vol. IV pp. 6, 73. [Hebrew]

87 *Sodekha.*

88 Namely the angels.

89 *Rubbei Binatekha.*

90 Printed by Yehudah Leib Weinberger, "New Poems from the Byzantine Period" *Hebrew Union College Annual* vol. 43 [1972] p. 293. [Hebrew]. For the date and place of this poet see more recently Ezra Fleisher, "'Azharot le-Rabbi Benjamin [ben Shmuel] the Poet" *Kovez al Yad* [NS] vol. XI [XXI] [1985] pp. 3–75. [Hebrew]

91 Compare also to another part of this poem, printed by Fleisher, *ibidem*, p. 74, where God is described as compelling men to deal with His secrets: *Sodeikha.*

92 See Weinberger, *ibidem*, p. 296.

93 On this composition see Dan, *Studies*, [note 84 above] pp. 44–57.

and sometimes forty-nine gates of understanding, one the other. The meaning of these links is by no means quite clear, as the attempts to explain them show.[94] However, it seems that an interesting proposal, found in a recent article of Ivan Marcus, may be relevant to our discussion.[95] Marcus surmises that the seventy-three methods of *Hokhmah*[96] are conceived to be ways to reach the secret meanings of the Torah, meanings which are identical with the gates of *Binah*.[97] Or, to formulate this affinity differently: it is by the means of the gates of *Hokhmah*, conceived of as technical devices, that the secret contents, the gates of the *Binah*, are allegedly extracted from the text. This resort to extrinsic methods to fathom the intrisic secrets, assumes that *Binah*, or more precisely its gates, stand for the secrets of the text, in a manner reminiscent of some of the eleventh century texts quoted above. Indeed, as a passage from *Sefer Hasidim*—a book composed in the milieu of Rabbi Eleazar—indicates, the fifty gates of understanding are the goodness of God, which are hints and secrets placed in the Torah. They were dispersed there in order

> to increase the reward of those who fear Him properly. They have to look for them, as it is written[98] 'If you seek her[99] as silver, and search her as for hidden treasures, then you will understand the fear of the Lord and find the knowledge of God.[100]

The verb in Proverbs deals with the search of the *Binah*, but in *Sefer Hasidism* this quest is done within the text of the Torah. Once again, *Binah* stands for the esoteric aspect of the Torah. Understanding is thus not a general quality, a way of discerning in general, but the hidden aspects of the Torah.[101] The importance of understanding is quite obvious in the Kabbalistic literature. This is a recurrent theme

---

[94] See Dan, *ibidem*, p. 48 note 29.

[95] "Exegesis for the Few and for the Many" *The Age of the Zohar* ed. J. Dan [Jerusalem, 1989] pp. 1–24.

[96] Numerically this words is equivalent to seventy-three, as it is the form *uvinah*.

[97] ibidem, pp. 16–18. See also his *Piety and Society* [Brill, Leiden, 1980] pp. 69, 119.

[98] Proverbs II:4–5.

[99] Namely the *Binah*

[100] par. 1514 in ed. of J. Wistinetzki, [Frankfurt a/M, 1924] p. 369, adduced and discussed by Marcus, "Exegesis" p. 22, Haym Soloveitchik, "Three Themes in *Sefer Hasidim*" *Association for Jewish Studies Review* vol. 1 [1976] p. 314 note 7. See also Abrams, "The Literary Emergence" [note 24 above] pp. 67–85.

[101] More on the esoteric aspects of the Torah in *Sefer Hasidim* see another important passage quoted and discussed by Marcus, *ibidem*, p. 21. The non-exegetical nature of the fifty gates is corroborated by discussions found in Rabbi Eleazar's the *Commentary on Prayer*, eds. M. Herschler and Y.A. Herschler, [Jerusalem, 1992]

that cannot be dealt with in the present framework. However, I would like to emphasize the special importance of understanding at the beginning of Kabbalah, in the writings of Rabbi Ya'aqov ben Sheshet and Nahmanides. Rabbi Ya'aqov ben Sheshet, a Geronese Kabbalist, indicates that he has received a tradition to the effect that the fifty gates consist of ten gates that explicate each of the five parts of the Pentateuch. Thus, we have strong evidence that, already at the beginning of the Spanish Kabbalah, "gate" means a way of understanding the Torah.[102] Elsewhere, he mentions the gates in a context that is conspicuously related to the Torah. He identifies the forty-nine gates with the written Torah, on the basis of the nexus to the Talmudic discussion of the forty-nine ways of interpreting the Torah, while the last gate, is conceived of as identical to the Oral Torah. The two Torahs represent, respectively, the male and female aspects of the Divinity, which should, so it appears in the text, be unified.[103] As mentioned above, Nahmanides has juxtaposed the fifty gates of understanding with the forty-nine ways of expounding the Torah.[104] The relevance of this nexus becomes more obvious when he asserts that whatever has been said to Moses in the framework of those gates, has been written in the Torah, either explicitly or in an esoteric manner.[105] In general, Nahmanides should, however, be seen as emphasizing the ontological view of the gates, as related to various realms of reality.[106] Indeed, in some other instances, he repeatedly points out the need of understanding for the reception of the esoteric tradition, Kabbalah. So, for example, he mentions that his own words, regarding Kabbalah, that it "would not been comprehended by [the way of] intellect and understanding, but from the mouth of a wise

p. 149 and in his *Sefer ha-Hokhmah*, in ed. Y. Klugmann, *Perushei Roqeah 'al ha-Torah*, [Benei Berq, 1985] I, p. 48, and again in the milieu of Rabbi Eleazar, in a writing of Rabbi Abraham ben Azriel, who describe the fifty gates as granted to Adam. See Urbach, *Sefer 'Arugat ha-Bosem*, [note 86 above] vol. III p. 53. Thus, it seems that they can be conceived as a very high form of intellection, but totally unrelated to the contents of the Torah. In my opinion, the attribution of the gates to Adam, found in the sources mentioned above, and in many others not adduced here, in lieu of Moses, represents an earlier tradition, which has been shifted to Moses later on. On this issue I hope to elaborate elsewhere. See meanwhile note 59 above. See also Abrams, *ibidem*, p. 69.

[102] *Sefer ha-'Emunah ve-ha-Bitahon*, ch. XXIII, in *Kitvei ha-Ramban*, ed. Ch. D. Chavel, [Jerusalem, 1963] vol. II p. 435.

[103] *Meshiv Devarim Nekhohim*, ed. Y.A Vajda, [Jerusalem, 1968] pp. 140–141.

[104] See note 62 above.

[105] *Commentary on the Pentateuch*, ed. Ch. D. Chavel, [Jerusalem, 1959] vol. I p. 4.

[106] *Ibidem*.

Kabbalist, to the ear of an understanding receiver."[107] Elsewhere he insists that secrets topics will not be understood[108] but by means of oral transmission.[109] In this vein, he asserts that the secret of the account of Creation is a profound secret, that cannot be understood from the pertinent verses but should be received orally . . . neither understood in a complete manner from the verses."[110] In those instances, Nahmanides betrays an attitude to *Binah* that is rather complex: understanding is needed in order to be able to receive the secrets by way of oral transmission, but it is not a reliable organon for extracting secrets from the biblical sources. In one case, he uses the term understanding in the context of secrets, but he does at the same time mention that someone must first be meritorious in order to receive the secret.[111] This cosmological vision of the gates, which attenuates dramatically their exegetical role, seems to be an attitude fundamentally different from that received by Rabbi Ya'aqov ben Sheshet. In any case, it seems that Nahmanides was faithfull to the Mishnaic vision concerning understanding as the organon for receiving secrets, but not as an exegetical tool for extracting them from a text.[112]

In *Sefer ha-Yihud*,[113] an anonymous 13th century text, we read:

> And the knowledge of the Creator, May His Name be blessed and exalted, consists of eight sets of alphabets such as[114] *'Vayisa' Vayavo' Vayet'* which contain 26 letters. And before the Torah proper was given at Sinai, Moses was in Egypt. And it is accepted that Levi possessed a book of Kabbalah and he studied from it, as did those who preceeded him . . . Moses studied the Kabbalah in its most complete form, with a pure spirit and a new heart, more so than any other man, and he

[107] The Introduction to the *Commentary on the Pentateuch* ed. Ch. D. Chavel, [Jerusalem, 1959] vol. I p. 7. For the importance of this passage for the overall view of Kabbalah in Nahmanides' thought see M. Idel, "We Have no Kabbalistic Tradition on This" in ed. Isadore Twersky, *Rabbi Moses Nahmanides (Ramban): Explorations in His Religious and Literary Virtuosity* [Harvard University Press, Cambridge, Mass. 1983] pp. 59–60.

[108] *Lo' itbonenu.*

[109] *Commentary on the Torah*, ibidem, p. 4.

[110] *ibidem*, p. 9.

[111] *ibidem*, p. 14.

[112] Compare Elliot R. Wolfson, "By Way of Truth: Aspects of Nahmanides' Kabbalistic Hermeneutic" *AJS Review* vol. 14 no. 2 [1989] pp. 103–178.

[113] Preserved in Ms Schocken Kabbalah 14 fol. 120b; see also Idel, *Language, Torah*, [note 130 above] pp. 151–152.

[114] Exodus XIV:19–21. On this view of the alphabets and that found in an anonymous commentary on the liturgy from the school related to Abraham Abulafia, I hope to elaborate elsewhere.

> attained to certain knowledge of the Creator. Regarding him it is written[115] 'And there has not since then arisen a prophet in Israel like Moses whom the Lord knows face to face, not before or after. And so too, we find in *Sefer ha-Mafteah* that before Moses was in returned to Egypt, the Holy One blessed and exalted be His name, chose him from among the tribe of Levi so that he may serve Him. And Moses learned the entire Kabbalah from the alphabets, and his study of wisdom and knowledge and understanding refers to the letters and their vowels. And anyone who will understand and know and understand [sic] the power of the letters and vowels and their [visual] forms and the effects of their forms will understand and have knowledge of the blessed Creator.

The emphasis on the linguistic elements points to the technical aspect of the Kabbalah since, according to this text, the Kabbalist is able to reach, by means of the secrets of letters, an understanding of the divine by and of his own.

The view that at the age of forty someone reaches the *Binah*, and the various formulations that connected the term *binah* with deeper understanding, including an understanding of the secrets in the biblical text, contributed to the emergence of the view that secrets can be transmitted to someone who reached forty or, alternatively, that this age is appropriate for studying secret topics.[116] So, for example, the age of forty has been connected by a thirteenth-century philosopher active in Spain, Rabbi Shem Tov Falaquera, to the study of Maimonides' *Guide of the Perplexed*, which should be approached only at the age of forty, because of the vanishing of the fervor of the youth at this time.[117] Moreover, Falaquera says, the topics dealt with by Maimonides are called *Binah*. I am inclined to assume that the issues referred by the vague term *'inyanim*, stand for the secret aspects of the *Guide of the Perplexed*.[118]

Abraham Abulafia, at the beginning of the eighties of the 13th century, defines the term *mevin* as higher than *Hakham*, who is described as a student of books, in these terms:

> If he obtains it by [the way of] the Kabbalah, that is to say as a tradition from one who has himself obtained it from the contemplation

[115] Deuteronomy XXXIV:10.

[116] See *Avot*, ed. Taylor, p. 43 and our discussion above.

[117] See Moshe Idel, "To the History of the Interdiction to Study Kabbalah before the Age of Forty" *Association for Jewish Studies Review*, vol. V [1980] pp. 4–5 [Hebrew]

[118] See *Moreh ha-Moreh*, [Presburg, 1837] p. 6. More on the background of this view see Idel, *ibidem*, pp. 2–6.

> of the Divine Names or from another Kabbalist, than he is called *Mevin*.[119]

Higher than the *Mevin* is the *Da'atan* who receives the content of his knowledge of reality from his own heart. Thus Abulafia interprets the Mishnaic statement about *Hakham, mevin mi-da'ato*, as pointing to three different stages in the intellective process, understanding being the second of the three stages. Elsewhere in the same context Abulafia speaks about "the *Binah* that is received from the mouth of the true Kabbalists"[120] thus creating a clear identification between the concept of a received, apparently secret, tradition and *Binah*. According to this vision of Kabbalah, this type of acquiring Kabbalah is a rather mediocre approach which should, ideally, be transcended by independent speculations and revelations.[121]

Rabbi Todros ben Joseph Abulafia, in the eighties of the 13th century, emphasizes the importance of the knowledge of the esoteric tradition related the structure of the Tetragrammaton in order to understand the mysteries of the Torah:

> Know that by the knowledge of the innerness of the structure of its letters, all the secrets of the Torah and the prophets[122] will be explained and revealed to whomever will know it, each one in accordance with what he will be announced from heaven to understand one thing from another, and to return the thing to its [proper] essence. Happy is he who will be able to understand even one of the thousand of thousands of the mysteries and allusions that are enscribed in the innerness of the letters of the [divine] name for [the sake of] those who know. Oh for us, people who see and do not understand what do we see.[123] All the ancient and later masters of Kabbalah have sworn not to hint at issues [of Kabbalah] but they hint to their modest[124] disciples the notes of the chapters.[125]

---

119 According to the translation of Scholem, *Major Trends*, p. 139, Hebrew original p. 382 note 75. See also another important text, steming from Abulafia's school, named *Haqdamah*, in Ms. Paris, BN 851, fol. 29ab, printed in Abrams, "The Shekhinah Prays Before God" [note 84 above], Appendix, where he adduced also a great variety of medieval sources dealing, inter alia with, secrets and understanding.

120 Scholem, *ibidem*.

121 More on this issue see Idel, "Defining Kabbalah: The Kabbalah of the Divine Names" ed. Robert Herrera, *Mystics of the Book*, [Peter Lang, New York, 1993] p. 111.

122 See also *Otzar ha-Kavod*, fol. 19d.

123 This form of exclamation is characteristic of the Zoharic style.

124 *Tzenu'im*. On this term see Idel, "Defining Kabbalah" [note 121 above] p. 115 note 14.

125 *Sefer Otzar ha-Kavod* [Warsau, 1879] fol. 13d; quoted by R. Meir ibn Gabbai, *Sefer 'Avodat ha-Qodesh*, [Jerusalem, 1963] fol. 16d.

In this limited framework, it is impossible to treat the different avatars of Binah and of the processes related to understanding of secrets. It should be mentioned that they remained part and parcel of Jewish mysticism[126] and a much more detailed survey is a desideratum.

V. *Derishah*

Let me inspect a certain development which points to the peculiar nature of the Rabbinic and Heikhalot method of expounding secrets of the Torah. Instead of the direct approach to the divine, as found in the prophetic literature, the mediation of the text and its study, or the decoding the significance of a revelation, are necessary in order to reach a realm of experience beyond the ordinary types of cognition. The first step of this development has been described by Michael Fishbane in a congent manner:

> whereas the verb *DRSh* refers to oracular inquiry in Exod. 18:15, it is used as a term of rational legal investigation in Deut. 13:15, 17:4,9, and 19:18... For whereas the expression 'to inquire' (*lidrosh*) of the Torah of YHWH' occurs in a mantic context of prophetic inquiry in 1Kgs. XXII:8, for example, and the expression 'to inquire of 'Elohim' occurs in a mantic context of legal inquiry in Exod. 18:15 of 'the *Torah* of *YHWH*'. Here the text of the divine words serve, as it were, as an oraculum for the rational-exegetical inquiry.[127]

The shift from the oracular use of the root *DRSh*[128] in relation to God, to the inquiry into the text in an exegetical manner, is a development that assumes that the text substituted divine direct revelation. I would like to propose that these two forms of mantic understanding of the verb *DRSh* remained interconnected in some later Jewish texts, when the inquiry into the secret meaning of the Torah was instrumental in experientially discovering the divine within the text.[129] The canonic text functions in many important instances in

[126] The nexus between *Binah* and occult knowledge is still evident in the middle of the 18th century, when the Besht is described as someone who was graced by God with a bounty of *Binah*, *Binah yeterah*, and he can understand things belonging to the upper world. *Epistle of the Ascent of the Soul*, printed by Joshu'ah Mondshein, *Shivhei ha-Baal Shem Tov*, [Jerusalem, 1982] p. 234. This term is found already in Talmudic sources; See e.g. *Sotah*, fol. 35b.

[127] Michael Fishbane, *Biblical Interpretation in Ancient Israel* [Oxford, Clarendon Press, Oxford, 1985] p. 245.

[128] And *PRSh*, as pointed out by Fishbane, *ibidem*.

[129] For the relations between the two phenomena in the later Jewish literature see

Jewish mysticism, as a means of recovering the divine by various forms of intense reading and studying the details of the revealed book. The overlapping of the exegetical or the hermeneutical experience on the one hand, and mystical experience on the other is, in my opinion, an alternative way of separating between literature and experience or for the sharp distinction between interpretation and ecstasy.[130] So, for example, the nexus between the verb *DRSh* and secrets is well represented by a verse in *Ben Sira*

> He will inquire the hidden aspects of the parable, and he will *itratash*,[131] the enigma of the *mashal*.[132]

It is not quite sure that the Biblical texts are implied at all, though at the beginning the *Torah 'Eliyon* and the *nevu'ot* are mentioned [verses 1–2], while in verse 3 the *sihat anshei shem*, and *'imqei melitzot*, namely the depths of the metaphors,[133] are mentioned. The basic assumption here is that a parable has a certain cryptic meaning, that should be disclosed by the sage. In any case, even if we assume that this passage deals with some biblical passages, there is no doubt that only some few instances of the Bible may be included in this category. That esotericism has not been envisioned as an important preoccupation it is sufficient to quote the well-known verses in *Ben Sira* III:19–22:

Idel, *Kabbalah: New Perspectives*, [note 72 above] pp. 234–249 and idem, *Language, Torah, and Hermeneutics in Abraham Abulafia*, [SUNY, Albany, 1989] pp. 101–109, Elliot R. Wolfson, "Circumcision, Visionary Experience and Textual Interpretation: From Midrashic Trope to Mystical Symbol" *History of Religions* vol. 27 [1987] pp. 189–215, *idem*, "The Hermeneutics of Visionary Experience: Revelation and Interpretation in the Zohar" *Religion*, vol. 18 [1988] pp. 311–345.

[130] For attempts to separate between what it could be called mystical literature and mystical experience, too radical a distinction, in my opinion, see e.g. the views of Halperin, *The Merkabah in Rabbinic Literature*, passim; Schaefer, *Hekhalot-Studien*, [note 9 above] pp. 294–295, Dan, *The Revelation of the Secret*, [note 4 above] pp. 11–13.

[131] I do not know the meaning of this verb.

[132] *Ben Sira* 49:4 *Nistarot mashal idrosh, uvehidot mashal itratash. Compare to Proverbs I:6.*

[133] On *'Omeq* in contexts of 'secrets' see above notes 24, 47, 84 and Idel, "Defining Kabbalah", [note 121 above] p. 102 and note 51 as well as below, in the context of the Hasidei Ashkenaz texts, when the notion of the depths of the Torah will be mentioned. In this context, the importance of the ten 'depths' of the universe in *Sefer Yetzirah* should also be mentioned. See also Yehuda Liebes, "The Messiah of the Zohar" in *The Messianic Idea in Israel* [Israeli Academy of Sciences and Humanities, Jerusalem, 1982] p. 211 and Daniel Abrams, "The Book of Illumination of R. Jacob bem Jacob HaKohen' [Ph. D. Thesis, New York University, New York, 1993] p. 34 [Hebrew], where more Kabbalistic sources dealing with the depths of the Torah have been adduced. It should be mentioned that the concept of depths of the *Sefirot* and the depths of nothingness, are important aspects of Kabbalistic theology, which will be discussed separately.

> 21: Things hidden from you [*pela'ot*] do not inquire [*al tidrosh*] and things covered to you, do not search.
> 22: "What has been permitted to you to deal with, do contemplate, but have nothing to do with the hidden things. [*nistarot*][134]

This text is to be understood in the context of verse 18: "The graces of God are numerous, and to the humble[135] will he disclose his secret[s]."[136] This means that the verb *lidrosh* assumes a deliberate but forbidden initiative to understand hidden things, which can nevertheless be disclosed by God. As Segal has proposed,[137] the term *pela'ot*, may stand for the wonders of the creation, as the parallel in *Ben Sira* XLIII:29 may indicate. Thus, the knowledge of secrets is not a matter of the successful inquiry, but of a revelation promised to those who are humble.[138] This warning has been repeated in many instances in Rabbinic literature, which adopted this reticence from plunging into *esoterica* as a basic stand.[139] Given the fact that a literary continuity between *Ben Sira*'s view of esotericism and the Rabbinic one is conspicuous, because the passage from this book is widely quoted in Rabbinic sources, we may assume that the significance of the verb *lidrosh* is shared by some texts written at the middle of the second century B.C. and some written around 200. Indeed, it should be mentioned that the continuity related to the verbs which recur in the context of discovering secrets, and sometimes exposing them, shows that at least some form of consistence as to the terminology and partially insofar as the concepts are concerned, can be established.

In the Qumran literature we find, again, a use of this verb in context of exposing an esoteric layer of the Torah. In fact, the institution of *doresh Torah*, the interpreter of the Law, seems to be related, as indicated by S. Fraade, to an esoteric teaching, characteristic to the sect of the Dead Sea.[140]

This verb plays also an important role in the passages discussing the expounding of secrets in the Mishnaic and Talmudic material.

---

[134] Moshe Z. Segal, *Sefer Ben Sira ha-Shalem* [Mossad Bialik, Jerusalem, 1972] p. 16 [Hebrew]; See also Liebes, *Het'o shel* 'Elisha', [note 46 above] p. 154.

[135] *'Anavim*. See also verse 16.

[136] Segal, *Ben Sira* p. 16.

[137] *ibidem*, pp. 17–18.

[138] This is reminiscent of the idea found in the *New Testament* as to those who will inherit the heaven.

[139] Segal, *ibidem*, pp. 17–18.

[140] See his "Interpretive Authority in Studying Community at Qumran" *Journal of Jewish Studies* vol. XLIV [1993] pp. 58–59, 62.

Three topics were considered, in one of the passages, as eminently esoteric: the *'Arayiot*, or, according to some versions *Sitrei 'Arayot*, the secrets of incest relationship; the account of the Creation and that of the Chariot.[141] An Aramaic version of the boy's story regarding the *Hashmal* mentioned above, indicates that the boy was expounding the matter of the *Hashmal*, rather than understanding it.[142] Provided the gradation of the understanding as preceding expounding, found in this context, we may assume that two different forms of dealing with the *Hashmal* are involved: one represented by the Hebrew version, involves the understanding, which means the very mental involvement with the topic by a young person, which may have an experiential aspect, which is the reason of the danger, and at the same time, a transgression of the esoteric restriction of studying some texts, as we shall see below. However, the Aramaic version insists on the disclosure of secrets, rather than their understanding. It is the later stage of dealing with the *Hashmal* secret, the turn to the audience, the revelation of a secret, which incited the reaction of the *Hashmal*. Indeed, Rabbi Shlomo Yitzhaqi, better known as Rashi, the famous 11th century interpreter of the Talmud, who connected the two stages of the boy's activity, saying that *hayah mevin* refers to an activity that leads to an exposition of the *Hashmal*.[143] According to such an interpretation, the intention of the fathoming of this topic was its subsequent exposition, apparently under the impact of the story on Rabbi Eleazar ben 'Arakh, mentioned above.

It seems very plausible that the three esoteric topics mentioned above, point to particular and very well defined parts of the Bible; as Origen has already pointed out, the first chapter of the Genesis and the first chapter of Ezekiel. According to Origen, the fourth forbidden part of the Bible was the *Song of Songs*, which is, in my opinion, related to incest in one way or another.[144]

However, the possible implication of the mentioning of these texts is far from encouraging a theory of a comprehensive arcanization of the Bible. On the contrary: they display a restrictive arcanization: these assume that only these texts, out of the huge Biblical corpus, should not been interpreted, and again the verb *lidrosh* is used in

---

[141] *Mishnah, Hagigah*, fol. 13a; Liebes, *Het'o shel* 'Elisha' [note 46 above] pp. 106–107, 131–141, 148.

[142] *Hagigah ibidem.*

[143] *ibidem.*

[144] Halperin, *Faces of the Chariot*, [note 47 above] pp. 26–27.

order to point out issues not to be dealt with in public; this restriction means that the Bible as a whole is not an esoteric text *in toto*. The way Origen formulates his statement, namely that the Rabbis had limited the study of the last four texts, which were not taught to the younger ones, *ad ultimum reservari*, assumes that the texts themselves, not only their secret interpretations, have been kept for a later period of study; this phenomenon I propose to call *unisemic arcanization*. We may assume that it has been something in the plain sense of those texts, as perceived by some of Origen's contemporary Rabbis, that has been conceived to be problematic, not its alleged esoteric level. It may well be that some more widespread topics in the ambiance of the Tannaites were considered to be harmful, and the very reading of the book of Ezekiel could serve as a trigger of interest in these issues.

However, the Mishnaic text, which uses the term *lidrosh*, in the sense of expounding secret topics, assumes that the secrets can be extracted from the texts, or elaborated when received from someone else, and these texts are therefore understood as *bisemic* at least. It is interpretation that is instrumental in the extraction of secret meaning from the text, or at least its exposition. However, both Origen and the *Mishnah*, indicate the special status of rather the same texts. We may assume that their slight divergence reflects, nevertheless a bifurcation of an early esoteric stand as to the special status of these texts.

While Origen speaks about age as a criterion of dealing with these texts,[145] the Mishnaic passage deals with the size of the restricted group as quintessential for the dealing with these topics. Thus, we have two different types of criteria[146] which may reflect the existence of different nuances, and may be even more than mere nuances, in ancient Jewish understandings of the unique nature of some parts of the Bible. Thus, the act of expounding secrets requires not so much an special initiation, but a rather higher type of intelligence, which will facilitate the understanding of the details of the elaborations on the secrets. A mental maturity in general is mentioned also elsewhere in the context of the revealing of the secrets of the Torah in a text that apparently constitutes a possible parallel to Origen's claim; in

---

[145] See also the parallel pointed out by Halperin, *ibidem*, p. 26 note 17, where the notion of the age is indicated in a Talmudic text in connection to the study of the *Merkavah* topics.

[146] Scholem, *Jewish Gnosticism*, p. 38, has merged these *criteria*, in a way that presupposes one view that informed both Origen and the Mishnaic material.

his study on the relation between Origen's interpretations on the Song of Songs and the Rabbinic homilies, E.E. Urbach mentions,[147] in another context than Origen's above-mentioned tradition, the view found in the *Palestinian Talmud*, that while the students are young, they should be taught *divrei Torah*, apparently only the plain sense of the Torah. However, when they become more mature, the secrets of the Torah should be revealed to them.[148] No specific age has been mentioned, as in the case of Origen, and this text does not indicate the necessity of a special intellectual preparation, as the *Hagigah Mishnah* implies. In any case, what seems to transpire from these discussions, both those preserved in the Rabbinic texts and in Origen—though not those of the *Heikhalot* literature—do not involve any special rite of disclosing secrets, no ascetic path, not total transformation of the personality by the disclosure of the secrets of the Torah or of the world. As we have seen above in our discussion of *Avot*, the transformation of the student's capacities precedes the reception of the secrets of the Torah, though also their reception contributes to further transformations.

The Talmudic interpretation of the Mishnaic term *lidrosh* assumes an ascent of the protagonists to the *Pardes*.[149] In my opinion, which will be elaborated elsewhere in much more detail,[150] the three topics in the *Mishnah*, correspond to the three first Tannaitic figures: Ben Azzai—to the issue of incest, Ben Zoma—to the topic of the account of creation, and Aher to the account of the chariot, while Rabbi Aqiva is related to the correct knowledge of the concept of *Shi'ur Qomah*. In other words, the esoteric topics of the Mishnaic period have been interpreted by means of some legendary material dealing with ascent on the high. Though the rabbinic masters who edited the Talmud did not disclose the details of the three topics, it is obvious that they had in mind experiential moments related to the inquiry regarding these issues. At least in the Jewish Babylonian sources, discussions on esoteric issues were understood as leading to paranormal experiences.

---

[147] *The World of the Sages*, [The Magness Press, Jerusalem, 1988] p. 522. [Hebrew]

[148] 'Avodah Zarah ch. II, *Mishnah* 8: *Razei Torah*. See also the parallel in *Midrash Rabba on Song of Songs* on verse I:2: *Sitrei Torah*.

[149] *Babylonian Talmud*, *Hagigah*, fols. 13a–14a. A different view of this legend is found in Liebes, *Het'o shel* 'Elisha' [note 46 above].

[150] In my monograph on the *Four Sages Entered the Orchard*, in preparation.

I do not know, and therefore I cannot claim that the discussions of the three topics involved also an in-depth study of the biblical texts mentioned by Origen. This is an open question, but as a guess it seems that a positive answer seems to be more plausible than a negative one.

An important text which reveals the use of the verb *DRSh* in a rather magical context is found in the *Heikhalot* literature:

> has revealed to them the secret[151] of the Torah, how they will perform it, how they will expound[152] it, how they will make use of it. Immediately, the Divine Spirit appeared.[153]

The verbs occurring in this passage parallel precisely these in the above-quote passage from the same treatise. However, in lieu of the gazing into the Torah, the appearance of the divine spirit is mentioned. This appearance is caused by magical means but in itself it seems to be a rather mystical experience, which helps us better understand also the mystical meaning of the gazing in the other text. This is, in my opinon, not a mere mentalistic reading, but a rather experiential one, fraught with revelatory potentiality.

Unlike the important career of the verb *BYN* in Jewish mysticism, *DRSh* become part of the more general homiletic kind of interpretation and during the Middle Ages, to speak in general terms, it did not become associated to expositions of secret topics. A rather interesting instance of connecting secrets and expounding is found in a theosophical treatise of Moshe ben Shem Tov de Leon, *Sefer Shoshan 'Edut* where it is mentioned that by means of some Kabbalistic secrets, the Torah has been expounded.[154] The only instance I am

---

[151] *Sod.* Unlike other, quite often, translations of this word as mystery in some studies, I prefer to translate it as secret, for reasons I shall elaborate elsewhere. See, meanwhile, the different view of Alexander Altmann, "Maimonides's Attitude toward Jewish Mysticism" in ed. Alfred Jospe, *Studies in Jewish Thought,* [Detroit, 1981] pp. 200–219, especially pp. 201–202, and the quote adduced in note 161 below.
According to other manuscripts, the version here is *Sar*, namely the Prince.

[152] *idreshuhu.*

[153] Schaefer, *Synopse*, [note 47 above] pp. 132–133, par. 297. Idel, "The Concept of the Torah" [note 47 above] pp. 36–37 note 39.

[154] See Gershom Scholem, ed. "Two Treatises of Moshe de Leon" in *Qovetz al Yad*, vol. VIII [XVIII] [1976] p. 332 [Hebrew]: "And by means of this secret is the Torah expounded." For another medieval use of the verb *Darash* in the context of dealing with secrets see the text related to Rabbi Eleazar of Worms mentioned above note 24 and Abrams' discussion referred there.
On the history of *Derash* in Jewish hermeneutics see David Weiss Halivni, *Peshat and Derash* [Oxford University Press, New York, 1991] and Michael Fishbane, *The*

acquainted with that conceives the *Derash* as an exegetical device which is concerned with mystical meaning is found in a middle 13th century treatise of Rabbi Yitzhaq ben Abraham ibn Latif, as proposed by S. Heller Wilensky.[155]

VI. *Some Concluding Remarks*

At the conclusion of this survey, I would like to draw attention to the fact that the two most important biblical books mentioned above in the context of Jewish esotericism are Daniel and Ezekiel, books composed in Babylonia: The content of some important esoteric topics are alluded in one of these books, Ezekiel, and the emphatic use of the verb *BYN* as referring to deeper understanding is occurring the Daniel. Interestingly enough, complex exegetical devices corresponding, according to S. Lieberman to those found in the Babylonian environment, have been applied to the enigmatic verses of the book of Daniel.[156] These observations may contribute some modest insights toward locating the origin of some of the beginnings of Jewish esotericism in the ambiance of some exile circles in Babylonia[157] or circles influenced by them, an observation corroborated by some Rabbinic statements asserting that the "names of the angels" were brought from Babylonia.[158] It should be mentioned that according to a medieval tradition, it has been a Babylonian figure, Abu Aharon ben Shmuel of Bagdad who allegedly brought some secrets to Europe.[159]

On the other hand, the preference of the *Hokhmah* over *Binah*, as represented, according to the view of E.A. Finkelstein mentioned

---

Garments of Torah [Indiana University Press, Bloomington, 1988] pp. 113–120, Idel, *Language, Torah* [note 129 above] pp. 88–91.

155 See Sara O. Heller Wilensky, "The Dialectical Influence of Maimonides on Isaac ibn Latif and Early Spanish Kabbalah" eds. M. Idel, W.Z. Harvey, E. Schweid, *Shlomo Pines Jubilee Volume* vol. I [Jerusalem, 1988] p. 294. [Hebrew]

156 See Idel, *Language, Torah* [note 129 above] pp. 53–54 and the pertinent footnotes.

157 See note 2 above.

158 Cf. *Jerusalemite Talmud, Rosh ha-Shanah*, I:2.

159 See Scholem, *Major Trends*, pp. 41, 46, 84; Joseph Dan, *The Esoteric Theology of Ashkenazi Hasidism* [Jerusalem, 1968] pp. 18–20; Roberto Bonfil, "Tra Due Mondi: Prospettive di ricerca sulla storia culturale degli ebrei nell'Italia meridionale nell'Alto Medioevo" *Italia Judaica*, vol. I [1983] p. 149 note 54; Abrams, "The Emergence of Esotericism" [note 24 above] p. 68. The controversy between Israel Weinstock and Gershom Scholem, concerning the former's assumption that the secrets of Abu Aharon are still extant in a certain manuscript of the British Library, is irrelevant for the very possibility, which seems to be accepted by all the scholars, including all those mentioned above, that Abu Aharon has apparently brought some secrets from Bagdad,

above, by the Palestinian tradition has been adopted by the Kabbalistic theosophical tradition, where the *Sefirah* of *Hokhmah* is always preceding that of the *Binah*. In any case, it is also possible to see the third *Sefirah* as an evolutionary stage, in comparison to that of *Hokhmah*, higher as is the latter *Sefirah*.

Last, but not least: the arcanization of the canonic book in Judaism is to be understood as a characteristic move within the framework of a linguocentric spirituality. This should be recognized as a category in itself, though similar to some forms of spirituality less known in the West.[160] Too oftenly, in my opinion, the requirement of allowing to each type of spirituality its own *modus operandi* has been ignored, and the history of the assumption that letter kills the spirit is not only part of the ancient and medieval Christian attitudes to Judaism, but it sometimes creeps also into scholarly books.[161]

Indeed, the Book and its secrets oftenly play in Jewish spirituality a paramount role, similar in some respects to that the Christ and his mysteries play in Christianity and its mysticism. Indeed, it seems that Biblical religion, with its emphasis on the exoteric, has produced at least three different religiosities which departed from this emphasis: the Christian one, gravitating around mysteries, the Qumranic one, emphasizing eschatological secrets, and the Rabbinic one, which includes also an arcanization of the canonic texts. It seems that the Christian emphasis on mysteries, and the Qumranic rotation around eschatological interpretations, represent an attempt to transcend the unconditional importance of the interpreted book. Mysteries, revealed in the life and death of the Christ, as expressed in another canon, the New Testament on the one hand, and eschatological sermons of the *Doresh ha-Torah* on the other, leave a more modest role to the Hebrew Bible itself. The refusal to indulge in detailed and public presentations of the secrets of the Torah in Rabbinic circles, encouraged each of the members of the elite to return to the canonic text

---

whether they are still extant or not. It would be pointless to say that the possible Mesopotamian extraction of some of the topics related to Jewish ancient esoterics does not invalidate the possibility of other influences, Greek, Egyptian, Iranian etc.

[160] On linguovert spirituality see Moshe Idel, "Talismatic Wor[l]ds" [forthcoming].

[161] On the 'casuistic' nature of Jewish mysticism see also the views of Scholem and Werblowsky adduced in Idel, "Defining Kabbalah" [note 121 above] p. 98; and Schaefer, *Hekhalot-Studien*, [note 9 above] pp. 293–294, who argues, in the context of the *Heikhalot* literature, that: "Too often we hear of the 'book' in which all the mysteries are written and which one should learn and not forget."

in order to understand it with his own spiritual capacities, and deal with his findings only with the few. The inspection of the medieval mystical literature, which has strongly esoteric proclivities, shows that a shift can be discerned insofar as the meaning of the terms *sod*, *raz* and *seter* are concerned, which received a much more mysterious significance, in comparison to their ancient occurrences.

TAQIYYA IN SHĪʿĪ THEOLOGY AND RELIGION

Etan Kohlberg

1. *Introduction*

Students of Imāmī Shīʿism have long noticed the central place which *taqiyya* in its various forms occupies in the life and thought of Shīʿīs. Some scholars have explained this phenomenon by referring to the position of the Shīʿīs as a minority within the surrounding Sunnī world,[1] while others have related it to the esoteric nature of early Imāmī Shīʿism (or Shīʿism, for short).[2] Looked at from the point of view of motive, there appear in fact to be two main types of *taqiyya*: one which is based on fear of external enemies and another which is based on the need to conceal secret doctrines from the uninitiated. I will call the first type "prudential *taqiyya*" and the second, "non-prudential *taqiyya*". In what follows I attempt, first, to classify the different kinds of prudential *taqiyya*; second, to set out the evidence for the existence of non-prudential *taqiyya*; and finally, in the conclusion, to establish a connection between the two.

The word *taqiyya* means "fear" or "caution"; as a technical term it has been variously rendered as "precautionary (variants: pious, religious, expedient) dissimulation (of one's beliefs)", as "self-protection through dissimulation" and as "safeguarding of secrets". In Shīʿī sources *taqiyya* denotes various methods of maintaining secrecy, notably suppressio veri and suggestio falsi, and it is often the context alone which can help to determine the particular form of self-protection to which it refers. *Kitmān* (lit. "concealment") is generally synonymous with

[1] The literature includes I. Goldziher, Das Prinzip der *taḳijja* im Islam", *ZDMG*, 60, 1906, pp. 213–226, repr. in *Gesammelte Schriften*, ed. J. Desomogyi, Hildesheim, 1967–70, V, pp. 59–72; *EI*[1], art. "Taḳīya" (R. Strothmann); Kohlberg, "*Taqiyya*"; E. Meyer, "Anlass und Anwendungsbereich der taqiyya", *Der Islam*, 57, 1980, pp. 246–280; H. Enayat, *Modern Islamic Political Thought*, Austin, 1982, pp. 175–181; H.G. Kippenberg, *Die vorderasiatischen Erlösungsreligionen*, Suhrkamp, 1991, index, s.vv. *ketmān, taqiyya*; van Ess, *Theologie*, I, pp. 312–315.

[2] See in particular H. Corbin, *En Islam iranien*, Paris, 1971–2, index, s.vv. *ketmān, taqīyeh*; Amir-Moezzi, index, s.v. *taqiyya*.

taqiyya, though it is more often used in the context of concealment (suppressio veri) than of dissimulation (suggestio falsi).[3]

2. *Prudential Taqiyya*

Broadly speaking, two kinds of prudential *taqiyya* may be distinguished. The difference between them is one of degree: the first is passive and consists in concealment, for instance of certain beliefs or texts or of the identity of certain Imams. The second, which I shall call "dissimulation", is characterized by the use of words or actions intended to mislead one's opponents.

2.1 *Concealment*

2.1.1 Imams

The early Imāmī Shīʿīs, unlike some other religious minority groups, did not live on the periphery of the Muslim empire and could not easily find refuge in remote areas. Emigration to a safe haven would have been a difficult and hazardous undertaking for them, and so this option was never taken up.[4] Yet they were aware of the existence of such an option, as may be seen from Shīʿī accounts of earlier communities of believers. According to one such account, Cain knew that Seth possessed superhuman knowledge and threatened to kill him if Seth revealed that he possessed this knowledge. In order to avoid this danger, Seth and his descendants left the valley where they had dwelt with Cain and his offspring and moved to the top of

[3] In al-Kulīnī's *Kāfī*, *taqiyya* and *kitmān* are dealt with in two separate though consecutive chapters (II, pp. 217–221, 221–226). In the traditions on *taqiyya* cited there, the term is used to refer both to concealment and to dissimulation; the traditions on *kitmān*, in contrast, refer only to concealment. Numerous works entitled *K. al-taqiyya* were written by Shīʿī authors, but I know of no work entitled *K. al-kitmān* (none is recorded, for instance, by the eminent Shīʿī bibliographer Āghā Buzurg al-Ṭihrānī (d. 1970) in his monumental *al-Dharīʿa ilā taṣānīf al-shīʿa*). Note also the definition of *taqiyya* as *kitmān al-ḥaqq* (al-Mufīd, *Taṣḥīḥ al-iʿtiqād*, ed. Faḍl Allāh al-Zanjānī, Tabriz, 1371, p. 66). Other terms used to denote various aspects of *taqiyya* include *al-mudāfaʿa ʿan al-anfus*, "self-protection" (T, pp. 9, 18), *khawf*, "fear" (al-Jāḥiẓ, *ʿUthmāniyya*, ed. ʿAbd al-Salām Muḥammad Hārūn, Cairo, 1374/1955, p. 152; T, p. 10; G, pp. 66, 237), *khabʾ*, "hiding" (MA, p. 159) and *indifān*, lit. "becoming buried" (*Shāfī*, p. 104).

[4] Contrast the Zaydī history of emigration (W. Madelung, "The Origins of the Yemenite *Hijra*", *Arabicus Felix: Luminosus Britannicus*, Essays in Honour of A.F.L. Beeston on his Eightieth Birthday, ed. A. Jones, Reading, 1991, pp. 25–44, at p. 25, repr. in W. Madelung, *Religious and Ethnic Movements in Medieval Islam*, Variorum, Aldershot, 1992).

a mountain where they led a segregated existence, physically and socially isolated from their persecutors.[5]

While the Imams did not realize the option of leading their flock out of the lands of oppression, they did on occasion make use of a different protective measure by concealing their own identities. According to one story, the sixth Imam Jaʿfar al-Ṣādiq praised the behaviour of one of his disciples who, when seeing him on the street, avoided him and did not greet him; at the same time the Imam cursed those who called him by his name.[6] In another account, al-Ṣādiq is described as walking one day in the market of Medina with his son Mūsā al-Kāẓim. A man tugged at Mūsā's clothes and demanded to know who he was; al-Ṣādiq said he did not know.[7] The behaviour of Zurāra b. Aʿyan[8] following the death of al-Ṣādiq is another case in point. Zurāra, who was among the privileged few to be told that al-Kāẓim was the next Imam, reportedly sent al-Kāẓim a messenger in order to discover whether he was allowed to make known (*iẓhār*) the Imam's identity or whether he should exercise caution by concealing it (*yastaʿmila l-taqiyya fī kitmānihi*).[9] That such precautions were not superfluous is evident from a report according to which fear of the "tyrant of the age" (i.e. Hārūn al-Rashīd) was such that al-Kāẓim concealed the fact that he was the Imam (*kāna . . . kātiman li amrihi*) and his followers dared neither to visit him nor to point him out as their leader.[10] Yet not all Shīʿīs of that generation were sufficiently careful: the failure of certain of them to keep al-Kāẓim's identity secret is said to have caused this information to become generally known, which in turn led to his arrest and ultimately to his death.[11]

Concealing the Imam's identity is sometimes achieved by referring to him in some oblique manner, as when al-Ṣādiq is called *al-ʿālim*

---

[5] ʿAyyāshī, I, p. 307, no. 77 > [i.e. cited in] BU, I, p. 461; U. Rubin, "Prophets and Progenitors in the Early Shīʿa Tradition", *JSAI*, I, 1979, pp. 41–65, at p. 57; E. Kohlberg, "Some Shīʿī Views of the Antediluvian World", *SI*, 52, 1980, pp. 41–66, at pp. 46–47, repr. in *Belief and Law in Imāmī Shīʿism*. Cf. *Ithbāt*, pp. 16–17.

[6] Nawbakhtī, p. 92; Saʿd b. ʿAbd Allāh, p. 105; see also K, II, pp. 218–219, no. 9.

[7] *Fiqh al-Riḍā* (which is mostly taken from al-Shalmaghānī's *K. al-taklīf*; cf. *EIr*, art. "ʿAlī al-Reżā" (W. Madelung), at I, p. 879b), Beirut, 1411/1990, p. 338.

[8] For whom see van Ess, *Theologie*, I, pp. 321–330.

[9] *Ikmāl*, pp. 73–74. See further van Ess, *Theologie*, I, p. 324; Modarressi, pp. 104–105.

[10] *Ikmāl*, p. 347. When Hishām b. al-Ḥakam tried to evade the issue of the identity of his Imam he almost paid for it with his life; see the details in *Ikmāl*, p. 347 and the much longer version on pp. 348–353.

[11] MI, III, pp. 126–127 (a commentary on K, I, p. 260, no. 5).

("the man of knowledge").[12] Yet with one notable exception this practice does not seem to have been common in Imāmī Shīʿism. The exception concerns the Twelfth Imam (who for the Imāmī Shīʿīs is also the Mahdī). Numerous traditions insist on the need to keep his name secret.[13] It is only the unbeliever who calls him by his name;[14] one should speak of him only as *al-ḥujja min āl Muḥammad* ("the Proof from Muḥammad's family")[15] or as the offspring of a previous Imam, as in "the fifth [Imam] after the seventh".[16] During the Lesser Occultation (260–329/874–941) his followers used to refer to him by way of allusion (*ramz*) as *al-nāḥiya al-muqaddasa* ("the holy region" or "threshold").[17] In a rescript, the Twelfth Imam curses those who reveal his name in a place where people assemble (*maḥfil/majmaʿ min al-nās*).[18] In other traditions, however, which were perhaps meant for a more restricted audience, virtually no attempt is made to conceal his name. In a Prophetic tradition it is announced: "The Mahdī is of my offspring, his name is my name, his *kunya* is my *kunya*".[19] Other thinly veiled formulations include the statement that three of the twelve Imams are called Muḥammad.[20] The use of cover-names for the Imams and other leading figures was more widespread in other forms of Shīʿism. It was employed, for instance, to conceal the identities of some of the Imam's emissaries in the initial stages of the ʿAbbāsid revolution.[21] In the early phases of the Fāṭimid movement pseudonyms

---

[12] E. Kohlberg, "Imam and Community in the Pre-Ghayba Period", *Authority and Political Culture in Shīʿism*, ed. S.A. Arjomand, Albany, 1988, pp. 25–53, at p. 26, repr. in *Belief and Law in Imāmī Shīʿism*. Cf. the statement of the Muʿtazilī author Abū Jaʿfar al-Iskāfī (d. 240/854–855) that during the Umayyad period transmitters of traditions from ʿAlī did not dare refer to him by his name and instead mentioned "a man from Quraysh (*rajul min Quraysh*)"; see *Naqḍ al-ʿuthmāniyya*, the excerpts appended to al-Jāḥiẓ's *ʿUthmāniyya*, p. 282; cf. p. 285.

[13] See for example Nawbakhtī, pp. 91, 92; Saʿd b. ʿAbd Allāh, pp. 104, 105; K, I, pp. 332–333: *bāb fī l-nahy ʿan al-ism*; T, pp. 117–118: *bāb al-nahy ʿan tasmiyatihi*; *ʿUyūn*, I, p. 55 (*lā yukannā wa lā yusammā*).

[14] T, p. 118.

[15] T, p. 118.

[16] *Ikmāl*, p. 328.

[17] *Iʿlām*, p. 418; cf. Khaṣībī, pp. 370, 371, G, p. 172 and (for earlier Imams) Khaṣībī, p. 359. For *ramz* see e.g. Ibn Wahb, p. 112.

[18] *Ikmāl*, pp. 450, 451; *Iʿlām*, p. 451.

[19] T, pp. 119–120 (with further references by the editor); similarly *Ikmāl*, pp. 247, 361. Cf. Ibn Qiba, *Mas'ala fī l-imāma*, cited in *Ikmāl*, p. 60. For Ibn Qiba's text see Modarressi, p. 136 (Arabic) = p. 141 (English).

[20] Referring, in addition to the Mahdī, to al-Baqīr and al-Taqī. See *Ikmāl*, pp. 264, 305, 306, and in general the discussion in Amir-Moezzi, pp. 257–263.

[21] Thus the Imam Muḥammad b. ʿAlī b. ʿAbd Allāh told his emissaries that if asked about his name they should respond: "We are in [a state of] *taqiyya* and have been

were likewise used to protect some of the leaders.[22]

The need to conceal the Twelfth Imam's name is intimately linked with his occultation. The reason most commonly given for this momentous event in Shīʿī history is the Imam's fear for his life.[23] Here, too, Shīʿī traditionists cite precedents: the prophet Idrīs, for example, is said to have disappeared for a period of twenty years when his life was in danger.[24] A more significant precedent is that of Muḥammad himself. In a polemical exchange which is said to have taken place in the presence of the Buyid Rukn al-Dawla between the traditionist and theologian Muḥammad b. ʿAlī Ibn Bābawayh (d. 381/991) and an unnamed opponent (*baʿḍ al-mulḥidīn*), the opponent argues that the Twelfth Imam should appear since the Byzantines are about to overcome the Muslims (and his presence is therefore required). In his answer, Ibn Bābawayh says that the unbelievers were more numerous during the Prophet's days than they are today, and yet the Prophet, by God's command, concealed his mission (*asarra ʿalayhi al-salām amrahu wa katamahu*) for forty years. He then revealed it to those whom he trusted, and concealed it from the rest for a further three years; there then followed three more years when the Prophet and his followers hid in a ravine (*shiʿb*) near Mecca; and it was only then that God ordered them to come out and spread the message of Islam.[25]

A common reason given for the concealment of the name of the Twelfth Imam from his supporters, and not just from his enemies, is that if the Shīʿīs were to know the name they would reveal it, just as they would reveal his hiding place if it became known to them.[26] Ibn

---

ordered to conceal the name of our Imam". He gave his emissary Abū ʿIkrima the *kunya* Abū Muḥammad as a cover and told him to divulge the nature of the ʿAbbāsid mission only to those whom he would deem trustworthy (*Akhbar al-dawla al-ʿabbāsiyya wa fīhi akhbār al-ʿAbbās wa wuldihi*, ed. ʿAbd al-ʿAzīz al-Dūrī and ʿAbd al-Jabbār al-Muṭṭalibī, Beirut, 1971, pp. 203–204; see also pp. 166–167, 194, 199–200, 214, 268).

22 Nagel, "Die Urǧūza al-Muḫtāra des Qāḍī an-Nuʿmān", *WI*, 15, 1974, pp. 96–128, at p. 112, n. 3; H. Halm, *Das Reich des Mahdi*, München, 1991, pp. 62, 65, 146.

23 E.g. K, I, p. 338, no. 9, p. 340, no. 18; *Ikmāl*, p. 449; al-Murtaḍā, *al-Fuṣūl al-mukhtāra*, Beirut, 1405/1985, pp. 76–81, 266–269; idem, *al-Muqniʿ fī l-ghayba*, ed. Muḥammad ʿAlī al-Ḥakīm, *Turāthunā*, 7/2, 1412, pp. 155–238, at pp. 200–201; al-Karājakī, *Kanz al-fawāʾid*, Beirut, 1405/1985, I, p. 370 (the occultation cited as an instance where *taqiyya* is obligatory (*wājiba*)); G, pp. 61–63; Sachedina, pp. 103–104; in general E. Kohlberg, "From Imāmiyya to Ithnā-ʿAshariyya", *BSOAS*, 39, 1976, pp. 521–534, repr. in *Belief and Law in Imāmī Shīʿism*.

24 Kohlberg, "Antediluvian", p. 47.

25 *Ikmāl*, p. 85; cf. G, p. 61. In a similar tradition, the verb used to denote the Prophet's hiding is *iktatama* (*Ikmāl*, p. 333; G, p. 202).

26 K, I, p. 333, no. 2. Cf. Ibn Qiba, *Masʾala fī l-imāma*, cited in *Ikmāl*, p. 60. For Ibn Qiba's text see Modarressi, p. 136 (Arabic) = p. 140 (English).

Bābawayh observes that people are constituted in such a fashion that they tend to reveal what they hear and perceive.[27] If the Twelfth Imam were not in hiding some Shīʿīs might, during polemics with their opponents, reveal that he is Master of the Sword (*ṣāḥib al-sayf*), thus putting his life at risk.[28] Ibn Bābawayh's point is clear: once you reveal something, you can never be sure that what you reveal will remain known only to those for whom the information was intended. The renowned Shīʿī scholar al-Shaykh al-Mufīd (d. 413/1022) is less charitable towards his co-religionists: if they knew the whereabouts of the Twelfth Imam, he argues, some of them might be tempted to reveal this to the authorities in the hope of worldly remuneration, or out of inadvertence, or in order to parade their knowledge.[29] Al-Mufīd's pupil al-Sharīf al-Murtaḍā (d. 436/1044) cites a number of unnamed scholars who argue in a similar vein and also adds a further point: the Imam hides from his enemies because he must protect himself from them (*li l-taqiyya minhum*) and hides from his followers since he fears for them (*li l-taqiyya ʿalayhim*); for if he were to appear to his followers and were seen by an enemy who then spread the news, his followers would be persecuted; and even if, in these circumstances, the Imam himself managed to evade capture by going back into hiding, these enemies would still inflict grievous harm upon his followers.[30]

Not only are the whereabouts of the Mahdī during his occultation secret, but so also is the time of his reappearance (*kitmān al-waqt wa l-musātara bihi*).[31] When the Imams were asked about this they gave replies such as: six days, six months or six years.[32] In some accounts, no reason is given for withholding this information; the Shīʿīs are simply blamed for propagating secret information on this subject. Al-Bāqir is said to have told his disciple Abū Ḥamza al-Thumālī that God initially set the year 70/690–691 as the date for the appearance of the Mahdī; when al-Ḥusayn was killed (in 61/680) God became so angry with the people of the earth that he changed the date to 140/757–758; the Imams revealed this to their followers, who propagated

[27] *Al-anfus mabniyya ʿalā nashr mā samiʿat wa idhāʿat mā aḥassat* (*Ikmāl*, p. 44).

[28] *Ikmāl*, p. 45. For the Mahdī as *ṣāḥib al-sayf* who will fight and defeat his opponents see Sachedina, pp. 64, 159, 175.

[29] Cited in al-Murtaḍā, *al-Fuṣūl al-mukhtāra*, pp. 77, 81.

[30] *Iʿlam*, pp. 470–471 (citing al-Murtaḍā). See also al-Murtaḍā, *al-Muqniʿ fī l-ghayba*, pp. 209–219; G, pp. 66–67.

[31] T, p. 10.

[32] T, p. 12; K, I, pp. 337–338, no. 7; *Ithbāt*, p. 260; Modarressi, pp. 86–87.

this information and removed the veil of secrecy from it; and it is for this reason that God no longer divulges the time of the Mahdī's arrival.[33] A similar point is made by al-Ṣādiq when he tells his disciple Abū Baṣīr that though a date has been appointed for the deliverance of the Shīʿīs, this date will remain secret, since the Shīʿīs revealed the original date which God had set (*adhaʿtum fa akhkharahu llāh*).[34]

2.1.2 Beliefs

An account recorded by the Shīʿī scholar ʿAlī b. Mūsā Ibn Ṭāwūs (d. 664/1266) reflects the notion of secrecy as an integral part of Shīʿism past and future. According to this account, God imposed Shīʿism in secret (*sirran*) and will never allow believers publicly (*ʿalāniyatan*) to acknowledge their faith. On the day of Resurrection the angel Riḍwān, the keeper of Paradise, will discover that there are people in Paradise who did not pass by him as they entered. He will ask them: "Who are you and from where did you enter?" They will reply: "Beware of us (*iyyāka ʿannā*)! We are people who worshipped God in secret and for this reason He let us into Paradise in secret".[35]

Many of the exhortations to conceal Shīʿī beliefs are couched in general language and do not refer to any particular tenet. As already noted, the term often used to refer to this kind of concealment is *kitmān*.

In the Qurʾān the verb *katama* ("to conceal") appears in 20 verses, in which it occurs altogether 21 times. Most of these verses forbid the concealment of various items, such as the truth (Q 2:42, 2:146, 2:159, 2:174, 3:71, 3:187), a testimony (Q 2:140, 2:283, 5:106), God's bounty (Q 4:37), or a pregnancy (in the case of divorced women) (Q 2:228). God knows what men hide (Q 2:72, 3:167, 4:42, 5:61) as well as what they reveal (Q 2:33, 5:99, 21:110, 24:29). Only once does this verb appear in a positive context: "Then said a certain man, a believer of Pharaoh's folk that kept hidden his belief" (Q 40:28). Not surprisingly, the behaviour of this person (identified as Pharaoh's cousin, his treasurer, Ḥabīb, or Ḥizqīl) is held up by the

[33] K, I, p. 368, no. 1, beginning of *bāb karāhiyat al-tawqīt*; N, p. 197. See also G, p. 263 > BA, LII, p. 105. A contrasting view is that since the doctrine of the imamate is one of the pillars of Islam, no change in God's decision (*badāʾ*) may be posited concerning it. See T, p. 15.

[34] N, p. 194; see also Ibn Shuʿba, p. 229.

[35] Ibn Ṭāwūs, *Falāḥ al-sāʾil*, Najaf, 1385/1965, p. 31 > BA, LXXV, p. 411. As is emphasized in numerous pronouncements of the Imams, the Shīʿī faith is a secret enveloping other secrets; for some typical traditions see Amir-Moezzi, p. 143.

Shīʿīs as an example to be followed.[36] The verb *adhāʿa* (to propagate, broadcast) appears once: "When there comes to them a matter, be it of security or fear, they broadcast it (*adhāʿū bihi*)" (Q 4:83). This is taken as an admonition against propagating secrets.[37]

The lack of explicit Qurʾānic prescriptions on the need for concealment prompted Shīʿī exegetes to read such prescriptions into a number of verses. For example, the terms *ḥasana* and *sayyiʾa* of Q 41:34 ("Not equal are the good deed and the evil deed") are interpreted as meaning concealment and propagation respectively.[38] The verse "They had slain the prophets unrightfully (*bi ghayr al-ḥaqq*)" (Q 2:61) is said to mean that the Jews did not kill the prophets by the sword but rather propagated their secret teachings, which led to their arrest and execution.[39]

Of similar import is the tradition in which propagation (*idhāʿa*) is seen as a crime equal to murder: "Whoever propagates our tradition is not part of us; he has killed us deliberately, not inadvertently".[40]

---

[36] For examples of the Sunnī and Shīʿī exegetical traditions see respectively al-Qurṭubī, *al-Jāmiʿ li aḥkām al-qurʾān*, 3rd printing, Cairo, 1987, XV, pp. 306–309; BU, IV, pp. 95–96 and the sources cited there.

[37] B, I, p. 256, no. 293 > BA, LXXV, p. 397, BU, I, p. 396; ʿAyyāshī, I, pp. 259–260, no. 204 > BA, II, p. 75; idem, *K. al-taqiyya* > *Mishkāt*, p. 48; K, II, pp. 369–370, no. 1 > BA, LXXV, p. 84, BU, I, p. 396.

[38] B, I, p. 257, no. 297 > BA, LXXV, p. 398; K, II, p. 218, no. 6 > BA, LXXV, p. 428, BU, IV, pp. 111–112; *Maʿānī*, p. 366; *Ikhtiṣāṣ*, p. 20. According to one interpretation of this verse, it constituted a command to Muḥammad to conceal his message. The Prophet obeyed the command until he was told ten years later to pronounce his message for all to hear (*an yaṣdaʿa bi l-amr*, cf. Q 15:94). Before his death he ordered ʿAlī not to come out with his message; ʿAlī followed this instruction until he in turn was told to pronounce his message aloud. After ʿAlī's death one Imam instructed the next not to spread the message (of their right to rule); this message will remain concealed until the Qāʾim (i.e. Mahdī) unsheathes his sword (Muḥammad b. al-ʿAbbās Ibn al-Juḥām, *K. mā nazala min al-qurʾān fī ahl al-bayt* (for which see E. Kohlberg, *A Medieval Muslim Scholar at Work*, Leiden, 1992, pp. 369–371, no. 623) > Sharaf al-Dīn al-Najafī, *Taʾwīl al-āyāt al-ẓāhira fī faḍāʾil al-ʿitra al-ṭāhira*, ed. Muḥammad Bāqir al-Abṭaḥī al-Iṣfahānī, Qumm, 1407, pp. 539–540 > BA, XXIV, p. 47, BU, IV, p. 112).

[39] B, I, p. 256, no. 290, ʿAyyāshī, I, p. 45, no. 51 > BA, II, p. 74; see also K, II, p. 371, no. 6 > BA, LXXV, p. 86, BU, I, p. 104. (In both al-Barqī and al-ʿAyyāshī the word *ḥaqq* appears erroneously without the article, apparently as a result of conflation with Q 3:21; the correct version appears in the citation from al-ʿAyyāshī in BU.) Al-Majlisī attempts to square this interpretation with the usual understanding of the verse as referring to the direct killing of the prophets; see BA, LXXV, p. 87, MI, XI, pp. 63–64.

[40] B, I, p. 256, no. 289 > BA, II, p. 74, LXXV, p. 397; K, II, p. 370, no. 4 > BA, LXXV, p. 85; *Ikhtiṣāṣ*, p. 25 > BA, II, p. 79. See also *Fiqh al-Riḍā*, p. 338; Ibn Shuʿba, pp. 227, 228.

Al-Bāqir speaks of a man who, on the day of judgment, will be handed a quantity of blood such as fills a cupping glass or more, and will be told that this is his share of a certain person's blood. When the man protests his innocence he will be told that he transmitted an account which he had heard from that person. This reached a tyrant (*jabbār*), who had the person killed for it; and so the man must share the blame for his death.[41]

The opening chapter of the *K. al-ghayba* of Muḥammad b. Ibrāhīm al-Nuʿmānī (d. c. 345/956 or 360/971) deals with guarding the secrets of the Prophet's family from those who should not be privy to them. In one of the traditions cited there, ʿAlī urges his followers to transmit to people only what they already know (and are comfortable with), and to withhold from them what they do not know. Al-Ṣādiq, elaborating on this theme, maintains that in this fashion people will take a liking both to the transmitter and to the Imams.[42] The real test of the believers is not merely that they accept the Imams' words but that they conceal them (*satruhu wa ṣiyānatuhu*) from outsiders; those who reveal secrets are worse than the Nāṣibīs (extreme anti-ʿAlids).[43]

There are numerous traditions in which the Imams exhort their disciples to adhere to *kitmān*. In one such tradition al-Bāqir tells a group of his followers who are about to depart for ʿIrāq not to propagate secret Shīʿī doctrines,[44] while al-Ṣādiq equates the concealment of the Imams' secrets with *jihād*.[45] He informs Muḥammad b. al-Nuʿmān Muʾmin al-Ṭāq that it is permissible to curse someone who propagates these secrets and to dissociate oneself from him,[46] and he

---

[41] B, I, pp. 104–105, no. 84 > BA, CIV, pp. 383–384. This tradition appears in al-Barqī under the title *ʿiqāb al-idhāʿa*, "the punishment for propagation"; al-Majlisī groups it with others under the heading: "He who helps in the killing of a believer or who shares in his blood". Exhortations of this nature are also found in Ismāʿīlī and Nuṣayrī literature; for the former see e.g. TD, I, pp. 143, 349; for the latter see e.g. Abū Saʿīd Maymūn b. al-Qāsim al-Ṭabarānī, *K. sabīl rāḥat al-arwāḥ* known as *Majmūʿ al-aʿyād*, ed. R. Strothmann as *Festkalender der Nusairier*, *Der Islam*, 27, 1946, at pp. 41, 42, 66; R. Strothmann, *Esoterische Sonderthemen bei den Nusairi*, Abhandlungen der deutschen Akademie der Wissenschaften zu Berlin, Berlin, 1958, p. 14 of the Arabic text. I owe the references to the Nuṣayrī texts here and in note 124 to Dr. Meir M. Bar-Asher.

[42] N, pp. 21–22. See further Amir-Moezzi, p. 253, where it is noted that the *Muqtaḍab al-athar fī l-naṣṣ ʿalā ʿadad al-aʾimma l-ithnay ʿashar* of Ibn ʿAyyāsh al-Jawharī (d. 401/1010–11) likewise opens with a chapter on *taqiyya*.

[43] N, p. 22; see also *Ikhtiṣāṣ* > BA, II, p. 79.

[44] K, II, p. 222, no. 4 > BA, LXXV, p. 73.

[45] *Kitmān sirrinā jihād fī sabīl allāh* (al-Mufīd, *Majālis* > BA, II, p. 147; Ṭūsī, *Amālī*, I, p. 115 > BA, LXXV, p. 70). See also K, II, p. 226, no. 16.

[46] Ibn Shuʿba, p. 227. Al-Ṣādiq is said to have dissociated from someone who

tells another disciple, Dāwūd b. Kathīr, that if he transmits a tradition and the fact that he has transmitted it becomes known, he should deny being the transmitter.[47] To a third disciple, Mudrik, al-Ṣādiq explains that it is not enough to accept the Imāmī doctrine but that one must also guard and conceal it from those who are not authorized to know it.[48] When Shīʿīs hear one of their number propagating their doctrine, they should do their utmost to prevail upon him to desist; if unsuccessful, they should send to him someone whom he respects and will hopefully listen to. In any case they should not repeat his words, not even in censure, but should rather "bury them under their feet".[49] Al-Ṣādiq advises the believers to hold their tongues and stay at home; the Zaydīs will protect them from harm.[50]

The frequency and urgency of such exhortations points to a serious problem which the Imams faced when trying to impose rules of concealment on their community. Uncomplimentary verdicts on the reliability of the Shīʿī community or of some of its members are indeed often encountered in the early literature. Thus the fourth Imam ʿAlī Zayn al-ʿĀbidīn expresses a wish to save the Shīʿa from two vices: their fickleness and their inability to keep a secret (*qillat al-kitmān*).[51] The message in certain traditions is that Shīʿīs of former generations were better able to keep secrets. As al-Ṣādiq tells his close disciple Abū Baṣīr, some of ʿAlī's followers knew what would befall them in the future, including the manner of their deaths (*al-manāyā wa l-balāyā*); they were given this information because, metaphorically speaking, they had leather straps (*awkiya*) on their mouths.[52] During al-Ḥusayn's days there were still a few such disciples, but this is no longer the case.[53] According to one account, Zayn al-ʿĀbidīn ceased to inform

---

repeated a tradition which he had heard from him (N, p. 23 > BA, II, p. 79).

[47] KI, p. 347 > BA, II, p. 75.

[48] Ṭūsī, *Amālī*, I, p. 84 > BA, II, p. 68.

[49] K, II, pp. 222–223, no. 5 > BA, LXXV, p. 74.

[50] K, II, p. 225, no. 13. Al-Majlisī (BA, LXXV, p. 82) takes this to mean that since the Zaydīs disallow concealment and openly state their opposition to the authorities they draw attention to themselves and away from the Imāmiyya, thus unintentionally providing protection for the latter. It should be noted, however, that some Zaydī subgroups did advocate *taqiyya* (in the sense of dissimulation?) under certain circumstances; see Ibn Dāʿī, *Tabṣirat al-ʿawāmm*, ed. ʿAbbās Iqbāl, Tehran, 1313 Sh, pp. 187–188, 209.

[51] K, II, pp. 221–222, no. 1 > BA, LXXV, pp. 71–72; *Khiṣāl*, pp. 44–45 > BA, LXXV, p. 69.

[52] BD, pp. 260–261, no. 1; cf. in general BD, pp. 266–269.

[53] BD, p. 261, nos. 1, 4.

disciples of when and how they would die, and such information will not be disclosed again until the appearance of the Qāʾim.[54] Al-Ṣādiq tells the members of his own generation: "If your mouths (variant: tongues) had been tied by leather straps I would have informed every person of what will befall him (*bi mā lahu*)".[55] Al-Riḍā in turn accuses the Shīʿīs of propagating the secrets of the doctrine of the imamate, and asks rhetorically: "Which of you has kept for himself one word which he heard (*man alladhī amsaka ḥarfan samiʿahu*)?!"[56] Even distinguished members of the community were guilty of *idhāʿa*; Abū Baṣīr, for example, was forced to admit that there was not one *ḥadīth* which he had heard from the Imam and which he had kept to himself.[57] Isolated attempts to deflect blame from the Imāmī Shīʿīs by pointing to the rival Kaysāniyya as those responsible for the propagation of commonly held Shīʿī tenets do not alter the basic picture.[58]

The case of al-Ṣādiq's servant al-Muʿallā b. Khunays (executed in 133/750 or between 145/762–763 and 148/765) is more problematic because of the nature of the evidence regarding him. That he was a close confidant of the Imam is attested in various accounts.[59] Did he break the rules of *kitmān*? Some accounts strongly suggest so. In one of them al-Ṣādiq is depicted as lecturing him on the importance of concealing secrets: "Whoever propagates our tradition is like someone who denies it";[60] "Conceal our doctrine and do not divulge

[54] BD, p. 262, no. 1.

[55] N, p. 23; see also B, I, p. 258, no. 304 > BA, II, pp. 74–75; BD, pp. 422–423, nos. 1–3.

[56] K, II, p. 224, no. 10 > BA, LXXV, p. 78

[57] BD, p. 261, no. 5. See also B, I, p. 258, no. 305 > BA, II, p. 75. In a similar tradition (B, I, p. 258, no. 306 > BA, II, p. 75) al-Ṣādiq, seeing Abū Baṣīr's discomfiture, tells him it is alright to transmit traditions from the Imam to one's Shīʿī colleagues (*aṣḥāb*); the sin of *idhāʿa* consists in the transmission of such traditions to those outside the Shīʿī community.

[58] K, II, p. 223, no. 6 > BA, LXXV, pp. 75–76, van Ess, *Theologie*, I, p. 314.

[59] In one story, al-Ṣādiq informs al-Muʿallā of the importance of Nawrūz (Aḥmad b. Fahd, *al-Muhadhdhab* > BA, V, p. 237). In another, the Imam tells him that correct information may be derived from astrology (K, VIII, p. 330, no. 507, cited in Amir-Moezzi, p. 240). In a third account al-Muʿallā, who is visiting al-Ṣādiq in Medina, tells him he is worried about his family in ʿIrāq because of an outbreak of the plague there; al-Ṣādiq miraculously sends him home where he finds everyone to be well (BD, p. 406, no. 8. Cf. also B, I, pp. 175–176, no. 158, ʿAyyāshī, II, pp. 125–126, no. 33 > BA, VI, pp. 185–186; K, VIII, p. 304, no. 469; *Ikhtiṣāṣ*, p. 315). See also Ṭūsī, *Amālī*, I, pp. 308, 310. Al-Ṣādiq is said to have rejected al-Muʿallā's idea that Imams have the same rank as prophets (KI, p. 213; *Manāqib*, III, p. 354; Modarressi, p. 31).

[60] K, II, p. 370, no. 2 > BA, LXXV, p. 85.

it. God elevates in this world one who conceals our doctrine and does not divulge it and He turns it (i.e. the doctrine) in the next world into a light between his eyes which will lead him to Paradise. God abases in this world one who divulges our tradition and our doctrine and does not conceal it, and in the next world He removes the light from between his eyes and turns it into darkness which will lead him to Hell. *Taqiyya* is our religion and the religion of our fathers; he who has no *taqiyya* has no religion".[61] Al-Ṣādiq is described as foretelling al-Muʿallā's behaviour and its tragic consequences.[62] The reported reaction of the Imam to the news of al-Muʿallā's execution is even more explicit: "May God have mercy on al-Muʿallā! I expected this to happen because he made our secret known. He who declares war on us does not commit a greater sin against us than he who makes our secret public; whoever divulges our secret to someone not entitled to know it will not depart from this world until he is wounded by weapons, or else he will die of madness (or palsy, *bi khabal*)."[63] Curiously enough, the exact nature of al-Muʿallā's revelations is not made clear; al-Majlisī, for one, merely says that the Imam feared al-Muʿallā would be killed because he saw al-Muʿallā's eagerness to publicise Shīʿī tenets, and that al-Muʿallā was killed after he had disregarded the Imam's warning.[64] In another statement, al-Ṣādiq declares that he confided things to al-Muʿallā which al-Muʿallā then made public, and that this was the cause of his affliction.[65] In contrast to all of the above there is, however, an account maintaining that al-Muʿallā did not betray the trust placed in him, and that al-Manṣūr's uncle Dāwūd b. ʿAlī (d. 133/750) had him killed precisely because he would not reveal the names of al-Ṣādiq's followers.[66] Other

[61] B, I, p. 255, no. 286 > BA, II, pp. 73–74; K, II, pp. 223–224, no. 8 > BA, LXXV, pp. 76–77. The statement "*taqiyya* is my religion and the religion of my fathers" is ascribed to an unnamed Imam in al-Muʾayyad fī l-Dīn al-Shīrāzī, *al-Majālis al-muʾayyadiyya*, ed. Muṣṭafā Ghālib, Beirut, 1974, p. 203.

[62] KI, pp. 324–325.

[63] KI, p. 326. See also BD, p. 403, no. 2, *Ikhtiṣāṣ*, pp. 315–316; in these sources *bi khabal* is replaced by *kablan*, "in fetters", which makes better sense.

[64] BA, LXXV, p. 77.

[65] N, p. 24 > BA, II, p. 80.

[66] Khaṣībī, p. 254; KI, p. 326; *Manāqib*, III, pp. 352–353; al-Māmaqānī, *Tanqīḥ al-maqāl*, Najaf, 1349–52/1930–3, biography no. 11,994; Jasim M. Hussain, *The Occultation of the Twelfth Imam*, London, 1982, p. 79. Dāwūd b. ʿAlī is said to have told al-Ṣādiq that it was his police chief al-Sīrāfī (variant: al-Surāqī) who had executed al-Muʿallā; on the Imam's insistence, al-Sīrāfī was thereupon put to death (KI, p. 325 > al-Quhpāʾī, *Majmaʿ al-rijāl*, Isfahan, 1384–7/1964–7, VI, p. 108). According to another

reasons given for al-Muʿallā's execution by order of Dāwūd are the discovery that he was collecting donations on al-Ṣādiq's behalf[67] and his loyalty to Muḥammad b. ʿAbd Allāh al-Nafs al-Zakiyya.[68]

It is perhaps because of the limited trust the Imams could place in the discretion of their followers that they deemed it prudent at times to conceal from them the fact that persons whom all believed to be Nāṣibīs were in fact loyal Shīʿīs. In one story, the Shīʿī ʿUthmān b. ʿAbd Allāh visits Jaʿfar al-Ṣādiq and hears the Imam transmit Shīʿī traditions to two men from ʿUthmān's native town, Kūfa. ʿUthmān had known these two as fierce anti-ʿAlids, but al-Ṣādiq hints at their true colours when he says that those of pure pedigree will not do anything to harm him. When ʿUthmān later meets the two men in Kūfa and reminds them of the Shīʿī traditions which they heard together, one denies hearing them and the other says he remembers nothing of the kind. ʿUthmān tries to refresh their memories by citing one of the traditions, and is rebuked for repeating it. The two men are thus shown to be stricter than ʿUthmān in observing the rules of silence.[69] In another story, a disciple of al-Ṣādiq leaves ʿIrāq for Medina and is joined on his camel by someone whom he knows to be fiercely anti-Shīʿī (*kuntu aʿrifuhu bi khilāf shadīd*). When they reach Medina, the Shīʿī is amazed to discover that al-Ṣādiq treats his travel-companion with great respect and transmits to him secret Shīʿī traditions; here again, the man's true beliefs had been known to the Imam.[70]

The Imams were aware of the psychological effects which a prolonged guarding of secrets might have. Thus al-Bāqir is said to have

---

Imāmī tradition, Dāwūd died the morning after al-Muʿallā's execution as a result of al-Ṣādiq's curse (K, II, p. 513, no. 5, p. 557, no. 5; al-Mufīd, *al-Irshād*, Beirut, 1399/1979, p. 273, tr. I.K.A. Howard, London, 1981, pp. 412–413; cf. Khaṣībī, pp. 254–255).

[67] G, p. 210. See also K, VI, p. 446, no. 3; Modarressi, p. 13, note 56.

[68] Al-Ghaḍāʾirī > al-Quhpāʾī, *Majmaʿ al-rijāl*, VI, p. 110, al-Māmaqānī, *Tanqīḥ al-maqāl*, biography no. 11,994. According to one story, a Makhzūmī from Medina informed al-Manṣūr (after the death in145/762–763 of al-Nafs al-Zakiyya and his brother Ibrāhīm b. ʿAbd Allāh) that al-Muʿallā was collecting money for al-Ṣādiq and had sent some of it to al-Nafs al-Zakiyya. Al-Manṣūr was furious and wrote his uncle Dāwūd b. ʿAlī, who was governor of Medina at the time, to fetch him al-Ṣādiq at once. When al-Ṣādiq reached Baghdad he denied the story; on al-Manṣūr's order both al-Ṣādiq and the informer swore they were telling the truth, whereupon the latter dropped dead (Ibn Ṭāwūs, *Muhaj al-daʿawāt*, Tehran, 1323, pp. 198–201 (> BA, XCIV, pp. 294–297), citing a manuscript copied in 396/1006; cf. Kohlberg, *A Medieval Muslim Scholar at Work*, pp. 231–232, no. 311). The trustworthiness of this story is marred by the fact that Dāwūd b. ʿAlī died twelve years before the revolt of al-Nafs al-Zakiyya.

[69] B, I, pp. 139–140, no. 30.

[70] B, I, pp. 140–141, no. 32.

revealed to his disciple Jābir b. Yazīd al-Juʿfī (d. 128/745–746)[71] 70,000 (variant: 90,000) *ḥadīth*s which, on the Imam's command, Jābir divulged to no one. After al-Bāqir's death Jābir told al-Ṣādiq that this burden lay heavy on him (variant: until he sometimes felt he was going mad). The Imam advised him to go to the desert (variant: to the mountains), dig a hole in the earth, place his head in it, shout the contents of the *ḥadīth*s and fill up the hole; the earth would then keep his secret. Jābir followed this advice and immediately experienced relief.[72]

It took a person of unusual character to keep secret information of this nature. An extreme example is provided by a certain al-Ḥasan b. ʿAbd Allāh; this man, who was renowned for his piety, asked Mūsā al-Kāẓim for knowledge (*maʿrifa*). After much insistence, Mūsā granted his request by first telling him what Abū Bakr and ʿUmar (referred to as *al-rajulayn*) really did after the Prophet's death and by then telling him who the Imams are. He finally revealed to him that he (Mūsā) was the present Imam, and as proof wrought a miracle (a lote-tree plowed its way to him and then returned to its original place). The ascetic acknowledged Mūsā's imamate, reverted to silence and worship, "and no one saw him talk after that".[73]

Among the particular items that the Shīʿīs should conceal al-Ṣādiq mentions their love for the Prophet's family (*ahl al-bayt*). He compares the position of the Shīʿīs among the people (i.e. the non-Shīʿīs) to that of the bees among the birds: if the birds were to discover that the bees carry honey in their bodies, they would devour them out of envy (and because they would want to get to the honey); similarly, if the people were to discover that the love for the *ahl al-bayt* which the Shīʿīs conceal is the source of their elevated position with God, they would kill the Shīʿīs out of envy.[74]

---

[71] For whom see *EI*^{2}, Supplement, art. "Djābir al-Djuʿfī" (W. Madelung).

[72] K, VIII, p. 157, no. 149. See also KI, p. 171 > BA, II, p. 69; *Ikhtiṣāṣ*, p. 61 (in these versions, Jābir speaks to al-Bāqir rather than to al-Ṣādiq).

[73] BD, p. 254, no. 6; K, I, pp. 352–353, no. 8. For further references to the first two caliphs as "two men" see E. Kohlberg, "Some Imāmī Shīʿī Views on the *Ṣaḥāba*", *JSAI*, 5, 1984, pp. 143–175, at p. 165, repr. in *Belief and Law in Imāmī Shīʿism.*

[74] B, I, pp. 257–258, no. 300 > BA, LXXV, p. 398; K, II, p. 218, no. 5 > BA, LXXV, pp. 426–427. Al-Majlisī (BA, LXXV, p. 427, MI, IX, p. 170) offers a number of explanations for this comparison. a) Just as the honey which the bees carry is the most delicious thing attainable by the senses, so the faith in the hearts of the Shīʿa is the most delicious thing attainable by the mind. b) Honey cures bodily illnesses and the Shīʿī faith cures spiritual illnesses. c) The bees are feeble in comparison to the birds, just as the Shīʿa during the time of *taqiyya* are feeble in com-

The Shīʿīs should also conceal their belief that Muḥammad in his last will and testament (*waṣiyya*) nominated ʿAlī as his successor. In justifying the concealment of this belief Imāmī scholars again cite precedents from earlier times. In one account, Cain tells Seth that he has killed Abel because Abel's sacrifice was accepted but not his own, and because he did not wish Abel to become Adam's successor. Cain threatens to kill Seth as well if he divulges the fact that Adam has appointed him as his successor; and so Seth conceals this information.[75] Jaʿfar al-Ṣādiq, who cites this account, emphasizes that the son of Adam is an example to be followed (*uswa*).[76] In a similar tradition, Cain is said to have killed Abel because he envied his having been appointed as Adam's successor; when Seth was born, God ordered Adam to make him his successor (*waṣī*) but to conceal this fact; thus the custom (*sunna*) of concealing the *waṣiyya* was established.[77]

Some further doctrines that must remain concealed are mentioned in an exchange between Abū Ḥamza al-Thumālī and ʿAlī Zayn al-ʿĀbidīn. Abū Ḥamza asked the Imam's opinion on three subjects and requested that the answers not be based on *taqiyya* (a request strongly suggesting that al-Thumālī regarded these subjects as potentially dangerous). Zayn al-ʿĀbidīn granted this request. The first question concerned Abū Bakr and ʿUmar (referred to in the tradition as *fulān wa fulān*):[78] the Imam said that all of God's curses fell on them, and that they had died as unbelievers and polytheists. The second question dealt with the Imams' ability to perform miracles such as bringing the dead back to life and walking on water; and the answer was that they were able to do this. In reply to the third question Zayn al-ʿĀbidīn affirmed that each of the Imams possessed the same knowledge as the Prophet, in addition to further information obtained every hour.[79]

---

parison to their opponents. d) Just as the bees obey their leader, so do the Shīʿīs obey theirs. See also N, p. 15 > BA, II, p. 79; al-Mufīd, *Amālī*, Najaf, 1367, pp. 76–77 > BA, LXXV, p. 410. For ʿAlī as *amīr al-naḥl* ("prince of the bees") see I. Goldziher, "Schīʿitisches", *ZDMG*, 64, 1910, pp. 529–533, at pp. 532–533, repr. in *Gesammelte Schriften*, V, pp. 210–214.

[75] Saʿīd b. Hibat Allāh al-Rāwandī, *Qiṣaṣ al-anbiyāʾ*, ed. Ghulām Riḍā ʿIrfāniyān al-Yazdī, Mashhad, 1409/1989, p. 57 > BA, XI, pp. 263–264.

[76] al-Rāwandī, *Qiṣaṣ*, p. 66 > BA, XI, p. 241.

[77] al-Rāwandī, *Qiṣaṣ*, p. 61 > BA, XI, p. 240.

[78] For this appellation of the first two caliphs see Kohlberg, "Some Imāmī Shīʿī Views on the *Ṣaḥāba*", pp. 166–167. ʿAbd Allāh b. Sabaʾ, described as the first to criticize and dissociate from the leading Companions, is said to have argued that *taqiyya* on the subject of the first caliphs was impermissible (Saʿd b. ʿAbd Allāh, p. 20).

[79] BD, p. 269, no. 2.

Each answer refers to a different secret doctrine. The first has to do with the belief that the Companions of the Prophet in general and the first three caliphs in particular were sinners or even unbelievers. The second forms part of a series of tenets relating to the superhuman qualities of the Imams. The third answer is specifically addressed to one of these tenets, namely that the Imam continually receives knowledge from a superhuman source and is therefore a *muḥaddath*, "one addressed by an angel". This tenet was regarded as so secret that it was concealed even from some close disciples of the Imam.[80]

The Imāmī doctrine of *raj'a* (lit. "return") is another case in point. This doctrine, which first appeared among the Kaysāniyya, asserted that some of the dead will return to life before the Resurrection;[81] and the opponents of the Imāmiyya held it up as one of the distinctive tenets of Imāmī Shī'ism. The Mu'tazilī theologian Abū l-Ḥusayn al-Khayyāṭ (d. c. 300/913), for example, observes that since the Imāmīs know that for the Muslim community adherence to the doctrine of *raj'a* constitutes unbelief, they conceal it and do not mention it even in their assemblies, referring to it only in those of their books which they keep secret.[82]

2.1.3 Texts

For Shī'īs and Sunnīs alike, the Qur'ān is the inimitable word of God. At the same time, some early Shī'īs held that the original Qur'ān was larger than the official recension and that various verses, especially those which dealt with 'Alī's rights, had been deliberately omitted by 'Uthmān and other leading Companions. Some of these verses are cited in Imāmī texts; but because of the particular sensitivity of the subject, both the existence of these verses and the notion of the falsification of the Qur'ān were kept a closely guarded secret.[83]

---

[80] BD, p. 323, nos. 10–11 (this is in fact one continuous tradition), p. 324, no. 13; *Ikhtiṣāṣ*, p. 281. See in general E. Kohlberg, "The Term *Muḥaddath* in Twelver Shī'ism", *Studia orientalia memoriae D.H. Baneth dedicata*, Jerusalem, 1979, pp. 39–47, repr. in *Belief and Law in Imāmī Shī'ism*; idem, "Imam and Community", pp. 27–30; Amir-Moezzi, pp. 176–179 and index.

[81] Van Ess, *Theologie*, I, pp. 285–308; *EI*², art. "Radj'a" (E. Kohlberg).

[82] Al-Khayyāṭ, *K. al-intiṣār*, ed. A.N. Nader, Beirut, 1957, pp. 96–97; cf. KI, p. 477. For concealed books see K, I, p. 53, no. 15 > BA, II, p. 167.

[83] See E. Kohlberg, "Some Notes on the Imāmite Attitude to the Qur'ān", *Islamic Philosophy and the Classical Tradition. Essays Presented to R. Walzer*, ed. S.M. Stern, A. Hourani, V. Brown, Oxford, 1972, pp. 209–224; Amir-Moezzi, pp. 200–227; M.M. Bar-Asher, "Variant Readings and Additions of the Imāmī-Shī'a to the Qur'ān", *Israel Oriental Studies*, 13, 1993, pp. 39–74. Cf. H. Modarressi, "Early Debates on the

In addition to the Qurʾān, the Imams are said to have possessed a number of other sacred texts, some inherited from the Prophet and some from other members of the *ahl al-bayt*. The contents of these texts were normally known only to them, though they would on occasion reveal excerpts to trusted disciples. Those excerpts which are cited in the early literature often deal with doctrines which Sunnīs find offensive; and so it is likely that at least one reason for concealing these texts was fear.[84]

2.2 *Dissimulation*

Unlike concealment, which can only be practised by those who possess secret information, dissimulation can at times also be used by rank-and-file Shīʿīs. Concealment is sometimes prudential and sometimes non-prudential, whereas dissimulation is normally prudential (though we could imagine it being used by an Imam, say to avoid being badgered by an inquisitive follower).

Dissimulation is not peculiar to Imāmī Shīʿism, and is attested among various Muslim individuals or groups espousing minority views. Thus the Khawārij (with the exception of the Azāriqa) considered its practice licit, either in both word and action (as maintained by the Najadāt)[85] or in word only (the position of the Ṣufriyya),[86] and some referred to the *dār al-taqiyya* ("the domain of *taqiyya*") in contradistinction to their own territory, the *dār al-ʿalāniya* ("the domain of publicity").[87] In later times, dissimulation was also practised by the Ismāʿīlīs.[88] There are also instances of such behaviour among Sunnīs who found themselves in opposition to the reigning power.[89]

Integrity of the Qurʾān", *SI*, 77, 1993, pp. 5–39.

[84] For further details see Amir-Moezzi, pp. 185–189; E. Kohlberg, "Authoritative Scriptures in Early Imāmī Shīʿism", *Les retours aux écritures: fondamentalismes présents et passés*, ed. É. Patlagean and A. Le Boulluec, Louvain-Paris, 1993, pp. 295–312.

[85] Shahrastānī, pp. 379 (and the references given in note 42), 385–386.

[86] Shahrastānī, p. 413; cf. Goldziher, "Das Prinzip der *taḳijja* im Islam", p. 217 (= *Gesammelte Schriften*, V, p. 63). For the Azraqī position on *taqiyya* see K. Lewinstein, "The Azāriqa in Islamic Heresiography", *BSOAS*, 54, 1991, pp. 251–268, at pp. 256, 260–261, 264. For the problematic nature of the appellation "Ṣufriyya" see idem, "Making and Unmaking a Sect: The Heresiographers and the Ṣufriyya", *SI*, 76, 1992, pp. 75–96.

[87] Shahrastānī, pp. 383, 402, 414. Some Kaysānīs also employed the term *dār al-taqiyya*, but in their case *taqiyya* appears to have meant the concealment of beliefs (cf. Saʿd b. ʿAbd Allāh, p. 22; van Ess, *Theologie*, I, p. 313).

[88] TD, I, p. 127; in general F. Daftary, The *Ismāʿīlīs: Their History and Doctrines*, Cambridge, 1990, index, s.v. *taqiyya*.

[89] Numerous examples may be cited; e.g. al-Shaʿbī, who told Ibn Hubayra some-

Yet no practice is more closely associated with the Imāmī Shīʿīs than dissimulation, and none was a more attractive target for their opponents, who equated dissimulation with lying. In their defense of the practice, Shīʿī scholars thus made strenuous efforts to distinguish between a real lie[90] and what only appears to be a lie (*mā ẓāhiruhu l-kadhib*); the latter is permissible when religion may be served by it. A favourite example is provided by Joseph's saying to his brothers "you are thieves" (Q 12:70). According to al-Majlisī, his words did not constitute a lie (even though Joseph knew that they were not thieves); this is because his words were uttered in a good cause (*maṣlaḥa*), namely, to keep his younger brother with him while leaving the other brothers in the dark as to his true identity.[91] A similar distinction is made by Ibn Bābawayh in the case of a group of Companions who, when asked by some unbelievers about the whereabouts of the Prophet, said they did not know where he was. This, according to Ibn Bābawayh, is not a lie even though it appears to be one (*wa in kāna ẓāhiruhu ẓāhira kadhib*); these Companions are to be praised for protecting the Prophet by their answer.[92]

In practice, the Imams and their disciples specialized in providing ambiguous answers to hostile questions meant to expose their beliefs; this method, referred to as *taʿrīḍ, laḥn* or *tawriya*, is extolled as a fine implementation of *taqiyya*.[93] The advantage of this method is that the

---

thing concerning Yazīd b. ʿAbd al-Malik out of *taqiyya* (Muḥammad b. Saʿīd al-Qushayrī, *Taʾrīkh al-Raqqa*, ed. Ṭāhir al-Naʿsānī, Ḥamā, 1960, pp. 83–84); some scholars who, during the *miḥna*, acknowledged out of *taqiyya* that the Qurʾān was created (*EI*², art. "Miḥna" (M. Hinds); J.A. Nawas, *al-Maʾmūn: Miḥna and Caliphate*, Nijmegen, 1992, p. 61); Ashʿarites who, during the reign of the Ghaznawid Sulṭān Masʿūd (421–432/1030–40), had to pretend to be Ḥanafites as a defence against the Ḥanafite fanaticism of the Turkish soldiers (W. Madelung, "The Spread of Māturidism and the Turks", *Actas do IV Congresso de Estudos Árabes e Islámicos, Coimbra-Lisboa 1968*, Leiden, 1971, pp. 109–168, at pp. 136–137, repr. in W. Madelung, *Religious Schools and Sects in Medieval Islam*, Variorum, London, 1985). Other instances (also referred to in the sources as *taqiyya*) were of concealment rather than dissimulation; for example, Aḥmad b. Ḥanbal reportedly said of Qatāda and Saʿīd b. Abī ʿArūba that they had concealed their predestinarian beliefs (al-Dhahabī, *Siyar aʿlām al-nubalāʾ*, ed. Shuʿayb al-Arnaʾūṭ, Beirut, 1402–9/1982–8, VI, p. 414; I owe this reference and the one from *Taʾrīkh al-Raqqa* to Dr. Nurit Tsafrir).

90 Which of course is forbidden; see e.g. B, I, pp. 117–120.

91 K, II, p. 217, no. 3 > BA, LXXV, p. 425, with al-Majlisī's comments in BA, LXXV, pp. 425–426, MI, IX, p. 168.

92 *Ikmāl*, p. 47.

93 For a typical example see KI, p. 170; *Manāqib*, III, pp. 331–332 > BA, LXXI, p. 17. Further examples are provided in ʿAskarī, pp. 142–145 > BA LXXV, pp. 401–406. Cf. also BA, II, pp. 198–199.

statement made is not an outright lie. Yet the method is not devoid of difficulties; for, as noted in Shīʿī tradition, ambiguous answers were the hallmark not only of the Shīʿīs but also of the hypocrites (*munāfiqūn*) and of ʿAlī's enemies. Thus the verse "You will know them in the twisting of their speech (*wa la taʿrifannahum fī laḥn al-qawl*)" (Q 47:30) is variously interpreted as referring either to ʿAlī's enemies or to his supporters.[94]

Another favourite technique is known as *mudārāt*, a term which means treating someone in a friendly or gentle manner, often with the added implication of thereby concealing one's true attitude towards him.[95] Al-Bāqir is said to have cited a verse from the Pentateuch in which God tells Moses to keep to himself the secrets which God reveals to him while treating the enemies with *mudārāt*;[96] and the Prophet is reported to have declared that whoever practises *mudārāt* will after his death have the status of a martyr (*shahīd*).[97] The close connection between Muḥammad and this practice is underlined in the following tradition: "The believer received *kitmān* from God, *mudārāt* from His prophet, and patience in adversity from the Imam".[98]

There are numerous examples of *mudārāt* in action. For instance, al-Ṣādiq advises his disciple Ibn Muskān not to react violently when ʿAlī is vilified in his presence; al-Ṣādiq adds that when he himself hears a man vilifying ʿAlī (presumably during prayer at the mosque) and there is a column between himself and the man he hides behind it (possibly to regain his self-possession) and, upon completing his

---

94 *K. ʿĀṣim b. Ḥumayd al-Ḥannāt*, in *al-Uṣūl al-sittata ʿashar*, Qumm, 1405, pp. 27–28; B, I, p. 135, no. 16, p. 168, no. 132; Ibn al-Juḥām > Sharaf al-Dīn al-Najafī, *Taʾwīl al-āyāt al-ẓāhira*, p. 590; Ibn Bābawayh, *K. al-tawḥīd*, n.pl., 1321, p. 476; Ibn Ṭāwūs, *Kashf al-maḥajja*, Najaf, 1370/1950, p. 19; BU, IV, p. 188; cf. Ibn Wahb, pp. 109–110. For the different meanings of *laḥn* see M. Ullmann, *Wa-ḫairu l-ḥadīṯi mā kāna laḥnan*, Munich, 1979.

95 The close connection between *mudārāt* and *taqiyya* is established in various utterances; see e.g. MA, p. 366. A parallel term for *mudārāt* is *mujāmala*; see e.g. Ibn Shuʿba, p. 230.

96 K, II, p. 117, no. 3 > BA, LXXV, p. 438.

97 *Mishkāt*, p. 219. See also Ibn Wahb, p. 238; Ṭūsī, *Amālī*, II, p. 95.

98 *Fiqh al-Riḍā*, p. 368; see also Muḥammad al-Iskāfī, *al-Tamḥīṣ*, Qumm, 1404, p. 67. In another version of this tradition, the divine origin of concealment is explained with reference to Q 72:26 ("Knower is He of the Unseen, and He discloses not His Unseen to anyone, save only to such a Messenger as He is well-pleased with"), *mudārāt* is said to be based on God's words to the Prophet in Q 7:199 ("Pay no attention to insults, and bid to what is honourable, and turn away from the ignorant"), and patience in adversity is based on Q 2:177 ("Those who endure with fortitude misfortune and hardship") which, it is implied, refers to the Imams (*Khiṣāl*, p. 79, *ʿUyūn*, I, pp. 200–201 > BA LXXV, pp. 417–418).

prayer, greets the man and shakes his hand.[99] In another account, al-Ṣādiq urges the believers to avoid antagonizing their opponents; they should instead pay them sick calls and should attend their funerals, give evidence (on their behalf) in cases involving them, and pray with them in their mosques.[100] When necessary, al-Ṣādiq was prepared to wear black clothes (the ʿAbbāsid colour) instead of white clothes (the Shīʿī colour).[101] *Mudārāt* was used not only with outsiders: when Yūnus b. ʿAbd al-Raḥmān complained to al-Riḍā that some fellow-Shīʿīs were speaking ill of him, the Imam explained that this was because their understanding was too weak to cope with what Yūnus was saying, and that he should use *mudārāt* with them.[102]

An interesting reason is given for practising dissimulation with those whom one trusts: in this fashion such behaviour will become second nature (*sajiyya*), which will serve the believer well when in the company of opponents.[103]

In his defense of dissimulation Ibn Bābawayh points to the precedent of the Prophet's paternal uncle Abū Ṭālib, who is cited as practising it not so much for his own protection as in order to enable him to help his nephew. This ties in with the issue of Abū Ṭālib's religious beliefs, which has been hotly debated between Sunnīs and Shīʿīs: the former argue that he never adopted Islam and the latter claim that he was always a believer. In his defense of the Shīʿī position, Ibn Bābawayh maintains that Abū Ṭālib only pretended to be a polytheist and concealed his true belief; Abū Ṭālib's rationale for doing

[99] B, I, pp. 259–260, no. 313 > BA, LXXV, p. 399. Such behaviour is also referred to as "holding back one's anger" (*kaẓm al-ghayẓ*) (see e.g. B, I, p. 259, no. 312 > BA, LXXV, p. 399). The seventh Imam is said to have been especially adept at this behaviour, as is attested by his appellation "al-Kāẓim"; see Ibn Bābawayh, *ʿIlal al-sharāʾiʿ*, Najaf, 1385/1966, p. 235 > BA, XLVIII, p. 10. When Hārūn al-Rashīd wanted to discover al-Kāẓim's true opinions about sensitive matters he first gave him an assurance of security (*amān*) and asked that al-Kāẓim should in return be truthful with him and drop "the *taqiyya* for which you, the descendants of Fāṭima, are known" (*ʿUyūn*, I, p. 67).

[100] B, I, p. 18, no. 51 > BA, LXXV, pp. 419–420.

[101] *Mishkāt*, p. 49. Cf. the Prophet's warning, "Do not wear the clothes of my enemies", which Ibn Bābawayh takes to mean black clothes (*ʿUyūn*, II, p. 22).

[102] KI, p. 413 > BA, II, p. 68. According to one account, those who slandered him came from Baṣra; see KI, pp. 411–412. For Yūnus see van Ess, *Theologie*, I, pp. 387–392.

[103] Ṭūsī, *Amālī*, I, pp. 299–300. A similar didactic purpose is seen behind the practice ascribed to the tenth and eleventh Imams of addressing their followers from behind the curtain: this was in order to prepare the Shīʿīs for the time in which their Imam would be concealed (*Ithbāt*, p. 262).

so was that by appearing to share the religion of members of his tribe Quraysh he would be in a better position to intercede on the Prophet's behalf.[104]

Taqiyya is cited in justification of the practice of the Imams in providing contradictory answers to the same question; the answer which is inconsistent with the Sunnī position is said to express the Imam's true opinion.[105] This theory did not always go unchallenged, as exemplified in the case of al-Bāqir's disciple ʿUmar b. Riyāḥ. ʿUmar is said to have come to the Imam with a question, to which he received an answer; when he repeated the same question the following year he received a different answer. ʿUmar refused to accept the explanation that this was the result of *taqiyya* and claimed that the Imam was merely extemporizing (because he did not know the correct answer); as a result he is said to have left the fold for the competing Batrī Zaydī group.[106] A similar idea is put forward by the Zaydī theologian Sulaymān b. Jarīr (fl. second half of 2nd/8th century), who attacks the Rāfiḍa (i.e. the Imāmī Shīʿīs) for upholding the doctrine of *badāʾ* and permitting the practice of *taqiyya*.[107] Sulaymān claims that the Imams gave their disciples answers over a long period of time and were unable to remember which answers they gave to whom. This led to contradictions which the Imams explained away as being the result of *taqiyya*.[108]

Dissimulation as practised by ordinary Shīʿīs often involved denying some basic principles of Shīʿism. A recurring theme is that in times of danger it is best for the believer to pronounce words of unbelief in God and His messengers[109] or to dissociate from his Imam.[110] He is also allowed to commit perjury in order to avert injustice to

---

[104] *Ikmāl*, p. 172.

[105] Ibn Wahb, p. 91; Kohlberg, "*Taqiyya*", p. 397b. Cf. *Shāfī*, p. 238.

[106] Nawbakhtī, pp. 52–53; Saʿd b. ʿAbd Allāh, pp. 74–75; KI, pp. 205–206. See the discussion in H.G. Kippenberg, "Ketmān: Zur Maxime der Verstellung in der antiken und frühislamischen Religionsgeschichte", *Tradition and Re-interpretation in Jewish and Early Christian Literature: Essays in Honour of Jürgen C.H. Lebram*, Leiden, 1986, pp. 172–183, at p. 181; idem, *Erlösungsreligionen*, pp. 463–464; van Ess, *Theologie*, I, pp. 283–284.

[107] Nawbakhtī, pp. 55–56; Saʿd b. ʿAbd Allāh, p. 78; Shahrastānī, p. 469. For the terms "*badāʾ*" and "Rāfiḍa" see the articles in *EI*² by I. Goldziher-A.S. Tritton and E. Kohlberg respectively.

[108] Nawbakhtī, p. 56; Saʿd b. ʿAbd Allāh, pp. 78–79.

[109] Al-Mufīd, *al-Fuṣūl al-ʿashara fī l-ghayba*, Najaf, 1370/1951, p. 33. See also TD, I, p. 127; Meyer, "Anlass", p. 280.

[110] There was no unanimity on this issue among Shīʿī scholars; see E. Kohlberg, "*Barāʾa* in Shīʿī Doctrine", *JSAI*, 7, 1986, pp. 139–175, at pp. 154–155.

himself.[111] Dissimulation has implications for the performance of particular religious duties, such as prayer. Thus a believer is not normally allowed to pray behind an unbeliever, but should do so when he would otherwise be in danger. When such a situation arises he should not consider the unbeliever as leader in the prayer and should pray as if he were alone. If possible, he should first perform his prayers at home and then pray behind the unbeliever and consider this as a supererogatory prayer (*taṭawwuʿ*).[112] The Imam Zayn al-ʿĀbidīn used to be present at the Friday prayers with the "leaders of evil" (*aʾimmat al-jawr*) out of *taqiyya* but did not regard these prayers as valid and would then perform the noon prayers by himself.[113]

Yet there are moral and religious considerations which limit the use of dissimulation. For example, it should be abandoned if its practice would result in danger to human life,[114] and it cannot be cited as an excuse for sinful behaviour. The fact that Jaʿfar, a brother of the eleventh Imam al-Ḥasan al-ʿAskarī, is said to have behaved in a sinful manner is used by the Imāmī Shīʿīs in support of their claim that he was unfit to succeed al-ʿAskarī as Imam.[115] Nor can dissimulation be countenanced if its practice would undermine the very basis of religion. This point comes to the fore in internal Shīʿī debates about whether a prophet or an Imam may deny his mission when in danger. According to Ibn Bābawayh, some Shīʿīs (*qawm min ahl al-ḥaqq*) distinguished in this respect between the two. The prophet brings his own message which he explains to the people and calls on them to adopt. If he were to deny the truth of this message (evidently after having once delivered it) no one would be able to explain it on his behalf and it would lose its effectiveness. In contrast, the Imam must only uphold the message which the prophet has already spread; the

111 BA, LXXV, pp. 410–411, citing traditions from al-Ḥusayn b. Saʿīd al-Ahwāzī (alive in 300/913); *ʿUyūn*, II, p. 123 > BA, LXXV, p. 395.

112 TD, I, pp. 241, 242, referring to *al-nāṣib wa l-ḥarūrī*, "the anti-Shīʿī and the Khārijī".

113 TD, I, p. 310. See further van Ess, *Theologie*, I, p. 313.

114 Kohlberg, "*Taqiyya*", pp. 400a, 401b.

115 Nawbakhtī, p. 84; Saʿd b. ʿAbd Allāh, p. 109. See also Khaṣībī, p. 382. Cf. the behaviour of the Malāmatī Ṣūfīs, who concealed their spiritual condition by disagreeable behaviour which was aimed at bringing upon themselves the disapproval of others—a practice known as *talbīs, katm/kitmān* or *ikhfāʾ al-ḥāl*. See al-Sulamī, *Risālat al-malāmatiyya*, ed. Abū l-ʿAlāʾ al-ʿAfīfī in his *al-Malāmatiyya wa l-taṣawwuf wa ahl al-futuwwa*, Cairo, 1945, pp. 89, 117, tr. R. Deladrière, *La lucidité implacable*, Arléa, 1991, pp. 19, 124; Abū Ḥafṣ al-Suhrawardī, *K. ʿawārif al-maʿārif*, Beirut, 1966, p. 72; and, for pre-Islamic precedents for such an attitude, *EI*[2], art. "Malāmatiyya" (F. de Jong).

message will therefore still be known to some even if the Imam remains silent or denies his imamate.[116] Ibn Bābawayh's own position is that prophet and Imam are equal in matters of dissimulation; both may practise it only after having made their message known.[117]

Furthermore, dissimulation is determined by the prevailing conditions. The *taqiyya* in matters of law and religion which is said to have been in force during the days of ʿAlī Zayn al-ʿĀbidīn is said to have been lifted during the imamate of his successors al-Bāqir and al-Ṣādiq;[118] what this implies is that the political climate had improved sufficiently for them to be able to give responsa based on their true opinions. The picture which emerges from other accounts is that this improvement only came about in the time of al-Ṣādiq. For example, al-Ṣādiq is cited as declaring that his father used to issue responsa permitting the consumption of game killed by falcons and hawks, in contradiction to Shīʿī law; al-Ṣādiq added that this constraint did not apply to himself.[119] The reason for this becomes clear from a parallel tradition: al-Bāqir issued his responsa while the Umayyads were in power, whereas al-Ṣādiq no longer had to worry about them.[120] With the growing persecution of the Shīʿīs under the ʿAbbāsids, a stricter adherence to *taqiyya* was again called for. The following statement by al-Bāqir sums up the situation: "*Taqiyya* is to be practised in case of need. Each person knows best when such a case arises".[121]

---

[116] *Ikmāl*, pp. 48–49.

[117] *Ikmāl*, p. 49. For a somewhat different treatment of this issue see *Shāfī*, p. 237. According to some non-Imāmī sources the Imam, in case of danger, has the right to declare that he is not the Imam; see al-Ashʿarī, *Maqālāt al-islāmiyyīn*, ed. H. Ritter, Istanbul, 1929–33, p. 17; ʿAbd al-Jabbār al-Asadābādī, *al-Mughnī fī abwāb al-tawḥīd wa l-ʿadl*, XX/ii, ed. ʿAbd al-Ḥalīm Maḥmūd and Sulaymān Dunyā, Cairo, n.d. [c. 1966], p. 176 (citing Abū l-Qāsim al-Balkhī); cf. XX/i, pp. 119–120, and (for ʿAbd al-Jabbār's own position) XV, p. 284. This issue was used in anti-Shīʿī polemics. For instance, the Ḥanafī scholar Muḥammad b. Aḥmad al-Sarakhsī (d. 483/1090) claims in his *Mabsūṭ* (Cairo, 1324–31, XXIV, p. 45) that some Shīʿīs (*baʿḍ al-rawāfiḍ*) accept the possibility that "this kind of *taqiyya*" (i.e. pronouncing words of unbelief) may be practised by prophets and messengers. For al-Sarakhsī this is absurd since it leads to a situation where one cannot be certain what the *sharīʿa* is. See also al-Malaṭī, *al-Tanbīh wa l-radd*, p. 20.

[118] *Iʿlām*, p. 410. See also TD, II, p. 122: "Muḥammad b. ʿAlī b. al-Ḥusayn was called al-Bāqir [short for *bāqir al-ʿilm*, "the one who splits knowledge open", i.e. brings it to light] because he brought out and made known the outward (*ẓāhir*) knowledge of the Imams after it had been concealed because of fear (*li l-taqiyya*) of the usurping enemies of God".

[119] K, VI, p. 207, no. 1 > al-Ḥurr al-ʿĀmilī, *Wasāʾil al-shīʿa*, Tehran, 1378–89/1958–69, VIII/i, p. 220, no. 3, BU, I, p. 447, no. 4.

[120] K, VI, p. 208, no. 8 > al-Ḥurr al-ʿĀmilī, *Wasāʾil al-shīʿa*, VIII/i, p. 222, no. 12. The implication is that this tradition postdates the year 132/750.

[121] K, II, p. 219, no. 13.

The conditions which necessitated the practice of dissimulation, and indeed the practice of prudential *taqiyya* in general, will not prevail forever. This is emphasized by the eighth Imam, al-Riḍā, when he states that there is no faith without *taqiyya* and then adds that this holds true until the arrival of the Qā'im.[122] At that point, the state of *hudna* (temporary truce) with the rest of the world in which the believers find themselves will come to an end.[123] The Fāṭimid al-Qāḍī al-Nuʿmān expresses a similar sentiment when he declares that *taqiyya* should be employed only as long as the "leaders of error" (*a'immat al-ḍalāl*) and the "people of falsehood" (*ahl al-bāṭil*) are in power.[124]

3. *Non-Prudential Taqiyya*

The community of believers as it emerged at the beginning of the ʿAbbāsid period was intensely conscious of the chasm separating it from the outside world: the believers are the elite (*al-khāṣṣa*); all others are the masses (*al-ʿāmma*). That this has always been the case is demonstrated by accounts of the world of pre-existence. In one such account, al-Ṣādiq declares that God entrusted the Imams with a part of His secret knowledge which neither angels nor prophets nor believers could bear (*yaḥtamilu*). There was another part of God's secret knowledge which He ordered the Imams to make known; but the Imams found no one who could bear it until God created people of the same substance (*ṭīna*) and light as Muḥammad and his family; these people (i.e. the Shīʿis) were able to bear this knowledge. Then

[122] *Ikmāl*, p. 355; *Kifāya*, p. 323. Cf. *ʿUyūn*, II, pp. 237–238.

[123] B, I, pp. 256–257, no. 294 > BA, LXXV, p. 398; K, II, p. 217, no. 4 > BA, LXXV, p. 426; *Iʿlām*, p. 434. In reply to a question, al-Ṣādiq declares that worshipping God in secret during the time of *hudna* and the ascendancy of evil (*dawlat al-bāṭil*) is more meritorious than worshipping him during the rule of the just Imam (K, I, pp. 333–335, no. 2). The argument based on *hudna* (or *muhādana*) is used in the case of al-Ḥusayn: he was in a state of temporary truce with his enemies after the death of his brother al-Ḥasan, and therefore refrained from calling on the people to acknowledge his imamate; this state elapsed with the death of Muʿāwiya, thus enabling him to act (al-Mufīd, *al-Irshād*, p. 199, tr. Howard, pp. 298–299. See further E. Kohlberg, "Some Imāmī Shīʿī Interpretations of Umayyad History", *Studies on the First Century of Islamic Society*, ed. G.H.A. Juynboll, Carbondale and Edwardsville, 1982, pp. 145–159, 249–254, at pp. 148–149, repr. in *Belief and Law in Imāmī Shīʿism*).

[124] TD, I, pp. 201, 349; cf. p. 358. In a Nuṣayrī text, the author looks forward to the time when the believers will be able to express themselves openly and will no longer have to conceal their beliefs (*yawm yu'dhanu li l-mu'minīn bi l-iʿlān wa yurfaʿu ʿanhum al-taqiyya wa l-kitmān fa lā yuʿbadu llāhu sirran wa yuṣarraḥu bi tawḥīdihi jahran*); see al-Ṭabarānī, *Majmūʿ al-aʿyād*, at p. 23; similarly p. 201.

God created people destined for hell and told the Imams to deliver to them the same knowledge as that which had been imparted to the Shīʿīs; yet these people rejected it, calling the Imams liars and sorcerers. God erased this knowledge from their memories and ordered the Imams to conceal it from them; and al-Ṣādiq tells the Shīʿa to do likewise. The account ends with the Imam crying and citing Q 26:54, "they are but a small group (*shirdhima qalīlūn*)".[125] Here, as in other stories with similar gnostic overtones, the community of believers is a single unit, while the non-Shīʿī world is a place of darkness and evil in which constant vigilance is required.

Yet there is also another perspective, this time an inward-looking one, with the Imam at the head of a hierarchy of believers. The sources do not offer a detailed description of this hierarchy, and it seems to have been quite informal and mobile, with the believer's place in it determined by the degree of his initiation. Upward movement was characterized by an increase of secret knowledge, and it was this knowledge which it was incumbent upon the believer to conceal from those who had not, or had not yet, reached this level. Typical subjects to be concealed were the inner meaning (*bāṭin*) of particular Qurʾānic verses, of particular sayings of the Imam, or of particular religious duties.

This type of *taqiyya* is in principle non-prudential. The reasons for employing it are one or more of the following: the recipient of the information may find it emotionally or mentally unbearable; he may misunderstand it; he may reject it. Thus the explanation given in some accounts for concealing the time of the Mahdī's reappearance is that it is a means of testing the patience and faith of the believers.[126] Traditions referring to non-prudential *taqiyya* are either ambiguous or refer to prudential *taqiyya* at the same time; there appear to be no traditions where no hint may be found of anything but

---

125 K, I, p. 402, no. 5, with the commentary in MI, IV, pp. 319–322. In the Qurʾān, Pharaoh refers to the escaping Israelites as *shirdhima qalīlūn*; the identification of this expression with the Shīʿa is not a part of the Imāmī exegetical tradition. See further al-Mufaḍḍal b. ʿUmar al-Juʿfī, *al-Haft al-sharīf* [= *al-Haft wa l-aẓilla*], ed. Muṣṭafā Ghālib, Beirut, 1977, pp. 30–31 (partially translated in H. Halm, *Die islamische Gnosis*, Zurich/Munich, 1982, p. 257). For the pre-existence of the Imams see Amir-Moezzi, pp. 73–154.

126 See the material in BA, LII, pp. 101–121. According to one account, if, say, salvation is many years off and if the believers were given this information, many would despair and turn away from Shīʿism to Sunnism (*rajaʿat ʿāmmat al-nās ʿan al-īmān ilā l-islām*) (N, p. 198) or (according to another version) would even forsake Islam altogether (K, I, p. 369, no. 7, G, p. 208 > BA, LII, p. 102).

non-prudential *taqiyya*. It is often very difficult to sort out the motives behind a particular pronouncement or practice. This is especially so when a tenet is to be concealed whose propagation would be certain to arouse the ire of non-Shīʿīs.

One way of discovering the reason behind a particular instance of *taqiyya* is to check whether *taqiyya* ceases when there is no longer any danger. The following account of a meeting held between Jābir al-Juʿfī and al-Bāqir is of relevance here. The Imam handed Jābir a book and warned him: "If you transmit its contents before the Umayyads are destroyed, my curse and the curse of my forefathers will fall upon you; if you conceal any of it after the Umayyads are destroyed, my curse and the curse of my forefathers will fall upon you". He then gave him a second book, saying: "If you ever transmit any of it, my curse and the curse of my forefathers will fall upon you".[127] One might speculate that the first book included anti-Umayyad traditions while the second comprised doctrinal secrets, such as those relating to future events, which were to remain concealed regardless of changing conditions.

In the following statement (ascribed to an unnamed Imam) both prudential motives and non-prudential motives appear to be at work: "Not everything which is known may be revealed; not everything which may be revealed may be revealed at the present time; and not everything which may be revealed at the present time has an audience to which it may appropriately be revealed".[128] This statement was said to refer, among other things, to the doctrine of *rajʿa*; and as we have seen, this is one of the doctrines which Shīʿīs felt would put them in danger if the outside world were to learn that they adhered to it. Yet the reasons for concealment implied by this tradition appear to be more complex. The first sentence is in line with the belief in the *ghayb* (lit. "absence", "invisibility") according to which there are things known to God, and partially also to the Imams, which will forever remain hidden and inaccessible since ordinary mortals cannot be privy to divine knowledge. The second sentence introduces by implication the element of fear: even those items which do not belong to the *ghayb* and which may in principle be revealed

[127] KI, p. 170 > BA, II, p. 70.

[128] *Mā kullu mā yuʿlamu yuqalu wa lā kullu mā yuqālu ḥāna waqtuhu wa lā kullu mā ḥāna waqtuhu ḥaḍara ahluhu* (al-Ḥasan b. Sulaymān al-Ḥillī, *Mukhtaṣar baṣā'ir al-darajāt*, Najaf, 1370/1950, p. 212).

must remain hidden as long as it would be dangerous to reveal them.[129] The final sentence, like the first, introduces a motive which has no direct bearing on danger: even if there is no external reason for concealing particular items of knowledge, the people who have the capacity to grasp the true meaning of these items may not be present.

Another way to discover the reason for a particular instance of concealment, though a less reliable one, is to see whether it is a believer to whom some secret information is denied. Such cases are usually ambiguous, since even the denial of information to a believer may be motivated by an external threat. In one account, the Prophet told Salmān al-Fārisī, who was renowned for his loyalty to ʿAlī: "If what you know had been presented to Miqdād he would have become an unbeliever;"[130] in another tradition, Zayn al-ʿĀbidīn declares: "Had Abū Dharr known that which is in Salmān's heart he would have killed him".[131] Miqdād and Abū Dharr were both devoted followers of ʿAlī; yet the idea is that neither would have been able to grasp the true significance of what Salmān knew and that they might have denounced him or even killed him as a heretic. The picture, then, is quite complex: the reason for concealing secrets from Abū Dharr and Miqdād is both their being on a lower rung in the hierarchy of knowledge and the prospect that by misunderstanding the secrets which they heard, they would place other members of the community in jeopardy. Another example of the dangers which arise when Shīʿīs hear things which they do not comprehend is to be found in a conversation between al-Mufaḍḍal al-Juʿfī and al-Ṣādiq. When al-Mufaḍḍal enquired about the Qur'ān exegesis of Jābir al-Juʿfī the Imam told him: "Do not transmit it to the ignorant lest they propagate it".[132] When a believer does nevertheless hear a tradition from an authoritative source which, because it is beyond his grasp he believes

[129] This tallies with an account according to which al-Bāqir refused to explain to his disciple Ḥumrān b. Aʿyan (for whom see van Ess, *Theologie*, I, p. 325) the doctrine of *rajʿa*, saying the time to divulge it had not yet come (ʿAyyāshī, II, p. 122, no. 20 (to Q 10:39) > BA, II, p. 70, BU, II, p. 186). For the various views within Imāmī Shīʿism on the Imams' knowledge of the *ghayb* see Modarressi, p. 46, note 154.

[130] IK, p. 16; *Ikhtiṣāṣ*, p. 9.

[131] K, I, p. 401, no. 2; KI, p. 22; further references in Kohlberg, "*Taqiyya*", p. 397b.

[132] *Lā tuḥaddith bihi l-safila fa yudhīʿūhu* [text: *fa yudhīʿūnahu*] (KI, p. 170 > BA, II, pp. 70–71; G, p. 103). Al-Ṣādiq is similarly said to have warned his disciple Dharīḥ al-Muḥāribī not to mention Jābir, "for if the ignorant hear his traditions they will condemn him for them" (variant: "they will propagate them") (KI, p. 170).

to be false, he should still accept it without questioning it; rejecting it as false is a sign of unbelief.[133]

A further example of ambiguity is connected with a method which Shīʿī writers used in order to reduce the risk that secret doctrines which are put down in writing would be revealed. This method consisted in dispersing the traditions that referred to these doctrines among other reports in a given text.[134] Here again, the reason for dispersing these traditions may have been external danger; but assuming that the texts in which they appeared were read largely by a Shīʿī audience, it is just as likely that the attempt to conceal them was meant to prevent easy access to the doctrines by those believers who were judged unfit to understand their true meaning.

When a doctrine is concealed without any explanation being given, it is again hard to determine why exactly *taqiyya* is employed. As noted above, the most widespread reason given for the occultation of the Twelfth Imam is fear for his life. Yet other traditions imply that this is not the only reason. There is, for example, a statement that the Imams may not divulge the reason, and that the wisdom of the occultation will only become apparent after the Mahdī's return, just as the wisdom of al-Khaḍir in perforating the boat (cf. Q 18:71) was only revealed after the event.[135] In a rescript on the occultation, the Twelfth Imam writes: "Close the gate of questioning on that which does not concern you, and do not exert yourselves (or: pretend, *(ta)takallafū*) to know that which you have been spared".[136]

Similarly, the need to conceal the names of the twelve Imams is not always explicitly or exclusively linked to danger. In one tradition, the Prophet reveals these names to the Companion Jābir b. ʿAbd Allāh and tells him: "This is one of God's secrets that remains concealed and one of the things known to God that remains hidden; guard it from all except those who are entitled to know it".[137] In a similar tradition, Jaʿfar al-Ṣādiq refers to the names of the twelve Imams as "the secret and religion (*dīn*) of God and the religion of His an-

---

[133] BD, pp. 20–21, no. 1, p. 22, no. 9. See also K, II, p. 223, no. 7 > BA, LXXV, p. 76. Cf. Muḥammad al-Iskāfī, *al-Tamḥīṣ*, p. 67 > BA, LXVIII, pp. 176–177.

[134] The use of this method in Shīʿī literature was first noted and analysed by Amir-Moezzi; see index, s.v. *tabdīd al-ʿilm*.

[135] *Ikmāl*, pp. 449–450, cited in Sachedina, p. 104.

[136] *Ikmāl* p. 452; *Iʿlām*, p. 453.

[137] *Hādhā min maknūn sirr allāh wa makhzūn ʿilm allāh fa ktumhu illā ʿan ahlihi* (*Ikmāl*, p. 247).

gels" and says that it should therefore be kept concealed from all but God's friends.[138] The reason may well have been fear of external danger, but it may (also) have been that the Imam's superhuman knowledge should only be shared with a select few. (Note that this tradition refers to future events, knowledge of which is a prerogative of the Imam.)

Perhaps the most striking example of the difficulty in determining the kind of *taqiyya* referred to is to be found in those traditions where the Imams describe *taqiyya* as an essential element of religion: "He who has no *taqiyya* has no faith";[139] "he who forsakes *taqiyya* is like him who forsakes prayer";[140] "he who does not adhere to *taqiyya* and does not protect us from the ignoble common people is not part of us";[141] "nine tenths of faith falls within *taqiyya*";[142] "*taqiyya* is the believer's shield (*junna*); but for *taqiyya*, God would not have been worshipped".[143] It is probable that in at least some of these pronouncements the Imams had the practice of prudential *taqiyya* in mind and wished to underline its importance by raising it to the level of a doctrine, even though they were aware that it was not a permanent element of Shīʿism;[144] yet these pronouncements can also be construed as referring to the duty to conceal the esoteric doctrines of Shīʿism under all circumstances.

4. *Suppression Versus Propagation*

There is an obvious tension between the need to conceal the faith and the urge to proclaim it. This tension comes out in the way Shīʿīs deal with Qur'ānic verses or Prophetic traditions which condemn concealment. Let us take for example the verse, "Those who conceal the clear signs and the guidance that We have sent down, after We have shown them clearly in the Book—they shall be cursed by God and the cursers" (Q 2:159). Sunnī exegetes often explain that this

[138] *Hādhā sirr allāh wa dīnuhu wa dīn malā'ikatihi fa ṣunhu illā ʿan ahlihi wa awliyā'ihi* (*Ikmāl*, p. 305; cf. also p. 304).

[139] *Lā īmān* (variant: *lā dīn*) *li man lā taqiyya lahu* (al-ʿAyyāshī, *K. al-taqiyya* > *Mishkāt*, p. 48; the references in Kohlberg, "*Taqiyya*", p. 396b).

[140] Ibn Shuʿba, p. 358.

[141] Ṭūsī, *Amālī*, I, p. 287.

[142] K, II, p. 217, no. 2.

[143] Ibn Shuʿba, p. 227.

[144] This is how al-Ṣādiq's above-mentioned words to al-Muʿallā b. Khunays ("*Taqiyya* is our religion" etc.) should be understood.

refers to the Jews and Christians, who concealed the fact that Muḥammad was a prophet even though they knew the truth,[145] and this interpretation is also found in Shīʿī sources.[146] But Shīʿī exegetes cite in addition two other interpretations: first, that the verse refers to those who will cast doubts on the rights of the Prophet (and, by implication, of his family) when they are interrogated in the grave by the angels Munkar and Nakīr;[147] and second, that it refers to those who will conceal the rights of Muḥammad and ʿAlī when *taqiyya* is lifted and it becomes a duty to make these rights generally known.[148] All three interpretations limit the duty of proclamation, either by applying it only to Jews and Christians, or by referring to a situation in this world where *taqiyya* is no longer permitted, or by referring to the afterlife.

A similar process may be seen at work in the Shīʿī treatment of the Prophetic tradition, "Whoever is asked about knowledge which he possesses, and who then conceals it, will have bridles of fire put on him (on the Day of Judgment)".[149] This tradition is often cited in Sunnī sources,[150] and it is also found in Imāmī Shīʿī and Ismāʿīlī texts.[151] At the same time, there is a significant Shīʿī variant of this tradition: "Whoever is asked about knowledge and conceals it where it should be made known and where *taqiyya* has been removed from him will come on the Day of Judgment with bridles of fire on him".[152]

Yet absolute secrecy would have deprived Shīʿī polemicists of the ability to debate with opponents; and the Shīʿīs were unable, and occasionally unwilling, to avoid such debates. The critical issue was ʿAlī's political and religious rights; it was therefore of paramount importance to prove to non-Shīʿīs that there was irrefutable evidence of ʿAlī's divine designation (*naṣṣ*). The designation is said to have taken

[145] E.g. al-Ṭabarī, *Jāmiʿ al-bayān ʿan taʾwīl al-qurʾān*, Cairo, 1388/1968, II, pp. 52–56.

[146] ʿAyyāshī, I, p. 72, no. 140 > BU, I, p. 171. Shīʿī exegetes similarly interpret Q 2:42 as referring to a group of Jews who deliberately concealed Muḥammad's prophethood and ʿAlī's imamate (ʿAskarī, p. 93 > BU, I, pp. 92–93). See also ʿAskarī, pp. 246–247 (to Q 2:174); Rajab al-Bursī, *Mashāriq anwār al-yaqīn*, Beirut, n.d., p. 151; BU, I, p. 161 (to Q 2:146).

[147] ʿAyyāshī, I, p. 71, no. 138 > BU, I, p. 170.

[148] ʿAskarī, p. 237 (to Q 2:159).

[149] *Man suʾila ʿan ʿilm ʿindahu fa katamahu aljamahu llāhu taʿālā bi lijām min nār.*

[150] See e.g. the references in *WKAS*, II, 1, p. 252a.

[151] For the former see Ṭūsī, *Amālī*, I, p. 386 > BA, II, p. 68; BU, I, p. 171; for the latter, al-Muʾayyad fī l-Dīn al-Shīrāzī, *Mudhakkirāt dāʿī l-duʿāt*, ed. ʿĀrif Tāmir, Beirut, 1403/1983, p. 83. But contrast BD, p. 10, nos. 5, 6.

[152] ʿAskarī > BA, II, p. 72. See al-Majlisī's explanation in BA, II, p. 73.

place on a number of occasions, of which the most celebrated was at Ghadīr Khumm, on the Prophet's return from the Farewell Pilgrimage in the year 10/632.[153] A recurrent argument put forward by Sunnī polemicists was that if, as the Shīʿīs claimed, this designation was witnessed by a large number of people, then knowledge of it should have been widespread and not confined to ʿAlī's followers.[154] In response, Shīʿī scholars argue that under certain conditions knowledge even of events witnessed by many could be suppressed, and that such conditions obtained in the case of ʿAlī's designation.

An eloquent presentation of the Shīʿī position on this issue is made by al-Khazzāz al-Rāzī (fl. second half of the 4th/10th century) in his *Kifāyat al-athar fī l-nuṣūṣ ʿalā l-aʾimma l-ithnay ʿashar*. Al-Khazzāz maintains that it is in principle impossible to deny or falsify accounts of an event witnessed by a large number of people and recorded over centuries in traditions with multiple chains of transmission (*mutawātir*);[155] any attempt at such falsification would be exposed and rejected by those who had witnessed the event in question. Yet the memory of such an event may become obliterated if someone introduces false beliefs (*shubah*, sing. *shubha*) in the minds of those who were there. This can happen when men who wish to introduce such beliefs tell the people that the meaning of what they had heard was different from what they had first thought it to be; these men argue that they know the correct interpretation of what the people heard, and warn that refusal to accept this interpretation will lead to the destruction of the faith. At this point the people will begin to doubt the evidence of their own senses and will convince themselves that the event never took place in the way which they had originally believed. With the passage of time knowledge of the event will become suppressed and forgotten. This is the process that took place with ʿAlī's designation; there was only one group (i.e. ʿAlī's supporters) over whom Satan had no power, and who adhered to the truth. Al-Khazzāz emphasizes the difference between suppression which occurs in this fashion and

[153] For further details see *EI*², art. "Ghadīr Khumm" (L. Veccia Vaglieri).

[154] It is not possible to enter into the details of the Sunnī argument here. See e.g. al-Bāqillānī, *al-Tamhīd fī l-radd ʿalā l-mulḥida al-muʿaṭṭila wa l-rāfiḍa wa l-khawārij wa l-muʿtazila*, ed. Maḥmūd Muḥammad al-Khuḍayrī and Muḥammad ʿAbd al-Hādī Abū Rīda, Cairo, 1366/1947, pp. 162, 165; Ibn Taymiyya, *Minhāj al-sunna al-nabawiyya*, ed. Muḥammad Rashād Sālim, VII, n. pl., 1406/1986, p. 48. I owe these references to Mrs. Vardit Tocatly.

[155] For this term see *EI*², art. "Mutawātir" (A.J. Wensinck-[W.F. Heinrichs]); Modarressi, index, s.v. *tawātur*.

a lie (*kadhib*): a lie is pronounced knowingly and deliberately, whereas suppression exists when people are led to think that the false beliefs which they hold are in fact true.[156]

A somewhat different theory is put forward by al-Sharīf al-Murtaḍā. He agrees that suppression may result from the introduction of false beliefs (*shubah*). In addition, al-Murtaḍā maintains that some people who witness an event may conspire to suppress it. Such a conspiracy (*tawāṭu'*) can only be hatched among a small group; events cannot be suppressed when they have been witnessed by a large number of people, just as large numbers of people living far away from each other and having differing aims and conflicting views can never collude to propagate the same lie.[157] On those occasions when the Prophet pronounced ʿAlī to be his successor in the presence of only a few Companions, all of them opposed to ʿAlī, the Prophet's words could have been suppressed by not being transmitted; yet this was not the case of pronouncements which were made before large gatherings.[158] In the case of ʿAlī's designation al-Murtaḍā distinguishes three groups of Companions: first, a relatively small number of Qurashīs whose aim it was to deprive ʿAlī of his rights and who thus had a strong motive (*dāʿin qawī*)[159] deliberately (*ʿalā sabīl al-taʿammud*) to distort and falsify the meaning of the Ghadīr Khumm gathering; secondly, a larger number of Muslims who were misled into believing that the events at Ghadīr Khumm which they had witnessed did not have the significance which they had originally (and correctly) attached to them; and finally, ʿAlī's supporters.[160] As a result of the positions taken by the first two groups, accounts of ʿAlī's designation were eventually suppressed; and since the views of these groups were in time adopted by the Sunnī majority, the Sunnīs of later generations were no longer aware of the true significance of Ghadīr Khumm and related events.[161]

Al-Murtaḍā insists that there must be motives for concealment (*dawāʿin ilā l-kitmān wa ṣawārif ʿan al-iẓhār*). For the Shīʿa, the motive

---

156 *Kifāya*, p. 314.

157 *Shāfī*, pp. 110, 112. See also T, p. 100; Ibn Qiba, *al-Naqḍ ʿalā Abī l-Ḥasan ʿAlī b. Aḥmad b. Bashshār fī l-ghayba* > Ibn Bābawayh, *Ikmāl*, p. 53. For Ibn Qiba's text see Modarressi, p. 150 (Arabic) = pp. 160–161 (English). Ibn Qiba uses similar arguments in his *Naqḍ kitāb al-ishhād*; see the references in Modarressi, p. 169.

158 *Shāfī*, p. 110.

159 For al-Murtaḍā's use of this Muʿtazilite concept see e.g. *Shāfī*, pp. 36–37.

160 *Shāfī*, p. 105.

161 *Shāfī*, p. 112. For some of these arguments al-Murtaḍā relies on Ibn Qiba's *K. al-inṣāf* (see *Shāfī*, p. 100). Al-Murtaḍā distinguishes between the *naṣṣ* traditions and

for concealing the *naṣṣ* traditions was fear, born of the persecution which they suffered at the hands of the authorities. In their case the need to protect themselves was combined with the urge to keep these traditions alive; the solution was to transmit these traditions, but only in the most secret manner and only among themselves. Yet al-Murtaḍā, basing himself on the observed behaviour of people (*ʿādāt*), goes on to say that whenever large groups use concealment out of fear, there will always be a minority who will overcome their fear and spread the message.[162]

The term used by Shīʿī writers to describe the suppression of ʿAlī's designation is *kitmān al-naṣṣ*. Here *kitmān* is used not to refer to the concealment of secret Shīʿī doctrines but to the wrongful suppression of knowledge of an event which, in the Shīʿī view, should have been universally acknowledged.

An instance of the tension between the need to conceal the faith and the urge to proclaim it is conversion. Its importance is underscored in a Shīʿī interpretation of the verse "Whoever gives life to a soul shall be as if he had given life to mankind altogether" (Q 5:32) as referring on the inner level (*taʾwīluhā l-aʿẓam*) to a conversion to Shīʿism.[163] Yet on the practical level, the question to be faced was the extent of the risk which one should be prepared to take in achieving this goal. In one account, Ḥumrān b. Aʿyan tells Jaʿfar al-Ṣādiq that in the past he used to call on whomever he met to adopt Shīʿism, but that he has now stopped doing so; al-Ṣādiq encourages him to continue with his efforts.[164] Al-Bāqir is more careful: do not initiate a call to conversion, he tells Abū Baṣīr, but if someone asks you for guidance, guide him; if he should then argue with you, do not reveal your beliefs to him.[165] Al-Ṣādiq approved of the behaviour of Ḥammād al-Samandarī,[166] who called on people to embrace Shīʿism when he was

traditions on ʿAlī's virtues (*faḍāʾil*); the latter were transmitted also by those who suppressed the *naṣṣ* traditions because transmitting the *faḍāʾil* did not expose them as contradicting the Prophet, while transmitting the *naṣṣ* traditions would have shown them to have acted against his wishes (*Shāfī*, p. 114).

[162] *Shāfī*, pp. 109, 110. For ʿAbd al-Jabbār's view which al-Murtaḍā here attempts to refute see *Mughnī*, XX/i, p. 123. Cf. *Kifāya*, p. 315; *Iʿlām*, p. 443.

[163] B, I, p. 232, no. 182 > BA, II, p. 20, BU, I, p. 464.

[164] B, I, p. 232, no. 183 > BA, II, pp. 20–21. See in general BA, II, pp. 124–140.

[165] B, I, p. 232, no. 184 > BA, II, p. 134. For an even more cautious attitude see K, II, p. 213, no. 3, cited in van Ess, *Theologie*, I, p. 314.

[166] He is probably identical with Ḥammād b. ʿAbd al-ʿAzīz al-Samandī (or Samandalī), mentioned in al-Ṭūsī, *Rijāl*, Najaf, 1381/1961, p. 174, no. 148 as a disciple of al-Ṣādiq.

in polytheistic countries but refrained from doing so when he was in Muslim cities.[167] In another account, a man asks al-Bāqir whether he should argue (*ukhāṣimu*) with those whom he wants to win over to Shīʿism. Al-Bāqir tells him not to do so: when God wants to guide someone to the truth He "scratches his heart" (*nakata fī qalbihi*), i.e. inspires him to the truth.[168] On balance it appears that, barring propitious circumstances, the Imams opted for caution and did not encourage proselytization.

5. *Conclusion*

Although *taqiyya* is a central element in Shīʿism, it should not be overlooked that some of the most celebrated Shīʿī heroes, among them Ḥujr b. ʿAdī, ʿAmr b. Ḥamiq al-Khuzāʿī, Mītham al-Tammār and Rushayd al-Hajarī, openly pronounced their beliefs and suffered martyrdom as a result.[169] The explanation for this apparent contradiction is to be found in the period when these men lived: they were predominantly anti-Umayyad rebels, who thus belonged to the earliest phase of Shīʿī history. This phase came to an end with the massacre at Karbalāʾ, and was followed by a retreat to a quietist policy. The evolution of such a policy, particularly during the imamate of Zayn al-ʿĀbidīn, was naturally accompanied by an emphasis on the need to protect oneself and one's community against overwhelming forces, and prudential *taqiyya* was from this perspective an ideal tool. The various forms of *taqiyya* for self-protection were shaped as a reaction to outside pressure after the gradual abandonment of initial activist responses to the assumption of power by hostile forces. With the crystallization in the mid-2nd/8th century of an Imāmī doctrine centered around the person of the Imam, these elements of *taqiyya* were integrated into it. What began as a prudential reaction was elevated into a tenet of faith ("*taqiyya* is our religion") and severed from the causes which had originally brought it into being. This development was facili-

[167] KI, p. 292; Ṭūsī, *Amālī*, I, p. 44. Cf. the statement of the Imāmī scholar Muḥammad b. Sukayn that it was the Kūfan *qāḍī* Nūḥ b. Darrāj who had called on him to adopt the Shīʿī faith (al-Najāshī, *Rijāl*, ed. al-Shubayrī, Qumm, 1407, p. 102, no. 254). While some Imāmī authors regard Nūḥ as an Imāmī, this is contradicted by non-Imāmī sources (e.g. Wakīʿ, *Akhbār al-quḍāt*, Beirut, n. d., III, p. 182; al-Khaṭīb al-Baghdādī, *Taʾrīkh Baghdād*, Cairo, 1349/1931, XIII, pp. 315–318. I owe these references to Dr. Nurit Tsafrir).

[168] BA, II, pp. 133–134 (from al-Barqī).

[169] Kohlberg, "*Taqiyya*", p. 399a.

tated by the view (common to esoteric religions) that divine knowledge can only partially be revealed, and even then only to the elect.[170]

Abbreviations

Amir-Moezzi = Mohammad Ali Amir-Moezzi, *Le guide divin dans le shīʿisme originel: aux sources de l'ésotérisme en Islam*, Verdier, 1992.

ʿAskarī = al-Ḥasan al-ʿAskarī, *Tafsīr*, Tabriz, 1314.

ʿAyyāshī = Abū l-Naḍr Muḥammad b. Masʿūd al-ʿAyyāshī, *K. al-tafsīr*, ed. Hāshim al-Rasūlī al-Maḥallātī, Qumm, 1380–1.

B = Aḥmad b. Muḥammad al-Barqī, *K. al-maḥāsin*, ed. Jalāl al-Dīn al-Ḥusaynī al-Muḥaddith, Tehran, 1370/1950.

BA = Muḥammad Bāqir al-Majlisī, *Biḥār al-anwār*, Tehran, 1376–94/1956–74.

BD = Muḥammad b. al-Ḥasan al-Ṣaffār al-Qummī, *Baṣāʾir al-darajāt*, Qumm, 1404.

BU = Hāshim b. Sulaymān al-Baḥrānī al-Katkānī, *K. al-burhān fī tafsīr al-qurʾān*, Tehran, 1374–5.

Van Ess, *Theologie* = J. van Ess, *Theologie und Gesellschaft im 2. und 3. Jahrhundert Hidschra*, Berlin and New York, I, 1991, III, 1992.

G = Abū Jaʿfar al-Ṭūsī, *K. al-ghayba*, Najaf, 1385/1965.

Ibn Shuʿba = al-Ḥasan b. ʿAlī Ibn Shuʿba, *Tuḥaf al-ʿuqūl*, Beirut, 1394/1974.

Ibn Wahb = Abū l-Ḥusayn Isḥāq b. Ibrāhīm b. Sulaymān b. Wahb al-Kātib, *al-Burhān fī wujūh al-bayān*, ed. Ḥufnī Muḥammad Sharaf, Cairo, 1389/1969.

Ikhtiṣāṣ = al-Shaykh Muḥammad b. Muḥammad al-Mufīd, *al-Ikhtiṣāṣ*, Najaf, 1390/1971.

Ikmāl = Muḥammad b. ʿAlī Ibn Bābawayh, *Ikmāl al-dīn*, Najaf, 1389/1970.

Iʿlām = Abū ʿAlī al-Faḍl b. al-Ḥasan al-Ṭabrisī, *Iʿlām al-warā bi aʿlām al-hudā*, Najaf, 1390/1970.

Ithbāt = ʿAlī b. al-Ḥusayn al-Masʿūdī, *Ithbāt al-waṣiyya*, Najaf, 1374/1955.

K = Abū Jaʿfar Muḥammad b. Yaʿqūb al-Kulīnī, *al-Kāfī*, Tehran, 1375–7.

Khaṣībī = Ḥusayn b. Ḥamdān al-Khaṣībī (Khuṣaybī), *al-Hidāya al-kubrā*, Beirut, 1406/1986.

Khiṣāl = Muḥammad b. ʿAlī Ibn Bābawayh, *al-Khiṣāl*, Najaf, 1391/1971.

KI = Abū ʿAmr Muḥammad b. ʿUmar al-Kishshī, *Rijāl*, Najaf, n.d.

Kifāya = al-Khazzāz al-Rāzī, *Kifāyat al-athar fī l-nuṣūṣ ʿalā l-aʾimma l-ithnay ʿashar*, [Persia], 1305/1888.

Kohlberg, "*Taqiyya*" = E. Kohlberg, "Some Imāmī-Shīʿī Views on *taqiyya*", *JAOS*, 95, 1975, pp. 395–402, repr. in E. Kohlberg, *Belief and Law in Imāmī Shīʿism*, Variorum, Aldershot, 1991.

MA = Muḥammad b. ʿAlī Ibn Bābawayh, *Maʿānī l-akhbār*, Najaf, 1391/1971.

Manāqib = Ibn Shahrāshūb, *Manāqib āl Abī Ṭālib*, Najaf, 1375–6/1956.

MI = Muḥammad Bāqir al-Majlisī, *Mirʾāt al-ʿuqūl*, Tehran, 1404/1984 ff.

Mishkāt = ʿAlī al-Ṭabrisī, *Mishkāt al-anwār*, Beirut, 1411/1991.

Modarressi = Hossein Modarressi, *Crisis and Consolidation in the Formative Period of Shīʿite Islam: Abū Jaʿfar ibn Qiba al-Rāzi and His Contribution to Imāmite Shīʿite Thought*, Princeton, 1993.

N = Muḥammad b. Ibrāhīm al-Nuʿmānī Ibn Zaynab, *K. al-ghayba*, Beirut, 1403/1983.

Nawbakhtī = al-Ḥasan b. Mūsā al-Nawbakhtī, *K. firaq al-shīʿa*, ed. H. Ritter, Istanbul, 1931.

Sachedina = A.A. Sachedina, *Islamic Messianism*, Albany, 1981.

[170] I should like to thank Frank Stewart and Gerd Graßhoff for their comments on this paper.

Sa'd b. 'Abd Allāh = Sa'd b. 'Abd Allāh al-Qummī, *K. al-maqālāt wa l-firaq*, ed. Muḥammad Jawād Mashkūr, Tehran, 1963.
Shāfī = al-Sharīf al-Murtaḍā, *al-Shāfī fī l-imāma*, Tehran, 1301/1884.
Shahrastānī = Muḥammad b. 'Abd al-Karīm al-Shahrastānī, *K. al-milal wa l-niḥal*, tr. D. Gimaret and G. Monnot as *Livre des religions et des sectes*, I, Peeters/UNESCO, 1986.
T = 'Alī b. Ḥusayn Ibn Bābawayh, *K. al-imāma wa l-tabṣira min al-ḥayra*, Qumm, 1404.
TD = al-Qāḍī al-Nu'mān, *Ta'wīl al-da'ā'im*, ed. Muḥammad Ḥasan al-A'ẓamī, Cairo, I, c. 1967, II, 1969.
Ṭūsī, *Amālī* = Abū Ja'far al-Ṭūsī, *Amālī*, Najaf, 1384/1964.
'Uyūn = Muḥammad b. 'Alī Ibn Bābawayh, *'Uyūn akhbār al-Riḍā*, Najaf, 1390/1970.

HOW THE HIDDEN BECOMES VISIBLE

Moshe Barasch

How do visual imagination, and the arts based on images, that is, painting and sculpture, show that what has been hidden, or kept secret, is now being revealed and made manifest, and available to everyone in the audience? Both actual performances, including rituals of different kinds, and the arts of imagery have found many ways to illustrate the turnabout from the state of keeping secret to the situation of making manifest. An obvious way of forcefully showing the shift from one state to the other is the handling of objects that have acquired symbolic significance in this particular context. It is enough to recall the lifting of the veil, or the drawing back of the curtain, to see how distinct the communication achieved by handling symbolic objects can be. But there are also other patterns that the visual arts have employed to portray the transition from the secret, or unknown, to the public and open. These patterns, and particularly the use of them, have an intricate history of their own.

The period of transition between Antiquity and the early Middle Ages seems to have been entranced by the act of revealing, of making something secret and unknown open and well known. Perhaps for this reason the art of this period is particularly creative in inventing and coining expressions for the inversion from the secret to the manifest. Such patterns are frequent here in works of art serving both political and religious purposes. I shall try to show this concern in two specific cases.

Elevation on a Shield

I shall begin with an example. The text of Psalm 26 (Psalm 27 in the King James version), verses 5–6, pertains to the subject of the hidden that is made visible, and also agrees in tone with the problem here discussed.

> For in time of trouble he shall
> hide me in his pavillon:

in the secret of his tabernacle shall he
hide me;

And now shall mine head be lifted
up
above mine enemies round about me:

This psalm, like many others, engaged the creative imagination of artists and illuminators in the course of many centuries. A manuscript in the Vatican Library, the Vaticanus Graecus 752, shows one version of how to imagine making the hidden visible. For the study of imagery in late Antiquity the Vaticanus Graecus 752 is perhaps a little late. The manuscript was written and illuminated in the middle of the eleventh century, probably around A.D. 1059, but since it is based on earlier models, it can help us to better understand the working of imagination and art in the transitional period between Antiquity and the Middle Ages.

The illumination to Psalm 26, on fol. 82, shows King David, standing erect on a large buckler carried by three smaller figures who are almost crushed by the heavy burden. Behind the buckler, smaller in size than King David, stands (or hovers?) the prophet Samuel who is anointing the king (fig. 1).[1] The buckler is decorated with two large stars, and other cosmic symbols. This Byzantine illumination combines the recording of a ceremony (the raising on the shield) that may have actually taken place, though not in connection with King David, and an intricate astral symbolism that tends to detach the figure of King David from any historical context, to make a timeless and universal revelation.

The raising on a shield was a well known ceremony, though in actual fact it was perhaps not very often repeated. It was an act proclaiming political and military power that gained wide distribution as a symbolic image. Historians agree[2] that it probably originated with the Germanic tribes, but since the heyday of the Roman

[1] See E.D. De Wald, *The Illustrations in the Manuscripts of the Septuagint*, III,2, pl. 23. H.P. L'Orange, *Studies on the Iconography of Cosmic Kingship in the Ancient World* (Oslo, 1953), p. 103, describes the scene as David annointed by Nathan; this should, of course, be Samuel instead of Nathan. See also Kurt Weitzmann, *Illustrations in Roll and Codex* (Princeton, 1947), pp. 185–188. Weitzmann discusses the illumination from a different point of view, and does not concentrate on the symbolic connotations submerged in what we see.

[2] Otto Treitinger, *Die oströmische Kaiser- und Reichsidee nach ihrer Gestaltung im höfischen Zeremoniell* (Jena, 1938; reprinted Darmstadt, 1956), pp. 22 ff.; Johannes A. Straub, *Vom Herrscherideal in der Spätantike* (Stuttgart, 1939), pp. 61, 231.

Empire it came to be known in the various provinces. I don't know of any pre-Roman representation of this theme in northern art. Our earliest literary reference to the custom of lifting somebody on a shield comes from Tacitus, whose brief reference shows that this was the form of electing a new *dux*.[3] Roman soldiers adopted the elevation on the buckler as a custom of electing, or proclaiming the election, of a new emperor. Through the army's agency the custom was transferred to the whole Roman world, and was also known in the eastern provinces.

A good example (probably the occurrence best known to us in detail) of how the elevation on the shield was performed in the Roman world is the "coronation" of the emperor Julian. In February of 360 Julian, while in his Paris headquarters, received an order from the emperor Constantius asking him to send sections of his army to the East, to take part in the war against the Persians. Julian's soldiers, so we learn from several sources, rebelled, and the mutineers proclaimed their own commander, Julian, as "Augustus." When Julian hesitated to accept the will of the army, the soldiers forced him to agree to their choice and become their ruler: putting him on a shield, they lifted him up, and acclaimed him emperor.[4] Clearly raising on a shield was a well known ceremonial act, and there seems to have been a faith in the semi-magical powers inherent in the deed. By performing the act of raising Julian on the shield, the soldiers believed they had actually forced their resisting commander to accept election as emperor.

How deeply the image of elevation on a shield impressed itself on late antique imagery can be seen from the fact that when Byzantine artists in the eleventh century wished to represent the proclamation of David as king, they employed this scene. The Byzantine illuminator, however, made some important additions. The story of the raising on a buckler does not explain the stars depicted on the shield in our illustration, or the figure of the prophet Samuel. The soldierly ceremony of raising the future, or the proclaimed, emperor on a shield, widely known also in the Roman East, underwent important transformations. In the Eastern provinces the original ceremony acquired cosmic connotations. First, the Christian illuminator endows

---

[3] Tacitus, *Hist.*, IV,15.

[4] The best description of the event is found in Ammianus Marcellinus, XX,4, 17–18, and Julian's own report in *Or.* 5,11. And see Treitinger, p. 7.

David with a sacral legitimation. Looking at our illumination, we cannot speak of the mere election of a commanding officer to rulership by mutinous soldiers (using the most easily available common object, the shield, to announce their decision). Here the king is anointed by the prophet and thus receives divine legitimation. In other illuminations showing David elevated on a shield he is anointed by a crowning Nike (fig. 2),[5] or by an emperor (fig. 3).[6] In all these images the raising of David on the shield is made legitimate by an accepted authority. Secondly, the shield is covered with stars, and thus indicates the cosmic, super-natural connotation of the event. This is indeed how Byzantine writers interpreted the image they were familiar with.

An important document is a panegyric oration held by the famous rhetor Corippus in A.D. 565, on the occasion of Justin II's accession to the throne.

> Now he is present, the greatest benefactor of the world community, to whom kings bend their necks in submission, before whose name they tremble, and whose *numen* they worship.
>
> There he stands on that disk, the most powerful prince, having the appearance of the Sun.
>
> Yet another light shines forth from the city. This day is truly a marvel, for it allows two suns to rise together at the same time.
>
> Or did my song carry me beyond proper bounds? Perhaps it may puzzle you that I said: *two suns were rising together* and at the same time. But with my mouth I did not produce empty words nor vain figures of speech. The mind of the Just is more resplendent than the sun. It does not merge into the sea; it does not yield to darkness; nor is it concealed by a murky shadow.[7]

This passage throws light both on the illumination in Vaticanus Graecus 752 and on the image of this ceremony as it was known to Byzantine culture (fig. 3). The king's figure has changed in nature. Rather than a commander preferred by his soldiers, we see an aristocratic figure; instead of being imposed on the Empire by sheer force (viz. the buckler, a piece of military equipment), he is anointed by the prophet with holy oil, and thus becomes the ruler legitimized by the divine.

Additional connotations pertain to our particular subject. The first

---

[5] In the famous Paris Psalter, in the Bibliotheque Nationale, Cod. gr. 139, fol. 6 verso. Frequently reproduced.

[6] In an aristocratic psalter of the eleventh century in Mount Athos, Vatopedi Cod. 761. fol. 14 recto.

[7] I use the translation by Ernst H. Kantorowicz, in his article *"Oriens Augusti*—

refers to what the shield represents. By means of the gleaming stars, the traditional Roman *clipeus* is endowed with the connotation of the globe or the heavens. That the *clipeus* evokes the connotation of the disc of heaven, or the disc of the sun, is a well known feature in late Roman Antiquity. It is also found in various visual formulations, as, for instance, a Tyche with a zodiac around her head (fig. 4).[8] Such an image is a kind of visual panegyric: what it says is that the Tyche of this desert city is famous throughout the world, or even that it "rules" the world. Similar connotations are linked to the figure of the king standing on a star-covered shield. The king is not simply a ruler over men, relying on sheer force (conveyed by the act of soldiers electing an emperor), he is rather a cosmic king, the embodiment of fate and perhaps of the divine will. The fact that he is being elevated on a shield is not merely an event in time, recorded in a picture; it is a kind of epiphany of a cosmic king.

The other feature added by the Byzantine imagination is better discernible in literary description than in visual depiction. It is the king's luminosity, his bright, glowing appearance. The king is another sun;[9] so strong is the light emanating from him that it cannot be "concealed by murky shadow." As I have said, for several reasons (partly technical) it is difficult to measure the degree of luminosity intended in the illuminations. It is worth remembering, however, that the scene in Christ's life that comes closest to standing on a shield is the so-called Transfiguration. In representations of the Transfiguration, the appearance on Mount Tabor, Christ is seen standing within a Mandorla, a shape closer to a shield than any other attribute I know, and radiating supernatural light. Even a rapid glance on the *Transfiguration* in the mosaics of the Mount Sinai monastery (fig. 5) shows both the close relation of the motif to the raising on a shield, and the intention of making the figure emanate light.

Tempting as it is, we cannot go here into the imagery that opens up before us when we consider the iconography of what is called "Political Theology." I should only like to summarize what we may

Lever du Roi," Dumbarton Oaks Papers XVII (1963), pp. 117–178; for the quotation, see p. 152. This excellent study also pertains to our subject, mainly pp. 149 ff.

[8] This relief was found some decades ago in Transjordan, and is now in the Museum of Cincinnati.

[9] Kantorowicz has focused his attention on the figure of the Sun-King, and carried the story to Louis XIV. For some later developments of related ideas, see his interesting study "Dante's 'Two Suns,'" reprinted in Ernst H. Kantorowicz, *Selected Studies* (New York, 1965), pp. 325–338.

learn from the image of the emperor raised on a shield. What one cannot avoid concluding is that when you wish to show the epiphany of a ruler, the proclamation of what was hitherto unrecognized, or his cosmic kingship, you use first of all a spatial device—you lift up his figure. Another means, less distinct but still discernible, is shedding light on him, or making his figure glowing or radiating light.

Elevation and Hierarchic Scaling

Here I must briefly touch on a subject that, while originating in representations in the media of visual arts, has significant implications for the study of cultural imagination in general. The act of presenting, and also of revealing, somebody (or something) hitherto unknown or kept secret by raising up the person or object to a higher point in space is found in different domains of action, interpretation, and representation, such as rituals, and records of all kinds, including representations in the visual arts.

The artistic representation of a figure lifted up on a shield is, as a rule, also meant to be a statement about that figure's inner nature, or the place and function assigned to this figure in the order of things. Thus, David is chosen by God to be a ruler, and this is shown by showing him as raised on a shield. Showing a figure lifted up is, then, a kind of conceptual depiction. It should therefore be distinguished from other, often closely related, forms of conceptual representation.

The best known form of conceptual representation of a figure's significance is what we call "Hierarchic scaling." By this term we describe the principle of making the inner significance of a figure visible in the size of its body. The most important figure will also be the largest. Hierarchic scaling, as one knows, dominated many periods of ancient art. It is perhaps most familiar from countless works of Egyptian and Near Eastern art, though it is by no means limited to them. In the art of late Antiquity and the early Middle Ages the principle of hierarchic scaling was revived to some extent, though it was never as fully and consistently employed as in Egypt.[10]

[10] Hierarchic scaling, taken for granted by art historians as the guiding principle in certain stages of history, has not received detailed investigation in the works of art. But see some interesting observations by Miriam Schild Bunim, *Space in Medieval Painting and the Forerunners of Perspective* (New York, 1940). Stimulating is also H.A. Groenewegen-Frankfort, *Arrest and Movement* (Chicago, 1951).

Since in works shaped according to hierarchic scaling the important figures are much larger in size than the others, they are also taller, and reach into the upper layers of space. At first sight this may perhaps confuse the spectator, and blur the difference between the large-size figure and the figure placed in a higher part of space. There is, however, a significant difference between the two principles. In the system of hierarchic scaling, the large figure achieves its importance in comparison with the other figures; in the representations of the king being lifted up, he is made visible, and his significance is indicated, by placing him on a different level of space. This difference can best be seen in some rituals.

Raising the Host

The elevation of the Host or Chalice is, as one knows, a ritual that plays an important part in the Mass, and in its representations in art. We should remember that raising something in the sense of revealing it, of making known what was hitherto kept secret, was not limited to the lifting up of human beings. Though it can be true for every object, this is particularly striking in the case of an object endowed with high symbolic significance. Perhaps no other object shows this with greater clarity than the Host, and the crystallized and firmly established ritual of Raising the Host. Let me begin again with some artistic depictions.

In a work of the early eleventh century in Bamberg, the so called "Heinrich Portatille," we find, engraved on the back, the image of a saint raising up a large cup and looking at it in awe (fig. 6).[11] It is obviously a Eucharistic Chalice that is being adored by the saint. Though this representation, produced shortly after the year 1000, is too late to bear direct witness to imagery in late Antiquity, it should be considered in the present context. In the motifs and forms employed, this early eleventh century image probably faithfully reflects the pictorial motifs and images of earlier stages in Christian art. It is also worth noting that the shape of the cup is manifestly that of an early Byzantine chalice, and may thus indicate the link, even if not direct, of this engraved depiction to Christian imagery in the final stage of Antiquity. In the present context our main interest in this

[11] Victor H. Elbern, *Der Eucharistische Kelch in Frühen Mittelalter* (Berlin, 1964), fig. 44, and pp. 38 ff.

image is that the chalice, clearly seen as a holy object, is held up as high as possible. Note that the chalice is not exaggerated in size. It is not larger than the saint's head. Measured by the criteria of a medieval artist working in a difficult medium this suggests that he had no intention of inflating the chalice's dimensions. What makes the chalice so prominent is that it is placed in an upper layer of empty space.

Artistic representations of a holy object, or holy sign, held up high by a human figure precede, of course, the depiction of the raised chalice. Again I shall limit myself to a single example, the Orant Mary on the wooden door of S. Sabina in Rome. The wooden doors of S. Sabina, carved in the late fifth or early sixth century, are mainly of a narrative character. But the panel I have here in mind (fig. 7), is of a more symbolic nature. In the upper part Christ appears in a roundel; in the lower half the orant Virgin looks up in awe, while two large figures (apostles?) hold up the sign of the cross. Once again, the sign is not oversized. The carver, permeated with classical taste and norms (see particularly the draperies), had a sense of proportion that prevented him from making the cross unduly large. To reveal the sign of the cross, it is raised aloft in empty space, though nothing would have hidden it had it been held on lower, say, between the figures. The Eucharistic Chalice was lifted up in the same way.

In studying the history of the ritual known as *elevatio* we are able to follow, step by step, as it were, the transition from keeping a holy object secret to making it known by lifting it up and showing it to the community. This history extends over many centuries, and in the course of time it of course appeared in many variations. For our purpose, however, the main stages can be more or less clearly outlined.

The ritual of elevation, that is, the priest's raising the Host (or the Chalice) at the moment of Communion, and invoking adoration and worship, was firmly established, especially in Western Christianity, only in the twelfth or thirteenth century. But in a less firmly crystallized form, the raising of the Host occurred at much earlier stages. It is already attested, mainly in the Greek East, in the fourth and fifth centuries of our era. References to the raising of the Host have been found in the writings of St. Basil, of Cyril the Scythian, and of Anastase Sinaiticus (around A.D. 600).[12]

[12] For a good, if concise, survey of these references, see F. Cabrol's entry "Elevation" in F. Cabrol and Jean Leclerq, *Dictionnaire d'Archeologie chretienne et de liturgie.*

The original shape of an established *elevatio*-ritual seems to have been consolidated in the Christian liturgy of the City of Rome during the seventh century,[13] and it must have been known to people then and there taking part in the Mass. The act they knew was what later came to be called the *elevatio minor*. This brief ritual procedure was later called "minor" because it was performed by the priest standing with his back to the community. He did not raise the Host and Chalice high enough for the people to see. We perhaps have a representation of this act in a fine ivory relief in Frankfurt (fig. 8),[14] probably of the tenth century. Though the priest here solemnly officiates Mass, the people standing behind his back would not have been able to see the sacred objects placed on the altar before him. Host and chalice remained hidden from their eyes.

We need not go here into the different explanations given to the specific acts and gestures performed in the Mass, with particular focus on the worshipping of Host and Chalice. Students of Christian liturgy have devoted great effort to this subject, and have shed much light on even minor details. In the present context I should only mention that for many centuries the worshipping of the Eucharist was characterized by keeping it strictly secret. Without attempting a discussion of the reasons for this secrecy[15] (that would go far beyond the scope of the present essay), one notes that this secrecy is fully overturned in the "great elevation." In the "great elevation" the Host is raised up high by the priest, shown to the community, thus becoming, as it were, the common property of all believers. This radical change is not only announced, but actually achieved, by the raising of the sacred object.

In antique art, Roman and late Hellenistic, there is a great tradition of raising a symbolic object, showing it to everybody who is there to see, as an act of triumphal proclamation. Let me stress that this is not a mere gesture, a spontaneous movement of the body,

---

[13] Joseph Andreas Jungmann, *Missarum Sollemnia: Eine genetische Erklärung der Römischen Messe* (fifth ed., Vienna and Freiburg i. B., 1962), II, p. 332, notes 38–40.

[14] For this, and another ivory carving related to it (both originally formed the covers of a book) and now in the Fitzwilliam Museum in Cambridge, see A. Goldschmidt, *Die Elfenbeinskulpturen aus der Zeit der Karolingischen und Sächsischen Kaiser*, I (Berlin, 1914), pp. 61 ff.

[15] Peter Browe, *Die Verehrung der Eucharistie im Mittelalter* (Munich, 1966), p. 26. For the idea that the Host should be kept secret, see also Rudolf Suntrup, *Die Bedeutung der liturgischen Gebärden und Bewegungen in lateinischen und deutschen Auslegungen des 9. bis 13. Jahrhunderts* (Munich, 1978), pp. 329 f.

such as raising the hand, but the symbolic act of lifting up an object endowed with a socially accepted meaning. I should like to show this in a few examples.

In Yale University there is a relief representing the *Tyche of Palmyra* (fig. 9).[16] To the seated female divinity, wearing a crown in the shape of the city wall (and thus representing the goddess of the city of Palmyra), a Victory offers a wreath. Though the relief abounds in iconographic features intelligible to the audience of the time and region (the lion beside the goddess, the personification of the fountain of Ephkah, and so forth), the dominant motif is clearly the raised wreath. Placed in the center between the two figures in an empty space, in the uppermost region of the relief, it becomes a kind of proclamation of the city's greatness.

The subject matter of the Palmyra relief is a crowning, a politico-religious ritual[17] comparable in some sense to the raising on the shield we have seen before. Perhaps even closer to the imagery and connotations of the elevation is the offering of bread and wine. An interesting image in the present context is a scene from the wall mosaics in S. Maria Maggiore in Rome, the represention of *Abraham Meeting Melchizedek* (fig. 10). The mosaics in S. Maria Maggiore are narrative in nature; they tell the biblical story in great detail. But at the beginning of the fifth century the figure of Melchizedek was already endowed with distinct typological connotations. Melchizedek, the priest-king offering Abraham bread and wine, was in late Antiquity already understood as a "type" of Christ, offering his sacrifice to God in heaven. These ideas may well have influenced the mosaicists working in S. Maria Maggiore. It is, therefore, of great interest that here Melchizedek raises aloft the large bread basket in a gesture that also has something of the character of displaying. To show that he is making his offering, Melchizedek lifts the heavy basket and holds it high. This movement of his arms, though part of the narrative, becomes a *Zeigegestus*.

What is suggested in the Melchizedek image in the mosaics of S. Maria Maggiore became accepted practice in the church in the Middle Ages, and a known and common motif in the visual arts.

---

[16] Charles Rufus Morey, *Early Christian Art* (Princeton, 1942), fig. 19.

[17] In the Yale relief, next to the group of the Tyche of Palmyra and the Victory crowning it there is the figure of a priest. This figure only shows modern spectators what is well known to any student of the ancient world, viz., that the political and religious realms cannot be kept apart in Antiquity, especially in the eastern provinces of the late Empire.

Qualities of Space

After this brief discussion of two specific examples, I may be permitted to indulge in some more general speculations on the structure and qualities of space, especially as perceived in art and ritual. Lifting up something, it need hardly be stressed, is for the spectator first of all a movement in space, a change in the spatial configuration perceived. Does such a movement activate, or derive something from, the potentialities of space itself?

The concept of a homogenous and continuous space, as the sciences of the modern age have perceived it, was not always accepted, nor is it valid for all domains, or kinds, of visual experience. This is a well known subject, one that has evoked many comments. It has been said that in religious experience space is not grasped as a mere homogeneous extension, but as a field the different parts or directions of which are charged with distinct qualities, or have inherent characters of their own.

It is a truism that in the religious imagination the universe is divided into contrasting spheres, and that things, beings, and powers attract or repel each other according to whether they gravitate towards one or the other of the poles. This polarity also has spatial implications. It is sufficient to think of the significance of right and left in the culture and imagination of many societies to see that directions of space become active agents of religious dualism.

This attitude to space, perhaps most fully and visibly embodied in certain religious experiences, is also found in the visual arts, at least in some stages and directions of artistic imageing. It appears most often in works of religious art, and one would like to know whether it emanates from religious experience or is an original contribution of the painter and sculptor, or even the performer of ritual. However that may be, for our present discussion two conclusions impose themselves.

First is the fact that in the examples discussed above we could observe that the point in space where a figure or object is represented contributes to what this figure or object "means." Let us look again at the mosaic of S. Maria Maggiore (fig. 10). The basket with bread lifted up by Melchizedek is understood as an offering; the large jar placed on the ground, though the text explains it as part of the offering (Genesis 14:18: "And Melchizedek of Salem brought forth bread and wine . . ."), does not strike the spectator as an offering; it remains part of the narrative only. The same is true for the raising of the Host in the ritual of the Mass. It is only the elevated Host that is perceived as a reenactment of the sacrifice. To return to art: it is not only *what* is represented that evokes the connotations and suggests the meaning, but also, and to a significant degree, *where* it is represented.

The other conclusion refers to our specific question. The figure or object held aloft, and thus placed in the upper layer of space is made visible. When we ask, how is the secret made visible, one of the answers is quite simple: the transition is performed by raising it.

Fig. 1. The Anointing of David, Vaticanus Graecus 752, Rome

Fig. 2. David Crowned by Nike, Paris, Bibliotheque Nationale, Cod. Gr. 139, fol. 6

Fig. 3. Anointing of the Emperor, Vaticanus Graecus 752, Rome

Fig. 4. Relief from Transjordan, Museum, Cincinnati

Fig. 5. The Transfiguration of Christ, mosaic in St. Catherine, Sinai (detail)

Fig. 6. Eucharistic Chalice (detail), München, Schatzkammer der Residenz

Fig. 7. Wooden Doors (detail) of Sta. Sabina, Rome

Fig. 8. Ivory Relief, Museum, Frankfurt am Main

Fig. 9. The Tyche of Palmyra, Yale University, New Haven

Fig. 10. Abraham and Melchisedek (detail), mosaic in Sta. Maria Maggiore, Rome

SELECTED INDEX OF NAMES

Abel 359
Abraham 156, 218, 320, 390, 402
Abraham Abulafia s. Abulafia
Abu Bakr, caliph 358-359
Abu Basir 351, 354-355, 377
Abu Hamza al-Thumali 350, 359
Abu l-Husayn al-Khayyat 360
Abu Talib, uncle of Muhammad 364
Abulafia, Abraham 332-333
Adam 273-274, 280, 359
Aeacus, hero 63
Aeschylus 34, 63, 72-73, 86, 94, 98-99, 109, 123, 131
Agathos Daimon 157-158, 161-162
Agrippa Kastor 247, 251-252
Aher, rabbi 339
Aion 156, 158, 161-163
Aischylos s. Aeschylus
al-Baqir 350, 353, 357-358, 363, 365, 367, 370, 377-378
al-Hasan al-ʿAskari, imam 366
al-Hasan b. ʿAbd Allah 358
al-Husayn, imam 350, 354
al-Khazzaz al-Razi 375
al-Muʿalla b. Khunays 355-357
al-Rida, Imam 355, 364, 368
al-Sadiq s. Jaʿfar al-Sadiq
al-Sharif al-Murtada 350, 376-377
al-Shaykh al-Mufid 350
Alcibiades 76, 86, 91, 97, 109
Alexander the Great XVII, 101-102
ʿAli, caliph XXIII, 204, 353-354, 359-360, 363, 371, 374-377
ʿAli Zayn al-ʿAbidin, imam 354, 359, 367
ʿAli b. Musa Ibn Tawus 351
Alkibiades s. Alcibiades
Ammian s. Ammianus Marcellinus
Ammianus Marcellinus XIX, 192, 194
Ammonius Saccas 146
Amon 57-59, 155
Amun s. Amon
Angus, Samuel 120
Antiochus IV Epiphanes 211-212
Aphrodite 21, 135, 161
Apollo 66, 161
Apollonius 111
Apopis 44, 48
Apuleius 113, 170
Aqiva, Rabbi 323, 325-326, 339
Aristophanes 75, 96, 98
Aristoteles s. Aristotle
Aristotle 32, 67, 134, 141-142, 144, 148, 177, 180
Aristoxenus 67
Arnold, Gottfried 294
Artemis 2, 156, 161
Augustin s. Augustine
Augustine XVII, XIX, 142, 184, 187-188, 190, 195-198, 200-201, 284-285, 299, 301, 305, 307, 309
Augustinus s. Augustine
Augustus, emperor 101, 207-208

Basil the Great 295-296, 388
Basilides XXI, 247-253, 256, 259-264, 276-277
Beausobre, Isaac de 294
Ben Azzai, rabbi 339
Ben Zoma, rabbi 339
Benjamin ben Shmuel, rabbi 328
Berger, Peter L. XIV, 24-25
Burkert, Walter 67-69, 109, 114, 149, 291, 298

Caesar s. Gaius Iulius Caesar
Cain 346, 359
Casaubon, Isaac 290
Celsus 107, 296, 306
Certeau, Michel de 307
Cherniss, Harold 140
Claudius, emperor 206-207, 216
Clemens s. Clement
Clement of Alexandria 92, 94, 148, 188, 203, 248, 253, 264, 272, 295-297
Constantin s. Constantine
Constantine, emperor 191, 195, 294
Constantius, emperor 191-192, 383
Corippus, rhetor 384
Crantor 142-143
Creuzer, G. G. 109, 119
Cyprian of Carthago 107, 187
Cyril of Jerusalem 295

Daillé, Jean 290
Daniel, XIX-XX, 212, 316, 326

Daniélou, Jean 297
Darius I 58, 66
Daube, David 319
David, king 227, 236, 305, 382-384, 386, 394-395
Dawud b. Ali 356-357
Dawud b. Kathir 354
Decret, F. 285-286
Demeter 66, 69, 71-72, 74, 84, 86, 92, 97-98, 100, 103, 108-109, 134-136
Demetrios 93
Democritus 168
Demonax 73
Demosthenes 177
Derrida, Jacques 267-268, 275
Dhiyaghuras al-mariq s. Diagoras
Diagoras the heretic 74-75, 86, 94
Diana 33
Dibelius, M. 233, 242
Diogenes Laertios (-)us 66, 180
Dionysius, tyrant 67, 78, 140-141
Dionysos (-us) 21, 32-33, 72, 83-84, 87, 92-93, 98, 100, 103, 108, 131-135, 137
Diotima 139
Dirce, heroine 61-62
Dumont, L. 205
Durkheim, Emile 11, 204

Ebeling, H. J. 233
Eco, Umberto 115-116, 118
Eleasar s. Eleazar
Eleazar, martyr 211, 218
Eleazar ben Arakh 320, 337
Eleazar of Worms 328-329
Empedocles 66, 70
Epictetus 110
Ernst, J. 232
Eumelos 63
Euripides 32, 98-99, 123, 131, 135
Eusebius 247, 251-252, 256

Falaquera, Shem Tov 332
Farnell, Lewis 120
Finkelstein, E. A. 341
Fishbane, Michael 334
Fraade, Steven 318, 336

Gaiser, Konrad 139-140
Gaius Iulius Caesar 103, 207-208
Gildo 195-196
Goethe, Johann Wolfgang 153, 174-175, 265
Gorgias 180
Gregor der Große s. Gregory the Great
Gregory the Great 188, 308-309
Gregory of Nyssa 298, 305

Hai Gaon, rabbi 326-327
Hammad al-Samandari 377
Heckethorn, Charles William 119
Helios 39, 156-158, 161-162, 172-173
Heller Wilensky, Sara O. 341
Hengel, Martin 209, 226
Heracles 21, 85, 131, 161
Heraclitus 66, 69-70, 89
Herakleon 277
Herakles s. Heracles
Heraklit s. Heraclitus
Hermes 76, 100, 161, 166, 192
Hermes Trismegistus (-us) 38, 41, 155, 159, 168, 290
Hermippus 75
Herodes Antipas 227, 236, 238, 242
Herodot 92, 98-99
Hesiod 69, 70, 96, 150
Hieronymus 188-189
Hillel 221
Hippolyt s. Hippolytos
Hippolytos (-us) 21, 87, 135-137, 262
Homer 69-70, 136, 146-148, 150-151, 178, 196
Hornung, E. 53

Iamblichus 37, 39, 41, 43, 45, 145, 165
Ibn an-Nadim 281-284
Ibn Babawayh 362, 364, 366-367
Ibn Muskan 363
Idris 349
Ignatius of Antioch 112, 253, 261, 303-304
Irenäus of Lyon 189, 247, 259, 261-262, 272
Isaiah 232, 299
Isidor of Sevilla 188
Isis 43-44, 47, 93, 106, 113, 161, 163
Isocrates 71, 180
Itzhaq ha-Levi, Rabbi 327
Iulian s. Julian

Jabir b. ʿAbd Allah 372
Jabir b. Yazid al-Juʿfi 358, 370-371
Jaʿfar, brother of al-Hasan al-ʿAskari 366
Jaʿfar al-Sadiq 347, 351, 353-359, 363-364, 367-369, 371-372, 377
Jakobus s. James
Jamblichus s. Iamblichus
James, brother of Jesus 282, 298

James, son of Zebedee 218, 229, 238, 272
Jesaja s. Isaiah
Jesus of Nazareth XXI-XXII, 156, 185, 189, 214-219, 221-223, 225-244, 248, 251, 257-258, 271-274, 281-282, 290, 295, 306, 309
Johannes s. John
John the Baptist 227, 230, 235-236
John Chrysostom 295, 304
John the Evangelist 112, 222-223
John, son of Zebedee 229, 238, 272
Jonas, Hans 270, 307-308
Joseph 362
Josephus Flavius 205-207, 211
Judas 185
Judas Thomas 272
Julian XIX, 191-194, 201, 383
Justin 240
Juvenal 183

Kant, Immanuel 286-287
Klemens v. Alexandrien s. Clement
Kore 92, 97, 134-137, 156, 161
Krämer, Hans Joachim 139-140

Leeuw, G. van der 203
Levi 318, 331-332
Lewy, Hans 169
Lucian XV, 164, 182
Luhmann, Niklas XV, 17-18, 26
Lukas s. Luke
Luke, evangelist 219, 222-223, 259, 271
Lukian s. Lucian
Luz, U. 226

Macrobius 90
Maimonides 286-287, 332
Malik b. Anas 284
Mani XXII, 116, 278-285, 294
Marcus, Ivan 329
Mark, evangelist XXI, 218-220, 225-244
Markus s. Mark
Matthäus s. Matthew
Matthew, evangelist 219-221
Mauss, Marcel 204-205
McGinn, Bernard 307
Mead, G.H. 204
Melchizedek 390-391, 393
Menander Rhetor 70
Merkelbach, Reinhold 39, 56-57
Minucius Felix 107, 208
Mithras 93, 106, 108, 170
Mose s. Moses
Moses 159-160, 209, 211, 220, 243, 298, 305, 315, 323-324, 330-332, 363
Moses Maimonides s. Maimonides
Moshe ben Shem Tov de Leon 340
Mudrik 354
Muhammad 348-349, 359, 363, 368, 374
Muhammad b. ʿAli Ibn Babawayh 349-350
Muhammad b. Ibrahim al-Nuʿmani 353
Murray, Oswyn 77
Musa al-Kazim 347, 358

Nahmanides 330-331
Neanthes 67
Nedjemet 54-56
Neusner, J. 221
Nike 384, 395
Nock, A. D. 293
Numenius 142, 144-146

Oedipus 62, 131
Origen 295-297, 306-307, 337-340
Orpheus 21, 71, 84, 99, 103, 150, 160
Osiris 44, 47-48, 55, 155, 161, 166, 174

Patzer, H. 178
Paul, apostle 33, 106, 174, 184, 189, 214-215, 217-218, 222-224, 240-241, 251, 262, 274, 276, 295, 300, 302
Paulus s. Paul
Pausanias 63, 72, 85
Pentheus 98-99, 131
Pericles 73-74
Persephone s. Kore
Peter, apostle 189, 218, 222, 227, 229-231, 235, 238, 241, 272-273
Petrus s. Peter
Phaidra 99, 135-137
Philo 111, 205, 207-210, 314
Philodem 183
Philostratus 111
Plato(n) IX, XVII, 70, 88, 102, 139-148, 150-151, 166, 168-169, 180-182, 185, 187, 291, 297
Plinius s. Pliny
Pliny 164
Pliny the Younger 237, 244, 254-255, 257-259, 277
Plotin s. Plotinus
Plotinus 89, 143, 145-146

Plutarch 61, 110, 142-143, 149, 167, 180
Poland, Franz 103-104
Porphyrios s. Porphyry
Porphyry 90, 145-146, 165
Proclus 67, 89, 97, 143, 146-151, 168
Proklos s. Proclus
Protagoras 139
Pseudo-Dionysios (-us) 267, 307
Ptolemaios IV Philopator 87
Pythagoras 63-70, 145, 168-169, 252

Räisänen, H. 231-233
Rashi 327, 337
Re 44, 48-50, 52, 55, 57-58, 60
Reitzenstein 115
Rohde, Erwin 109

Samuel 382-383
Schaefer, Peter 46, 293
Schammai 221
Schelling, Friederich 119
Schleiermacher, F. 25, 120
Schmidt, C. 272
Schneider, K. 177, 179
Schweizer, E. 233
Schwyzer-Debrunner 178
Segal, Moshe Z. 336
Selene 156-157, 159, 161
Seneca 89
Seth, son of Adam 273, 346, 359
Shem Tov Falaquera s. Falaquera
Shlomo Yitzhaqi s. Rashi
Simmel, Georg(e) XIII-XIV, 1-7, 11-12, 14-16, 34-35, 68, 108, 113, 115, 151, 265-268, 275
Simon Magus 185
Smith, J. Z. 292
Socrates 75, 139-141, 144, 146-147, 168
Solomon 154, 160, 166
Solon 69, 102
Sophocles 62, 100, 123, 131
Sophokles s. Sophocles
Stock, Brian 114
Strabo 72
Sueton 208, 217
Sulayman b. Jarir 365

Tacitus 91, 383
Tatian 185
Tertullian 31, 107, 184, 187, 190, 253, 259, 299
Theophrast 23, 94, 177, 181
Thoth 43, 161, 173
Thucydides 77, 105, 108
Tigerstedt, E. N. 140-141
Todros ben Joseph Abulafia 333
Totti, Maria 40, 56-57
Trajan 244, 255, 258-259
Tyche 385, 390, 402

ʿUmar, caliph 358-359
ʿUmar b. Riyah 365
Urbach, E. E. 339
ʿUthman b. ʿAbd Allah 357

Watson, F. 225, 232
Weber, Max XIII, 17, 19, 300
Weber, R. 230
Weeden, Th. 233, 239
Wilson, Gerald H. 316
Wrede, W. 226, 231, 233

Xenocrates 142-144
Xenophanes 66, 69-70

Yaʿaqov ben Sheshet, rabbi 330-331
Yehudah, rabbi 322-323
Yitzhaq b. Abraham ibn Latif 341
Yohanan ben Zakkai 320

Zayn al-ʿAbidin 366, 371, 378
Zeus 32, 34, 161, 192
Zuchelli, B. 178
Zurara b. Aʿyan 347